JN415207

한국정보화진흥원 미래연구총서 ❶

미래한국의 새로운 도전과 기회

김성태 · 권선필 · 홍형득 · 한세억 · 홍필기
김동환 · 서용석 · 송영조 · 김영진 · 정지선

法 文 社

머 리 말

동서고금을 막론하고 미래를 예측하여 준비하는 것은 개인뿐만 아니라 국가의 생존과 번영을 위한 가장 근본적인 해결 과제입니다. 역사적으로도 미래의 국가 비전과 명확한 청사진을 제시하였는지에 대한 여부는 한 국가의 흥망성쇠에 결정적 역할을 하였음을 알 수 있습니다.

15세기에 포르투갈의 엔리케 왕자는 200년 후를 내다본 해양 진출 전략을 추진하여 포르투갈을 해양강국으로 성장시켰고, 핀란드 정부는 IT산업의 성장가능성을 예측하고 펄프・제지・케이블 등을 생산하던 노키아에 휴대폰 제조를 집중산업화 할 것을 권고하여 세계적 기업으로 육성시켰습니다.

반면, 1970년대 중반까지 경제성장을 통해 세계강국으로 군림하던 러시아가 산업화에서 정보화로의 역사적 전환의 흐름에 적응하지 못해 경제 위기로 좌초한 것은 그 반대의 예로 회자되고 있습니다.

바야흐로 이제는 기술의 발전 속도가 더욱 가속화되고 융합의 범위도 더욱 넓어지고 있는 시대를 맞이하고 있습니다. 이러한 역동적인 변화의 시대에 사회변화를 예측하고 이에 따른 중장기 국가전략을 수립하는 체계적 미래예측은 더욱 더 중요해지고 있습니다.

국가 차원의 미래예측이 체계적이고 과학적으로 이루어졌는가는 국가의 생존과 발전을 가늠할 수 있는 보이지 않는 국가 발전의 토대입니다. 그러나 아쉽게도 우리는 대부분의 국가 예산과 노력을 과거와 현재의 문제 해결에 투입하였으며 미래를 준비하는 데는 상대적으로 소홀히 했습니다.

미래예측을 기반으로 한 정책 수립의 의의는, 단기적으로는 예측하지 못한 것으로부터 야기된 급변사태에 대한 신속한 대응능력을 키우는데 있으며, 장기적으로는 50년 혹은 100년 이후의 비전과 전략을 수립하는 데 있습니다. 따라서 미래예측에 기반한 정책수립은 세계를 리드할 수 있는 21세기 선진일류 지식 강국으로 부상하기 위한 핵심 국가사업이라 생각됩니다.

지속가능한 국가경쟁력 강화를 위해서는 불확실한 미래를 헤쳐 나갈 수 있는 역량과 혜안이 필요하며, 범국가차원의 미래지향적 정책 수립을 포함한 미래 준비에 더 많은 투자가 이루어져야 합니다.

이 책은 이러한 목적에 부응하고 '미래한국의 새로운 도전과 기회'를 창출할 수 있는 핵심 주제를 다루고 있습니다. 스마트 사회라는 미래사회의 새로운 패러다임의 제시, 한국사회를 관통하고 있는 메가트렌드의 전망, 미래의 국정관리와 새로운 국정운영체계 제안, 미래의 불확실성을 헤쳐가기 위한 이정표로서의 미래준비지수를 마련하는 등 국가가 미래를 준비하는데 필요한 전략과 방향을 담고 있습니다. 또한 체계적이고 과학적인 미래연구방법론과 미래형 인재상, 미래사회를 읽기 위한 사회순환법칙을 소개했습니다. 그리고 미래사회를 이해하기 위해서는 자연과학, 사회과학, 인문학을 아우르는 통섭적 이해가 필요함을 제시하였습니다.

아무쪼록 이 책이 미래예측과 미래사회 준비에 대한 인식을 사회 전반에 걸쳐 확대하고, 한국이 보다 나은 미래를 향해 나아가는 새로운 전환점을 만드는 데 기여하기를 진심으로 바랍니다.

2011년 2월

저자들을 대신하여 김성태

차　　례

제1부 새로운 변화의 물결

chapter 01 미래사회! 새로운 패러다임과 국가발전전략 (김성태)

chapter 02 한국의 15대 메가트렌드와 미래의 모습 (김영진 · 정지선)

제2부 다가오는 미래의 준비

chapter 03 미래 지향적 국정관리와 국가 전략적 운영체계 (홍형득)

chapter 04 미래준비지수의 개발 및 도입방안 (김동환)

제 3 부 미래형 인재상

chapter 05 국민지식 미래역량 강화 방안 (홍필기)

chapter 06 창조적 인재강국 실현을 위한 ICT 활용전략 (한세억)

제 4 부 불확실성 세상 읽기

chapter 07 사회순환법칙을 통해 바라본 미래 한국의 모습 (서용석)

PART 1

새로운 변화의 물결

chapter 01

미래사회! 새로운 패러다임과 국가발전전략

제 1 절 미래예측의 중요성

미래를 예측하여 대비하는 것은 개인뿐만 아니라 국가의 생존과 번영을 위한 최우선 과제이다. 역사적으로도 미래의 국가 비전 및 명확한 청사진을 수립하여 대응해 왔는가는 한 국가의 흥망성쇠에 결정적 역할을 하였음을 알 수 있다. 15세기에 포르투갈의 엔리케(Henrique) 왕자가 200년 후를 내다본 해양 진출 전략을 추진하여 포르투갈을 해양강국으로 성장시킨 것이나, 핀란드 정부가 IT산업의 성장가능성을 예측하고 펄프 · 제지 · 케이블 등을 생산하던 노키아에 휴대폰 제조를 집중산업화 할 것을 권고하여 세계적 기업으로 육성한 것이 좋은 예이다. 반면, 1970년대 중반까지 경제성장을 통해 세계강국으로 군림하던 러시아가 산업화에서 정보화로의 역사적 전환의 흐름에 적응하지 못해 경제 위기로 좌초한 것은 그 반대의 예로 회자되고 있다.

1960년대 중반 피터 드러커(Peter Drucker)는 그의 저서 「단절의 시대(The Age of Discontinuity)」에서 지식기술과 지식경제 그리고 지식사회 개념을 제시하면서, 한 국가의 경쟁력을 결정짓는 핵심 자원이 지식이 되는 사회를 일찍이 예견하였다. 다니엘 벨(Daniel Bell)은 1970년대 「후기산업사회론」을 통해 사회적 가치가 자본으로부터 정보로 이행될 것이라고 지적하며 그 준비를 강조하였다. 1980년대 앨빈 토플러(Alvin Toffler)는 「제 3 의 물결」을 통해 경제 · 사회 · 문화 전반에 다양성이 강조되고, 종래의 획일적 정보수요 및 공급이 개별적·유동적으로 형성·유통되는 성향을 갖는 정보사회를 전망한 바 있다.

이제 기술의 진화 속도는 더욱 가속화되고 융합의 범위도 넓어질 것이다. 이러한 변화와 사회전반적인 파급 수준을 예측하고 중장기 국가전략을 수립할 수 있도록 국가전략과 추진 체계를 마련하여야 한다. 이러한 기반 위에서 관련 산업이 창의성을 바탕으로 미래의 투자를 계획하고 관련 서비스를 국민이 향유할 수 있도록 하여 국민 삶의 질을 높임과 동시에 미래의 국가경쟁력을 보장할 수 있도록 하여야 할 것이다.

요약하면, 우리나라의 환경과 실정에 맞는 국가전략 수립을 위한 미래예측 활동이 필요하고 매우 중요하다. 국가적인 차원의 미래예측 추진 체계의 정립과 우리나라의 환경과 실정에 적합한 미래예측 방법론의 개발이 이루어져야 한다. 미래예측은 예측에 한정되지 않고 미래에 대한 공유된 비전 즉 이해관계자들의 현재의 정책들에 대한 지지와 관련 비전 창출을 위해 노력하는 과정이다. 결론적으로 미래예측은 미래전망에 국한되지 않고 오히려 '바람직한 미래'를 창출하는 과정으로 이해하여야 할 것이다.

제 2 절 선진국의 미래 준비 거버넌스 현황과 시사점

미국발 금융위기, 국제 원유가 급등, 예기치 못한 재난재해 등 사회가 한 치 앞도 예상하기 힘들게 급변하고 있는 가운데 미래의 불확실성과 위협은 점차 커져가고 있다. 이처럼 증대되는 위기 환경에 슬기롭게 대처하는 해법은 무엇일까? 그것은 바로 불확실한 미래를 예측하고 미리 준비하는 것이다. 이제 미래예측은 국가의 생존과 지속발전을 위한 필수 조건이다.

우리나라는 세계가 인정하는 IT 인프라 강국이다. 지난 1990년대 정부는 어느 나라보다 앞서 미래 인터넷 시대의 도래를 예측하고, 21세기를 대비하는 국가 전략으로 초고속인프라를 구축하였다. 그 결과, IT 산업이 우리 경제의 든든한 버팀목 역할을 해 왔으며, 우리는 세계가 부러워하는 가장 빠른 초고속인터넷을 즐기고 있다.

그러나, 이런 우수한 인프라는 최근 국내외의 급변하는 위기 상황에 효과

[미래 국가보고서]

◇ **미국, '글로벌트렌드 2025'**

o 미국 국가정보위원회(NIC: National Intelligence Council)는 4년에 한 번씩 주기적으로 지구촌 변화를 야기할 주요 글로벌 트렌드의 영향력과 파급효과를 분석하여 '글로벌트렌드 리포트' 발간

o NIC는 1997년 '글로벌트렌드 2010'을 처음 발표한 이후, 2008년 4번째로 '글로벌트렌드 2025(대변혁 이후의 세계)' 발표

- 글로벌 경제와 세계, 인구동향, 국제 정치, 에너지·식량·자원 문제, 지역분쟁, 국제시스템, 리더십 등 7개 영역으로 2025년까지의 국제 사회 흐름을 예측

※ NIC : CIA, FBI 등 주요 정보기관과 최상급 싱크탱크 및 각 분야 전문가들이 참여하여 미래 트렌드를 전망하고, 국가 중장기 전략수립을 위한 보고서 제공

◇ **EU, '스마트 · 지속가능 · 통합' 성장을 위한 2020 전략 발표**

o 유럽집행위원회(EC)는 향후 10년의 먹거리 및 비전을 제시한 'EU 2020 전략' 발표('10.03)

※ EUROPE 2020: A European strategy for smart, sustainable and inclusive growth

o EU 2020 전략의 3대 비전

- 스마트한 성장 : 지식, 혁신, 교육 및 디지털 사회의 촉진
- 지속가능한 성장 : 자원 효율화 및 경쟁력 제고
- 통합적인 성장 : 노동 시장에 대한 참여 증진, 기술 습득 및 빈곤퇴치

◇ **핀란드, '국가미래보고서'**

o 핀란드 총리실에서는 15년 후의 미래상과 그 당시의 문제 해결방안, 이를 위해 현재 필요한 정책 등을 도출하여 국가미래보고서를 발간

o 최근 핀란드 정부는 '핀란드의 탄소감축-장기적인 기후 및 에너지 정책에 관한 정부 미래예측 보고서'를 발간('09년)하고 미래를 체계적으로 준비

※ Government Foresight Report on Long-term Climate and Energy Policy : Towards a Low-carbon Finland

◇ **일본, '신성장전략'**

o 일본은 2020년 미래의 국가경쟁력 향상 및 살기 좋은 국가 재건을 위한 '신성장전략' 기본방침을 발표(경제산업성, '09.12.30)

o '수요'와 '고용'을 창출하는 인간 중심의 지속가능한 경제성장 달성을 목표로 ① 녹색사회로의 전환 ② 개척 및 강점 산업분야 선점 ③ 성장 인프라로써 과학 · 기술 및 고용 · 인재 창출 전략을 중점 추진할 계획

적으로 활용되지 못하고 있다. 초고속인프라를 기반으로 실질적으로 국정 현안 문제를 해결하거나, 미래를 예측하여 국가적 위기 대응에 활용할 수 있는 지식기반의 인프라가 거의 전무한 상태이다. 그동안 우리는 과거와 현재의 문제를 해결하는 데에만 집중하고 미래 대비는 소홀히 함으로써 잦은 시행착오와 대형 재난재해가 반복적으로 발생하고 있으며, 이로 인한 막대한 사회적 비용 발생하고 있는 실정이다.

〈표 1〉 선진국의 미래준비기구 특징과 시사점

	영국	미국	필란드
기구	미래전략처(SU) 총리직속	국가정보위원회(NIC) (DNI소속)	미래상임위원회 (국회)
역할	· 총리에 대한 자문과 정책분석 직보 체제 · 범부처자원의 국가중장기 관점의 발전전략 마련 · 정책의 범부처 수평적 크로스 컷팅 역할 수행 · 인하우스 싱크탱크 정책분석과 연구	· 인하우스 싱크탱크의 기능수행 · 광범위한 학계, 전문가 등 외부의 싱크탱크와 연계활동 · 국가정보예측 중 정부수집, 분석, 리서치 중심 · 고위지도자와 정책입안가들에게 최상의 정보제공을 목적으로 함	· 예산 책정 등에서 각부처의 미래전략적 시각도입의 점검 · 각 부처가 국가미래전략 전체 파악 여부 점검 · 부처간 전략적 협력의 여부 점검 · 총리실과 각부처간 대화를 통해 정책입안시 장기적인 미래 시각을 부여
특징	· 광범위한 국내외 정책이슈에 대한 개입 · 국가정책의 우선순위 설정, 각 부처 지원 · 매트릭스 조직을 통한 각 부처와 유기적 협조관계 확립	· 전략적 사고에 대한 핵심개발 · 국내외 최상의 전문가 발탁 연계 · 관련 전가에 대한 보호관리에 대한 강조	· 15년간의 미래예측에 기반한 장기적인 국가미래 전략제시 의무 입법화(4년에 한번 국가 미래보고서 발간)
시사점	· 국정최고지도자인 대통령 직속 · 범부처 협조 조정 · 장기적 국가미래 전략 · 광범위한 주제(국내외)	· 국내외 전문가들에 대한 발굴과 지속적인 관리 · 인하우스 싱크탱크와 외부 싱크탱크의 연계협력 · 정책결정자들에게 적합한 최상의 정보제공	· 입법부와 행정부의 미래전략의 연계 · 장기 미래전략의무 입법화 · 미래전략적 시각의 입법통제 · 미래전략 수립에 있어서 협동과 거버넌스

미국, 영국, 핀란드 등 선진국들은 지금도 변화의 소용돌이에서 낙오하지 않고 주도권을 쥐기 위해 미래의 변화를 예측하고 준비하는데 주력하고 있다.

미국은 국가정보위원회(NIC: National Intelligence Council)를 중심으로 지구촌의 변화를 야기할 주요 글로벌 트렌드의 영향력과 파급효과를 분석한 「글로벌트렌드 리포트」를 주기적으로 발간하고 있다.

영국은 총리에게 신뢰성 있는 정책자문과 분석을 제공하기 위해 2002년 미래전략처(Strategy Unit)를 설치하고, 광범위한 국가적 이슈 연구와 국가중장기 발전전략 마련에 집중하고 있다.

핀란드는 1993년 당시 경제성장률이 -6.2%였으나, 2007년 10월 리더스 다이제스트가 발표한 세계에서 가장 살기좋은 나라로 선정된 지금은 국가경쟁력 세계 선두국가이며, 1인당 국민소득도 4만 달러에 육박하는 강소국으로 성장하였다. 핀란드 정부는, 그 당시 새정부 집권시 15년 이후 미래를 준비하는 정부 비전을 제출하도록 법률로 의무화하여, IT 산업의 성장가능성을 예측하였다. 그 결과, 오늘날 세계 최고의 휴대폰 기업, 노키아가 탄생한 것이다.

산업사회에서 정보사회로 변환하는 과정에서 우리나라는 정보화 분야 세계 선도국으로 성장하였다. 정보사회는 정보기술의 급격한 발전과 보급이라는 공급적 요인과, 사회 수요의 변화라는 수요적 요인에 의해 형성되었다. 우리나라의 경우는 수요와 공급 측면 이외에 수요를 보다 만족시키고 공급을 더욱 활성화하여 정보사회를 바람직한 방향으로 이끄는 국가의 정책적 요인이 중요하게 작용하였다.

이제 정보사회를 넘어 새로운 스마트사회 시대가 오고 있다. 새로운 사회 패러다임을 적절히 예측하고 현명하게 준비하는 국가, 기업, 개인이 경쟁 우위를 확보할 수 있다. 정보사회를 이끈 수요와 공급 그리고 정책 메커니즘의 경험과 노하우는 새로운 스마트사회를 준비하는데도 효과적일 것이다.

지금은 사회적 변화를 신속하고 적절하게 예측하여 범국가적 차원에서 현명하게 준비하는 것이 지속성장의 필요충분조건이 되고 있다. 특히 기술의 혁명과 진화가 사회 패러다임에 혁명적 변화를 초래해 왔음을 고려할 때, 기술발전과 사회변화를 통합 조망하는 미래 준비가 필요하다. 미래는 정해져 있는 것이 아니라 다양한 가능성의 집합이며 새로이 만들어 가는 것이다. 미래를 어떻게 설계하고 준비하느냐에 따라 도착점이 달라질 수 있으므로, 미래의 가능성에 대해서 '상상력'과 '희망'을 가지고 넓고, 다양하고, 멀리 준비하는 지혜가 절실하다.

제 3 절 미래예측 방법론에 기반한 과학적인 미래예측

미래예측의 과정은 투입으로부터 미래예측방법론의 적용, 산출로 이행하는 [그림 1]과 같이 간단한 과정을 통해 설명될 수 있지만, 다양한 예측기법들을 통해 정량적 혹은 비정량적인 요소들을 포함하는 예측결과를 도출할 수 있고 예측결과를 통해 미래의 변화상을 미리 마련할 수 있다.

[그림 1] 미래예측의 과정

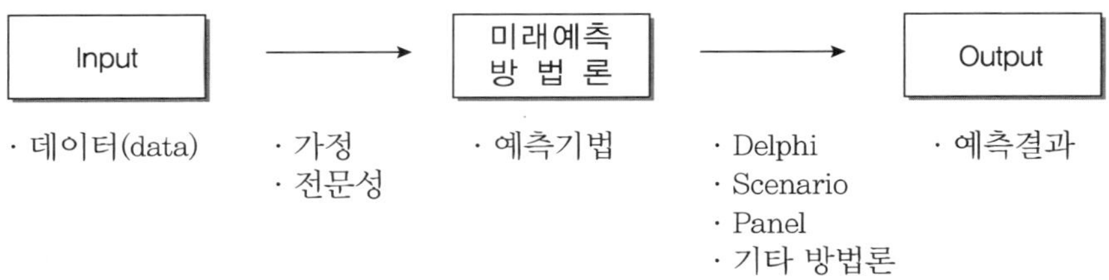

미래예측방법은 방법론, 접근방법, 참여특성, 방식, 용도 및 분야, 공간 및 시간차원, 정책이전 여부 등에 따라 다양하게 나누어 질 수 있으며, 이를 [표 2]에서 종합적으로 정리해 보았다.

포퍼(Popper, 2006)는 다이아몬드 기법에 의한 4차원분석을 통해 미래예측을 위한 33개 방법론으로 분류를 시도하였다. 구체적으로 시나리오기법 등 상상력에 기반한 창의성 차원, 브레인스토밍 등 토론 및 지식교환, 상호학습에 기반한 상호작용 차원, 델파이, 전문가 패널 등 경험과 상호지식공유에 기반한 전문성 차원, 문헌검토 등 사실과 자료에 기반한 근거 차원으로 구분하여 모형도를 제시하였다.

〈표 2〉 미래예측 방법의 분류

대분류	소분류	주요 내용
방 법 론	시나리오 기법(Scenario)	시나리오 기법을 사용한 미래예측 프로젝트
	델파이 기법(Delphi)	델파이 기법을 사용한 미래예측 프로젝트
	패널 기법(Panel)	패널기법을 사용한 미래예측 프로젝트
	기타	기타 기법을 사용한 미래예측 프로젝트
접근방법	Top-Down 방식	정부기관의 주도하에 이루어진 상위하향식 미래예측 프로젝트
	Middle-Up 방식	전문연구기관 등 산·학·관의 참여가 이루어진 미래예측 프로젝트
	Bottom-Up 방식	시민단체 등 다양한 주체의 참여가 이루어진 하위상향식 미래예측 프로젝트
참여인원	소 수	프로젝트 참여인원이 15명 이하
	다 수	프로젝트 참여인원이 15명 이상
참여수준	전문가 참여(Expert)	분야별 전문가만이 미래예측 프로젝트에 참여
	이해관계자 참여 (Stakeholder)	미래예측 주제와 관련된 다양한 주체 및 이해관계자들이 미래예측 프로젝트에 참여
방 식	공개 방식(Open)	민간 연구소, 시민단체 등에게 프로젝트의 과정을 공개로 프로젝트 진행
	비공개 방식(Close)	전문가 집단만이 참여하여 프로젝트의 과정을 외부에 비공개로 프로젝트 진행
	온라인 방식(On-line)	ICT를 활용한 프로젝트 진행
용 도	단순추세(Trend)	트렌드 분석을 위주로한 미래예측 프로젝트
	전략기획(Planning)	미래의 특정 목적에 대한 로드맵으로서의 미래예측 프로젝트
	평가(Evaluation)	향후 나아갈 Vision을 제시하기 위한 목적의 미래예측 프로젝트
분 야	정책(Policy)	정부정책, 법·제도의 정비와 같은 국가의 정책적 측면
	수요·활용적 측면 (Use)	미래 변화상에 대한 시민사회의 수요 및 활용과 같은 대응적 측면
	공급·기술적 측면 (Technology)	미래 변화상에 대한 IT·BT·NT 등의 공급적 측면
적용수준	Global 수준 적용	초국가적 수준의 미래예측 프로젝트
	National 수준 적용	한 국가 수준의 미래예측 프로젝트
	Local 수준 적용	특정 지역 수준의 미래예측 프로젝트
예측기간	Short-Term	5년 미만의 단기간 미래예측 프로젝트
	Middle-Term	5~15년의 중기간 미래예측 프로젝트
	Long-Term	15년 이상의 장기간 미래예측 프로젝트
정책이전 여 부	Bandwagon 효과 의도	Bandwagon 효과 의도 있음
	Bandwagon 효과 의도 없음	Bandwagon 효과 의도 없음

[그림 2] 미래예측방법론 모형도

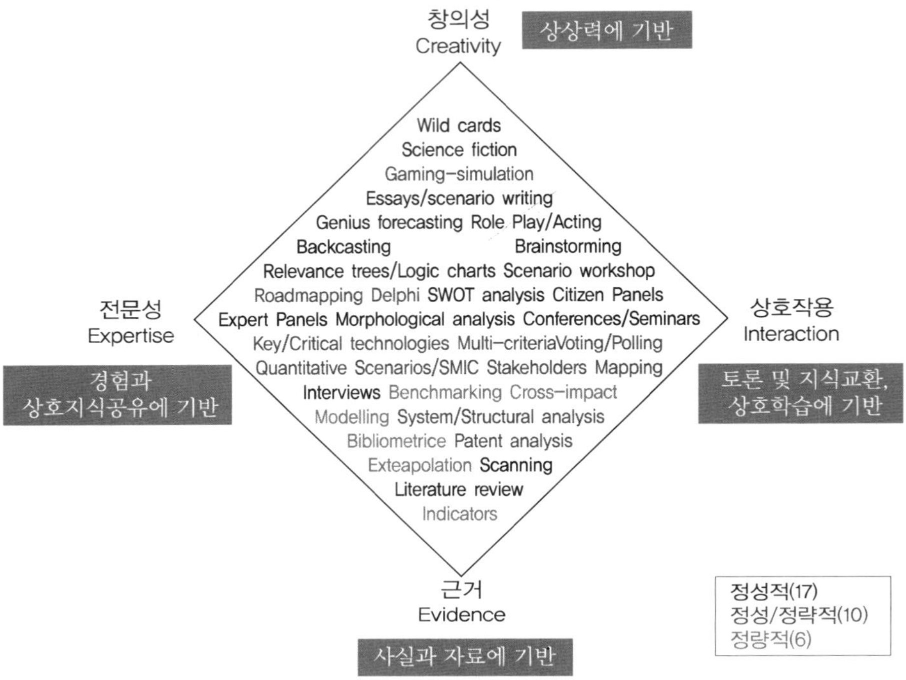

출처: Popper, R. 2006. The foresight Diamond.

미래예측방법론 중에서 가장 일반적으로 이용되고 있는 주요 기법으로는 델파이, 시나리오, 패널기법을 들 수 있다(그림 2 참조). 이하에서는 이들 세 가지 방법론의 개념정의와 특징 등에 대해 상세히 서술해 보았다.

우선, 델파이(delphi)기법은 1948년 미국 랜드(Rand)연구소에서 국방기술 수요와 사회기술 발전추세 예측 등 긴급한 국방 및 사회 문제에 대한 전문가들의 집단의견을 수렴하기 위해 개발된 기법이다. 델파이기법은 일련의 설문을 반복하여 특정 주제에 대해 체계적으로 전문가 집단의 합의를 도출해 내는 방법이다. 특히, 결과취합과 의견수정 후 정보의 통제 환류에 의한 학습과정을 적정수준에 도달할 때까지 4~5회 혹은 그 이상 앙케이트를 반복함으로써 전문가들의 의견 수렴을 유도하는 과정이 매우 중요하다. 그러나 책임성 있고 성실하며 전문성이 있으면서도 편협하지 않고, 대표성이 있으면서도 이해관계에 얽혀 있지 않은 전문가 풀(Pool)을 추출하는 것은 현실적으로 어려

[그림 3] 미래예측의 주요 기법과 특징

미래예측의 주요 기법

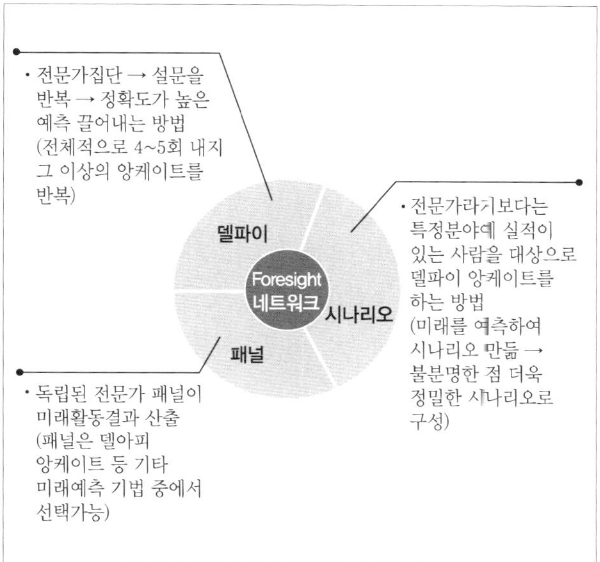

주요특징

• 델파이 기법의 특징
- 특정분야의 전문가라는 점에서 응답자 선택 수월
- 정확성과 좋은 예측결과기대
- 전문가들이 이론에 치우쳐 질 수 있으며 현실을 무시하기 쉬움
- 객관적 측면보다 주관적 요소 내포될 가능성 있음

• 시나리오 기법의 특징
- 장기예측에 탁월함
- 다른 방법의 미래예측 결과를 삽입 가능
- 이미지화하기 쉬워 설득력 강함
- 과정된 망상 빠지기 쉬움
- 결과를 이용하는 사람에 따라 효과가 좌우됨

• 패널 기법의 특징
- 전문가 집단이 아닌 독립된 패널들이 주도하는 미래예측 결과 산출
- 패널들이 사용하는 기법 선정 시간 소요

운 문제이며, 유도질문 등 조작 및 우문(愚問)에 대한 우답(愚答) 가능성에 대해서도 설문을 만들 때 유의해야 한다. 북유럽의 수소 미래예측(Nordic H_2 Energy Foresight) 사례가 대표적이다.

둘째, 시나리오기법(scenario planning) 역시 미국 랜드연구소에서 1950년 허만 칸(Herman Kahn)을 중심으로 무기발전과 군사전략 간의 관계를 분석하기 위해 개발되었다. 이 기법은 "미래에는 어떤 일들이 일어날 것인가?", "이러이러한 조건들이 만족된다면, 혹은 이러이러한 사건들이 발생한다면 어떠한 일들이 일어날 것인가?"에 답하는 것을 목적으로 한다. 즉, 시나리오 기법의 큰 장점은 복수의 미래에 대비하게 함으로써 미래에 있어서의 위험을 줄이는데 기여할 수 있다. 시나리오 기법에서는 보통 3~4개의 시나리오가 제시된다. 너무 많으면 오히려 혼돈을 줄 수도 있고, 아무런 의미가 없는 작업이 될 수도 있다. 그러나 문제는 시나리오를 3~4개로 줄이는 과정에서 임의성이 크게 개입될 여지가 많다는 것이다. 가장 발생가능성이 높거나 매우 중요한 시나리오는 아니지만 미래에 있어 중요할 수도 있는 시나리오들이 무시될 수 있는데, 이것은 시나리오 방법론의 본질적인 약점이기도 하다.

셋째, 독립된 전문가 패널이 미래활동 결과를 산출해 내는 패널기법이 있다. 미래예측 활동에 대한 연구들에서는 거의 공통적으로 '전문가 패널'(expert panel) 혹은 '이해관계자 패널'(stakeholder panel) 패널이라는 용어를 접할 수 있다. 이들은 전형적으로 12~20명 정도의 개인들이 모여서 이루어지게 되고 3~18개월 동안 주어진 토픽 분야에 관한 미래를 심사숙고하게 된다. 전문가들은 통상적으로 비공개 회의에서 정해진 기간에 걸쳐 정기적인 주기로 대면방식으로 만나게 된다. 이 시기동안, 이들은 활용 가능한 증거를 해석하는데 있어서 자신들의 판단력을 이용한다. 이후 최종성과물이 일반에 보급되고, 대개 연구 결과는 서면을 통해 보고된다.

이외에도 천재적 예측, 역사적 유추, 계량 분석 등 전통적 방법론, 모의실험, 게임기법, 시스템 다이내믹스 등 다양한 미래예측방법론이 활용되고 있다.

미래예측기법은 그림에서 제시된 다양한 준거 틀에 근거한 기법들의 여러 조합에 의하여 새로이 만들어질 수 있다. 어떠한 목적으로 어떠한 상황에 적용할 것인가에 의해 다양한 방법론들이 동원될 수 있다.

통상적으로 미래학자들은 3~4가지 종류의 방법론들에 의한 미래예측 결과가 일치되는 경우 신뢰할 수 있는 미래예측으로 검증된 것으로 받아들인다.

제 4 절 미래사회로의 패러다임 변화

농업사회에서 산업사회로의 전환은 대량생산, 대량분배, 대량소비의 패러다임을 추구함으로써, 인간을 기아와 질병으로부터 해방시켰으며, 지금까지의 어떤 시대보다 물질적인 풍요를 누리게 하였다.

1990년대에서 지금 우리가 살고 있는 2000년대에 이르기까지, 산업사회에서 정보사회로의 거대한 사회변화를 겪으면서, 컴퓨터와 인터넷으로 상징되는 정보통신 기술의 발달과 함께 지식·정보의 중요성이 사회적으로 점점 커지고 있다. 정보통신 기술은 경제사회 등 거대한 변화를 선도하면서 국가사회 시스템을 근본적으로 변화시키는 원동력으로 작용하고 있다.

정보사회가 도래함에 따라 정보산업과 지식기반산업, 서비스 산업 등이 전세계 경제에서 차지하는 비중이 높아지고 있다. 산업사회와는 질적으로 다른 정보화 사회로 전환하면서 세계화와 더불어 새로운 경제구조를 이루었고, 사회구조뿐만 아니라 정보통신 기술을 통해 국민 생활 전반을 바꾸는 혁신적 패러다임 변화를 초래하였다.

미래 학자들은 21세기는 창조적 지식과 정보가 새로운 가치를 창출하는 지식기반경제로의 문명사적 대전환을 할 것이라고 예고했었다. 미국의 미래학자인 피터 드러커는 지식이 단순히 전통적인 생산요소로서의 노동·자본·토지와 같은 하나의 자원이기보다는 오직 하나의 의미 있는 자원이라고 정의하며 지식이야말로 유일한 자원이라고 주장하였다. 앨빈 토플러도 모든 자원이 지식으로 대체될 것이라고 하였으며, 버클리 대학의 데이비드 티스 교수 또한 부를 창조하는 근본적인 기반이 변질되고 있으며 지식과 지적 자본이 부의 창조의 열쇠라고 주장하였다.

산업사회를 대체한 정보사회 패러다임은 사회의 모습을 근본적으로 변화시키고, 그 변화가 우리의 현실 속에서 삶의 모습을 본질적으로 변화시켰다. 이와 같은 패러다임의 변화는 정보기술의 발달에 크게 기인하고 있으며, 구체적으로 컴퓨팅 기술의 발달과 이들 컴퓨터를 연결하는 네트워크, 인터넷 기술의 발달로 요약할 수 있다.

과거 산업사회의 등장이 전통적인 농경사회의 구조를 해체하고 대량생산, 대량분배, 대량소비의 새로운 사회체제를 형성시켰듯이 정보사회는 정치, 경제, 사회, 문화의 모든 측면에서 우리의 생활방식을 본질적으로 바꾸어 놓고 있다. 지식 · 네트워크 · 유연한 · 글로벌화된 사회로 특징지을 수 있는 정보사회는 산업사회에서 나타난 문제들을 해결하고, 국민들의 삶을 더욱 행복하고 풍요로운 방향으로 발전시키고 있다.

여기서 우리가 주목할 것은 이러한 사회의 발전이 과거 농경사회에서 산업사회를 거쳐 정보사회로 변화할 때 보다 훨씬 빨라지고 있다는 점이다. 기술변화는 사회 변화를 가속화시키고 있다. 기술변화의 소용돌이는 점차 빨라져 세계는 지난 5,000년의 역사보다 최근 20년 동안 훨씬 더 빠르게 변화하고 진화하고 있다. 미국의 발명가 커즈와일(Kurzweil)은 100여년 전 컴퓨터가 처음 발명됐을 때는 그 연산속도가 3년마다 두 배로 좋아졌지만 20세기에는 2년마다 두 배, 현재에는 거의 1년에 두 배씩 좋아지고 있다고 설명하면서, '수확 체증의 법칙'에 따라 기술은 발전할수록 그 발전에 가속도가 붙는다고 설명하고 있다.

우리는 이러한 속도의 시대에 살고 있다. 세계화에 따른 국가간 상호작용의 증대, 복잡성의 증가, 기술의 융합, 서비스의 통합 등은 사회변화를 가속화시키는 요인이 되고 있다.

농업사회가 산업사회를 전환하는데는 6,000년 이상이 걸렸다고 한다. 그러나 산업사회가 정보사회로 전환되는데는 그 1/20도 안되는 250년이 소요되었다. 이러한 정보사회는 더욱 급속히 변화하여 새로운 사회 패러다임으로 변화하고 있다. 이제 과거와 같이 새로운 사회패러다임 변화를 느긋이 기다리고 있다가 변화한 후에 대응하는 것으로는 경쟁이 심화되고 있는 국제무대를 선점해 나갈 수 없다. 변화의 폭과 속도가 커질수록 미래사회를 사전에 대응하고 준비해 나가는 것은 더욱더 중요한 일이 되어야 한다.

[그림 4]

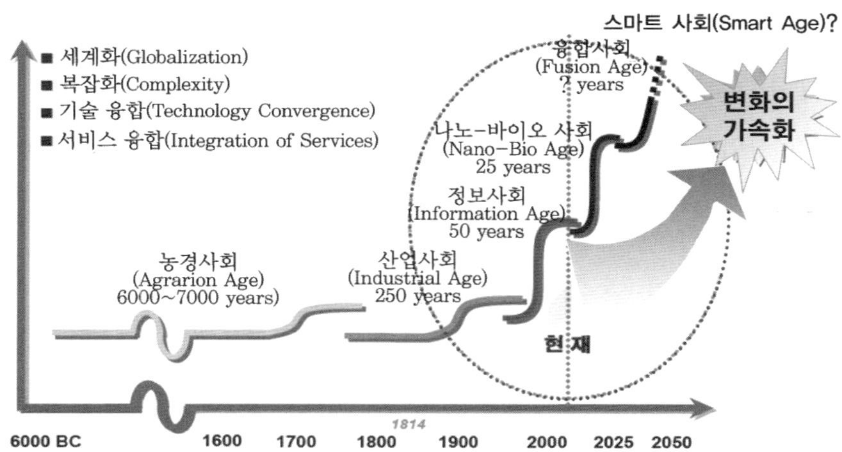

출처: "Convergence of IT & others" (2007) 자료재구성.

제 5 절 인류 역사의 변화와 사회 패러다임의 변천

인류의 역사는 기술의 발전, 사회적 가치의 변화 등과 같은 여러 핵심 동인들에 의해 패러다임의 변화가 이루어지고 있다.

부족 공동체를 중심으로 농작물을 경작하고 가축의 사육이 가능해지면서 본격적으로 농경사회가 시작되었다. 농경사회에서는 인간의 기초적 노동력을 바탕으로 자연재해를 극복하기 위한 다양한 방법들이 개발되고, 이러한 시대적 상황에 맞게 육체적 근면성이 가장 중요한 핵심 덕목으로 고려되었다.

산업혁명에 따른 산업화는 인류의 역사를 농경사회에서 산업사회로 변화시켰다. 이 시대는 기계적 기술을 바탕으로 대량생산체계가 만들어지고 이를 통해 인류는 배고픔과 가난으로부터 벗어날 수 있게 되었다. 산업사회에서는 기술자 즉 숙련된 공장노동자가 없어서는 안 될 존재가 되었으며, 획일화된 관료제하에서 노동자들은 엄청난 노동시간을 강요받게 되었다.

이러한 산업사회는 컴퓨터의 등장, 정보통신 기술의 발달에 따라 지식, 정보가 중요시되는 정보사회로 진화하게 되었다. 정보사회는 다양한 지식과 정보가 사회의 가장 핵심적인 자원이 되었으며, 이를 공유하고 개방하는 것이 중요한 사회적 가치가 되었다.

지식, 정보는 점차 지능화되고, 정보통신 기술과 전통 산업기술과의 다양한 컨버전스를 통해 똑똑한 새로운 기술 즉 스마트기술이 등장하게 되었다. 이와 병행하여, 정보사회에서 공유, 개방을 중시하던 사회적 가치는 이를 기반으로 인간 중심의 창의성과 유연성을 중심으로 발전하게 되었다. 이러한 스마트기술의 등장과 사회적 핵심가치의 변화는 인류의 역사를 정보사회에서 스마트사회로 진화시키고 있다.

스마트사회의 등장에 따라 예를 들어 모바일 관련 산업, 1인 기업의 등장 등 산업형태가 다양하게 변화하고, 시간, 장소에 구애받지 않고 근무할 수 있는 스마트워크가 우리의 라이프스타일을 혁신하고 있다.

인류의 역사는 이제 스마트사회라는 새로운 패러다임으로의 진화를 준비하고 있다. 스마트사회의 등장은 단순한 기술의 등장과 이에 따른 변화가 아니라 문명사적으로 거스를 수 없는 거대한 시대적 요구이자 전혀 새로운 사

[그림 5] 인류 역사의 변화와 사회적 특징

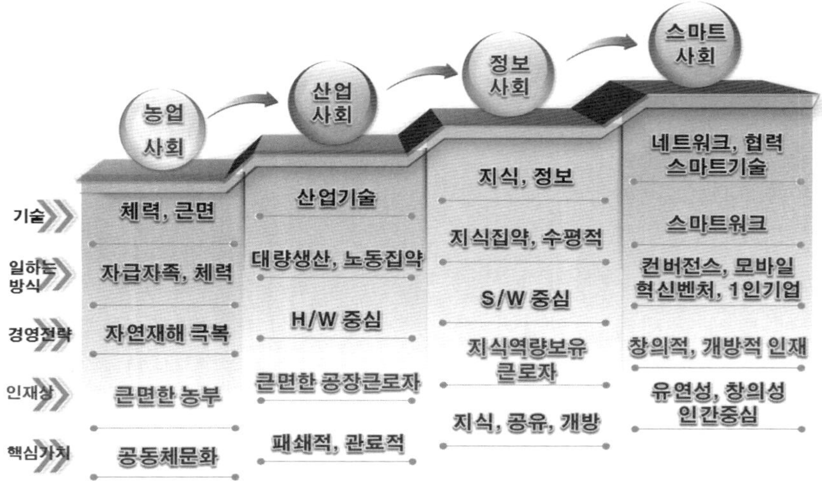

회혁명이라고 말할 수 있다.

인류의 탄생에서 지금까지 변화해온 사회의 패러다임 변화는 더욱 빠르고 더욱 효과적으로, 적은 비용으로 높은 효율을 추구하는 방향으로 이루어 지고 있다. 따라서 스마트 기술을 통해 지금보다 더 효율적이고 생산적이며, 경제적인 사회 시스템과 프로세스가 실현될 수 있다.

그러나, 스마트 사회는 이러한 경제적인 효율성과 생산성만을 향상시키는 사회는 아니다. 앞서 미래학자들이 전망한 바와 같이 미래사회는 인간중심의 가치지향적 사회로 발전해 나가고 있다. 기술 역시 다양한 분야와의 융합을 통해 새로운 가치를 창조해 내는 역할을 담당하고 있다. 즉, 기술이 점차 인간의 존엄성과 가치를 발전시켜 나가고 있는 것이다. 이러한 기술발전과 기술과 가치의 융합은 우리 조상들의 인본주의 철학인 홍익사상을 계승, 발전해나가는 새로운 원동력이 될 것이다.

이와 같은 사회 패러다임 변화를 이해하고 이를 바탕으로 변화에 능동적으로 대처하기 위해서는 스마트사회의 속성과 특징을 정확히 이해하여야 하며, 무엇보다도 중요한 것은 변화하는 패러다임에 맞게 사고하고 행동하여야 할 것이다.

제 6 절 미래학자들이 전망한 미래사회

유엔미래포럼 회장인 제롬 글렌 박사는 미래사회는 '가상현실 사회(Cyber Now)'가 될 것이라고 이야기 하고 있다. 24시간 실시간으로 인터넷이 연결되는 사이버 나우 시대가 2025년에 상용화 될 것으로 예측하고, 모든 사람이 특수 콘텍트 렌즈와 특수 의복을 통해 24시간 사이버 세상과 연결될 것이라 전망했다.

조지워싱턴대학의 윌리엄 하랄 교수는 2023년경 로봇과 인간이 공존하는 시대가 도래하고 인공지능을 통한 3차원 세계로 나아가게 될 것이라 전망했다. 앞으로는 가치나 목표, 지각이 중요한 영감의 시대가 될 것이며, 따라서 많이 알고 있는 것보다도 알고 있는 것을 바탕으로 내리는 선택이 미래 사회의 핵심 경쟁력이 될 것이라고 전망했다.

롤프 옌센 드림컴퍼니 대표는 미래사회를 꿈과 감성의 사회인 '드림 소사이어티'라고 정의하였다. 그는 이성, 과학, 논리가 지배하는 시기에서 상상력과 감성이 더 중요한 드림 소사이어티로 우리사회가 진입할 것이라는 의견을 제시하였다. 산업사회의 잔재인 넘쳐나는 공급과 정보사회의 장점인 풍부한 정보는 까다로운 소비자를 만들어 냈고, 이에 부응하기 위해 기업은 상품과 서비스에 감성적 가치를 덧붙여야 할 것이라고 주장한다.

미래학자인 다니엘 핑크는 논리적, 선형적 능력이 중요한 정보화시대에서 점차 창의성, 감성, 직관이 중요시되는 '하이컨셉의 시대'로 이동할 것이라 전망하면서, 미래사회에서는 예술적, 감성적 아름다움을 창조하는 하이컨셉, 공감을 이끌어내는 능력인 하이터치 능력을 갖춘 인재가 필요하다고 역설했다.

특히 미래학자인 앨빈 토플러는 제 3 의 물결이 심화되면서 부의 기반인 시간, 공간, 지식의 큰 변화를 지배하는 사람이나 기업이 미래의 부를 지배할 것이라 전망했다. 이러한 변화를 가장 잘 반영한 프로슈머가 향후 경제체제를 더욱 혁신적으로 바꾸고 폭발적으로 부를 창조할 것이라 주장했다.

〈표 3〉 미래학자가 전망한 미래사회 특징

미래 모습	주요 전망
"가상현실 사회" (Cyber Now) 제롬 글렌 (유엔미래포럼 회장)	· 2025년에는 '사이버 나우(Cyber Now)'가 상용 · 모든 사람이 '사이버 나우(Cyber Now)'라 불리는 특수 콘택트렌즈와 특수 의복을 통해 24시간 사이버 세상과 연결 ※ 사이버 나우 : 24시간 실시간으로 인터넷에 연결된다는 의미
"인공지능 사회" 윌리엄 하랄 (조지워싱턴대 교수)	· 2030년쯤 되면 로봇과 인간이 공존하는 시대가 도래하고 '인공지능'을 통한 3차원 세계로 나아갈 것 · 앞으로는 가치나 목표, 지각이 중요한 '영감(靈感)의 시대'가 될 것이며, 따라서 많이 알고 있는 것보다 알고 있는 것을 바탕으로 내리는 선택이 핵심 경쟁력이 될 것
"드림 소사이어티" (꿈과 감성의 사회) 롤프 옌센 (드림컴퍼니 대표)	· 이성, 과학, 논리가 지배하는 시기에서 탈피하여 상상력과 감성이 더 중요한 '드림 소사이어티(Dream Society)'로 진입 · 산업사회의 잔재인 넘쳐나는 공급과, 정보사회의 장점인 풍부한 정보는 까다로운 소비자를 만들어냈고, 이에 부응하기 위해 기업은 상품과 서비스에 감성적 가치를 덧붙여야 함
"하이컨셉/하이터치" 다니엘 핑크 (미래학자)	· 논리적·선형적 능력이 중요한 정보화 시대에서 점차, 창의성·감성·직관이 중시되는 '개념의 시대'로 이동 · 예술적·감성적 아름다움을 창조하는 하이컨셉, 공감을 이끌어 내는 능력인 하이터치 능력을 갖춘 인재가 필요
"프로슈머 경제" 앨빈 토플러 (미래학자)	· 제3의 물결(정보사회)이 심화되면서 부(富)의 기반인 시간/공간/지식에 큰 변화가 옴에 따라, 이 기반을 선도하는 사람이나 기업이 미래의 부를 지배할 것 · 이러한 변화를 가장 잘 반영한 프로슈머(Prosumer)가 향후 경제 체제를 더욱 혁신적으로 바꾸고 폭발적 부를 창조할 것

제 7 절 세계일류국가 실현을 위한 新국가발전전략의 필요성

과거 우리나라는 한강의 기적이라 불릴 만큼 어느 국가보다 근면한 노동력과 국가주도의 산업화를 통해 놀라운 경제성장을 이루었으며, 이러한 근면성과 노동력 중심의 사고는 아직까지 우리 경제의 핵심 동인으로 인식되고 있다. 그러나 산업화 시대에 걸맞는 이러한 일하는 방식은 정보사회에 들어오면서 다양성과 창의성을 중심으로 하는 새로운 패러다임 변화에 걸맞지 않는 방식이 되었으며, 우리나라는 OECD 30개 회원국 중 노동생산성이 가장 낮은 국가로 평가받고 있다. 빠른 경제성장, H/W 중심의 산업발전이 우리에게 많은 부를 가져다주었지만 이에 대한 부작용으로 빈부격차, S/W 산업의 경쟁력 부족이라는 부작용 또한 초래하였다.

전 세계적으로 유례가 없는 우리나라의 급속한 출산율 하락과 고령화 추세도 우리사회의 심각한 현안문제로 대두되고 있다. 이러한 인구구조의 변화는 장기적으로 경제활동 인구의 감소, 재정적자 확대 등으로 경제성장 둔화와 세대간 갈등 심화를 유발할 가능성이 농후하다. 특히 우리나라는 세계에서 유래를 찾아볼 수 없을 만큼 세계 최저의 출산율을 기록하고 있다. 2005년 통계청 조사에 따르면 우리나라의 총인구수는 2020년을 정점으로 감소하고, 2026년에는 초고령사회에 진입할 것으로 전망하고 있다.

또한, 지구온난화로 인한 열파, 가뭄, 홍수와 같은 극한 기상현상이 증가하였으며 물리적 생태계적 전반에 있어 심대한 변화가 발생하고 있다. 우리나라도 범지구적 기후변화 노력에 동참하고자 '저탄소 녹색성장'을 새로운 60년 국가비전으로 설정하고 온난화 문제 해결을 위해 국가적 역량을 집중하고 있다.

경제, 산업 분야에서는 전 세계적인 FTA 체결과 무역 및 투자자유화 등으로 전세계 거의 모든 국가가 단일시장으로 통합되어 가는 경제의 글로벌화가 심화되어 갈 전망이다. 정부, 기업, 개인까지 모든 경제주체가 글로벌한 무한경쟁에 노출되어 글로벌화에 적응을 잘하는 주체와 그렇지 못한 주체간의 격차가 더욱 벌어지게 될 것으로 예상된다.

폭탄테러와 같은 불특정 다수를 대상으로 하는 대규모 테러 뿐만 아니라 유괴 및 성범죄와 같이 아동과 여성을 대상으로 하는 범죄의 증가도 시민들의 안전을 위협하고 있다. 2008년 12월 발생한 일명 '조두순 사건'은 8세 여아를 강간 상해한 사건으로 우리나라 국민 모두를 충격과 분노에 빠지게 했다. 동일한 범죄의 재발을 막기 위해 아동 성범죄에 대한 형량을 상향 조정하고, CCTV 설치를 확대하고, 전자팔찌 착용 기한을 연장하는 등 여러 가지 대책을 마련하였으나, 이러한 대책들이 시민들의 안전을 보장한다고 말하기는 어렵다.

위와 같은 우리사회의 현안문제들과 더불어 선진일류국가를 실현하기 위해 우리에게 요구되는 다양한 근본적인 선결과제들이 존재한다. 예를 들어, 창조적 사회에 걸맞는 미래지향적인 인재양성, 새로운 분야·새로운 개념의 일자리 창출, 세계일류국가에 맞는 선진문화 구축, 그리고 이러한 사회를 효과적으로 운용하기 위한 미래 지향적 국정운영시스템 등이 그것이다.

우리 사회의 현안문제와 시대적 선결과제는 시급하면서도 근본적으로 해결해야하는 중요한 과제이다. 과거 IT를 기반으로 한 국가정보화전략은 IT 기술을 활용해 산업 및 경제성장, 급변하는 정보화 환경에 대응하기 위한 인프라 구축에 매진해왔다. 그러나 이제는 정보화 패러다임 변화에 적극 대처하고 미래사회 환경변화에 능동적으로 대응하는 새로운 국가발전전략 마련이 필요한 시기이다.

우리나라는 IT강국으로 불릴 만큼 세계 최고수준의 IT 인프라를 자랑하고 있다. 그러나 세계 최고수준의 IT 인프라를 구축하고 있지만, IT 인프라의 활용은 많이 뒤쳐져 있는 실정이다. 하드웨어적인 IT 인프라 구축을 통해 IT 강국으로 자리매김했으나, 산업, 생활 등에서의 IT 인프라 활용은 상당히 낮은 수준이다. 우리나라가 자랑하는 세계 최고수준의 IT 인프라를 활용, 스마트한 기술과가치를 바탕으로 우리가 사는 사회와 관련된 비용과 낭비를 줄

[그림 6] IT 재도약을 위한 패러다임 변화의 필요성

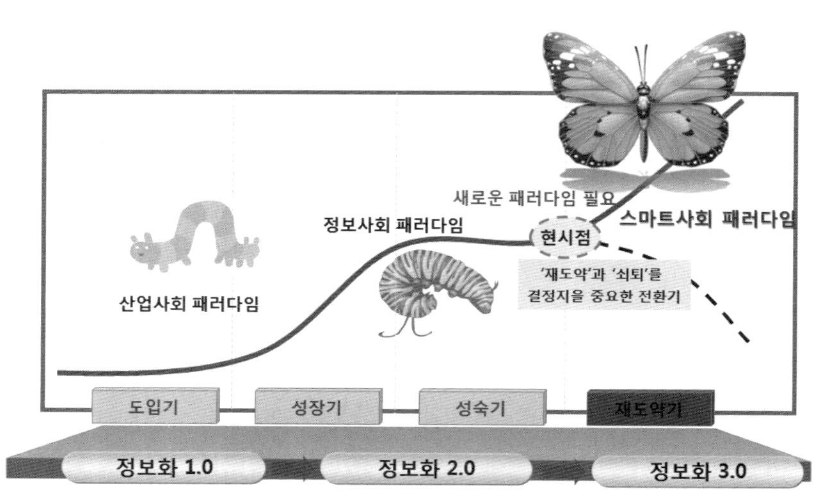

이고, 어려운 국가 현안문제를 해결할 수 있을 것으로 기대된다. 이제는 IT를 활용한 스마트 사회를 향한 새로운 국가발전전략을 모색할 최적의 시점이라고 판단된다.

제 8 절 미래예측 체계 정립

우리가 일상에서 접하는 모든 것들이 똑똑해지면서 바야흐로 스마트한 세상으로 변해가고 있다. 사람뿐만 아니라 각종 기기나 공간, 삶의 방식까지 스마트해지면서 스마트워크나 스마트시티, 스마트SOC, 스마트플래닛까지 창조적이고 혁신적이며 감성적인 새로운 가치 창출을 위한 개념으로 스마트라는 말이 널리 회자되고 있다.

우리 삶의 형태를 획기적으로 변화시키고, 국가사회 전체를 혁신해서 새로운 미래 사회구조로 재창조시키는 스마트사회로 세계 문명사적 대전환이 일어나고 있다고 해도 과언이 아니다. 따라서 이러한 사회 패러다임의 변화와 글로벌 메가트렌드 흐름에 맞춰 우리 사회도 선진 정보통신기술(ICT)을 기반으로 한국형 스마트사회를 구현해 나가야 할 시점이다.

스마트사회를 성공적으로 구현하기 위한 전제조건은 무엇보다 현재의 ICT 인프라의 활용도와 효용성을 제고시키는데 있다. 고도화된 스마트인프라를 기반으로 다양한 수요자가 데이터를 체계적으로 수집・분석하고 편리하게 활용해서 미래예측 업무를 원활하게 수행하도록 지원하는 국가차원의 미래예측공통시스템을 구축하는 것이 필수적이다. 국가 최고 의사결정자, 정책입안자, 정부업무 담당자와 국민에 이르기까지 다양한 계층의 수요자가 활용할 수 있는 미래예측공통시스템을 구축함으로써 국가사회 전반에 걸친 실시간 미래예측 지원체계를 만들 수 있다.

이와 병행하여, 국가의 생존과 지속가능한 성장을 위해 미래의 경제・사회・기술의 변화와 관련된 체계적인 데이터를 공유・활용하고 선진 국정 운영을 지원할 수 있는 미래예측과 관련된 정보와 전문가를 체계적으로 활용할 수 있는 기반도 마련해야 한다.

또한, 국가 미래예측공통시스템에 축적된 데이터와 비정형 지식정보를 토

[그림 7] 국가 미래예측공통시스템 개념도

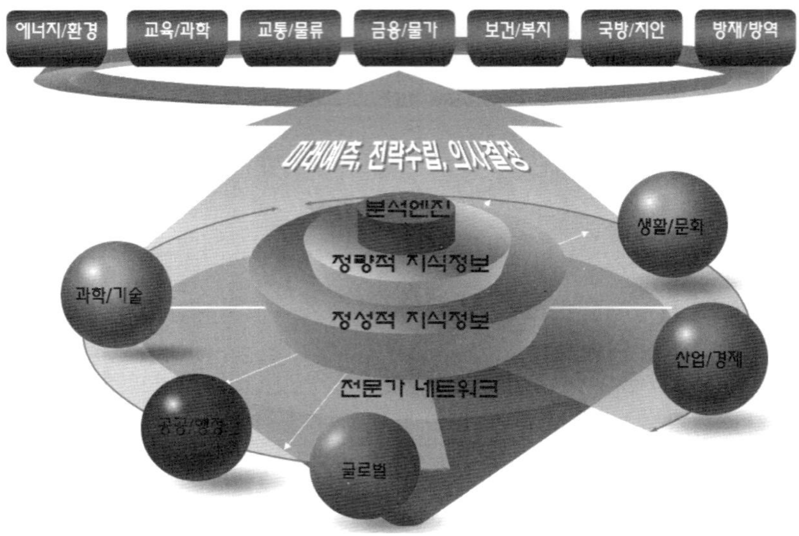

대로 과학적 심층 분석과 시뮬레이션을 위한 핵심 분야별 미래예측시스템도 구축하여야 한다. 생활물가・국민건강증진・에너지수요・인력양성・농수축산물 수급・식품안전관리 등의 예측시스템이 그 예라고 할 수 있다.

또한 메가트렌드, 국내외 리포트 등 미래전망과 관련된 정보를 체계적으로 구축하고 관리하기 위한 미래예측 지원 포털 구축도 필요하다. 포털을 통해 미래예측 DB를 분류하고 체계화함으로써 효율적 정보검색, 공유기능을 제공하고 수요자 맞춤서비스 제공도 가능하다. 그리고 핵심 분야별 미래예측시스템과의 연계를 통해 온라인 델파이 등 예측결과의 공동 활용과 분야별 미래전망 데이터를 취합할 수 있는 기반도 마련할 수 있다.

미래예측 인프라와 더불어 법제도와 정보통신기술의 격차를 최소화 할 수 있는 정보화 관련 법제도의 인프라 강화도 필요한 부분이다. 스마트 서비스의 확산과 IT 융합 활성화에 따른 법적 쟁점에 효과적으로 대응하기 위해 정보화 관련 법제도 정비와 근본적 대책마련이 시급하다. 기술발전에 연동되는 미래지향적이고 '시의성(timeliness)'있는 정보화 법령의 특성을 고려하면서 '정합성(coherence)'을 유지한 균형 있는 법제도 기반을 선제적으로 마련해야 한다.

[그림 8] 분야별 미래예측시스템과 미래예측 지원 포털 연계 방안

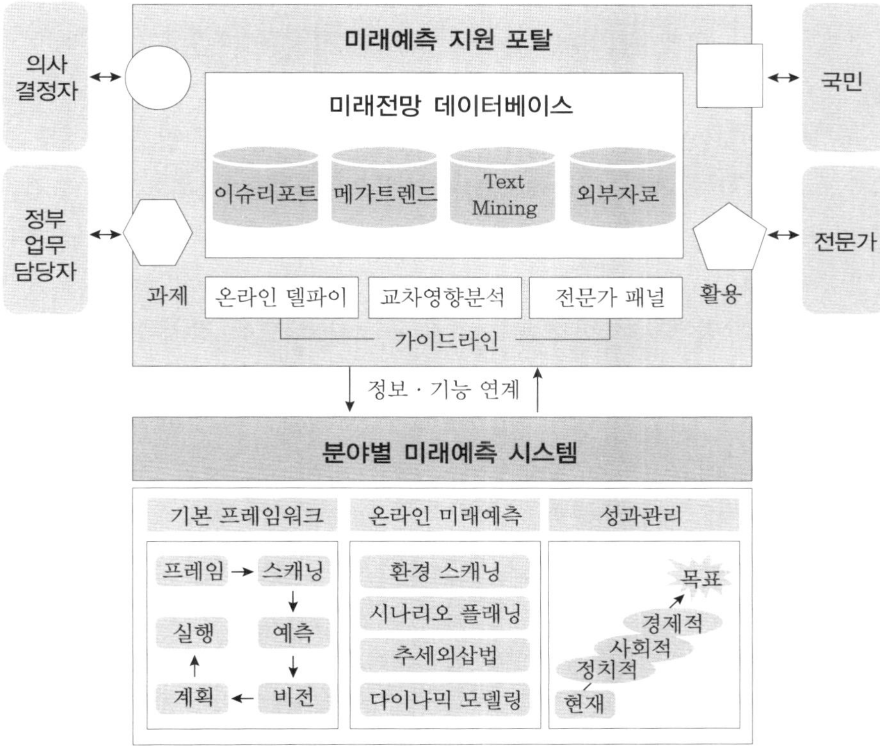

제 9 절 미래지향적인 국정운영 거버넌스 정립

미래예측인프라 마련 및 체계의 정립이 잘 이뤄지고 국가경쟁력으로 발현될 수 있도록 하기 위해서는 정책 및 제도에 대한 미래지향적 준비도 병행할 필요가 있다. 미래지향적인 인프라, 수요, 정책간의 상호작용을 통하여 선진 사회를 구현하기 위한 지식기반 국가선진화 전략이 마련되는 것이 바람직할 것이다.

정책 및 제도의 구현에 있어서 가장 중요한 것은 미래지향적인 선진 국정운영 체계를 수립하는 것이다. 선진 국정운영 체계란 국가 미래비전을 확립

하고, 일관된 정책을 수립하는 메커니즘과 안정적인 정책 집행체계 등을 포함한 미래지향적인 국정 거버넌스의 확립을 말한다.

선진 국가는 미래전략 수립에 관한 제도적 장치를 마련하고, 민관 협력체계를 강화하는 등 미래 대비 문화 정착과 국정 거버넌스 마련에 대한 많은 노력을 기울이고 있다. 장기적 시각에 따른 예측과 전략 수립 필요성을 인식하여 전세계 30여 개의 나라에서는 주기적으로 국가미래보고서를 출간하고 있으며, 글로벌, 환경, 복지, 성장과 같은 주제는 각국의 미래전략기구들의 공통 관심사이기도 하다.

우리나라도 범부처적 미래전략 조직 구성과 제도적 장치를 더욱 공고히 할 필요가 있다. 미래지향적인 정책에 장애가 되는 법규 및 규제 개선, 시민을 포함한 정부, 산·학·연, 국제기구 등과의 거버넌스 기반의 협업체계 구축은 새로운 스마트사회의 성공적인 구현을 위한 필수적인 요소가 될 것이다. 미래지향적인 국정운영 거버넌스 시스템의 구축은 국가적으로 중대한 위협요인을 해결하고 미래의 불확실성을 최소화함으로써 우리나라가 '또 다른

[그림 9] 선진국 미래전략기구의 시사점

영 국	범정부 차원의 미래전략을 위한 지원 및 조정의 역할을 수행
미 국	인하우스 싱크탱크와 외부 싱크탱크의 연계협력과 충분한 시간 투입
핀란드	상임위 설치를 통해 의회 기능과 정부 기능의 연계 및 법제화
스웨덴	공공의 의사결정시스템과 미래연구의 독립성을 확보
일 본	기술정책과 경제재정전망에 초점을 둔 전문성 있는 전략 수립
호 주	대중에게 공감대 형성을 위한 공공 토론 수행

▼

〈미래전략기구에서 다뤄지는 공통 주제〉

◉ 전세계적 위험 요소 및 변화 환경에 대응하는 국가전략
◉ 지속가능한 환경 조성
◉ 고령사회 및 사회 소외계층 복지 문제
◉ 신성장 동력

출처: 한국정보화진흥원(2008), '선진국의 미래전략기구 분석과 시사점', 국가미래전략 Brief 2호

미래(another future)', 세계일류국가로 나아가는 시작점이 될 것이다.

범국가적으로 미래지향적인 국정 거버넌스 메커니즘을 확립하기 위해서는 영국의 미래전략처와 같은 국가미래전략기구의 설립이 반드시 필요하다. 범부처와 상호 유기적으로 연계된 미래전략기구를 구성하고, 미래지향적 입법 환경 도입 및 감사체계 개선 등을 통해 지속가능한 국가발전이 이뤄질 수 있도록 총력을 기울여야 한다.

세부적인 국가미래전략기구의 주요 역할을 생각해보면, 무엇보다도 먼저 미래예측에 기반을 둔 국가비전과 미래전략 수립을 주관하는 역할을 수행하여야 한다. 즉, 미래 기획운영, 전략예산, 정책조정, 국가자원(인적·물적 자원), 국가경쟁력, 국가위기대처기능 등을 포함할 수 있다. 정부 예산투입 효과를 극대화하고, 기회비용을 최소화시키기 위한 미래지향적 정책결정, 평가, 감사 업무 추진체계 개선 등 국가 미래비전을 달성할 수 있도록 정부 부처의 미래전략 수립을 지원하고 조정하는 미래전략의 총괄부서로서의 역할을 기대할 수 있다. 이를 위해서는 특정 소관부처를 넘어선 광범위한 국내외 문제를 다룰 수 있는 범부처적인 협조와 연계체계가 마련되어야 한다.

[그림 10] 미래전략기구 구성안

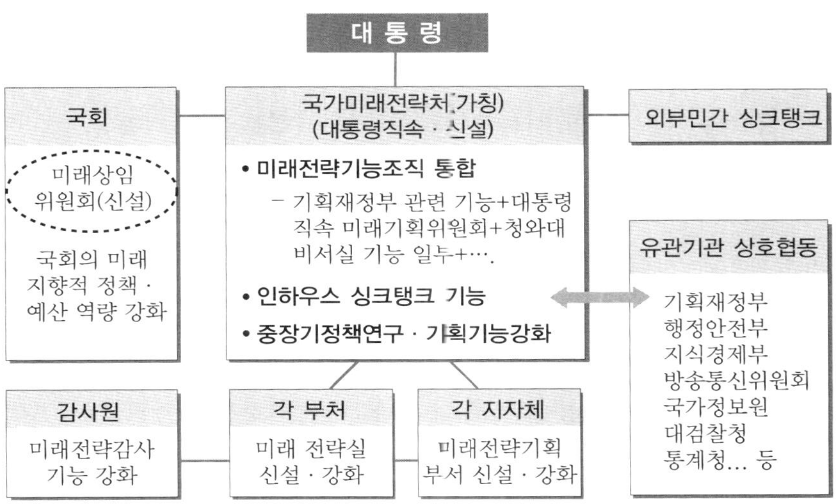

출처: 김성태(2007), 또다른 미래를 향하여; 한국정보화진흥원(2008), '지식기반 국가선진화 전략', 국가미래전략 Brief 1호

이와 함께, 인하우스 싱크탱크를 지속적으로 키우고, 역량을 강화시켜야 한다. 국가내부의 인하우스 싱크탱크는 지속적으로 미래예측 연구를 수행하여 정책결정자들에게 양질의 정책정보를 제공하고, 정부부처의 미래지향적 정책 수립을 지원해야 한다. 이는 광범위한 국가적 이슈 연구와 국가 중장기 발전전략 마련 및 정부의 미래 전략적 역량 제고에 크게 기여할 수 있을 것이다. 정부의 인하우스 싱크탱크는 민간 연구소, 학계 등을 포함한 외부의 싱크탱크와 연계하여 국가 전체적인 거버넌스적 협력을 강화해야 한다.

마지막으로, 미래지향적 입법 환경과 감사체계가 개선되어야 한다. 요즘과 같이 급속한 기술발전과 글로벌한 사회변화가 이뤄지고 있는 시대에서는 입법시 중장기적 관점의 미래 환경 변화에 대한 고려가 반드시 이루어져야 한다. 사회나 기술발전에 뒤처진 입법 환경은 국가발전의 장애요인이 될 수 있기 때문이다. 감사 업무도 미래지향적인 정책 운용을 위해서는 미래예측을 바탕으로 정부 정책이 수립되었는지 평가하고, 예산 수립과 집행을 점검하는 생산적 체계로 전환되어야 할 것이다.

제10절 스마트코리아를 통한 세계일류국가의 실현

인류 문명은 육체노동 중심의 농경사회에서 기계의 힘을 활용한 산업사회를 거쳐 정보와 지식에 의존하는 지금의 정보사회로 발전해왔다. 그러나 정보사회는 또 다른 패러다임을 향해 급속하게 진화하고 있다. 그것이 바로 스마트사회다.

스마트사회란 사람, 시스템, 프로세스 등 모든 것들에 스마트 기술이 적용되어 우리 사회의 어려운 현안들을 '똑똑하게' 해결하고 구성원들 모두가 더 행복해지는 사회를 의미한다. 이를 특징짓는 핵심 요소는 가상현실, 인공지능 등과 같은 스마트기술의 등장과 감성 중심의 하이터치, 하이컨셉과 같은 스마트가치의 변화다. 따라서 이는 경제, 산업 분야뿐만 아니라, 일하는 방식, 국가 행정시스템 전반, 더 나아가 문화에 이르기까지 국가사회 전체를 혁신하는 새로운 사회혁명이라고 말할 수 있다.

스마트사회는 우리 사회가 직면한 다양한 현안을 효과적으로 해결하는 최선의 방향이다. 첫째, 일하는 방식에 있어 구시대적 행태를 답습함으로써 OECD 국가 중 노동생산성이 가장 낮은 원인이 되고 있다. 따라서 다양성과 창의성이 중심이 되는, 일하는 방식의 패러다임 전환이 시급하다. 둘째, 유례를 찾기 어려울 정도로 빠르게 진행되는 출산율 저하와 고령화로 인해 경제활동 인구는 빠르게 감소하는 반면에 노인과 사회적 약자를 위한 복지수요는 기하급수적으로 증가하고 있다. 이의 해결을 위해 새로운 산업의 육성을 통한 일자리 창출이 요구된다. 셋째, 전 세계적인 FTA 체결과 투자 자유화 등으로 세계 경제가 단일시장으로 통합되는 상황에서 기존의 경제구조를 뛰어넘는 혁신벤처, 1인 기업, 사이버 기업 등 신개념의 비즈니스 창출이 필요하다. 이같은 현안들은 기존의 산업사회와 정보사회에서 기인한 문제들로 기존의 패러다임으로는 해결하는 데 한계가 있다. 최근 스마트폰, 스마트워크, 스마트시티, 스마트그리드 등의 열풍은 이러한 관점에서 이해할 필요가 있다.

그러나 스마트사회가 제대로 자리 잡기 위해서는 무엇보다 정책 결정자들의 강력한 추진 의지, 민간과 공공의 협력 거버넌스 체계 확립, 일하는 방식

[그림 11] 세계일류국가 실현을 위한 스마트사회의 구현

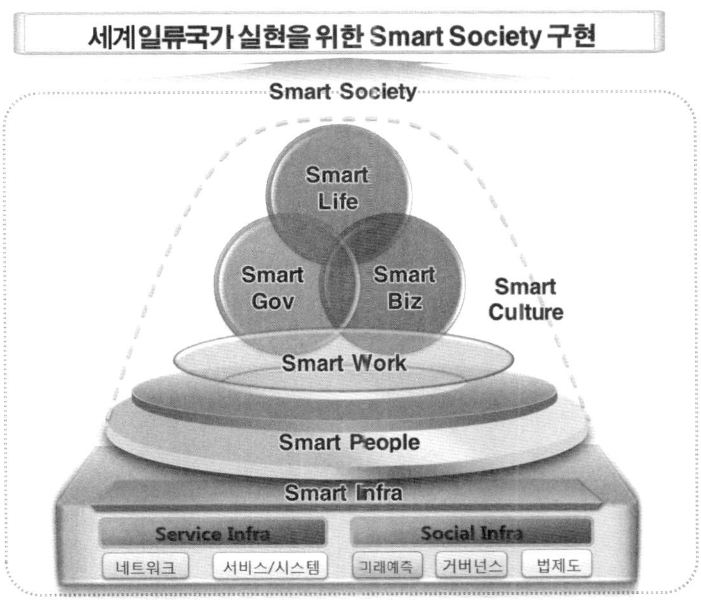

에 대한 기존 관념과 문화의 변혁이 절실히 요구된다.

우리의 앞선 디지털 인프라 여건, 녹색성장의 리더십, 사회적 성숙을 감안할 때, 스마트사회와 스마트코리아 실현으로 세계 속에 우뚝 설 수 있다고 확신한다. 이제 IT확산에서 IT활용으로 패러다임을 전환하여, 새로운 차원의 IT 기반의 창의 강국, 스마트코리아를 다함께 만들어가야 한다.

필연적으로 도래할 수밖에 없는 스마트사회는 세계 문명사적 대변혁이다. 스마트코리아 추진으로 또 다른 미래를 향하여 새로운 시대 변화 흐름을 선도해야 한다.

참고문헌

김성태(2007), *또다른 미래를 향하여 - 국정관리를 위한 미래예측과 미래전략.*

김진혁(2005), "국내외 테러 동향 및 향후 대응방안," 『한국경찰학회보』, 제 8호.

다니엘 핑크(2007), *새로운 미래가 온다*, 한국경제신문사.

롤프 옌센(2005), *드림 소사이어티*, 한국능률협회.

매일경제, "CIT 코리아", 2010.5.

박상현 · 연승준 · 하원규(2004), "한국정보기술응용학회 춘계학술대회, 주요국의 유비쿼터스 IT의 정책 추진 현황과 u-Korea발전 방향".

엘빈 토플러(2006), *부의 미래*, 청림출판.

하원규 외(2009), *Super IT Korea 2020.*

한국정보화진흥원(2008), '지식기반 국가선진화 전략', 국가미래전략 Brief 1호.

한국정보화진흥원(2008), '선진국의 미래전략기구 분석과 시사점', 국가미래전략 Brief 2호.

한국정보화진흥원(2010.4), *IT & Future Strategy 보고서* "미래 사회의 새로운 가능성과 ICT의 역할".

한국정보화진흥원(2009), *IT & Future Strategy 보고서* "미래 정보사회를 읽는다 - 미래 정보사회 관련 해외도서 9선".

한국정보화진흥원(2009.10), *IT & Future Strategy 보고서* "트랜드로 보는 미래사회의 5대 특징과 준비과제".

ETRI(2007), *Convergence of IT & others.*

Samuel J. Palmisano(2010.1.12), "스마트의 시대에 오신 것을 환영합니다."

Popper, R.(2006), *The Foresight Diamond.*

chapter 02

한국의 15대 메가트렌드와 미래의 모습

제1절 서　론

존 나이스비트는 1982년 저술한 「Megatrends」에서 메가트렌드를 '현대 사회에서 일어나고 있는 거대한 조류'로 정의하였다. 그는 메가트렌드의 특징으로 정보사회, 글로벌경제, 분권화, 네트워크형 조직 등 10가지를 제시하여 큰 사회적 반향을 일으킨바 있다. 이러한 메가트렌드 전망 중 대다수는 현재도 진행 중에 있으며, 우리사회의 장기적 발전 추세를 이해하고 통찰력을 얻는데 중요한 기준을 제시하고 있다.

최근 급속한 기술발전과 글로벌화가 진전됨에 따라 메가트렌드 전망은 더욱 중요해 지고 있다. 인구구조의 변화, 금융위기나 원유가급등, 글로벌 경제 위기, 기후 및 환경문제로 야기되는 예기치 못한 재난재해 등 사회가 급변하고 있는 가운데 메가트렌드 전망은 미래를 내다보고 기회를 선점하기 위해 더욱 중요하게 인식되고 있다. 세계 각국에서는 변화의 소용돌이에서 낙오하지 않고, 주도권을 쥐기 위해 국가적 차원에서의 미래 전망과 준비를 활발히 진행하고 있다.

각국정부 뿐만 아니라 기업, 학계 등에서도 유무선 네트워크 확산, 글로벌 경제위기 등 최근 일어나고 있는 변화의 흐름을 반영한 미래 사회로의 흐름을 읽어내고, 우리사회에 중요한 의미를 갖는 메가트렌드를 전망하고자 하는데 많은 노력을 기울이고 있다.

이렇듯 국내외 정부, 기업, 학계 등은 바람직한 미래 창출을 위해서, 혹은 미래의 위험요인에 효과적으로 대응하거나 전략적인 미래선점을 위해 다양한 글로벌 미래이슈 및 트렌드 전망, 유망기술 예측 또는 중장기 비전・계획 등을 마련하고 있다. 이와 같은 미래 전망은 수년에 걸쳐서 각계의 전문가들이 참여한 대규모 프로젝트로 도출된 것부터, 영향력 있는 지도자나 통찰력 있는 연구자가 미래에 대한 힘 있는 의견을 제시한 것까지 다양한 방법으로 시도되고 있다.

이러한 미래전망 자료들은 접근방법이나 관점은 다르지만 모두 미래의 가능성과 우리사회를 관통하는 변화의 흐름을 전망하고자 하는데 공통점이 있다. 그러므로 선행연구 자료를 종합하여 분석한다면 많은 기관과 연구자들에 의해서 공통적으로 제시된 메가트렌드를 도출할 수 있을 것이다.

이에 착안하여 국내・외 최신 미래 전망 자료를 망라하여 구조화된 틀로 재구성하고, 종합적인 분석을 통해 공통적으로 주요한 흐름을 파악해보고자 하였다. 그 결과 미래 한국사회가 직면할 15가지의 거대한 변화의 흐름과 경제・사회・기술 각 분야에서 파생될 핵심적인 이슈를 도출하였다.

제 2 절 선행연구 분석의 틀

가장 먼저 국내외 주요 메가트렌드, 미래 전망 자료를 수집하였다. 자료를 수집하는데 있어서 발표기관이나 연구자의 대표성, 공신력, 전문성 등을 고려하여 국내외 총 51개의 자료를 선정하였다.

국내의 경우 미래기획위원회, 기획재정부, 한국과학기술기획평가원(KISTEP), 정보통신정책연구원(KISDI) 등 정부・연구기관과 삼성경제연구소(SERI), LG경제연구원 등 민간연구기관의 미래전망・비전 자료를 조사・수집하였으며, 국외의 경우 UN, 국제에너지기구 등 국제기구와 일본, 미국, 영국 등 각국 정부 및 기업의 주요 미래전망 자료를 조사・수집하였다. 국내외의 수집된 자료는 아래 표와 같다.

〈표 1〉 국내 대상자료 목록

	구분	제목	출처	날짜
1	정부	2020/2050 미래전망 토론회	미래기획위원회/KDI	2008.9
2		IT KOREA 5대 미래전략	미래기획위원회/지식경제부	2009.9
3		Future 2030: 우리의 미래 모습은?	과학기술부	2005.5
4		제3회 과학기술예측조사 수정·보완	과학기술부/KISTEP	2008.2
5		국가정보화기본계획	정보화추진위원회	2008
6		함께하는 희망한국 VISION 2030	정부·민간 합동작업단	2006
7	공공 연구 기관	유비쿼터스사회 변화 전망과 과제: 경제분야	한국정보화진흥원	2006
8		유비쿼터스사회 변화 전망과 과제: 사회문화분야	한국정보화진흥원	2006
9		유비쿼터스사회 변화 전망과 과제: 인프라분야	한국정보화진흥원	2006
10		유비쿼터스사회 변화 전망과 과제: 에너지/환경 분야	한국정보화진흥원	2006
11		유비쿼터스사회 변화 전망과 과제: 정치행정분야	한국정보화진흥원	2006
12		(정치)미래 선진한국의 행정연구	한국행정연구원	2008
13		새로운 예측 프로세스를 적용한 미래유망기술 발굴 및 미래사회 전망	KISTEP	2009
14		미래 경제사회 전망과 과학기술 비전	STEPI	2007
15		IT기술예측	지식경제부/IITA	2008
16		메가트렌드 연구보고서(2003~2009)	KISDI	2003~2009
17		국토대예측연구	국토연구원	2009
18		미래트렌드와 미래연구	부산발전연구원	2007.12
19	민간 연구소	(SERI 보고서로 읽는) 미래산업	삼성경제연구소	2009
20		10년후 세상을 말한다 (LGERI의 미래생각 시리즈(1))	LG경제연구원	2010.1
21		위기 후 세계경제의 뉴 패러다임 (LGERI의 미래생각 시리즈(2))	LG경제연구원	2010.1
22		해외 미래예측기관들이 보는 10년후 세상	LG경제연구원	2009
23	민간	2018, 인구변화가 대한민국을 바꾼다: 10년 후 대변혁을 가져올 44가지 미래 트렌드	한스미디어 (김현기 외)	2008
24		퓨처코드: 대한민국 미래 트렌드	미래전략포럼	2008
25		2013 KOREA Scenario	한국CEO 포럼, AT커니 코리아, 미래경제연구원	2007

〈표 2〉 국외 대상자료 목록

	구분	제목	출처	날짜
1	정부	미래기술 전략지도	일본 경제산업성	2009
2		Global Trends 2025: A Transformed World	미국 NIC	2008.11
3		Innovation 25	일본 이노베이션 추진본부	2007.6
4		World Trade: possible futures	영국 DTI - Horizon Scanning Centre	2009
5		Sigma Scan 271개 이슈	영국 DTI - Horizon Scanning Centre	2010
6	국제기구	Future Internet 2020: Vision of an Industry Expert Group	European Communities	2009
7		시나리오와 전략	국제에너지기구	2008
8		UN 새천년개발목표 (Millennium Development Goals)	UN	2008
9	민간 연구소 및 학계	IT Road Map of Unified Communications Until 2013	일본 노무라연구소	2008.5
10		The Global Technology Revolution 2020	미국 RAND 연구소	2007. 5
11		역대 MIT 선정 10대 유망기술	MIT	2009
12		55 Trends Shaping Tomorrow's World	세계미래학회	2008
13		The Futurist	세계미래학회	2009
14		미리 가본 2018년 유엔미래보고서	박영숙, 제롬 글렌 등	2008.12
15		유엔미래보고서 2	박영숙, 제롬 글렌 등	2009.12
16		Foresight 2020 Economic, industry and corporate trends	EIU(Economist Intelligent Unit)	2006
17	산업	Shell Energy Scenario to 2050	Shell	2008
18		Megatrends	독일 Z-punkt	2008
19		Government 2020 Scenarios	가트너	2005
20		Horizons 2020	지멘스	2006
21	일반	Powerful Times: Rising to the Challenge of Our Uncertain World	이몬켈리	2006
22		자본주의의 미래 (영국 Financial Times 30여개 기고문 요약)	미래기획위원회	2009
23		토마스 프리드만의 "Hot, Flat, and Crowded" 요약	미래기획위원회	2008
24		The Next Big Thing - 미국 Foreign Policy(격월간지)에서 13개 미래이슈 소개	기획재정부	2009
25		2020년 인터넷의 미래전망 - PEW Internet의 "The Future Internet III" 요약	KISDI	2008
26		극단적 미래예측	김영사 (제임스 캔턴)	2007

자료를 수집한 이후에는 수집된 자료의 구조화 작업을 진행하였다. 구조화 작업은 수집된 국내·외 최신 51개 자료별로 심층원동력, 메가트렌드, 트렌드를 구분하여 분류하는 것부터 시작하였다. 여기서 심층원동력이란 변화의 가장 큰 원인이나 동인이 되는 것으로 정의하였고, 메가트렌드는 중장기적이면서 사회 전체적으로 큰 영향력을 미치는 큰 흐름으로 보았다. 트렌드는 메가트렌드보다는 단기적이고 정치, 경제 등 특정 부분에 영향을 미치며 실현가능성이 있고 사회적으로 의미 있는 것들로 분류하였다.

[그림 1] 자료 분석의 구조

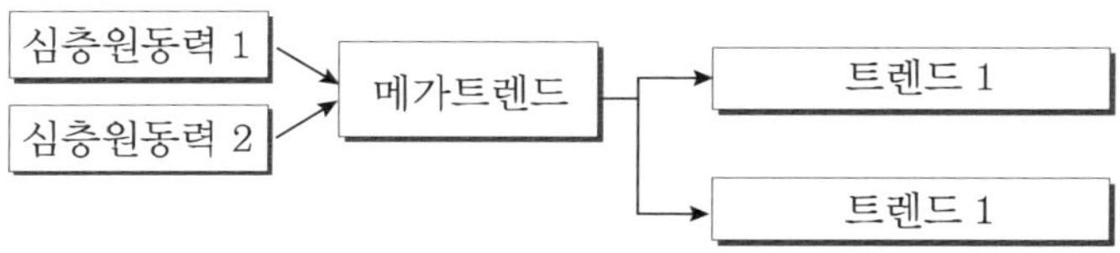

예를 들어 미래 전망자료를 구조화 할 때 기후변화, 자원부족, 전염병 확산은 미래사회를 변화시키는 주요 원인으로 작용하므로 이를 심층원동력으로 분류하였고 이로 인해 나타날 수 있는 중장기적이고 사회 전체적인 변화로는 국가적으로나 글로벌 환경에서 거버넌스가 강화되는 것을 메가트렌드로 보았다. 이와 관련하여 세계정부의 필요성 증가, 민간대형 포털사이트의 영향

[그림 2] 자료 분석결과 (예시)

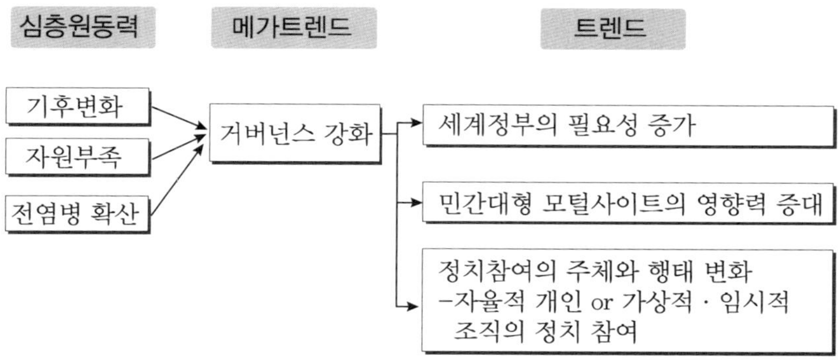

력 증대, 정치참여의 주체와 행태 변화 등이 우리가 눈여겨봐야 할 트렌드로 분류하였다. 총 51개의 미래 전망자료는 이러한 분류 틀에 의해 구조화 하였다.

제 3 절 메가트렌드의 STEEP별 분류

51개의 자료에서 심층원동력, 메가트렌드, 트렌드를 도출·종합 분석하여 미래 한국사회가 직면할 메가트렌드와 경제·사회 전반의 이슈에 대해 보다 구체적이고 실질적인 메가트렌드를 선정하고자 하였다.

우선 첫 번째 단계로는 사회 전반의 분야를 아우르는 미래전망을 위해, 수립된 미래전망 자료에서 도출한 메가트렌드를 STEEP(사회, 기술, 경제, 환경, 정치)으로 분류하였다[1]. 첫 번째 단계에서 STEEP별로 분류한 메가트렌드는 아래와 같다.

1. 사회(Social)부분의 메가트렌드

- 인구 구조의 변화: 저출산, 고령화, 세계 인구증가, 국내의 인구감소, 인구이동, 수명 증가, 가족 재구성 등
- 갈등의 다양화, 양극화 심화
- 네트워크 사회, 지식사회, 유비쿼터스 사회의 발달
- 글로벌화(다문화)와 국가/민족의 이중성 증대
- 문화 다양화: 삶의 질, 여성, 노동유연화, 개인주의
- 투명성의 증가: 정보 집중, 중앙정브 감시와 통제
- 가치관의 변화: 세속주의, 개인주의
- 교육 중요성 증대: 불평등, 교육열
- 도시화
- 웰빙과 건강문제에 대한 관심 증대(지속가능한 문화)
- 가상현실의 구현
- 권력 구조의 변화: 기술발전과 투명성의 증가

---

1) STEEP 프레임워크: 미래 시나리오에 큰 영향을 미치는 요소를 파악할 때 Social, Technology, Economy, Environment, Political 등 5개 분야로 접근

2. 기술(Technology)부문의 메가트렌드

- IT: 네트워크, 지능형 인프라, e-book, 지식집약(집단지성), 오감형 통신 기술, 인체 통신, 퍼스널 라이프 로그 기술, 소프트화, 지식서비스, 개인화, 소셜 네트워크, 지능화, u-WORK, 웹의 플랫폼화, 웹기반 서비스 경제, 정보보호&보안, 미래인터넷, 커뮤니케이션 기술, 개인별 맞춤형 매쉬업, 표준과 지식재산권, 모바일화, 쌍방향성, 내재성, 컴퓨터 바이러스 증가
- BT: 바이오 경제, 배아줄기세포, 바이오제약, 신종 전염병 확산, 생체정보 수집, 재생의료, 전자진료
- NT: 신소재
- ET: 녹색성장, 풍력발전, 전지(자동차), 수처리(물관리), 청정에너지, 신재생에너지(기후변화, 환경오염, 물부족, 자원부족), 태양전지
- 교통: 위치기반서비스, 지능형 교통 인프라, 도시인프라, 지능형 교통시스템
- 로봇: 군사(군 무인화), 인지로봇
- 사회안전: 방재기술, 경비산업 성장
- 융합: 개방성/협업, IT컨버전스, 국가/시장/시민사회 간 개방·공유·협업, U-CITY
- 지능화: 인지과학(인공지능, 인간형 로봇, 인지뇌과학), 뇌-기계 인터페이스 등장, 인간중심적 지능·융합화, 지능형 S/W
- ST: 우주, 심해 이용
- 공간정보: 위치정보, 증강현실, 가상현실
- 기술발전에 따른 부작용: 기술발전에 대한 도덕적 우려 증가, 신기술 악용 가능성 증가
- 기술 패권주의

3. 경제(Economy)부문의 메가트렌드

- 경제 다극화(세계 경제질서 변화): 브릭스(BRICs) 성장, 미국중심의 국제질서 체제 개편(중국 부상), 동북아 협력 강화
- 산업구조의 서비스업화: 서비스 산업의 발달
- 다양한 금융서비스 확대

- 지식기반경제 강화: 전자상거래, 지적재산권, 경제 주체의 다변화(프로슈머), 지식/정보화사회, 무형자산 경제 발달(지식집약도, 경험의 중요성 증가)
- 노동환경의 변화: 자동화, 노동의 유연성
- 경제 신패러다임: 자본주의 2.0(자본과 인력이동 통제, 자국 보호주의), 인터넷에 의한 자영업 보편화
- 경제활동인구의 변화: 고령자, 여성의 경제활동 인구 증가
- 글로벌화(글로벌 경제시대): 세계경제 통합, 국제 분업, 금융시장 패러다임 변화(금융시장 다각화), 국제 무역 협상 강화, 글로벌 노동시장, 자본이동의 글로벌화, 불균형한 성장(일자리 감소, 전염병 증가, 현대판 제국주의), 다국적 생산네트워크 강화, 산업구조 고도화
- 인구구조의 변화(고령화, 저출산)에 따른 주택수요의 다양화
- 우리나라의 경제 성장 비전: 2020년 4만달러 시대 진입
- 기업경영: 지식경영, 윤리경영, 멀티코드 시대를 선도할 가치 조합 경영, 개방적 구조, 협업 및 IT 이용 증가, 기업경영 세계화, 가치 공동 창조(기업과 고객 상호작용), 지식관리, 저비용 비중 약화(가치 창출 증대), 비즈니스 에코시스템
- 소비여건: 소비패턴의 변화, 신 문화조류, 초고령 실버사회, 웰빙/감성/환경(에코) 중심 소비 패턴, 개인화
- 남북한 경제협력 및 통합 전망
- 양극화: 국가간/국가내(소득의 양극화, 기업의 양극화, 수출과 내수의 양극화, 고용구조, 지역별)
- 정부역할 확대: 작은정부 → 큰정부로 변화
- 기술발전에 따른 경제 변화: 융합기술, 디지털혁명(전통산업 및 타기술/산업과 IT기술 융합을 통한 신산업 창출), 오픈소스 확산, 모든 것이 연결, 기술투자
- 지방의 중요성 확대
- 중산층의 성장(글로벌 중간계층 성장)

4. 환경(Environment)부문의 메가트렌드

- 기후변화: 생물다양성 감소, 생태계 변화, 지구 온난화, 온실가스, 지구사막화, 산성비, 저탄소 녹색성장
- 자원고갈: 수자원 중요성 증가(물부족), 화석연료 고갈, 식량난

- 에너지 위기(부족 → 대체): 신재생에너지, 에너지 자립, 안정적 자원 공급이 주요 이슈, 에너지 관련 개인 및 사회적 책임 증대
- 에너지 기술(대체에너지): 환경 친화기술, 태양열, 수소, 해상 풍력, 지열, 바이오 연료, 연료전지, 지역 자립형 에너지 시스템, 에너지 인터넷(전력 인터넷 → 스마트그리드), 에너지 효율화 기술 성장, 에너지원의 다원화
- 에너지산업: 산업구조 개편, 수소경제, 탄소배출권 거래 시장
- 건강위해요인 증가: 신종 전염병 출현 및 영향력 증가
- 환경오염: 핵오염, 수질/토양/대기 오염, 나노기술의 위험성, 지구감시체제 구축(글로벌 환경 모니터링 시스템)

5. 정치(Political) 부문의 메가트렌드

- 소프트파워
- 네트워크 권력(거버넌스 변화): 네트워크 국가의 부상, 전자/참여/숙의/직접 민주주의 논의 확산, 정부의 역할 및 기능 변화, 권력의 이동
- u-정부의 등장
- 정치의 시장화, 기업화
- 북한의 정세와 통일 문제
- 글로벌화: 한국문제의 다자화/다층화/복합화, 세계화 → 지역화로
- 세계정치질서의 변화: 다극화와 분권화(미국중심에서), 중국과 인도의 정치적 성장, 동아시아 불확실성 증대, BRICs 부상
- 새로운 안보이슈 등장: 핵 확산, 국제범죄, 테러 위협 증가, 대량살상무기 확산
- 종교와 문명의 충돌: 이종문화/다문화
- 자원 및 에너지 문제: 자원의 무기화, 환경오염/물부족/자원 및 에너지 수급 문제로 국가간 갈등 심화

메가트렌드 선정 1단계를 통해 51개 자료들에서 다뤄지고 있는 메가트렌드 전망들을 STEEP의 범주를 통해 약 60여개의 메가트렌드로 분류하였다. 분류된 60여개의 메가트렌드를 보면 유사하거나 공통된 내용도 있고 여러 분야에 걸쳐 있는 이슈들도 많았다. 또한 상호 인과적인 관계를 형성하며 STEEP의 어느 한 부문에서 보다 핵심적인 변화 요인이 되는 것들도 있었으며 실현됐을 때는 사회적으로 큰 영향력을 미치는 메가트렌드가 될 수도 있

지만 그 실현가능성이 여러 방향으로 나타날 수 있는 유동적인 메가트렌드도 포함하고 있었다.

예를 들어 글로벌화의 심화는 대부분의 미래 전망에서 동의하고 있지만 일부 전망에서는 글로벌 경제의 저성장 국면과 신자유주의 기조가 쇠퇴할 것으로 예측되면서 글로벌 다극화 시대, 국가자본주의(state capitalism) 확산, 보호주의무역 확대 등 새로운 경제 질서와 힘의 이동에 따라 지금과는 전혀 다른 거대한 변형이 일어날 것으로 예상한 전망들도 있었다. 이렇듯 아직 확실성은 없지만 실현됐을 때 중요한 영향을 미치는 전망들도 1단계에서는 모두 포함하여 분류하였다. 즉, 미래 전망은 모든 것이 정답이 아니며 한 방향으로 예측되지 않는 특성이 메타분석을 통해 나타나고 있었다.

제4절 15대 메가트렌드의 최종 선정

1단계에서 51개 자료에서 나타난 메가트렌드 전망을 STEEP별로 분류해 보았다면, 2단계에서는 1단계에서 도출된 60여개의 메가트렌드 중에서 사회 전체적으로 관통하고, 공감대가 높고, 눈여겨 봐야할 이머징 이슈나 사회적 영향력이 높은 와일드카드 등을 고려하여 유사성과 공통성을 기준으로 그룹핑해서 메가트렌드를 최종 선별하였다. 그 결과, 최종적으로 15대 미래 메가트렌드를 아래와 같이 도출하였다.

〈표 3〉 15대 메가트렌드

분야	메가트렌드	내용
S (사회)	① 인구구조의 변화	세계인구 증가, 국가별·지역별 인구증가/정체/감소가 각각 진행, 저출산·고령화 문제 등
	② 양극화	국가 간/기업 간/고용구조 양극화, 경제적 양극화에 따른 교육기회의 차별화, 취약계층에 대한 사회책임 문제 등
	③ 네트워크 사회	사이버 공동체 활성화, 영토국가에서 네트워크 국가로 전환, 정보 독점 및 정보의 평준화 등

T (기술)	④ 가상지능공간	사이버 공간과 물리적 공간 간 상호작용 증대, 증강현실, 실감형 컨텐츠 등
	⑤ 기술의 융복합화	기술-산업간 융복합화, 전통산업과 신기술의 융합 등
	⑥ 로봇	휴머노이드 로봇, 군사용 로봇, 나노로봇, 정서로봇 등
E (경제)	⑦ 웰빙/감성/복지경제	고령화·글로벌화에 따른 삶의 질 중시, 신종질병/전염병 증가에 따른 건강문제 대두 등
	⑧ 지식기반경제	경제의 소프트화 현상 심화, 정보·서비스·컨텐츠 등 무형자산 시대 도래, 지식경영 확산, 디지털 중심의 산업 재편 등
	⑨ 글로벌 인재의 부상	글로벌화에 따른 멀티플레이형 인재, 지식경쟁력 부상, 창의력과 감성의 부각 등
E (환경)	⑩ 기후변화 및 환경오염	환경오염과 기상이변에 따른 환경안보 부각, 국제 탄소거래제도, 물 부족 문제 등
	⑪ 에너지 위기	화석에너지 및 자원고갈 심화, 지속가능한 에너지 체제로의 전환, 대체에너지 개발 등
	⑫ 기술발전에 따른 부작용	인간·윤리문제와 기술의 충돌, 기술 패권주의, 개인정보 보호 및 불건전정보의 부작용 문제 등
P (정치)	⑬ 글로벌화	이동성 증가, 인력 및 자본 이동, 국제공조 확산, 다문화 및 이종문화 등
	⑭ 안전 위험성 증대	신종 질병 및 전염병 확산, 핵 확산, 대량살상무기 확산, 경비산업 성장 등
	⑮ 남북통합	남북한 경제협력, 북한문제의 국내화 및 급변화, 북한의 불확실성 등

제5절 15대 메가트렌드와 미래 이슈 전망

메가트렌드 전망 자료를 종합 분석해보면 인터넷·네트워크의 발전이 소비자 중심주의 강화, 권력 분산 등 주요 트렌드 발생에 영향을 미치고 있었다. 또한 지속가능한 에너지 체제로의 전환, 지식기반 경제, 지식경쟁력의 부상 등 ICT를 기반으로 변모하는 미래사회의 트렌드가 다수 예측되고 있었다. 미래사회는 ICT 발전이 사회를 변화시키는 원동력으로써 사회가 ICT 발전의 견인으로 상호작용하며 ICT와 사회의 공진화를 통해 경제·사회의 주요 트렌드를 생성하며 발전될 것으로 보인다.

그 외 메가트렌드별로 나타날 수 있는 주요 파생이슈들은 아래와 같이 정리하였다.

〈표 4〉 15대 메가트렌드와 파생 이슈

메가트렌드	이슈	
1 인구구조의 변화 - 고령화, 인구증가, 인구감소, 가족 재구성, 여성파워	사회(S)	·학교 수 및 규모 축소, 대학 입학 인원 감축으로 인한 구조조정/기능변화 ·혼인감소, 이혼 및 재혼 증가 등 가족불안정 가속화 ·국제결혼 증가, 외국인 급증에 따른 다문화사회로의 급속 이행 ·노령층의 재교육 및 평생교육, 외국 유학생, 외국인 노동자 및 이주자 가족에 대한 교육 필요 ·노동공급형태가 다양화되어 자발적 비정규직·비전형적 근로형태 확대. 자영업과 임금근로자의 특성을 모두 가진 특수고용형태 근로자가 다수 존재 ·향후 20여년간 아시아, 아프리카, 라틴 아메리카 인구가 전세계 인구의 대부분을 차지할 것 ·인구감소와 경제 사회 고도화에 따른 멀티플레이형 인재 필요성 증가
	기술(T)	·ICT 기술 발전으로 재택근무 확산 등 근무형태가 다양화되어 고령자 및 장애인 취업이 용이 ·u-Work, u-Home 개념의 도입으로 가사노동이나 사고 예방 ·양질의 보건의료서비스 제공으로 활력있는 저출산/고령사회 대응 ·고령자, 장애인, 외국인 등을 배려한 유니버설 디자인 단말기의 보급으로 디지털 격차가 없는 IT사회 실현 ·세포치료 및 동물복제 장기 치료를 통해 생명 연장의 꿈 실현 ·고령화로 인한 인공지능 로봇 수요 확대 ·가족간의 의사소통은 이메일, 휴대전화, 문자메시지 등 IT기술을 기본으로 함

경제 (E)	· 노령자 및 여성인력의 경제활동 참가 증대 · 고용 총량은 다소 감소할 것이며 산업별 고용 비중이 변화할 것 · 여성 노동력에 대한 수요 증가, 여성의 취업욕구 상승, 2인 소득을 필요로 하는 가족 요구로 여성 취업의 확대가 유도됨 · 부양세대의 금융수요 증가 및 개인의 금융자산 축적으로 증권 및 자산운용 시장이 크게 발전 · 경제활동 인구 감소에 따른 임금상승, 잠재성장률 저하 등 발생 · 건강보험, 연금 등 사회복지 관련 지출 급증으로 국가재정 부실화 · 자기중심적이며 감각 중시 소비성향의 노년층 등장 · 고령인구 비중 증대는 서비스 생산을 촉진하고 공공부문을 확대시킬 것 · 상대적으로 부유한 노년층의 부의 집중 증가는 청년층과 빈곤한 노년층의 동일한 빈곤을 창출 · 가사노동을 대체할 서비스와 Child Care 서비스 등 신산업 성장 · 난치병 예방치료 서비스, 노인성질환 치료서비스 등 실버산업 성장 · 고객친화적 유통 개발, 특히 노년층을 위한 유통채널/포맷 개발 · 모든 상거래를 여성이 좌우하는 '위미노믹스' 시대 도래 · 향후 44-65세가 새로운 최대 소비층으로 떠오를 것
환경 (E)	· 물의 절대량 부족 및 수요의 급격한 증가로 인해 물부족 심화 (온난화, 산업화, 가뭄, 후진국 인구 증가) · 급격한 도시화, 산업화, 처리시설 노후화 등으로 인한 심각한 수질오염 · 선진국들의 에너지 수요 증가율은 정체 내지 소폭의 증가세가 예상되는 반면, 개도국은 큰 폭의 증가율을 나타낼 것
정치 (P)	· 유권자의 절대다수를 점한 노년층의 정치세력화 · 육체/정신 양면에서 능력을 갖춘 많은 수의 노인들이 중요한 역할을 수행

메가트렌드		이슈
2 양극화(갈등심화 및 다양화) - 국민소득/기업/고용구조/지역 양극화, 갈등 심화	사회(S)	· 전문적 지식을 가진 지식노동자는 상층으로 편입되고 그렇지 못한 범용노동자는 하층으로 침하하는 중간층 분해현상 촉진 · 도시 중산층 교육 욕구의 지속적 증가 및 중하층 교육 욕구의 감퇴 예상 · 경제적 양극화가 교육 기회의 차별화로 이어지는 병폐 심화 · 지식근로자층의 거주공간이 수도권의 특정지역으로 집중되어 공간분리 현상 심화 · 생활공간의 분리는 삶의 방식의 차이를 가져오고, 계층구조의 양극화를 공고히 하여 사회문화적 단절현상 초래 · 인접지역간의 경제적 격차와 치안격차로 인구이동은 계속 증가 · 노동력의 고학력화로 교육수준과 직업의 부정합 문제가 계속 존재 - 고학력화로 기능직 기피가 심화하여 건설업과 제조업의 기간기능인력 공급부족 · 식량가격 상승으로 전세계 1억명 이상이 절대 빈곤으로 전락 · 부의 불균형으로 인한 저소득지역에서 고소득 지역으로의 이민과 이주 가속화
	기술(T)	· 디지털 기술의 편익 활용 여부에 의한 양극화가 가속화 · 젊은 세대와 기성세대는 다른 지식체계를 갖게 됨
	경제(E)	· 소비부진으로 인한 내수경기 침체의 장기화로 중하위 계층의 사회경제적 지위가 크게 약화 · 저기술 산업군의 고용비중은 감소세인 반면, 고기술산업군의 고용비중은 부가가치 비중의 증대에도 불구하고 기술집약적 산업임을 반영하여 일정 수준을 유지 · 소비의 양극화가 심화되나 고급서비스 공급부족으로 서비스의 해외구매 현상 크게 증가(교육, 관광, 의료 등)
	환경(E)	· 경제활동 및 소비증가로 인한 환경오염 및 자원고갈이 가속화될 것 · 자연재해 발생 시 인구 과밀화로 인한 피해 증가
	정치(P)	· 사회경제적 이슈 중심의 정책정당, 이념 정당으로 정당구조가 재편 · 사이버 공동체의 활성화와 이익단체화에 따른 새로운 갈등의 축 형성 · 사회적 부담을 짊어지기 힘든, 희망을 잃은 청년층을 중심으로 한국 탈출

메가트렌드	이슈	
[3] 네트워크 사회 - 네트워크 국가, 전자/참여/숙의/직접 민주주의, 사이버공동체, 정보 권력	사회(S)	· 네트워크에 의한 의식 변화(개인주의화, 개인 정체성의 다양성) · 조직이 단독적으로 할 수 있는 일보다 일을 분담하고 연계함으로써 부가가치를 높이는 일이 중요해짐 · 개인이 주체가 됨으로써 삶의 질에 대한 관심 증대 · 전통적 의미의 공동체 약화 및 사회적 규범 혼란으로 사회적 통합 약화 · 온라인 커뮤니티, 네트워크 공동체 발달 등 접속사회 출현 · 네트워크 사회가 구현 되면서 자질보다는 연결을 중시하는 접속적 관계가 사회관계의 주류로 등장 · 감시와 통제 및 사생활 침해 가능성 증가 - 개인 정보와 사생활이 노출됨으로써 인권침해 및 범죄 가능성 급증 · 네트워크가 소규모로 분화되면서 새로운 집단주의 출현 · 극단적 신뢰와 극단적 불신의 교차 · 가상세계와 현실세계와의 융합 · 웹 2.0이 사람들을 더 가깝게 연결시키지만 사회적 포용력을 향상시키지는 않을 것
	기술(T)	· 참여와 집단지성을 통한 소셜 네트워킹 활성화 · 사람과 기기, 네트워크 사이의 연결성이 폭발적 증가(초연결성) · 휴대형 통신기기 수요 증대, 침해하기 힘들고 사용하기는 쉬운 보안기술 개발 요구 · 강력한 컴퓨팅 파워를 갖춘 스마트폰이 인터넷 연결의 주요 플랫폼이 될 것
	경제(E)	· 수평적 네트워크를 매개로 한 쌍방향적인 '생산적 소비자(프로슈머)'의 부상 · 고객과 1 : 1로 접촉, 맞춤화된 상품, 특화된 서비스 제공 등 미래 비즈니스는 초연결과 함께 진화 · 기업 활동에 대한 극단적 투명성 요구 · 고용자들이 인맥 네트워크와 연락처를 통해 고용 · 전자상거래가 가장 중요한 영업 창구로 발전 · 소셜 네트워킹을 통해 여성의 비즈니스 경쟁력 증가
	정치(P)	· 새로운 권력자원으로 지식력(knowledge power) 부상 · 인터넷 확산으로 테러집단의 비대칭 전쟁 가능성 증가(국가인프라에 대한 사이버 테러) · 국가행위자와 비국가행위자의 네트워크 형성을 바탕으로 한 '네트워크 지식국가' 부상 · IT와 다국적기업, 비국가행위자(NGOs)들의 역할 증대 · 수요자 중심의 직접적·자발적이고 네트워크화된 개인 중심으로 정치 참여 양상 변화 · 토론과 비평 활성화로 숙의민주주의로 발전 · 정보 독점 약화에 의한 권력 평준화(ex.전통적 미디어)와 네트워크에 의한 자원 불평등이 강화되는 권력 집중 현상(ex.인터넷 포털)이 동시에 발생 · 민간 대형포털의 영향력이 정보 홈페이지보다 강해지면서, 정부 역할이 축소되고 정부와 민간의 경계가 희미해짐

메가트렌드		이슈
	사회(S)	· 가상-현실이 중첩된 학습 공간 등장 · 물리, 전자, 과거와 미래 연계로 현실-사이버 공간이 공존하는 제4의 공간 탄생 · 가상현실 기술 발전으로 집에서 현실사회 실감 가능(해외문화, 역사유산 등) · 익스트림 리얼리티: 가상과 현실의 불분명한 경계, 가상이 현실을 압도 · 유비쿼터스 시대에 사물과 사물, 사물과 사람, 사람과 사람의 관계가 놀이성을 띠면서 전 생활공간이 놀이공간, 즉 문화예술 향유공간으로 확대 · 새로운 커뮤니케이션 방식으로 오프라인의 생활이 온라인으로 이전 · 실제와 가상세계의 구분이 점점 불명확: 모든 사람이 서로 연결되고 가상공간에서 서로 교류하는 시간 증가
4 가상지능 공간 - 증강현실, 공간정보, 가상현실, 실감형 콘텐츠, 오감 인터페이스	기술(T)	· 인간의 인지감각을 컴퓨터로 구현하는 가상현실 기술 등장 · 기술과 감성이 결합된 콘텐츠 제작 증가 · 유비쿼터스형 문화 콘텐츠로 진화: 오감감성형, 실감 체험형, 감정충족형 · 메가버스 등장으로 최첨단 인공위성 네트워크, 수백만 데이터베이스, 모든 정보를 공유하는 수백만개의 정보 기기가 디지털 패치워크 안에서 서로 연결 ※ 메가버스 : 스스로 재생 가능하고 변화에 적응하며 생각할 줄 아는 똑똑한 다차원/다환경 가상공간을 의미
	경제(E)	· 경험 경제 대두: 농업 경제→산업 경제→서비스 경제→경험 경제 · 현실 감각 체험 중심의 소비양상→가상현실의 판타지를 중시하는 능동형 소비 형태 · 정보통신기술 혁신에 다른 가상공간 거래의 활성화 · 사이버공간에서의 금융서비스가 가능해져 국가간 금융서비스 개방 가능
	정치(P)	· 가상영토, 가상국가, 네트워크 국가의 등장 · 군사력, 경제력을 넘어 새로운 권력자원으로서 지식력(knowledge power) 부상 · 여러 가지 유형의 네트워크 국가 출현 · 사이버공간의 팽창으로 시민의 정치 참여가 획기적으로 증대. 사이버 민주주의를 위한 물적 기반 완성

<table>
<tr><th>메가트렌드</th><th colspan="2">이슈</th></tr>
<tr><td rowspan="4">5 기술의 융복합화
- 기술-산업간 컨버전스, 인간과 사물의 결합, 전통산업과 신기술의 융합</td><td>사회
(S)</td><td>· 미래문화 변동의 출발점은 '인간과 IT의 결합'
· 개인 중심의 컨버전스로 블루오션 개척
- IT자원: 패키지형 상품→네트워크 기반 서비스
- 콘텐츠: 대중 미디어→라이프스타일 미디어
· 영역파괴와 융합의 시대: 프로페셔널리즘
· 융합학문 교육의 중요성 증대: 학제간 연구모델 정립 등
· 윤리의식을 갖춘 과학기술 인력 양성
· 기술, 산업, 문화적 환경변화로 e-book의 대중화
· 나노, 바이오, 정보통신, 인지과학 간의 융합으로 인류 문명이 근본적으로 변화</td></tr>
<tr><td>기술
(T)</td><td>· 나노기술/생명공학/정보화기술/인지과학의 융합화와 시너지화(NBIC)
· IT 컨버전스로 네트워크-단말기-콘텐츠의 가치사슬이 수평적으로 융합
· IT 컨버전스로 통합 플랫폼 선점을 위한 기업 간 경쟁 심화
· 다양한 개인 맞춤형 서비스 확대
· 바이오 Informatics, 생체나노머신, Telemedicine 등 새로운 개념의 제품군과 산업 창출
· 텔레매틱스, 나노소재, 지능형 홈, Wearable PC, 지능형 로봇 등 기존 제조업과 신기술 결합으로 고부가가치 제조업으로 지속적 발전</td></tr>
<tr><td>경제
(E)</td><td>· 전통적 산업을 개성과 다양성을 중시하는 틈새시장이 대체하면서 새로운 시장기회 창출(지식정보화 제조업 및 지식정보형 신 서비스 산업)
· R&D 비용 급증, 규모의 경제를 실현할 수 있도록 연구조직의 대형화: 자금조달 및 리스크 분담을 위해 국가 간, 기업 간, 정부-민간부문간 협력 증가
· R&D 서비스 아웃소싱의 활발한 진행
· 빠른 기술 변화속도에 조직구조가 부합되도록 조정하는 것이 중요
· 기업들이 제품과 서비스를 결합시킨 토털 솔루션 판매의 형태로 변모
· 개별적으로 발전하던 산업구조를 수직, 수평적 산업으로 확장
· 유비쿼터스 서비스 환경 등의 디지털 융합 산업 환경으로 지속 발전</td></tr>
<tr><td>정치
(P)</td><td>· 미래기술 분야 산업의 조기정착을 위한 법률, 제도정비 필요성 증대
· 다양한 디지털 매체를 통해 정부의 온라인 서비스를 지속적으로 제공하는 원스톱 형태의 실시간 정부로 발전</td></tr>
</table>

메가트렌드	이슈	
6 로봇 - 인공지능, 뇌-기계인터페이스, 서비스 로봇, 나노기술, 시멘틱 웹 등	사회 (S)	· 완벽한 기술적 자율성으로 교육자 없는 교육 환경 구축 · 인간과 기계의 인지경계가 사라질 것으로 예상(새로운 가치관과 변화) · 교육기기, 교육 포털 등을 통해 학생끼리 공부하는 사이버교육이 대세 · 지능형 인프라: 사회간접자본의 지능화(지능형 교통체계, 스마트그리드 등) · 퍼스널 라이프 로그 기술 등장: 개인이 일상생활에서 경험하는 정보를 수립하고, 기록, 검색할 수 있도록 하는 기술
	기술 (T)	· 인지과학: 인공지능 및 인간형 로봇 기술 등 ※ 뇌-기계 인터페이스(2030년), 뇌파를 활용한 로봇제어 시스템(2037년), 전자두뇌의식(2050년) · 인간-인간에서 인간-사물간 의사소통으로 확장되는 만물지능통신망 확대 · 군무인화(항공우주, 서비스 로봇): 군사용 로봇 개발 · 인체 통신기술의 발달: 사람의 몸에 부착된 단말장치를 통해 통신 · NT와 로봇기술이 결합된 첨단 의료기술 개발 · IT와 신기술 융합에 의해 인간의 정신, 신체기능을 대체할 수 있는 수단이 출현하며 인간의 능력의 한계를 확장할 수 있음 · 가정용 u-서비스 로봇 · 맞춤형 인간(designer baby) 탄생: 피부색, 체형 지능까지도 유전자 변형 · 말이나 음성으로 검색하는 차세대 검색엔진 등장 · 건축, 수송, 복지 등에 이어 인공 다리, 팔, 눈, 귀 등 인간의 신체기능을 로봇이 보완 · 국가에 의한 신체정보 모니터링: 호르몬 등의 신체정보 모니터링하여 개인의 폭력성 통제 · 사용자 인터페이스가 터치, 말하기, 타이핑 기능 측면에서 획기적으로 개선 · 로봇 기술로 환자에게 원격 수술이 가능해질 것
	경제 (E)	· 인공지능 로봇시장의 급성장(선진국 고령화로 수요 증가) · 2020년 가정 및 개인용 로봇 시장규모 4,000억 달러
	환경 (E)	· 온/습도, 색상 등을 날씨에 따라 자동으로 조절하는 스마트 신소재 등장 · 청정 나노기술: 풍부한 에너지, 환경오염과 생태계 파괴에 대한 위협 감소, 지구의 오염물질 제거 · 나노 의료 기술: 감기, 암 등 질병을 치료하고, 면역기능을 강화, 피부재생, 유전자조작, 환자의 치유 등 · 마이크로 로봇이 인체로 들어가 수술하는 의학의 시대
	정치 (P)	· 국가적으로 자동화, 지능화된 서비스의 강화로 감시사회 우려

메가트렌드	이슈	
7 웰빙/감성/복지경제 - 고령화/환경오염/신종 질병/개인주의/수명 증가에 따른 삶의 질 중시	사회 (S)	· 개인주의 심화로 가치관/정체성/생활양식의 다양화 · 여성의 역할 및 NGO 활동 강화 · 디지털화에 따른 반발로 아날로그적 문화에 대한 복귀 움직임 발생 · 기대수명의 증가로 건강한 삶에 대한 관심 집중 · 사회의 복지 척도가 GDP가 아닌 다른 수단으로 대체
	기술 (T)	· 질병 예측/예방/치료 기술 발달 · 지능적 환경기술(스마트홈 기술 등)을 이용한 건강관리 보편화 · 바이오 의약, 신소재 분야가 기술 주도 · 인간 중심으로 기술이 진화하는 디지털 휴머니즘 부상 · 바이오 테크놀러지, 나노 테크놀러지와 ICT기술의 결합으로 신개념의 의료기기가 개발되어 저가로 광범위하게 보급될 수 있는 기반 마련 · 의료인을 위한 진단지원시스템의 보급과 활용 증가 · 의료서비스 제공방식이 공급자 중심에서 소비자 중심으로 변화
	경제 (E)	· 안전/웰빙/감성 중시의 소비 확산 · 개인맞춤형 소비 시장 보편화 · 국가간 바이오기술 선두 경쟁 치열(바이오 경제 도래) · 소비욕구의 다양화로 마이너리티 컨슈머 시장 성장 · 기업과 고객이 상호작용하여 기업 가치를 공동 창조 · 환경에 대한 소비자 인식 변화로 그린 마케팅 산업 성장 · Work-Life Balance로 취업형태 다양화 · 가사노동을 대체할 서비스와 Child Care 서비스 등 신산업 성장 · 난치병 예방치료 서비스, 노인성질환 치료서비스 등 실버산업 성장 · 건강과 아름다움을 꾸준히 유지하고 싶은 욕구증대로 화장품, 기능성 식품 등을 중심으로 항노화(anti-aging)산업의 발전 촉진
	환경 (E)	· 환경에 대한 소비자 인식 변화로 자원 재활용 및 자원순환 증가 · 농지, 산지, 수변공간의 여가관광자원 활용 증가 · 도시공간의 입체적, 복합적 이용 증가
	정치 (P)	· 다양한 쟁점(웰빙, 생활양식 등)을 내세우는 신사회 운동의 활성화 · 바이오 윤리 국제적 규범화 진행

메가트렌드		이슈
8 지식기반경제 - 소프트파워, 유비쿼터스 사회	사회 (S)	· 첨단기술의 활용으로 생활 및 교육공간의 지능화/재편 · 디지털 편익 활용여부에 따른 양극화 가속 및 갈등유발 심화 · 지식사회의 새로운 인재상 정립 및 인재 육성 중요성이 더욱 증대 · 기술 의존성 증가로 정체성 혼미, 관계성 약화, 인간성 상실 위기 초래 · 종교계에서도 교단 운영의 정보화, 인터넷과 모바일을 활용한 선교의 활성화 등이 빠르게 진행 · 인적자원개발(HRD)시스템의 질이 국가경쟁력을 좌우하고 이에 따라 국가 간 지식에 의한 양극화 심화 · 유비쿼터스 컴퓨팅, 집단지성으로 필요한 지식을 즉각 획득함으로써 의사결정의 질 향상
	기술 (T)	· IT의 이동/지능/내재성 강화 · IT 기반의 고부가가치 기술개발 및 차세대 신산업군 발굴 · IT 발전 및 융합에 따른 인간의 정신적 신체적 능력 진화 · 이종 기술간 융복합화를 통해 현재까지의 과학기술적 한계 극복 · 홈 시큐리티(화재, 수해, 외부 침입 등) 서비스 발달 · 생체인식 기술의 발전 및 디바이스 기술발전으로 신체 오감을 활용한 새로운 UI(User Interface) 기술 진화 · 휴먼 인터페이스 강화: 웨어러블 컴퓨터, 언어인식 및 몸동작 등 휴먼정보 처리기술 고도화 등 · 이동통신 단말기의 멀티미디어화, 지능화 · 오감정보처리 단말기로 차세대 PC 발전 · 전세계 모든 정보의 80%에 실시간 접속이 가능해질 것
	경제 (E)	· 오픈소스 확산으로 사유/국유 개념 약화, 공유(non-ownership) 강화 · 전통산업 및 타기술/산업과 IT기술 융합을 통한 신산업 창출 · 개인의 특성과 기호에 닿는 맞춤형 제품/서비스 수요 증가 · 모바일 서비스 및 모바일 근로의 보편화 · 경제 주체의 다변화(프로슈머) 및 새로운 주도세력(여성/노인) 부상 · 2015년 전세계 GDP의 1/3정도가 혁신산업에 중심을 둠: 의학/약학, 에너지, 제조산업, 통신, 교통 수송, 안보, 엔터테인먼트 미디어, 교육, 지식 엔지니어링, 스마트한 물질 산업 등
	정치 (P)	· 지식 패권(knowledge hegemony)을 둘러싼 국가간 경쟁 가속화 · IT분야를 관할하는 국제기구/조직의 출현 · 유비쿼터스 기술에 기반한 정부 서비스 고도화 · 온라인 공동체 강화로 정부와 시민간 네트워킹 및 커뮤니케이션 강조 · 시민의 직접적/자발적 참여가 확산되는 참여민주주의로 전환 · 시민참여 확산으로 정치적/저항적 성격의 시민운동 약화 · 온라인공동체의 활성화 이익단체화에 따른 새로운 갈등의 축 형성

<table>
<tr><th>메가트렌드</th><th colspan="2">이슈</th></tr>
<tr><td rowspan="3">9 글로벌 인재의 부상
- 교육열, 교육체제 변화, 지식경쟁력, 미래교육환경</td><td>사회
(S)</td><td>· 저출산 고령화에 따른 교육체제 변화
- 학교 수 및 규모 축소, 대학은 전문성으로 차별화된 특성화 교육 체제로 진화
- 노령층에 대한 재교육 및 평생교육 필요성 증가
· 글로벌화로 외국인 노동자, 이주자 가족에 대한 교육 필요
· 글로벌화에 따른 국가간 경쟁 심화로 글로벌 인재 육성 필요성 증가
· 계층간 교육격차 심화로 교육을 통한 계층간 이동기회 제한(양극화 심화)
· 인구 감소와 경제 고도화로 멀티플레이어형 인재 필요성 증가</td></tr>
<tr><td>기술
(T)</td><td>· 사이버나우(Cyber now, 인체 부착용 컴퓨터) 착용으로 학습능력과 작업능력 향상
· 학습내용의 사이버화/오픈소스화/무료화
· 창의적·융합적 교육서비스 제공을 통한 기술인적자원의 고도화 필요
· 교육기기, 교육포털을 통해 학생끼리 공부하거나 사이버 교육이 대세가 됨
· 사람·사물·공간 간의 네트워킹이 가능한 제4공간에서 학습자는 과거와 미래를 체험하며 학습 가능
· 교육자 없는 교육환경 구축 가능(가상학교, 가상교실 설계 가능)
· 지구촌 실시간 교육이 가능
· 스마트태그를 부착한 지능화된 사물과 생물체를 통해 교육콘텐츠를 적시에 제공
· 교육에 있어 네트워크 활용이 중요해짐
· 인터넷 네트워크를 통해 e-learning, u-learning 등의 개발로 전반적인 '학습사회'가 도래</td></tr>
<tr><td>경제
(E)</td><td>· 지식경쟁력 확보를 위한 인적자본 투자 확대, 인적 자원의 글로벌 소싱 등 지식경영 전략 필요
· 세계경제의 폭발적 생산성 증가는 여성의 교육 및 고용기회 증진이 큰 역할
· 국가 부가가치 창출여부는 중고등 교육의 질과 접근성에 따라 달라질 것</td></tr>
</table>

메가트렌드	이슈	
10 기후변화 및 환경오염 - 지구온난화, 국제 탄소거래제도, 저탄소 녹색성장, 물 부족	사회 (S)	· 기후변화에 대응한 사회 전반의 에너지 절감, 친환경 인식 확산 · 민간 차원의 환경보호운동 활성화 및 시민 역할 강화 · 교통수단의 녹색화, 지능화, 초고속화로 교통이용 행태, 교통망 등 변화 · 자원순환형 사회가 구축 – 자원절약형, 환경친화적 생산기술 및 제품과 소비패턴 중시
	기술 (T)	· 환경 모니터링 기술 부상 · 온실가스 저감 기술, 안전한 식수를 위한 수자원 관리 기술 발달 · 환경 친화적 인프라 구축 노력 강화 · 환경 위해성 평가 기술 개발 및 산업 성장 · 레이더를 이용한 단기 강우 예측의 정확도를 높이는 노력 및 연구 증가 · GPS를 이용한 유량관리 및 인공위성을 이용한 수문자료 전달·이용이 구체화
	경제 (E)	· 지구온난화와 국제환경규제의 무역장벽 강화 · 주요국간 수소경제 진입 경쟁 가속화 · 친환경 공정 제품 수요 증가 및 고부가가치 제조 서비스 영역 창출 · 기후변화 및 도시산업화로 물 비즈니스 산업 부상 · 신재생에너지, 폐기물 에너지화 등 환경산업 성장 · 배출권거래제 등 관련 파생상품 분야의 금융거래 활발 · 기상이변으로 인한 관련 보험시장 및 도피성 관광시장 성장 · WTO, FTA 등을 통해 환경상품, 환경서비스 시장의 개방 가속화 · 기업활동의 모든 단계에서 환경비용을 산출하는 환경회계가 적극 요구 · 순환형 경제에서는 리스 및 렌탈산업, 부품 교환과 수리 서비스 업종 발달 · 이산화탄소 농도 증가로 10년 이내에 매년 1,500억-3,000억 달러 경제적 손실 발생
	환경 (E)	· 화학물질로 인한 환경오염으로 생태계 불균형 및 생물 다양성 감소 · 환경오염으로 인한 건강 피해 및 신종 질환 발생/확산 · 한반도의 아열대화로 생태계의 변화를 초래하여 농업/수산업/관광 등 국토이용 전반에 영향을 미칠 것임

		· 기상이변에 따른 자연재해 발생가능성 증가 · 물 부족 심화: 서부 스페인, 미국 대초원지대 등 세계 주요 농경지역 중심으로 물 부족 문제 심각. 2025년 30억명이 물 기근을 겪을 것
	정치 (P)	· 환경오염과 기상이변에 따른 환경안보의 중요성 부각 · 정부에 대한 환경, 기상, 재해 재난에 대한 대비 능력 확보 요구 · 3중고(경제/고용/환경) 극복을 위한 녹색 뉴딜사업 부상 · 황사 등 환경오염으로 인접 국가간 갈등 심화 · 기후변화, 자원부족 등 초국가적 문제들로 세계정부의 필요성 증가

메가트렌드	이슈	
11 에너지 위기 - 화석연료, 대체에너지, 신재생 에너지, 원자력, 석유중독, 수소경제	사회 (S)	· 세계인구 증가 및 글로벌 중산층 확산으로 에너지 수요 증가 · 1인당 에너지 사용쿼터 지정, 법률로 에너지 절약 강제 등 에너지 절약으로 선진국 국민들의 라이프스타일 변화 · 에너지 관련 개인 및 사회적 책임 중요
	기술 (T)	· 신재생/대체 에너지 기술 수요 및 에너지 이용 효율화 기술 수요 급증 – 2020 기술: 박막형 태양광 기술, 해상 풍력, 심부 지열 발전, 바이오 연료, 우드 펠렛, 바이오 가스 – 2050 기술: 초고온 원자로 기반 수소제조 기술 상용화, 신재생에너지 기반 수소제조 기술, 연료전지 자동차, 가정용 및 상업용 연료전지 상용화, 지역 자립형 에너지 시스템 정착 · 대체 에너지 및 신소재 개발지연으로 인한 국가 경쟁력 약화 · 에너지 인터넷(IT와의 융합): 스마트 그리드로 개인별 에너지 계획 수립, 공급-수요 연계 · 바이오연료 산업 발전 · 2020년까지 농업폐기물 등을 이용하는 2세대 바이오연료 개발 · 나노 에너지, 수소 에너지 등 화석 에너지의 대체 에너지원 등장 · 30년 후 수소 자동차 시대 가능

경제 (E)	· 미국형 고탄소·다소비 발전전략의 한계로 자원순환형 경제체제 모색 · 탄소세 부과, 유류세 인상, 탄소거래제 등 가격신호 방안을 통한 청정에너지 수요 창출 정책 마련 · 신재생에너지, 폐기물 에너지化 등 환경산업 분야 사업기회 증가 · 지속가능 경제성장을 위한 에너지원 다변화 및 대체에너지 산업 육성 · 태양광, 풍력, 연료전지, 바이오에너지 등 친환경 에너지 산업은 연 20~30% 급성장세를 유지할 것 · 전력 판매부문은 Home Service Aggregator로 진화하며 향후 열, 전기, 가스, 통신시장의 대융합을 주도 · 소비자는 적극적인 시장참여자로 전환하게 되고, 대규모 소비자 중심으로 마켓 파워를 행사하는 경쟁체제의 주역으로 발전
환경 (E)	· 주요국간 수소경제 진입 가속화 · 지속가능한 에너지체제(energy regime) 차원의 접근 필요 (재생가능한 에너지 사용, 에너지 효율성 향상 등) · 지구 온난화로 인한 환경파괴, 국민건강의 위협 증가 등으로 석유 의존도 감소
정치 (P)	· 안정적 에너지 확보를 위한 국가간 민족간 갈등과 국제적 안보 불안 · 에너지 공급의 접근권 확보, 에너지 생산/수송에 대한 테러와 강탈 위협 등으로 군사 분쟁 촉발 가능 · 석유중독에 따른 국제질서 변화 - 반서방 이슬람 극단주의자 득세, 반민주/반자유주의 세력 출현, 국제문제 악화(산유국 인권 문제, 성차별 문제), 테러와의 전쟁 당사국(이라크, 사우디)에 전비 제공 · 사우디, 이란, 이라크의 정세 불안과 테러리스트 공격 노출로 석유 공급 불안정 심화 · 국가차원의 폐자원 재활용 및 자원관리체계 강화 · 석유자원의 무기화로 인해 국가 안보상의 문제로 석유 의존도 감소

메가트렌드	이슈	
12 기술발전에 따른 부작용 - 기술의 사회적 의존도, 인간·윤리문제와 기술의 충돌, 기술 패권주의, 감시와 통제사회	사회 (S)	· 전통적 의미의 공동체 약화 및 사회적 규범과 가치관의 혼란 또는 상실로 사회적 통합 약화 · 사회로부터 고립된 원자화된 개인의 출현으로 인간소외문제 대두 · 문화 및 생활양식의 변화에 따른 주요 질환군 발병 양상의 변화 · 인체장기의 부품화: 사회적 윤리, 정체성 변화, 존엄성, 세대갈등, 노후 복지 보장 등의 문제 발생 · 생체측정시스템 등이 다양하게 활용되고 통신네트워크로 연결되어 광범위한 실시간 원격감시가 가능해짐(기업이나 관료조직이 이용 가능) · '인간의 두뇌 능력과 신경시스템의 발전', '기술진보에 대한 반감', '우주에 대한 이해 확대' 등 세 변수의 상호작용으로 강력하고 놀라운 변화 발생 · 입법부, 법원, 기술업계 및 미디어업체들이 지적재산권 통제를 효과적으로 행사하지 못할 것 · 정보통신기술이 사회의 기존질서 파괴하는 사회구조 파괴현상이 일어나 정부/의회/사법기관의 기본구조가 흔들림
	기술 (T)	· 지식 양의 폭발적 증가로 지식 소멸 주기가 빨라짐 · 로봇 및 인공지능의 발달과 인지기능 대체기술의 발달로 인간의 정체성에 대한 논란 제기 · 자기복제가 가능한 로봇의 통제력 상실
	경제 (E)	· 기술선진국(기업)의 시장 및 기술 독점 · 연구개발투자의 저조, 기초연구 미흡, 기술통상 마찰 · 전통 산업 분야의 쇠퇴로 인한 실업난 가중 · 숙련노동자와 비숙련 노동자와의 임금격차가 벌어짐(숙련편향적 기술 혁신(Skill-Based Technological Change, SBTC)
	환경 (E)	· GMOs, 나노물질, 전자파의 위험 · 화학물질로 인한 환경오염으로 생태계 불균형 및 생물다양성 감소 · 신종 화학물질의 알려지지 않은 위험, 과민증 등 · 도시화로 인한 운동부족
	정치 (P)	· FTA 체제로의 전환에 따른 표준 및 지식재산권을 통한 기술패권주의 부각 · 무역주체간의 기술 및 지적자산 분쟁 증가 · 고급 정보를 독점하기 위한 국가간, 사회구성 주체간 경쟁 심화 · 사회활동이 정보를 중심으로 재편됨에 따라 국가·기업·조직 등의 감시와 통제 수단으로 활용 · 국가, 지역, 계층간 디지털 기술의 편익 활용 여부에 의한 양극화 가속 · 사이버 테러가 국가간 분쟁으로 발전 · 경제, 기술력 위주로 세계 주도국가의 변화

메가트렌드	이슈	
13 글로벌화 - 기술발달, 경제 통합, 인력 및 자본 이동, 국제공조 확산	사회 (S)	· 글로벌화에 따른 동조화 vs. 다양화 공존 · 다문화 교육 및 정체성 교육 수요 증가 · 전통적 가치관 약화 및 가치 다원주의 확산 · 세계화 진전에 따른 중산층 확산 · 세계화에 반하는 탈세계화(deglobalization): 근거리 생산 작물 선호 등 · 미래의 불확실성을 지속성으로 대체하는 '탄력성(resilience)' 개념의 등장 - 변화가 불가피하다는 전제하에 예측불가능한 상황을 견디고 위기 극복 · 국가보다 기업, 종교, 문화, 비정부단체 등의 조직과 개인의 영향력 점차 증가 · 도시화로 2025년까지 전세계 인구의 57%가 도시에 거주 · 인력의 국가간 이동으르 신유목민(Neo Nomads) 시대 도래 가능
	기술 (T)	· IT의 발달이 글로벌화를 가속화 · 기술/표준.지재권 선점 경쟁 등 기술 패권주의 심화
	경제 (E)	· 서비스/자본/상품의 국가간 이동이 용이해져 경제의 글로벌화 심화 · 글로벌 노동시장(온/오프)의 형성 · 한국-중국-러시아-일본간 동북아 경제공동체 형성 · 가치사슬별 국가간 분업구조 형성 - 저임금 우위의 개도국으로부터의 생산단계 아웃소싱 보편화 - 핵심기능(R&D, 마케팅, 디자인 등)은 유지 · 자국 문화산업의 전략적 육성 및 상품 개발 경쟁 심화 · 현대판 제국주의 문제 대두 · 국가 간/지역 간 경제협력 강화 - 지역블록경제 중심의 세계화와 광역 집적지역(mega-region)의 등장 · 서비스 시장 개방 및 환경/에너지 문제의 국제적 이슈화 심화 · 국제 금융계의 세계화/다극화 체제 · 국내기업의 낮은 글로벌화 수준으로 해외경쟁에서 도태될 위험 증대 · 법률, 의료, 교육, 금융, 문화산업의 지속적 개방과 고도화 · 농업부문은 지속적 개방으로 고부가가치 부문/비교역재 중심으로만 경쟁력 유지 · 시장의 지구화로 기업의 생산공정 및 인사관리의 유연성이 더욱 중요해짐

	· 국가 자본주의의 강화, 금융 부문의 축소와 규제 확대 등의 변화 · 공산품은 저렴해지고 식료품과 원자재 가격은 상승. 미국은 풍부한 천연자원 및 농업산업의 발전으로 여전히 강한 경쟁력 보유 · 세계의 부와 경제적 영향력이 서구 국가들에서 아시아로 이동 · 원유와 식품 가격 상승으로 중동국가와 러시아가 천문학적 이익 획득 · 향후 20여년은 국제 무역과 투자, 기술진보와 인수합병을 둘러싼 전략적 경쟁 심화 · 국가 자본주의 모델이 후발 개도국들로 확산
환경 (E)	· 글로벌화로 중산층 확산(더 많이 생산하고 소비)되면서 자원 문제 심화 · 지구 온난화와 국제환경규제의 무역장벽 심화 · 신종 전염병 출현 및 급속한 확산
정치 (P)	· 글로벌 금융위기, 보호주의 등에 대응하는 정부역할 확대 · 국지전 및 지역 차원의 중범위 분쟁(테러) 발발 가능성 증대 · 국민국가 단위를 넘어서는 지역통합과 지역주의의 강화 · 북한의 대외개방 및 경제개혁 진전 · 범세계적 통합으로 각국 정부가 통제할 수 없는 힘이 직장, 프라이버시, 안보, 정체성 등을 위협 · 경제력 향상, 기술진보, 금융시스템 성숙으로 아프리카가 성장할 것 · 선진국과 후발개도국들 사이의 국력 격차가 점차 줄어들 것 · 2018년 세계정부, 세계시민권이 유행하게 됨 · 권력 비중이 변화('퓨처 매핑 2030' 보고서): 기업, 국가, 개인, 온라인 네트워크, NGO의 권력 비중 변화

메가트렌드	이슈	
14 안전 위험성 증대 – 핵 확산, 국제범죄, 테러위협, 대량살상무기 확산, 방재기술, 경비산업 성장	사회 (S)	· 개인정보와 사생활이 네트워크에 노출되어 인권침해 및 범죄 가능성 급증 · 도시화 진전으로 범죄 등 사회불안 요인 증가 · 점조직처럼 테러 조직 재별, 테러연구소 등이 등장·번성 · 해킹의 위협으로 개인정보 유출되어 심각한 사회 문제 유발이 가능
	기술 (T)	· 재난 발생유형의 변화에 따른 효과적인 방재체계 구축 필요(단순형 재난관리에서 복합형 재난관리로) · 자동화/지능화된 방재기술 발전으로 효율적 관리(사고 예방 및 자동 제어) · 인증기술, 자동검지 시스템, IC태그와 센서 활용으로 테러 사전방지 가능 · 바이오테크의 등장으로 개인DNA 정보가 수집되어 범인검거에 공헌 가능 · 나노기술의 군사 분야 적용으로 값싸고 강력한 무기 생산 가능 · 바이오 기술 발달과 세계화로 생물학적 병원균에 관한 기술과 역량이 테러조직에 전파되고 접근도 용이 · 탄저균이나 방사능 등 보이지 않는 무기 등장으로 인류 재앙 가능
	경제 (E)	· 사회불안, 소득증대, 인구구조 변화로 경비산업 성장
	환경 (E)	· 원전에 사용되는 냉각수의 가열 및 방사능 오염으로 주변 환경 파괴 · 방사능 오염 및 핵폐기물에 의한 생태계 파괴 및 기형아 출산
	정치 (P)	· 대량 살상무기 확산방지를 위한 범세계적 협력 도모 · 새로운 안보 이슈를 명분으로 강대국들의 군사적 일방주의 지속 가능 · 사이버 테러가 국가간 분쟁으로 발전 가능 · 테러 행위자는 인터넷과 첨단정보기술 활용하여 범세계적 네트워크 구축 · 자원과 에너지 확보를 위한 해군력 증강, 자원 통제 강화로 국가 간 분쟁 가능성 증가 · 향후 무기에 의한 전쟁이 아닌 해킹 전쟁 발생 가능

메가트렌드		이슈
15 남북통합 - 북한의 불확실성, 남북한 경제협력, 북한문제의 국내화 및 급변화, 동북아 안보 불안	사회(S)	· 남북한 접촉 확대로 갈등 유발 · 2018년 남북한 교류가 현재보다 수십배 증가 · 인터넷이나 휴대전화로 인터넷 접속이 가능해짐으로써 권력세습에 대해 국민들이 반대여론이나 투쟁 등 '스마트 몹(smart mob)' 행위 증가 · 북한 주민을 차별·괄시하는 문화, 이념 갈등을 해소하기 위해 토론의 장 마련 필요
	기술(T)	· 남북한 경제·과학기술 통합 대비 필요
	경제(E)	· 2050년 사회경제적 통일 예측 · 북한 개발을 위한 대규모 자금 수요 발생 · 북한의 대외 개방 및 경제개혁 진전 · 남북한 경제협력 및 통합의 완만한 진전 · 북한 특수가 새로운 성장동력으로 부상 가능 · 동북아 군비 경쟁으로 경제성장 저해 가능성 · 북한 노동력과 남한의 첨단기술 융합으로 산업의 제2전성기 도래 가능
	환경(E)	· 북한지역 난개발과 환경문제 유발
	정치(P)	· 북한문제의 국내화·내부화 및 급변화 · 미국과 중국의 상호 견제로 한반도의 지정학적 리스크 크게 증가 · 동북아에서 미국 영향력은 약화되고 중국/일본/러시아 등 세력 균형은 다극화될 전망

참고문헌

가트너(2005), *Government 2020 Scenarios.*

과학기술부(2005), *Future 2030: 우리의 미래 모습은?*

과학기술부/KISTEP(2008), *제3회 과학기술예측조사* 수정・보완.

국제에너지기구(2008), *시나리오와 전략.*

국토연구원(2009), *국토대예측연구.*

기획재정부(2009), *The Next Big Thing - 미국 Foreign Policy*(격월간지)에서 13개 미래이슈 소개.

김영사(제임스 캔턴)(2007), *극단적 미래예측.*

독일 Z-punkt(2008), *Megatrends.*

미국 NIC(2008), *Global Trends 2025: A Transformed World.*

미국 RAND 연구소(2007), *The Global Technology Revolution 2020.*

미래기획위원회(2008), 토마스 프리드만의 "Hot, Flat, and Crowded" 요약.

미래기획위원회(2009), *자본주의의 미래*(영국 Financial Times 30여개 기고문 요약).

미래기획위원회/지식경제부(2009), *IT KOREA 5대 미래전략.*

미래기획위원회/KDI(2008), *2020/2050 미래전망 토론회.*

미래전략포럼(2008), *퓨처코드: 대한민국 미래 트렌드*

박영숙・제롬 글렌 등(2008), *미리 가본 2018년 유엔미래보고서.*

박영숙・제롬 글렌 등(2009), *유엔미래보고서 2.*

부산발전연구원(2007), *미래트렌드와 미래연구.*

삼성경제연구소(2009), *(SERI 보고서로 읽는) 미래산업.*

세계미래학회(2008), *55 Trends Shaping Tomorrow's World.*

세계미래학회(2009), *The Futurist.*

지식경제부/IITA(2008), *IT기술예측.*

영국 DTI- Horizon Scanning Centre(2009), *World Trade: possible futures.*

영국 DTI- Horizon Scanning Centre(2010), *Sigma Scan 271개 이슈.*

Shell(2008), *Shell Energy Scenario to 2050.*

STEPI(2007), *미래 경제사회 전망과 과학기술 비전.*

LG경제연구원(2009, *해외 미래예측기관들이 보는 10년후 세상.*

LG경제연구원(2010), *10년후 세상을 말한다*(LGERI의 미래생각 시리즈(1)).

LG경제연구원(2010), *위기 후 세계경제의 뉴 패러다임*(LGERI의 미래생각 시리즈(2)).

MIT(2009), *역대 MIT 선정 10대 유망기술.*

UN(2008), *UN 새천년개발목표*(Millennium Development Goals).

이몬켈리(2006), *Powerful Times: Rising to the Challenge of Our Uncertain World.*

EIU(Economist Intelligent Unit)(2006), *Foresight 2020 Economic, industry and corporate trends.*

European Communities(2009), *Future Internet 2020: Vision of an Industry Expert Group.*

일본 경제산업성(2009), *미래기술 전략지도.*

일본 노무라연구소(2008), *IT Road Map of Unified Communications Until 2013.*

일본 이노베이션 추진본부(2007), *Innovation 25.*

정보화추진위원회(2008), *국가정보화기본계획.*

정부 · 민간합동작업단(기획예산처)(2006), 함께하는 희망한국 VISION 2030.

지멘스(2006), *Horizons 2020.*

KISDI(2003~2009), *메가트렌드 연구보고서.*

KISDI(2008), *2020년 인터넷의 미래전망* - PEW Internet의 "The Future Internet Ⅲ" 요약.

KISTEP(2009), *새로운 예측 프로세스를 적용한 미래유망기술 발굴 및 미래사회 전망.*

한국정보화진흥원(2006), *유비쿼터스사회 변화 전망과 과제: 경제분야.*

한국정보화진흥원(2006), *유비쿼터스사회 변화 전망과 과제: 사회문화분야.*

한국정보화진흥원(2006), *유비쿼터스사회 변화 전망과 과제: 에너지/환경 분야.*

한국정보화진흥원(2006), *유비쿼터스사회 변화 전망과 과제: 인프라 분야.*

한국정보화진흥원(2006), *유비쿼터스사회 변화 전망과 과제: 정치행정분야.*

한국행정연구원(2008), *(정치)미래 선진한국의 행정연구.*

한국CEO 포럼, AT커니 코리아, 미래경제연구원(2007), *2013 KOREA Scenario.*

한스미디어(김현기 외)(2008), *2018, 인구변화가 대한민국을 바꾼다: 10년 후 대변혁을 가져올 44가지 미래 트렌드.*

PART 2

다가오는 미래의 준비

chapter 03

미래 지향적 국정관리와 국가 전략적 운영체계

제1절 서　론

정보통신기술이 미래 국가성장을 위한 새로운 가치를 창출할 것으로 기대되며, IT 정책 또한 미래 사회 전 분야에 많은 영향력을 미칠 것으로 보인다. IT에 기반한 미래사회는 많은 정부 역할과 기능의 변화를 요구하고 있다. 따라서 국가의 미래지향적 선진 국정운영체계의 수립 및 체계적인 미래예측과 이에 근거한 국가 차원의 전략적 대응이 그 어느 때보다 필요하다. 따라서 정보화를 매개로 미래와 국가전략을 연계시켜 궁극적으로는 국가정보화를 통한 국가경쟁력 제고와 국민의 삶의 질 향상을 도모하기 위한 미래지향적 국정관리방안을 고민해야 할 때이다(김성태, 2008).

최근 세계화, 시민참여 확대, 정보기술 발달 등의 시대적 흐름은 새로운 국정관리 패러다임을 요구하고 있다. 9.11테러와 2008년의 뉴욕발 금융위기 및 글로벌 신기술의 등장으로 국가 위기 및 기회에 대한 조기경보(전략)시스템의 필요성이 증가하고 있다. 한편 Smart Mobs, 즉 똑똑한 군중들의 적극적인 사회 참여 확대와 IT기술의 발달로 새로운 공공 서비스 확산, 네트워크 가속화와 정보처리능력 향상 등으로 기존의 국정관리와 다른 새로운 상황을 만들어내고 있다. 최근 공공조직의 변화를 주도하는 요인으로 정보기술의 발달은 현실정부와 가상정부를 공존하게 함으로써 새로운 공공 서비스 확산, 네트워크 가속화와 정보처리능력 향상을 가져왔다. 향후 정부는 내 손안에서 움직일 수 있는 가상정부로 변화될 것이며, 이를 위해 정부지식시스템의 구축, 법제도 정비 및 전자정부 시스템의 고도화 등이 필요하다.

싱가폴이나 대만이 경쟁력 있는 국정관리시스템을 구축하고 있는 것은, 국정과제를 효율적으로 다룰 수 있는 협력적 네트워크를 구축하고, 국내외 최고 수준의 과학, 기술 및 경영전문가들을 활용하기 위한 노력이 있었기 때문이다(Shin, 2001; Chu, 2001). 엘빈 토플러(2006)는 '속도의 충돌'에서 정부조직 및 공공부문의 느린 변화 속도로 인해 사회 및 경제가 말목이 잡힌다면 엄청난 국가적 손실을 가져올 것으로 내다보고 있다. 그는 "한국은 이미 선진국이지만 미래에 대한 준비가 소홀하다"는 지적을 한 바 있다(토플러, 2008). 국정운영체제가 과거지향적이고 현안 문제 해결위주로 이루어져 있다면, 미래 국가발전에 한계가 있을 것이며, 빠른 글로벌 환경변화에 대응하고, 미래를 선도하기 위하여 한국의 새로운 국정 미래전략 메커니즘 구축에 관한 폭넓은 논의과정이 필요하다.

우리나라는 1980년대 이후 사회구조의 다원화와 일반적인 국민생활의 질 향상 등으로 국민들의 정부에 대한 요구가 다양하고 양적 수요가 급증하고 있을 뿐 아니라 질적 측면에서도 행정수요의 전문화 현상이 가속화 되고 있다. 실제 국정운영관리에서 기존의 권위적 수직적 관료체제에 수평적 네트워크시스템의 조화로운 접목을 통한 보다 효율적인 국정운영을 위한 방안 모색이 이루어지고 있다. 따라서 본 연구의 목적은 빠른 환경변화에 대응하고, 미래를 선도하기 위해 선진 미래 한국을 위한 미래지향적 국정운영 메커니즘 구축 방안을 찾는 데 있다.

또 다른 미래를 향해 나가기 위해서는 총체적인 발상의 전환과 새로운 국정운영시스템의 정비가 어느 때보다 필요한 시점이다(오명, 2008). 급속한 사회·기술·글로벌 환경변화에 따른 불확실성을 감소시키고 국가경쟁력을 향상시키기 위해서는 미래지향적인 선진 국정운영 체계 수립, 미래 역량 제고, 지식인프라 구축이 전제되어야 한다.

본 연구에서는 미래 국정관리 패러다임의 변화 경향과 선진국 미래전략기구의 역할과 기능을 중심으로 한 시사점을 바탕으로 한국의 미래지향적 국정관리시스템 구축방향을 제안하고자 하며 특히 지식기반사회에서의 IT기반의 국정관리방향에 논의의 초점을 두고자 한다.

한국의 미래지향적 국정운영 메커니즘 구축을 위한 연구내용과 범위는 크게 미래지향적 국정가치의 탐색, 국가 미래 전략운영체제, 지식기반 인프라 구축 등의 세 가지 영역으로 구분할 수 있다. 우선 국가발전 패러다임의 진화에 따른 미래지향적 국정가치를 탐색할 것이다. 둘째, 선진국 미래 전략기구 분석을 통해 시사점을 얻고, 우리나라 국가미래전략운영체제 추진 방안으로 한국적 미래 전략기구 및 창조적 공공정책모델, 범부처적 미래전략 연계 및 협조 방안, 네트워크형 국정운영방식, 정부 조직과 권한의 수평화 방안에 관해 논의한다. 셋째, 지식기반 인프라 구축 전략으로 전자정부 및 신지식기반 SOC 구축으로 고도화, 차별화, 보완 및 극복전략과 미래지향적 평가 추진 방안에 관해 논의하고자 한다.

제2절 미래국정관리에 관한 이론적 논의

Ⅰ. 국정관리 패러다임 변화

'국정관리'(governance)는 '정부의 통치행위와 관련된 활동 또는 기능'을 의미하는 소극적 의미의 국정관리나, 정부 제도권내의 활동, 시민사회, 그리고 시장을 모두 포함하는 보다 포괄적 의미의 거버넌스 등 학자에 따라 그 의미가 다양하게 해석되고 있다(최유성, 2005). Lynn & Hill(1999)도 이와 비슷하게 거버넌스(governance)를 정부가 정책목표의 달성을 기대하면서 정부를 조직하고 관리하는 행위로 규정, '정부행위의 목적과 수단을 결정하는 제도 또는 행정규칙이나 기준을 포함한 상호 관련된 요소들의 구성'이라고 정의하고 있다.

1980년대 이후 이러한 국정관리 패러다임의 변화와 미래의 국정관리에 대한 관심이 높아가고 있다. 국정관리 패러다임의 변화의 필요성이 제기되는 것은, 국정목표 구조가 단일하고 공통적인 성격을 지니는 것이 아니라, 복수의 목표이며, 그 목표군 간에 우선순위가 특정시점에서 설정되고, 그 우선순위가 시간이 지나면 변화하게 된다는 것을 전제로 하고 있다.

국정관리 패러다임의 변화와 이에 관한 이론적 탐색은 다양한 분야의 연구자들의 관심의 대상이 되어 왔다(Almond, 1966; Harbermas, 1975; Rostow, 1971; Selznick, 1957; Drucker, 1969; Greiner, 1972; Peters, 1996; UNDP, 1997; Rizvi, 2005; Rhodes, 1996; Stoker, 2006; 정용덕 외, 1998; 김석준, 2004). 정정길(2004)은 19세기 후반기 미국에서의 실적주의 운동, 독일과 일본에서의 국가주도 경제발전, 1930년대의 대공황을 계기로 본격화된 복지주의 운동 등에 버금가는 국정운영방식의 변화가 일어나고 있다고 한다.

그 변화의 내용이 광범위하고, 국가에 따라 많은 차이가 있으나, 이들 변화는 정부중심적이고 중앙집권적이며, 형평이나 공익을 강조하는 기존의 국정운영으로부터, 민간중심적이며 분권적이고, 능률과 고객을 강조하는 시장주의적 신관리주의의 정신으로 요약할 수 있다. 특히 빠르게 발전을 하고 있는 국가의 국정관리 시스템의 효율화는 결국 기존 국정관리 철학의 재구축과, 추진기구의 설정과 역할모형 정립 등이 새로운 환경에의 적응을 위한 성공의 관건이 될 것이다.

거버넌스 이론가들은 이러한 변화를 가져오게 된 주된 동기요인은 1970년대에 영·미국 등에서 나타난 일련의 '국정운영실패' 때문이라고 주장한다(Jessop, 1998; Pierre, 2000; Rhodes, 1997). 이 같은 국정운영 실패의 원인규명, 처방 안의 제시를 위한 학계의 연구 노력은 크게 국가중심(state-centered)의 연구(집행이론, Pressman & Wildavsky, 1973; 상향이론, Hjern & Hull, 1984; 신공공관리론, Hood, 1991)와 사회중심(society-centered)연구(복지국가위기론, Habermas, 1975; Offe, 1984; 신다원주의론, Lindblom, 1977; 조합주의론, Schmitter, 1979; 정책네트워크론, Jordan & Schubert; 1992; Kenis & Schneider, 1991; Marsh & Rhodes, 1992) 등 두 가지 방향에서 진행되어 왔다(최유성, 2006).

Stoker(2006) 등은 1980년대 이후 일어난 주요 패러다임 변화로 전통 관료주의론(Bureaucratic Public Administration)에서 신공공관리론(New Public Administration)으로의 전환, 신공공관리론에서 뉴거버넌스(New Governance), 공공가치관리론(Public Value Management), 그리고 최근의 네트워크 거버넌스(Network Governance)로의 전환 등을 들고 있다.

거버넌스는 최근 많은 학문분야에서 유행어가 되었으며, 학자들마다 다양한 의미로 사용되고 있다(Mayntz, 2003). 아직 거버넌스에 대응하는 적절한 한국어 용어에 대한 합의가 이루어지지 않은 상태이지만 공통적인 사실은 다양한 지배 및 영향관계에 있는 행위자들의 상호작용의 결과라는 개념으로 사용되고 있다. 따라서 계층제적 관료적 지배구조(Bureaucratic governance)에 대한 대안으로서 등장한 거버넌스(New Governance)의 개념이라고 할 수 있다.

거버넌스는 정부실패에 대한 반성과 시장과 시민사회의 성장으로 정부가 아닌 네트워크(Peters & Pierre, 1998) 혹은 정부, 시장, 사회간 협력기제(김석준 외, 2002)로서 관심이 증대되고 있다(정용덕, 2006; 이명석, 2006; 이승종, 2006). 거버넌스에 대한 이론적 관심은 지배구조유형 변화에 대한 관심을 반영하는 것이며, 공사부문의 경계가 불명확한 지배유형의 등장과 관련된다(Stoker, 1998). 거버넌스에 관하여는 지금까지 많은 관련 연구에서 사용되고 있는 "정부로부터 거버넌스로(From Government to Governance) (Heere, 2004; Mayntz, 2003)"와 "정부 없는 거버넌스(Governance without Government)(Rosenau & Czepiel, 1992)" 등의 표현에서 의미하는 바와 같이 전통적인 계층제적 관료제 정부를 대신하는 '새로운 바람직한 국정관리'의 의미로 사용되고 있다.

Osborne & Gaebler(1992)는 거버넌스를 더 잘 관리되는 재창출된 정부의 형태로, Pierre(2000: 3)는 거버넌스를 복잡성과 다양성으로 특징지워지는 환경변화에 대한 반응, 즉 외부환경에 대한 국가적 적응의 의미로 사용하고 있다. Rhodes(1996: 652)는 거버넌스를 정부 의미의 변화, 새로운 지배과정, 변화된 지배규칙, 혹은 사회가 지배되는 새로운 방식의 의미로 사용한다. Barzelay(1992)와 Kooiman(1993)는 거버넌스는 공공조직의 비관료적 형태에 기초를 두고 있으며, 이들 이론들의 1차적인 관심은 공공조직의 가장 이상적인 역할유형을 찾는데 있다.

Ⅱ. Guy Peters의 미래 국정관리 모형

Guy Peters(1996)는 그의 저서 "미래의 국정관리(The Future of Governing)"에서 공공부문에서 '변화'와 '개혁'은 법칙임을 전제로, 공공부문이 추구하는 '변화'와 개혁'을 위해 개혁주체들이 사용가능한 접근모델로서 네 가지 국정관리모형을 제시하고 있다. Peters(1996)는 공공부문이 지니고 있는 근원적인 문제를 보는 시각의 차이를 중심으로 <표 1>과 같이 시장형(Market Government), 참여형(Participative Government), 신축형(Flexible Government), 탈규제형(Deregulated Government)으로 분류하고 이들 모형이 가지고 있는 특성을 조직구조, 관리방식, 정책결정과정, 공익의 다섯 가지 차원에서 분석하였다(최유성, 2005).

이 모형들은 정부외적인 요소나 정부의 하드웨어적 요소보다는 '변화'를 위해 통제가 가능한 정부내적인 요소들에 초점을 맞추고 있다는 점과, 미래 지향적 '변화,' '개혁' 차원에서 정부형태에 상관없이 고려해 볼 수 있는 대안으로서의 국정관리개혁에 대한 접근법을 제시하고 있다는 점에서 미래 우리나라 국정관리방향을 모색하는데 시사점을 얻을 수 있을 것으로 보인다.

Peters(1999)의 시장형 국정관리모형은 전통적인 관료제의 연속성과 정보의 독점이 국민들과의 관계에서 경쟁적 우월성을 제공하여 관료들의 이기심 팽배현상을 초래하고 있어 이점이 공공부문 실패의 근본원인이라고 보고, '시장메커니즘의 도입'을 통해 정부의 간섭 및 개입을 줄이는 '작은 정부'를 지향하고 있다. 전통적 관료주의 방식을 대신할 시장 메커니즘의 도입을 통해 공공부문의 효율성을 도모한다는 것이다. 아울러 시장주의 관점에서 전통적 관료주의에 입각한 관리방식이 갖는 문제점은, 조직내 구성원들의 동기유발에 필요한 충분한 인센티브 제공시스템이 갖추어져 있지 않고, 관료들의 조직규모 및 예산의 극대화 추구경향으로 정부규모의 비대화가 초래된다는 것이다. 이념적으로 시장모델의 옹호자인 신자유주의자들은 정부부문의 주요 결함으로, 교정 및 종결 메커니즘의 결핍, 수익과 부담의 분리, 수요와 공급

〈표 1〉 Guy Peters의 4가지 국정관리모형과 특징

	시장적 정부모형	참여적 정부모형	신축적 정부모형	탈규제 모형
진단기준	독점	계층제	영속성	내부규제
구조의 개혁방안	분권화(경쟁)	수평적 조직	가상조직	-
관리의 개혁방안	성과급, 민간기법도입	총품질관리, 팀제	임시직 계약직	관리재량권 확대
정책결정개혁방안	내부시장 시장적 유인,	전문가 협의, 상향적 결정	실험, 시행착오	기업가적 정부
공익의 기준	저비용	참여, 협의	저비용, 조정	창의성, 활동주의

출처: Guy Peters(1999: 19).

의 왜곡 등을 지적하고 있다(최유성, 2005). 그리고 대규모 조직을 소규모로 분할하거나 정부 하부기관으로 기능의 이양, 사기업, 준사기업과 같은 조직을 통해 정부서비스를 개선해야 한다는 것이다. 이와 같이 비대화된 정부조직은 결과적으로 외부환경 변화에 시의적절하게 대처할 수 있는 대응력을 떨어뜨리기 때문에 시장옹호자들은 관료적 기능을 시장 메커니즘으로 대체해야 한다는 주장이다.

참여형 국정관리모형은 시장모형과는 대조적인 접근모형으로, 고객, 일선관료, 특히 하위계층의 재능과 능력을 활용하자는 이론이다. 특히 정책결정과정의 민주적 절차를 중요시하여 정책결정과정에서의 시민과 조직구성원의 참여를 강조하고 있다. 참여통로의 다양화를 위한 평면조직구조를 지향하면서 고객과 하위계층의 실질적인 참여를 위한 구조의 틀을 마련하기 위한 노력이 필요하다. 참여형 모형의 기본가정은 경직된 전통적인 관료제의 조직문화 및 관리 형태가 효율적 국정운영을 저해하는 요인이라는 것이다. 시장모형에서 시민의 역할은 미미했으나 이 모형은 시민의 역할을 증진시키고 투표 이외의 방법으로 민주적 참여를 장려한다는 장점이 있다.

시장형 모형과는 달리, 참여형 모형은 조직내 상위계층보다는 하위계층과 고객들에 더 많은 관심을 갖는다. 조직내 하위계층 구성원들이 조직 활동에 보다 적극적으로 참여할 수 있고, 조직의 의사결정과정에 보다 많은 참여기회가 주어질 때 조직의 생산성은 향상될 것이라고 보고 있다. 또한 이들은 정책결정과정에 정책의 직접적인 수혜자뿐만 아니라 일반대중의 참여도 가능하도록 참여(participation)가 구조화되어야 한다고 주장하고, 공익은 정책과 관리결정에서 공무원과 고객 및 시민의 참여가 이루어질 때 극대화된다고 보고 있다. 그러나 시장형 모형의 옹호자들이 경쟁 체제의 성공을 지나치게 과신하는 것과 마찬가지로, 참여주의자들도 현 사회와 정부가 직면하고 있는 복잡하고 다면적인 문제들을 보통 사람이면 누구나 이해하고 해결할 능력이 있다고 볼 정도로 지나치게 낙관적이고 낭만적이라는 비판을 받고 있다(Peters, 1996: 114).

신축형 국정관리모형은 신분보장에 따른 고용과 조직의 영속성이 가진 역기능적 측면이 효율적인 국정관리의 걸림돌이라는 주장이며, 환경변화에 탄력적으로 대응할 수 있는 유동적인 조직구조를 강조하고 있다. 특히 변화에 적극적이고 능동적으로 대응하기 위해서는 탄력적이고, 신축적인 정부가 되어야 한다는 것이다. 신축형 모형은 인력 운용의 탄력성을 제고함과 동시에, 정부내 존재하는 대안적 조직구조들을 활용함으로써 정부의 비용을 줄이고 결과적으로는 납세자의 부담을 줄이자는 것이다. 전통적 형태의 조직으로는 사회·경제적 환경변화에 신속하게 대응하지 못하기 때문에 기존의 조직모형으로부터 탈피하여 새로운 유연한 조직구조를 마련해야 한다는 것이다. 변화에 대한 수동적인 대응보다는 적극적이고 능동적으로 대응할 수 있어야 하며, 이를 위해 정부는 유동적이고 신축적인 조직형태가 되어야 한다는 것이다. 대안적 조직의 예로서, Peters(1999)는 '가상조직'이나 '임시작업단' 등을 들고 있으며 정부에서 이러한 대안적 조직의 활용이 급속한 환경 변화에 대한 조직의 대응능력을 높이고, 정부 정책의 통합 조정력을 제고할 수 있다는 것이다.

탈규제형 국정관리모형은 공공부문이 내부규칙과 번문욕례로 관료화되고 많은 제약을 받고 있어 효율적인 조직목표 달성에 장애 요인으로 작용한다는 것이다. 따라서 정부는 이러한 규제를 제거하고, 사회의 집합적 후생을 향상시키기 위해 새롭고 창의적인 활동을 시도해야 한다는 것이며, 내부규제의 완화와 일선 행정공무원에 대한 재량권 부여가 필수라는 것이다. 공공관리에서 자율적인 재량권이 타율적인 규칙이나 규제보다 더 효율적이며, 리더십의 역할에 보다 많은 비중을 두는 것이 특징이다.

탈규제형 모형은 기본적으로 내부규제가 적을수록 정부는 더 효율적으로 기능을 수행할 수 있을 것이라는 가정에서부터 출발한다. 조직의 목표가 효과적으로 달성되기 위해서는 고위관리자만이 아니라 조직의 모든 계층이 참여해야 할 것으로 보고 이러한 과정에서 규칙들이 제거되어 직무가 보다 자유로운 조건에서 수용될 경우 구성원들은 업무를 수행하는데 더 많은 정열과 관심을 쏟을 수 있을 것이라 말한다. 탈규제모형에서는 정책결정에 있어 관료에 더 강한 역할을 부여할 것을 주문하고 있다. 그 주장의 근거는 관료조직이 아이디어와 전문지식이 주요한 원천이기 때문에 더 많은 결정을 할 수 있도록 해야 한다는 것이다. 그러나 여기서 말하는 관료의 권한강화는 단순한 관리주의가 아닌 철저한 기업가적 관리를 의미한다.

이상에서 살펴본 Peters의 국정관리 모형들은 적용되는 국정관리 대상 영역에 따라 나름대로 각기 공익에 대한 관점과 무엇이 좋은 정부인가에 대한 전반적인 입장을 포함하고 있다. 따라서 Peters(1999)의 미래 국정관리에서 제시하고 있는 대안적 국정관리모형들은 새로운 국정관리 패러다임을 모색하는데 유익한 시사점을 함유하고 있다. 다만 단지 시대 및 환경의 변화와 함께 행정도 그에 맞는 변화가 요구되었기에 기존에 존재하는 전통적 모형에 대한 장·단점에 대한 고찰을 바탕으로, 현 시점의 행정환경변화에 적절히 대응할 필요가 있을 것이다. 모든 영역에서의 획일적인 국정관리 접근법보다는 상황에 따라 선별적 또는 통합적 접근법이 바람직할 것으로 여겨진다. 이와 관련하여 Peters도 '맥락'(context)의 중요성을 강조하고, 이론적 모형의 적용과정에서 시대적·국가적 맥락이 고려되어야 한다고 주장하고 있다.

Ⅲ. 네트워크형 국정관리

새로운 국정관리 형태로 네트워크형은 정부의 기능이 정부 내외의 다른 행위자들과 협업 및 분산 수행하는 네트워크가 새로운 국정운영 양식이 되고 있다는 것이다. 기존의 계층제적 관료제에서 네트워크로 국정운영의 양식이 변모되고 있다는 것을 의미하며(Leach & Percy-Smith, 2001; Goss, 2001; Kooiman, 2003), 국정운영을 계층적이고, 하향적인 과정이라기보다는 "관련된 다수의 행위자들 간의 교환과 협상의 공유된 과정"으로 파악한다(Richards & Smith, 2002: 4-5).

네트워크는 조직 간 관계의 패턴에 관한 개념으로서, 자원 교환과 상호의존성(interdependency)에 초점을 맞춘 조직 간 이론에서 다루어져 왔으며(박천오, 2005: 2), 정부 간 관계에서 진화한 조직 간 네트워크 연구에 그 이론적 뿌리를 두고 있다(이창길, 2006: 626-627). O'Toole(1997: 45)는 네트워크는 조직의 구성요소들이 단 하나의 계층제적 배열 안에 모두 망라되지는 않는, 둘 이상의 조직 단위들의 유형이며, 제도적 매개를 통하여 얽혀있는 관계(networked ties congealed by institutional glue)를 포괄하는 상호의존 구조로 정의하고 있다.

따라서 네트워크 분석은 다양한 형태의 사회적 시스템 내의 관계적 구조를 파악하는 연구방법이며(Richards & Barnett, 1993; Rogers & Kincaid, 1981;

Wasserman & Faust, 1994; Wellman & Berkowitz, 1989), 일정한 행위자들 간의 특정한 연계분석을 통해 행위자들의 사회적 행위의 특성을 파악하려는 것이다(Mitchell, 1969: 67-78). 따라서 네트워크 분석은 개별적인 개체보다는 체제의 구성요소들(components) 사이의 공유된 관계에 기초하여 한 사회적 시스템의 구체적인 특성에 초점을 맞춘다. Wasserman & Faust(1994: 4)는 네트워크 분석에서 행위자들 간의 연계는 물질적·비물질적 자원의 이전이나 자원의 흐름을 위한 통로로 보았다. 그러므로 네트워크의 유형과 내용을 분석하면 어떤 자원이 이동하는지, 자원이동의 방향은 일방향인지 양방향인지 등을 알 수 있다(한인숙 외, 2001: 124).

네트워크의 구성 요소는 노드와 링크이다. 특히 휴먼 네트워크에서의 각 노드는 개인, 집단 혹은 조직이 되며 링크는 집단간 연계 및 지식의 흐름이 된다. 이러한 네트워크의 개념정의에서의 공통점은 '조직간 상호의존성', '법적·운영체계상 각기 독립된 조직', '수평적 관계', '일회성이 아닌 일정 패턴을 가진 비교적 장기간에 걸친 교류관계' 등과 같은 네트워크 거버넌스의 기본 속성을 가지고 있다.

'네트워크'(network)의 개념은 학자에 따라 다양하게 정의되고 있다. '법적으로 독립된, 그리고 서로간의 경계가 분명하거나 분명하지 않은 비계층적 조직들의 집단 또는 조직간 관계'(Alter & Hage, 1993; Klijn, 1997), "조직간에 쌍방적 커뮤니케이션, 자원의 독자적 흐름을 포함하는 수평적 패턴(horizontal patterns)의 교류"(Powell, 1990) 등의 다양한 정의가 있다.

따라서 네트워크는 경직된 공식조직이 아니라 조직간 관계가 비계층적이고 수평적이며, 자발적이어야 한다. 동시에 정형화되고 즉흥적이지 않아야 하며, 어느 정도의 연속성도 지녀야 한다. 또한 네트워크에 참여한 집단들간의 의사소통은 유연하게 연계되어(loosely coupled) 있어야 하며, 공식성을 넘어선 통합이 필요하다는 것이다(조성한, 2005). O'Toole & Meier(1999)는 네트워크가 기존의 수직적 계층제에 비해 구조적 유동성과 불확실성의 속성을 가지고 있어서, 조정(fixing or facilitating)을 통해 네트워크를 관리하는 기술이 더욱 중요하다는 것이다. 따라서 정부의 계층적 통치보다는 민간사회의 네트워크화에 부응하기 위한 네트워크식의 국정관리시스템의 필요성이 제기된 것이다. 거버넌스는 이러한 네트워크 조직의 사회적 확장과 더불어 새로운 국정

〈표 2〉 네트워크 거버넌스의 특징

구분	전통행정 (Bureaucracy)	신공공관리 (NPM)	네트워크 거버넌스 (Network Governance)
기본 원칙	관료적 계층제	경쟁, 고객우선	참여, 분권, 협력 중시
정부역할	서비스와 독점적 공급	· 정부역할 최소 · 민영화 · 민간위탁, 임무중심 체저	· 정부역할 축소 · 공동생산
관리적 역할	· 규칙, 표준절차에 의한 통제 · 상의하달식 통제	· 명확한 성과목표설정, 성과관리	· 네트워크간 신뢰유지
이념	· 합법성 – 결과보다는 과정, 절차의 정당성 강조	· 능률성 – 결과 강조	· 민주성, 책임성 – 결과도출과정의 책무성 강조
공공서비스에 대한 접근법	· 공공부문이 서비스에 대한 독점권을 가짐	· 독과점적 공공서비스에 대해 회의적 · 고객지향서비스 선호	· 공공서비스에 대해 어느 한 분야가 독점적 지위를 누릴 수 없음 · 공유가치를 통한 관계 유지가 기본적 요소
거버넌스 형태	· 관료적 · 계층적 거버넌스	· 시장 · 기업적 거버넌스	· 상호신뢰에 기반 네트워크 거버넌스 · 정보통신기술(ICTs)의 적극 활용

출처: Guy Peters(1999).

관리 모델로 제안되었다. 네트워크가 사회 문제를 해결하고 공동의 목표를 달성하기 위한 주요 수단으로 대두되고 있다는 것이다(유재원, 2005).

네트워크형 국정관리에서 주요한 연구문제는 "국가가 어느 정도까지 정치적 · 제도적 '조종' 능력을 가지고 있고, 국가의 역할이 어떻게 나머지 행위자들의 이해와 관계되느냐 하는"이다(최성욱, 2005). 국가와 나머지 행위자들과의 관계는 정책네트워크(policy network)를 통한 다양한 유형의 공식적 · 비공식적 민관상호작용(public-private interaction)과 조정문제이며, 여기에서의 초점은 다양한 형태의 네트워크와 파트너십에서 중요한 요소들인 조정과 자율적 협치가 강조된다(Rhodes, 1997).

Ⅳ. 디지털 거버넌스

디지털-거버넌스는 기존 거버넌스의 개념과 IT기술을 의미하는 '디지털(e)'의 개념이 조합된 개념으로 정보통신기술을 활용해 업무를 전자적으로 처리하거나 전자적 서비스 전달을 의미하는 행정관리방식과 정부를 포함한 사회주체간의 정책형성과 결정과정에서 적극적인 참여가 가능한 전자민주주의 단계까지를 포함하는 폭넓은 개념으로 정의되고 있다.

김문조(1998)는 정보기술의 적응과정을 '전산화→연계화(networking)→유연화(flexbility)→사이버화'로 구분하고, 여기서 유연화단계는 사회구조적 경직성이 완화될 뿐만 아니라 인간의 사고방식이나 행위양식 마저 이완되어 시간적, 공간적, 부문적 경계가 약화되는 상태를 의미한다. 그 결과 특정세력이나 가치의 지배력이 약화되고 단위들간 경계가 해소되는 다원적이며, 개방적 사회체제를 지향한다. 이처럼 정보기술혁신과 확산이 사회변화를 야기하며, 동시에 사회적 변화에 선택적으로 상호작용하는 양상을 보여주는 것이다(Smith, 1994: 2). 한세억(2005)은 하드웨어 보급을 중심으로 한 기술인프라가 주축이 되는 전산화, 연동기술에 의해 연계된 네트워크화 그리고 정보네트워크의 사회적 융합이 강조된 정보화의 단계로 구분하고, 특히 웹기반의 업무처리로 국민에게 최고의 서비스를 제공하는 정부를 연성적 지식행정이라고 표현하고 있다. 연성적 지식행정체제하에서는 행정업무의 디지털화와 함께 시민에게 양질의 콘텐츠와 서비스를 제공하고, intranet과 extranet을 갖춘 창(window)을 통해 정부와 시민 및 기업간 협력적 상호관계가 형성된다는 것이다.

본 연구에서는 디지털(e)-거버넌스는 거버넌스와 IT, 두 요소간의 진화적인 결합, 즉 정보통신기술을 활용해 정부·시장·시민사회 등 행위자들이 특정한 목표를 가지고 네트워크화되어 협의와 조정의 과정을 거친다는 광의의 의미로 해석하고자 한다(이명석, 2006; 송경재, 2006; 명승환, 2001). 따라서 디지털-거버넌스는, 정보기술의 발전에 따라 정부가 사회문제 해결과 정책결정을 하는 과정에서 일방적인 결정을 하는 행태에서 탈피해 정부-시장-시민사회가 양방향적인 협의 네트워크를 구축해서 의사결정을 하는 절차나 정책결정 메커니즘을 의미한다. 특히 한국의 IT 기술의 발전은 인터넷을 통해 전 국민의 네트워크화를 가능케 했다. 각 정부기관의 홈페이지 활성화와 인터넷 문화의 발달로 시민 참여의 기회가 확산되고 있어 이제 정부는 디지털 거버넌스가 가능한 환경이 갖추어 가고 있다.

2010년 7월 정부가 발표한 '스마트워크' 활성화 정책도 디지털 거버넌스로 가는 길목에서 발표된 정책이다(국가정보화전략위원회 · 행정안전부, 2010). 스마트워크는 장소와 시간에 구애됨이 없이 언제 어디서나 원격근무가 가능한 차세대 업무 환경을 뜻하는 것으로, '스마트 오피스(Smart office)'나 '모바일 오피스'와도 비슷한 개념이다. 이미 유럽, 미국, 일본의 주요 IT 기업이나 공공기관에서는 현대 사회에 다양하게 도출되고 있는 이들 사회적인 문제들을 해소할 수 있는 대안으로 주목받으면서 스마트워크를 기반으로 한 새로운 형태의 업무시스템이 정착되고 있다. 대체로 IT기술이 기반이 되어 원격지에서 업무를 처리하고, 보다 효율적이고 생산적으로 근무할 수 있는 환경을 의미하며, 이러한 환경의 구축은 디지털 거버넌스의 중요한 핵심 축을 이룰 것이다.

〈표 3〉 디지털 거버넌스의 의미와 특징

단계 / 준거	행정정보화 (e-Administration)	전자정부 (e-Government)	디지털-거버넌스 (e-Governance)
적용 대상 범위	관료조직과 공무원을 대상으로 한 행정정보화	일반시민에 대한 전자적 행정서비스 제공	정부를 포함한 사회의 다원적 주체의 참여
행정 이념	행정내부 능률성과 효율성 강조	· 행정조직과 시민사회가 연계된 효율성 강조 · 시민참여 강조	민주성, 투명성, 형평성 강조
국민정책 결정과 의사소통 유형	낮은 정책결정에 참여, 단순 정보제공	정부와 시민사회간의 쌍방향 참여 및 의사소통	다양한 사회주체간 네트워크적 교류 활성화, 전자적 의사결정
기술실현 수단	신속성, 정확성	· 쌍방향적 공유, 접근 용이성	· 쌍방향적 공유 · 네트워킹

출처: 김성태(2003), 송희준(2004), 명승환(2001), UN/ASPA(2002) 등을 재구성

제3절 선진국 국정관리와 미래전략기구 분석 및 시사점

기후변화, 에너지 위기 및 과학기술의 급속한 발전 등으로 대내외 경제·사회적 여건 변화의 속도가 빨라지면서, 국가·기업·개인 등은 다가올 미래사회의 변화에 대비하고, 불확실성에 따른 위험요인에 효과적으로 대응하기 위하여 미래예측의 중요성에 대한 인식이 높아지고 있다. 선진국들은 국가미래정책의 중요성을 인식하고 새로운 국정운영추진체제를 마련하고 이를 적극적으로 국정운영에 활용하고 있다. 이들의 경향은 국정관리 패러다임의 전환과 빠른 환경변화에 대응하기 위한 미래예측방법을 사용한 새로운 국정운영방식의 적용과 미래전략기구의 설립 등을 포함한 다양한 형태가 있다. 특히 각 국가별 미래 국정운영방향은 각 국가가 채택하고 있는 미래전략기구의 분석을 통해 시사점을 얻을 수 있다. '국가미래전략'은 국가가 미래의 외부환경의 위협과 기회에 대응하기 위해 자신의 강점을 활용하고 약점을 관리하는 활동이며, '국가미래전략기구'는 이러한 국가미래전략을 주도적으로 담당하는 정부기구라고 할 수 있다(김동욱 외, 2010: 3).

정부산하 국가미래전략기구가 있는 나라는 이미 50여 개국에 이르고 있다. 국가미래위원회가 있는 곳은 호주미래위원회, 핀란드국가미래위원회(National Finnish Society) 등이 있다. 이제 이 기구들을 전 세계적으로 엮는 네트워크 작업도 필요하다. 부처를 총괄하는 국무총리산하 총리실산하 혹은 대통령직속기구로 두고 있는 나라가 가장 많고, 국방부산하, 외무부산하, 재경부 등 부처산하에 2~20명 수준의 직원을 두며 미래전략을 수립하고 있는 국가들이 다수이다.

우선 미국, 영국, 프랑스, 핀란드, 스웨덴, 등 미래 전략기구를 설치하고 선도적으로 미래전략 기반 국정운영을 하고 있는 국가들을 중심으로 한 미래전략기구들의 사례를 살펴보고, 그 특징과 시사점을 얻고자 한다.

Ⅰ. 미 국

미국에서의 국가 미래전략기구의 역할은 공공 및 민간부분의 다양한 기구들이 있으나 국가정보국(DNI, Director of National Intelligence)과 산하 국가정보위원회(NIC, National Intelligence Council)가 있다.

국가정보국은 미국의 모든 정보기관을 통솔하는 최고 정보기관이다. 2001년 9·11 테러 사건 이후 정보기관에 대한 재편의 필요성이 제기되어 2004년 12월 7일 상원에서 통과된 정보개혁법에 의해 2005년 4월에 설립되었으며, 직원 수는 약 1,500명이다(http:// www.dni.gov).

국가정보국은 모든 정보기관을 관리·감독하는 역할을 맡고 있으며, 군사와 관련된 정보활동의 예산을 제외하고 기존에 국방부 장관이 관할하던 모든 정보기관에 대한 예산 관리 및 분배권을 쥐고 있다. 이를 위해 과거에 국방부의 국방정보국, 국가안전보장국 등이 대부분 사용하던 400억 달러의 정보관련 예산을 결정하고 통제한다. 즉 국가정보국장은 국방부장관이 관장하던 국방부 내 정보기구 관리 및 예산 편성권을 갖고, 중앙정보국 국장이 하던 대통령 일일 정보보고도 직접 맡는다. 또 중앙정보국 국장이 받던 연방수사국과 국무부 정보조사국, 국가안보부(DHS) 정보분석처 등의 보고도 직접 받는 등 모든 정보 기능을 감독한다. 그러나 국방부를 포함한 행정부 부처들의 규정된 권한을 침해할 수는 없고, 첩보위성 등 군사정보활동에 관한 권한과 예산 집행 등은 국방부가 계속 맡는다. 초대 국가정보국장은 2005년 2월, 국제연합 대사를 거쳐 주 이라크 대사를 지낸 네그로폰테(John D.Negroponte)가 임명되었다.

미국국가정보국(DNI)은 미국의 정보기관(IC)을 통솔하는 역할을 수행하고 있으며, 국가안보와 관련된 정보에 대한 대통령, 국가안보위원회, 국가안보이사회(HSC)의 자문관역할을 한다. 또한 국가 정보국은 국가정보 프로그램을 지휘감독한다. 미국국가정보국(DNI)의 국장과 주요 부국장은 상원의 동의를 거쳐 대통령이 임명한다. 미국국가정보국(DNI)의 역할은 미국내 정보기관들(IC)을 종합 조정하는 것이다. 정보기관과 외국정부의 정보기관 사이의 조정 및 감독, 국가정보의 수집, 분석, 생산과 확산에 관한 우선순위 및 요건설정, 국가안보와 정보획득과정 혁신, 입법 및 행정적인 요구에 대한 지원, 법 및 대통령으로부터 위임된 안보관련 역할 수행, 그리고 정보기관들(IC)을 통합 및 협력하게 하고, 상호조정하는 역할을 한다.

미국국가정보국(DNI)의 조직은 1명의 국장과 4명의 부국장이 있다. 부국장은 정책, 기획과 요구분석(DDNI/PPR), 정보수집(DDNI/C), 정보분석(DDNI/A), 미래기술획득(DDNI/FC) 등 4부문으로 구성되어 있다. 미국국가정보국(DNI)은 10개의 미션 지원활동을 수행한다: 국가반테러센터(NCTC), 국가대적정보부(NCIX), 국가대량살상무기반확산(NCPC), 특별보안센터(SSC), 국가정보대학(NIU), 고급연구개발프로젝트수행(IARPA), 특별안보센터(SSC), 국가안보평가센터(CSE), 국가정보위원회(NIC), 국가정보조정센터(NIC-C).

국가정보조정센터는(NIC-C)는 여러 정보기관들을 조정하기 위해 2007년 10월에 설립되었으며, 미국 정부전체에 걸쳐 정보활동을 조정하는 메커니즘을 제공한다. 또한 효과적인 조정과 협력, 평가와 국가의 전체적인 정보수집 전문가들의 조정역할을 한다.

국가정보위원회(NIC)는 1980년 창설되어 미국 정부의 전략적 사고의 중심에 있는 기관으로, 미국 정보기관들의 씽크탱크로 불리고 있다. 16개 정보기관들의 최고 수장인 국가정보국장(Director of National Intelligence)의 보좌 기구로서 대통령과 정책입안자들에게 세계 경영과 외교 정책에 관련된 정보를 제공한다. 그간, 국가정보위원회는 중앙정부국(CIA) 산하에서 활동하였으나 9·11사태 이후 미국 정보기관들의 구조적·운영상의 문제를 극복하기 위해, 2005년 1월 창설된 국가정보국(DNI)의 국장에게 보고하는 구조로 변경되었다. 정보기관(IC)의 수장(head)으로 대통령과 국가안보위원회의 정보문제에 대한 주요한 자문관으로서 정보기관(IC)의 견해를 대표하는 역할을 한다. 아울러 NIC는 글로벌 이슈에 대한 광범위한 미래경향을 평가하는 역할을 한다. 백악관의 국가안보회의 정책수립에도 관여하고 있는 NIC는 CIA(중앙정보국), FBI(연방수사국), 국가안보국, 국방정보국 등 미국 내 정보기관들이 보내오는 정보를 취합해, 평가·분석하고 보고서를 발행한다. 당면한 주요 이슈뿐 아니라 세계적인 차원에서 진행되고 있는 포괄적인 동향을 파악함으로써 미국 정부가 중장기적인 전략을 짜는 데 기여하고 있다.

특히 4년 단위로 세계의 미래를 예측하는 보고서를 발간하고 있으며, 1997년부터 대선이 있는 때에 대통령 당선자에게 보고하는 것으로 유명하다. 지금까지 발간된 보고서는 1997년 11월에 발간된 Global Trends 2010, 2000년 12월에 발간된 Global Trends 2015: A Dialogue About the Future with Nongovernment Experts, 2004년 12월에 Mapping the Global Future, 그리고

2008년 11월에 Global Trends 2025: A Transformed World가 발간되었다. 2008년에 발간된 4번째 보고서 <글로벌 트렌드 2025: 대변혁 이후의 세계>(2008.11.20 발표)는 전 세계 싱크탱크와 전문가, 정보 당국의 역대 최대 인원과 규모로 참여함으로써 정확성과 신뢰성에서 높은 점수를 받았으며, 대외 공개 전에 이미 당시 부시 대통령과 당시 대선 후보에게도 보고되었다. 오바마 현 대통령이 당선 이후 취한 행보와 정책방향의 상당 부분이 동 보고서의 제안 내용을 따른 것으로 알려지고 있다.

[그림 1]에서 보는 바와 같이 정보위원회는 의장, 부의장, 평가부의장, 전략기획홍보이사, 분석총무이사, 고문 등으로 구성되고 아프리카, 동남아, 유럽, 남미, 극동아시아, 러시아 등 지역별, 그리고 경제, 국제이슈, 군사문제, 국제위협, 조기경보 등 분야별로 운영되고 있다고 알려지고 있다.

미국은 미래국정관리를 위해 공무원의 미래예측 역량강화를 위하여도 적극적이다. 1981년부터 격년으로 연방공무원 미래회의(Federal Forecasters Conference)를 개최, 공무원으로 하여금 미래예측논문을 학술대회에서 발표토

[그림 1] 미국 국가정보위원회 조직도

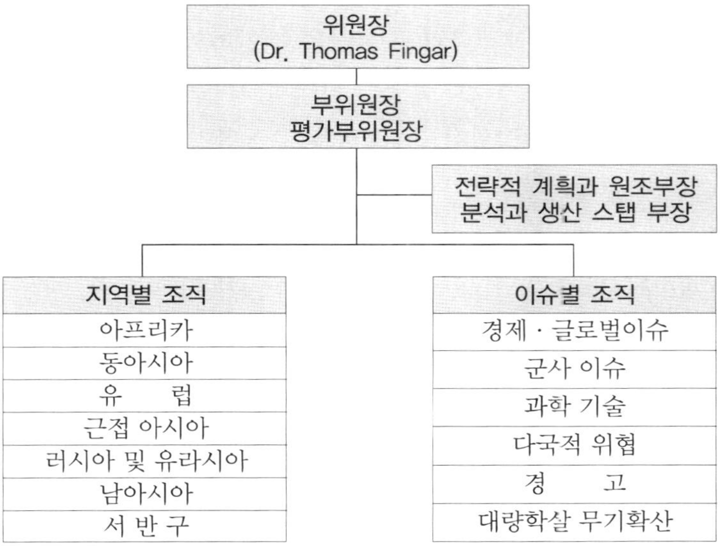

자료: 김성태(2007). 또 다른 미래를 향하여-국정관리를 위한 미래예측과 미래전략, 법문사.

록하고 우수발표자에 대한 시상 및 승진가점을 부여하고 있다.

Ⅱ. 영 국

영국의 국가미래전략기구는 총리실(Cabinet Office)에 소속된 전략국(Strategy Unit)이다. 전략국은 총리 직속기관으로 내각에 위치하고 있으며, 주요 국가정책에 대한 국가장기발전전략, 고난도 사회적 이슈에 대한 해결방안, 각 부처와 공동으로 전략적 사고·정책수립 및 혁신 작업, 국정전반의 사회적 이슈 연구에 있어 주도적 역할 및 전략을 통해 국가의 미래전략 비전을 제시하고, 국정운영의 가이드라인을 설정하는 역할을 하고 있다. 그 결과를 수상에게 보고함으로써 국가의 미래전략 비전을 제시함과 아울러 국정운영의 가이드라인을 설정하고 있다.

영국정부는 1994년 정부 씽크탱크로 「미래전략연구소」를 설립하여 새로운 도전과 과제를 지속적으로 발굴하면서 신속히 발전하는 첨단과학에 대처하고 사회·경제에 미치는 영향과 앞으로의 첨단기술사회가 어떠한 삶의 개선과 위기를 가져올 수 있는지에 대해 연구해 왔으며, 정부, 기업, 학계 전문가들이 함께 모여 미래전략을 고민해 왔는데, 미래전략의 국가적 가치에 뜻을 모아 정부에 국가차원의 미래전략기구 설립을 제안하였다(박영숙, 2005).

1997년부터 중앙행정부처의 개혁을 단행하여, 미래지향적인 정부와 정보기술을 바탕으로 하는 행정혁신프로그램을 추진하기 위해 총리실의 「미래전략실」(Forward Strategy Unit, FSU)과 e-Envoy(Office of the e-Envoy)를 신설하고, 정책지원 조직인 정책관리연구센터(Center for Management and Policy Studies, CMPS)의 설치 및 「성과 및 혁신과」(Performance & Innovation Unit, PIU)를 재편하여 범정부적인 장기혁신과제, 부처간 협력을 필요로 하는 정책을 검토할 수 있는 제도적 장치를 마련하였다. 그리고 2002년 'FSU'·'CMPS'·'PIU'를 통합하여, '전략국'(Prime Minister Strategy Unit, PMSU)을 발족하였다. 2010 총선에서 승리한 보수당의 Rt Hon David Cameron 총리이후 총리실조직 및 전략국 조직을 개편하였다. 새로 바뀐 영국의 전략국의 조직은 [그림 2]에서 보는 바와 같다.

전략국은 정부운영의 전략 및 각 부처의 전략수립을 돕고, 새로 부상하는

[그림 2] 전략국의 조직

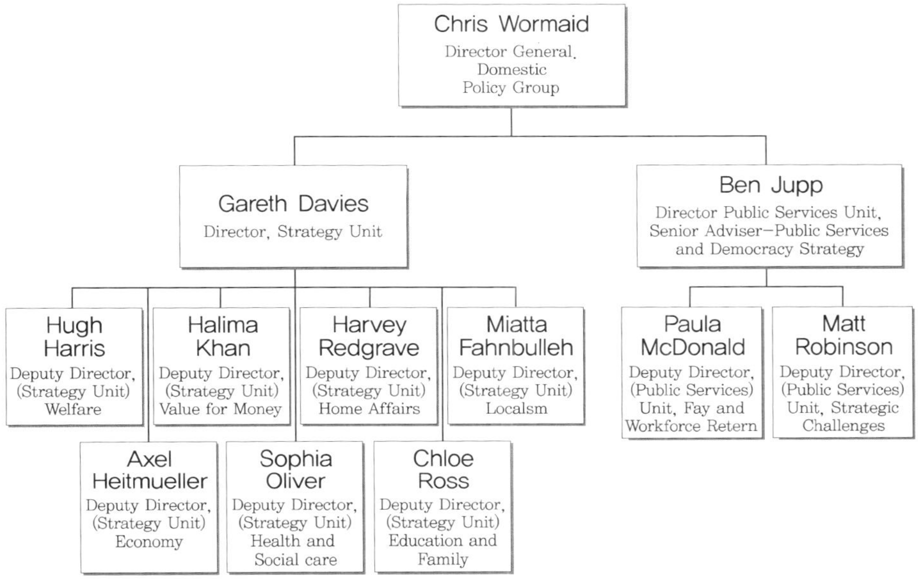

출처: http://www.cabinetoffice.gov.uk

사회적 이슈의 조기경보시스템, 정부의 장기 전략수립에 따른 정책 및 서비스 전달체계 개발에서 혁신적인 사고 및 전략을 수립하는 기구로 국가의 중추적인 최고전략 컨트롤타워로서의 역할을 하고 있다.

영국의 전략국은 주요 국내정책 현안을 다루는 위원회와 이를 지원하는 프로젝트 수행팀들로 구성되어 운영되고 있다. 7개의 위원회를 중심으로, 국가 현안과 긴급한 문제에 초점을 맞춘 유연한 소규모 프로젝트 팀을 구성하여 업무를 수행하고 있다. 위원회는 복지, 재정, 내무, 지역, 경제, 보건 및 사회보장, 교육 및 가정으로 나뉘어 정부운영의 전략, 새로 등장하는 사회이슈, 정부 장기전략 수립에 따른 정책 및 전략을 수립한다.

2004년에는 각 부처에 미래전략부를 설립하여 부장직에 고위직 공무원을 배치하였으며, 부처, BBC방송, 맥킨지 · KTMG 등 영국 대기업들의 고위직 인사가 함께 하는 챌린지포럼(www.chforum.org)을 주관하여, 그 결과를 토대로 영국의 미래를 전망하는 리포트를 발표한다. 이들 전략부장은 정기적으로 「전략포럼」을 개최하여 새롭게 부상하고 있는 이슈에 대한 정책경험을 공유하고 있다.

특징적인 것은 전략국의 「전략능력개발팀」(The Strategy Unit's Strategic Capability Team)과 「전략포럼팀」의 활동이다. 전략능력개발팀은 각 부처 공무원의 전략적 사고·능력을 개발하는 업무를 담당하고 있는데, 각 부처간의 정책결정에서 전략협력, 전략적 목표의 공동수행, 네트워크 및 교육·훈련·홍보 등 실천전략을 추진하고 있다. 전략포럼팀은 최근에 신설된 조직(2004년)으로 정부의 미래전략의 중요성을 강조하고, 각 부처의 고급 전략개발에 고위공무원들의 전략적 사고와 능력을 보강하는 업무를 맡고 있다. 미래국정관리를 위해 공무원의 미래예측 역량강화를 위해 영국은 미래 이슈에 대한 다양한 주제를 바탕으로 미래전략세미나를 주기적으로 개최하여 공무원들의 미래이슈에 대한 제반 인식 제고 및 세계적인 안목을 배양하고 있다.

전략국은 소규모 프로젝트팀으로 활동하며, 3-9개월 정도 기간의 구체적인 프로젝트를 수행한다. 특히 정부, 공공부문, 대학 및 민간부문으로부터 시민 및 관련자들과 함께 프로젝트를 수행하는 것이 특징이다. 전 부처를 수평적으로 연계시킬 수 있는 크로스 커팅(cross cutting)식 접근으로 전 부처와 긴밀한 관계를 유지하고 있으며, 특히 공무원, NGO, 학계, 민간부문, 해외 관계자 등으로 싱크탱크를 구성하여 운영하고 있는 것이 특징이다. 정부기관은 물론, 민간의 단체(미래연구소, 채텀하우스, 챌린지포럼), 대학 등에서 수많은 미래예측 리포트를 생산해 냄으로써 국가의 미래설계를 뒷받침하고 있다.

영국의 「미래전략기구」는 범정부차원에서 체계적으로 미래전략을 현실화하고 있는 세계 대표적인 국가미래전략기구라고 할 수 있다. 미래전략이 특정 부문 내지 주체에 국한되지 않고, 정부혁신과의 연결을 통하여 그 당위성을 국가전체에서 자연스럽게 체득하고 국정운영의 시야를 넓힘으로써 보다 합리적인 미래설계를 통해 현재를 이끌어 나가고 있다(박영숙, 2005).

Ⅲ. 프 랑 스

프랑스의 국가전략기구 2006년 3월 총리실 직속으로 설립된 전략분석센터(the Centre d'Analyse Stratégique)는 경제사회문화정책의 집행 및 설정과정에 정부를 지원하는 기능을 한다. 특히 리스본전략의 틀 속에서 유럽연합의 장기전략 과제들을 다루고 있다(http://www.strategie.gouv.fr).

조직은 경제재정부, 기술개발 및 지속가능발전부, 노동 및 고용훈련부, 제도 및 사회부, 사회과제부의 5개 부와 미래전망 및 국제정보센터(CEPII)로 이루어져 있다. 직원은 미래전망 및 국제정보센터 직원 45명을 포함해서 175명으로 구성되어 있다. 전략분석센터의 세 가지 주요기능은 공공정책의 실현과 수행을 지원하기 위한 모니터링, 전문적 자문, 의사결정에 대한 조언 등을 수행한다.

총리실과 함께 전문가와 자문위원회(고용(취업)자문위원회, 사회분석위원회, 고용, 수익 및 사회통합 위원회, 경제분석위원회, 고위통합 위원회 그리고 연금자문위

[그림 3] 프랑스의 국가전략기구 네트워크

출처: 전략분석센터 홈페이지(http://www.strategie.gouv.fr)

원회)의 네트워크를 통해 협력한다.1) 국가와 유럽연합의 자문 네트워크의 중심에 위치하고 있어 프로젝트 수행에 있어 정부 부처와 유럽연합(EU), 연구소, 싱크탱크, 외국연구기관 등 여러 조직들의 지원을 받고 있으며, 국가와 유럽연합의 연계를 통한 유럽차원에서의 정부정책의 통합을 촉진하는 역할을 한다.

전략분석센터에서는 세미나와 연구모임뿐만 아니라 다양한 형태의 문서(points of view, 문서, 보고서)로 된 결과물을 출판한다. 그리고 프랑스가 직면한 공공 정책에 대한 주요 전략적 이슈의 집행에 대한 연간 보고서를 발행하고 있다.

Ⅳ. 핀 란 드

핀란드 미래전략수립의 특징은 1993년 구성된 의회 미래상임위원회(The Committee for the Future)를 중심으로 이루어진다는 것이며, 국회는 정부(총리실)에게 미래를 준비하는 정부 비전을 제출하도록 규정하고 있다(http://web.eduskunta.fi). 국회의 장기적 정책개발 로드맵 요구에 따라, 집권정부가 미래에 관한 비전, 정책입안, 대책 및 장기 전략 등 장기적 안목의 정책구조를 제시하기 위한 미래예측을 의무화하고, 새 집권정부는 15년 후의 "국가미래전략"을 제시하도록 법으로 제정하고 있다. 총리실은 부처간 수평적 네트워크를 구성하고, 부처별 미래전략을 종합하여 국가미래전략을 수립한다(한국정보사회진흥원, 2008).

핀란드는 국가의 모든 정책을 의회 내 미래위원회에 의지할 정도로 미래전략기구의 영향력이 강한 나라로 미래기구를 통해 가장 성공을 거둔 나라" 라고 할 수 있다. 통나무 목재상으로 출발한 노키아가 휴대폰 하나로 세상을 세계적인 IT업체로 등장하게 된 것은 핀란드 미래위원회의 작품이라는 것이다.

---

1) the Conseil d'Orientation pour l'Emploi (Employment Advisory Council), the Conseil d'Analyse de la Société (Society Analysis Council), the Conseil de l'Emploi, des Revenus et de la Cohésion Sociale (Employment, Revenue and Social Cohesion Council), the Conseil d'Analyse Économique (Economic Analysis Council), the Haut Conseil à l'Intégration (High Council for Integration): and the Conseil d'Orientation des Retraites (Pensions Advisory Council)

핀란드정부(총리실)는 재집권을 위해서 반드시 4년에 한번 “15년 후의 미래상”과 그 당시의 문제해결방안, 이를 위해 지금 시급히 시작해야하는 일들을 어떻게 정책입안할지 등을 제시해야 한다. 이를 법제화한 이유는 미래에 대한 이슈를 지금 해결하거나 바꾸지 않으면 안되도록 강제하려는 의지이며, 국가의 장기적인 미래를 위해 전략적인 의사결정과 지속성 있는 정책을 유지하기 위한 것이다(박영숙, 2005).

핀란드 정부의 국가미래전략 제시 및 확정 과정은 총리실에서 전문가 및 연구기관의 자문을 토대로 국가미래전략 보고서를 작성하고, 완성된 국가미래보고서는 국무회의 승인 후 의회에 제출하며, 총리실과 미래상임위는 지역미래포럼을 공동개최, 여론수렴 과정을 거친다(한국정보사회진흥원, 2008).

핀란드의 국가미래상임위는 국가미래의 성장동력을 찾고 민생문제를 해결하면서 국민의 전폭적인 지지를 받고 있으며 사실상 국가미래 전략의 중심축으로서 역할을 하고 있다. 이 미래상임위가 만들어지게 된 배경은 1990년대 소련의 붕괴로 인해 주로 소련과의 교역으로 지탱하던 북유럽이 거의 파산지경에 이르게 된 데 있다. 93년 의회가 먼저 장기적인 국가미래전략을 세우고 국가성장동력을 찾기위해 만든 것이다.

93년에는 임시특별기구로 만들어졌지만 국민들의 적극적인 지지로 국회에서 영구조직화됐다. 정부 쪽에서 반대가 있었지만 위기의식 속에 단결이 이루어질 수밖에 없었다. 미래 예측을 통해 목재나 휴지 정도를 팔아서는 먹고 살 수 없다는 판단이 섰다. 세계미래회의 전문가들의 자문과 보고서를 통해 미래산업이 IT통신임을 알게 되자 정부는 당시 유일한 대기업인 노키아를 설득하게 되었다. 90년대 노키아는 목재, 휴지, 및 웰링턴 부츠를 만드는 기업이었다.

의회 미래상임위원회가 요청해 정부가 펴낸 최근 보고서들은 핀란드가 직면한 주요 이슈들, 세계화, 인구고령화, 정보사회화, 지역불균형 발전 등에 대해 향후 15년의 미래를 예측하고 있다.

Ⅴ. 호　　주

호주 「미래위원회」는 1979년 설립된 「호주 과학·기술·공학자문회」와

「기술진단국」을 통합하여 1985년 만들어졌으나, 1998년 폐지하여 현재 NGO로 활동 중이다. 당시 호주 정부는 세계적인 추세에 거슬러 국가미래전략기구를 폐지했다는 이유로 전 사회적인 비난을 받았다. 대신 미래예측 및 미래전략을 전체 공무원에게 교육하기 위해서 「미래포럼」(APS Futures Forum)을 설립, 공무원들에게 미래예측 방법의 훈련과 이를 통한 미래관련 정보의 공유로 정부의 정책 수립 및 추진에 있어 미래전략을 접목시킬 수 있도록 지원하고 공무원간의 네트워크를 통한 미래예측 전산망을 구축하는 역할을 수행하고 있다. 또한, 교육효과를 높이기 위해서 미래포럼의 미래전략의 훈련과정에의 참가를 의무화하고 교육·훈련 후에는 반드시 미래예측 결과물을 제출하도록 하고 있다. 나아가, 훌륭한 결과물에 대해서는 실제 정책으로 이루어질 수 있도록 정부에서 재정지원을 하고 있다.

2008년 4월 호주정부는 국가적 장기 전략을 도출하기 위해 전 호주 국민들의 의견을 수렴하기 위해 2020미래정상회의(Australian 2020 Summit)[2)]를 개최하였다. 다음 10년 미래 국가의 발전방향에 대한 국민합의를 이끌어내기 위한 노력으로 야당지도자나 정부에 비판적인 집단들 초청, 도출된 10가지 국가적 미래이슈에 대해 2008년 내 웹사이트를 통해 국가의 다양한 층으로부터 의견을 받았다. 이 회의에서는 국가정책이 3년(총선)을 주기로 한 단기목표에 초점이 맞춰진 것에서 벗어나 장기국가 현안에 대한 비전과 정책 수립을 목적으로 하였으며, 정계·학계·산업계·문화예술계·원주민 등 호주사회 전분야를 통틀어 국민대표 1천여명이 참석한 대토론의 장을 마련하여 국민 공감대 형성을 위해 노력하였다. 10개의 핵심 주제에 대해 자유·공개토론을 수행하고, 지구 온난화, 미래의 교육 프로젝트 등 장기적 가치를 둔 활동의 국민적 공감대 형성에 주력하였다.

Ⅵ. 싱가포르

싱가포르는 정부의 미래지향적인 정책결정구조와 제도화수준이 높아 세계에서 가장 미래지향적인 국가 거버넌스 시스템을 갖추고 있다. 과거 수상실 산하 공공서비스국(the Public Service Division)내에 시나리오 기획실(The

2) www.australia2020.gov.au/index.cfm

Scenario Planning Office)을 설치하여, 싱가포르 미래 사회를 조망하는 보고서를 발표하는 등 미래를 준비하고 있다. 공공서비스에 한정한 시나리오 기획실(The Scenario Planning Office; SPO)은 2003년 전략정책실(Strategic Policy Office; SPO)로 개편하여 정부전체에 미래전략의 개념을 도입하였다.

한편 2005년 국가안보조정국(The National Security Coordination Centre) 산하에 라스(RAHS; Risk Assessment and Horizontal Scanning)라는 미래 위기예측시스템을 도입하여, 미래를 상시적으로 연구하고 변화하는 미래를 추적하듯 탐구하는 정부 형태를 갖추고 있다(한국정보사회진흥원, 2009). RAHS는 미래의 위협요인을 분석하거나 사회를 바꿀 새로운 이슈를 찾자는 것이 핵심이다. 2001년 9·11 테러와 2003년 동남아시아에서 창궐한 사스(SARS, 중증급성호흡기증후군) 사태 후 싱가포르 정부는 지금의 사회를 바꿀 방안을 탐색하고 이를 다각적으로 분석하며 그에 따른 다양한 결과들을 예상하는 미래연구의 방향을 새롭게 정립하였다. 이를 라스(RAHS; Risk Assessment and Horizontal Scanning)라고 하는데, 미래의 위협요인을 분석하거나 사회를 바꿀 새로운 이슈를 찾자는 것이 핵심이다.

싱가포르는 미래에 싱가포르가 직면할 도전과 기회를 강조하기 위해 미래예측과 국가정책의 연계를 위한 미래 시나리오 기법의 개발과 확산을 장려하고 있다. 시나리오기획실에서는 1997년 이래 이미 싱가포르의 미래에 관한 세 가지 시나리오를 발표한 바 있다. '2020년 전망'이라는 보고서는 이미 1997년에 발간되었고, 2002년에 2025년의 싱가포르를 조망하는 보고서를 발표하였다.

싱가포르의 법원 또한 국가의 총체적인 미래시나리오틀에 입각하여 법무행정의 시나리오들을 개발하기 위해 정기적으로 '경향 분석'을 하고 있다. 싱가포르는 법을 만들 때마다 해당 법이 미래에 미칠 영향을 미리 평가하는 '미래영향평가'를 의무화했다. 이러한 전략의 일환으로서 싱가포르 법원은 1997년에 '법률정책그룹(the Justice Policy Group)'을 설립하였으며, 이 기구는 전략적 싱크탱크 기관로서 정규적인 환경스캐닝(Environmental Scanning)을 수행하고 있다. 이 같은 노력에 따라 2000년에는 싱가포르 법원의 법률행정과 미래를 위한 사법제도에 관한 첫 번째 시나리오 세트가 마련되어 2020년까지 국가 법률시스템의 미래에 대한 시나리오 지도가 완성되었다.

[그림 4] 싱가포르의 미래전략기구

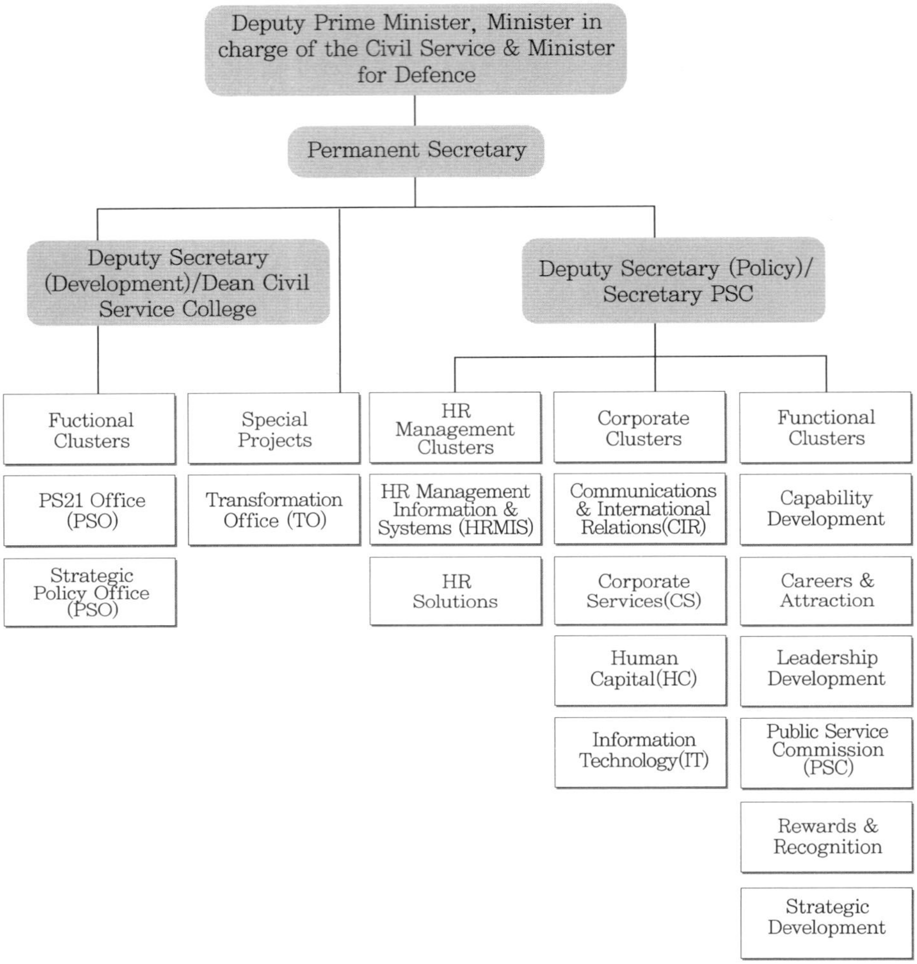

출처: http://www.psd.gov.sg

이런 노력의 결과로 스위스 국제경영개발원(International Institute for Management Development) 에서 발간하는 세계 국가경쟁력 보고서(World Competitiveness Report)도 1997년부터 2000년, 그리고 2002에 싱가포르 법제부문의 국제경쟁력을 1위에 올려놓았다.

Ⅶ. 종 합

빠른 환경변화에 따른 대응을 위해 미래예측의 중요성이 증가하면서 각국이 의회에 미래상임위원회를 만들거나 국가미래전략기구를 만드는 것이 유행이 되었으며, 이제 국가 내에서도 많은 기관들이 미래예측 부서를 두고 있다. 국가 차원에서 미래위원회나 미래전략청, 미래연구기관 등 설치·운영뿐만 아니라 미래예측 전문가로 육성하기 위해 다양한 프로그램을 실시하고 있으며, 민간과 함께 국민과 소통하는 '미래전략 아이디어'를 발굴하고 있다.

선진 국가는 미래전략 수립에 관한 제도적 장치를 마련하고, 민관협력체계를 강화하는 등 미래 대비 문화를 정착해가고 있다. 장기적 시각에 따른 예측과 전략 수립 필요성을 인식하여 주기적으로 국가미래보고서를 출간하고 있으며, 글로벌, 환경, 복지, 성장과 같은 주제들이 미래전략기구들의 공통 관심사다(한국정보사회진흥원, 2008).

지금까지 잘 알려진 국가미래보고서로는, '미국 Global Trends 2010, 2015, 2020, 2025 보고서'가 있고, '유럽 2010', '호주 2020', '영국국가보고서 챌린지 포럼 2020, 2025, 2030 시나리오'가 있으며, '핀란드 2015 및 2020 보고서', '독일의 미래 FUTUR', '노르웨이 2030' 등 여러 종류가 있다. 그 외에 분야별 국가 보고서는 무수하다. 즉 '우주의 미래 2030' 등 OECD에서 낸 미래보고서는 30여종이 되며, 에너지, 식량, 물에 대한 보고서는 각국 및 모든 국제기구가 내고 있다. 과학기술보고서도 각 분야 및 각국의 보고서가 많다. 일본과 독일에서 초기 기술예측사업을 선도하고, 영국의 미래기술예측프로그램(Foresight Program)이 잘 알려져 있다.

각국 미래전략기구의 시사점은 <표 4>에서 보는 바와 같이 영국은 범정부 차원의 미래전략을 위한 지원 및 조정의 역할을 수행하고, 미국은 인하우스 싱크탱크와 외부싱크탱크의 연계협력과 보고서 작성에 충분한 시간을 투입하고 있는 것이 특징이다. 핀란드는 상임위 설치를 통해 의회 기능과 정부 기능의 연계 및 법제화하고 있고, 싱가포르는 사법부내 법률정책그룹을 두어 법의 영향평가를 통해 미래에 대비하고, 총리실에는 전략정책실을 두어 미래 기반을 마련해두고 있는 것이 특징이다. 호주는 미래위원회는 폐지하였으나

〈표 4〉 각국 미래전략기구의 특징과 시사점

	영 국	미 국	싱가포르	호 주	핀 란 드
기구	PMSU (총리실)	NIC (DNI소속)	법률정책그룹 (사법부) SPO(총리실)	미래위원회(민간화)	미래상임위 (국회)
역할	국가중장기 발전전략, 정책·리서치 병행	광범위한 정보 수집·분석, 리서치중심	법의 영향평가	과학기술 자문·미래예측	예산심의를 통한 타당성 심사
기타 특징	전략능력개발팀, 전략포럼	세계전문가보호관리프로그램,연방공미래회의	복지·공공성 중시	미래포럼	미래전략제시의 법제화
시사점	범정부적·수상직속, 광범위주제, 전략확산	인적자원개발, 무제한적 주제, 미래전략 확산	미래 시나리오 틀에 맞는 법무행정	공무원역량 강화, 정책연계 실패	법제화

공무원의 미래역량강화교육과 대중에게 공감대 형성을 위한 공공 토론 등의 수행이 특징이다.

국가미래전략기구는 다음과 같은 유형으로 구분할 수 있다(김동욱 외, 2010). 첫째, 미래전망형과 정책개발형으로 미래전망형은 국가전략수립을 위해 필요한 중장기 미래예측과 국가의 전략적 대응 방향 제시에 중점을 두는 것이며, 정책개발형은 추상적인 국가미래전략을 구체적인 정책대안 형태로 만들어 내는데 중점을 두는 형태이다. 미국은 미래전망형이나 나머지 국가들은 정책개발형 미래전략기구로 운영하고 있다. 둘째, 집중형과 분산형으로 집중형은 하나의 전문적인 미래전략기구가 중심이 되어 국가 전체의 미래 전략을 구상하는 형식이고, 반대로 분산형은 복수기관이 협력적 혹은 병렬적으로 미래 전략을 구상하는 것이다. 대부분이 집중형을 채택하면서, 미래전략기구가 정부내외의 여러 기관의 지원을 받으면서 국가미래전략을 수립하고 있다. 셋째, 단일기구형과 부서형으로 단일기구형은 미래전략을 위한 전반적인 행정기능을 하나의 독립된 기관이 담당하는 형태이고, 부서형은 한 기관의 국이나 과 단위 부서가 담당하는 형태이다. 영국은 부서형이나 나머지 국가들은 단일기구형 미래전략기구를 두고 있다. 넷째, 단일기구형 내에서 다시 위원회형과 독임형으로 구분할 수 있다. 미국의 국가정보위원회는 위원회형이고 영국, 프랑스, 중국, 일본의 국가전략실은 독임형 미래전략기구이다.

김성태(2007)는 외국의 사례분석을 통하여 몇 가지 우리나라의 국가미래전략기구 설계를 위한 시사점을 다음과 같이 정리하고 있다. 첫째는 영국의 전략국처럼 범정부차원의 중장기적 관점이 중요하다. 특히 미래전략을 특정 단위부처에 국한하지 않고, 범부처적 협조와 연계를 통하여 순조롭게 집행이 될 수 있도록 설계하는 것이 중요하다. 둘째는 인하우스 싱크탱크와 외부 싱크탱크와의 긴밀한 네트워크 관계구축이다. 영국의 전략국, 미국의 정보위원회나 프랑스의 전략분석센터는 내외부 싱크탱크와 연계되어 전문가들을 중심으로 국가차원의 주요 이슈들에 대해 양질의 정책정보를 만들어 정책입안가들에게 제공하여 주는 역할을 수행하고 있다. 셋째는 미래지향적 입법 환경의 중요성이다. 핀란드와 미래상임위원회와 같이 의회의 미래전략기구 설치의 중요성이다. 국회 내 미래전략을 분석하고 준비할 수 있는 기구의 설치는 정부의 미래전략기구와 상호 협조 보완적 관계를 통하여 시너지 효과를 낼 수 있는 중요한 미래를 위한 국정설계가 될 것이다. 넷째, 국정최고지도자 직속체제 미래전략기구이다. 영국의 미래전략국은 총리직속으로 국가전략을 중장기적 관점에서 재검토하고 우선순위를 설정할 수 있도록 미래예측과 정책분석활동을 통하여 신뢰성 있는 정보를 제공하는 등 정책자문을 수행한다.

주요 외국들의 전략기구들의 운영에 있어서의 특징은 다음과 같다(김동욱 외, 2010). 첫째, 주요 외국들은 국가의 미래전략을 중점적으로 담당하는 정부기구를 안정적으로 운영하고 있다. 둘째, 주요 외국들의 국가전략기관들은 미래의 장기적이며 체계적인 시계를 가지고 있다는 것이다. 셋째, 주요 외국들의 미래연구는 국가 전체적인 전략적 시각을 견지하고 있다는 것이다. 국내의 정책뿐만 아니라 국제 정책까지 포괄하는 전체적 시각에서 국가의 전략적 행동에 초점을 두고 있는 것이다. 넷째, 많은 전략기구들이 정책개발과 부처별 정책의 조정에 일정한 역할을 한다는 것이다. 다섯째, 일부 국가들의 전략기관들은 정부개혁과 연계되어 있다. 여섯째, 주요 외국의 국가전략기구들은 어떠한 형태로든 민간의 전문인력을 적극적으로 활용하고 있다. 마지막으로 모든 국가 미래전략기관들은 미래전략과 관련된 보고서를 정기적 혹은 비정기적으로 보고하고 발표한다.

국가미래전략기구의 위치는 영국, 싱가포르, 캐나다 등 대부분의 국가들이 대통령이나 총리실 등 최고통치자 산하에 두고 있으며, 그 외에 의회에서 미래상임위가 있는 나라는 핀란드 미래상임위(Parliament Futures Committee)와 스코틀랜드 미래상임위로 2005년에 스코틀랜드 의회에 핀란드 미래상임위를 본 따 미래상임위 설립되었다. 핀란드의 미래상임위는 세계최초 기구로 신집권당은 국민들에게 "15년 후의 국가미래보고서"를 발표하도록 입법화하였으며, 스코틀랜드 의회도 미래상임위를 만들어 국가 미래 성장동력을 찾고 정책으로 입안, 법제화하는 강력한 힘을 가지고 있다. 지방정부에서 미래위원회가 잘 운영되고 있는 지역으로 프랑스에는 지방정부에 미래전략부서가 22개 있고, 99개의 부처에 미래전략팀이 있으며 대도시에는 리용시가 미래전략처를 가지고 있으며, 스페인의 카탈로니아, 바르셀로나에 미래전략기구가 있고 영국에는 리즈시가, 이태리는 터린시가 미래전략기구를 가지고 있다(유엔미래포럼, http://gccsr.net).

제4절 한국의 미래지향적 국정관리와 미래전략기구 구축방안

정확한 미래예측이 국가 생존의 전제가 되는 사회가 되고 있다. 미래를 대비하고 예측하는 능력이 국가의 생존과 번영을 위한 최우선 과제로 등장하였으며, 세계 속에서 우리나라의 위치 파악과 지향해야 할 바람직한 미래상에 대한 방향설정은 나침판과도 같은 역할을 할 것으로 보인다. 따라서 미래예측에서 제시된 가능성에 따라 유연한 국가미래전략을 수립하여 미래를 주도할 수 있는 기반 선점이 필요하다.

9·11테러와 미국 월가를 시작으로 한 금융위기, 아이슬란드, 그리스 등 유럽 강소국들의 국가부도위기, 그리고 오늘날과 같은 빠른 기술발전과 국가간 기술경쟁의 가속화 등 단일 국가 상황보다는 국가간 조직간 네트워크와 그 변화를 파악하는 것이 중요하게 되었다. 파악하기 어려운 변동요인이 가까운 미래에 치명적인 영향을 줄 수도 있을 것이다. 따라서 체계적이고 정확하게 미래를 예측하지 못하는 경우 조직뿐만 아니라 국가의 존재까지도 위협

받을 수 있게 되었다. 특히 스마트 폰이 가져다 준 충격은 미래예측의 중요성을 새삼 일깨우게 했다.

따라서 본 장에서는 지금까지 분석한 미래 국정운영 패러다임의 변화와 각국의 미래전략기구의 운영으로부터 얻은 시사점을 바탕으로 한국의 미래지향적 국정운영방향과 특히 미래전략기구의 설립과 운영에 관한 방안을 살펴보고자 한다.

Ⅰ. 우리나라 국가미래전략 추진체계와 문제점

한국의 국가미래전략 추진체계는 현 정부들어 새롭게 만들어진 조직들인 대통령 직속의 미래기획위원회와 기획재정부의 미래전략과, 그리고 총리실 산하 경제인문사회연구회의 미래전략연구센터 등이 있다. 이들 조직은 공통적으로 국가 미래발전전략을 종합 연구・조정해 선진 일류사회 건설을 추구한다는 조직목표를 최우선으로 하고 국가 미래발전전략을 개발해 추진하는 조직들이다. 미래기획원회와 재정부 미래전략과는 2008년 2월 정부 출범과 함께 탄생했고 경제・인문사회연구회 미래전략연구센터는 2009년 4월 신설됐다. 대통령 직속의 미래기획위원회가 그 중심에 있고, 기획재정부 미래전략과가 위원회를 지원하고 있으며, 이슈가 부각되면 총리실 산하 경제・인문사회연구회 미래전략연구센터가 지원하는 구조로 이루어져있다. 현정부 출범과 함께 신설된 국정기획수석은 2010년 7월 청와대 조직개편과정에서 없애고, 미래전략기획관과 정책실장 직속으로 신설되는 정책지원관에게 그 역할분담이 이루어졌다.

현재 한국의 국가미래전략 추진체계는 다음과 같은 문제점을 안고 있다(김동욱, 2010). 첫째, 미래전략을 전담하는 단일한 정부기구가 아니라 미래기획위원회, 총리실, 기획재정부 등으로 나누어져 있어, 국가미래전략 추진체계가 복잡하다. 국가 미래전략 조직이 많은 만큼 업무중복에 대한 우려가 제기되고 있으며, 미래전략 전문가들은 업무 경계가 모호하고 역할 분담이 불명확해 일원화된 미래전략 수립이 어렵다는 것이다. 국회 예산심의 과정에서도 국가 미래발전전략 관련조직이 많아지고 있으며 업무중복에 따른 예산낭비 지적이 나오기도 했다. 둘째, 국가미래전략보다는 단기현안 대응에 치우쳐 있어 미래

전망과 정책개발기능이 약하다. 셋째, 주기적이고, 국민의 의견을 반영한 체계적인 미래보고서 작성이 미흡하다. 국가 전체의 공감대 형성과 체계적인 미래보고서가 나오지 않고 있다. 넷째, 민간 및 국가간의 협력을 위한 노력이 미약하다. 민간의 적극적인 참여와 외국과의 네트워킹 구축이 필요하다.

Ⅱ. 미래지향적 국정가치 모색

빠르게 발전을 하고 있는 국가의 국정관리 시스템의 효율화는 결국 전통적인 관료주의 방식을 대신할 기존 국정관리 철학의 재구축과, 추진기구의 설정과 역할모형 정립 등이 새로운 환경에 적응하기 위한 관건이 될 것이다. 성공적인 국가미래는 미래지향적 국정운영체제의 준비가 기본적인 전제가 되며, 가장 우선적으로 미래지향적인 국정가치의 모색이 이루어져야 한다. 국정운영체제가 과거지향적이고 현안 문제 해결위주로 이루어져 있다면, 미래에 큰 성과를 기대하기 어려울 것이다. 미래 국정관리 패러다임의 발전방향은 최근 많은 학자들에 의해 미래의 국정관리모형으로 제안되고 있는 시장형, 참여형, 신축형, 탈규제형 및 네트워크형 국정관리와 정보통신 기술의 발전에 기초한 디지털 거버넌스 등 국가적 상황에 맞는 복합적인 형태가 될 것이다.

미래기획위원회(2008)는 현 정부의 미래지향적 국정가치로서 '통합형 자유주의'를 제시하였다. 성숙한 자유와 조화로운 통합을 통해 더불어 자유로운 한국을 실현하기 위해서는 자유민주주의, 법치, 시장경제, 개방성의 네 요소를 기본으로 하되, 정부의 보완적 역할을 통하여 통합성을 제고하여야 하며(4+1), 이를 묶는 개념이 통합형 자유주의라는 것이다. 따라서 통합형 자유주의는 자유와 책임이 균형을 이룬 개방사회에서 개인의 창의와 노력을 통해 개인과 사회의 발전을 추구하되, 정부는 시장과 시민사회에 대한 보완적 역할을 통해 사회통합과 국민 복리를 높이려는 가치지향으로 정의하고 있다.

'자유주의 기조아래 시장과 시민사회에 대한 정부의 보완적 역할을 통한 국민복지와 사회통합'과, 실천원리로 창조적 실용주의를 강조한 바 있다. 자유를 심화·확대하는 한편 압축성장에 따른 사회적 갈등 및 신뢰 부족 등 부정적 부산물을 발전적으로 치유하고 극복하는 개념이라는 것이다. '창조적 실용주의'는 통합적 자유주의를 구현하기 위한 실천규범이라는 점에서 상호보완적인 관계라고 할 수 있다.

미래는 사회의 다양화, 세분화, 다중심적인 특성상, 다양한 주체들간의 협력과 통합적 접근이 필요하며, 특히 IT기반의 국정가치 모색 필요, 지식기반과 국정운영 융합의 필요성이 있다. 소통형 디지털 정부는 정부-시민 간 양방향적 소통을 바탕으로 한 실질적인 시민참여와 합의를 중요시하고, 효율적인 정책 실현을 위해 IT를 적극적으로 활용하는 선진 정부 모형이며, 이해관계자간 정책적 합의를 도출하여 보다 효율적인 정부의 정책을 추진하고, 성과를 가져올 수 있는 새로운 패러다임으로 부상하고 있다(한국정보화진흥원, 2009). 특히 '소통형 디지털 정부'는 IT 기반의 네트워크를 바탕으로 실질적인 시민 참여와 합의를 이룰 수 있는 미래 국정운영과 IT기반의 융합을 통한 미래국정관리 모델이라고 할 수 있다.

소통형 디지털 정부 구현을 위해서는 시민들에게 정부가 무엇을 어떻게 하고 있는지에 관한 정보를 정확하고 투명하게 공개하고 공유하는 투명한 정부, 다양한 이해관계자들 간 양방향의 온라인 소통과 참여를 기반으로 온라인상의 정책 결정 과정에서 합의를 도출하는 참여지향적 정부 그리고 정책 이해관계자 간 긴밀한 협력체계를 구축하고 정부 조직 간 효과적인 협업을 도모하는 협력도모형 정부의 3대 핵심 요소별 추진 전략이 필요하다.

현재 미국, 영국, 호주 등 주요국은 21세기의 새로운 국정 운영 패러다임으로 소통형 디지털 정부를 구현하고자 노력하고 있으며, 우리나라의 경우도 우수한 IT 기술력과 인력을 활용하여 기존의 다양한 소통 채널과 온라인 시민 참여를 활성화하는 등 열린 정부를 구현하고자 하는 노력이 이루어져 왔고, 특히 현 정부의 국정기조로 소통형 정부를 지향하고 있다(한국정보화진흥원, 2009).

현존하는 국정운영체제가 미래지향적이 아니라 과거지향적인 현안 문제해결 위주로 이루어져 있다면, 국정운영을 지원하고 실현하는 정부의 기본적인 설계와 운용의 결과도 큰 성과를 기대하기 어려울 것이다. 정부의 성공적인 운영은 잘 준비된 미래지향적 국정운영체제 없이 불가능하다.

[그림 5] 소통형 디지털 정부 모형

자료: 한국정보화진흥원(2009). 주요 선진국의 소통형 디지털 정부 추진 현황과 시사점. CIO Report, 14: 1-16.

Ⅲ. 한국의 미래지향적 국정관리 및 역할구조

2006년 "세계미래연구기구협의회"는 국가미래보고서 혹은 국가미래예측을 할 때 반드시 한국가의 미래예측이 아닌 지구촌의 미래예측을 제시하지 않으면 안 된다는 규칙을 세웠다. 미래는 더 이상 한 국가가 해결할 수 있지 않기 때문이다. 더욱이 한 국가내에서의 미래전략기구 역시 모든 주체가 총동원된 하나의 국가미래전략시스템이 구축되어야 한다.

국가혁신시스템(NIS)은 Freeman(1987)이 국가과학기술발전에 영향을 주는 다양한 요소들을 포함시킨 혁신체제론을 이론으로 발전시킨 것으로 국가혁신시스템을 상호협력을 통해 신기술을 창출하거나 수입, 수정 및 전파하는 공공 및 민간부문의 네트워크로 정의하고 있다. 같은 맥락에서 국가미래전략시스템은 국가 미래전략수립을 위한 주체간 네트워크 및 상호작용과 학습을 통한 주체간 지식이전 및 미래전략설정을 위한 하나의 시스템으로서 작동이 되도록 해야 한다. 따라서 특정국가의 미래전략시스템의 성패는 궁극적으로 개별주체들과 그 네트워크로 구성된 전체시스템에 의해 결정된다고 보는 것이다.

더 나아가 미래전략시스템은 글로벌시스템으로 확대되어야 한다. 미래예측은 대부분 국가성장동력, 인구변화, 환경, 에너지, 빈부격차, 첨단과학기술이 바꾸는 사회변화, 교육, 교통 등, 이러한 이슈들은 이제 더 이상 한 국가가 혼자만의 문제가 아니다.

국가 미래전략기구의 설치를 위한 접근방법과 설계기준은 다음과 같은 관점에서 고려될 필요가 있다(박영숙, 2007). 우선 접근방법으로 (1) 국가조직의 어디에 설치할 것인가에 대한 논의가 필요하다. 둘째는 어떻게 하면 미래전략을 합리적으로 결정하고 결정된 의사를 효율적으로 실행할 수 있는지의 여부에 대한 고려가 필요하다. 셋째, 「국가미래전략기구」의 설치는 기존 정부조직에 새로운 조직을 단순하게 부가하는 것 이상으로 인식을 바꾸어야 한다. '미래전략'에는 그 자체로 광범위하고 포괄적인 개념이 내재되어 있기 때문에 다양한 부문에 걸쳐 수많은 요소들과의 복잡한 관계를 형성하게 된다. 넷째, 「한국형 미래전략기구」의 설치는 다양한 스펙트럼 속에서 결정되어야 하는 문제다. 「국가미래전략기구」는 단속적인 개혁기구와 같이 한시적이고 가시적인 정권유지·안정의 수단으로 전락하게 해서는 안 될 것이며, 하나의 시스템으로 구축되어야 한다.

국가미래전략기구의 설계기준으로는 첫째 기능과 권한은 단순한 '미래예측보고서의 작성'부터 '범정부적인 미래전략의 수립·집행의 주체' 내지 '정부조직에의 미래전략적 사고·능력을 확산·탈바꿈시키는 강력한 추진체계'에 이르기까지 다양한 모델이 있다. 둘째, 의사결정의 계층에 따른 구성형태는 중·장기적인 비젼제시와 변화를 사전예측하여 미래전략을 수립할 수 있는 비구조적이고 탄력적인 조직구성이 필요하다. 셋째, 의사결정의 환경에 따른 구성형태는 '비정형적'이고 불확실성하에서의 의사결정이 주류를 이루기 때문에 방대한 자료를 바탕으로 한 정보의 수집과 불확실성에 대응할 수 있는 구조로 편성되어야 한다. 따라서 '국정전반을 아우르면서' 범 정부조직일 필요성이 있다. 넷째, 효율적 집행성에 따른 기준으로는 「국가미래전략기구」는 '전략'적인 속성을 지녔기 때문에 실용적·현실적인 조직이어야 하고 집행력을 필수 조건이다. 여기에서 '효율성'이란 기계적·계산적인 효율성이 아니라 '사회적·관계지향적 효율성'이어야 한다. 따라서 「한국형 미래전략기구」의 법적 지위는 명확해야만 하고, 독립된 구체적인 업무를 수행하도록 해야 할 것이다.

같은 맥락에서 박영숙(2007)은 한국형 미래전략기구 설치를 위한 기준으로 1)미래전략기구가 작성하는 미래예측 리포트는 대통령 명의로 국민에게 공표해 공식성을 갖출 것, 2) 미래예측이 가능한 정보네트워크와 정보처리시스템을 구축할 것, 3) 업무의 독립성을 위해 행정관청기구로 설치할 것, 4) 각종 정부위원회와 상호보완하기 위한 인터페이스(접속장치)를 갖출 것, 5) 전체 공무원을 미래연구 전문인력으로 양성할 것 등을 제시했다.

김성태(2009)는 새로운 정보화 패러다임 속에서 IT와 융합된 미래국정운영틀을 구축하기 위해서는 비전 제시와 추진 체계, 그리고 입법 및 전략 감사를 포함하는 Governance Infra의 구축과 신지식기반 SOC, IT기반 산업 융합, 정보자원 공유 플랫폼 등의 Knowledge Infra가 국가 미래예측인프라를 뒷받침해야하며, 공공 부문 미래 역량을 강화하고, 미래 시민 역량을 함양시킴으로써 미래역량을 제고할 수 있는 Mental Infra의 구축 등 3개 축이 상호 시너지를 만들 수 있도록 국가가 준비해야 한다는 주장이다.

우선 우리나라 미래전략기구는 정권을 초월해 국정운영시스템 속에서 지속적으로 작동할 수 있도록 시스템으로 정착될 수 있도록 할 필요가 있다. '국가미래전략기구'는 그동안 존재했던 각종 개혁위원회처럼 한시적인 정권유

[그림 6] 국가미래전략기구와 역할모형

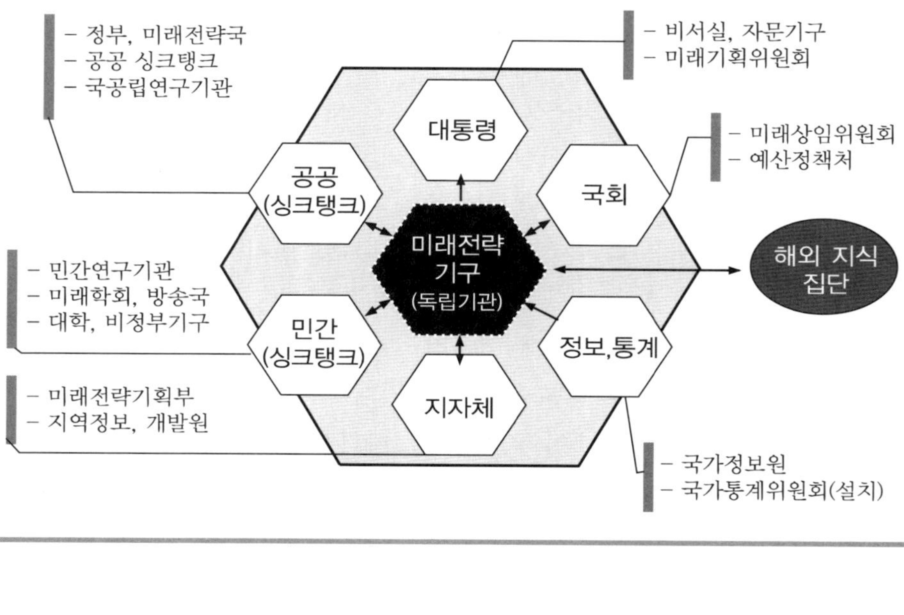

지 수단으로 전락하게 해서는 안 될 것이다. 국가미래전략시스템을 구성하고 있는 요소로는 [그림 6]에서 보는 바와 같이 미래전략기구를 중심으로 대통령, 국회, 법원, 지방자치단체, 공공 및 민간 싱크탱크, 정보 및 통계지원기구, 해외관련기관 등으로 구성된다.

미래전략기구는 독립행정기관으로서 국정운영에 있어 최고의 컨트롤타워일 필요가 있으며, 특정부처에 한정하지 않고 국정전반에 확산시킬 수 있는 기제여야 한다. 미국의 NIC와 같이 대통령뿐만 아니라 관련기관에게도 정보가 제공될 수 있어야 한다. 국가미래전략기구는 국정운영 전략의 '핵(Core)'으로 자유로운 역할을 할 수 있도록 독자적인 역할이 가능하도록 해야 한다. 미래전략기구는 정부의 핵심두뇌이며 인적구성이 핵심으로 민관 합동의 최고수준의 엘리트 인적자원으로 편성되어야 할 것이다. 조직구성원의 반 이상은 민간 전문가 과제베이스로 선발하여 유기적인 전문성을 가지고, 구성원의 역량 및 구성원의 능력은 미래 설계 역량과 경험이 중요하다.

국가미래전략기구를 성공적으로 설치・운영하기 위해서는 핀란드와 같이 정부가 15년후의 미래전략 제시를 법제화하여 지속성을 높이고, 국회내 예산정책처의 국가미래연구에 대한 강화와 미래상임위원회의 설치를 통해 국회의 심의를 강화할 필요가 있다. 미래 국정비전이나 미래보고서 등 발간을 제도화하고, 국회의 입법전략과 연계시킬 필요가 있다.

중앙부처와 지방자치단체는 각 자체 미래전략국(가칭)을 설치하여 각 부처 업무 및 지역차원의 미래전략을 수립할 수 있도록 해야 한다. 특정분야에 국한하지 않고 제한없는 다양한 분야의 미래예측이 이루어질 수 있어야 한다. 아울러 미래예측을 위해선 최소 수년간 축적된 광범위한 자료가 있어야 한다는 것이 미래 전문가들의 공통된 의견으로, 미래예측을 위한 객관적이고 정확한 통계데이터가 가공 및 제공될 수 있어야 한다.

다음으로 미래전략수립에 중요한 요소는 내외부 싱크탱크의 역할이다. 미래전략기구는 인하우스 싱크탱크와 외부 싱크탱크의 연계 지원이 이루어져야 한다. 정부내의 미래예측팀을 네트워크로 연계하고, 외부 싱크탱크에서 충원한 국내외 다양한 전문가를 망라한 조직구성이 이루어질 필요가 있다. 정부와 기업이 주도하는 기구들이 국가미래전략수립에 많은 역할을 해오고 있지만, 독립적으로 긴 안목에서 일관성과 전문성을 갖추고 지원해줄 수 있는 내외부 싱크탱크가 보완적으로 있어야 한다. 선진국들의 리더십 원동력은 민간 주도의 '싱크탱크'들이며, 오랜 역사를 가지고 안정적으로 뒷받침해주고 있다. 김성태(2007)는 미래지향적 국정운영체제에 미래를 위한 정책 마련을 위한 '인하우스 싱크탱크(In House Think Tank), 즉 국정두뇌의 필요성을 강조하고 있다. 이를 바탕으로 국정의 방향을 조정하고 정책의 우선순위를 미래예측을 바탕으로 도출하고 이를 바탕으로 국가적 미래를 개척해나가야 할 것이다. 이러한 여건을 마련을 위하여 민간 분야(학계, 연구계, 산업계 등)의 학제적 지식융합의 필요성과 미래예측 방법론을 바탕으로 국가미래정책을 연구하고 전략적 대안을 제시할 수 있는 싱크탱크 역할과 중요성이 어느 때보다 필요한 시점이라는 것이다.

그 다음으로 중요한 요소는 국제기구나 해외 다른 국가들과의 네트워크 연계이다. 글로벌화하면서 글로벌 미래의 예측이 중요해지면서 현재 OECD나 UN과 같은 국제기구에서 인류의 미래와 관련한 장기적이고 거시적 차원의 미래문제를 다루고 있다. 또한 개별 국가 차원에서 미국(NIC), 일본(NISTEP), 영국(미래전략청), 스웨덴(미래전략연구소) 등 선진 각국에서 글로벌 변화요인과 국지적 변화 요인을 종합하여 자국의 발전 및 생존 전략을 모색하고 있다. 이와 같은 흐름에 연계될 수 있어야 할 것이다.

따라서 이러한 국가의 미래전략기구를 중심으로 한 미래전략설정 메커니즘은 [그림 7]과 같이 나타낼 수 있다. 내외부 싱크탱크와, 각 부처의 미래전략국, 지방자치단체의 미래전략기획부, 국가정보원 및 통계청의 인프라지원 등이 하나의 메커니즘으로 작동할 수 있어야 한다.

여기서 가장 중요한 요소는 역시 국민이다. 국민에게 공식적이고 책임 있는 미래비전과 전략을 제시할 수 있어야 한다. 미래보고서의 소비자는 국민이다. 미래사회는 국가나 기업의 보고서는 모두 소비자가 신뢰하여야 그들에게 스며들 수 있을 것이다. 국민이 신뢰하지 않는 보고서는 아무런 반향을 일으키지 않는다. 국민의 신뢰를 얻기 위해서, 전 세계 전문가를 이용하고 국책연구소 및 민간연구원들의 참여가 이루어져야 한다.

[그림 7] 국가 미래전략기구 및 미래전략설정 메커니즘

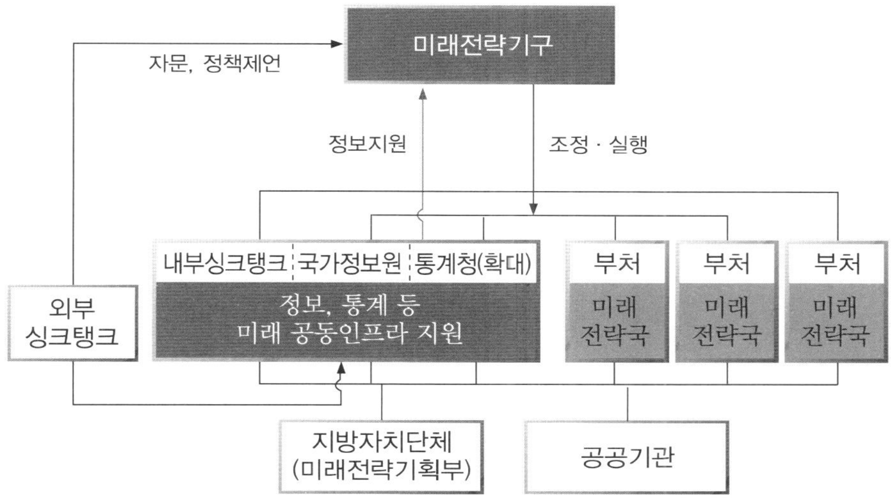

Ⅳ. 지식생태계와 글로벌 네트워크 구축

국가미래전략 메커니즘의 원활한 작동을 위해서는 국정운영과정에 발생하는 수많은 '경우의 수'에 대해 신속하고 유연하게 대처할 수 있는 국가 전략 지식생태계의 구축과 지식흐름의 유동성 확보가 필요하다. '정책지식'이란 정부가 국정에 관련한 의사결정을 하는 데 있어 도움이 되는 지식을 의미하며, 정책지식 생태계(Policy Knowledge Ecosystem)는 정책지식을 만들어내는 주체, 지식의 이용자인 정부의 중요 의사결정자, 언론기관이나 시민단체 등 의사결정에 직간접으로 영향을 미치는 기관들이 상호작용하는 관계와 시스템을 지칭한다.

정책지식은 불확실한 환경에서 정책수요에 대응하여 지식인, 지식집단 등 수많은 지식생산자의 상호작용을 통해서 만들어지는, 지식의 고도화된 총체로, 현안이 발생했을 때 정책지식을 급조하는 방식으로는 시의적절한 미래전략수립이 불가능하다. 빠른 환경변화에 효과적으로 대응하기 위해서는 정책환경의 변화를 빠르게 감지할 수 있도록 지식생산자들이 다양한 지식을 지속

적으로 만들어내고 축적하여 적은 변형으로도 현실 활용성이 높은 정책지식을 생산·유통시킬 수 있는, 즉 환경에 빠르게 적응할 수 있는 시스템이 필요하다(채승병 외, 2006).

미래국정관리 메카니즘이 작동되기 위한 정책지식생태계의 구성요소는 [그림 8]에서 보는 바와 같이 크게 생산주체, 정책결정자, 유통주체, 환경요소의 4가지로 구성된다(채승병 외, 2006). 생산주체는 정책지식을 만들어내는 조직과 개인을 포함한 정책지식 생산주체이다. 정책결정자는 정책지식을 활용하여 구체적인 정책을 개발하는 역할을 한다. 유통주체(미디어)는 국민들의 요구를 정책결정자(활용자)에게 전달하는 역할을 하는 언론 및 인터넷이 포함된다. 환경요소는 국민과 정치제도, 및 외국이 있다. 국민의 요구는 정책지식 형성의 중요한 원천 중 하나이며, 정치제도는 각 주체들의 존재양식과 상호작용방식을 전반적으로 규정한다. 외국은 국내 정책지식생태계에 지식을 공급하는 환경요소이다.

[그림 8] 지식생태계 모형

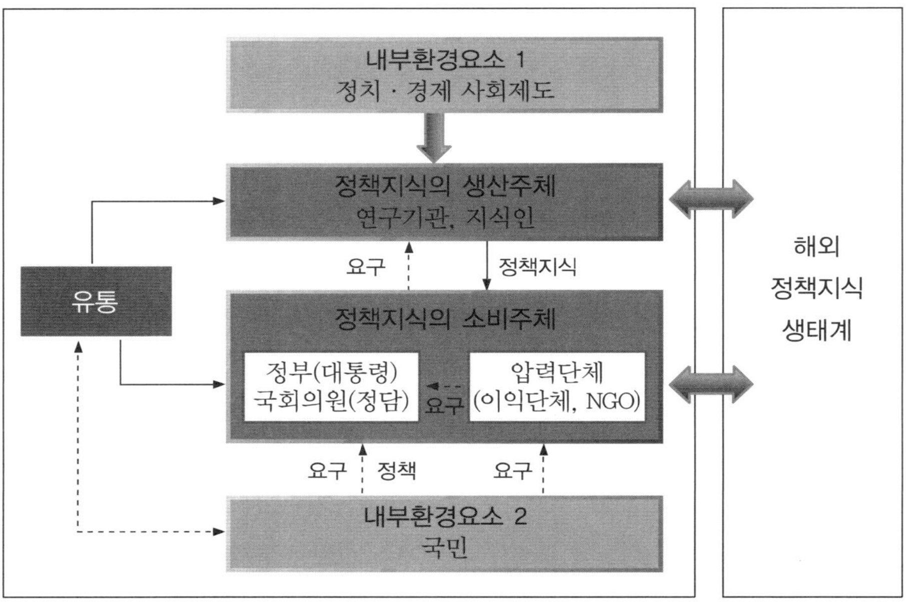

자료: 채승병 외(2006).

아울러 미래전략수립에서의 글로벌 네트워크 구축의 필요성이다. 세계최대의 미래연구가들의 모임인 세계미래회의(World Future Society)의 창설 40주년 국제대회가 2006년 7월 28-31까지 4일간 캐나다 토론토에서 34개국 1000여명이 참가한 가운데 개최되었다. 이 대회 마지막 결의는 사상최초로 유엔미래포럼, 세계미래회의(WFS), 세계미래학회(WFSF), 미래연구전문컨설턴트, 세계응용미래협회 그리고 전 세계 미래연구소 및 민간연구기관, 미래컨설턴트 5000여개가 모인, 세계미래연구기구협의회를 구성, 각국이 국가미래예측시 기본규칙을 정하고 이에 공동협력하자는 것이었다(유엔미래포럼, http://unfuture.org). 세계적으로 양산되고 있는 미래비전보고서 작성할 시 신뢰도를 높이기 위해 최소한의 규칙을 정했다. 첫째, 미래예측방법을 반드시 3-4가지 사용해야 하며 둘째, 종래 20년간의 데이터를 입력시켜 시뮬레이션 하여 미래를 예측해야하고 셋째, 미래사회는 지구촌단일문화사회, 단일통합시장이므로 각국은 대외무역의존도만큼 외국전문가 혹은 지구촌시각을 투입해야한다는 결의다. 일본은 대외의존도가 10%이기 때문에 비전 2020 작성 시 10%의 외국인투입이 요구되며, 한국은 무역의존도 70%만큼 외국인미래전문가 70% 혹은 미래시각 70%를 넣어야 한다는 제안이다.

Ⅴ. 미래 국정관리와 시민참여의 디지털 거버넌스

정보통신기술은 세계화, 시장화와 더불어 사회의 패러다임 전환의 동력이며, 다양한 영역에서 변화가 가시화되고 있다. 미래 국정관리에서의 가장 중요한 요소는 특히 똑똑한 군중(Smart Mob)을 비롯한 시민참여가 핵심이며, 미래 정부의 역할도 시민참여의 '거버넌스' 형태로 발전하게 될 것이다. 스마트 몹은 미래학자 하워드 라인골드(2002)가 처음 사용한 용어로, 그는 스마트(Smart)와 '군중' 몹(Mob)의 합성어로, 첨단 디지털기기를 갖추고 통신과 네트워크를 활용해 정치·경제·사회문화 등 여러 영역에 영향력을 행사하는 군중의 출현을 정보화 사회의 특징으로 설명했다. 이런 '똑똑한 군중'은 거대언론과 기업이 만들어내는 여론이나 홍보에 수동적으로 영향을 받는 소극적 군중과는 뚜렷한 차이를 보인다. 특히 인터넷과 휴대전화로 무장하고 사회이슈에 적극 개입하는 군중으로 소극적이며 비하적 표현인 '군중'과 다르다는 것이다. 네트워크 연대를 통해 단순 소비자 역할이나 거대 정치 권력에 휘둘리기를 거부하고, 민주정치에서도 결정적인 영향력을 미치고 있으며, 때론 전문가 못지않은 식견을 가지고, 타성에 젖은 사회에 강한 메시지를 날리기도 한다. 요즘 국내 쇠고기 재협상이나 선거과정에서의 누리꾼들의 모습에서 '스마트 몹'의 전형을 찾을 수 있다. 네트워크를 바탕으로 서로 정보를 주고받으며 특정 이슈에 머물지 않고 상대의 대응에 따라 끊임없이 새로운 목표를 제시하고 있으며, 라인골드가 개념화한 '스마트 몹'보다 훨씬 진화한 '사이버 행동주의자'들로 평가할 수 있다.

법이나 제도를 강제하고 시민을 통제하는 공급자 중심의 전통적 의미의 정부(Government)는 전통적 의미의 통치 개념이 아닌, 공통의 문제를 해결하기 위한 조정과 협의를 이끌어 내는, 즉 민주주의에 의한 사회적 조정기제로서의 거버넌스와 똑똑한 군중의 참여가 중요한 영향을 미치게 될 것이다. 이러한 거버넌스에서는 공공의 문제를 해결하기 위한 정부, 사회단체, NGO, 기업 간 네트워크가 강조된다. 그리고 IT 기술의 발전은 인터넷을 통해 전국민의 네트워크화를 가능케 했다. 각 정부기관의 홈페이지 활성화와 인터넷 문화의 발달로 시민 참여의 기회가 확산되고 있다.

정보기술의 발달로 현실정부와 가상정부를 공존하게 함으로써 경쟁을 유발하고, 새로운 공공 서비스 확산 과 네트워크를 가속화하고 있다. 미래 정부는 손안에서 움직일 수 있는 가상정부로 변화될 것이며, 이를 위한 정책과제로 u-IT 고도화가 필요하며, 민간포털 수준의 정부지식시스템 구축, 가상정부를 위한 법제도 정비, 투명성을 담보하는 전자정부시스템 고도화 등이 필요하다. 디지털-거버넌스는, 정보기술의 발전에 따라 정부가 사회문제 해결과 정책결정을 하는 과정에서 일방적인 결정을 하는 행태에서 탈피해 정부-시장-시민사회가 양방향적인 협의 네트워크를 구축해서 의사결정을 하는 절차나 정책결정 메커니즘을 의미한다.

참고문헌

김석준 외(2002), *거버넌스의 이해*. 대영문화사.

김성태(2007), *또 다른 미래를 향하여-국정관리를 위한 미래예측과 미래전략*. 법문사.

김성태(2007), *유비쿼터스 정책과 국가미래전략*. DT시론. 디지털 타임즈 10월 17일.

삼성경제연구소(2007), *지식생태학: 지식기반사회를 위한 포스트 지식경영*.

싱가포르 정부 http://www.psd.gov.sg

영국 총리실 http://www.cabinetoffice.gov.uk

유엔미래포럼, http://gccsr.net).

이명석(2006), 거버넌스 이론의 모색: 민주행정이론의 재조명. *국정관리연구*. 1(1): 36-63.

이승종(2006), 거버넌스와 시민참여. *국정관리연구*. 1(1): 64-82.

정용덕(2006), 거버넌스와 국가 역량. *국정관리연구*. 1(1): 9-35.

채승병외(2006), *정책지식 생태계 활성화 전략의 행위자기반접근*.

최유성외(2008), *변화시대국정관리시스템 연구*. 한국행정연구원.

프랑스 전략분석센터 홈페이지 http://www.strategie.gouv.fr

한국정보화진흥원(2008), *선진국의 미래전략기구 분석과 시사점*. 국가미래전략 Brief 제2호.

한국정보화진흥원(2009), *주요 선진국의 스통형 디지털 정부 추진 현황과 시사점*. CIO Report. 14: 1-16.

호주 2020미래정상회의 www.australia2020.gov.au/index.cfm

Guy Peters(1999), *The Future of Governing*.

Jessop(2000), Governance Failure in G. Stoker(ed.). *The New Politics of British Local Governance*. St. Martin Press.

Kooiman,J.,ed(1993), *Modern Governance: New Government -Society Interactions*. London: Sage.

Kooiman. J(2000), *Societal Governance: Levels, Modes, and Orders of Social-Political Interaction*. in Pierre, J.(ed.). Debating Governance. Oxford University Press.

Lynn, Carlyn H. & Carolyn J. Hill(1999), "The Empirical Study of Governance: Theories, Models, Methods", for the Workshop on Models and Methods for the Empirical Study of Governance, University of

Arizona, April 1999.

Mayntz R(2003), *From Government to Governance*. Summer Academy on IPP.

UNDP(1997), *Governance for Sustainable Human Development.*

chapter 04

미래준비지수의 개발 및 도입방안

제1절 서　　론

Ⅰ. 연구의 목적

21세기를 맞이하여 국내외 경제적 사회적 기술적 자연적 환경은 급격히 변화되고 있다. 급격한 변화는 변화에의 적응에 어려움을 가중시킨다. 적응의 어려움은 크게 보아 두 가지 요인에서 발생한다. 첫째는 어떠한 변화가 발생할 것인지를 알기 어려운 것이며, 두 번째 어려움은 변화를 적절하게 수용하기 위하여 필요한 준비를 마련하는 일이다.

아직까지 미래연구라고 하면 대부분 미래예측에 초점을 둔다. 10년후에서부터 50년후에 이르기까지 미래에 어떠한 일이 벌어질 것인가를 예측하는 일이 미래연구의 핵심으로 간주되어 왔다. 여기에는 기술적 변화에 관한 예측에서부터, 경제적 성장 또는 쇠퇴에 관한 예측, 환경의 위기에 관한 예측, 정치적 변화에 관한 예측, 사회적 질서의 변화에 관한 예측 등 다양한 예측이 포함된다(김성태, 2007; 박영숙 외, 2007; 박영숙 외, 2008; 송영조 외 2010).

하지만, 미래를 예측하는 이유가 무엇인가? 단순히 미래를 알고 싶어서 예측할 수도 있다. 하지만, 미래 예측의 근본적인 이유는 미래 준비라고 할 수 있다(김성태, 2007; 박영숙 외, 2007; 에릭 갈랜드, 2008). 미래의 기술적 변화를 예측하여 어떠한 기술을 개발하는데 투자할 것인가를 결정하는 것 자체가 중요한 미래 준비이다. 미래의 경제적 변화를 예측하여 특정 분야에 대한 시장활성화 정책을 마련하는 것도 정부가 해야 하는 중요한 미래 준비이다. 미래의 사회적 문화적 변화를 예측하여 시대의 흐름에 걸맞는 컨텐츠를 만들어 나가는 것도 미래 준비이다. 결국, 미래 예측은 미래 준비를 위한 것이라고 할 수 있으며, 미래 준비를 도외시하는 미래 예측은 무의미하다고 할 수 있다.

하지만, 이제까지의 미래 연구는 미래 예측에 무게 중심을 두어 왔으며, 실질적으로 미래 준비는 소홀히 취급하였거나 거의 무시하였다고 할 수 있다. 본 연구는 이렇게 소홀히 다루어지고 있는 미래 준비에 관하여 보다 체계적으로 살펴보고, 미래 준비를 어느 정도 수행하고 있는지에 관한 지수를 개발해 보고자 한다. 이를 통하여 미래 예측에만 경도되어 있는 작금의 미래 연구에 더하여 미래 준비라는 중요한 연구 영역이 있음을 지적하고, 미래 준비의 새로운 영역과 미래 연구 방법을 제시하고자 한다.

1. 미래연구의 한계

현재 진행되고 있는 미래 연구는 크게 보아 미래 예측을 한 축으로 하면서, 다른 한 축으로는 미래연구에 관한 다양한 방법론에 관한 논의로 구성되고 있다. 즉, 미래 연구의 핵심은 미래 예측과 미래 예측을 위한 방법론이라고 할 수 있다.

하지만 미래예측 연구는 아직 존재하지 않는 현상을 연구 대상으로 한다는 점에서 근원적으로 연구의 어려움과 한계점을 안고 출발한다. 미래 예측은 그 자체로 어려움이 있다. 미래 예측은 어느 날 갑자기 하늘에서 떨어지는 것은 아니다. 미래를 예측하는데 근거가 되는 자료와 모델은 과거에서 나오는 것이다. 미래를 예측하는 방법론이 논리적일수록, 미래 예측의 방법론은 동어반복(tautology)의 함정에 빠지기 쉽다. 결국 과거의 자료에 근거하여 동어반복적 방법론을 적용하는 미래예측은 과거의 연장선을 말해줄 뿐이다. 거기에는 미래의 새로움도 없으며, 돌발적인 변화도 없다. 미래 예측의 방법론이 과학적이면 과학적일수록, 미래 예측이 과거의 데이터에 의존하면 할수록, 더 이상 새로운 미래의 변화는 무시되어질 수 밖에 없다. 이것이 미래 예측 연구의 근원적 한계이다. 미래 예측 연구는 과학적이면 과학적일수록, 과거를 재현하는 것에 불과한 역사 예측으로 귀결될 위험이 높다.

이러한 점에서 미래 예측 연구는 학술적으로 엄격할 수 없다. 학술적으로 엄격하면 할수록, 미래 예측에서 미래는 사라지기 때문이다. 하지만, 미래 예측이 요구되는 이유는 과거에 존재하는 현상의 반복 때문이 아니라 미래에 새로이 나타나는 변화 때문이다. 엄격한 학문적 방법은 새로이 등장하는 변화를 말하여 주기 보다는 과거에 존재하던 현상의 반복을 말하여줄 뿐이다. 그렇기 때문에 미래 예측 연구에 있어서 엄격한 학문적 방법론보다는 실질적으로는 직관적 방법론, 비학문적 방법론, 자유로운 방법론이 사용된다. 피터 셍게는 기존의 합리적인 방법이 아닌 명상의 방법 더 나아가 영적인 방법을 통한 미래 전망이 요구된다고 논의하고 있다(피터 셍게, 2006).

미래 예측 연구는 비과학적일수록, 새롭게 나타나는 미래의 현상을 이해하고 예언할 수 있다. 하지만, 일반인들은 비과학적인 미래 예측을 신뢰하지 않는다. 미래가 중요하면 할수록, 일반인들은 그러한 예측이 과학적인 근거, 신뢰할만한 근거에서 도출되기를 요구한다. 하지만, 일반인들이 요구하는 근거를 충족시키면, 일반인들이 요구하는 미래의 변화를 예측할 수 없다. 이것이 바로 미래 예측 연구의 패러독스이다. 이러한 패러독스 위에 존재하는 미래 예측은 학문적인 한계를 지닐 수 밖에 없다.

미래 연구는 학문적인 측면에서 뿐만 아니라 정책적인 측면에서도 한계를 지닌다. 근원적으로 정책은 미래지향적이다. 정책이 기대하는 결과는 늘 미래에 존재한다. 정책은 과거에서 교훈을 얻어 현실을 통제하고 미래의 상태를 변화시키고자 한다. 그러나 이제까지 진행되어 온 미래 연구는 미래 예측에만 초점을 두어 왔기 때문에, 역설적으로 정책에 큰 영향을 주지 못하여 왔다. 미래 예측을 중심으로 하는 미래 연구들을 현실의 정책으로 전환하여 정책적 자원을 선별적으로 투입할 수 있는 구체적 정책 도구를 찾기 어려웠다. 이는 앞서 지적한 바와 같이 미래 연구가 미래 예측에만 집중하였기 때문이다. 정책은 미래지향적이다. 달리 말해서, 모든 정책은 미래 준비라고 할 수 있다. 하지만, 미래 연구는 미래 준비에 관해서 관심을 기울이지 않았으며, 그렇기 때문에 미래 연구가 정책으로 전환되는데 어려움을 겪어 왔다.

미래 예측이 정책으로 전환되기 위해서는 미래 준비의 영역을 거쳐야 한다. 미래에 발생할 가능성들을 확인한 다음, 바람직한 미래 상태를 실현하기 위하여 어떠한 준비가 필요한지를 말할 수 있어야 한다. 또한 바람직하지 않은 미래 상태가 예측되었다면, 그러한 상태를 피할 수 있는 미래 준비가 무엇인지를 말할 수 있어야 한다. 이렇게 미래 준비를 논의할 수 있을 때, 이러한 준비는 자연스럽게 정책으로 전환된다.

미래 예측에만 초점을 두는 미래 연구의 한계로 인하여 미래연구는 방법론적 모호성과 내용적 추상성을 지니는 연구로 인식되어 왔으며, 제한적인 정책적 시사점을 주는 연구로 치부되어 왔다. 이를 극복하기 위하여는 미래 연구의 영역에서 소홀히 다루어져 왔던 미래 준비의 영역을 강화시켜야 한다.

미래 준비를 미래 연구의 한 축으로 세울 때에, 미래 연구는 먼 미래의 시점에 관한 연구일 뿐만 아니라 미래에 대한 준비가 이루어지는 현재에 대한 연구까지 포함할 수 있다. 현재에 대한 연구에 초점을 둔다면, 보다 풍부한 자료와 의견들을 취합할 수 있다. 보다 구체적인 연구가 될 수 있는 셈이다. 또한 현재에 관한 연구와 현재에 무엇을 준비해야 하는가에 초점을 두는 연구로 전환된다면, 이는 현재의 통제에 초점을 두는 정책으로 쉽게 전환될 수 있을 것이다. 미래 준비에 관한 연구는 미래연구의 폭과 깊이 그리고 정책적 적용가능성을 확장시킬 것이다.

2. 미래준비지수의 필요성

2010년 초 정보화진흥원(NIA) 미래연구자문회의에서 미래 연구의 한계에 관한 고민을 논의하던 중 미래지향지수에 관한 연구의 필요성이 제기되었다. 이때에 제기된 질문은 이러하다.

> "수많은 기관에 의해서 수많은 미래 예측이 난무하고 있는데, 이는 모두 미래에 일어날 사건들이다. 그렇다면 현재 시점에서 미래를 위해 어떠한 준비를 하는가? 미래를 위한 준비를 잘 하고 있는지를 검토해 보아야 하는 것 아닌가? 미래에 얼마나 많은 관심을 가지고 대비하는지를 지수화시켜서 점검해 볼 필요가 있는 것 아닌가?"

이러한 지수를 초기에 "미래지향지수"로 불렀다. 즉, 우리나라 사회 전체 그리고 우리나라의 주요 기관들이 미래에 대하여 얼마나 많은 관심을 가지고 있는가를 지표화하자는 것이었다. 이후 논의를 거듭하면서 "미래준비지수

[그림 1] 미래준비지수의 역할

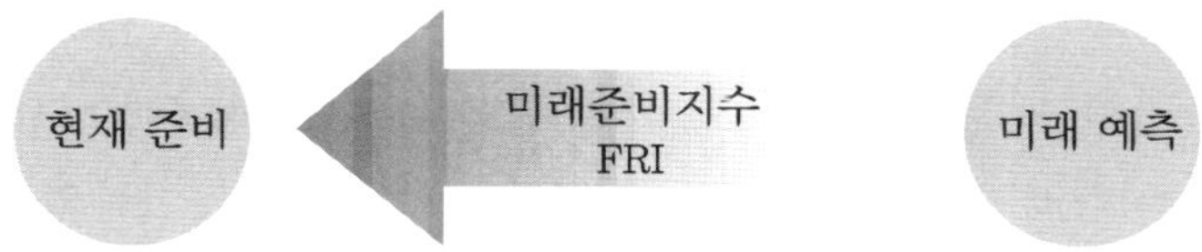

- 학문의 한계 극복: 구체화된 지수에 관한 논의
- 연구의 한계 극복: 일반적 전망이 아닌 냉철한 평가
- 정책의 한계 극복: 평가를 통한 현상황 파악과 대비

(Future Readiness Index)"로 이름을 바꾸었다. 미래에 대한 관심은 결국 미래에 대한 준비로 구체화될 것이기 때문이었다. 또한 미래지향이라는 용어는 미래에 관한 막연하고 추상적인 태도까지 포함하지만, 지수화시킨다는 점에서 보았을 때에는 보다 구체적으로 미래에 대하여 준비하는 행동에 초점을 둘 필요가 있었기 때문이었다.

미래준비지수란 사회의 각 부문이 미래를 준비하기 위하여 어떠한 노력을 어느 정도 투입하는지를 평가하는 지표로서, 단순한 미래 예측에 초점을 두는 것이 아니라 다가오는 미래를 향해서 현재 어떠한 준비를 하는지에 초점을 두는 현재지향적인 평가이다.

미래준비지수는 막연한 미래에 초점을 드는 연구를 구체적 현재에 초점을 두는 연구로 전환시킬 수 있는 개념적 도구이다. 미래의 연구를 현재로 전환시킬 수 있다면, 그 만큼 미래 연구에 관한 구체적인 학문적 논의가 이루어질 수 있으며, 또한 그 만큼 미래 연구를 통한 정책적 개입의 여지를 모색할 수 있을 것이기 때문이다.

미래준비지수는 기존의 미래연구를 구체적인 현재의 시점으로 전환시킬 뿐만 아니라, 기존에 발표되어 왔던 국가사회에 관한 평가를 과거지향적 시각에서 미래지향적 시각으로 전환시키는 역할도 할 것으로 기대된다. 이제까지 평가는 과거의 실적을 측정하는 것이었으며, 이러한 점에서 대부분의 평가는 과거지향적인 평가였다. 그러나 과거의 성공을 측정하는 지표가 미래의 성공을 보장하는 것은 아니다. 오히려 과거의 성공이 미래의 실패로 이어질 수도 있다.

이에 비해 미래준비지수는 미래를 향한 현재의 준비에 초점을 둔다. 한 사람의 성과를 평가한다고 생각해 보자. 한 사람이 얼마나 많은 노동을 했는지 그리고 그러한 노동을 통해서 얼마나 많은 수익을 창출했는지를 평가한다면, 이는 과거지향적인 평가라고 할 수 있다. 하지만, 한 사람의 성과에 대해서 미래지향적인 평가를 수행할 수도 있다. 만약 그 사람이 돈벌이가 되는 노동을 수행하지 않고, 학교에 가서 하루 종일 공부했다고 생각해 보자. 과거지향적 평가에 의하면 그러한 사람은 제로의 성과를 산출한 것으로 평가될 것이다. 그러나 미래지향적 평가 방식에 의하면 그 사람은 상당히 높은 성과를 거둔 것으로 평가될 것이다. 이처럼 과거지향적 평가와 미래지향적 평가는 그 지향성 및 평가 결과에 있어서 상이하다.

미래준비지수는 과거지향적 평가가 아니라 미래지향적 평가이다. 이러한 점에서 미래준비지수는 미래와 현재를 연결시키는 연결핀(linking pin)의 역할을 할 것으로 기대된다. 미래준비지수는 미래를 지향하는 현재의 준비 상태에 대한 평가이기 때문이다. 평가는 현재에 대해서 하지만, 그 현재의 행위는 결국 미래를 지향한 행위이기 때문에, 평가의 시점은 현재와 미래가 결합되어 있는 셈이다. 마치 미래를 지향하는 투자를 현재에 수행한 것에 대해서 평가하는 것과 마찬가지이다. 결국, 미래준비지수는 미래와 현재를 모두 반영하는 지수이다. 미래준비지수는 과거지향적인 평가가 아니라 미래지향적인 평가이다. 그렇기 때문에 미래준비지수는 과거의 행위를 포상하거나 징계하려는 지표가 아니다. 미래준비지수는 미래를 지향한 대비와 준비를 독려하는 지표이며 동시에 미래 준비의 부족을 경고하는 지표이다.

〈미래준비지수(Future Readiness Index, FRI)의 시점〉

① 미래지향성: 미래준비지수는 미래를 지향하는 노력을 평가한다.
② 현재지향성: 미래준비지수는 미래를 향한 현재의 상태를 평가한다.
③ 현재미래연결성: 미래준비지수는 현재와 미래의 연결핀이다.

Ⅱ. 연구의 범위

미래준비지수는 사회/조직/가정 등 다양한 차원에서 개발될 수 있다. 국가사회의 미래준비 상태를 논의할 수도 있으며, 한 기관의 미래준비 상태를 논의할 수도 있고, 한 가정 또는 개인의 미래준비를 이야기할 수도 있다. 국가사회 차원의 지수는 미래를 향한 국가 사회의 전반적인 준비 상태 및 흐름을 점검하는데 초점을 두는 것이며, 조직/기관 차원의 지수는 각 조직의 미래준비를 평가하는데 초점을 두고, 가정/개인 차원의 지수는 미래를 향한 생활태도와 직접적으로 관련될 것이다.

세 가지 차원의 접근 중에서 개별적인 조직과 가정에 관한 지표는 아직 존재하지 않기 때문에, 본 연구에서는 국가사회의 차원에 관한 미래준비지수를 연구하였다. 하지만, 그렇다고 해서 연구를 하는데 있어서 조직과 개인 차원의 미래준비에 관한 관심을 배제한 것은 아니었다. 본 연구에는 포함되지 않았지만, 조직의 미래준비 활동과 개인/가정의 미래준비 활동에 관하여 지속적인 관심을 가지고 논의를 하였다.

예를 들어 미래가 밝은 가정을 생각해 브자. 미래가 밝은 가정이라면 미래를 위하여 저금을 꼬박 꼬박 하고, 아이들을 교육시키는데 최선을 다할 것이며, 또한 현재에 있어서도 최선을 다하여 일하여 안정된 수입을 확보하는 가정일 것이다. 이에 비해 미래가 어두운 가정의 모습을 쉽게 생각해 볼 수 있다. 미래가 어두운 가정은 미래를 위하여 저금하기보다는 현재의 불필요한 소비를 확대할 것이며, 아이들을 교육시키는데 소홀할 것이고, 현재의 일에 최선을 다하기보다는 일확천금을 벌기 위하여 도박을 하는 가정일 것이

〈표 1〉 미래준비지수의 적용 대상과 핵심적 질문

구분	핵심적 질문
사회	어떠한 지표가 우리 사회의 미래준비 수준을 보여주는가?
조직	미래지향적인 조직은 어떠한 특성을 지니는가? 미래지향적인 조직은 어떠한 활동을 많이 하는가? 미래지향적인 조직은 어떠한 산출을 많이 내는가?
가정	미래가 밝은 가정은 어떠한 모습인가? 미래가 어두운 가정은 어떠한 모습인가?

다. 이렇게 미래가 밝은 가정과 어두운 가정을 비교하면서, 그렇다면 이러한 활동에 해당되는 사회의 지표에는 어떠한 것이 있을까에 관하여 고민하여 보았다.

조직과 가정의 미래준비지수에 관한 아이디어는 국가사회의 추상적인 요인들을 구체화하는데 있어서 효과적이다. 예를 들어 부부간에 대화가 없거나, 부모와 자식 간에 대화가 없는 가정에서 미래를 준비하기는 어려울 것이다. 자식에게 다가오는 걱정과 고민거리가 무엇인지를 부모가 알아야 자식의 미래에 대비할 수 있을 것이기 때문이다. 이와 마찬가지로 조직의 상급자와 하급자간에 대화와 소통이 잘 이루어지는 조직이 그렇지 못한 조직에 비해 미래가 밝을 것이다. 하급자의 의견을 상급자가 이해하고 받아들이는 조직은 외부에서 발생하여 조직의 밑바닥에서부터 파고드는 위험을 간파할 수 있을 것이며, 그러한 위험이 조직을 망가뜨리기 전에 적절한 대응책을 마련할 수 있을 것이기 때문이다.

이러한 점을 고려한다면, 국가사회 전체에 있어서도 의사소통이 자유롭게 이어지는 문화가 미래준비에 중요한 요인이 된다는 점을 알 수 있다. 그리고 의사소통이 잘 이루어지기 위해서는 전화, 인터넷, 미디어 등과 같은 시설이 확보되어 있어야 하며, 민주적인 정치문화가 발전되어 있어야 할 것이다. 이처럼 조직이나 가정에서 어떠한 미래준비 활동을 하는가에 관하여 살펴봄으로써, 국가사회 전체에 있어서 어떠한 미래준비 요소가 중요하게 작용하는지에 관한 아이디어를 얻을 수 있다.

결국 본 연구에서는 국가사회 차원의 미래준비지수를 개발하고자 하지만, 조직에서의 미래준비 및 가정에서의 미래준비에 관한 성찰 역시 두 가지 측면에서 중요하다. 첫째는 조직과 가정에서의 미래준비는 구체적인 주체에 의한 구체적인 활동으로 나타나기 때문에, 국가사회 차원의 미래준비지수 개념을 정립하는데 있어서 도움을 줄 수 있기 때문이다. 둘째는 향후 조직과 가정에 적용할 수 있는 미래준비지수를 개발하고 이를 통하여 각 조직과 가정의 미래준비 수준을 평가함으로써 미래준비를 독려할 수 있는 풍토를 조성할 수 있을 것이기 때문이다. 공공부문의 조직 평가 및 민간부문의 기업 평가에 관한 다양한 기준들과 관점들이 있지만, 아직까지 미래준비를 기준으로 하는 평가는 활성화되어 있지 못하다는 점에서, 조직과 가정에 적용할 수 있는 미래준비지수의 개발 역시 중요한 과제라고 할 수 있을 것이다.

제 2 절 기존 사회지수의 검토

미래준비지수는 현재와 미래를 연결시켜주는 지표이다. 미래준비지수는 미래를 예측하려는 지표가 아니라, 예측된 미래에 대비하여 현재 얼마나 준비를 하고 있는가에 관한 지표이다. 미래를 준비하는 가정에 미래가 있듯이, 미래를 준비하는 국가에 미래가 있다. 하지만 미래를 준비하는 것이 쉬운 일은 아니다. 미래 준비가 당연한 규범으로 받아들여지지만, 현실에서 미래 준비가 늘 이루어지는 것은 아니다.

무리하게 경기를 활성화시켜 경제적 만족도를 상승시키고 이를 통하여 정치적 지지를 높이려는 시도는 어느 시대의 정부에게나 늘 있어 왔던 일이다. 이로 인하여 정부의 채무는 눈덩이 불어나듯이 증가하여 왔던 것이 대부분의 국가에서 목격할 수 있는 일이다. 또한 많은 기업들이 미래의 시장을 지배할 상품이나 기술을 개발하는데 투자하기 보다는 현재 시장의 점유율을 올리기 위한 마케팅에 더 많은 자금을 투자한다. 최근 방송통신위원회에서 통신업자들의 이러한 행태에 대해 간섭하다가 논란을 겪은 바가 있다. 이 역시 미래 준비보다는 현재에 더 많은 투자를 하는 현실의 사례이다.

하지만 전통적으로 우리나라는 세계적으로 미래 준비를 많이 하는 성향이 있다. 우리나라 가정만큼 아이들의 교육에 투자를 많이 하는 국가는 없다는 점은 미국의 오바마 대통령에 의해 여러 번 언급되었다. 세계에서 최고로 교육열이 높다는 것은 세계에서 최고로 미래지향성이 강하다는 점을 의미하기도 한다. 현재 부모의 삶이 아무리 힘들더라도, 먼 미래에 자식들이 행복하게 살 수 있다면, 현재의 모든 희생을 감내할 수 있는 것이 우리나라 민족의 교육열이며 동시에 미래지향성이다.

또한 외국 정부에 비교하여 볼 때, 우리나라의 정부 부채는 비교적 적은 편이다. 비록 우리나라 정부의 부채가 급격히 증가하고 있는 추세이기는 하지만, 한국은행은 우리나라 정부의 부채는 GDP의 30%에 해당하여 G20 국의 평균인 75%에 비해 상당히 낮은 수준이라고 발표한 바 있다. 이러한 성향은 오랜 세월 동안 가난을 겪어 왔던 역사적 경험을 반영하는 것일 수도 있다. 다른 한편으로 우리나라는 전통적으로 자원이 부족한 소규모 국가라는 점에서 미래의 변화에 관심을 기울이고 신속하게 대응하여야 생존할 수 있는 환경에 놓여져 있기 때문일 수도 있을 것이다. 그렇다면 우리나라가 모든 부문에 있어서 미래 준비를 잘 하고 있는 것일까? 본 연구에서 개발하고자 하는 미래준비지수는 바로 이러한 질문을 탐구하고자 하는 것이다.

국가사회의 미래준비지수를 개발하기 위하여 먼저 본 장에서는 국가사회에 관한 기존의 지수들에 관하여 검토하고자 한다. 이러한 검토를 통하여 어떠한 지표들을 어떻게 사용하여 지수를 도출하는지를 살펴볼 것이며, 이를 통하여 미래준비지수를 개발하는데 교훈을 얻고자 한다.

Ⅰ. UN의 SOFI

미래에 관한 국가사회 차원의 지수로써 가장 많이 알려진 것으로 UN의 Millennium Project에서 개발된 SOFI(State Of Future Index)를 들 수 있을 것이다. SOFI는 지구의 미래에 발생될 중요한 도전으로 15가지를 상정하고 있으며, 여기에는 지속가능한 발전, 깨끗한 물, 인구와 자원, 민주화, 장기적 관점, IT의 글로벌 융합, 빈부격차, 건강이슈, 평화와 갈등, 여성의 지위, 초국가적 범죄, 에너지, 과학과 기술, 글로벌 윤리 등이 포함된다. SOFI는 이러한 15가지 글로벌 도전 과제가 어느 정도 진행되어 가고 있는가를 체크하기 위한 지표라고 할 수 있다.

SOFI에서 다루는 15가지 도전과제는 미래에 거의 확실하게 발생할 흐름이라고 할 수 있다. 이러한 흐름이 각각 어느 정도의 수준으로 전개되고 있는가를 체크한다는 점에서 SOFI 는 일종의 미래로 향해 가는 일정표(timeline)라고 할 수 있다. 이는 한때 세계적인 관심을 불러일으켰던 지구의 종말을 알려주는 시계를 연상시킨다.

또한 SOFI는 국가별 미래 진행도를 평가하기 위한 것이라기보다는 지구적 차원의 공통된 미래의 흐름을 평가하기 위한 것이다. 하지만 15개의 미래 도전이 전세계적으로 공통된 것만은 아니다. 각각의 도전이 지역적으로 더 심각하게 받아들여질 여지가 있다. 예를 들어 아랍과 아프리카에서는 여성의

[그림 2] SOFI의 15가지 글로벌 도전[1)]

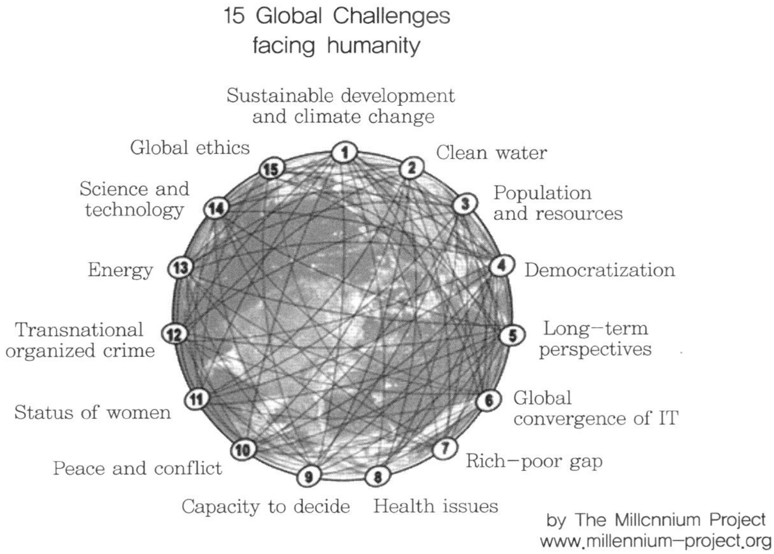

사회적 지위나 민주화가 심각한 이슈라면, 서구에서는 기후변화와 에너지 및 과학기술 발전 등이 더욱 심각한 미래의 흐름이라고 할 것이다.

이러한 공통적인 미래의 흐름이 각 국가 또는 지역에 있어서 어떠한 양상으로 전개되고 있는가를 평가하고자 하는 것이 SOFI 의 목적이라고 할 수 있다. <표 2>는 15개 글로벌 도전이 어느 정도 진행되고 있는지를 측정할 수 있는 수단으로서 2007년에 UN에서 발표한 지표들이다. 여기에는 인구에 관련된 지표들, 교육에 관련된 지표들, 환경 및 식수에 관련된 지표들이 있으며, 전쟁의 위험과 파괴력에 관한 지표들도 포함되어 있다. 또한 중등이상의 상급학교에 대한 학생 등록률, 극빈층의 비율, 인구성장률, CO_2 배출률, 실업률, 문맹률, 연구개발 지출, 인터넷 사용자 숫자, 에너지산출량, 식량 가용성, 유아 사망률 등과 같은 일반적인 지표들도 포함되어 있다. 또한 국회에서의 여성의원 비율, 핵무기 보유국가, 선거에서 투표하는 국민의 숫자, 테러리스트의 공격에 의한 사망자 숫자 등과 같이 정치적인 지표들도 포함된다.

1) http://www.millennium-project.org/millennium/SOFI.html

〈표 2〉 2007년도 SOFI에 포함된 지표들[2)]

- Population lacking access to improved water sources
- Literacy rate, adult total (percent of people aged 15 and above)
- Levels of corruption (15 largest countries)
- School enrollment, secondary (percent gross)
- Poverty headcount ratio at $1 a day (PPP) (percent of population
- Countries having or thought to have plans for nuclear weapons (number)
- CO_2 emissions (global, kt)
- Unemployment, total (percent of total labor force)
- GDP per unit of energy use
- Number of major armed conflicts (number of deaths >1,000)
- Population growth (annual percent)
- R&D expenditures (percent of national budget)
- People killed or injured in terrorist attacks (number)
- Energy produced from non fission, non fossil sources
- Food availability (cal/cap)
- Population in countries that are free (percent of total global population)
- Global Surface Temperature Anomalies
- GDP per capita (constant 2000 US$)
- People voting in Elections (percent population of voting age)
- Physicians (per 1,000 people)(surrogate for Healthcare Workers)
- Internet users (per 1,000 pop)
- Infant mortality (deaths per 1,000 births)
- Forest Lands (percent of all land area)
- Life expectancy at birth (years)
- Women in parliaments (percent of all members)
- Number of Refugees (per 100,000 total population)
- Total debt service (percent of GNI) (Low and Mid Income Countries)
- Prevalence of HIV (percent of population)
- Homicides, intentional (per 100,000 population)

이처럼 SOFI는 미래를 향한 변화가 어느 정도 진행되고 있는가를 체크하기 위한 지표들로써, 미래를 향한 준비를 측정하는 지표라고는 할 수 없다. 하지만 SOFI는 미래의 도전이 얼마나 급박하게 다가오고 있는지를 알려준다는 점에서 미래의 글로벌한 도전에 대한 응전이 필요하다는 점을 경고하고 있으며, 이러한 점에서 미래 준비를 촉구하는 지표라고 할 수 있다.

2) http://www.millennium-project.org/millennium/SOFI.html

SOFI 가 미래준비지수에 주는 교훈은 미래에 확실하게 발생될 변화상을 상정해 놓을 수 있다는 점이다. 미래에 발생될 변화는 크게 보아 두 가지 종류로 나눌 수 있다. 첫째는 확실한 변화이며, 둘째는 불확실한 변화이다. 확실한 변화로는 다음과 같은 점들을 열거할 수 있을 것이다.

첫째, 미래에 환경의 위기가 지속될 것이라는 점은 거의 확실하다.

둘째, 미래에 에너지 부족이 급속히 중요해 질 것이라는 점은 석유가 고갈되어 간다는 점 못지않게 확실하다.

셋째, 미래에 정보통신 기술이 지금보다 더 광범위하게 확산될 것이라는 점 역시 거의 확실하다.

이처럼 확실한 미래의 변화에 대해서 준비하는 행동들은 비교적 명료하게 미래준비지수에 포함시킬 수 있을 것이다. 예를 들어 직접적으로 환경을 보호하는데 투입되는 예산이나 환경보호 관련 기술 개발에 어느 정도의 예산과 인력이 투입되는가는 미래준비의 중요한 지표가 될 것이다. 또한 신재생 에너지의 개발 역시 중요한 미래준비 지표가 될 것이다.

이에 비해 불확실한 미래의 변화가 존재한다. 예를 들어 경제 위기가 심화될 것인지 아니면 완화될 것인지, 국가 간의 갈등과 전쟁 위험이 증가할 것인지 감소할 것인지, 문화 관련 산업의 시장규모가 대폭적으로 증가할 것인지 아니면 현재와 같은 추세를 유지할 것인지, 정보통신 시장에 이어서 어떠한 시장이 미래의 경제성장을 주도해 나갈 것인지 등의 변화는 그 방향성이 확실하게 정해져 있지 않다. 즉, 불확실한 변화이다. 이처럼 불확실한 변화에 대해서는 명확한 미래준비 활동을 설정하기는 곤란하다. 예를 들어 내년도에 부동산 시장이 활성화될 것이라 예측하여 대규모로 아파트를 건설한 건축회사의 행동이 과연 미래지향적인 행동인지 아니면 과거의 성공을 답습한 과거지향적인 행동인지 판단하기 곤란한 것과 마찬가지이다.

이렇게 불확실한 미래에 대해서는 특정한 방향성을 지니는 미래준비활동보다는 미래의 준비를 견실하게 할 것으로 인정되는 간접적인 활동들을 중요시할 수밖에 없다. 예를 들어 의사소통이 활성화된다면 미래준비에 긍정적일 것이며, 따라서 의사소통의 수준 자체가 미래준비지수의 지표로 활용될 수 있는 것이다.

Ⅱ. WEF의 NRI

NRI는 네트워크준비지수(Network Readiness Index)로서, WEF(World Economic Forum)에서 매년 발행하는 Global Information Technology Report에서 각국의 정보통신 발전 수준을 평가하는 지수이다. NRI는 미래에 관한 지수라고 단정적으로 말하기는 어렵다. 그럼에도 불구하고 NRI에 주목할 필요가 있는 것은 NRI는 국가별 지수라는 점이며, 또한 준비에 관한 지수가 포함된다는 점이다.

NRI는 기존의 정보화지수와는 달리 정보통신 인프라 및 정보통신 활용수준에 관한 과거 통계 지표에 초점을 두기 보다는 개인/기업/정부가 네트워크를 어느 정도 활용할 준비가 되어 있는가에 초점을 둔다는 점에서 미래지향적인 지수라고 할 수 있다. 결국 모든 준비는 미래를 지향하는 것일 수 밖에 없기 때문이다. NRI는 [그림 3]과 같은 프레임으로 구성되어 있다.

첫 번째 구성요소는 "환경(environment)"이다. 여기에는 정보통신과 관련된 "시장 환경", "정부규제 환경", 그리고 "인프라 환경"이 포함된다. 이는 정보통신 시설을 이용할 수 있는 제반 환경이 어느 정도 우호적인가에 관한 지표로써 상당히 광범위한 지표들을 포함하고 있다. 예를 들어 정부규제환경에서는 사법부의 독립성이나 재산권의 수준까지 포함한다.

두 번째 구성요소는 "준비도(readiness)"이다. 즉, 정보통신 이용 환경이 아무리 좋다고 하더라도, 행위자가 이러한 시설들을 이용할 수 있는 준비가 되어 있어야 한다는 것이다. 이러한 준비도는 다시금 "개인의 준비도", "기업의 준비도", "정부의 준비도"로 세분화된다. 본 연구에서 미래준비지수를 Future Readiness Index로 명명하였는데, 이는 네트워크준비지수의 영어 표현을 참고한 것이다.

[그림 3] 네트워크준비지수(NRI)의 프레임[3]

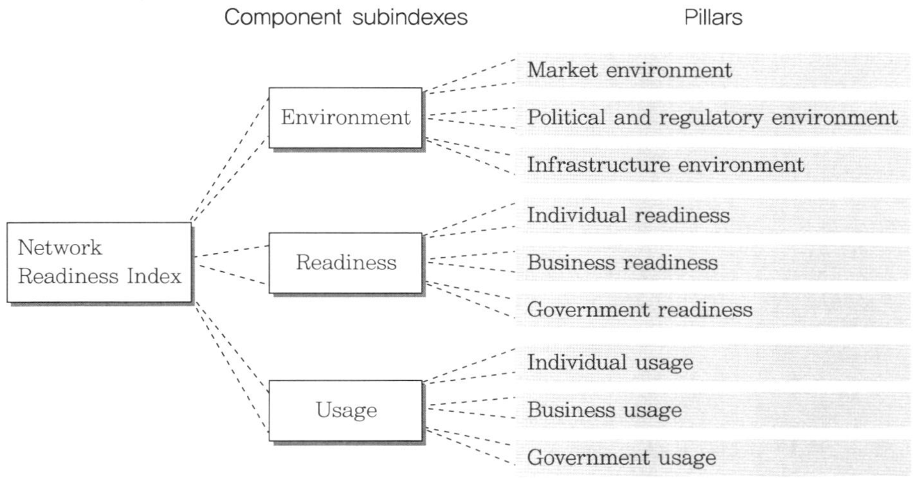

세 번째 구성요소는 "활용도(usage)"이다. 이는 실제로 어느 정도 활용하고 있는지에 관한 지표라고 할 수 있는 것으로써, 준비도와 마찬가지로 "개인 활용도", "기업 활용도", "정부 활용도"로 세분화된다.

각각의 구성요소에 대한 구체적인 지표들은 <표 3>과 같다. <표 3>에는 기존의 통계 수치들은 hard data로 표시하고 있다. 기존의 통계 수치에서 취할 수 없는 내용은 각국의 기업인 등에 대한 설문조사를 통하여 구한 것으로, 이러한 지표는 soft data라고 할 수 있다. 이렇게 설문조사를 통하여 지표를 구하는 방법은 이미 IMD에서 시도한 이래, 통계에 반영되지 못하는 특성을 지표화하는 방식으로 활용되고 있다.

이러한 지표를 통하여 알 수 있는 점은 국가사회의 특성을 표현하는 지표들이 대단히 추상화되어 있다는 점이다. 예를 들어 시장 환경에 관한 지표의 첫 번째로 등장하는 "벤처 캐피탈의 가용성"이라는 지표가 실제로 벤처 캐피탈을 사용하여 정보통신 기술을 기업화시키기 용이한지에 관한 직접적인 척도라고 하기에는 어렵다. 또한 7번째 지표인 세율 역시 시장 환경에 대한 지표로서 논란의 여지가 있다. 하지만, 이러한 추상성과 모호성에도 불구하고,

3) WEF, 2010, Global Information Technology Report, 2009-2010.

이들 지표가 정보통신 시장 환경의 상태에 대해서 어느 정도 말해 주는 것은 사실이다. 결국 국가사회 차원의 지수(index)는 추상적이고 모호한 지표들을 간추려 내어 일관된 잣대로 조합시킴으로써 국가사회의 상태를 말하게끔 하는 방법이라고 할 수 있다.

〈표 3〉 NRI의 구성요소별 지표

1. 환경

구분	지표
시장	1.01 Venture capital availability 1.02 Financial market sophistication 1.03 Availability of latest technology 1.04 State of cluster development 1.05 Burden of government regulation 1.06 Extent and effect of taxation 1.07 Total tax rate (hard data) 1.08 Time required to start a business (hard data) 1.09 Number of procedures to start a business (hard data) 1.10 Intensity of local competition 1.11 Freedom of the press
정부규제	2.01 Effectiveness of law-making bodies 2.02 Laws relating to ICT 2.03 Judicial independency 2.04 Intellectual property protection 2.05 Efficiency of legal framework in settling disputes 2.06 Efficiency of legal framework in challenging regulations 2.07 Property rights 2.08 Number of procedures to enforce a contract (hard data) 2.09 Time to enforce a contract (hard data) 2.10 Level of competition index (hard data)
인프라	3.01 Number of telephone lines (hard data) 3.02 Secure Internet servers (hard data) 3.03 Electricity production (hard data) 3.04 Availability of scientists and engineers 3.05 Quality of scientific research institutions 3.06 Tertiary enrollment (hard data) 3.07 Education expenditure (hard data) 3.08 Accessibility of digital content 3.09 Internet bandwidth (hard data)

2. 준비도

개인	4.01 Quality of math and science education 4.02 Quality of the educational system 4.03 Buyer sophistication 4.04 Residential telephone connection charge (hard data) 4.05 Residential monthly telephone subscription (hard data) 4.06 Fixed broadband tariffs (hard data) 4.07 Mobile cellular tariffs (hard data) 4.08 Fixed telephone lines tariffs (hard data)
기업	5.01 Extent of staff training 5.02 Local availability of specialized research / training services 5.03 Quality of management schools 5.04 Company spending on R&D 5.05 University-industry collaboration in R&D 5.06 Business telephone connection charge (hard data) 5.07 Business monthly telephone subscription (hard data) 5.08 Local supplier quality 5.09 Computer, communications, and other services imports(hard data) 5.10 Availability of new telephone lines
정부	6.01 Government prioritization of ICT 6.02 Government procurement of advanced technology products 6.03 Importance of ICT to government vision of the future

3. 활용도

개인	7.01 Mobile telephone subscriptions (hard data) 7.02 Personal computers (hard data) 7.03 Broadband Internet subscribers (hard data) 7.04 Internet users (hard data) 7.05 Internet access in schools
기업	8.01 Prevalence of foreign technology licensing 8.02 Firm-level technology absorption 8.03 Capacity for innovation 8.04 Extent of business Internet use 8.05 Creative industries exports (hard data) 8.06 Utility patents (hard data) 8.07 High-tech exports (hard data)
정부	9.01 Government success in ICT promotion 9.02 Government Online Service Index (hard data) 9.03 ICT use and government efficiency 9.04 Presence of ICT in government agencies 9.05 E-Participation Index (hard data)

이처럼 네트워크준비지수(NRI)는 준비를 강조한다는 점에서 미래지향적인 관점을 취하고는 있지만, 기본적으로 정보통신 분야로 국한되어 있으며, 또한 정보통신 네트워크의 활용에 관한 기존의 데이터를 근간으로 하고 있다는 점에서 국가사회의 전반적인 미래지향성에 관한 측정에는 한계가 있다. 다만, 네트워크준비지수를 구성하는 지표들을 검토함으로써, 미래준비지수에는 어떠한 지표들이 포함될 수 있는지에 대한 시사점을 얻을 수 있다.

Ⅲ. IMD의 국가경쟁력지수

국가사회 차원의 지수로써 가장 유명한 것은 아마도 스위스 IMD에서 발표하는 국가경쟁력지수(WCI: World Competitiveness Index)일 것이다. IMD의 WCI는 각 국가의 경쟁력을 측정하는 지표이다. 이는 마이클 포터의 경쟁력 이론에 기반을 둔 지수이기도 하다. 따라서 IMD의 국가경쟁력지수는 경쟁력 중에서도 특히 경제적인 측면/기업의 측면에 초점을 두고 있다. 그렇다고 해서 IMD의 국가경쟁력지수가 기업의 경쟁력만 포함하는 것은 아니다. IMD 국가경쟁력지수는 한 국가의 경쟁력에 영향을 줄 수 있는 다양한 지표들을 포괄하는 것으로 정평이 나 있다.

IMD 국가경쟁력지수는 크게 네 가지 부문으로 구성된다. 첫 번째 구성요소는 경제성과이다. 여기에는 국내경제, 국제무역, 국제투자, 고용, 물가 등의 부문으로 구성된다. 이는 국가 경쟁력이 실현된 결과라는 점에서 경쟁력 평가의 중요한 요소이다.

두 번째 구성요소는 정부 효율성이다. 정부 효율성은 정부 재무, 금융 정책, 제도, 기업 규제, 사회적 프레임워크로 구성된다. 이는 정부의 효율성이 높아야 기업의 효율성도 높을 것이라는 인식에 근거한다.

세 번째 구성요소는 기업의 효율성이다. 기업의 효율성은 생산성, 노동 시장, 금융, 경영 관리, 태도와 가치로 구성된다. 이는 기업을 경영하는데 필요한 하위 요소들로써, 기업의 경쟁력에 영향을 미치는 투입 요소들이라고 할 수 있다.

네 번째 구성요소는 국가 경쟁력에 전반적으로 영향을 주는 사회 기반(Infra)이다. 인프라는 기본 인프라, 기술적 인프라, 과학적 인프라, 건강과 환

[그림 4] IMD 국가경쟁력지수의 프레임4)

Economic Performance	Government Efficiency	Business Efficiency	Infrastructure
Domestic Economy	Public Finance	Productivity	Basic Infrastructure
International Trade	Fiscal policy	Labor Market	Technological Infrastructure
International Investment	Institutional Framework	Finance	Scientific Infrastructure
Employment	Business Legislation	Management Practices	Health and Environment
Prices	Societal Framework	Attitudes and Values	Education

경, 교육 부문으로 구성된다.

IMD는 국가경쟁력지수를 산출하기 위하여 네가지 부문을 다시 다섯가지 하위 요소로 나누어 총 330여개의 지표들을 설정하였다. 이들 지표들은 실물 데이터와 설문조사 데이터로 구성된다. 여기에서 사용되는 지표들은 광범위한 사회 영역을 포괄하고 있어서, IMD가 국가경쟁력지수를 조사하는 57개 국가에 대한 풍부한 데이터 소스를 제공하고 있다. IMD 국가경쟁력지수를 구성하는 지표들은 <표 4>와 같다.

<표 4>에서 나타나 있는 바와 같이 IMD 국가경쟁력지수는 대단히 다양한 분야의 지표들을 수집하여 산출된다. 특히 일반적인 사회 기반에 관한 지표들을 중요시하고 있음을 알 수 있다. 이러한 점에서 비록 국가경쟁력지수이기는 하지만, IMD의 지표들은 국가사회의 특성에 관한 다양한 의미를 함축하고 있는 것으로 보인다.

<표 4>에서는 IMD 국가경쟁력 지표를 상세하게 나열하고 있다. 이렇게 상세하게 나열한 이유는 본 연구에 있어서 IMD 국가경쟁력 지표가 중요하게 활용되기 때문이다. 3절에서는 미래준비지수의 프레임을 설정하고, 4절에서는 IMD 국가경쟁력지표들을 활용하여 미래준비지수의 값을 산출한다. 이러한

4) IMD, 2009, World Competitiveness Yearbook.

〈표 4〉 IMD의 국가경쟁력지수 지표들

1. 경제적 성과에 관한 지표들

Domestic Economy

Size
1.1.01 Gross domestic product (GDP) US$ billions
1.1.02 GDP (PPP) Estimates; US$ billions at purchasing power parity
1.1.03 World GDP contribution Percentage share of world GDP
1.1.04 Household consumption expenditure US$ billions
1.1.05 Household consumption expenditure Percentage of GDP
1.1.06 Government consumption expenditure US$ billions
1.1.07 Government consumption expenditure Percentage of GDP
1.1.08 Gross fixed capital formation US$ billions
1.1.09 Gross fixed capital formation Percentage of GDP
1.1.10 Gross domestic savings US$ billions
1.1.11 Gross domestic savings Percentage of GDP
1.1.12 Economic sectors Breakdown as a percentage of GDP
1.1.13 Diversification of the economy Diversification of the economy is sufficient.

Growth
1.1.14 Real GDP Growth Percentage change, based on national currency in constant prices
1.1.15 Real GDP growth - Quarterly Percentage change, quarter 1 2009 vs quarter 1 2008
1.1.16 Real GDP Growth per capita Percentage change, national currency in constant prices
1.1.17 Household consumption expenditure - real growth Percentage change, constant prices
1.1.18 Government consumption expenditure - real growth Percentage change, constant prices
1.1.19 Gross fixed capital formation - real growth Percentage change, constant prices
1.1.20 Resilience of the economy Resilience of the economy to economic cycles is strong

Wealth
1.1.21 GDP per capita US$ per capita
1.1.22 GDP (PPP) per capita Estimates; US$ per capita at purchasing power parity
1.1.23 Household consumption expenditure per capita US$ per capita
1.1.24 Government consumption expenditure per capita US$ per capita
1.1.25 Gross fixed capital formation per capita US$ per capita
1.1.26 Gross domestic savings per capita US$ per capita

Forecasts
1.1.27 Forecast: Real GDP Growth Percentage change, national currency in constant prices
1.1.28 Forecast: Inflation Percentage change
1.1.29 Forecast: Unemployment Percentage of total labor force
1.1.30 Forecast: Current account balance Percentage of GDP/GNP

International Trade
1.2.01 Current account balance US$ billions (minus sign = deficit)
1.2.02 Current account balance Percentage of GDP
1.2.03 Balance of trade US$ billions (minus sign = deficit)
1.2.04 Balance of trade Percentage of GDP
1.2.05 Balance of commercial services US$ billions (minus sign = deficit)
1.2.06 Balance of commercial services Percentage of GDP
1.2.07 Exports of goods US$ billions
1.2.08 Exports of goods Percentage of GDP
1.2.09 Exports of goods - growth Percentage change based on US$ values
1.2.10 Exports of commercial services US$ billions
1.2.11 Exports of commercial services Percentage of GDP
1.2.12 Exports of commercial services - growth Percentage change based on US$ values
1.2.13 Exports breakdown by economic sector Percentage of total exports

1.2.14 Imports of goods & commercial services US$ billions
1.2.15 Imports of goods & commercial services Percentage of GDP
1.2.16 Imports of goods & commercial services - growth Percentage change based on US$ values
1.2.17 Imports breakdown by economic sector Percentage of total imports
1.2.18 Trade to GDP ratio (Exports + Imports) / (2 x GDP)
1.2.19 Terms of trade index Unit value of exports over unit value of imports (2000 = 100)
1.2.20 Tourism receipts International tourism receipts as a percentage of GDP
1.2.21 Exchange rates Exchange rates support the competitiveness of enterprises.

International Investment

Investment
1.3.01 Direct investment flows abroad US$ billions
1.3.02 Direct investment flows abroad Percentage of GDP
1.3.03 Direct investment stocks abroad US$ billions
1.3.04 Direct investment stocks abroad Percentage of GDP
1.3.05 Direct investment stocks abroad - growth Percentage change based on US$ values
1.3.06 Direct investment flows inward US$ billions
1.3.07 Direct investment flows inward Percentage of GDP
1.3.08 Direct investment stocks inward US$ billions
1.3.09 Direct investment stocks inward Percentage of GDP
1.3.10 Direct investment stocks inward - growth Percentage change based on US$ values
1.3.11 Balance of direct investment flows US$ billions (flows abroad minus flows inward)
1.3.12 Balance of direct investment flows Percentage of GDP (flows abroad - flows inward)
1.3.13 Net position in direct investment stocks US$ billions (stocks abroad - stocks inward)
1.3.14 Net position in direct investment stocks Percentage of GDP (stocks abroad - stocks inward)
1.3.15 Relocation threats of production Relocation of production is not a threat to the future of your economy.
1.3.16 Relocation threats of R&D facilities Relocation of R&D facilities is not a threat to the future of your economy.
1.3.17 Relocation threats of services Relocation of services is not a threat to the future of your economy.

Finance
1.3.18 Portfolio investment assets US$ billions
1.3.19 Portfolio investment liabilities US$ billions

Employment
1.4.01 Employment Total employment in millions
1.4.02 Employment Percentage of population
1.4.03 Employment - growth Estimates: percentage change
1.4.04 Employment by sector Percentage of total employment
1.4.05 Employment in the public sector Percentage of total employment
1.4.06 Unemployment rate Percentage of labor force
1.4.07 Long-term unemployment Percentage of labor force
1.4.08 Youth unemployment Percentage of youth labor force (under the age of 25)

Prices
1.5.01 Consumer price inflation Average annual rate
1.5.02 Cost-of-living index Index of a basket of goods & services in major cities, including housing (New York City = 100)
1.5.03 Apartment rent 3-room apartment monthly rent in major cities, US$
1.5.04 Office rent Total occupation cost (US$/Sq.M per year)

〈표 4〉 IMD의 국가경쟁력지수 지표들(계속)

2. 정부효율성

Public Finance
2.1.01 Government budget surplus/deficit US$ billions
2.1.02 Government budget surplus/deficit Percentage of GDP
2.1.03 Total general government debt US$ billions
2.1.04 Total general government debt Percentage of GDP
2.1.05 Total general government debt
- real growth Percentage change, based on national currency in constant prices
2.1.06 Central government domestic debt Percentage of GDP
2.1.07 Central government foreign debt Percentage of GDP
2.1.08 Interest payment Percentage of current revenue
2.1.09 Management of public finances
Management of public finances over the next two years is likely to improve
2.1.10 Pension funding Pension funding is adequately addressed for the future.
2.1.11 Foreign currency reserves US$ billions
2.1.12 General government expenditure Percentage of GDP

Fiscal Policy
2.2.01 Collected total tax revenues Percentage of GDP
2.2.02 Collected personal income tax On profits, income and capital gains,
as a percentage of GDP
2.2.03 Collected corporate taxes On profits, income and capital gains,
as a percentage of GDP
2.2.04 Collected indirect tax revenues Taxes on goods and services as a percentage of GDP
2.2.05 Collected capital and property taxes Percentage of GDP
2.2.06 Collected social security contribution Compulsory contribution of employees
and employers as a percentage of GDP
2.2.07 Effective personal income tax rate Percentage of an income equal to GDP per capita
2.2.08 Corporate tax rate on profit Maximum tax rate, calculated on profit before tax
2.2.09 Consumption tax rate Standard rate of VAT / GST
2.2.10 Employee''s social security contribution rate Compulsory contribution
as a percentage of an income equal to GDP per capita
2.2.11 Employer''s social security contribution rate Compulsory contribution
as a percentage of an income equal to GDP per capita
2.2.12 Real personal taxes Real personal taxes do not discourage people
from working or seeking advancement.
2.2.13 Real corporate taxes Real corporate taxes do not discourage entrepreneurial activity.
2.2.14 Tax evasion Tax evasion does not hamper business activity.

Institutional Framework

Central Bank
2.3.01 Real short-term interest rate Real discount / bank rate
2.3.02 Cost of capital The cost of capital encourages business development.
2.3.03 Interest rate spread Lending rate minus deposit rate
2.3.04 Country credit rating Rating on a scale of 0-100
assessed by the Institutional Investor Magazine ranking
2.3.05 Central bank policy Central bank policy has a positive impact
on economic development.
2.3.06 Exchange rate stability Parity change from national currency to SDR, 2008 / 2006

State Efficiency
2.3.07 Legal and regulatory framework The legal and regulatory framework
encourages the competitiveness of enterprises.

2.3.08 Adaptability of government policy Adaptability of government policy to changes in the economy is high
2.3.09 Government decisions Government decisions are effectively implemented.
2.3.10 Transparency Transparency of government policy is satisfactory
2.3.11 Bureaucracy Bureaucracy does not hinder business activity.
2.3.12 Bribing and corruption Bribing and corruption do not exist

Business Legislation

Openness
2.4.01 Tariff barriers Tariffs on imports: Most favored nation simple average rate
2.4.02 Customs' authorities Customs'' authorities do facilitate the efficient transit of goods.
2.4.03 Protectionism Protectionism does not impair the conduct of your business.
2.4.04 Public sector contracts Public sector contracts are sufficiently open to foreign bidders.
2.4.05 Foreign investors Foreign investors are free to acquire control in domestic companies.
2.4.06 Capital markets Capital markets (foreign and domestic) are easily accessible.
2.4.07 Investment incentives Investment incentives are attractive to foreign investors.

Competition and Regulations
2.4.08 Government subsidies To private and public companies as a percentage of GDP
2.4.09 Subsidies Subsidies do not distort fair competition and economic development.
2.4.10 State ownership of enterprises State ownership of enterprises is not a threat to business activities.
2.4.11 Competition legislation Competition legislation is efficient in preventing unfair competition.
2.4.12 Parallel economy Parallel (black-market, unrecorded) economy does not impair economic development.
2.4.13 Ease of doing business Ease of doing business is supported by regulations.
2.4.14 Creation of firms Creation of firms is supported by legislation.
2.4.15 Start-up days Number of days to start a business
2.4.16 Start-up procedures Number of procedures to start a business

Labor Regulations
2.4.17 Labor regulations Labor regulations (hiring/firing practices, minimum wages, etc.) do not hinder business activities.
2.4.18 Unemployment legislation Unemployment legislation provides an incentive o look for work.
2.4.19 Immigration laws Immigration laws do not prevent your company from employing foreign labor.
2.4.20 Firing costs Number of weeks of salary
2.4.21 Labor market flexibility Index on rigidity of employment (index 0-100)

Societal Framework
2.5.01 Justice Justice is fairly administered.
2.5.02 Personal security and private property Personal security and private property are adequately protected.
2.5.03 Ageing of society Ageing of society is not a burden for economic development.
2.5.04 Risk of political instability The risk of political instability is very low
2.5.05 Social cohesion Social cohesion is a priority for the government.
2.5.06 Income distribution - lowest 20% Percentage of household incomes going to lowest 20% of households
2.5.07 Income distribution - highest 20% Percentage of household incomes going to highest 20% of households
2.5.08 Equal opportunity Equal opportunity legislation in your country encourages economic development.
2.5.09 Females in parliament Percentage of total seats in Parliament
2.5.10 Female positions Percentage of total legislators, senior officials and managers
2.5.11 Gender income ratio Ratio of estimated female to male earned income globally

〈표 4〉 IMD의 국가경쟁력지수 지표들 (계속)

3. 기업효율성

Productivity and Efficiency
3.1.01 Overall productivity (PPP) Estimates: GDP (PPP) per person employed, US$
3.1.02 Overall productivity GDP per person employed, US$
3.1.03 Overall productivity - real growth Estimates: Percentage change of real GDP per person employed
3.1.04 Labor productivity (PPP) Estimates: GDP (PPP) per person employed per hour, US$
3.1.05 Labor productivity (PPP) growth Percentage change of GDP (PPP) per person employed per hour
3.1.06 Agricultural productivity (PPP) Estimates: Related GDP (PPP) per person employed in agriculture, US$
3.1.07 Productivity in industry (PPP) Estimates: Related GDP (PPP) per person employed in industry, US$
3.1.08 Productivity in services (PPP) Estimates: Related GDP (PPP) per person employed in services, US$
3.1.09 Large corporations Large corporations are efficient by international standards.
3.1.10 Small and medium-size enterprises Small and medium-size enterprises are efficient by international standards.
3.1.11 Productivity of companies Productivity of companies is supported by global strategies (supplies, offshoring, outsourcing).

Labor Market

Costs
3.2.01 Compensation levels Estimates: Total hourly compensation for manufacturing workers, US$
3.2.02 Unit labor costs in the manufacturing sector Percentage change
3.2.03 Remuneration in services professions Gross annual income including supplements such as bonuses, in US$
3.2.04 Remuneration of management Total base salary plus bonuses and long-term incentives, US$

Relations
3.2.05 Working hours Average number of working hours per year
3.2.06 Labor relations Labor relations are generally productive
3.2.07 Worker motivation Worker motivation in companies is high
3.2.08 Industrial disputes Working days lost per 1,000 inhabitants per year (average 2005-2007)
3.2.09 Employee training Employee training is a high priority in companies.

Availability of Skills
3.2.10 Labor force Employed and registered unemployed (millions)
3.2.11 Labor force Percentage of population
3.2.12 Labor force growth Percentage change
3.2.13 Part-time employment Percentage of total employment
3.2.14 Female labor force Percentage of total labor force
3.2.15 Foreign labor force Percentage of total labor force
3.2.16 Skilled labor Skilled labor is readily available.
3.2.17 Finance skills Finance skills are readily available.
3.2.18 Attracting and retaining talents Attracting and retaining talents is a priority in companies.
3.2.19 Brain drain The brain drain does not hinder competitiveness in your economy.
3.2.20 Foreign high-skilled people Foreign high-skilled people are attracted to your country''s business environment.

3.2.21 International experience International experience of senior managers is generally significant
3.2.22 Competent senior managers Competent senior managers are readily available.

Finance

Bank Efficiency
3.3.01 Banking sector assets Percentage of GDP
3.3.02 Financial cards in circulation Number of cards per capita
3.3.03 Financial card transactions US$ per capita
3.3.04 Investment risk Euromoney country credit-worthiness scale from 0-100
3.3.05 Banking and financial services Banking and financial services do support business activities efficiently.
3.3.06 Retail banking Population / number of bank offices
3.3.07 Finance and banking regulation Finance and banking regulation is sufficiently effective.
3.3.08 Financial risk factor The risk factor in the financial system is adequately addressed.
Stock Market Efficiency
3.3.09 Stock markets Stock markets provide adequate financing to companies.
3.3.10 Stock market capitalization US$ billions
3.3.11 Stock market capitalization Percentage of GDP
3.3.12 Value traded on stock markets US$ per capita
3.3.13 Listed domestic companies Number of listed domestic companies
3.3.14 Stock market index Percentage change on index in national currency
3.3.15 Shareholders' rights Shareholders'' rights are sufficiently implemented.
3.3.16 Financial institutions' transparency Financial institutions'' transparency is sufficiently implemented.

Finance Management
3.3.17 Credit Credit is easily available for businesses.
3.3.18 Venture capital Venture capital is easily available for businesses.
3.3.19 Corporate debt Corporate debt does not restrain the ability of enterprises to compete.

Management Practices
3.4.01 Adaptability of companies Adaptability of companies to market changes is high
3.4.02 Ethical practices Ethical practices are implemented in companies.
3.4.03 Credibility of managers Credibility of managers in society is strong
3.4.04 Corporate boards Corporate boards do supervise the management of companies effectively.
3.4.05 Auditing and accounting practices Auditing and accounting practices are adequately implemented in business.
3.4.06 Customer satisfaction Customer satisfaction is emphasized in companies.
3.4.07 Entrepreneurship Entrepreneurship of managers is widespread in business.
3.4.08 Social responsibility Social responsibility of business leaders is high

Attitudes and Values
3.5.01 Attitudes toward globalization Attitudes toward globalization are generally positive in your society.
3.5.02 Image abroad The image abroad of your country encourages business development.
3.5.03 National culture The national culture is open to foreign ideas.
3.5.04 Flexibility and adaptability Flexibility and adaptability of people are high when faced with new challenges.
3.5.05 Need for economic and social reforms The need for economic and social reforms is generally well understood.
3.5.06 Value system The value system in your society supports competitiveness.
3.5.07 Corporate values Corporate values take into account the values of employees.

〈표 4〉 IMD의 국가경쟁력지수 지표들(계속)

4. 사회 기반 (infra)

Basic Infrastructure
4.1.01 Land area Square kilometers ('000)
4.1.02 Arable area Square meters per capita
4.1.03 Water resources Total internal renewable per capita in cubic meters
4.1.04 Access to water Access to water is adequately ensured and managed.
4.1.05 Access to commodities (basic resources, food, etc.) is adequately addressed.
4.1.06 Urbanization Urbanization of cities supports business development.
4.1.07 Population - market size Estimates in millions
4.1.08 Population under 15 years Percentage of total population
4.1.09 Population over 65 years Percentage of total population
4.1.10 Dependency ratio Population under 15 and over 64 years old, divided by active population (15 to 64 years)
4.1.11 Roads Density of the network, km per square km
4.1.12 Railroads Density of the network, km per square km
4.1.13 Air transportation Number of passengers carried by main companies, thousands
4.1.14 Quality of air transportation encourages business development.
4.1.15 The distribution infrastructure of goods and services is generally efficient
4.1.16 Water transportation (harbors, canals, etc.) meets business requirements.
4.1.17 Maintenance and development of infrastructure are adequately planned and financed.
4.1.18 Energy infrastructure Energy infrastructure is adequate and efficient
4.1.19 Future energy supply Future energy supply is adequately ensured.
4.1.20 Total indigenous energy production Millions MTOE
4.1.21 Total indigenous energy production per capita MTOE per capita
4.1.22 Total indigenous energy production Percentage of total requirements in tons of oil equivalent
4.1.23 Total final energy consumption Millions MTOE
4.1.24 Total final energy consumption per capita MTOE per capita
4.1.25 Electricity costs for industrial clients US$ per kwh
4.1.26 Gasoline prices Premium unleaded gasoline (95 Ron) US $ per litre
Technological Infrastructure
4.2.01 Investment in telecommunications Percentage of GDP
4.2.02 Fixed telephone lines Number of main lines per 1000 inhabitants
4.2.03 Fixed telephone tariffs US$ per 3 minutes local call (peak)
4.2.04 Mobile telephone subscribers Number of subscribers per 1000 inhabitants
4.2.05 Mobile telephone costs Mobile cellular tariffs - US$ per minute local call, off-net
4.2.06 Communications technology (voice and data) meets business requirements.
4.2.07 Computers in use Worldwide share / Source: Computer Industry Almanac
4.2.08 Number of computers per 1000 people / Source: Computer Industry Almanac
4.2.09 Number of internet users per 1000 people / Source: Computer Industry Almanac
4.2.10 Fixed broadband tariffs monthly fee (residential), US$
4.2.11 Broadband subscribers Number of subscribers per 1000 inhabitants
4.2.12 Internet bandwidth speed Per internet user (kbps)
4.2.13 Information technology skills Information technology skills are readily available.
4.2.14 Technological cooperation Technological cooperation between companies is developed
4.2.15 Public and private sector ventures are supporting technological development.
4.2.16 Development and application of technology are supported by the legal environment.
4.2.17 Funding for technological development is readily available.
4.2.18 Technological regulation supports business development and innovation.
4.2.19 High-tech exports US$ millions
4.2.20 High-tech exports Percentage of manufactured exports
4.2.21 Cyber security Cyber security is being adequately addressed by corporations.
Scientific Infrastructure
4.3.01 Total expenditure on R&D US$ millions
4.3.02 Total expenditure on R&D Percentage of GDP
4.3.03 Total expenditure on R&D per capita US$ per capita
4.3.04 Business expenditure on R&D US$ millions
4.3.05 Business expenditure on R&D Percentage of GDP
4.3.06 Total R&D personnel nationwide Full-time work equivalent (FTE thousands)
4.3.07 Total R&D personnel nationwide per capita (FTE) per 1000 people
4.3.08 Total R&D personnel in business enterprise (FTE thousands)

Scientific Infrastructure
4.3.09 Total R&D personnel in business per capita (FTE) per 1000 people
4.3.10 Basic research Basic research does enhance long-term economic development.
4.3.11 Science degrees Percentage of total first university degrees in science and engineering
4.3.12 Scientific articles Scientific articles published by origin of author
4.3.13 Science in schools Science in schools is sufficiently emphasized.
4.3.14 Nobel prizes Awarded in physics, chemistry, physiology or medicine and economics
4.3.15 Nobel prizes per capita Awarded since 1950 per million people
4.3.16 Patent applications Number of applications filed for residents and non-residents
4.3.17 Patents granted to residents Number of patents granted to residents (average 2005-2007)
4.3.18 Intellectual property rights Intellectual property rights are adequately enforced.
4.3.19 Number of patents in force Per 100,000 inhabitants
4.3.20 Patent productivity Patents granted to residents / R&D personnel in business ('000s)
4.3.21 Scientific research Scientific research is supported by legislation.

Health and Environment
4.4.01 Total health expenditure Percentage of GDP
4.4.02 Total health expenditure per capita US$ per capita
4.4.03 Public expenditure on health Percentage of total health expenditure
4.4.04 Health infrastructure Health infrastructure meets the needs of society.
4.4.05 Life expectancy at birth Average estimate
4.4.06 Healthy life expectancy Average estimate
4.4.07 Infant mortality Under five mortality rate per 1000 live births
4.4.08 Medical assistance Number of inhabitants per physician and per nurse
4.4.09 Urban population Percentage of total population
4.4.10 Human development index Combines economic - social - educational indicators / Source: Human Development Report
4.4.11 Health problems Health problems (sicknesses, AIDS, alcohol, ...) do not have a significant impact on companies.
4.4.12 Energy intensity Commercial energy consumed for each dollar of GDP in kilojoules
4.4.13 Paper and cardboard recycling rate Percentage of apparent consumption
4.4.14 Waste water treatment plants Percentage of population served
4.4.15 Water withdrawal for each 1000 US$ of GDP in cubic meters
4.4.16 CO_2 emissions Metric tons of carbon dioxide
4.4.17 CO_2 emissions intensity CO_2 emissions in metric tons per one million US$ of GDP
4.4.18 Renewable energies Share of renewable and wastes in total energy requirements, %
4.4.19 Total biocapacity Global hectares per capita of biologically productive space
4.4.20 Ecological footprint Global hectares per person
4.4.21 Ecological balance reserve / deficit Total biocapacity minus total footprint in global hectares per capita
4.4.22 Sustainable development Sustainable development is a priority in companies.
4.4.23 Pollution problems Pollution problems do not seriously affect your economy.
4.4.24 Environmental laws and compliance do not hinder the competitiveness of businesses.
4.4.25 Quality of life Quality of life is high

Education
4.5.01 Total public expenditure on education Percentage of GDP
4.5.02 Total public expenditure on education per capita US$ per capita
4.5.03 Pupil-teacher ratio (primary education) Ratio of students to teaching staff
4.5.04 Pupil-teacher ratio (secondary education) Ratio of students to teaching staff
4.5.05 Secondary school enrollment Percentage of relevant age group
4.5.06 Higher education achievement Percentage of population that has attained at least tertiary education for persons 25-34
4.5.07 Student mobility inbound Foreign tertiary-level students per 1000 inhabitants
4.5.08 Student mobility outbound National tertiary-level studying abroad per 1000 inhabitant
4.5.09 Educational assessment PISA survey of 15-year olds
4.5.10 English proficiency TOEFL scores
4.5.11 The educational system meets the needs of a competitive economy.
4.5.12 University education University education meets the needs of a competitive economy.
4.5.13 Management education meets the needs of the business community.
4.5.14 Illiteracy Adult (over 15 years) illiteracy rate as a percentage of population
4.5.15 Language skills Language skills are meeting the needs of enterprises.
4.5.16 Qualified engineers Qualified engineers are available in your labor market.
4.5.17 Knowledge transfer is highly developed between companies and universities.

작업을 수행하는데 있어서 <표 4>의 지표들은 중요하게 활용된다.

IMD의 국가경쟁력지수는 각국의 경쟁력을 평가하기 위한 것이지만, 이때의 국가경쟁력지수는 과거지향적인 지수라는 점에 그 근원적인 한계가 있다. 국가경쟁력지수를 필요로 하는 많은 기관들은 과거지향적 평가보다는 미래지향적 평가를 요구한다. 과거의 국가경쟁력지수가 아니라 미래에 국가경쟁력지수가 어떠한 방향으로 변화할 지를 알아야만, 특정 국가의 주식시장에 어느 정도 규모의 자금을 투자해야 할 것인지를 판단할 수 있기 때문이다. 또한 미래의 국가경쟁력지수를 알 수 있을 때에, 새로이 건설하는 공장을 어느 국가에 위치할 것인지를 판단할 수 있기 때문이다. 그러나 애석하게도 현재의 국가경쟁력지수는 미래가 아닌 과거의 시점에 관한 것이다.

이러한 한계를 인식하여 IMD에서는 지속적으로 미래지향적인 지수를 개발하는 것으로 보인다. IMD에서는 국가경쟁력 지표에 근거하여 "스트레스 테스트"를 발표하곤 하는데, 2009년에는 미래의 경제위기에 얼마나 잘 견뎌낼 것인가에 대한 스트레스 테스트를 발표하였다. 그리고 2010년에는 국가부채에 대한 스트레스 테스트를 발표한 바 있다. 이처럼 IMD의 스트레스 테스는 미래지향적인 평가로의 전환을 모색하는 신호로 받아들여질 수 있다.

특히 2009년의 스트레스 테스트는 330여개의 지표 중에서 미래의 대응에 직접적으로 관련된 20개의 지표만을 추출하여 지수화한 점도 특기할 만하다. 이는 IMD의 지표들을 활용하여 국가사회의 미래 준비에 관한 평가를 시도해 볼 수도 있으리라는 가능성을 시사하여 주기 때문이다.

Ⅳ. STEPI의 저탄소 녹색성장 종합평가지수

마지막으로 살펴보고자 하는 지수는 최근 국내에서 개발된 지수로서, 저탄소 녹색성장에 관한 지수이다. 이는 녹색성장에 대한 정책적 투입 및 산출을 평가하기 위하여 2009년 STEPI의 유의선, 이민형, 구교빈 연구원 개발한 지수로서, 저탄소 녹색성장 종합평가지수는 환경에 대한 미래 준비를 평가하는 지수라고 할 수 있다. 이들이 개발한 지수는 [그림 5]와 같은 요소로 구성된다(유의선 외 2009, 2010).

저탄소녹색성장 종합평가지수는 몇 가지 점에서 미래준비지수에 시사점을

[그림 5] 저탄소녹색성장 종합평가지수의 프레임[5)]

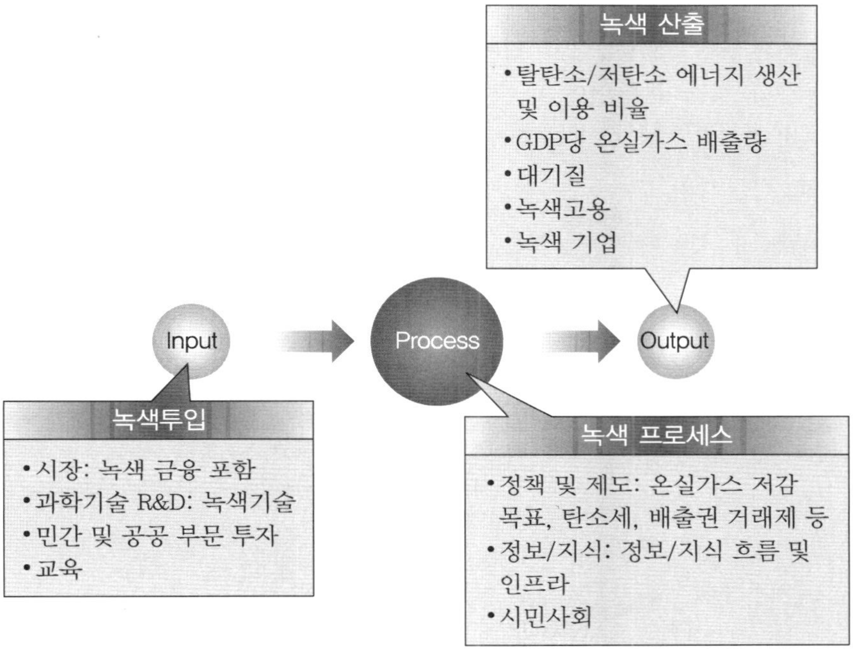

준다. 첫째, 저탄소녹색성장 종합평가지수는 미래지향적인 지수라는 점이다. 이는 미래의 큰 흐름인 녹색성장에 초점을 두고, 녹색성장에 어느 정도 접근하고 있는가를 지수화하고 있다. 둘째, 저탄소녹색성장 종합평가지수는 미래에 대한 준비를 포함하고 있다. 특히 이들은 종합평가지수의 구성 요소로써 투입(input)과 프로세스(process)를 강조하고 있는데, 여기에는 미래 준비의 성격이 강한 지표들이 포함되고 있다. 세 번째로 이들은 산출(output)에 관한 지표들을 포함시켜, 녹색성장이라는 미래에 얼마나 다가가고 있는지를 평가하는 지표를 구성하고 있다.

이들이 구성한 저탄소 녹색성장 종합평가지수는 UN의 SOFI에 비해 한 단계 진전된 지수라고 할 수 있다. SOFI는 미래를 향한 진행상태를 검토하는데 그치고 있다면, 저탄소녹색성장 종합평가지수는 미래의 녹색 환경을 앞당기기 위한 준비까지 포함시켜서 평가하고 있기 때문이다. 이는 저탄소 녹

5) 유의선・이민형, 2010, "저탄소 녹색성장 종합평가지수를 통한 OECD 국가의 비교".

색성장이라는 미래를 지향하는 투입과 산출에서 특히 두드러지게 나타난다. <표 5>에서 발견할 수 있듯이, 투입 지표군에 포함되어 있는 사회경제적 투입이나 프로세스 지표군에 포함되어 있는 촉진메커니즘은 미래를 대비하기 위한 투자의 성격이 뚜렷이 나타나는 지표들이다. 이러한 점에서 저탄소녹색성장 종합평가지수는 단순한 미래상태의 지표라기 보다는 미래를 바람직한 방향으로 변화시키고자 하는 미래준비의 성격을 반영하는 지수라고 할 수 있을 것이다.

저탄소녹색성장 종합평가지수는 최근의 정부 정책을 반영하여 미래지향적

〈표 5〉 저탄소녹색성장 종합평가지수에 포함된 지표 – 1

대지표	중지표	지표
투입	사회·경제적투입	1. GDP 대비 공교육 투자(교육투자) 2. GDP 대비 공공사회지출(사회복지) 3. 노인부양비(인구노령화)
		4. 인구 천명당 연구종사자 비중 5. 인구 천명당 과학기술 R&D 종사자수 6. GDP 대비 과학기술 R&D 투자 7. 전체 R&D예산 대비 환경 R&D 예산 8. GDP 대비 재생가능에너지 RD&D 투자
		9. GDP 대비 공공환경오염방지지출(PAC)
		10. 유기농 경작지 비율 11. 대중교통수송밀도-철도 12. 대중교통수송밀도-버스
	물리·생태적투입	13. 에너지원단위 14. 1인당 년간 에너지 소비량 15. 재생가능에너지원소비비중 16. 재생가능에너지전력생산비중 17. 수송에너지 효율
		18. 1인당 생태발자국 19. 경지면적대비 화학비료 사용량 20. 1인당 물 소비량 21. 1인당 GDP대비 년간 물소비량
		22. 생물권보호비율 23. 습지비율 24. 산림비율 25. 주요보호지역비율

프로세스	촉진 메커니즘	26. 교토의정서 비준 및 감축의무 27. 저탄소 녹색성장관련법 제정 28. 국가 지속가능발전전략 29. 발전차액지원제도(Feed-in Tariff) 시행
		30. GDP대비 환경세 비중
		31. 온실가스 배출권 거래
	이해당사자 참여 및 지식흐름	32. 인구천명당 ISO14001 인증 기업수 33. 인구백만명당 GRI 지속가능성 보고서
		34. 환경오염 시민인지도 35. 지속가능발전 교육
		36. 인구천명당 브로드밴드 가입자수
산출	사회·경제적 산출	37. 1인당 GDP 38. 고등학교졸업율 39. GINI 계수 40. 인구천명당 특허 건수 41. 지식 집약 서비스 비중
	물리·생태적 산출	42. GDP당 산업폐기물 43. 1인당 생활 폐기물
		44. 총온실가스 배출량 순위 45. 1인당온실가스 배출량 46. GDP 대비온실가스 배출량
		47. GDP 대비 SOx(Sulphur Oxides) 배출량 48. GDP 대비 NOx(Nitrogen Oxides) 배출량 49. 1인당 SOx(Sulphur Oxides) 배출량 50. 1인당 NOx(Nitrogen Oxides) 배출량
		51. 대표하천 BOD
		52. 국가별 최빈 조류개체수 53. 인구천명당 멸종위기 조류종수

인 국가사회의 지수를 구성하였다는 점에서 평가할 수 있다. 다만, 저탄소녹색성장 종합평가지수는 환경부문의 미래 준비에 초점을 두었다는 점에서, 사회 전체의 미래 준비에 초점을 두는 미래준비지수와는 거리가 있다고 할 수 있다.

제3절 미래준비지수의 프레임

이제 미래준비지수를 어떻게 구성할 것인지를 논의할 시점이다. 앞서 국가사회와 관련된 기존 지수에서 살펴보았듯이, 지수를 구성하는데 있어서 어떠한 요소들을 어떻게 구성할 것인가를 설정하는 프레임이 매우 중요하다. 지수의 프레임을 통하여 지수에 반영되어야할 지표들이 과도하게 포함되거나 또는 과소하게 포함되는 사태를 방지할 수 있기 때문이다. 결국, 지수의 프레임은 지수에 어떠한 내용이 반영되어야 할 것인가를 방향지워주는 것이라 할 수 있다. 본 절에서는 미래준비지수의 프레임에 관하여 논의하고자 한다.

그렇다면 미래준비지수에 어떠한 내용들이 들어가야 하는가? 앞서 살펴본 지수의 프레임은 크게 보아 두 가지 종류로 구분될 수 있다. 첫째는 지수에 포함되어야 할 요소들을 중심으로 하여 프레임을 구성하는 방식이다. IMD에서 국가경쟁력지수를 경제성과, 정부효율, 기업효율, 인프라로 구분하는 것은 경쟁력의 요소들을 중심으로 한 프레임이라고 할 수 있다. 두 번째 프레임의 종류는 지수에 관한 전반적인 활동의 흐름을 구분하는 방식이다. 네트워크준비지수를 정보통신 환경, 준비도, 활용도로 구분한 것이나 녹색성장 종합평가지수를 투입, 과정, 산출로 구분한 것은 지수와 관련된 활동의 흐름으로 구분하여 프레임을 설정한 것이라고 하겠다.

본 연구에서 미래준비지수의 프레임은 이상과 같은 프레임 구성방식을 혼합하여 설정한다. 먼저 미래준비라는 활동의 흐름을 중심으로 하여 구성한다. 그리고 나서 각 흐름에 따라 미래준비 활동이 이루어지는 사회 영역을 구분하여 프레임을 설정한다. 결국 본 연구에서 미래준비지수의 프레임은 크게 보아 두 가지로 구성된다. 첫째는 미래준비의 과정/흐름에 따른 프레임이며, 둘째는 미래준비가 이루어지는 각 부문에 관한 프레임이다. 본 연구에서는 전자를 SAVE 프레임, 후자를 HERE 프레임이라고 한다. 이러한 두 가지 프레임을 통하여 미래준비가 이루어지는 활동의 흐름을 포착하면서, 동시에 미래준비가 이루어지는 사회의 각 영역들을 체계적으로 검토함으로써, 국가사회에 있어서 미래준비에 관한 활동들을 빠짐없이 체계적으로 반영시키고자 한다. 먼저 미래준비활동의 흐름에 관한 SAVE 프레임에 관하여 살펴본다.

[그림 6] 미래준비지수의 두 가지 프레임

미래준비지수= ┌ 미래준비 과정 SAVE 프레임
└ 미래준비 영역 HERE 프레임

Ⅰ. 미래준비의 흐름(SAVE)

미래를 준비하기 위하여는 먼저 미래에 어떠한 일이 발생될 것인지를 알아야 한다. 미래에 발생할 일을 알기 위하여 사회 구성원들은 정보를 수집하고 각자의 예측을 공유하기 위하여 논의를 한다. 또한 이렇게 얻은 미래에 관한 지식은 교육을 통하여 후세대에게 전달하고, 후세대들은 앞세대들과 마찬가지로 정보를 숙지하고 논의를 통하여 미래에 발생할 변화를 이해한다. 이렇게 미래준비는 미래에 대한 탐색(search)으로부터 시작한다.

미래에 대한 탐색을 한 다음에는 미래에 대한 행동(Act)이 이어진다. 미래에 발생할 일들을 아는 것만으로 그친다면, 미래 준비는 거의 이루어지지 않는 것과 마찬가지이다. 미래에 발생할 일을 알았으면, 미래의 변화에 적응하고 대비하기 위한 행동이 뒤따라야 한다. 미래를 향한 행동에는 무엇보다도 미래를 위한 투자가 포함된다. 현재에 사용할 수 있는 자원을 미래에 사용할 수 있도록 저축할 수도 있다. 또한 미래에 발생할 변화에 대비하기 위하여 장기적인 연구를 수행할 수도 있다. 예를 들어 미래의 석유에너지가 부족해질 것으로 예상되는 만큼, 석유에너지를 대체할 수 있는 신재생에너지에 대한 연구를 늘려가야 한다. 이렇게 미래준비는 미래에 대한 탐색(Search)에 이어 미래를 지향한 행동(Act)으로 이어진다.

미래에 대한 행동은 미래를 지향하는 가치의 창출을 가져온다. 근본적으로 경제적인 성장을 가져올 것이며, 미래에 사용할 수 있는 자원을 더 많이 확보할 수 있을 것이며, 더 깨끗한 환경을 산출할 수 있을 것이다. 결국 더 높은 삶의 질을 향유할 수 있는 조건들을 창출할 수 있을 것이다. 미래에 대한 탐색(Search)은 미래에 대한 행동(Act)을 통하여 미래를 지향하는 가치창출(Value-Creation)로 이어진다.

모든 행동의 흐름은 필연적으로 피드백되어 시초의 행동으로 이어진다. 미래의 가치창출 역시 필연적으로 피드백되어, 미래 탐색의 행동에 영향을 미친다. 미래에 창출되는 가치에 대한 평가(Evaluation)를 통하여 미래에 대한 탐색과 행동이 적절하게 수정된다.

결국 미래준비는 미래에 발생할 변화에 대한 탐색(Search)에서 시작하여, 미래에 대비하기 위하여 연구하고 투자하는 활동(Act)으로 이어지고, 이러한 활동의 결과로 얻어지는 미래지향적 가치의 창출(Value-create)로 결과되며, 이러한 성과에 대한 평가(Evaluate)를 통하여 피드백되는 일련의 과정으로 이어진다. 이러한 일련의 흐름을 요약하여 SAVE라고 할 수 있으며, 이는 [그림 7]에 표현되어 있다.

SAVE의 네 가지 행위들 중에서 미래준비지수에 직접적으로 포함되는 행위는 "미래탐색 → 미래행동 → 미래성과"에 해당되는 세 가지 행동이다. 그리고 미래에 대한 평가는 간접적인 요인으로 미래준비지수에 포함된다.

먼저 미래탐색(Search)은 미래에 대한 정보를 수집하고 이를 사회 구성원들이 공유해 나가는 행위로써, 미래준비를 위한 가장 기초적인 단계라고 생각하여 이를 미래준비의 1차원 지수라고 명명하였다.

미래활동(Act)은 예측/발견/확인된 미래의 변화에 대비하기 위한 본격적인 활동으로서 과학과 기술에 대한 연구와 투자를 의미하며, 이는 사회의 인적/물적 자원을 연결시키고 투입한다는 점에서 미래준비의 2차원 지수라고 명명하였다.

[그림 7] 미래준비의 흐름으로서 SAVE

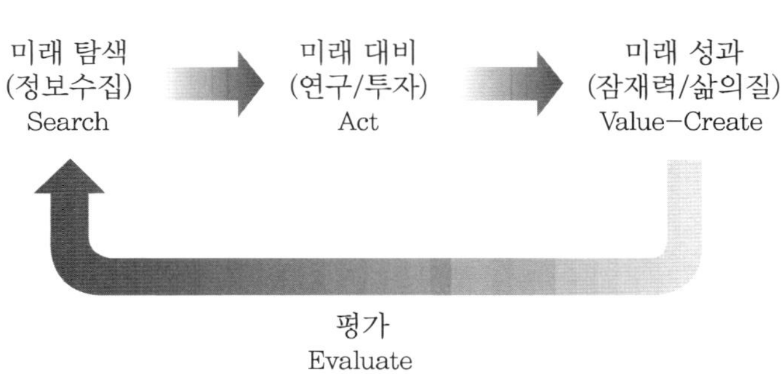

미래성과(Value-create)로서 가치창조는 미래의 잠재력과 삶의 질 및 환경 등을 포괄하는 가치를 창조하는 단계로서 이는 미래준비의 3차원 지수로 설정하였다. 이와 같은 세 가지 행동의 흐름은 미래준비에 있어서 핵심적인 기둥이라고 할 수 있다. 사실상 미래준비의 활동들은 대부분 이 세 가지 활동으로 구성된다고 할 수 있다. 미래 가치에 대한 평가의 활동은 이 세 가지를 보조하는 활동이라고 할 수 있다.

미래평가(Evaluate)의 단계는 미래에 창출되는 가치에 대한 평가를 통하여 부족한 부분을 발견하고 이에 대한 미래의 변화를 탐색하는 순환적인 단계로서, 미래준비의 4차원 지수로 설정하였다. 미래지향적 평가는 앞의 세 가지 활동들에 대한 평가이며, 이들 세 가지 활동들을 연결시켜주는 역할을 한다. 미래지향적인 평가는 사회를 이끌어나가는 지도자에 의해 영향을 받을 것으로 생각되는 과정이다.

미래준비에 관한 네 가지 활동들은 [그림 8]과 같은 피드백 루프로 연결된다. [그림 8]에는 한 개의 양의 피드백루프와 한 개의 음의 피드백 루프가 존재한다. 음의 피드백 루프는 시스템으로 하여금 균형을 지향해 나가도록 하며, 양의 피드백 루프는 시스템이 균형 상태에서 벗어나도록 한다. 균형상태에서 벗어나는 양의 피드백 루프는 두 가지로 나누어진다. 균형상태에서 바람직한 방향을 향해 벗어나는 경우를 선순환(virtuous circle)이라고 하며, 바람직하지 않은 방향으로 균형상태에서 벗어나는 경우를 악순환(vicious circle)이라고 한다. 양의 피드백 루프는 선순환으로 나타날 수도 있으며, 악순환으로 나타날 수도 있다(김동환 2004). 결국 [그림 8]에서 발견할 수 있는 순환은 세 가지라고 할 수 있다. 이는 아래와 같다.

1. 선순환(vicisous cricle)

양의 피드백 루프로서 미래준비를 할수록 더 많은 미래의 기회를 인식/포착하여 더 많은 미래준비를 하고 진보하는 순환으로서, 가장 바람직한 순환이다.

2. 악순환(Vicious circle)

동일한 양의 피드백 루프로서 미래준비를 소홀히 할수록 미래 투자가 약

[그림 8] 미래준비를 둘러싼 순환: 선순환, 악순환, 역순환

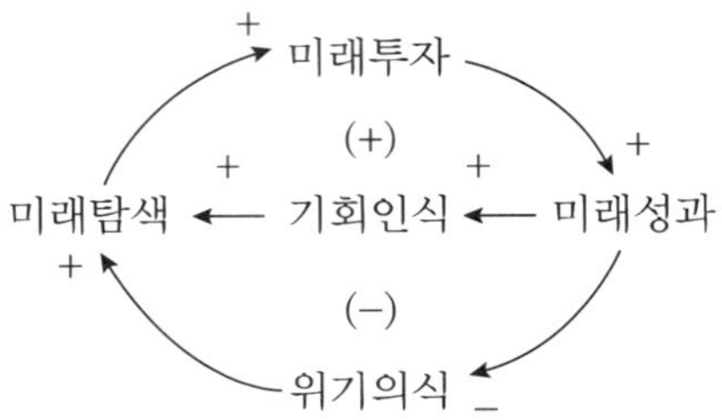

화되고, 미래에 존재하는 기회를 포착하지 못하고 결국 미래의 준비를 더욱 소홀히 하여 나락에 빠지는 순환으로서, 가장 경계해야 할 순환이다.

3. 역순환(Attention Cycle)

음의 피드백 루프로서 미래를 준비하여 미래 성과가 향상됨에 따라 미래에 대한 위기의식이 점차 약화되고 미래 준비를 소홀히 하게 되어 미래 준비가 낮아지는 반복적인 순환으로서, 큰 발전도 없지만 큰 쇠퇴도 없는 우유부단한 순환이다.

이러한 세 가지 순환 가운데 어떠한 순환을 타고 갈 것인가는 미래준비의 흐름에 있어서 결정적으로 중요하다. 세 개의 순환 중에서 가장 바람직한 순환은 물론 선순환이다. 세 개의 순환 중에서 가장 경계해야할 순환은 악순환이다. 역순환도 마찬가지로 경계해야 한다. 역순환은 미래준비를 균형상태로 유지시키지만, 그렇다고 해서 바람직한 것은 아니다. 역순환은 미래의 가치를 지속적으로 창출하는데 방해가 되기 때문이다. 어느 정도 미래 준비가 되어가고, 이에 만족하게 되면, 위기의식이 사라지면서 미래준비를 소홀히 하게 되는 역순환에 빠지지 않도록 경계해야 한다.

한 국가사회가 이 세 개의 순환 중에서 어떠한 순환을 타고 진화해 나갈 것인가를 결정하는데에는 여러 요인들이 있을 것이다. 국가사회 전체의 미래에 대한 관심도 중요할 것이며, 미래에 대해서 현재까지 어느 정도의 투자를 했는가도 중요할 것이다. 그러나 무엇보다도 중요한 것은 미래지향적인 리더십이다. 최고 지도자가 미래를 강조할 때에 악순환은 선순환으로 바뀔 수 있

다. 최고 지도자가 미래에 대한 대비를 게을리 하지 않을 때에 역순환의 함정에 빠지지 않을 것이다.

이러한 점에서 미래 평가를 중심으로 하는 4차원 지수는 미래지향적인 리더십에 초점을 두고자 한다. 미래준비의 활동들을 어떻게 연결시켜나갈 것인지, 그리하여 어떠한 순환을 탈 것인지에 영향을 주는 미래지향적 리더의 역할은 곧 미래 가치에 대한 평가를 통하여 미래 탐색, 미래 활동, 미래 가치 창출을 연결시키는 일이기 때문이다.

이제까지의 논의를 정리하면, 미래준비 활동의 네 가지 행동들은 핵심 기둥이 되는 세 가지 행동들인 탐색-활동-가치창조와 세 가지 행동들을 보완하고 연결시켜주는 평가로 구분할 수 있다. 세 가지 행동들을 연결시켜주는 평가의 역할, 즉 미래지향적 리더의 역할도 중요하지만, 핵심적인 역할을 하는 미래탐색-미래활동-미래가치창조의 세 가지가 미래준비의 핵심적인 구성요인인 것은 분명하다.

이렇게 SAVE의 네 개 흐름을 핵심이 되는 세 가지와 보완적인 한 가지 행동으로 구분하여 모형화한 것인 [그림 9]에서 제시된 미래준비에 관한 피라미드 모형이다. [그림 9]는 미래탐색, 미래활동, 미래가치창조를 같은 차원의 요인으로 설정하고, 미래평가를 상위 차원으로 하여 나머지 세 가지 행동들을 통제하고 격려하는 모습을 피라미드로 모형화한 것이다. 피라미드 모형에서 리더는 꼭지점에 위치하면서 세 가지 활동을 조망하고 통제하는 역할을 한다. 최고 지도자는 국가사회의 주요 활동의 흐름을 꼭지점(watching tower)에서 조망하면서 각자의 흐름이 매끄럽게 이어지도록 조정해야 한다는 점을 피라미드 모형은 강조한다. 결국, 미래준비흐름의 피라미드 모형은 미래준비의 핵심은 미래탐색-미래활동-미래가치창조로 이루어지는 세 가지 활동이라는 점을 보여주며, 미래에 대한 평가는 리더의 역할로서 세 가지 활동을 활성화(facilitate)시키는 역할을 한다는 점을 보여준다.

리더의 평가를 통한 조정이 피라미드의 꼭지점에 위치하고 있어서 미래준비 활동을 이끌어나가는데 핵심적인 역할을 하고 있는 것은 사실이지만, 그렇다고 해서 리더의 평가가 미래준비지수에서 큰 비중을 차지하는 것은 아니다. 오히려 리더의 평가는 미래준비지수에서 작은 비중을 차지할 수 밖에 없다. 미래준비의 주된 활동은 리더의 평가가 아니라 미래 탐색, 미래 활동(투

[그림 9] 미래준비흐름의 피라미드 모형

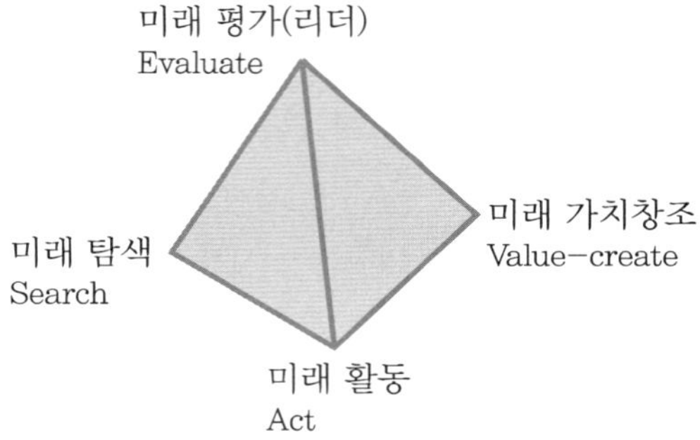

자), 미래의 가치창조이기 때문이다. 또한 리더의 평가는 국가사회의 지도자급에 해당되는 소수의 역할인데 비해, 미래 탐색, 미래 투자(활동), 미래의 가치창조는 대부분의 국가사회 구성원들이 수행하는 일이기 때문이다. 이러한 점에서 미래 탐색, 미래 활동, 미래 가치창출은 미래준비지수의 대부분을 차지한다. 다만, 리더의 평가와 독려가 적은 비중으로나마 미래준비지수에 포함된다는 점이 중요하다.

이러한 점에서 미래 탐색, 미래 활동, 미래 가치창조에 각각 32점씩 부여하고, 미래 평가라는 리더의 활동에는 4점을 부여하고 100점으로 구성되는 미래준비지수를 구성하였다. [그림 10]은 미래준비지수의 흐름에 따른 점수의 비중을 보여준다.

[그림 10] 미래준비지수의 흐름별 배점

미래 준비 지수 FRI = 4개 하위 지수	지수	배점
	1차원 지수: 미래 탐색/정보 수집에 관한 지표	32점
	2차원 지수: 미래를 향한 연구/투자/활동	32점
	3차원 지수: 미래의 잠재력/삶의 질 등의 종합적 성과	32점
	4차원 지수: 미래지향적 리더	4점
		100점

Ⅱ. 미래준비의 영역 (HERE)

미래 준비는 사회 각 부문에서 동시다발적으로 전개된다. 정부는 국가의 미래를 향한 방향을 설정하고 집중적인 투자를 독려하면서 그러한 미래 설정을 지속적으로 평가하고 보완한다. 민간 기업들은 미래의 시장이 어느 방향으로 움직일지를 수시로 예측하면서 미래의 수요에 부응할 수 있는 신제품을 개발하기 위하여 기술을 개발하고 새로운 상품과 서비스를 개발한다. 이들은 미래를 향한 전쟁의 최전선에서 움직이는 사회 구성원이라고 할 수 있다.

미래를 향한 전쟁의 후방에서 역할을 하는 분야도 있다. 과학기술자들은 정부와 기업이 투자하는 미래의 흐름을 창출하기 위하여 연구하고, 각급 교육기관들은 이렇게 창출되고 체계화되는 지식들을 정리하여 후세대에게 전달하면서 미래를 대비할 수 있는 능력을 키운다. 또한 각종 사회기관들과 문화 창출 담당자들은 새로운 컨텐츠와 행동 양식을 창출하면서 사회의 에네르기를 순환시키고 축적한다. 이렇듯 미래 준비는 전방과 후방에서의 역할들이 상호 어우러지면서 전개되어 나간다.

사회 각 분야에서 전개되는 중요한 미래준비 활동들을 빠짐없이 미래준비지수에 포함시키기 위하여 사회 부문들을 어떻게 나누어야 할 것인가를 결정해야 한다. 특히 미래준비의 흐름 중에서 미래 탐색, 미래 대비활동, 미래 성과 창출의 3가치 차원에서의 미래활동은 사회 전 분야에 걸쳐서 이루어지기 때문에, 사회의 분야별로 미래준비의 흐름을 인식할 필요가 있다. 그러나 사회의 모든 분야를 평가하는 것은 불가능하기 때문에, 미래의 준비에 관련된 활동들을 포착하기 용이한 대표적인 분야를 설정하는 것이 필요하다.

한국정보화진흥원(NIA)에서는 STEEP(Society, Technology, Economy, Environment, Politics) 프레임으로 사회 분야를 나누어 미래의 트렌드를 연구하고 있다(송영조 외 2010). 미래준비와 관련된 지표들을 검토하면서 STEEP 프레임을 그대로 적용하기는 어려웠다. 사회(society) 분야가 너무나 광범위하기 때문에, 미래 준비의 활동을 특정화시키기 어려웠다. 또한 정치(Politics) 부문은 미래준비 활동과 관련하여 많은 역할을 담당하고 있지 않았다. 더군다나 최고 지도자의 역할인 평가가 주로 정치적/행정적 영역에서 이루진다는 점을 고려한다면, 정치라는 부문을 따로 설정하여 미래 탐색 - 미래 활동 - 미래 가치창출의 흐름을 파악하기 어려웠다.

이러한 점을 극복하기 위하여 본 연구에서는 새로이 HERE 프레임을 구상하였다. 간략히 말해서 HERE 프레임은 인력, 교육, 의식이 포함되는 Human 분야, 경제와 예산이 포함되는 Economy 분야, 자원과 기술이 포함되는 Resource 분야, 환경과 삶의 질이 포함되는 Environment 분야로 구성된다.

미래준비에 있어서 핵심적인 분야는 사람, 경제, 자원, 환경으로 집약된다. 미래준비는 결국 사람의 의식을 변화시키고, 사람의 지식을 확장시키는 것이다. 미래준비는 또한 경제적 성과를 증진시키는 것이다. 미래준비의 결과가 경제적 쇠퇴라고 한다면, 이를 받아들이기 어려울 것이다. 경제적 성장은 본질적으로 선택의 여지를 확대시킨다는 의미이며, 선택의 여지를 확대시킨다는 것은 미래에 있어서 다양한 대응을 가능하게 하는 것이기 때문이다.

미래준비는 또한 자원의 확대를 의미한다. 여기에서 자원이란 미래에 사용할 수 있는 자원이다. 미래의 자원이 확대된다는 것은 미래에 생존할 가능성을 높여주는 것이다. 자원의 확대를 인간의 관점에서 말하는 것이라면, 자연의 관점에서는 환경을 말할 수 있다. 자원은 인간의 생존에 필요한 조건을 지칭하는 것이라면, 환경이란 자연의 생존에 필요한 조건을 말하는 것이다.

이와같이 사람(Human), 경제(Economy), 자원(Resource), 환경(Environment)을 미래준비의 핵심적인 영역으로 설정하였다. 이를 요약하여 HERE 프레임으로 부르기로 한다. HERE 프레임은 STEEP 프레임의 모호함을 극복하고 미래준비지수의 프레임으로 활용하기 위하여 만든 것이다. 하지만 HERE 프레임과 STEEP 프레임이 상이한 것은 아니다. 오히려 STEEP 프레임과 HERE 프레임은 상호 보완적인 관계에 있다. [그림 11]은 STEEP 프레임과 HERE 프레임이 상호 어떠한 연결관계에 있는지를 보여준다.

[그림 11]에서 STEEP 프레임의 사회부문은 HERE 프레임의 사람(Human) 부문으로 연결된다. 또한 STEEP 프레임의 Technology 부문은 HERE 프레임의 Resource 부문으로 연결된다. 미래준비를 하는데 있어서는 단순한 기술개발이 아니라 미래에 사용할 수 있는 자원의 확보가 더 중요한 의미를 지니기 때문이다. 또한 STEEP 프레임의 Politics 는 HERE 프레임에서는 각 부문에 스며들어가 있거나, 미래 평가라는 지도자의 역할에 해당된다.

[그림 11] STEEP 프레임과 HERE 프레임의 관련성

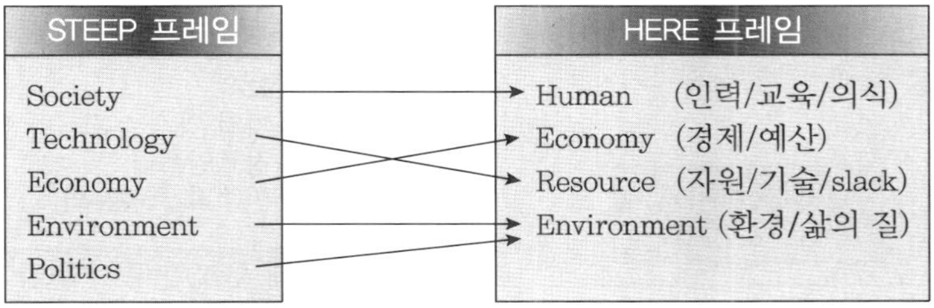

Ⅲ. 종합적 미래준비지수의 프레임

이제 앞서 논의한 두 가지 프레임을 연결시켜 종합적인 프레임을 설정할 수 있다. SAVE 프레임은 미래준비의 일련의 흐름을 의미하며, HERE 프레임은 미래준비가 이루어지는 영역 또는 구성 요소를 의미한다. 특히 HERE 프레임은 미래 탐색, 미래 활동, 미래 성과창출의 3가지 차원에 적용되어 사회 각 분야에서의 활동들을 포착하는 프레임으로 활용될 수 있으며, 4차원의 미래 평가는 정치적인 측면인 동시에 개인적인 측면이 포함된다. SAVE 프레임이 미래준비 활동의 전반적인 흐름을 의미한다면, HERE 프레임은 그 활동이 이루어지는 영역/장소/대상을 의미한다. SAVE 프레임이 미래준비 활동의 단계를 의미한다면, HERE 프레임은 미래준비 활동이 이루어지는 영역을 의미한다.

[그림 12]는 SAVE 프레임과 HERE 프레임을 결합하여 미래준비지수의 종합적인 프레임을 구성한 것이다. SAVE 프레임중에서 지도자의 평가에 관한 부분은 HERE 프레임이 적용되지 않았으며, 그 대신 지도자의 미래지향 태도를 보여주는 지도자의 어록과 지도자가 강조하는 미래지향적 정책이 포함되어 있다.

1차원 지표인 미래 탐색에 있어서 인력(Human)분야는 교육에 초점을 둔다. 즉, 교육을 통하여 후세대들에게 미래의 변화에 관심을 갖고 변화의 방향을 이해시키며 또한 교육을 통하여 후세대들에게 미래의 변화에서 생존할 수 있는 능력을 함양시키는 것이다.

[그림 12] 미래준비지수의 전체 프레임

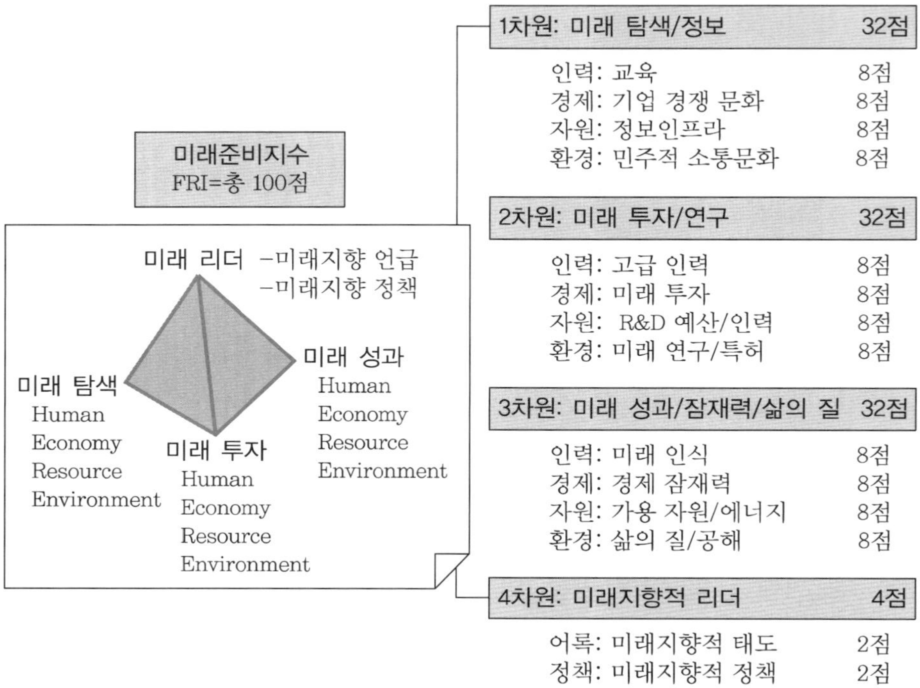

미래 탐색에 있어서 경제(Economy)분야는 기업들간 경쟁문화에 초점을 둔다. 거꾸로 국내시장이 독점적인 기업에 의해 지배된다면, 그래서 기업체들간에 상호 경쟁하는 문화가 형성되어 있지 않다면, 미래의 변화에 대해서 적극적으로 탐색할 유인이 없을 것이기 때문이다. 시장 및 기업들간에 경쟁이 치열할수록, 미래의 시장변화, 수요변화, 공급변화, 기술변화 등 다양한 변화를 탐색하고자 할 것이며, 이러한 미래 탐색에서 성공하는 기업이 생존할 가능성이 높을 것이다. 결국 기업들간의 경쟁 상태가 높을수록, 미래탐색이 더욱 활발하여질 것이라는 점에서, 미래탐색의 경제 분야에서는 기업들간의 경쟁문화에 초점을 두었다.

1차원 지표인 미래탐색의 자원(Resource) 영역에서는 정보통신인프라에 초점을 두었다. 휴대폰과 인터넷 등과 같은 정보통신 인프라가 활성화되어 있을수록, 그리고 이러한 인프라를 활용하는 사람들이 많을수록, 미래탐색을 위한 정보교류활동은 활발하게 전개될 것이기 때문이다.

1차원 지표의 환경(Environment) 영역에서는 민주적인 소통문화를 강조하였다. 이는 정치적인 문화이기도 하지만, 기업에 있어서 의사소통의 자유로움을 의미하는 사회적 문화이기도 하다. 사회 전반에 있어서 의사소통이 자유롭게 이루어질수록, 미래탐색의 활동이 활성화될 것으로 생각되기 때문이다.

2차원 지표는 미래 대비활동(투자)의 단계이다. 2차원 지표에 있어서 인력(Human)은 고급인력의 숫자에 초점을 둔다. 이는 한 사회에 있어서 고급인력이 얼마나 많이 존재하는가에 관한 것이다. 여기에서 고급인력이란 과학자들만을 의미하는 것은 아니다. 여기에는 고급 기술자들도 포함되며, 유능한 관리자들도 포함된다. 이러한 고급인력들이 하는 일들은 주로 미래지향적인 활동이다. 과학자들의 연구 자체가 미래지향적인 일이며, 유능한 관리자들이 혼신의 노력을 기울이는 일 역시 단순한 행정업무가 아닌 미래의 기회를 포착하는 일이기 때문이다.

2차원의 미래 활동에 있어서 경제(Economy) 영역은 미래투자에 초점을 둔다. 미래에 투자를 많이 하도록 하는 가장 결정적인 지표는 이자율이라고 할 수 있을 것이다. 이자율이 높으면, 많은 자금들이 은행으로 몰리고, 은행에서는 미래를 지향하는 투자가 이루어질 것이기 때문이다. 하지만 그보다 더욱 직접적인 미래투자는 벤처자금의 규모 및 활용가능성이라고 할 수 있을 것이다. 여기에서는 경제적인 차원에서 미래를 지향하는 투자를 선호하도록 만드는 조건들이 포함된다.

2차원 미래 활동에서의 자원(Resource)은 직접적인 미래 활동이라고 할 수 있는 기술개발(R&D) 예산 및 인력에 초점을 두었다. 여기에는 정부의 기술개발 예산과 인력뿐만 아니라 민간부문의 기술개발 예산과 인력까지 포함된다. 기술개발에 투입되는 예산과 인력의 규모는 미래를 대비한 활동을 하는데 있어서 가장 강력한 자원으로 기능할 것이기 때문이다.

2차원 미래 활동의 환경(Environment)은 미래 대비 활동을 용이하도록 지원하는 조건으로써 미래지향적인 학문적 연구 및 기술적 특허의 기반을 들 수 있다. 학문적인 기반과 기술적 특허 기반이 풍부한 사회일수록 미래를 대비하는 활동은 보다 광범위한 지원과 지지를 받을 것이기 때문이다.

3차원 지표는 미래의 성과로써 미래지향적인 가치창출(Value-creation)의 단계를 의미한다. 여기에서 인력(Human)이란 사람들이 얼마나 미래지향적인 가치를 지니고 있는가에 초점을 둔다. 사회 구성원들이 미래의 변화를 잘 인식하고 있는가 그렇지 못한가 하는 점 역시 중요한 요소가 될 것이다. 이에 반해, 사회 구성원들이 미래보다는 과거에 집착할 수도 있다. 과거의 갈등에 집착하여 불만이 누적되고, 상대방을 처벌하는 것이 문제해결이라고 인식한다면, 그러한 사회는 미래지향적인 성과를 담지하기 어려울 것이다.

3차원 지표의 경제(Economy)는 그야말로 경제적인 성과를 의미한다. 국가사회의 GDP 규모나 GDP 성장률이 대표적인 지표로 포함될 것이다. 이는 경제적인 성장이 높은 사회일수록 미래지향적인 성과가 높을 것이라는 점을 전제로 하는 것이다. 물론 경제적인 성장이 낮더라도, 미래지향적인 성과가 높을 수도 있다. 예를 들어 새로운 정보통신기술을 개발한 기업이 기술개발에 전념한 나머지 기업의 성장을 이루지 못하였을 수도 있다. 하지만, 대체로 미래지향적인 기술개발에 성공한 기업들이 높은 성장을 보인다고 간주해도 무방할 것이다. 최근 아이폰의 개발에 따라 급격히 성장하고 있는 애플이 대표적인 예이다. 시장에서의 변화가 급격히 진행되면 될수록, 미래지향적인 기술개발은 거의 시간적 격차없이 기업의 성장으로 이어지는 것이 현실이기 때문이다.

3차원 지표의 자원(Resource)은 문자 그대로 미래에 사용할 수 있는 자원/에너지를 의미한다. 여기에는 신재생에너지의 규모도 포함되며, 미래에 가용한 식수도 포함되며, 가용한 농경지 및 산림도 포함된다.

3차원 지표의 환경(Environment)은 미래의 삶의 질을 향상시키는데 중요한 역할을 하는 자연 조건 및 공해 수준 등을 의미한다. 여기에는 삶의 질을 결정하는 광범위한 요인들이 포함된다. 이는 미래준비인 동시에 미래지향적 성과이기도 하다. 쾌적한 공기는 미래지향적 성과이지만, 동시에 그 자체로 미래를 지향하는 준비이기도 하다. 쾌적한 환경에 익숙할수록, 사회 구성원들은 쾌적한 환경의 가치를 높이 평가할 것이며, 그만큼 더 강력하게 쾌적한 환경을 보호하기 위해 노력할 것이기 때문이다.

[그림 12]에는 각 프레임에 부여된 배점이 기록되어 있다. 미래탐색, 미래대비활동, 미래성과의 각 흐름은 각각 32점이 부여되어 있다. 각 흐름에 부여된 32점은 미래준비 활동의 영역/대상별로 네가지로 분할되어 각각 8점씩의

배점을 부여받고 있다. 이는 각 흐름에 대해서 HERE 프레임을 적용한 결과이다. 이렇게 하여 HERE 프레임별로 8점씩 부여받은 지표 점수는 SAV 프레임으로 합산되어 각각 32점씩 총 96점의 미래준비지수의 점수를 형성한다. 그리고 나머지 4점은 최고 지도자의 미래지향적 태도와 정책에 의해 부여된다. 이렇게 하여 미래준비지수는 총 100점으로 구성된다.

제 4 절 미래준비지수의 적용

이제 미래준비지수의 프레임을 적용하여 지표들을 구성하고, 각국의 미래준비 수준을 평가해볼 차례이다. 미래준비지수의 프레임이 이론적인 차원이라고 한다면, 미래준비지수의 지표는 현실적용의 차원이다. 현실에 존재하는 데이터 또는 설문자료를 통하여 각 프레임에서 측정하고자 하는 활동의 수준을 평가하는 것은 바로 지표의 발굴을 통해서 이루어진다.

미래준비지수를 온전히 현실에 적용하기 위해서는 미래준비 프레임에 적합한 지표를 개발하여야 하지만, 이를 제대로 수행하기 위해서는 오랜 시간과 노력이 소요된다. 여기에는 다음과 같은 과정들이 요구된다.

첫째, 하위 프레임에 적합한 지표의 발굴.
둘째, 하위 프레임에 적합한 지표의 개발.
셋째, 지표에 따른 각 국가/사회의 측정/평가.

첫 번째 단계는 이미 존재하고 있는 지표들중에서 지수를 구성하는 프레임 또는 하위 부문에 적합한 지표를 선정하는 일이다. 지표를 선정하는 일이 늘 명료하게 이루어지는 것은 아니다. 예를 들어 과학기술예산중에는 1차원 프레임인 미래탐색에 관한 예산도 있을 수 있으며, 2차원 프레임인 미래에 대비하기 위한 기술개발 예산도 포함될 수 있다. 이러한 경우 어떠한 프레임에 더 적합할 것인지에 관한 주관적이고 질적인 판단이 요구된다.

첫 번째 단계에서 실패하거나 불만족스러울 경우 또는 특정 프레임에 적합한 지표가 존재하지 않는 경우, 두 번째 단계로 진행하여 프레임에 적합한 지표를 새로이 개발하여야 한다. 그리고 나서 설정된 지표들에 따라서 세계 각국의 미래준비 수준을 측정 또는 평가하는 작업이 진행될 수 있다. 여기에서 특히 둘째와 셋째의 단계에서는 매우 오랜 시간이 소요된다. 특정 프레임에 적합한 지표를 새로이 개발하기 위해서는 적어도 1년 이상의 브레인 스토밍과 사전 테스트의 단계를 거쳐야 한다. 또한 세계 각국에 대해서 일일이 지표에 해당하는 값을 얻으려면, 이 또한 방대한 작업이 요구되며, 그만큼 많은 시간이 소요된다.

본 연구를 수행하는데 있어서 시간적 한계와 인력의 한계는 둘째와 셋째 단계의 연구를 허용하지 않는다. 그 보다는 첫째 단계만을 거치면서 미래준비지수의 프레임을 적용하여 보는 간편한 방식이 요구된다.

단기적으로 미래준비지수를 적용해 보기 위해 이미 개발된 사회 지표들을 활용할 수 있다. 본 연구에서는 2장에서 살펴본 기존의 국가사회 관련 지표들 중에서 적합한 지표들을 선별하여 사용하는 간편한 방식을 채택하고자 한다. 2009년도 IMD의 스트레스 테스트 역시 기존의 지표들중 일부를 선별하여 지수화함으로써 미래의 경제위기에 대처할 수 있는 능력을 평가하여 본 것이다.

물론, 이러한 접근 방법은 미래준비지수의 정확한 값을 산출해 내는데 한계를 지닌다. 하지만, 본 연구에서 목표로 하는 것은 정확한 미래준비지수를 산출하는데 있다기 보다는, 미래준비지수의 가능성을 탐색해 보는데 있다. 짧은 시간의 연구를 통하여 미래준비지수의 가능성과 개발방향을 검토하는데에 본 연구의 목적이 있기 때문에, 기존의 지표들을 활용하여 미래준비지수의 값을 산출해 보는 것은 비용/편익의 관점에서 정당화된다고 생각된다. 결국 본 연구에서 취하는 방법은 간편성을 강조한다는 점에서 휴리스틱한 방법이라고 할 수 있다.

이를 위하여 IMD의 국가경쟁력지수, OECD의 통계자료, WEF의 NRI 지표 등을 검토해 본 결과, IMD의 국가경쟁력지수가 가장 폭 넓은 지표들을 다루고 있는 것으로 판단되었다. OECD의 통계자료는 지나치게 일반화된 데이터들로 구성되어 있는 반면, WEF의 네트워크준비지수(NRI)는 지나치게 정보통신에 초점을 둔 데이터들로 구성되어 있다. IMD의 국가경쟁력지수는 330여개에 이르는 지표들을 통하여 사회 각 부문의 양적/질적 데이터들로 구성되어 있다. 이에 본 연구에서 제안한 미래준비지수의 프레임을 IMD의 국가경쟁력 지표에 적용하기로 하였다.

Ⅰ. 미래준비지수와 IMD 지표

1. 미래준비지수의 프레임에 부합하는 IMD 지표의 선정

앞서 논의한 미래준비지수의 프레임을 한 쪽 테이블에 놓고, 다른 쪽 테이블에는 IMD의 지표들을 놓고, 상호 비교하면서 미래준비지수의 프레임에 부합하는 IMD 지표들을 선정하는 작업을 수행하였다. 이때에 참고한 IMD 지표는 2009년도 IMD의 World Competitiveness Yearbook에 제시된 330여개의 지표들이었다.

하지만 앞서 논의한 미래준비지수의 하위 프레임들을 모두 적용할 수는 없었다. 앞서 논의한 미래준비지수 프레임들 중에서 4차원 지표인 지도자의 "평가"에 해당되는 프레임은 IMD 지표에 전혀 존재하지 않았기 때문이었다. 최고 지도자의 미래지향성에 관한 지표인 4차원 지표와 유사한 데이터는 OECD 통계자료나 네트워크준비지수 등에서도 발견할 수 없었다. 따라서 본 연구에서는 4차원 지표를 제외한 나머지 3차원 프레임인 미래 탐색(Search), 미래 대비활동(Act), 미래 가치창출(Value-creation)에 관하여만 적용하고자 한다.

미래준비지수의 프레임에 적합한 IMD 지표를 선별하기 위하여 본 연구자는 학생들과 다음과 같은 작업을 수행하였다.[6)]

첫 번째 단계: IMD 지표들의 성격을 검토하는 단계이다. 이를 통하여 어떠한 지표가 Hard 데이터이고, 어떠한 지표가 설문을 사용한 지표인지를 검토하였다. 이를 통하여 IMD 지표의 내용을 이해하는데 초점을 두었다.

두 번째 단계: IMD 지표들을 본 연구자와 학생들이 각자 독자적으로 앞서 논의한 미래준비지수의 프레임에 따라 분류하였다.

세 번째 단계: 세 번째 회의에서는 함께 모여서 미래준비지수의 하위 프레임별로 각자 선별한 IMD 지표들을 상호 토론을 거쳐 조정하였다. 이 과정

6) 이 작업에 주로 참여한 학생은 중앙대학교 행정학과 대학원에 재학중인 이은규와 안지영이었다.

을 통하여 많은 IMD 지표들이 다른 프레임으로 이동되거나, 삭제되곤 하였다.

네 번째 단계: 미래준비지수의 하위 프레임에 포함된 IMD 지표들을 살펴보면서, 하위 프레임의 의미 설정 및 명칭 부여를 조절하였다. 이 과정을 통하여 미래준비지수의 하위 프레임은 이전에 비하여 세련화되었다.

이러한 점에서 미래준비지수의 프레임 설정 작업과 지표 선별 작업은 독립적으로 이루어지기 보다는 상호 영향을 주면서 공진화하였다고 할 수 있다. 프레임을 설정하고, 이에 따라 해당되는 지표를 선정하는 것이 가장 명료한 작업 절차라고 생각되지만, 실제로 작업을 수행하다 보면 프레임 설정과 지표 선정이 매끄럽게 나누어지지는 않는다. 오히려 공통된 성격을 지니는 지표들을 선별하여 하나의 프레임 아래 모아 놓으면, 거꾸로 프레임의 성격이 더 명료하게 떠오르고, 이에 따라 프레임의 명칭을 보다 명확하게 부여할 수 있었다. 사실상 앞에서 논의한 HERE 프레임은 이러한 과정을 통하여 생성(emerge)된 프레임이었다.

다섯 번째 단계: 마지막으로 미래준비지수의 최종적인 프레임과 각 프레임에 적합한 것으로 분류된 IMD 지표들을 확정하였다. 마지막 단계에서 선정된 지표들 중에서 어떠한 지표가 중요한지에 따라 가중치를 부여하였다.

이상과 같은 다섯 단계를 거치면서 미래준비지수의 하위 프레임의 속성과 일치하는 IMD 지표들을 선정할 수 있었다. 330여개의 IMD 지표들 중에서 미래준비지수의 지표로 선정된 지표는 총 76개의 지표들이었다. <표 6>은 각 미래준비지수의 프레임별 선정된 IMD 지표들을 보여준다.

〈표 6〉 미래준비지수에 사용된 IMD 지표

영역		IMD 세부 지표	가중치
1차원 미래 탐색: 총 32점			
인력: 교육	8점	4.5.01 Total public expenditure on education 4.5.02 Total public expenditure on education per capita 4.5.06 Higher education achievement 4.5.11 Educational system 4.5.12 University education 4.5.14 Illiteracy	2 1 2 1 1 1(역수)

경제: 기업 경쟁 문화	8점	2.4.03 Protectionism 2. 4.11 competition legislation 2.4.13 ease of doing business 2.4.15 start-up days 2.4.16 start-up procedures 3.4.01 adaptability of companies 3.4.07 entrepreneurship 4.2.18 Technological regulation	1 1 1 1(역수) 1(역수) 1 1 1
자원: 정보 인프라	8점	4.2.02 Fixed telephone lines 4.2.04 Mobile telephone subscribers 4.2.07 Computers in use 4.2.09 Internet users 4.2.12 Internet bandwidth speed 4.2.13 Information technology skills	1 1 2 2 1 1
환경: 민주적 소통 문화	8점	2.4.19 Immigration laws 2.5.01 Justice 2.5.04 Political Instability 2.5.05 Social Cohesion 2.5.08 Equal Opportunity 2.5.10 Female Positions 2.5.11 Gender Income Ratio 3.5.03 National culture to foreign idea	1 1 1 1 1 1 1 1
2차원 미래 활동: 총 32점			
인력: 고급 인력	8점	3.2.16 skilled labor 3.2.20 Foreign skilled labor 3.2.22. competent senior manager 4.5.16 Qualified engineers	2 2 2 2
경제: 미래 투자	8점	3.3.18 Venture capital 4.2.15 Public and private sector ventures 4.2.17 Funding for technological development 4.4.01 Total health expenditure	2 2 2 2
자원: R&D	8점	4.3.01 Total expenditure on R&D (US $) 4.3.02 Total expenditure on R&D (Percentage of GDP) 4.3.04 Business expenditure on R&D (US $) 4.3.05 Business expenditure on R&D (Percentage of GDP) 4.3.06 Total R&D personnel nationwide 4.3.07 Total R&D personnel nationwide per capita 4.3.08 Total R&D personnel in business enterprise 4.3.09 Total R&D personnel in business per capita	1 1 1 1 1 1 1 1

환경: 미래 연구/ 특허	8점	4.3.10 Basic research 4.3.12 Scientific articles 4.3.17 Patents granted to residents 4.5.17 Knowledge transfer	2 2 2 2
3차원 미래 성과창출: 총 32점			
인력: 미래 인식	8점	3.5.01 Attitudes toward globalization 3.5.04 Flexibility and adaptability 3.5.05 Need for economic and social reforms 4.4.22 sustainable development	2 2 2 2
경제: 경제 잠재력	8점	1.1.01 Gross domestic product(GDP) 1.1.14 Real GDP growth 1.1.21 GDP per capita 1.1.16 Real GDP growth per capita 1.1.13 diversification of the economy 1.1.20 resilience of the economy 1.2.03 balance of trace 1.4.03 Employment growth	1 1 1 1 1 1 1 1
자원: 가용 자원/ 에너지	8점	1.1.10 Gross domestic saving 1.1.11 Gross domestic saving (GDP) 2.1.03 Total general government debt 2.1.04 Total general government debt (GDP) 4.1.02 Arable area 4.1.19 Future energy supply 4.4.19 Total biocapacity 4.4.18 Renewable energy	1 1 1(역수) 1(역수) 1 1 1 1
환경: 삶의질/ 공해	8점	4.1.07 Population 4.1.10 Dependency Ratio 4.1.03 Water resource 4.1.25 Electricity costs for industrial clients 4.4.16 co2 emission 4.4.23 pollution 4.4.25 Quality of life	1 1(역수) 1 1(역수) 1(역수) 1 2

<표 6>은 미래준비지수 프레임의 각 차원에 적용된 IMD 지표들의 상세 내역으로서, 오른쪽에는 가중치가 표기되어 있으며, 여기에서 '역수'라고 표기된 것은 점수가 낮을수록 미래준비가 높은 것을 의미하는 것으로 지표 점수를 계산할 때에는 1에서 그 지표값을 뺀 값을 취하였다는 점을 의미한다.

2. 미래준비지수의 계산 방식

미래준비지수 하위 프레임에 대한 지표 선정 이후에는 각 지표의 값을 입력하여 미래준비지수를 계산하는 일을 수행하였다. 각 지표에는 IMD 보고서에 제시되어 있는 원자료의 값을 입력하였다. 본 연구에서는 계산의 편의를 위하여 마이크로소프트 엑셀을 사용하였으며, IMD 보고서에서 다루고 있는 57개 국가의 원자료를 각 지표별로 입력하였다. 이때에 주의할 점은 IMD 보고서에는 각 지표별로 높은 값을 지니는 국가별 순위로 기록되어 있다는 점이다. 엑셀 파일에 이들의 원자료를 입력한 이후에 이러한 데이터들을 다시 알파벳 순서로 국가들을 재분류하는 작업을 수행하였다. 각 지표별로 입력한 57개 국가의 원자료는 저자에게 문의하면 전달받을 수 있다.

이렇게 입력한 원자료 값은 다음과 같은 과정을 거쳐서 지수의 값으로 전환된다.

원자료 값 ⇒ 0에서 1 사이의 상대값 ⇒ 가중치 조정 및 역수

즉, 원자료의 값을 0에서 1 사이의 상대적인 값으로 전환한 다음에 여기에 가중치를 곱하거나 역수를 취하여 (높은 값이 부정적인 의미를 지니는 경우에는 1에서 상대값을 뺀값을 취한다) 최종 지표값을 도출하였다.

먼저 원자료의 값을 0에서 1 사이의 상대값으로 전환시키는 방법에 관하여 논의한다. 원자료의 값은 지표별로 천차만별의 단위를 지니기 때문에 이들을 일관된 척도를 지니는 상대값으로 전환시켜야 한다. 예를 들어 3차원 경제성과의 프레임에 속해 있는 GDP의 단위는 US $로 되어 있으며, GDP 성장률은 % 단위로 되어 있다. 미국의 경우 GDP는 14264.6 billion $이며, GDP 성장률은 1.1%였다. 이들은 최종적으로 동일한 비중으로 미래준비지수의 값으로 합산되어야 한다. 단위가 다른 지표들을 동일한 비중으로 합산하기 위하여는 상대적인 척도로 전환하여야 한다.

원자료의 값을 상대값으로 전환하는데에는 국가별 순위가 중요한 역할을 한다. 상대값은 최저 점수 0에서 최고 점수 1의 값을 지닌다. 그렇다면 원자료의 값에서 가장 높은 점수를 지니는 국가의 상대값이 1이 되어야 하고, 가장 낮은 원자료의 값을 지니는 국가의 상대값이 0이 되어야 한다. 아울러 원자료의 평균값은 상대값에 있어서 0.5의 값을 지녀야 할 것이다. 이러한 대응이 바로 원자료의 값을 상대값으로 전환시키는데 있어서 기준점을 제공한다. 이를 정리하면 다음과 같다.

1) 원자료의 최대값 Max(x) ⇒ 상대값 1점
2) 원자료의 평균값 Avg(x) ⇒ 상대값 0.5점
3) 원자료의 최소값 Min(x) ⇒ 상대값 0점

이러한 기준점을 만족시키면서 원자료의 값을 상대값으로 전환시키는 공식은 <표 7>과 같다.

<표 7>의 상대값 산출식은 모든 원자료의 값을 간편하게 0에서 1 사이의 상대값으로 전환하여 준다. 이 산출식은 엑셀에서 쉽게 구현할 수 있도록 설정하였다. IMD 국가경쟁력지수에서는 지수의 상대값을 도출하기 위하여 분산 통계량을 고려하기도 한다. 그러나 이는 엑셀에서 처리하기 번거롭다는 단점과 함께 직관적으로 이해하기 어렵다는 약점을 지닌다. 또한 저탄소녹색성장 종합평가지수를 도출할 때에 사용하였던 바와 같이 5점 척도 또는 7점 척도를 설정하고 원자료 값의 범위를 적당하게 구획하여 1점에서 5점까지 또는 1점에서 7점 까지의 값을 부여하는 방법도 있다. 하지만, 이러한 방법은 많은 시간과 노력이 소요될 뿐만 아니라, 원자료 값의 범위를 구획하는데에 자의적인 판단이 개입된다는 약점도 있다. 따라서 본 연구에서는 <표 7>에서 제시한 산출식에 근거하여 자동으로 상대값을 도출하였다.

상대값을 도출할 때에 역수를 취할 것인가를 고려하는 것이 매우 중요하다. 어떤 지표의 값은 높은 값을 지니는 국가가 오히려 미래준비에 있어서

〈표 7〉 상대값 산출식

$$\text{IF}\,(x < \text{Avg}(x)) \begin{cases} \text{Then} & \dfrac{x - \text{Min}(x)}{\text{Avg}(x) - \text{Min}(x)} \times 0.5 \\ \text{Else} & 0.5 + \left(1 - \dfrac{\text{Max}(x) - x}{\text{Max}(x) - \text{Avg}(x)}\right) \times 0.5 \end{cases}$$

낮은 수준으로 평가되는 경우가 있기 때문이다. “문맹률(illiteracy)”과 같은 지표가 전형적인 예이다. 문맹률이 높은 국가는 미래준비 수준이 오히려 낮은 것으로 평가되어야 한다. 이와 같은 지표의 상대값은 역수를 취하여야 한다. 여기에서 역수란 1에서 상대값을 뺀 값을 의미한다. 이렇게 하여 낮은 값이 높은 평가를 의미하고, 높은 값이 낮은 평가를 의미하는 상대값으로 전환된다.

각 프레임의 지표에 대한 상대값을 도출한 다음에는 <표 6>에 표시되어 있는 가중치를 곱해 주었다. 이때에 가중치는 두 가지 필요에 의해서 부여되었다. 첫째는 8점으로 배분된 프레임의 값을 산출하기 위해서이다. 각 하위 프레임별로 8점이 배분되었기 때문에, 만약 해당 프레임에 8개의 지표가 존재한다면 각각 1점의 가중치를 주어 각 지표의 값을 합산하여 프레임의 값을 도출할 수 있다. 만약 해당 프레임에 4개의 지표가 선정되어 있다면, 각각 2점의 가중치를 주어 8점의 최대값 상한선을 맞출 수 있다.

두 번째는 지표에 따른 상대적인 중요성을 반영하기 위해서이다. 예를 들어 한 프레임에 6개의 지표가 선정되어 있다면, 6개 중에서 상대적으로 중요한 지표로 간주되는 지표들에 2의 가중치를 부여하였다.

각 지표들에 대해서 역수와 가중치가 반영된 상대값이 도출된 다음에는 이들 지표들을 하위 프레임별로 합산하여 주는 과정을 거친다. 이러한 과정을 거쳐서 종합적인 미래준비지수가 계산된다. 다만, 아직까지 4차원 지수인 미래지향적 리더에 관한 지표는 존재하지 않기 때문에 여기에서는 1차원, 2차원, 3차원 지수에 대한 상대값만을 계산하였다. 따라서 산출한 미래준비지수의 총점은 96점이다. 즉, 모든 지표에서 1등을 하는 국가가 존재한다면, 그 국가가 받는 총점은 96점이 된다.

Ⅱ. 미래준비지수의 산출 결과

1. 미래준비지수의 평가 기준

미래준비지수의 산출 결과를 살펴보기 전에, 산출될 미래준비지수를 어떠한 관점에서 평가해야 할 것인지를 먼저 검토하고자 한다. <표 8>과 같은 세

〈표 8〉 미래준비지수의 평가 기준

실현성	미래준비지수라는 개념이 가능한 것인가?
타당성	미래준비지수의 값이 그럴 듯 한가?
차별성	미래준비지수의 값이 다른 지수와 차별화되는가?

가지 평가 기준이 여기에 적용될 수 있다. <표 8>의 세 가지 평가기준이 서로 독립적이고 포괄적인(MECE: Mutually Exclusive and Collective Exhaustive) 기준이라고는 할 수 없지만, 본 연구의 결과를 평가하는데는 적절한 기준이라고 생각된다.

첫 번째 평가기준은 '실현성'이다. 과연 미래준비지수라는 개념이 가능한 것인가?라는 질문이 여기에 해당된다. 미래준비지수라는 개념이 너무나 복잡하고 모호하기 때문에 숫자로 구현하기 어려운 것 아닌가라는 회의론이 여기에 포함된다. 이러한 평가기준은 최소한의 평가기준이라고 할 수 있다. 일단 미래준비지수가 제대로 된 숫자를 산출하기만 하면, '실현성'의 평가기준을 통과하기 때문이다.

그렇다고 해서 실현성의 평가기준이 무의미한 것은 아니다. 어찌 되었든 간에 현실적인 개념으로 구현할 수 있다면, 미래준비지수라는 개념은 추후 보다 세련된 개념으로 또는 보다 정확한 지수로 개선될 여지가 있기 때문이다. 장황하게 미래준비지수를 개념화시켜 놓고 난 다음에, 미래준비지수에 해당되는 숫자가 도출되지 않는다면, 더 이상 이러한 개념을 발전시킬 여지가 없다. 이러한 점에서 '실현성'이라는 평가기준은 최소한의 평가기준이지만, 또한 동시에 미래의 발전가능성을 가늠하게 하는 평가기준인 셈이다. 인공지능 프로그램의 첫 번째 평가기준은 "과연 컴퓨터에서 돌아가느냐"하는 실현성이었다. 지능적 행위를 보여줄 수 있는 인공지능 프로그램만이 논의할 만한 가치가 있기 때문이다. 이와 마찬가지로 미래준비지수는 일단 계량화된 지수를 산출할 수 있어야 한다.

두 번째 평가 기준은 '타당성'의 기준이다. 일단 미래준비지수의 '현실성'이 확인되고 나면, 즉 미래준비지수가 구체적인 숫자를 산출하고 나면, 그렇게 산출된 숫자가 과연 타당한가라는 질문을 충족시켜야 한다. 예를 들어 미래준비지수를 도출한 결과 특정 국가가 1위를 했다고 했을 때, 고개가 끄덕여 지는가 아니면 의구심이 드는가 하는 것이 '타당성'의 평가 기준이다.

미래준비지수가 이러한 타당성의 평가기준을 충족시킨다면, 미래준비지수의 발전가능성은 상당히 높다고 할 수 있다. '타당성'의 평가기준은 미래준비지수의 프레임이 잘못되지 않았다는 점을 제시해 주기도 한다. 물론, 타당성의 평가기준을 충족시킨다고 해서, 미래준비지수의 프레임이 완전하다고 인정할 수는 없다. 향후 추가적인 보완과 수정을 통해서 미래준비지수의 프레임을 지속적으로 개선시킬 수 있을 것이다.

세 번째 평가 기준은 '차별성'의 기준이다. '차별성'의 기준은 세 가지 평가 기준 중에서 가장 가혹한 기준이라고 할 수 있다. 이는 미래준비지수의 결과가 아무리 타당하게 나온다고 하더라도, 그것이 다른 사회 지수와는 다른 결과가 나와야 한다는 점을 의미한다. 만약 다른 사회 지수의 평가결과와 미래준비지수의 평가결과가 동일한 것으로 나타난다면, 단적으로 말해서 굳이 많은 노력을 기울여서 미래준비지수를 도출할 필요가 없기 때문이다.

본 연구에 있어서 차별성의 평가기준은 특히 가혹한 평가기준이다. 본 연구에서 미래준비지수는 IMD의 국가경쟁력 지표를 활용하였기 때문이다. IMD의 지표를 활용하여 산출한 미래준비지수가 IMD의 국가경쟁력지수와 상이한 결과를 도출할 수 있어야 한다는 것이기 때문이다. 다양한 국가사회지수들이 상이한 결과를 가져오는 중요한 이유는 서로 다른 지표들을 사용하기 때문이다. 물론, 미래준비지수에서 사용한 지표와 IMD 국가경쟁력지수에서 사용한 지표는 다르다고 할 수 있다. 후자는 330여개의 지표들을 모두 사용했다면, 전자는 그 중에서 76개의 지표만을 사용했기 때문이다. 하지만, 그렇다고 하더라도, IMD의 지표들만을 사용하여 IMD의 국가경쟁력지수와 차별화되는 결과를 도출해야 한다는 것은 상당히 엄격한 평가기준이라고 할 수 있다.

다른 한편으로 '타당성'의 평가기준과 '차별성'의 평가기준은 상호 이율배반적인 기준이라고도 할 수 있다. 단적으로 말해서 '타당성'의 평가기준은 기존의 평가 결과와 비슷한 결과야 나와야 한다는 점을 요구하는데 반하여, '차별성'의 평가기준은 기존의 평가 결과와 다르게 나와야 한다는 점을 요구하기 때문이다. 따라서 타당성을 만족시키는 만큼 차별성 떨어질 수 있으며, 거꾸로 차별성을 만족시키는 만큼 타당성이 떨어질 수도 있다.

종종 평가에 있어서 '놀라움의 가치(surprising value)'를 말하곤 한다. 기대하지 못했던 놀라움이 있어야 높은 평가를 받을 수 있다는 것이다. 이는 '차별성'에 해당된다. 하지만 놀라움이 지나치면, 거부감으로 이어진다. 기대하지 못했던 놀라운 결과가 도출되는 경우, 그러한 결과는 타당하지 못하다는 평가를 받기 쉽다.

물론 타당성과 차별성이 전적으로 상호 모순되는 평가기준인 것은 아니다. 상대적인 관점에서 타당성도 높고 차별성도 있는 결과가 나올 수도 있다. 하지만 근원적으로 차별성과 타당성을 모두 완전하게 충족시킬 수는 없다는 점에 유의할 필요가 있다. 본 연구에서의 관건은 <표 8>의 평가기준을 어느 정도 충족시키는 미래준비지수가 산출될 때, 그러한 미래준비지수는 향후 개선/발전될 가능성이 높다는 것이다.

2. 미래준비지수의 산출 결과

미래준비 활동의 흐름에 따른 SAVE 프레임과 미래준비 활동의 영역에 따른 HERE 프레임에 해당되는 지표들의 상대값을 계산하고 이들을 합산하면 종합적인 미래준비지수가 도출된다. <표 9>는 이렇게 도출된 미래준비지수의 산출 결과이다. <표 9>에는 1차원 지표, 2차원 지표, 3차원 지표의 중간 결과가 함께 표시되어 있다.

<표 9>는 앞서 제시한 평가기준 중에서 미래준비지수의 개념이 "실현성"의 평가기준을 통과하였다는 점을 보여주고 있다. 미래준비지수의 개념은 상당히 구체적인 값을 각 부문별로 - 하위 프레임인 미래 탐색, 미래 대비활동, 미래 성과 - 산출하고 있으며, 또한 이들을 합산한 미래준비지수를 구체적으로 제시할 수 있음을 보여주고 있다.

두 번째 평가기준인 "타당성"의 기준은 미래준비지수가 그럴듯한가에 관한 질문이다. 이를 살펴보기 위하여 미래준비지수의 최종 산출 결과를 살펴보기로 하자. 미래준비지수의 계산 결과 덴마크가 총점 65.6을 얻어 1위를 차지하였으며, 우리나라는 총점 47.38을 차지하여 23위를 차지하였다.

먼저 상위에 랭크된 국가들을 살펴보면, 덴마크, 핀란드, 스웨덴, 캐나다, 스위스 등 북유럽 국가들이 높은 미래준비도를 보이고 있다. 이는 미래지향적인 노력을 경주하는 북유럽국가들의 미래준비도에 대한 타당한 평가라고 생각된다. 또한 2009년도 IMD의 스트레스 테스트에서도 덴마크가 1위를 차지한 것을 고려한다면, 미래준비지수에 있어서 덴마크가 1위를 차지한 것은 지극히 타당한 결과라고 할 수 있다.

우리나라의 경우, 미래준비지수는 47.38 점을 얻어서 23위를 차지하였다. 이 역시 타당한 수치라고 생각된다. 이러한 결과가 타당한 것으로 평가되는 데에는 두 가지 이유가 있다. 첫째, 2009년도 IMD 국가경쟁력지수에 있어서 우리나라는 27위를 차지하였다. 국가경쟁력지수 27위와 미래준비지수 23위는 어느 정도의 차이는 있으나 한국이 중상위에 랭크되어 있다는 점에서 설득력이 있는 결과라고 해석된다.

둘째, 2010년도 IMD 국가경쟁력지수에 있어서 우리나라는 23위를 차지하였다. 1년만에 국가경쟁력지수는 27위에서 23위로 4계단 올라간 것이다. 그런데 놀라운 점은 2009년도 IMD 지표를 사용하여 산출한 미래준비지수의 순위가 2010년도 국가경쟁력지수의 순위와 동일하다는 것이다. 이는 기대하지 않았지만, 놀라운 결과이다. 본 연구의 미래준비지수 산출작업은 2010년 3월부터 5월에 걸쳐서 집중적으로 이루어졌으며, 본 연구를 수행하는데에는 2009년도 IMD 보고서만 활용되어졌다. 그런데 이렇게 작업한 미래준비지수의 결과가 2010년 5월 중순에 발표된 IMD 국가경쟁력지수와 동일한 수치를 보여주고 있는 것이었다. 이러한 결과가 우연히 발생되었을 수도 있지만, 미래준비지수가 타당하다는 점을 보여주는 것으로 생각되기도 한다. 미래준비지수는 결국 미래의 경쟁력을 예고하여 주는 것이기 때문이다.

또한 미래준비지수에 있어서 하위에 랭크된 국가들을 보면, 그리스, 멕시코, 베네주엘라, 아르헨티나, 크로아티아, 루마니아 등이다. 이들 국가들의 대부분은 2010년도에 들어서도 여전히 경제적인 어려움을 겪고 있다. 특히 그리스는 국가부도의 사태로 까지 내몰릴 정도의 위험을 겪은 바 있다.

<표 9>에서 제시된 미래준비지수의 결과는 미래준비지수의 개념이 대체로 긍정적으로 평가될 수 있다는 점을 보여준다. <표 8>에서 제시되었던 “실현성”의 평가기준을 만족시킬 뿐만 아니라, 어느 정도 “타당성”의 기준도 만족시키는 것으로 평가된다.

〈표 9〉 미래준비지수의 적용 결과

순위	국 가	1차원 지표 – 미래정보 / 탐색				2차원 지표 – 미래투자 / 활동				3차원 지표 – 성과				최종 합산 점수
		자원	인력	경제	환경	자원	인력	경제	환경	자원	인력	경제	환경	
1	DENMARK	5.202	6.817	7.144	6.054	3.660	5.912	6.000	3.714	4.806	7.415	4.192	4.695	65.611
2	FINLAND	4.710	6.232	6.475	6.479	4.276	6.074	6.612	4.178	5.103	5.670	3.989	5.318	65.115
3	SWEDEN	5.754	6.095	5.924	6.320	4.940	5.655	6.184	4.501	4.878	6.423	3.690	4.699	65.063
4	CANADA	5.281	6.674	5.722	5.939	4.526	5.577	5.567	4.394	5.210	5.423	3.743	5.603	63.659
5	SWITZERLAND	5.028	5.915	5.656	5.773	3.810	7.073	6.363	4.734	3.912	5.412	4.558	5.146	63.380
6	SINGAPORE	4.874	5.277	6.408	6.211	2.950	6.849	5.907	4.099	3.467	6.792	4.026	4.521	61.382
7	AUSTRALIA	4.774	5.524	6.089	6.509	3.722	5.622	4.485	4.065	3.572	6.072	4.594	5.026	60.054
8	USA	6.223	5.740	4.590	4.671	3.378	6.161	6.624	6.786	3.254	4.279	3.754	4.223	59.683
9	NETHERLANDS	5.707	5.514	5.497	5.846	3.477	5.298	5.910	4.591	3.232	6.323	4.370	3.772	59.539
10	NORWAY	4.840	5.899	5.434	6.031	2.815	4.656	5.104	2.871	5.060	5.202	4.374	6.069	58.356
11	GERMANY	5.755	4.400	4.983	4.957	5.015	5.309	5.522	5.543	3.334	3.992	4.960	4.534	58.306
12	IRELAND	4.181	5.587	5.734	5.713	2.279	6.923	4.825	3.328	3.677	6.310	2.553	4.590	55.700
13	AUSTRIA	4.422	5.084	5.181	4.634	3.592	5.477	5.436	3.406	4.129	4.751	4.280	4.913	55.306
14	ISRAEL	4.520	6.016	5.239	3.886	3.534	5.793	6.337	3.527	2.346	5.619	4.309	3.530	54.655
15	JAPAN	5.023	5.070	4.197	3.166	5.966	4.492	4.929	6.109	2.303	5.422	3.803	3.788	54.268
16	HONG KONG	4.990	3.604	6.354	5.639	1.468	6.337	5.212	2.757	3.538	6.341	3.602	3.490	53.332
17	NEW ZEALAND	3.657	5.734	5.939	6.146	1.759	3.744	3.657	2.464	4.458	4.890	3.337	5.705	51.491
18	UNITED KINGDOM	5.724	5.448	4.137	4.977	4.348	4.547	4.245	3.991	2.518	3.980	3.138	3.827	50.879
19	BELGIUM	4.363	5.926	5.027	4.263	3.115	4.964	5.062	3.364	2.769	3.980	3.807	3.726	50.364
20	TAIWAN	4.695	4.598	4.310	3.528	4.441	4.719	4.976	4.416	2.810	4.661	3.378	3.746	50.278
21	FRANCE	5.096	5.494	4.225	4.130	4.611	4.905	4.343	3.957	3.842	1.366	3.940	4.286	50.194
22	LUXEMBOURG	3.925	5.125	4.595	4.632	3.110	3.651	5.372	2.551	3.874	4.135	3.636	4.132	48.739
23	KOREA	4.51	4.42	3.15	2.86	4.76	2.58	3.88	5.06	3.15	5.76	3.71	3.55	47.387
24	MALAYSIA	2.898	3.721	4.915	3.580	0.665	5.408	5.096	2.983	4.171	5.449	3.853	4.442	47.181
25	QATAR	2.916	3.329	5.461	4.168	0.236	4.556	4.223	2.504	3.580	5.077	4.908	4.043	45.000
26	CHILE	2.805	2.628	5.131	4.735	0.554	5.723	3.488	1.699	4.361	4.962	3.718	4.275	44.080
27	CHINA MAINLAND	2.462	2.032	2.845	4.373	4.456	3.366	2.772	3.552	4.857	4.517	4.890	2.516	42.637
28	INDIA	1.923	1.972	4.076	3.468	0.483	5.656	4.581	3.374	3.367	5.708	4.698	2.766	42.073
29	PORTUGAL	4.218	4.311	4.451	4.307	1.679	3.846	4.266	2.096	3.262	3.090	2.397	3.713	41.635
30	BRAZIL	2.390	1.894	3.346	4.236	2.684	3.342	2.910	2.225	4.776	4.776	4.483	3.652	40.715
31	CZECH REPUBLIC	3.624	3.577	4.131	3.601	2.528	3.679	3.144	1.899	3.923	2.898	3.436	3.915	40.356
32	LITHUANIA	3.031	4.397	3.633	4.215	0.919	3.889	3.676	1.857	3.974	3.695	3.061	3.356	39.702
33	THAILAND	1.812	2.801	4.178	4.498	0.375	4.602	3.202	1.490	4.044	4.932	3.203	4.078	39.215
34	ESTONIA	3.741	4.522	4.787	3.660	1.427	1.872	2.965	1.561	4.626	4.376	1.818	3.800	39.155
35	TURKEY	2.296	1.986	5.248	2.562	0.828	5.376	2.626	2.376	3.457	5.671	3.281	3.292	39.000
36	SLOVENIA	3.506	4.421	3.953	3.532	2.236	2.596	2.998	1.182	3.678	2.754	3.860	4.130	38.846

37	RUSSIA	3.145	3.389	1.964	2.714	4.262	4.463	1.627	2.874	4.942	3.134	3.045	3.099	38.659
38	KAZAKHSTAN	1.161	3.125	3.573	4.147	0.387	4.215	3.084	1.484	4.824	5.527	3.215	3.379	38.120
39	SPAIN	4.247	3.729	2.665	3.792	3.376	2.849	2.935	2.371	3.284	1.882	2.692	4.062	37.884
40	ITALY	5.102	3.494	3.430	2.942	3.301	3.082	2.026	2.429	2.595	2.910	3.544	2.828	37.684
41	SLOVAK REPUBLIC	2.946	2.806	4.374	3.674	0.739	2.951	2.852	0.690	3.582	4.075	3.693	3.526	35.907
42	PHILIPPINES	1.213	2.450	2.687	3.839	0.104	5.498	2.425	1.476	3.236	4.605	3.164	2.943	33.642
43	HUNGARY	3.040	3.958	4.314	3.561	1.314	3.761	2.474	1.376	3.334	1.159	2.189	3.155	33.633
44	POLAND	2.982	3.932	2.494	2.849	0.958	3.004	2.295	1.918	3.138	3.142	3.595	2.921	33.227
45	JORDAN	1.316	2.562	3.863	2.882	2.039	3.479	3.791	1.306	1.981	3.189	3.601	2.786	32.797
46	PERU	1.635	3.731	2.894	3.411	0.037	2.597	1.770	1.400	4.033	3.716	3.770	3.657	32.651
47	SOUTH AFRICA	1.327	2.357	4.300	2.136	0.978	0.914	4.165	1.482	3.415	4.476	3.355	3.343	32.249
48	BULGARIA	2.990	2.550	3.075	3.184	0.577	2.527	3.131	0.938	3.630	3.392	3.298	2.305	31.597
49	COLOMBIA	1.593	2.047	3.148	3.367	0.095	3.365	3.137	1.724	3.769	3.262	2.957	3.102	31.566
50	GREECE	3.173	2.240	2.496	3.154	1.091	3.320	2.706	1.032	2.645	2.042	3.166	3.520	30.585
51	MEXICO	2.183	3.511	2.632	2.792	1.186	2.767	1.752	0.962	3.731	2.650	2.876	2.822	29.864
52	INDONESIA	1.002	0.913	3.126	3.316	0.000	2.801	1.919	0.701	3.968	3.876	3.733	3.581	28.936
53	UKRAINE	1.989	2.858	2.108	2.038	2.221	1.814	1.587	1.474	3.782	3.875	2.162	2.001	27.908
54	ARGENTINA	2.209	2.567	1.500	2.731	0.689	2.980	1.648	0.918	3.625	2.031	2.967	3.238	27.103
55	CROATIA	2.709	3.172	2.094	3.078	0.849	1.281	2.265	0.684	3.210	1.539	2.722	3.488	27.090
56	ROMANIA	2.123	1.944	2.205	2.722	0.753	2.052	1.685	0.944	4.056	0.496	3.675	2.430	25.085
57	VENEZUELA	1.593	2.537	1.796	1.838	0.059	0.624	2.156	0.457	3.727	2.840	2.506	3.674	23.809

3. 미래준비지수의 차별성

미래준비지수에 관한 최종적인 평가기준은 "차별성"이다. 아무리 실현가능하고 타당한 지수라고 할지라도, 여타의 사회지수와 차별화되지 않는다면 큰 의미를 부여하기 어렵기 때문이다. 과연 미래준비지수는 다른 지수 특히 IMD 국가경쟁력지수와 차별화되는가? 미래준비지수는 다른 지수들에서는 발견할 수 없는 국가사회의 속성이나 잠재력을 지적하여 주는가?

미래준비지수의 차별성을 평가하기 위한 직접적인 방법은 미래준비지수와 국가경쟁력지수를 비교하는 것이다. [그림 13]은 미래준비지수와 국가경쟁력지수를 직접적으로 비교하고 있다. [그림 13]의 세로축은 미래준비지수의 순위를 의미하며, 가로축은 IMD 국가경쟁력지수를 의미한다.

[그림 13]의 기준선은 우상향의 대각선이다. [그림 13]에서 우상향의 대각선은 미래준비지수의 순위와 IMD 국가경쟁력지수의 순위가 동일한 경우의 조합을 의미한다. 대각선의 상단에 위치하는 국가는 국가경쟁력지수 순위보

[그림 13] 미래준비지수와 국가경쟁력지수의 비교

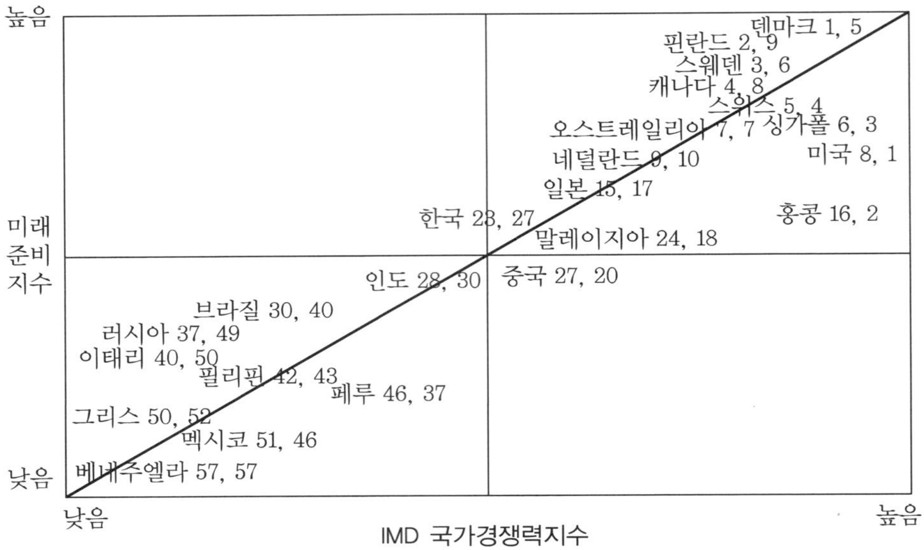

다 미래준비지수 순위가 높은 국가를 의미한다. 반대로 대각선의 하단에 위치하는 국가는 미래준비지수 순위보다 국가경쟁력지수 순위가 높은 국가를 의미한다.

또한 [그림 13]에서 국가 이름 옆에는 두 가지 숫자가 표시되어 있다. 첫 번째로 표시한 숫자는 미래준비지수의 순위를 의미하며, 두 번째로 표시한 숫자는 국가경쟁력지수의 순위를 의미한다. 이들을 비교하여 봄으로써 미래준비지수와 국가경쟁력지수의 차이를 엿볼 수 있다.

[그림 13]은 전반적으로 미래준비지수와 국가경쟁력지수가 비례적인 경향을 보인다는 점을 알 수 있다. 대체로 모든 국가들이 우상향 대각선을 중심으로 하여 그다지 멀리 떨어져 있지 않기 때문이다. 이처럼 미래준비지수와 국가경쟁력지수가 대체로 비례적인 경향을 보이는 것은 본 연구에서 IMD의 지표를 사용하여 미래준비지수를 도출하였기 때문인 것으로 생각할 수 있다. 그러나 무엇보다도 국가경재력지수가 높은 국가들이 미래준비지수도 높을 것이라고 생각할 수 있다. 국가경쟁력은 매우 높은데, 미래준비도는 매우 낮은 극단적인 경우는 상상하기 어렵기 때문이다. 이러한 점에서 [그림 13]에 있어

서 우상향 대각선을 중심으로 하여 국가들이 분포되어 있는 것은 자연스러운 현상이라고 생각된다.

하지만 [그림 13]은 미래준비지수와 국가경쟁력지수의 차별성을 보여주기도 한다. [그림 13]에서 국가경쟁력지수와 미래준비지수가 가장 많은 차이점을 보이는 대표적인 국가는 홍콩이다. 이는 홍콩의 경우 미래준비지수에 포함된 지표들 중에서 상당수의 지표들이 누락되어 있기 때문에 낮은 점수를 받았기 때문이라고 생각할 수도 있다(해당 지표가 없는 경우에는 0점으로 처리하였다). 예를 들어 홍콩의 경우 식수에 대한 접근성에 관한 데이터가 누락되어 있어서 불리한 평가를 받았다.

하지만, 데이터의 누락은 해당 지표에 대한 낮은 관심도를 반영하는 것이라는 점을 감안할 필요가 있다. 이를 감안한다면, 홍콩이 미래준비지수에서 낮은 점수를 받았다는 점은 홍콩의 미래에 대해서 의미심장한 경고를 던지는 것이라고 할 수 있다. 즉, 홍콩의 경우 현재 또는 과거의 국가경쟁력은 세계 2위로 대단히 높은 경쟁력을 보여주어 왔지만, 미래준비도는 16위라는 상대적으로 낮은 순위를 보여주고 있다는 점이다. 이는 장래에 있어서 홍콩의 국가경쟁력이 저하될 것이라는 점을 시사하여 주는 것이다.

이와 유사한 차이를 보여주는 국가는 미국이다. 홍콩과 미국 모두 [그림 13]의 우상향 대각선의 하단에 위치하고 있다. 이는 국가경쟁력지수에 비해 미래준비지수가 낮은 순위를 받았다는 점을 의미한다. 홍콩과 마찬가지로 미국 역시 2009년도 국가경쟁력지수는 1위였지만, 미래준비지수는 8위에 그치는 것으로 나타났다. 이러한 차이 역시 홍콩의 경우와 마찬가지로 장래에 있어서 미국의 국가경쟁력이 저하될 것이라는 점을 시사하여 준다. 실제로 2010년도 IMD 국가경쟁력지수에 있어서 미국은 두 계단 내려간 3위에 그쳤다.

[그림 13]에서 우상단을 살펴보자. 덴마크, 핀란드, 스웨덴, 캐나다는 우상향 대각선의 상단에 위치하고 있다. 이는 덴마크, 핀란드, 스웨덴, 캐나다의 경우, 미래준비지수의 순위가 국가경쟁력지수의 순위보다 높다는 것을 의미한다. 극단적으로 비유한다면 미래준비지수는 미래의 국가경쟁력에 비유할 수 있을 것이다. 그렇다면 IMD 국가경쟁력지수는 현재 또는 과거의 국가경쟁력지수를 의미한다고 말할 수 있다. 그렇다면, 덴마크, 핀란드, 스웨덴, 캐

나다의 경우 과거 또는 현재의 국가경쟁력보다 미래의 국가경쟁력이 높을 것이라는 점을 추론할 수 있을 것이다.

[그림 13]의 분석은 전반적으로 미래준비지수가 국가경쟁력지수와 비교하여 "차별성"을 지니고 있음을 보여준다. 특히 IMD 지표를 사용하였음에도 불구하고 국가경쟁력지수와 미래준비지수가 다른 순위를 보인다는 점은 국가경쟁력지수와 다른 지표를 사용하는 경우 더욱 큰 차별성을 가져올 수 있을 것이라는 점을 시사하여 준다. 아울러 IMD의 국가경쟁력지수가 과거 또는 현재에 대한 평가라면, 미래준비지수는 미래에 대한 평가라는 점에서 보다 확연한 차별성을 지니는 것으로 평가된다.

이상에서의 분석은 미래준비지수가 국가사회의 미래준비 수준에 대해서 어느 정도 타당성 있는 평가 결과를 가져올 수 있다는 점을 보여주는 동시에 국가경쟁력 지수와 같은 다른 사회 지수와는 차별화되는 평가 결과를 보여줄 수 있다는 점을 보여준다.

제5절 결 론

본 연구는 3개월이라는 비교적 짧은 기간 동안에 수행되었다. 미래준비지수의 개념을 설정하고, 미래준비지수의 프레임을 모색하고 토론하고 검토하여 확정하는데에 짧은 시간의 대부분이 소모되었다. 이에 따라 미래준비지수의 프레임에 적합한 지표들을 개발하거나 조사하는 작업을 시도해 볼 엄두를 내지 못하였으며, 그보다는 IMD에서 이미 조사하여 발표한 지표들을 대상으로 하여 미래준비지수의 실현가능성, 타당성, 차별성을 검토하였다. 비록 IMD의 지표들을 대상으로 하여 적용하였지만, 미래준비지수는 상당히 설득력이 있으면서도 미래지향적인 평가작업으로 발전할 수 있다는 점을 확인할 수 있었다.

미래준비지수의 발전가능성이 확인된 만큼, 미래준비지수를 보다 합리적인 방향으로 발전시킬 수 있는 방안을 제시함으로써 본 연구를 마무리하고자 한다. 미래준비지수의 발전 방향은 크게 두 가지로 요약된다. 첫째는 미래준비지수의 지표를 보완하는 작업이며, 둘째는 미래준비지수의 적용 대상을 확대하는 작업이다.

Ⅰ. 미래준비지수의 보완

본 연구에서는 국가사회 차원에서 적용될 수 있는 미래준비지수를 개발하고 IMD 지표들을 활용하여 적용하였지만, 아직까지 미래준비지수에 특화된 지표를 개발하고 측정하지는 못하고 있다. 향후 미래준비지수의 프레임에 적합한 지표들을 개발하는데 우선적인 노력을 기울일 필요가 있다. 미래준비지수에 특화된 지표의 개발은 아래와 같은 두 가지 단계로 전개될 수 있다.

첫째, OECD 통계자료와 같은 IMD 지표 이외의 국가사회 지표들을 집중적으로 수집하여 미래준비지수에 적합한 지표들을 광범위하게 탐색하여, 보다 적실성있는 지표들을 선정하는 방법이다.

둘째, 기존의 통계 자료에 의존하기 보다는 미래준비지수의 프레임에 적합한 통계 지표를 새로이 개발하여, 데이터를 축적하는 방법이다.

단기적으로 첫 번째 방법을 사용할 수 있다. 보다 광범위하게 기존의 국가별 통계 데이터를 수집하고 검토한다면, 본 연구에서 산출한 미래준비지수보다 훨씬 정교한 지수를 산출할 수 있을 것이다.

두 번째 방법은 장기적인 관점에서 고려할 필요가 있는 방법이다. 미래준비지수의 프레임 중에서 아직까지 통계 데이터로 축적되지 못하는 개념들이 존재하기 때문이다. 예를 들어 3차원 지표 중 "미래에 관한 인식"이라는 프레임은 미래준비에 있어서 상당히 중요한 요소이면서도 설문을 통하여 용이하게 습득할 수 있지만, 아직까지 국가별로 축적되지 못하고 있다. 장기적으로 이러한 항목들을 적절히 측정할 수 있는 지표들을 개발할 필요가 있다.

물론 새로이 개발해야 하는 지표들은 국내의 연구진들에 의해서만 이루어지기는 어렵다. 이러한 연구는 국제적인 협동 연구를 통하여 전개될 필요가 있다. 새로이 지표를 개발한다고 하더라도, 새로이 개발한 지표를 국가별로 측정하여 데이터를 수집하고 비교하여야 하기 때문이다.

특히 본 연구에서 제시된 4차원 지표인 리더의 미래지향성 지표에 관하여는 향후 정교하게 지표들을 개발할 필요가 있다. 무엇보다도 대통령의 어록을 분석하여 대통령의 어록(연설문, 인터뷰)에서 미래지향적인 용어가 얼마나 자주 사용되는가를 측정할 수 있을 것이다. 또한 대통령의 공약사항 중에서 미래지향적인 정책 공약이 몇 퍼센트를 차지하는지를 측정할 수도 있을 것이다. 또한 신문기사를 검색하여 일국의 대통령에 관한 기사에 있어서 미래지향적 용어들이 얼마나 자주 함께 등장하는지를 측정하여 최고 지도자의 미래지향적 태도에 관한 지표로 삼을 수도 있을 것이다.

이러한 연구는 미래준비지수를 산출하는 데에도 중요하지만, 그 자체만으로도 학문적이면서도 정책적인 관심과 흥미를 유발시킬 수도 있다. 특히 주요국의 연구자들과 공동으로 연구를 수행하는 경우, 각국의 최고지도자들의 미래지향성을 분석하고 비교함으로써 세계 주요국의 미래정책의 향방을 가늠할 수도 있을 것이다.

또한 본 연구에서 수행했던 방식과 같은 IMD 지표를 활용한 미래준비지수의 연구를 IMD 연구진과 공동으로 수행할 필요도 있을 것이다. 이를 통하여 IMD는 국가경쟁력지수를 발표함과 동시에 미래준비지수를 발표할 수 있을 것이다. 이러한 경우 IMD는 현재와 미래의 경쟁력지수를 동시에 발표하는 셈이 될 것이다. IMD와의 공동연구를 통하여 국내의 연구진은 미래준비지수의 개념을 세계적으로 확산시키는데 도움을 받을 수 있을 것이다. 또한 IMD 와의 협의를 통하여 보다 미래지향적인 지표들을 개발하여 측정하는 방안에 대해서도 노력할 필요가 있을 것으로 전망된다.

Ⅱ. 미래준비지수의 대상 확대

본 연구에서 미래준비지수는 국가 단위로 적용되었다. 하지만 미래준비지수가 국가 단위로만 적용되어야 하는 개념인 것은 아니다. 미래준비지수는 국가 단위로도 적용될 수 있지만, 조직 단위로 적용될 수도 있으며, 심지어는 개인이나 가정 단위로 적용될 수도 있다. 미래준비지수의 정책적 시사점을 확장하기 위하여는 공공분야의 정부 기관 및 민간분야의 기업들에 대해서도 각 기관별 조직별 미래준비 수준을 평가할 수 있는 지표를 개발함으로써, 미시적 차원의 미래지향지수를 개발할 필요가 있다.

사실상 미래준비지수라는 개념을 처음으로 생각했을 때에는 이를 조직 단위로 적용해야 할 필요성이 있었기 때문이었다. 우리나라가 선진화/민주화되어 가면서 수많은 종류의 평가들이 우리 사회에 도입되어 왔다. 많은 공공기관들에 대해서 평가가 정기적으로 이루어진다. 정부부처는 물론이고 국책연구기관들에 대한 평가, 심지어는 공기업에 대한 평가가 정기적으로 이루어지고 있다. 민간기업에 대한 평가 역시 다양한 명목으로 수시로 이루어지고 있다. 그러나 대부분의 평가는 과거지향적인 평가이다. 즉, 과거의 실적에 대한 평가이다.

과거에 대한 평가가 중요한 것은 사실이다. 하지만, 현재와 같이 급변하는 시대에 있어서 과거에 대한 평가는 그 자체로 한계지워질 수 밖에 없다. 급격한 환경의 변화로 인하여 과거의 성공이 미래의 성공을 보장하지 못한다. 환경이 180도로 변화했을 때, 과거의 성공은 오히려 과거에 대한 고집으로 인한 실패의 가능성을 증가시킬 위험이 있다. 이러한 현실 속에서 과거지향적인 평가에서 높은 점수를 받은 조직에 많은 자원을 투입한다면, 그러한 투자는 실패로 귀결될 위험이 높다. 급변하는 환경에서 과거지향적인 평가의 만연은 오히려 사회 시스템을 왜곡시킬 위험이 있다.

이러한 위험을 방지하기 위하여는 조직에 대한 평가를 현재와 같은 과거지향적인 평가에서 미래지향적인 평가로 바꾸어야 한다. 미래지향적인 평가로 바꾸는데 미래준비지수가 기여할 수 있을 것으로 생각된다. 각 조직에 대한 미래준비지수를 산출하여 각 조직이 미래를 위하여 얼마나 탐색하고, 얼마나 투자하고, 또 얼마나 미래지향적인 산출을 만들어 내는가를 평가해야 할 것이다.

미래준비지수를 조직의 차원에서 적용할 수 있다면, 우리는 공공기관 및 민간기업에 대해서 지금까지와는 전혀 다른 평가를 수행할 수 있다. 과거에 잘했다는 실적에 의해서가 아니라 앞으로 잘 할 것이라는 준비에 의해서 평가받는 것이다. 이를 통하여 어떠한 정부부처가 미래준비를 가장 잘 하는가를 알 수 있을 것이다. 또한 이를 통하여 어떠한 기업체가 미래준비에 가장 투자를 많이 하는지를 알 수 있을 것이다.

이를 통하여 국가사회 각 부문에 있어서 어떠한 조직이 미래준비를 소홀히 하는지, 그리고 어떠한 조직이 향후 미래를 이끌어갈 것인지를 확인할 수 있을 것이다. 이를 통하여 국가 전체에 있어서 어떠한 분야에서 미래준비가 잘 되어가는지, 어떠한 분야에서 미래준비가 더디게 이루어지는지를 평가할 수 있을 것이다. 이러한 평가는 곧 미래에 어느 분야가 가장 유망한지 그리고 어느 분야가 가장 취약한지에 관한 정보를 제공할 것이다. 이에 기반을 두어 국가미래지도(National Future Map)을 작성할 수 있을 것이며, 이에 근거하여 미래를 향한 정책적 방향성을 설정할 수 있을 것이다. 이를 향한 정책적 학술적 연구를 진행하는데 있어서 본 연구에서 제시한 미래준비지수(FRI: Future Readiness Index)가 지속적으로 기여할 수 있기를 기대한다.

참고문헌

김동환(2004), *시스템 사고*. 선학사.

김성태(2007), *또다른 미래를 향하여 - 국정관리를 위한 미래예측과 미래전략*. 법문사.

미국국가정보위원회(NIC), 유지훈, 김수현 (역)(2008), *Global Trends 2025*. 예문.

박영숙·제롬 글렌·테드 고든(2007), *전략적 사고를 위한 미래예측*. 교보문고.

박영숙·제롬 글렌·테드 고든(2008), *미리가본 2018년 유엔미래보고서*. 교보문고.

송영조 외(2010), *성공적 공공정책 수립을 위한 미래전략연구방법론*. 한국정보화진흥원.

에릭 갈랜드·손민중 (역)(2008), *미래를 읽는 기술*. 한국경제신문

유의선·이민형·구교빈(2009), *저탄소녹색성장 종합평가지수개발*. 과학기술정책연구원.

유의선·이민형(2010), *저탄소녹색성장 종합평가지수를 통한 OECD 국가의 비교*. 과학기술정책연구원.

피터 셍게 외(2006), *미래, 살아있는 시스템*. 지식노마드.

한국정보화진흥원(2008), *국가미래예측 메타분석*. 한국정보화진흥원.

http://www.millennium-project.org/millennium/SOFI.html

IMD, (2009), World Competitiveness Yearbook.

WEF, (2010), Global Information Technology Report, 2009-2010.

PART 3

미래형 인재상

chapter 05

국민지식 미래역량 강화 방안

제 1 절 서 론

지구환경 글로벌 정치·경제·문화적인 환경이 일정한 패턴을 파악할 시간적 여유도 없이 진행되고 있다. 개인이나 기업, 국가 각각의 생존과 번영을 위해 불확실한 미래에 유연한 대응 노력하고 있다. 확실한 대응 중의 하나는 자원, 지식 그리고 역량을 확보하여 불확실한 상황에 유연하게 대응하는 것이다.

이러한 노력을 하는 과정에서 공통적인 어려움은 미래를 정확히 예측하기가 어렵다는 점이다. 예측하기 어려운 미래에 대비하는 과정에서 더욱 중요하고 어려운 문제는 역량의 준비이다. 어떤 역량을 어느 수준까지 확보해야 하며, 개인이 추구하는 역량과 사회에서 확보해야 하는 역량이 무엇인지 정확히 알기 어렵다. 따라서 권력이나 경제적 부, 체력, 사회적 관계 등을 확보하여 중층적으로 미래에 대비하는 노력이 활발하다. 이러한 노력이 개인 삶의 질을 향상시키고 미래에 필요한 역량을 확보하는 결과를 낳는지, 또한 사회 전체의 효율적인 자원배분과 건전한 사회와 미래에 대비한 사회를 만드는데 기여하는지 알 수가 없다. OECD를 중심으로 많은 국가들이 협력하여 다양한 분야의 전문가들이 핵심역량을 정의하고 선택하는 DeSeCo(Definition and Selection of Competencies) 프로젝트를 진행하는 이유이다.

미래에 대한 과학적인 연구와 예측을 하는 이유는 미래를 준비하기 위함이다. 미래를 위해 준비할 중요한 요소 중의 하나가 미래에 필요한 핵심역량을 축적하는 일이다. 미래에 대한 연구와 예측도 진리를 알기 위해 노력했던 인간 활동의 역사와 유사하다. 미래를 예측하는 정확한 방법의 존재 여부나 그 가치, 그리고 그 노력에 대한 평가는 객관적으로 검증된 적이 없다. 따라서 "미래는 예측하는 것이 아니고 창조하는 것이다"는 명제가 의사결정과 연계되어 실질적인 명제가 될 수 있다. 미래를 창조하기 위해서 반드시 필요한 것은 역량의 확보이다.

불확실한 미래가 오기 전에 사전적으로 인간에게 주어진 환경과 그 환경을 이해하고 적응해 나가는 사람들의 능력도 논리적으로 정의될 것인가? 주체가 명확하고 대상도 명확하다는 것을 전제로 진리를 논의하려는 노력은 자연과학 분야에서 실험과 관찰을 통한 객관적 인과관계를 검증하고, 그 검증방법의 발전으로 과학자와 과학기술의 이용자에게 확신을 주었다. 사회과학자들도 과학자들이 사용하는 과학적인 방법을 인간 사회에 대한 연구와 분석에 적용하고자 하였다. 미래역량에 대한 분석과 예측에 과학적인 방법을 사용하기도 어렵지만 제한적으로 적용하더라도 현실 적합성을 담보하기 어렵다. 토머스 쿤(Thomas Kuhn)의 『과학혁명의 구조』에 따르면 자연과학의 지식조차 연구의 대상과 연구 집단의 환경과 특성이 반영된 패러다임(paradigm)에 따라 변화한다. 이와 같은 패러다임 의존성은 과학적인 방법의 주요 요소인 실증주의적 접근방법에 의문을 제기한다. 따라서, 과학적인 접근방법은 진리의 검증이 아니라 이론에 대한 반증 노력에 초점을 두어야 한다는 칼 포퍼(Karl. Popper) 등이 새로운 실증주의적 접근을 제기하였다. 이보다 더 나아가서 진리를 알아가는 과정은 객관적으로 실재하는 지식의 발견이 아니라 연구자들이 지식을 구성(construct)한다는 관점이 제기되기도 하였다.

미래에 필요한 지식과 미래역량을 논의하기 위해서도 미래 환경을 이해하는 일련의 패러다임에 의존하게 될 것이므로, 미래의 인간과 사회에 대한 모습이나 패러다임을 논의할 필요가 있다. 국가단위에서 국민지식과 핵심역량을 논의하기 위해서는 보편적인 미래사회의 모습과 특정 국가 고유의 미래모습과 핵심역량도 함께 제시되어야 한다. 국민지식과 핵심역량 강화를 위해서는 그 대상이 되는 미래의 핵심역량의 개념을 우선 정립하여야 한다.

본 논의에서는 미래의 국민지식과 핵심역량을 정의하기 위하여 기존의 핵심역량과 그 역량의 변화에 대한 다양한 관점을 살펴보고, 예측되는 미래사회의 변화에 필요한 국민지식과 미래 핵심역량을 정의하고 그에 필요한 지식을 제시하고자 한다.

제 2 절 미래사회와 인간

역량은 시대와 상황에 따라 다양하게 정의되어 왔으나 결국 사회적 성취와 지위를 나타내는 부, 권력, 명예로 나타나는 정치경제적 맥락에서 정의된다. 또한 부, 권력, 명예에 대한 태도를 결정하는 국가사회의 제도는 다양한 지식과 역량을 축적하는 인센티브제도로 작용한다. 글로벌화가 진행될수록 특정 국가에서 필요한 지식과 역량은 글로벌 사회에서 필요한 지식과 역량의 차이가 적지만 특정 분야에서는 국가특정적인(country-specific) 지식과 역량이 여전히 유효하다. 특정국가의 역사와 윤리 등은 세계성과 함께 집단 고유의 특성을 반영하므로 특수성을 갖는다.

사회질서를 유지하기 위한 윤리, 도덕, 종교에 대한 지식을 중요시하는 사회에서의 권력과 명예는 종교적이고 도덕적인 개념과 이념이 중요하다. 핵심역량도 이념적이고 종교적인 개념에 대한 이해와 동화와 관계가 크고, 종교적 경향과 정치 사회 이념에 대한 추종과 해석능력이 중요하다. 중세까지의 유럽국가와 조선을 포함한 근대 이전의 동양의 국가들이 이러한 이념과 도덕률에 대한 지식을 중요하게 여기고 그러한 체계에 대한 추종이 핵심역량이었다. 이러한 사회의 특징은 사회적 이동성이 매우 제한적이다. 전쟁이나 자연재난과 같은 큰 외부충격이 없는 한 경제적 부, 사회적 명예, 정치적 권력에 대한 분배 규칙을 설정하는 과정에서는 일부 집단의 경쟁으로 제한된다. 사회적 계급이 존재하는 경우 특정 계급간의 경쟁 결과에 따라 권력과 부의 분배 기제가 결정되며, 계층간 분배 방식 변화는 거의 이루어지 지지 않는다. 지배계급과 피지배계급으로 구성된 사회에서 지배층간 경쟁의 결과는 지배계급사이의 권력과 부의 배분을 의미할 뿐이다. 자연재해나 전쟁 등 극단적인 외부충격이나 생존 지향적인 내부 변화가 아니면 기본적인 사회구조가 유연하게 변화하지 않는다.

이러한 사회의 일반적인 특징은 생산적인 활동보다는 생산활동의 결과물에 대한 분배질서를 중시한다. 이러한 사회에서 국민지식도 양분화되어 생존지향적인 일상지식과 체제유지를 위한 이념적 지식이 지속된다. 21세기에도 종교와 정치가 일치하는 국가나 극단적인 이념지향적인 국가들에서 이러한 현상을 발견할 수 있다. 국민의 지식은 국가체제 특수한 내용을 중심으로 습득되며, 개인과 조직의 핵심역량도 국가 체계에 순응하는 방법과 밀접하다. 따라서 글로벌 사회에서 최적 적응을 하기 위한 국민지식은 축적되지 않고, 글로벌 경쟁을 하기 위한 개인과 기업의 역량도 매우 제한적으로 개발되어 경쟁력이 낮다

이념이나 종교가 지배하는 사회는 과학과 산업 그리고 국민의 욕구를 반영하는 사회에 비하여 국민의 지식이나 역량 측면에서 뒤떨어지기 쉽다. 특히, 르네상스 이후 과학 발전과 산업혁명이 전파되어 경제적 부의 창출능력을 갖춘 사회가 거대한 생산력을 지역적으로 확장하기 시작하였다. 새로운 사고방식과 경제적 재화를 생산하기보다는 과거의 사고방식을 답습하고 경제적 분배에만 집중하는 사회는 경쟁에서 낙오하였다. 이후 정치적 독립과 더불어 경제적 부를 창출하고 축적하는 경제발전이 현대국가의 중요한 목표가 되었다. 이에 따라 국민의 지식도 정치적 독립과 국가체제정비에 필요한 지식과 경제발전을 위한 지식의 활용이 중요한 생활수단이 되었다.

국민들은 산업의 각 영역에서 활용할 기술과 기능을 통하여 경제활동과 사회적 지위를 획득하였다. 본격적인 경제발전 초기에는 자본과 고급인력이 부족하여 상업 활동을 통한 자본축적과 외국기술을 활용한 생산활동에 초점이 맞추어졌다. 국가적으로는 수출가능성이 높은 분야에 대한 적극적인 지원으로 자본축적을 통하여 본격적인 생산활동을 하는 산업자본화도 이루어졌다.

자본을 형성하여 노동력과 결합하는 투입중심의 산업화 전략만으로는 지속적인 성장을 하기 어렵다. 우리나라도 투입중심의 경제성장의 한계를 경험하고 경제구조와 사회구조를 변화하는 계기로 삼았다. 사회경제구조의 개혁과 인적자본이나 과학기술의 중요성을 강조하는 이론이 등장하였다. 우리나라는 국민 각자의 역량개발에 관심과 투자에 비하여 조직차원의 역량에 조직적인 관심과 전략은 상대적으로 미흡하였다. 대학입시를 위한 교육과 학습이

강조되는 것에 비하여 역량에 대한 관심과 정책이 적었다. 정보화와 글로벌 경쟁에 따라 과거에 비하여 지식정보 사회에서 필요한 미래 역량의 중요성이 강조되기 시작하였다. 기업의 인사부서가 인적자원과 인재관리 부서로 바뀌고, 정부의 부처명도 문교부, 교육부에서 나아가 교육인적자원부 등으로 변화하면서 인적자원과 역량에 대한 체계적인 전략이 시도되었다.

세계적으로도 대부분 국민과 정부의 교육에 대한 관심과 투자의 강조는 역량의 중요성을 나타낸다. 교육과 훈련으로 축적되고 발휘되는 역량은 개인과 국가의 목적을 달성하는 가장 중요한 수단이기 때문이다. 한 국가의 생활수준을 나타내는 국민소득은 생산성에 의해 결정되며, 생산성은 기계나 설비와 같은 자본투자와 더불어 사람들의 지식과 역량에 따라 결정된다. 경제학의 시조로 불리는 애덤 스미스(Adam Smith)는 노동 분업과 전문화의 논리를 제공하였다. 노동의 분화는 지식과 기능 그리고 기본적인 역량을 갖춘 노동력의 존재를 전제로 한다. 분화된 각 활동에 개인들의 기능이나 역량의 차이는 전체의 생산성에 영향을 미치므로 노동자들이 골고루 기능을 갖추도록 하여야 한다. 생산활동 전반을 책임지는 사람이나 기업은 기능수준이 떨어지는 노동자에 대한 교육이나 훈련을 하는 것이 기업 전체적으로 매우 중요하고 경제적인 일이 되는 것이다. 현대 기업과 국가에서 중시되는 인적자원의 개념이 이미 노동 분업개념에 내포되어 있는 것이다.

자본이 축적되어 충분한 공급이 이루어지고 필요한 지식과 기능 수준이 높아진 현대 경제에서는 높은 수준의 노동력이 귀하게 되었다. 또한 기업의 규모가 커지고 경영환경이 복잡해지면서 상황에 대한 정확한 지식과 정보를 갖고 경영할 수 있는 능력을 갖춘 사람이 더욱 필요하게 되었다.

이에 따라 노동력이 단순한 기술을 보유한 인력의 의미를 넘어서 귀중한 자본이 되었을 뿐만 아니라 사회의 발전을 이끄는 국가의 자원(resources)로 인식되기 시작하였다. 이후 1960년대 초 교육경제학(Economics of Edu.)의 등장과 함께 인적자본(human capital)이라는 용어가 사용되었다. 인간자본에 대한 투자 수익률을 분석한 슐츠(Theodore Schultz)는 인간이 바로 자원(資源)이자 자본(資本)이라는 측면에서 인적자본 형성을 위한 교육투자의 중요성을 주장하였다. 노벨 경제학상 수상자인 베커(Gary Becker) 등은 인간자본의 사회경제적 중요성을 강조하면서 인간자본론을 위한 교육을 각각 일반교육훈련과 직업교육훈련을 구분하여 발전시켰다(김창환, 2008).

미래는 불확실하고 이전에 경험하지 못한 상황이 불시에 나타날 수 있으므로 하나의 개인이나 조직 혹은 국가가 독자적으로 대응하는 데는 한계가 있다. 따라서 불확실한 상황에 대응하고 다양한 현상에 대응하는 문제해결능력, 창의적 분석적사고, 팀워크, 의사소통능력, 의사결정능력과 다양한 자원을 조합하여 사용하는 리더십 등이 더욱 중요해진다. 산업사회에는 논리적이고 합리적인 좌뇌 주도의 인재가 중요했다면 지식정보경제와 창의력 경제에서는 감성과 창의력을 발휘하는 우뇌 주도 인재가 필요하다. 복잡한 논리와 높은 수준의 합리성도 중요하지만 많은 사람들의 정서적인 만족을 높여주는 활동이 중요해진다. 하이테크에서 나아가 사람들이 쉽게 접근하고 활용할 수 있는 쉽고 편리한 기술(easy tech), 참신한 사고능력(high-concept)은 감성적으로 수용하기 쉬운 하이터치(high-touch)가 적용되어야 한다. 감성적인 미의 창조 능력, 패턴과 기회를 포착하는 능력, 친근하게 표현하는 능력, 아이디어를 연결할 수 있는 능력이다. 한편 하이터치는 감정이입 능력, 인간의 미묘한 상호작용을 이해하는 능력, 일상적인 무료함에서 벗어나 재미를 찾고 이를 타인에게 유도하는 능력이다. 가능한 것과 이상적인 것을 신속하게 결합하는 즉흥적인 진화와 유사하며, 미래역량은 이러한 '가능성의 입구'를 인지하는 능력이 중요하다(핑크, 2005).

과거에는 읽고 쓰는 문해력(literacy)을 강조하여 소수의 지도자들이 일방적인 의사전달을 하던 체계였다. 미래는 다방향으로 의사소통하면서 더욱 다양한 X-literacy, numeracy 등이 요구되는 사회가 될 것이다. UNESCO는 문해력을 "문장을 다양한 맥락에서 식별, 이해, 창조, 해석, 의사소통, 계산, 사용하는 능력으로서 개인들이 사회에 참여하고 지식과 잠재력을 개발하여 목표를 달성하도록 하는 다양한 학습"으로 정의한다. 그러나 문해력만으로는 성과와의 연관관계가 명확하지 않아 다른 개념인 역량(competence)을 사용하기 시작하였다. 이때 역량은 구체적인 업무나 조치, 기능을 성공적으로 수행할 수 있는 능력을 의미한다.

각 개인의 특성과 상황에 따라 필요한 역량이 다르므로 모든 역량을 일의적으로 제시할 수는 없다. 구체적인 산업에서 특정한 목표를 추구하는 기업들은 핵심역량을 비교적 구체적으로 정의하여 왔다. 주로 기업의 경쟁력과 전략에 관점에서 보는 게리 하멜(Gary Hamel)의 핵심역량 요건은 기업이나 비즈니스에만 한정되는 것이 아니고 일반적인 핵심역량과 미래전략에 적용될 수 있다. Hamel은 기업의 경쟁력 관점에서 핵심역량(core competence) 여부의 판단기준을 다음과 같이 제시하였다.

1) 가치(value) 관점

즉 누구에게 도움이 되는가의 기준이다. 이는 누가 역량을 필요로 하는가의 문제와도 연관되어 있다. 미래의 사람, 사회는 무엇을 필요로 하는가에 따라 미래핵심역량도 변화하기 때문이다.

2) 다른 사람들과의 차별성(differentiation)의 관점

즉 남들과 차별화되는 능력과 역량(uniqueness and creativity)인가의 기준이다. 차별화의 차원은 분야와 수준이므로 어떤 분야에서 어떠한 수준의 역량인가를 판단하여야 한다. 도덕과 윤리 등 사회적 자본의 기초가 되는 요소들이 공통적으로 필요한 기준이 되어가고 있다.

3) 확장성(extendability)의 관점

즉, 한 분야에서 다른 분야로 진출할 수 있는 기반이 되는 역량 기준이다. 이는 불확실한 환경에 유연하게 대응할 수 있는 능력을 의미하기도 한다.

이러한 기준에 따라 미래를 준비하고 개척하기 위해서는 현재의 환경에 대처하기 위한 역량과 미래에 필요한 역량을 동시에 파악하여야 한다. 현재의 역량을 효과적으로 활용하는 것도 미래 역량을 준비하기 위한 중요한 활동이기 때문이다. Hamel이 주장하듯이 미래를 위한 경쟁의 장은 역량분야이다. 현재와 미래를 동시에 고려하면서 지식, 기술, 태도로 대표되는 핵심역량을 준비하는 의제는 다음과 같이 분류할 수 있다.

지식과 기술 그리고 태도나 능력(KSA: Knowledge, Skill, Ability(Aptitude, Attitude))으로 정의되는 역량은 개념이 광범위하고 맥락에 따라 변하므로 일정한 모델에 따라 분류하는 것이 유용하다. 역량에 관한 가장 일반적이고 기본적인 역량모델의 사례는 다음과 같다.

국가적으로 지속가능한 역량국가가 되기 위해서는 잘 보이지 않으면서 개발이 어려운 역량들을 효과적으로 개발해야 한다. 국가들이 과학과 기술경쟁

〈표 1〉 Establishing the Core Competence Agenda

		환경	
		현재	미래
역량 (KSA)	현재	활용, 다변화	확장, 연계, 융합
	미래	학습	?

출처: Hamel(2004)

[그림 1] 역량모델

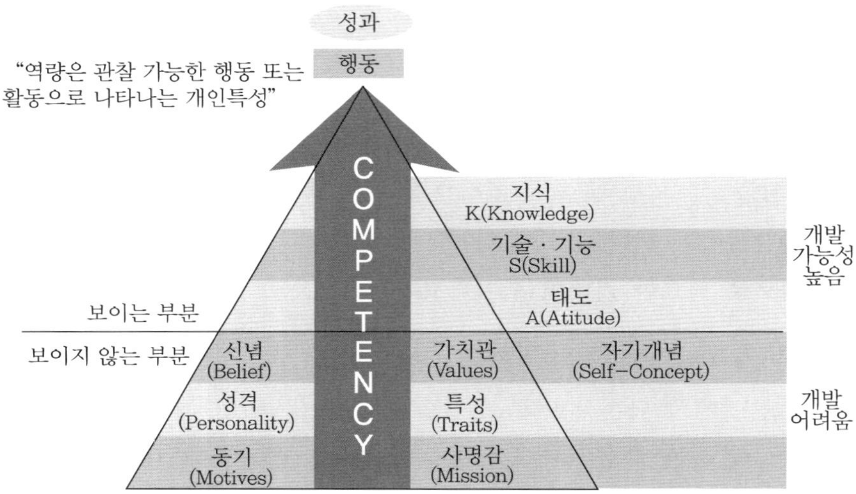

출처: 인적자원개발(교과서)

을 하는 것과 마찬가지로 역량 개발 방법을 찾아내기 위해 경쟁이 역량모델은 다양한 관점에서 다양한 상황에 따라 제시될 수 있는데 스스로 의식주를 해결하고 남과 어울려 건전하게 생활하는 능력을 체계화 한 것으로 볼 수 있다. 경제현실 관점의 교육은 스스로 먹고살 수 있는 인간을 만드는 과정이라고 생각할 수 있다. 그 과정은 기본적으로 남과 어울리고 협력하는 사회성과 체력을 키우는 초중등 교육과 가정교육을 거쳐 구체적인 삶의 수단을 가르치는 고등교육으로 구분할 수 있다. 이러한 과정을 통하여 미래에 필요한 역량을 습득하는 것이다. 미래사회에서 가장 중요한 핵심 역량 혹은 핵심 기술은 관저에 따라 제시할 수 있다. 예를 들면, 오마에 켄이치는 미래에 필요한 3종의 신기로서 영어, IT 활용능력, 그리고 Finance 능력을 들고 추가로 리더십을 들고 있다(오마에 켄이치, 2009).

인적자원의 개발 대상이 되는 지식, 기술, 능력(적성, 태도) 중에서 산업화 초기와 중반기의 개발도상국들은 소수의 엘리트들이 외부로부터 지식을 수입·가공하여 전파하는 역할을 담당하였다. 역량은 주어진 일에 대하여 성공적인 성과를 내는데 관련된 기능, 속성, 태도, 행태를 의미하므로 지행합일(Doing Knowing)을 의미한다. 산업사회에서 대량생산과 대량소비의 매개공간인 시장에서 활동하는 기업들이 필요로 하는 개인의 역량은 결국 표준화되고 규칙을 잘 지키며 의사소통이 되는 정상적인 능력이다. 특정한 기준에 맞추어 특정한 수준의 능력을 갖추면 충분히 경제사회적 생활을 할 수 있었다. 경쟁이 치열해지고 소비자의 선택이 다양화지면서 소량다품종 생산과 개인화된 서비스를 위해, 조직적으로는 유연하고 개인 역량 측면에서는 다양한 영역을 다룰 줄 아는 능력이 요구되었다. 기업에서는 다양한 기능을 통합하기 위해 ERP 등을 사용하고, 개인들은 다기능·다업무 수행능력이 요구되었다.

더 나아가 기업들은 다른 기업들과 협력할 수 있어야 하고, 개인들도 다양한 기능을 갖추고 다른 사람들과 협력하는 능력과 태도가 요구되었다. 글로벌 시장에서 국가도 마찬가지로 환경에 유연하게 대응하고 협력할 수 있어야 사회를 안정시키고 경제적인 발전을 이룰 수 있다. 특히, 정보화와 세계화에 따라 필요한 역량도 변화하는데, 정보지식사회에 다양한 지식을 축정하고 정보를 활용하는 능력은 산업사회에 비하여 명확히 강조되는 능력이다. 향후에는 다양한 분야와 사람들이 연결되고 융합되는 현상이 심화될 것이다. 역량은 주어진 일에 대하여 성공적인 성과를 내는데 관련된 기능, 속성, 태도, 행태를 의미하므로 지행합일(Doing Knowing)을 의미한다. 따라서 연결, 사회화, 융합, 협업 기반과 능력이 더욱 필요한 개인과 사회의 역량이 될 것이며, 신뢰와 유연성이 역량 발휘 기반요소로서 더욱 중요해질 것이다.

미래가 불확실하고 빠르게 변할수록 논리와 수리 등 기본적인 개인소양의 중요성은 더욱 강화될 것이고, 기업들은 탄탄한 기반에 창의력을 갖춘 다양한 인재 확보와 그 인재들의 이상적인 잠재력을 걸러내는 현실감각을 갖춘 여과장치와 위험을 감수하는 실행력이 핵심 역량이 될 것이다. 국가는 세계의 인재들과 기업들이 언제든지 참여하여 잠재력을 마음껏 발휘할 수 있는 여건과 기반(platform)을 세계 최고의 수준으로 만들고 유지하는 역량이 중요해질 것이다.

제3절 미래에 대비한 기본역량

역량의 발휘는 구체적인 사회적, 정치적, 그리고 경제적 환경에 참여하는 단계에서 이루어진다. 미래의 환경을 정확히 예측할 수 있다면 그에 필요한 역량도 효율적으로 준비할 수 있을 것이다. 그러나 정확한 미래를 예측하기 어려우므로 미래 역량을 개발하고 지식을 축적하기 위해서는 유아기부터 각종 경험과 환경을 제공하는 것이 중요다. 따라서 백년대계의 근본이 이루어지는 초중등 교육 과목과 교육 방법은 국가의 미래역량을 결정하는 중요한 요소이다.

인간의 좌뇌가 언어구사력, 문자와 숫자, 논리적 사고, 분석적이고 논리적이고 합리적인 사고 능력과 관련이 크고, 우뇌는 미술이나 음악 등 예술과 스포츠 등 직관적인 상황판단과 감각적 능력과 관련이 크다는 것이 과학적으로 밝혀지고 있다. 현재 우리나라의 학교교육이 입시에 초점을 맞추고 있는데, 국어, 영어, 수학은 인간의 다양한 지능 중에서 우뇌의 발달과 관련된 일부의 지능에 한정된 내용이다. 다양한 인간의 지능 중에서 몇 개 분야에 한정하여 평가를 하고 그에 따라 사회의 중요한 의사결정자가 되는 현실은 국가의 미래관점에서 역량생산과 배분이 비효과적이다. 다양한 분야에 관심을 갖고 개척을 하여 글로벌 사회에서 인류 삶에 기여할 가능성이 매우 제한될 가능성도 있다. 또한 국가 경쟁력 차원에서도 매우 제한된 지능을 개발함으로써 불확실하고 다양한 미래에 유연하게 대처할 수 있는 다양한 지능과 역량의 개발이 충분히 이루어지지 않아 국가경쟁력이 하락할 위험성도 있다.

국가경쟁력의 측면뿐만 아니라 국민 각자는 인간으로서의 행복한 인생을 사는데 필요한 역량이 중요하다. Delors Report(UNESCO, 1996)에서 “교육은 알고 행하고 남들과 함께 살고 존재를 학습하는 네 개의 기둥으로 구성된다.” 성공적인 삶과 다양한 삶(정치, 경제, 가족 등)의 분야에 효과적으로 참여하고 공적·사적인 인간관계를 위해 핵심적인 역량이 파악될 수 있다

"(Rychen, 2001). 따라서 핵심역량을 논하기 위해서는 바람직한 인생과 사회에 필요한 역량(Competences for the Good Life and the Good Society)이 정의되어야 한다. 개인의 가치관이나 종교에 근거한 역량은 너무 다양하여 현실적인 전략과 정책 함축성이 적으므로 객관적으로 파악하기 쉬운 경제사회적인 측면을 중심으로 논의하고자 한다.

경제적인 측면을 강조하고 있는 오마에 겐이치는 세계를 하나의 무대(stage)로 보고 그 무대에서 어떻게 활동하고 경쟁해야 하는가를 설명하면서, 기술이 경제의 원동력이라면 생각하는 힘(지능)은 보석에 비유한다. 글로벌 경제 무대에서 중요한 역을 담당하기 위해서는 풍부한 자연자원과 인구규모나 강력한 군대가 아니라 충실한 교육을 통해서만 가능하다. 이러한 관점은 신고전파 경제학에 기초하여 세계의 경제 교과서가 된 그레고리 맨큐(Gregory Mankiw)의 『경제학 원리』에서도 똑같은 주장을 하고 있다. 경제성장이 부존자원과 주어진 기술 그리고 인구성장과 같은 외생조건에 의해 결정된다는 전통적인 경제이론이다. 이에 대하여 교육하고 학습하여 축적된 지식이 경제성장의 원천이라는 내생적 경제성장이론(endogenous growth theory)으로 발전되었다.

하워드 가드너(Howard Gardner)의 다중지능이론(theory of multiple intelligence)에 따르면 우리나라뿐만 아니라 미국과 같은 국가에서도 지능을 너무 좁게 해석하고 있다는 것이다. 그는 지능을 "문화 속에서 가치가 부여된 문제를 해결하거나 결과물을 창출하는 능력"으로 정의한다. 전통적인 지능을 나타내는 IQ는 학교라는 제도가 정해 놓은 지식이나 기능에 초점이 맞추어져 있다. 이에 비하여 가드너의 지능은 보다 넓은 범위를 포괄한다. 학교 우등생이 현실에서 직장생활이나 사회생활 혹은 자연환경에서 즐기면서 목적하는 바를 제대로 이루지 못하는 '학교의 우등생이 사회의 열등생'이 되는 현상도 좁게 정의된 우등생의 개념에 기인하는 것이다. 다중 지능 이론에 따르면 몇몇 과목의 점수가 높은 학생이 다른 분야에서 능력이 낮다면 우등생이 될 수 없다는 것이다. 하워드 가드너 등의 다중 지능 이론은 사회적으로 필요한 지능과 개발의 필요성에 대하여 많은 시사점을 준다(문용린, 2007 등 참조).

가드너 등의 다중지능이론가들이 주장하는 인간의 지능은 논리/수학적(logical/mathematical)지능, 언어(verbal/linguistic) 지능, 음악(musical/rhythmic) 지능, 신체운동(bodily/kinesthetic) 지능, 성찰(intrapersonal) 지능, 대인관계

[그림 2] 인간의 다중지능

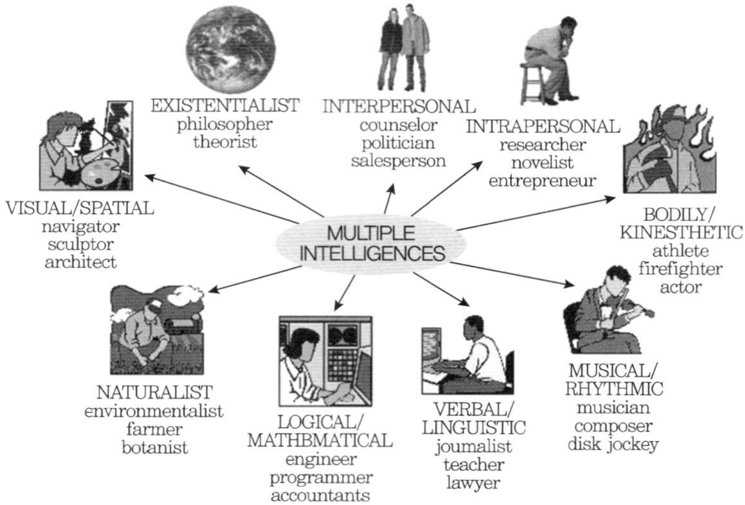

(interpersonal) 지능, 철학적 사유(existentialist) 지능, 시각/공간(visual/spatial) 지능, 자연탐구(naturalist) 지능 등이며 계속 영적이고 종교적인 지능 등 새로운 지능이 발견될 여지를 갖고 있다.

이와 같이 인간의 지능이 매우 다양함에도 제한된 지능만을 개발하는 제도는 개별 인간의 지능 개발에 장애가 되며, 사회의 인적 자원(지능)배분도 왜곡시킨다. 문화와 역사 그리고 종교와 인종이 다양한 글로벌 사회에서는 다양한 지능의 개발과 활용이 이루어지는 결과물이 경쟁하고 서로 보완하기도 한다. 한 국가의 국민이 제한된 지능에 기초하여 제한된 지식과 역량을 배양하는 것은 개인 삶은 물론 국가 전체를 매우 위험에 빠지게 할 수도 있는 것이다.

핵심역량이란 역량 중에서도 가장 중요한 역량들을 의미한다. 역량은 원리와 논리에 대한 이해 중심의 판단 능력을 중심으로 하는 지식과 원리에 기초한 기능을 활용하는 절차적 지식과 도구적 지식도 포함한다. 핵심역량은 인간이 사회의 구성원으로 활동하는 데 핵심이 되는 지식과 기능, 그리고 주어진 맥락에서 적절히 행동할 줄 아는 능력이다. 이러한 역량을 배양하기 위해 각 국가가 체계적으로 노력하고 있지만 그 성과가 어떻게 나타나는지 파악하기 쉽지 않다. 특히 시간적으로 어떻게 성과가 변하는지, 다른 나라와 비교하여 그 성과가 어떤 수준에 있는지 파악하기 어렵다.

이러한 문제에 대한 많은 국가들의 관심을 반영하여 OECD PISA(Programme for International Student Assessment)는 교육체계의 성과를 평가하기 위해 국제적으로 합의된 틀을 이용한다. 일상생활의 문제를 해결하기 위해 필요한 지식, 기능과 태도(KSA)를 측정하기 위해 15세 학생에 맞게 고안되었다. PISA는 읽기, 수학, 과학을 대상으로 측정을 하는 데 역량배양을 교육목표로 삼고 있다. 이는 미래역량을 위해 필요한 매우 기초적이고 다목적으로 응용될 수 있는 중요한 주제영역(domain)을 문해, 수리, 과학적 사고 능력으로 판단했기 때문이다. 이 세 가지는 일상생활에서 다양한 문제를 해결하는데 가장 기초적인 지식이며, 이를 필요에 따라 응용하는 역량이 기본적인 역량이라는 것을 의미한다.

주제영역별로 보면 문해 능력(reading literacy)은 사회에 참여하고 자기의 지식과 잠재력을 개발하며 자기의 목표달성을 하기 위해 문장을 읽고 이해하는 능력을 의미한다. 수리능력(mathematical literacy)은 건설적이고 사고하는 국가사회의 시민으로서 개인생활에 필요한 문제들을 해결하기 위해 근거에 입각한 합리적인 판단(well-founded judgement)을 할 수 있는 능력을 의미한다. 과학능력(scientific literacy)은 여러 가지 주변의 현상이나 물질적인 현상을 이해할 수 있는 지식을 얻고 활용하는 능력을 의미한다(PISA 2009 Assessment Framework).

PISA는 핵심 역량의 근본을 성찰(reflection)로 제시하고 있는데, PISA가 제시한 성찰이란 자신의 사고와 행동을 음미한다는 의미와 대상에 대하여 깊게 생각한다는 의미를 지니고 있다. 이는 현재 주어진 환경을 그대로 받아들이는 것이 아니라 새로운 모색을 할 수 있는 단초로서 성찰하는 능력이 중요하다는 의미이다. 성찰하는 능력은 과거와 현재의 오류를 발견하고 수정하여 바람직한 미래의 방향을 찾는 다는 의미와 전혀 새로운 패러다임을 찾는다는 혁신적인 의미를 모두 지닌다. PISA가 제시한 핵심 역량은 자율적인 판단과 행동을 하며, 최신 기술을 자신의 목적에 적용하여 사용하며 외부세계와 교류하는 능력이다. 이러한 능력들은 언어, 기술, 상호교류, 삶의 목표의식 등이 중요한 요소를 갖추어야 한다.

2005년 11월 10일 유럽위원회는 유럽 의회와 함께 '평생 교육에 있어서 핵심 역량에 관한 협의회'의 권고를 채택했다. 여기서 표명된 역량은 ① 모국어로 소통, ② 외국어로 소통, ③ 수학, 과학, 기술 능력, ④ 디지털 기능의 능력, ⑤ '학습'을 익혀나감, ⑥ 인간관계에 있어서 서로 다른 문화 교류 및 사회적인 능력, ⑦ 기업가 정신, ⑧ 문화적 표현 등이다(후쿠타 세이지, 2008). 교과서만으로 먹고 사는 것을 해결할 수는 없으므로 흥미와 성취도가 역량의 중요 구성요소가 되어야 하며 개발되어야 한다는 의미이다.

세계적인 주목을 받는 핀란드 교육과정의 특색인 "협력하는 능력", "정의적 능력(인간에 대한 사랑, 학습에 대한 긍정적 태도, 과업에 대한 실천 의지)", "반성적 사고 능력", "자기 규제 능력"이 사람이 갖추어야할 핵심역량이다. 소수의 대기업 사무직 노동자 양성 교육과정이기에 상사가 지시에 따라 일하는 능력에서, 미래 사회에 능동적으로 대처하려는 사회 각 분야에서 스스로 문제를 해결할 수 있어야 한다. 홍익인간, 지덕체를 겸비한 인간, 전면적으로 발달한 인간 양성은 세계적으로 이상적인 교육과정의 목적과 크게 다르지 않다. 사회의 인간으로서 갖추어야 할 기본적인 역량을 핵심역량으로 제시하고 교육목적과 일관성의 필요성에 대한 주장도 있다. 인간이 구비해야 할 핵심 역량으로 의사소통능력, 논리력, 창의력, 문제해결력, 시민정신, 문화적 민감성, 지도력 등이 거론되고 있다. 궁극적으로 미래형 교육과정은 누구나 성공하는 학습자가 되도록 돕는 데 목적을 둔다(곽병선, 2009).

미래에 사용되지도 못할 지식과 없어질 직업을 준비하기 위해서 많은 시간을 낭비하고 있다. 대학 입학시점에서 인기가 높아 입학하기 어려웠던 분야가 10여년 후에는 안정적인 직업조차 제공하지 못하는 경우가 종종 있다. 반대로 별로 주목을 받지 못하던 분야가 사회경제의 변화에 따라 유망한 분야로 변화되는 사례도 있다. 특정한 분야의 사회적 경제적 가치뿐만 아니라 어린이들과 중고등학생들이 배우는 학과목이나 내용들도 미래에 대비하여 계속 변화해야 한다. 정보화와 세계화가 빠르게 진행되는 1980년대 후반부터 국가의 교육내용과 방식에 대한 변화요구가 커졌으나, 대학입시제도에 공고하게 연계된 중고등학교 학습내용을 변화시키는 것이 매우 어려웠다.

우리사회의 교육개혁안이 내용 측면에서 가장 구체적으로 나타난 것은 1995년 5.31 대통령자문 교육개혁위원회의 교육개혁안으로 보인다. 이 개혁

안에서는 학습자의 다양한 개성을 존중하고, 인성 및 창의성을 최대한 신장시키는 교육제체를 갖춤으로써 모든 학습자의 잠재능력이 최대한 신장되도록 하여 창의성을 강조하였다. 이후 신지식인 양성, 지식강국 정책은 창의인재 정책과 맥을 같이 하는 정책이며, 정책의 상황적 요인은 정보화, 글로벌화이다.

글로벌 시장에서 경쟁하고 인류의 삶에 기여할 수 있는 인재를 만드는 교육목표를 달성하기 위해 교육 내용도 창의력 개발 중심으로 바꾸어야 한다. 창의력 개발이 학생과 교사와의 상호작용이 이루어지는 현장에서 실현되므로 교육공급자인 교사의 변화가 중요하다. PISA나 국제기구와 선진국들이 공통적으로 강조하는 언어, 수학, 과학을 자연현상과 연계하여 흥미를 유발하여 학습하도록 가르치고, 다양한 분야와 다양한 수준의 학생들의 잠재능력 개발을 도와야 한다. 즉, 학생들이 어떠한 개인차를 가지고 있던, 누구나 창의인재이고 리더십을 가진 시민이 되도록 돕는 것을 궁극적 목표로 삼아야 합니다. 언어, 수리능력, 정보기기 활용 능력 등 미래에 반드시 필요한 핵심역량 수준은 누구나 일정 수준에 도달하도록 하여야한다. 다양한 주제와 수준별 강의를 공급하여 학생의 필요와 수준과 교육방법에 따라 학생의 선택을 넓혀야 한다(곽병선, 2009). 다문화 사회와 고령화 사회에 대한 이해와 세대간 다문화간 조화롭게 살 수 있는 준비를 미리 해주어야 한다.

제 4 절 미래 전문 역량

미래 역량 개발의 틀을 변화시키는 현장이자 중요한 신호를 보내는 역할은 대학이 한다. 이상적인 인간을 배양하고 각종 정책 제안들이 실현되기 위해서는 대학의 역할이 중요하다. 그것은 대학들이 자율로 원하는 학생들을 선발하되, 고교가 창의인재를 열심히 기르도록 지원하는 방식이 되어야 한다. 한국 초중고 교육의 최대 목표인 대학입시의 문제점에 대하여 많은 사람들이 수긍하면서도 현실에 내재한 권력구조의 관성과 이해관계 때문에 묘안이 없는 문제이다. 이론적으로는 지극히 다양한 교육의 내용과 방법을 지지하면서도 자기의 문제가 되었을 때는 전혀 다른 선택을 하는 사회적인 죄수의 딜레

마(Prisoner's dilemma) 상황이 지속되고 있다. 과감한 도전의 대가가 커서 안전한 선택을 하려는 각 주체들이 지속적으로 주어진 제도에 순응하거나 다른 제도 선택(해외유학)을 하는 상황이다.

문제를 알면서도 해결하기 어려운 이슈 중의 하나가 대학입학에서 사용하는 능력에 대한 정의와 능력의 객관적 검증이다. 더욱 근원적인 문제는 미래에 필요한 역량이 무엇인가에 대한 국민 각자의 비전과 예측에 대한 활발한 논의가 제약되어 있다는 점이다. 대입을 중요한 역량개발의 단계로 보는 현실에서 대부분의 국민들은 대학의 학과를 보고 미래를 설계한다. 즉, 대학의 학과가 미래에 필요한 국민의 지식과 역량의 내용과 방향을 정하는 기능을 한다. 따라서 대학 학과의 분류나 학과의 발전 전망과 관련분야 산업전망이 사회적 차원에서 지속적으로 논의 되어야 한다.

물리적 환경의 변화는 물론 경제와 산업의 변화는 예측하기도 어렵고, 어느 정도 예측이 가능하더라도 빠른 변화에 대응하기기가 매우 어렵다. 따라서 나라와 직업을 불문하고 미래에는 개방된 마음과 다양한 분야에 대한 이해 그리고 유연한 사고와 다양한 업무를 수행할 수 있는 기본기를 잘 갖추어야 한다. MIT의 기술분야 전공학생들이 졸업 후 5년이 지나면 약 과반수 정도가 자기가 학교 전공과 다른 분야에서 일한다는 조사가 있다(Kenichi, 2007). 또한 자기의 전공분야에서 일을 한다 하더라도 기술이나 지식의 수명주기가 짧은 현실에서는 체계적으로 사고하는 방법과 문제 해결능력을 계속 갈고 닦는 것이 중요하다. 빠르게 변하는 글로벌 환경에서 특정한 대학학과의 학습내용이 그대로 사용될 확률은 낮으므로 학과의 분류와 커리큘럼을 유연하게 구성할 수 있는 여지를 더욱 강화해야 할 것이다.

대학이나 대학원을 마친 후에도 언제 어디서나 배우고 훈련을 할 수 있는 평생교육체계가 더욱 강화되어야 한다. 현재 우리나라의 평생교육체계는 대학원을 제외하고는 기존의 대학 커리큘럼이나 학사체계와 별도로 평생교육기관이 담당하는 경우가 많다. 향후에는 새로운 교육훈련이 필요한 사람들이 언제든지 교육을 받을 수 있는 통로를 다양하게 개방하여야 할 것이다. 정보기술 등의 발전으로 e-Learning의 확산 보급을 대학과 대학원 과정에 적극적으로 도입하여 활용할 수 있도록 교육품질과 교육방법론의 개발에 많은 정책이 요구된다. 대입을 위한 사교육비를 줄이기 위해 교육방송을 활용하듯이 방송통신대학의 과정이나 일반대학의 강의에 대해서도 많은 국민들이 접근할 수 있는 정책도 국민들의 역량을 향상시킬 수 있는 효율적인 대안 중의 하나이다. 이미 미국에서는 대학의 강의 내용을 공유하는 OpenCourseWare 활동을 MIT를 선두로 많은 대학들이 참여하고 있다(http://ocw.mit.edu). 현재는 강의에 대한 개요와 강의 노트 정도가 주를 이루고 있는데 향후 채널이 다양화되고 전송 효율성이 증가하면 스마트폰으로 세계 최고 수준의 강의를 언제든지 접할 수 있는 시대가 올 것이다. 그러한 강의를 접하여 이해할 수 있는 기본적인 역량을 갖춘 국민이 되어야 하는데, 정보기술 활용, 영어 등이 반드시 필요한 개인적 역량이고 국가적으로는 IT인프라와 영어교육 정책이 지원되어야 한다.

대학교육의 현장에서 미래 핵심 인재를 육성하고 미래역량을 개발하고 전수하는 서울대 교수들이 생각하는 7대 핵심역량은 가치관·태도, 전공분야 지식, 논리적 사고력, 학습능력, 창의성, 리더십, 대인관계 능력이다(서울대 인적자원 연구센터, 2009). 이 중에서 배양하기 어려운 자질과 능력은 가치관·태도, 창의성, 대인관계 능력, 리더십이며, 우리나라 학생들이 비교적 양호한 분야는 전공분야에 대한 지식, 논리적 사고력, 학습능력으로 조사되었다.

지식정보화가 확대되고 심회될수록 전문서비스직과 전문기술직의 수요와 관련 분야의 지식근로자에 대한 수요도 증가한다. OECD 회원국 서비스 산업의 성장기여율은 1990년대에 이미 60%에 도달한 것으로 나타났다(OECD, 2003). 이러한 추세는 일정 기간 동안 계속될 것으로 예측되며, 대학교육도 이러한 추세에 맞추어 전문분야 인력의 양성과 산업계에서 활용할 수 잇는 수준의 인력을 양성하여야 한다. 또한 이미 현장에 활동 중인 인력의 훈련과정에도 대학이 더욱 효과적인 기여가 요구된다. 우리나라의 대학교육은 양적으로 초과공급 상황이며 질적으로는 산업계의 요구에 충족하지 못하고 있다. 특히 글로벌 수준의 대학졸업생을 배출하지 못하는 상황은 대학 순위에서도 간접적으로 나타나고 있다.

미래 사회에는 다양한 분야의 융합현상이 예상되므로 대학 내에서도 과학기술분야 사이의 융합은 물론 영역을 넘어 연구 성과와 가치를 만들어내는 융합현상 혹은 통섭(consilience)과정을 강화할 필요가 있다. 인적자원의 양적 불균형(imbalance)과 질적 불일치(skill mismatch)는 국가의 경쟁력과 국민생활의 질에 큰 영향을 미치므로 기초분야의 정부지원과 고부가가치 분야의 치열한 대학간 경쟁을 유도하는 정책이 요구된다. 기초연구(과학)-기술(응용)-산업으로 연계되도록 연구중심대학과 산학협력대학으로 특화하고 학제간 연구와 교수가 이루어지도록 유연한 대학운영이 가능하도록 하여야한다.

제 5 절 직업관점의 미래역량

비즈니스의 기본 요소인 노동, 자본, 기업경영 조직, 소비자 등이 국경의 개념을 넘어선 글로벌 경제가 되었다. 국내의 인력만을 활용하거나 국내자본만을 활용하는 기업 활동은 우리나라에서도 거의 불가능한 현실이 되었다. 국내소비자만을 대상으로 기업 활동을 하는 업종도 매우 제한적이며 생산과 판매 등의 조직도 글로벌 최적화를 해야 하지 않으면 경쟁력을 창출하거나 유지하기 어렵게 되었고 미래에는 더욱 심화될 것이다.

가치생산에 대한 전통적인 생각은 기업이 가치를 생산하고 가치를 소비자에게 전달한다고 가정한다. 가치를 전달하는 매개수단인 상품과 서비스를 기업이 독자적으로 결정한다.

경영의 글로벌화보다 더욱 근본적인 변화는 시장에서의 기업 역할이다. 기업은 소비자에게 상품과 서비스를 전달하고 소비자로부터 대가를 받기 위해, 즉 거래를 위해 소비자와의 접점이 필요하다. 이 점점이 시장이며, 소비자를 구분하거나 채널을 다양화하고 각종 서비스 제공과 차별화를 하는 등 기업들은 이윤을 얻기 위해 다양한 노력을 한다. 이러한 관점에서는 시장은 이미 창출된 가치를 교환하는 곳이며 수요를 충족시키는 기업의 노력이 가치 창출의 기초가 되었고, 수요와 공급의 균형이 시장경제의 주요 이슈가 되어 왔다(프라할라드, 2005).

제품과 서비스가 다양화 되고 전문화되면서 소비자들은 정확한 선택을 위해 다른 사람들의 경험과 전문지식을 활용하기를 원한다. 특히 정보통신기술의 발달에 따라 실시간으로 정보와 경험을 공유하는 소비자들은 한 발짝 더 나아가서 소비자들과 전문가들 그리고 기업이 함께 가치를 창출하기를 원한다. 이에 대응하여 소비자를 포함한 커뮤니티와 공동으로 가치를 창출하지

[그림 3] 기업의 가치창출에 대한 전통적인 관점

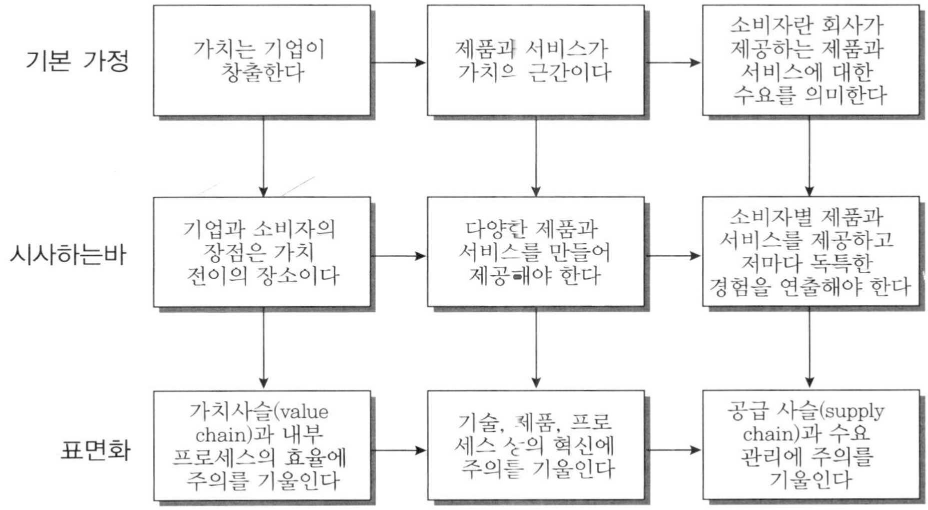

출처: 프라할라드, 경쟁의 미래(2007).

않으면 기업의 생존이 어렵게 되었다. 즉 시장은 이미 창출된 가치를 교환하는 장소에서 나아가 공동으로 가치를 창출하는 공간이 되었다.

가치는 특정 사건이 일어난 특정 시점과 장소에서 특정한 사람이 겪는 공동창출 경험에서 만들어진다. 가치의 근본이 공동가치창출이라는 가정 하에서는, 개개인이 고유한 가치체계와 고유한 상호작용을 원하는 경우 개개인의 다양한 공통가치 창출경험을 제공하는 능력을 갖추어야 한다. 즉 기업은 제품과 서비스의 품질은 물론 공동가치창출 경험의 품질을 높여야 한다. 개별 소비자의 모든 상호작용을 충족시키기는 어려우므로 기업은 공동 가치창출의 다양성을 확보할 수 있도록 경험환경(experience network)을 혁신하여야 한다. 개개인이 스스로 경험을 맞춤화하고 같이 구성하도록 유연한 경험환경을 구축하여야 한다. 시장은 가치를 교환하는 장소가 아니라 의견과 가치의 공동창출 경험을 위한 포럼(Forum)으로서의 시장이다.

공동 가치창출의 새로운 시스템에서는 기업도 공동으로 가치를 창출하는 일원으로 활동해야 한다. 기업에게 필요한 핵심역량도 변화하고 기업에서 일하는 근로자의 기능과 핵심역량도 함께 변한다.

[그림 4] 기업의 가치창출에 대한 새로운 관점

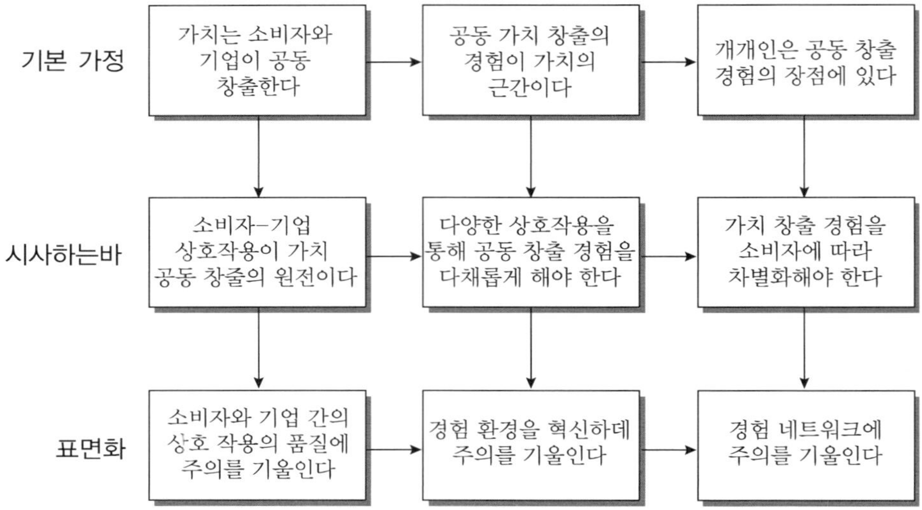

출처: 프라할라드, 경쟁의 미래(2007).

전통적으로 기업은 사업 단위의 포트폴리오로 간주되던 시기를 지나, 1990년대부터 기업이 핵심역량의 포트폴리오로 간주되기 시작하였다. 사업단위에서 분석을 하던 방식은 기업단위에 내재된 핵심역량이 중시되면서 분석단위도 기업단위로 확장되었고, 더 나아가 기업 외부의 공급 네트워크 전체가 역량의 원천으로 인식되기 시작하였다. 공급망 관리(SCM)는 이러한 인식과 현실에서 출발하였으며 더 나아가 소비자까지 포함하는 전체 시스템의 역

[그림 5] 기업 역량의 변천

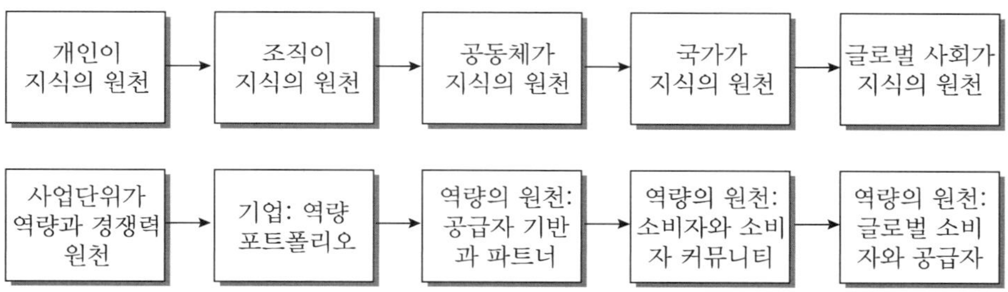

출처: 프라할라드, 경쟁의 미래(2007).

량과 지식이 강조되기 시작하였다. 즉, 단위 사업부에서 나아가 전사적으로 확대되는 역량의 요구사항이 외부의 공급업자와 파트너를 포함하고, 소비자까지 포함하여 전체 시스템의 지식과 역량을 최대한 활용하여야 경쟁력을 확보할 수 있게 되었다. 즉 역량기반을 지속적으로 확대하여 온 것이다.

기업 역량의 변화에 따라 기업 혁신의 원천도 변화한다. 과거에는 제품공간에서는 소비자 집단에 맞는 특성과 성능을 저비용으로 개발하여 경쟁자 대비 가격, 효율성, 품질, 제품 다양성 등의 차원에서 경쟁하였다.

글로벌 경제 추세와 산업과 동떨어진 대학졸업생 양산은 고학력 실업의 주요 원인 중의 하나이다. 제조업의 고부가가치화와 금융·재무·회계 전문직이나 법률서비스, 물류, 교육, 보건 서비스 등의 혁신이 이루어져야 미래의 경제성장 동력을 작용할 수 있다. 미래는 불확실성도 크고 글로벌 경쟁으로 환경이 급변하므로 글로벌 관점의 논리, 글로벌 의사소통 수단, 현상과 현실을 파악하기 위한 수학과 통계 능력 등 기본적인 지식을 충실히 갖추고 상황에 유연하게 대응하는 개방된 자세를 갖춘 인력을 배출해야 한다. 국내에서는 물론 국제적으로 다른 사람과 다른 부문, 다른 국가들과 협력할 수 있는 능력을 갖춘 인력을 양성해야 한다.

제6절 국민지식 및 미래역량

정보화를 추동하는 정보기술의 발달로 언제, 어디서나 지식과 정보를 접근하게 되면 암기력에 기초한 지식은 의미가 약화된다. 그 대신 필요정보를 검색하는 방법, 정보간의 관계 속에서 의미를 찾아내는 능력, 하나의 정보에서 유추하여 의미 있는 다른 정보를 찾아내는 능력이 더욱 중요해진다. 글로벌화에 따라 음식이나 일상생활의 수단을 확보하거나 새로운 지식을 창출하고 문제를 인식하고 해결하는 과정에서 경제와 문화가 상호 의존적이 되어가고 있다. 이러한 환경에서 물질적으로나 정신적으로 풍요로운 삶을 영위할 수 있어야 한다. 빈번하게 발생하는 글로벌 문제들 —신종플루, 기후변화, 황사, 테러, 금융위기 등— 은 독자적으로 해결할 수도 없으며, 해결할 수 있다 하더라도 비효율적이다. 협력과 경쟁을 통한 해결이 효율적이므로 '경쟁을 위해 협력하고', '협력을 위해 경쟁하여야' 한다.

세계최고의 연구 성과나 제품을 제공하기 위해서 핵심역량을 보유한 주체 간에 협력을 통하여 다른 집단과 경쟁을 한다. 수준 높은 집단에 속하여 다른 주체와 협력을 하기 위해서는 끊임없이 차별화된 경쟁력을 확보하여야 한다. 핵심역량도 없고 경쟁력이 없으면 협력할 기회를 박탈당하게 된다. 이는 개인, 기업, 국가 모두에게 적용된다. 글로벌 사회에서 협력하고 싶은 파트너, 경쟁력 있는 집단의 구성원이 되기 위해서는 글로벌 수준의 신뢰와 창의력을 갖춘 개인과 국민이 되어야 한다. 학습과 역량의 내용은 환경에 따라 변하지만, 역량과 학습이 국민생활 수준과 삶의 질에 영향을 미치는 순환 고리는 [그림 6]과 같이 나타낼 수 있다.

지식의 수명주기가 짧아지므로 한번 배운 지식이나 경험을 계속 발전시키기 위해 평생교육을 생활화 하여야 한다. 사회적으로는 평생교육을 비용효과적으로 할 수 있는 환경을 만들고 평생교육을 할 수 있는 동기부여를 제공하여야 한다. 평생교육을 통하여 직업을 얻고 일을 하여 복지를 향상시키고(work-fare), 배움의 욕구 자체를 충족시켜 복지를 향상시키는 학습복지(learn-fare)를 강화하여야 한다. 이를 위해 우리나라가 상대적으로 강점이 있는 정보통신 인프라를 활용하여 온라인 교육을 통하여 모든 국민이 양질의

[그림 6] 역량과 삶의 질의 순환고리

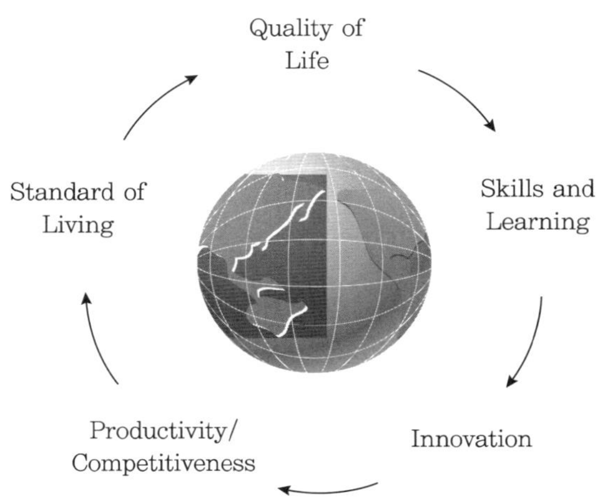

강의를 듣고, 학점은행제, 개인 구좌제를 통하여 특정분야에서 학점을 축적하여 대학 졸업장을 획득할 수 있도록 하는 방안을 생각해볼 수 있다.

글로벌 창의인은 미래의 어떠한 상황에서도 주도력을 발휘할 수 있는 역량을 갖춘 사람이다. 상황주도력을 갖추었다는 말은 어떠한 상황에서도 원하는 대안을 선택할 수 있을 만큼의 역량을 갖추었다는 의미이다. 예측 불허의 변화가 예상되는 글로벌 환경에서 변화의 주역이 되는 사람이다. 상상력과 창의력, 끊임없는 학습 등으로 정체성이 확립된 사람이다.

불확실성을 피하는 방법으로 공무원 시험이나 자격증을 수집하거나 이력 관리를 하는 비용에 대해서도 대책이 필요하다. 글로벌 수준에서 수용되는 기본능력과 창의적 능력을 갖추고, 글로벌 시민으로서 책임 있는 소양을 갖추어 주어야 한다. 공동체의 문제에 참여하고, 민주적 절차에 의해 결정된 결과에 따르는 태도를 갖추어야 한다. 참여, 개방, 공유의 정신으로 공동체 문제에 있어서 투명성, 신뢰, 포용, 결집을 중요하게 여기고, 인문 지식, 역사와 철학, 과학, 기술, 예술, 산업 등에 관심과 소양을 갖추어야 한다. 환경, 에너지, 기아와 질병, 국제정치군사문제 등 글로벌 문제에 관심을 갖고, 타문화에 대한 이해와 수용 등 글로벌 안목과 자세를 갖추어야 한다.

글로벌 수준에서의 미래 상황에 대처하고 주도하기 위해서는 글로벌 수준의 지적 능력, 정서적, 도덕적, 문화적 역량과 건강을 갖추어야 한다. 기업이나 정부 등 조직들은 유연한 구조와 업무 프로세스를 구성하여 개선하며 그에 맞는 사람들이 자기주도적인 학습을 하고, 조직적으로 학습하는 학습조직이 되어야 한다. 국가적으로는 국민으로서 공유하고 있어야할 기초지식과 국민역량을 갖추어야 한다. 국가사회의 일원으로서 갖추어야할 핵심역량은 사회 환경에서 생존하고 실존하기 위해 필요한 능력으로 정의될 수 있다. 역량을 인위적으로 개발하고 양성하기 위한 교육관점에서는 기초 지식(fundamental, foundational, essential knowledge), 핵심·기초 기능(core, basic skills) 등으로 표현한다. 핵심역량의 개념은 암묵적으로 활용을 통한 성과를 전제하므로 핵심역량의 개념도 국가나 사회에 따라 변화하므로, 기업과 국가 상황에 따라 역량이 변화한다.

산업화와 민주화가 20세기의 세계적인 추세였으므로 각 국가들이 추구하는 국민역량과 국민교육 목표로부터 발견되는 공통의 핵심역량이 발견될 수

〈표 2〉 역량의 개념에 관한 관점

관점	위치	정의상 강조점
지리적 위치	미국	역량(competency)은 성과의 기초가 될 행태와 개인적 특성
	영국	사전에 정의된 기준에 맞게 수행을 하는 능력
	독일	개인들이 일(job)을 하도록 하는 광의의 능력
교습(Teaching) 이론	구성주의(Constructivism)	확신, 동기, 열망을 역량의 주요 측면으로 파악. 역량개발에서 학습자의 참가 강조
	Cognitive teaching	교육 가능한 측면을 강조. Top-down 접근 중시
	Acquisition and Selection	역량은 업무수행을 위해 개발 가능한 잠재력과 개발과 변화가 어려운 개인특성의 조합
Practice	Teaching and Training	역량은 개발되거나 학습되어야할 무엇
	Job Evaluation	역량은 일을 하는데 구체적인 활동으로 정의
	Performance Pay	역량은 바람직한 성과로 정의되며, 성과의 선행 지표

출처: Kling, Marcel Vander, J. Boon, K, Schlusmans(2007)

도 있다. 마찬가지로 지식정보화와 세계화 그리고 융합화는 21세기의 추세이므로 각 국가들이 추구하는 국민역량과 교육의 목표로부터 공통의 핵심역량이 발견될 수도 있다. 이와 같은 맥락에서 역량 영역구분을 위해 UNESCO에서 추진한 DeSeCo 프로젝트를 보면 주요 국가들이 중요하게 생각하는 역량들이 거의 수록되어 있다.

Ⅰ. 역량의 정의와 선택 : DeSeCo 프로젝트 개요[1]

세계가 복잡하게 변화하면서 그에 대응한 교육과 훈련도 변화를 요구받고 있다. 특히 교육과 훈련의 적절성과 품질에 대한 사회적 관심과 우려가 교육훈련에 대한 지출대비 효과를 요구하는 상황에 이르렀다. 따라서 비교 가능

1) The word "skills" is more widely used in Canada than competencies, but it is largely the same concept. The term is used both as a noun and a verb--for instance, up-skilling, re-skilling. "Skills" includes knowledge, skills, and attributes which are more descriptive in French--*savoir, savoir-faire, and savoir-être.* Contributions to the Second DeSeCo Symposium Geneva, Switzerland, 11-13 February, 2002 Swiss Federal Statistical Office Neuchâtel, 2003

한 교육성과의 지표에 관심을 갖게 되면서 경제적 정책적 성공과 함께 교육적 성공(educational success)이 무엇인가에 대한 논의가 활발하게 진행되고 있다. 이와 같은 논의는 미래사회에서 개인이 성공적이고 책임 있는 인생을 영위하고 국가사회가 현재와 미래의 문제들을 해결하는데 필요한 역량이 무엇인가에 대한 질문으로 이어진다. 즉, 지금까지 읽기, 쓰기, 계산하기와 같은 기초기술에서 나아가 어떤 역량이 필요한가에 대한 논의가 필연적이다.

필요한 역량을 논의하려면 적절한 역량의 일정한 집합을 정의하고 선택하기 위한 규범적, 이론적, 개념적인 기초가 선행되어야 한다. 이상의 논의들은 OECD의 후원 하에 스위스 통계청(SFSO)이 주도하는 국제적이고 학제적인 노력의 기초가 되어, 역량분야의 연구를 위해 Definition and Selection of Competencies: Theoretical and Conceptual Foundations(DeSeCo) 프로젝트가 시작되었다(이 프로젝트의 기본적인 연구 질문은 다음과 같다).

1) 일단의 핵심역량이 정당화되는가? 각 분야별로 핵심역량이 파악되는가? 된다면 역량을 구성하는 요소들은 무엇인가?
2) 어떤 관점이 핵심역량 파악에 기여하는가?(교육학자, 정치가, 경제학자, 철학자)
3) 핵심역량간의 상호의존성은 어떠한가?
4) 연령, 성별, 지위, 전문 활동 등과 독립적인 핵심역량이 있는가?
5) 정책이 무엇을 할 수 있는가?
6) 각각 다른 프로세스, 각각 다른 핵심역량 집합이 사회문화적인 맥락과 관계없이 수렴하는가? 아니면 사회문화적인 맥락에서 핵심역량이 다르게 정의되는가?
7) 역량의 전파와 지표해석과 개발을 위한 성과의 중요성은 무엇인가?

현재와 미래의 과제를 인식하여 해결하고, 시민들은 어린이와 성인들 모두 근대 민주사회에서 스스로에게 책임을 지고 성공적인 삶을 영위하기 위해 필요한 일단의 역량을 파악하기 위한 프로그램이다.

프로젝트 초기에는 학제역량(CCC : Cross-Curricular Competences)을 사회경제적 생활을 영위하기 위해 필요한 교육과 연관된 지식, 기능을 포함하는 역량을 의미하였다. 특히 정책적인 함축성을 위해서는 상황의 진화와 국가별 비교가 가능한 지표화가 중요하므로, 이후 주제를 Politics, Economics and Civics, Problem Solving, Self-Perception/Self-Concept, Communication으로 분류되었다.

이후 1998년 OECD는 Human Capital Investment를 발표하였는데 슐츠(Schultz, 1961)와 베커(Becker, 1964)와 같은 경제학자들의 선구적 노력을 인지하고, 인적자본의 정의를 지식, 기능, 역량 그리고 경제활동과 관계있으면서 개인들에 체화된 특성들로 제시하였다(OECD, 1998). 여기에서 OECD는 개인들의 특성이 갖는 사회적 편익도 인정하면서도 생산성, 혁신, 고용가능성을 뒷받침하거나 향상시키는 인적자본에 한정하였다.

국가차원(national context)에서 사업, 노동시장, 정치와 시민활동, 가정생활과 같은 인생의 주요영역에서 성공하기 위해 필요한 중요한 역량 파악이 중요한 목적의 하나이다. 국가적으로는 핵심역량이 국가적인 skill 개발과 평가전략에 어떻게 내재되어 있는가를 이해하고, 핵심역량이 다양한 이해관계자들 상이에 어떠한 협상과정을 통하여 국가적으로 내재화되는지에 대하여 이해하는 목적도 있다.

Ⅱ. DeSeCo 파악

핵심역량의 정의와 선택을 위해서는 특정한 사회영역(정치, 시민, 사업, 노동, 가정)별로 개인들에게 닥칠 문제나 개인에게 요구되는 사항들을 헤쳐나아가기 위해 필요한 조건을 파악하여야 한다. 이 조건들을 파악하는 과정에서 핵심역량은 인생의 특정한 시기별, 연령별로 관계가 있는지 아니면 보편적으로 필요한 역량이 있는가를 판단하여야 한다. 그리고 파악된 핵심역량들은 DeSeCo의 기본적인 3대 역량(three generic key competences)으로 분류할 수 있다면 역량에 대하여 명료한 의사소통이 가능하게 될 것이다. 3대 역량은 이질적인 집단과 상호 작용하는 역량, 독자적으로 행동하는 역량, 언어나 정보기술 등을 남들과 교류하면서 사용하는 역량을 말한다(Rychen, 2003). 핵심역량에 대한 DeSeCo 프로젝트의 개념적인 틀은 다음과 같이 나타낼 수 있다.

[그림 7] DeSeCo 프로젝트의 개념적 틀

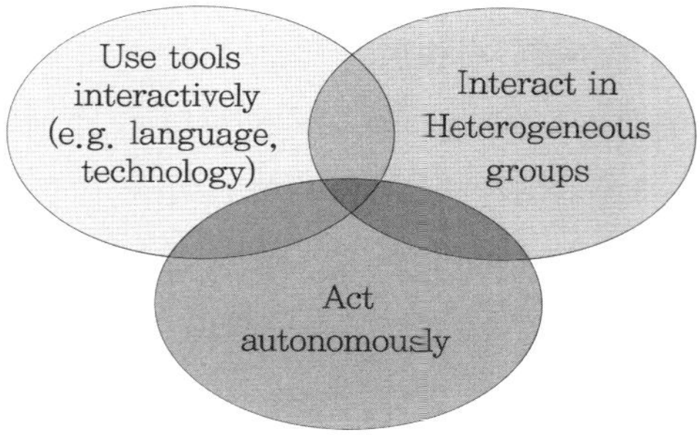

[그림 8] 맥락에 따른 역량 결합

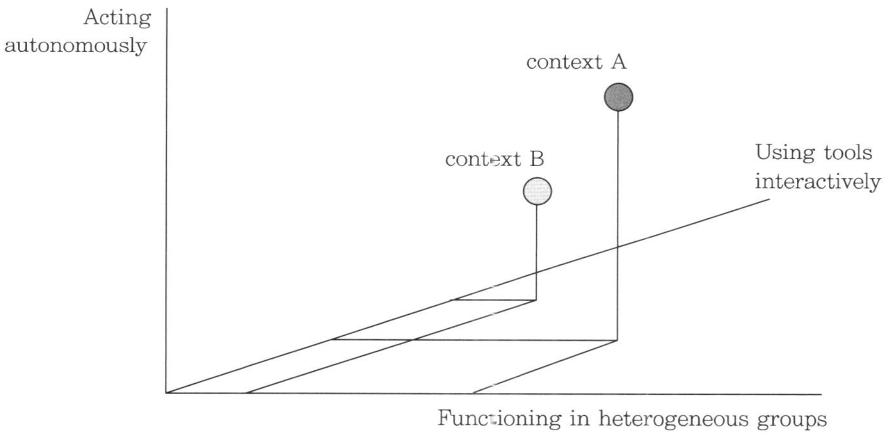

이 그림에서 개인은 자기가 처한 환경과 소통할 수 있는 도구를 활용할 수 있어야 하고, 다양한 배경을 갖고 있는 사람들과 소통할 수 있어야 하며, 자기의 인생을 사회적 맥락에서 책임지고 관리할 수 있어야 한다는 점을 나타내고 있다. 역량은 다양한 맥락에서 다양하게 결합되어 사용된다.

역량은 그 자체로서 정의되는 것이 아니고 현대사회에서 요구하는 행복하고 성공적인 삶을 영위하는 조건으로 정의된다. 따라서 건전한 사회와 건전한 개인에게 필요한 조건들을 달성하기 위한 역량의 관계를 다음과 같이 나타낼 수 있다.

1. 교육부문에서 보는 핵심역량

교육계에서는 과목에 대한 단순한 지식보다는 다른 분야도 두루 알고 배운 내용을 실제상황에서 적용하는 역량을 중시하는 추세였다. 핵심역량에 대한 연구과 추세의 파악을 위해 각 국가나 학교의 커리큘럼에 관심을 두는 이유는 학교의 커리큘럼이 미래역량을 염두에 두고 설계가 되기 때문이다. 고도의 산업화와 통일을 이루고 통합을 해야 하는 독일의 경우는 고등학교에서 요구하는 공통 역량들을 보면 다음과 같다; 지식의 체계에 대한 이해, 자기주도적인 학습, 자기 자신의 학습에 대한 성찰, 사고-판단-행동, 자기 자신의 인지 능력에 대한 인지 평가, 인지적인 창의성과 유연성, 집중력-정밀도와 인내력, 기초적인 사회·경제·정치·기술의 관점, 지식을 다양한 맥락에 적용, 소통능력, 팀으로 협력하는 능력, 의사결정 능력 등이다.

비교적 작은 규모이면서 다양한 국가들과의 교역과 독자적인 산업발달을 유지하면서 조화와 경쟁력을 유지하려는 스위스는 고등학교에서 다음과 같은 역량을 강조한다; 평생학습 능력, 지식과 의지와 느낌을 통합하는 전체적인 개인개발 능력, 통합적인 사고(논리, 분석, 직관, 상징), 개방성, 호기심 탐구와 신지식 탐구, 연구 작업 능력, 자연, 사회, 문화 환경에 적응, 자주적 판단, 윤

[그림 9] 개인과 집단의 목표와 역량

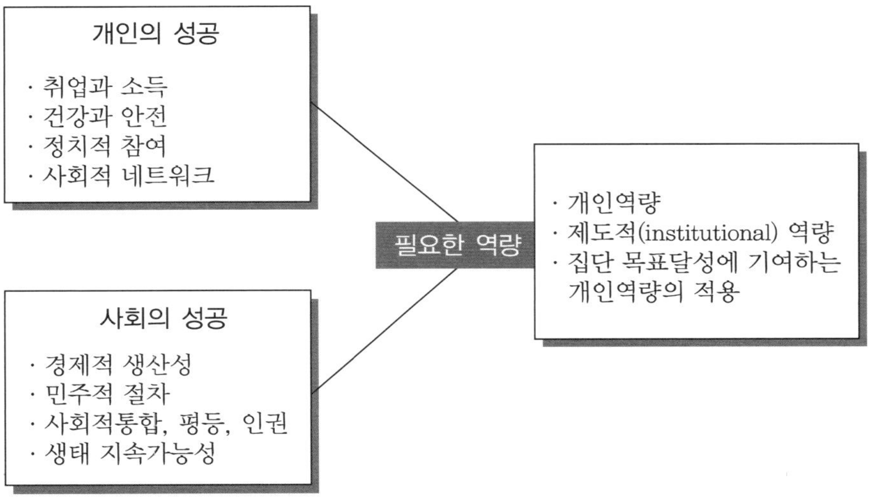

리적이고 미학적인 감수성, 사회적 업무와 자기와 타인 및 사회 등 환경에 대한 책임, 소통능력(모국어 및 외국어 능력), 독자적인 업무능력과 집단에서의 업무능력 등이다.

반면 자연자원이 풍부하지만 산업측면에서의 발전과 서비스 분야 등에서 글로벌화를 추구하고 원주민과의 통합 및 글로벌 경제에서 경쟁력을 확보하기 위해 노력하는 뉴질랜드 에서 강조하는 skills들은 소통, 수리, 정보, 문제해결, 자기관리와 경쟁력 확보, 사회적/협력적 기술, 신체적, 일과 학습기술 등이다.

강대국들과의 교역과 이웃국가들과의 협력을 통하여 글로벌 경쟁력을 확보하기 위한 노르웨이의 경우는 고등학교에서 영적이고 창조적 인간, 자유로운 교육을 받고 노동을 하며 환경 의식이 있는 인간을 만드는 것에 초점을 두고 있다. 외부세계를 이해하고 자기와의 관계를 알아 자기의 길을 찾아내는 능력, 양심적이고 윤리적인 결정을 하는 능력, 민주주의 이해와 적용, 창의력과 소통능력을 강조하고 있다.

자연스럽게 주변국들과의 관계를 유지하고 예술과 자연을 중시하는 오스트리아는 언어와 소통, 인류와 사회에 대한 이해, 자연과 기술, 창의력과 디자인, 건강과 체력을 강조하고 있다. 최근 교육 분야에서 모범사례로 거론되는 핀란드는 학습 성과를 평가하는 틀에서 세 가지 핵심역량을 - 학습하는 방법의 학습, 의사소통 역량, 평생교육 - 강조하고 있다. 그 이유는 핵심역량은 하나의 특정한 분야만 훈련해서 얻어지는 것이 아니라는 믿음에 기초한다. 학습하는 방법의 학습은 새로운 일이 어떻게 처리할지 아는 능력, 기술과 능력을 새로운 상황에 전이하는 능력, 주어진 업무의 내적 수용, 동기의 내재화, 자율성과 자기통제, 업무 중심의 활동에 대한 의지와 준비를 의미한다. 의사소통 역량은 사회적 상호작용기술, 협력과 협상능력, 언어적 비언어적 인식과 표현, 소통기술, 정보기술과 미디어 역량을 의미한다. 평생교육은 학습에 대한 지속가능한 내재화, 자신의 기능, 학습 프로세스와 결과에 대한 분석과 평가 능력, IT 사용, 문화의 내재적 가치인지, 국제화 등을 포함한다.

다양한 국가에서 강조하는 역량의 내용은 유사한 점도 많지만 국가의 역사와 문화적 전통 그리고 경제의 현황에 따라 의미가 다를 수 있다. 따라서 다양한 역량의 내용들을 범주화하여 체계적으로 정리할 수 있는 틀이 필요하다.

각 나라에서 제시한 역량들에 기초하여 하나의 틀로 통합할 때의 문제는 개별 역량들을 어떤 역량범주로 분류할 것인가의 문제와, 일반적인 역량과 특정 분야의 역량을 어떻게 처리할 것인가도 중요한 이슈이다. 또한 국민 개개인의 역량과 집단의 역량을 어떻게 구분하고 일반교육에서 필요한 핵심역량이 직업교육에서 필요한 역량과 비슷한 정도의 문제도 중요하다. 이러한 문제는 학교 우등생이 사회의 열등생이라거나 학점 좋은 학생들이 기업이나 사회에서 높은 성과나 윤리의식을 발휘하지 못하는 경우에 '무엇이 역량인가?'에 대한 근본적인 질문을 던지는 주제이다.

2. 경제부문에서 보는 핵심역량

과거에는 역량 측면을 고려할 때 교육과 경제를 별도로 보았으나 인적자본과 사회자본(human capital, social capital) 등 1970년대부터 교육의 성과를 경제적 자산으로 보기 시작하여 경제부분이 교육의 성과를 논할 때 발언권을 확대하였다. 그러므로 역량 요건을 논할 때 경제적 관점의 요건이 매우 중요하게 취급되고 있다. 교육의 철학적 목표와 대학의 구조조정 과정에서도 경제와 산업 관점의 교육과 전통적인 교육관점의 충돌이 발생하기도 한다.

국가마다 다양하게 역량을 정의하지만 스웨덴의 사례를 보면, 역량은 사람이 아는 것, 할 수 있는 것, 원하는 것, 그리고 과감히 해보는 것의 조합이다. 아는 것은 이론적인 지식을 의미하고, 할 수 있다는 것은 실질적인 지식과 비공식적인 지식을 의미하고, 원하는 것은 열망과 태도, 목표 그리고 전망을 의미하며, 시도하는 것은 자기 확신과 자아 존중을 반영한다.

스웨덴의 경제부분의 사람들이 생각하는 중요한 역량은 시간관념, 정확성, 서비스 정신, 적응능력과 새로운 것을 시도하는 능력이다. 또한 자기 확신과 창의력, 문제해결 능력과 의사소통능력, 협력과 변화 적응력과 유연성 그리고 자기건강을 챙기는 능력을 중요한 역량으로 중시한다. 이상과 같이 각 국가의 교육부문과 경제부문에서 공통으로 강조하는 역량들을 정리하면 다음과 같다.

핵심역량을 국가적 차원의 조사연구를 수행한 프로젝트는 대표적으로 두 가지 유형이 있다. 하나는 교육적인 목적에 기반을 두고 사회과학적인 틀과 기술적인 측면들을 통합하여 역량의 범주를 구성한 연구이며, 다른 하나는

〈표 3〉 교육부문과 경제부문이 강조하는 역량

역량영역	교육부문에서 강조	경제부문에서 강조
자기관리 (Self management)	자율학습과 지각역량 (autonomous learning, meta-cognitive competencies)	행동지향성, 책임감, 의사결정, 위험감수, 자원관리, 기획, 작업환경 조성, 시간관리, 행동의 영향력과 효과성 분석, 유연성
소통 (communication) 역량	언어역량, 외국어, 문화적 정체성, 다문화 역량, 미디어 역량	IT 역량, 발표능력, 국제화
학습 (learning) 역량	전문분야 학습, 학습전략 수달능력, 성찰과 학습에 대한 학습(metalearning), 평가능력, 평생교육	평생학습, 학습동기부여, 방법론적인 기술, 지식과 학습을 업무맥락에 응용
사회적역량/팀워크/협력	사회적 이해력, 긍정적인 사회적 태도	대인관계 역량, 팀워크 능력, 협력과 협상 능력, 갈등해결 능력
가치지향(value orientation)	윤리, 사회적 가치와 민주적 가치, tolerance, 인권에 대한 인식	도덕성, 신뢰성, 충성도, 정직성 등 개인적 품성
창의력	심미적 교육, 표현 능력	혁신과 변화, 기업가 정신
건강, 신체적 능력, 신체에 대한 태도	체육교육	위험행동, 신체 탄력성과 회복력
생태지향	자연환경에 대한 태도	생태에 대한 책임감

사회에서의 개인의 역할을 수행하기 위해 필요한 역량을 내용과 범주를 도출한 연구이다.

교육적 목적에 기반을 둔 조사로서 Young Adult Survey(YAS)가 대표적인데, 이는 스위스의 18-20세의 핵심 역량을 평가하고 측정하기 위한 프로젝트이다. 초·중·고등학교와 직업하교 커리큘럼에 대하여 교육 목표 차원을 체계적으로 15개 구성요소별로 분류하는 체계를 개발하였다.[2)]

다음은 역할 기반의 조사연구로서 각 역할에 핵심적으로 필요한 기능

2) 자기존중, 자기관리, 자주성/자율성, 자기성찰 능력, 자기 자신의 감정을 인식하는 능력, 스트레스를 다루는 능력, 창조성, 건강에 대한 책임(위험행동 등), 사회적 역량(협력, 자주적 행동, 협동행위를 통한 학습), 평생학습(의지와 동기), 성과 창출 동기, 전략적 역량(학습과 업무수행, 기획, 기술전이, 주도면밀, 모니터링, 인내, 평가기술), 생태학적 지식과 태도, 사회적 책임(이민자, gender 이슈), 정치적 역량(흥미, 지식, 참여, 정당성)

(skill)이 무엇인가를 찾아내는 연구로서 미래를 위해 갖추어야할 역량에 대한 조사연구를 위한 EFF가 대표적인 프로젝트이다. 스위스 프로젝트(YAS)는 교육학적으로 목표에의 분석에 기초한 프로젝트였으나, EFF(Equipped for the Future)는 미국을 대상으로 시민, 가족구성원, 근로자로서의 실제 성인 역할을 하는 생활에서 활동을 분석하였는데, 핵심은 어떤 역량이 정말 중요한가?에 대한 질문을 추상적인 상황이 아니고 구체적인 실제상황에서 실시하였다. 그 결과 13개의 공통 활동이 시민, 가족구성원, 근로자로서의 역할과 관련이 있고, 16개 생산적 기술도 도출되고 분류되었다.[3)]

도출된 13개 활동에 반영된 인간의 행태와 행위의 네 개의 주요 차원을 식별하는데, 접근, 자기주장, 독립적인 행위, 미래에 대한 연계이다. 생산적 기술은 "사회적 요구, 업무, 기술변화에 대하여 상당기간 활용할 수 있는 통합된 기능 프로세스"로 정의된다. 이러한 기술은 성공적인 행위를 위해 필요한 다음과 같은 네 가지 기술로 분류된다.

① 의사소통 기술 : 독해력, 문장쓰기, 명확하게 말하기, 남의 말 경청, 비판적인 관찰
② 의사결정 기술 : 문제를 해결하고 의사소통을 위해 수학을 사용, 문제해결, 의사결정, 계획
③ 대인관계 기술 : 남들과 협력, 남들에 대한 지지와 영향력, 갈등 해결과 협상, 타인 지도
④ 평생학습 기술 : 학습에 대한 책임, 성찰과 평가, 조사 연구를 통한 학습, ICT 활용

특히 우리나라에 요구되는 역량은 문화적 역량으로서 심미적, 창의적, 다문화, 미디어 분야이다. 과거 제조업 중심의 폐쇄적이고 평균적이고 순응적인 교육체계에서 발전하려면 광의의 문화적 역량을 키우기 위해 노력을 기울여야 한다. 일부 국가에서 강조되는 다문화 역량도 글로벌화에 따라 중요성이

---

3) 공통활동(common activites) :정보 수집・분석・이용, 자원 관리, 큰 그림 속에서 활동, 공동으로 협력하며 활동, 리더십, 타인에 대한 지원과 지도, 타인으로부터 지원과 조언을 찾는 활동, 자아의식(sense of self) 개발과 표현, 타인에 대한 존경과 다양성에 대한 가치부여, 비전과 목표를 만들고 추구, 권리행사와 책임 수용, 목표달성을 위한 기술과 도구 사용, 변화에 보조를 맞추는 활동

증가하고 있다. 다문화 역량의 필요성은 주로 다문화/다언어 사회가 원활이 기능하기 위한 필요성, 이민자를 사회에 통합하기 위한 필요성, 주로 경제적 글로벌화에 적응하기 위한 필요성 등인데 우리나라의 경우 세 가지 모두 미래에 중요한 이슈가 될 것이므로 다문화 역량을 미리 준비하여야 한다.

3. 역량의 정의에 대한 주의사항

① 핵심역량의 정의, 평가, 측정은 과학적 문제이기도 하지만 정치적인 문제
② 이론과 실증의 연계
③ DeSeCo의 목표가 맥락 의존적
④ 핵심역량의 분석단위 : 개인, 집단. 제도, 사회[4)]
⑤ 보편적 vs 문화화 상황 특정적
⑥ 좋은 삶에 대한 정의

각 국가마다 중요하다고 제시하는 핵심역량은 결국 자기 자신이 누구인가 대한 이해력으로서 자기 삶의 가치를 알고 키워가는 자아 존중과 자기이해력이다. 이를 기초로 타인과 소통하고 타인과 협력할 수 있으며 건전한 조직 구성원이 될 수 있다. 자기를 표현하고 남을 이해하는 역량이 중요하며, 문화와 인종 및 국가를 넘어 소통하기 위해 외국어와 외국문화에 대한 이해력이 요구된다. 자기의 주장을 명확히 하고 대화 가정에서 상대를 인정하고 근거의 객관적 제시 방법에 대한 이해와 실천이 중요하다. 비판적으로 판단하고 자세하게 분석을 하되 전체 관점에서 통합하는 능력을 갖추어야 한다. 과거에 경험하지 못한 상황에 대하여 유연하게 대처하기 위해서는 자기성찰과 개방적 태도가 강조되며, 현실을 살펴 다양한 대안 탐색과 선택을 하는 문제해결능력도 요구되는 역량이다. 나와 더불어 우리를 생각하는 공동체 의식과 리더십, 그리고 전체의 관점에서 민주적 결정방식으로 결정된 사항을 따르는 태도도 중요한 역량이다.

이와 같은 기본적인 역량이 사회 구성원들에게 요구되며, 이러한 역량을

4) 개인역량이 집단역량에 영향을 주지만, 집단도 개인에 영향을 주므로 매우 중요한 이슈. 그러므로 역량의 처리자(processors of competence)로서의 개인, 파트너/가족, 그룹, 공동체 등을 고려하는 것이 중요하다.

갖춘 사회가 삶의 질과 공동체의 경쟁력이 커진다. 소프트파워에 대한 논의는 국제정치학에서 구체적인 의미로 사용되는데 과학기술과 군사력, 그리고 경제력에 기초한 실력(hard power)의 영향력이 상대적으로 약화되고 다른 국가의 국민들이 느끼는 해당국가에 대한 매력을 의미하는 Soft Power의 중요성이 강조되고 있다. 즉, 자연자원이나 군사력 그리고 과학기술능력과 경제력 같은 경성권력보다 사람들을 끄는 힘 즉 매력을 기반으로 하는 소프트파워(혹은 smart power)의 중요성이 강조되고 있다. 개인과 기업의 경쟁력 측면에서도 돈과 권력 그리고 지식과 정보 일변도에서 정서적이고 미적인 측면을 강조하는 소프트 파워의 중요성이 증가하고 있다. Soft Power의 관점이 강조되면 핵심역량의 의미와 내용도 변화할 수밖에 없다. 미래의 직업세계에서는 직업과 업무에 대한 몰입과 자기의 정체성을 확보하기 위해서 필요한 개인의 다양한 태도와 인생관이 점점 중요해질 것이다.

4. 역량의 정의와 선택에 대한 미래 과제

핵심역량에 대한 논의에서 가장 어려우면서도 해결해야 하는 문제는 역량에 대한 개념이다. 왜냐하면 역량에 대한 개념이 목적과 전문영역, 그리고 연구나 응용을 하는 사람들에 따라 각양각색으로 정의되기 때문이다. 인적자원 전문가, 심리학자, 일잔 경영학자, 교육학자나 교육전문가, 기업가, 정치가마다 각각의 측면들을 강조하기 때문이다. 즉, 역량이라는 개념이 사용되는 목적과 상황 그리고 역량의 개념을 사용하는 사람에 따라 의미가 다르게 정의된다. Boon and Van der Klink (2001)는 실용적인 관점에서 세 개의 관점에서 역량을 구분하여 정의하였다: ① 개인 특성으로서의 역량 ② 조직 특성으로서의 역량 ③ 교육과 노동시장사이의 의사소통을 원활히 하고 구조화하는 도구로서의 역량(도구적 역량)이다.

인적자원관리(HRM) 분야에서는 개인역량의 개념이 주로 사용되지만 역량의 엄밀한 정의에 대한 논의는 아직도 확정적이지는 않다. 일반적으로 개인역량은 주어진 환경에서 주어진 일(job)을 일정한 기준을 만족시키기 위해 필요한 일련의 기능(skills)을 의미한다. 이러한 정의는 100여년 전 대기업 등장에 따라 과학적인 관리를 주창했던 테일러(Taylor)의 주장에 따른 전통이다. 기업조직에서 생산성과 효율성을 향상시키고 주어진 일을 처리할 수 있는 개인의 능력에 초점을 맞추고 있다. 단순히 기업 활동의 효율성 관점에서 정의된 개인의 역량에 더하여 인간의 감정적인 측면과 동기부여 요소 그리고 개인특성을 고려한 넓은 의미의 역량이 강조되고 있다.

현대 자본주의 제도 하에서 개인은 피고용인으로서 기능이나 행태 등 요구되는 역량이 변환한다. 또한 개인에게 주어진 상황이 개인역량에 영향을 미친다. 즉, 개인역량은 개인의 지식, 기능, 믿음, 태도, 감정과 동기, 욕구, 직관, 자유의지에 의해 영향을 받는다. 따라서 개인의 역량을 상황과 관계없이 정의해서는 안되며 전인적인 관점에서 개인역량을 이해하고 추구해야 하는 것이다.

고령화 되고 익명간의 의사소통이 가능해지는 미래사회에서 상호간 신뢰할 수 있고 인간에 대한 배려, 다양성에 대한 수용능력, 그리고 익명의 세계에서도 인류 공동체에 대한 기여에 대한 가치 인식 등의 더욱 중요한 개인의 역량이 되어야 한다. 미래사회에서는 지식, 사물과 사람에 대한 이해, 가치와 기능을 내재화하여 통합하는 역량이 더욱 필요하게 될 것이다. 개인적인 특성을 역량의 주요 요소로 보고 역량모델에 명시적으로 나타내는 흐름도 있다. 개인의 인식 능력과 동기유발 행위 사이에 동기유발 요소를 포함시킬 수도 있다. 이때 개인이 다른 사람이나 주어진 환경과의 효과적인 상호작용과 의사소통 능력과 더불어 동기를 중요한 역량으로는 볼 수도 있다. 개개인의 행태나 속성 자의식과 사회적인 기술을 강조하여 추가 하는 경우도 있다. 역량은 근본적으로 행태적인 것이며 학습에 대단히 민감한 것으로 보고 있다.

예를 들면, 조직에서 관리자에게 필요한 역량으로서 하비와 부쳐(Harvey and Butcher) 등이 주장하는 인식능력, 자기지식(self-knowledge), 감정적인 탄력성(emotional resilience), 개인적인 욕구 등을 한 단계 높은 기본능력으로 보고 있다. 인식능력이라는 것은 단지 지적 능력만으로 정의되지 않고 문제나 이슈의 이해와 해결에 필요한 사고과정들로 정의된다. 자기지식은 자신의 동기와 가치, 그리고 자신의 니즈와 남들의 니즈를 구별하면서 남들이 자기를 보듯이 자기 스스로를 보는 능력이다.

자기지식은 다양하고 복잡한 관리 상황들을 다룰 때 유연성을 발전시키는 가장 기초적인 단계이다. 감정적인 탄력성도 자기감정을 적절히 통제하고 외부압박이나 역격을 이겨내는 자기통제와 자기규율을 하는 능력이다. 이는 자기 자신에 대한 긍정적이고 비판적이며, 이상적이고 현실적으로 보는 균형감각을 포함한다. 개인적인 욕구는 개인적인 성취 성향과 동기를 의미하며, 책임에 대한 개인적 욕구를 다루고 자기 자신은 물론 남들도 일정한 위험을 감수하도록 하는 능력을 포함한다.

국민이나 개인의 역량이 환경 의존적인 가능성이 있으므로 역량을 논의할 때 주의하여야 한다. 경쟁우위는 잠재적으로 능력 있는 사람에 의해 만들어지지만, 역량은 조직이나 환경 등의 맥락과 관련이 큰 경우가 많아 모방이 어렵기 때문이다. 역량이 다른 사람에게 전파/전이 될 수 있는가에 따라, 역량이 조직에 한정되어 적용되는가도 결정 된다. 역량이 이동가능하면(portable) 다른 조직에서도 적용이 쉽지만 역량의 특성에 따라 큰 편차를 보인다. 기본적인 역량모델들은 지식, 기술, 태도, 능력과 경험을 잘 조합해야 조직에 부가가치를 주는 것으로 보고, 최적 조합이 무엇인지를 모색한다. 결론적으로 개인역량 구성(construct)의 복잡성 때문에 개인역량의 정의가 명확하지 않아서, 각각의 연구자나 기관의 목적에 따라 다양한 요소들을 강조한다. 그러나 지식, 기능, 감정, 행동 등은 공통적으로 강조되는 요소들이다. 따라서 개인역량은 기능적이고 개인적인 역량과 개인의 가치관을 결합한 인지적(cognitive), 정서적(affective), 의욕적(conative) 요소들의 결합체로 볼 수 있다. 이러한 구성요소들이 특정한 행동을 낳는다.

지식과 기술로 대표되는 인지적 요소들은 과거 유행했던 지능지수(IQ)를 대체하는 포괄적인 범위로 확대되며, 정서적인 구성요소는 정서적인 유연성을 포괄하는 감성지수(EQ)로 나타내고 있다. 능동성 구성요소들은 목표지향적인 개인의 열망과 행동지향성을 나타내므로 실제 관점에서 매우 중요하며, 활력지수(VQ : Vitality Quotient)로 나타낸다. 개인역량은 매우 역동적이므로 기술, 시장, 핵심성공요인, 전략, 상품변화, 사회적 가치, 인구변화, 등등에 따라 바뀌어야한다. 개인역량의 정의를 요약하면, 통일적인 성과지향적인 측정가능한 개인적 기능적 특성으로서 개인의 가치체계에 기초한다. 개인의 가치체계는 인지적, 정서적, 의욕적이 구성요소로 구성되어 특정한 행동을 야기하며, 개인특성은 동태적이므로 계속되는 프로세스이다.

역량의 의욕성 요소는 각 개인의 선천적인 특성이라서 학습이나 훈련으로 얻기가 어려운 요소이다. 그러나 의욕적인 태도 등이 역량의 중요한 구성요

[그림 10] Tripartite individual competency components construct

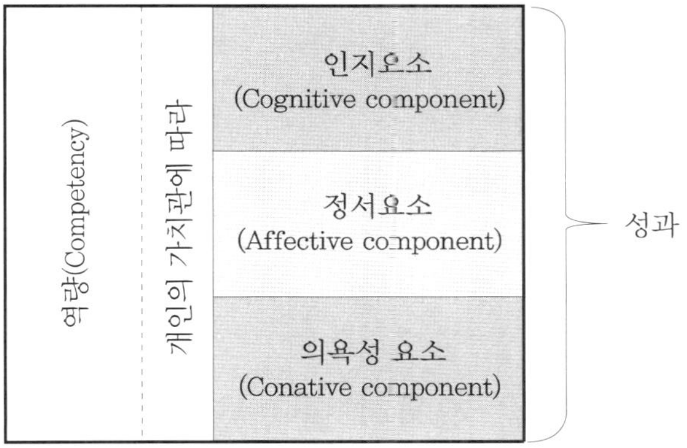

출처: Andrej Bertoncelj, Darko Kovač(2008)

소이지만 평생학습을 통하여 꾸준히 노력을 하더라도 의욕 요소에 영향을 줄 수는 없다. 따라서 개인의 가치관에 따라 개인적, 조직적, 국가적 대책과 정책도 각각 다르게 수립되고 적용되어야 하는 것이다. 인지적 요소나 정서적 요소는 사회화 과정을 통하여 얻을 수 있으나 의욕은 제한적으로 가능하다.

경제협력개발기구(OECD)가 내린 역량의 정의는 주요 기능적인 접근에 초점을 맞추고 있은데, 역량의 개념의 전면에서 개인들이 직면한 복잡한 요구사항들을 포함하고 있다(OECD, 1999, 2004). 이에 따르면 역량은 요구사항과 업무를 중심으로 구성된다. 다양한 요구사항과 업무를 충족하기 위해서는 단순히 지식과 기능뿐만 아니라, 전략이 필요하고 지식과 기술을 적용하기 위핸 필요한 절차와 업무, 그리고 적절한 감정과 태도, 그리고 필요한 모든 요소들을 효과적으로 관리하는 능력이 필요하다. 따라서 역량이라는 의미는 인식, 동기, 윤리, 사회적이고 행태적인 요소들을 모두 포함한다. 역량은 개인의 특성, 학습결과인 지식과 기술, 가치체계, 습관, 심리적 특성들을 결합한다. 이러한 관점에서는 기초적인 일고 쓰고 계산하는 능력이 다양한 역량의 가장 기본적인 요소들이다.

그러므로 OECD에 따르면 역량 강화는 평생 지속적으로 학습하는 과정이다. 역량개발이 발생하는 환경은 학교 이외의 가족, 동료, 정치와 종교, 문화생활 등을 위한 사회적 제도와 각종 기저들 속에서도 발생한다. 학습을 통하여 얻은 역량의 개념은 본래의 태생적인 특성과 대비된다. 20 세기 산업사회에서 주로 강조되었던 행동주의와 인식의 개념 때문에 등한시 되었던 의욕적/능동적(conative) 측면도 추가되어야 한다는 주장도 제기되고 있으나 개념과 측정이 쉽지 않아 현실 적용성은 낮다. 이는 습관적인 행동이나 어떤 사항에 대한 반응적인 태도에 비하여 적극적인 행동의 측면을 고려하여 목표 지향적이고 자발적이며 계획적인 동기를 갖는 행동역량에 중요하게 적용될 수는 있을 것이다.

제 7 절 정책적 함축성 및 결론

정부나 기업이 미래사회를 정확히 예측하거나 제어하는 것은 불가능하다. 그러므로 가능한 다수의 주체들이 참여하고 정보와 지식을 공유하고 자원에 대한 접근을 통하여 각자의 목표를 달성하기 쉬운 환경을 만들어 주는 것이 정부의 정책방향이 되어야 한다. 기업관점에서는 경쟁과 협력을 위한 역량을 구축하는 일 자체가 경쟁을 위한 역량을 확보하는 일이다. 그리고 공동가치 창출을 위해 역량을 확보하는 일은 특정 경쟁전략보다 전략적으로 더욱 중요하다고 한다(Prahalad, 2007).

한명의 천재가 많은 사람들에게 일자리를 주고 비즈니스 가치를 생산하다는 생각에서 나아가 한명의 천재를 만드는 시스템, 여러 사람이 협력하여 천재와 같은 효과를 발생시키도록 사회의 지식 네트워크화 경험 네트워크를 강화하여야 한다. 기업과 소비자의 접점이 가치를 교환하는 장소가 아니라 가치를 창출하는 공간이 되어야 하듯이, 정부와 국민도 정책의 전달과 시행이 아니라 정책을 만들고 집행방식을 공동으로 결정하는 관계로 변화시킬 필요가 있다. 학습의 공간에서도 가르치는 자와 배우는 자의 관계에서 나아가 수직적으로나 수평적으로 함께 학습하는 자기 주도적 학습공간을 만들어, 주어진 문제를 해결하는 방식이 아니라 문제를 찾아내는 방식으로 전환되어야 한다.

우리나라의 학업과 직업의 현실을 고려할 때 역량은 개인의 의식주 문제를 해결하는 개인역량과 사회적 활동에 필요한 사회역량의 강화와 같이 구체적이고 실용적인 역량을 정의하기 위해 노력해야 한다. 이상적인 역량과 교육목표를 설정하는 주체와 역량개발의 주체가 필요한 역량을 정의하는 과정에 참여하거나 토론하도록 하여야한다. 미래의 역량은 소수 전문가나 정부가 정확하게 예측하기도 어렵고 강제로 역량강화를 효율적으로 할 수 없으므로 학생과 부모가 자기책임 하에 선택을 할 수 있는 여지를 넓혀야 한다. 기업이 소비자에 맞추어 제품과 서비스를 개발하고 개인화하며 공동 가치창출을 하듯이, 교육도 교육 제공주체와 학습주체가 함께 필요한 역역과 방법에 대한 협력이 강화되어야 할 것이다.

역량은 상황 의존적이므로 인간욕구나 자연현상 그리고 기술과 사회에 대한 예측을 자유롭게 하되 집단지성과 집단 능력이 조성되고 공유되도록 하는 학습사회를 만들어야 한다. 학습사회를 만드는 기반과 수단으로서의 ICT의 잠재력을 최대한 활용하는 것이 우리나라의 집단 역량에 중요한 역할을 할 것이다. 대학입시나 학교평가에서도 국영수와 같은 일정한 지능보다 더욱 넓은 지능을 정의하고 평가하도록 하여야 미래를 준비할 수 있는 역량이 배양될 것이다. 이러한 일은 국민 개개인과 학교 기업 그리고 정부가 각각의 역할을 해야 하지만, 정부는 효율적이고 효과적인 역량개발의 메커니즘을 디자인하고 자원배분을 신호를 명확하게 보내야 한다. 이를 통하여 모든 역량개발의 판단주체의 역량개발의지를 높이고 역량개발 역량을 강화해야 한다.

핵심역량은 상황 의존적인 동시에 역량 구축을 위해서는 장기간 소요되므로 정부의 정책 일관성과 유연성이 동시에 요구된다. 개인이나 기업의 역량개발과 활용을 과감하게 하도록 유인하기 위해서는 교육, 의료, 기초생활 등 사회 안전망을 강화하여 다양한 미래역량 강화와 활용을 과감하게 하고, 노력의 실패에서 오는 충격을 완화하여야 한다. 지금까지 대외무역을 통한 경제발전과정에서 강조해온 비교우위(comparative advantage)를 강화하는 경제정책이나 기업전략에서 강조해왔던 경쟁우위(competitive advantage)에서 나아가 국내외적으로 협력 협동하는 능력의 우위(collaborative advantage)를 강화하는 전략적 정책적 관점의 전환도 요구된다.

이를 위해서는 대학이나 기업조직 그리고 정부기능 들을 수직적으로 분할하기보다는 분야별, 기능별, 지역별 융합을 유도하는 정부 조정 능력, 학제, 지방 정부 운영방식을 유도하여 궁극적으로 잠재력을 키우고 최대한 활용하

〈표 4〉 역량과 전략

	개인	기업(조직)	국가사회
절대우위	자급자족 능력	상업/거래주도형	폐쇄적 전제국가
비교우위	전문화	산업/제품 생산 Positioning	폐쇄적 민주국가
경쟁우위	차별화	제품과 서비스 주선형 차별화(focusing)	개방형 민주국가
협력우위	융합화	네트워킹 통한 가치 공동 생산형(소비자 포함)	개방 Platform 제공형 국가

는 체제를 만들어야 한다. 싱가포르는 특정한 분야에서 탁월한 사람들이 많은 것도 아니고 글로벌 시장에서 선두에 있는 기업도 없지만 경제적 사회적으로 세계의 모범이 될 수준에 있다. 세계적인 경제사학자인 알프레드 챈들러(Alfred Chandler)는 우리나라의 전자산업 성공 원인을 제조업에 필요한 능력을 체계적이고 효율적으로 조직화한 능력(organizational capabilities)에서 찾고 있다(Chandler, 2001). 스마트폰의 사례에서 보듯이 세계 최고의 정보화 수준으로 평가받던 우리나라가 단기간에 경쟁력을 상실할 가능성이 언제든지 있다. 사회 전체가 하드웨어 중심에서 소프트웨어와 콘텐츠 그리고 새로운 비즈니스 모델 분야에서 뒤떨어지고 있는 현실은 많은 것을 암시한다. 우리나라가 이미 보유하고 있는 역량에 대한 평가에 따라 강화해야할 역량을 찾아내고 역량의 글로벌 활용을 국민 모두와 기업 그리고 정부가 함께 생각하여야 한다. 우리의 교육도 주어진 질문에 대한 정답을 찾는 방식위주에서 스스로 질문을 하는 능력을 배양하여야 한다. 이를 위해 대학의 입시나 정부기관에서도 문제해결 능력과 함께 새로운 질문을 하는 능력에 대한 가치부여가 내부화 되어야 한다. 개인이 일과 여가를 적절히 배분하듯이 사회적으로도 새로운 생각과 활동의 여지가 더욱 확보되어야 한다. 주어진 목표에 대한 결과 중심이 아니라 자발적으로 변화하고자 하는 내적 동기유발을 위해 학교와 정부 조직에서 일정부문 사유와 활동을 위한 자유공간과 자유시간 확보의 제도화를 고려해볼 수 있다. 근무시간을 유연하게 선택할 수 있거나 직제나 과제에 대한 선택의 여지 등을 확대하는 노력은 그러한 노력의 일부이다. 자발

적인 선택에 대한 몰입을 하는 과정에서 학습의 내적 동기가 활발하게 될 것이며, 이는 국민 개개인, 조직, 국가의 역량에 기여할 것이다. 오마에가 일본인에게 던졌다는 질문을 한국에게 적용하더 마무리 하고자 한다.

「국가가 국민을 지키지 못하는 시대가 된 지금, 한국인은 모두 '질문하는 힘'을 발위해서 자신을 지키고, 자신의 인생을 재고하지 않으면 안된다. 그로 인하여 한국이라고 하는 나라 자체도 변할 것이기 때문이다.」 집단 IQ가 높은 집단이 21세기 승자가 될 것이기 때문이다.

참|고|문|헌

곽병선(2009), 한국교육개발원 정책포럼 188호 토론회 자료집, *미래형 교육과정은 진짜 미래형 교육과정인가?*, 국가교육과학기술자문회의.

김중진·박상천·이윤선(2009), *직업별 정성적 전망 및 고용변동 요인분석*, 한국고용정보원.

김창환(2008), *인재강국 독일의 교육*, 신정.

맨큐(2007), 김종석 역, *경제학 원리*, 교보문고.

문용린(2007), *다중지능*, 웅진지식하우스.

오마에 켄이치(2009), 양영철 역, *지식의 쇠퇴*, 말글빛냄.

전재식 외(2009), *인재대국을 위한 과학기술분야 핵심인재 양성 방안 연구 총괄보고서*, 한국직업능력개발원.

프라할라드·벤카트 라마스와미(2005), 김성수 역(2007), *경쟁의 미래*, 세종서적.

핑크(2005), 이온화 역, *미래, 진화의 코드를 읽어라*, 넥서스.

하워드 가드너(1998), *마음의 틀*, 문음사.

후쿠타 세이지(2008), 이경희 역, *핀란드 교육의 성공*, 북스힐.

Bertoncelj, Andrej and Darko Kovač(2008). *A conceptual model of individual competency...* Zb. rad. Ekon. fak. Rij. vol. 26. sv. 2. 215-237.

Chandler. A. D.(2001), *Inventing Electronic Century*, Free Press.

Kling, Marcel Vander, J. Boon, and K. Schlusmans(2007), *European journal of vocational trainig-no. 40-2007/1.*

Prahalad, C. K. and Hamel, G.(1990), “The core competence of the corporation,” *Harvard Business Review* (vol. 68, no. 3), pp. 79 - 91.

Rychen, D. S.(2003), “Key Competences: Meeting ImportantChallenges in Life,” In D.S. Rychen and L.H. Salganik(eds.), *Key Competences for a Successful Life and Well-Functioning Soceity*(pp.63-107), Goettingen, Germany: Horefe & Huber.

Rychen, D. S., L.H. Salganik, and M. E. McLaughlin (eds.)(2003), *Contributions to the second DeSeCo symposium*

Rychen, D. S. and L. H. Salganik (eds.)(2001), *Defining and selecting key competencies.*

Salganik, L .H., D. S. Rychen, U. Moser, and J. Konstant(1999), *Projects on competencies in the OECD context: Analysis of theoretical and conceptual foundations.*

Warsh, D.(2006), *Knowledge and The Wealth of Nations*, Norton and Company.

OECD(1997), Terms of Reference for the Tendering Procedure of the Data Strategy for the Development of Student Achievement Indicators on a Regular Basis. Paris, France: OECD.

OECD(1998), Human Capital Investment,Paris, France: OECD.

OECD(2003), Science, Technology and Industry.

UNESCO(1996), Delors Report.

US DOE(2010), Transforming American Education: Learning Powered by Technology(2010), National Educational Technology Plan 2010, Office of Educational Technology U.S. Department of Education(2010).

[첨부 1] 다양한 역량모델 사례

[그림 1] 산업별 역량모델(Industry Competency Model)

[그림 2] 직업역량 모델(ASTD Model)

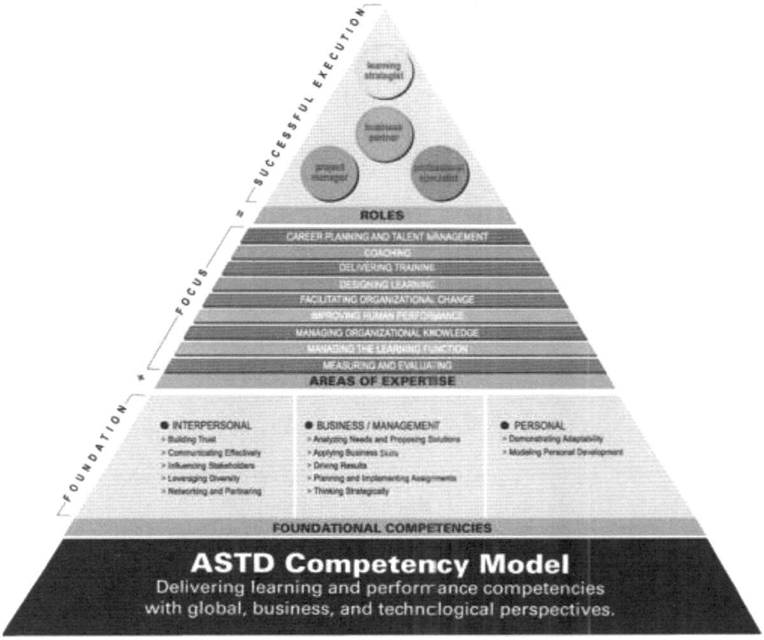

[그림 3] 거시 역량 모델

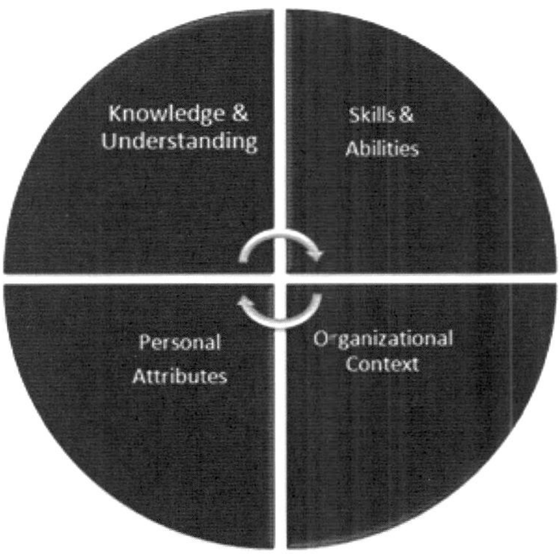

출처: eodinfo.tamu.edu/aboutUs.aspx

[그림 4] 역량 모델 개발 방법론

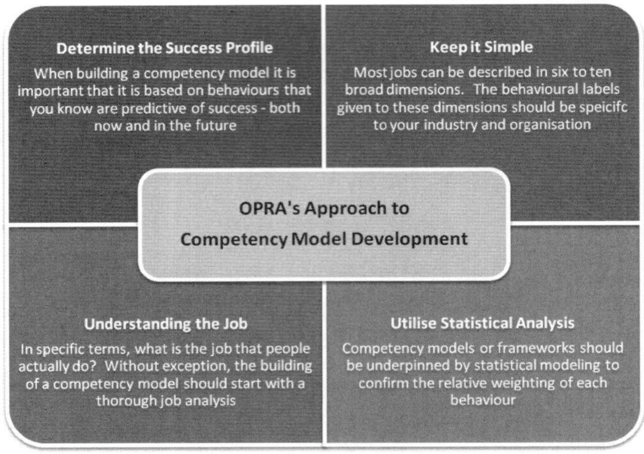

출처: www.opra.co.nz/.../competency-model-development

[그림 5] 역량 개발을 위한 훈련 모델

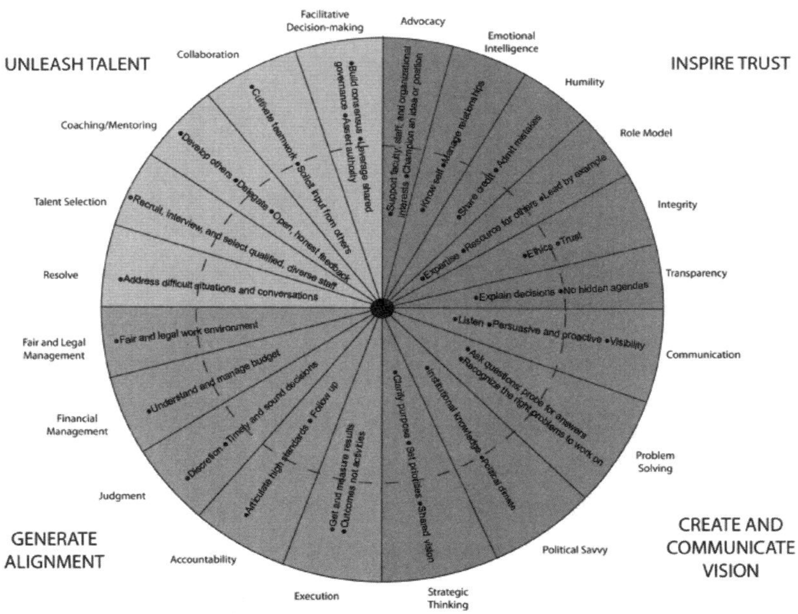

출처: www.hr.ufl.edu/training/leadership/model.asp

[첨부 2] 미래역량개발 민간전략과 정책 사례

미래역량에 대한 논의는 학문적인 목표와 정책 목표를 위한 다양한 연구들이 진행되어왔다. 그러나 역량은 상황의존적인 개념도 포함하므로 미래 상황에 대한 예측이 선행되어야 하는 어려움 때문에, 개인적인 노력보다는 집단적인 노력을 통하여 이루어졌다. 따라서 정부의 연구소나 다양한 분야의 전문가들이 공동으로 연구하는 프로젝트를 통하여 연구를 하거나 정책을 제안하는 경우가 많다.

글로벌화와 정보화가 급속히 진행되고 한차례 외환위기를 경험 한 이후 투입위주의 경제구조나 노력만으로는 경제적인 측면에서 질적으로는 물론 양적으로도 발전하기 어렵다는 현실을 인식하였다. 이를 타개하기 위해 기업이나 정부는 구조개혁이나 업무프로세스를 개선하는 등의 노력을 하여 새로운 돌파구를 모색하였다. 그러나 장기적으로는 교육을 혁신하고 역량을 확보하는 방법이 가장 핵심이라는 사회적 합의에 도달하였다. 민주주의와 시장경제를 지향하는 방향에서 기본적인 사회적 합의는 어느 정도 이루어 졌고, 산업체제나 금융체제에 대한 이해와 활용은 어는 정도 가능하게 되었다. 산업부문이나 금융부문에서부가가치 높은 영역을 점유하고 안정적인 경제와 세계를 유지하기 위해서는 세계수준의 인력을 확보하는 것이 중요한 문제라는 것을 인식하였다. 이에 대비하여 우리나라 정브는 교육부를 교육인적자원부로 명칭도 바꾸고 인적자원본부를 신설하여 서계최초로 국가인적자원개발(NHRD)을 추구하는 국가가 되었다. 이후 과학기술분야까지 아우르기 위해 교육과학기술부로 통합을 하였으나 그 기저에는 우수한 인력의 양성과 배분이 자리잡고 있다. 역량개발을 위한 교육이나 인적자원개발에 대해서는 역사가 오래되었으나 본 첨부에서는 최근 5년여간 인적자원개발과 관련된 주요 연구사례를 요약하여 소개하고자 한다. 우선 초중등 교육제도는 이미 많은 전문가들의 의견과 연구가 제시되었으므로 여기에서는 국민의 역량을 지속적으로 개발하고 발전시키기 위한 평생교육이나 인적자원개발에 초점을 맞춘다.

● 교육개혁포럼과 한국직업능력개발원이 공동으로 발간한 <평생학습사회를 만들기 위한 -교육에서 학습으로> 주제 하에 평생학습사회를 위한 실천

전략(이주호 · 김승보, 2002)의 내용을 알아본다. 이들은 기존의 교육체계인 학교교육, 평생교육(사회교육), 직업능력개발(직업훈련)에서 한 갈래가 더 보태어지는 것으로 보고 있다. 인적자원개발 정책은 2001년 교육부가 교육인적자원부로 개편되고 2002년 인적자원개발기본법이 제정되면서 본격화하였다. 인적자원개발기본법에서는 인적자원개발의 정의를 "인적자원을 양성, 배분, 활용하고, 이와 관련되는 사회적 규범과 네트워크를 형성하기 위하여 행하는 제반활동"으로 규정하면서, 교육인적자원부가 인적자원개발 기본계획을 5년 단위로 수립하고 도별 시행계획을 추진하며 실적을 평가하도록 하고 있다. 즉, 정보화를 통합적으로 추진하기 위해 정보화추진전략위원회 등이 정책방향을 결정하고 정보통신부가 사무국 기능을 담당하고 집행기능을 담당하던 정보화 정책과 유사하다. 그러나 평생학습의 관점에서 이들이 지적하는 인적자원개발정책의 문제는 다음과 같다.

첫째, 인적자원개발정책의 도입이 조직의 비대화로만 이어진 채 평생학습의 통합적 기능을 살리지 못하고, 평생학습의 통합이라는 의도와는 달리 새로운 파편화의 갈래만 늘리는 결과로 나타난 측면이 있다.

둘째, 중앙정부 차원에서 추진하는 국가인적자원개발 (NHRD: National Human Resource Development)의 작위적 성격의 문제이다. 셋째. 교육인적자원부가 지역 차원에서 추진하는 지역인적자원개발(RHRD: Regional Human Resource Deelopment)에도 평생학습의 통합화라는 관점에서 RHRD의 지나치게 낮은 위상의 문제 등 여러 가지를 제기하고 있다.

- 국가의 직업능력개발과 인적자원개발에 관한 연구기관인 한국직업능력개발원(KRIVET)의 연구보고서 <21세기 국가전략 - 일자리 창출, 인적자원개발>(2007)에서는 선진국의 인적자원개발 파트너십 사례와 시사점을 정리하고 있는데 이를 요약하면 다음과 같다.

인적자원개발은 사회파트너들의 자발적 참여와 협력 없이는 성공할 수 없다는 점을 지적하면서, 선진국에서는 지방정부에 많은 권한을 이양하고 있는 추세를 지적하고 있다. 단순히 역량개발이나 인적자원개발이라는 좁은 범우에 한정하지 않고 정책의 모든 분야에서 중앙정부의 역발보다는 지방정부와 시민참여를 촉진을 위한 정책을 추진하고 있다.

스웨덴은 세계 최초로 Corporatism이라는 정치적 교환 혹은 사회대타협 체계를 구축 및 발전시킨 국가로서, 정부정책의 대부분의 분야에 걸쳐 사회파트너들의 참여를 보장하고 있다. 사회파트너들은 정책 방향에 영향을 미치고 정부는 사회파트너들의 능력을 활용한다. 이 과정에서 정치적인 지지도 자연스럽게 얻어내고 다양한 분야와 지역의 이해관계자들과 소통하게 된다. 특히, 미래역량을 경제활동과 취업을 고려하는 기제로서 정책협의체인 '성장을 위한 동맹(Alliance for Growth)'를 통하여 노동시장 파트너들과 정부가 합의를 통하여 경제발전정책을 모색하였다. 특히, 스웨덴의 제조업부문 노사조직은 '스웨덴 산업의 미래(Future for Swecish Industry)'라는 협의체를 구성하여 산업에 대한 장기투자 촉진, 국제경쟁력 확보를 위한 연구개발투자 확대에 합의하였다. 이러한 사회적인 노력은 개인이나 기업들이 미래에 대한 투자에 불확실성을 완화시켜주는 효과가 있다. 이러한 합의를 통하여 개인들은 사회적으로 필요한 역량이 무엇인지 예측하기 쉬우며 불확실성을 감소시키면서 미래역량에 대한 투자를 결정할 수 있는 것이다.

아일랜드는 최근 유럽의 금융위기로 주춤하기는 했지만 오랜 산업경제 역사관전에서 최근에 비약적인 발전을 이룬 국가이다. 아일랜드는 경제와 사회적으로 매우 안정적인 국가는 아니었으나 1987년 이후 여러 차례에 걸쳐 사회협약을 추진하였다. 아일랜드의 인적자원개발과 고용의 연계는 '고용창안프로그램' 등 지역사회와 함께 다양한 고용관련 프로그램을 통하여 이루어지고 있는데, 아일랜드는 특히 인적자원의 활성화에 초점을 맞추고 있다. 양적인 고용을 어느 정도 달성하고 고용의 질 개선에 정책초점을 두공 있다.

독일은 사회적 파트너십이 강한 전통이 있음에도 불구하고 북유럽 국가들과 달리 사회협약을 자주 하지 않는다. 그러나 통일 이후에 사회적 문제가 쉽게 해결되지도 않고 경제적으로도 과거와 달리 안정성을 유지하기 어렵게 되었다. 특히 높은 실업률이 사회적 문제가 되자 '일자리동맹'을 제안하여, 시장경제가 파생하는 문제에 정부가 적극적인 노력을 하는 것에서 한 걸음 더 나아가야 한다는 방향에 대하여 대화를 하고 있다. 즉 사회의 문제를 정부가 적극적으로 해결하는 개념에서 나아가, 사회적 책임을 국가와 경제사회 주체들이 분담하고 사회구성원들의 적극적 활동을 촉진하는 '활성화국가'로의 전환을 모색하고 있다. 즉 각 주체가 공동대응을 통하여 사회적 문제를 해결하고자 하는데, 실업이나 인적자원개발 분야에서도 정부가 일방적으로 주도적인 역할을 하는 것이 아니고 사회적인 파트너들이 공동으로 협력하는 시스템으로 전환하고 있다.

프랑스는 직업훈련시스템과 실업보험제도 등 노동시장정책에서 사회파트너들의 참여와 비중이 매우 높은 나라다. 특히 노사공동으로 진행되는 직업훈련시스템은 1972년 이후 전 산업부문에 적용되는 '전국 산업간 협약(accord notional interprofessional)'에 의해 규정된다. 협약의 핵심내용은 노동자가 유급으로 교육훈련을 받을 기회를 부여하고 재원은 사용자가 부담하며 기금은 노사가 공동관리한다는 것이다. 이후 직업훈련과 관련한 주요입법은 주요 사회파트너들이 참여하는 '전국 산업간 현약'을 주임으로 제정된다. 이러한 협약이 어떻게 국가적인 시스템으로 정착되는가? 다양한 사회파트너들이 합의한 협약은 국가에 의해 승인되고 관리되는 시스템으로 발전해오고 있다. 인적자원개발은 반드시 미래의 고도 역량에만 한정된 것이 아니다. 일반국민들이 사회경제적으로 안정적인 생활을 할 수 있는 능력을 개발하고 경제현장에서 활용할 수 있도록 각 분야와 수준에서 유기적 연계가 중요한 것이다. 프랑스와 같이 이해관계에 척점에 선 주체 간에도 상호 관대함과 용인(tolerance)정신이 있는 사회에서는 노동문제 뿐만 아니라 사회문제가 오랜 논의를 통하여 해결된다. 그러나 EC의 통합에 따른 일정한 제약이 부과되고 국제경쟁력의 확보 필요성에 따라 프랑스도 변화하고 있다.

이상에서 주로 유럽 국가들의 사회적 파트너십을 인적자원개발관점에서 살펴보았는데, 최근에는 특히 고용과 인적자원개발 중심의 사회적 파트너십 구축을 위한 노력이 강화되고 있다. 즉, 분배중심 패러다임에서 고용과 인적자원개발 중심으로 전환하여 사회적 대화를 통하여 국가문제를 해결하려는 시도이다. 즉, 기존의 분배적 정의와 소득유지보다는 교육과 직업훈련 등 일자리나 고용관련 학습사회 구축을 강조하고 있다.

유럽국가들이 노동시장정책을 근본적으로 바군 이유는 우리나라에 주는 시사점이 많다. 복지국가를 지향하는 우리나라의 경우에도 정부가 복지문제를 해결하는 데는 한계가 있고 경제발전에 부담이 될 수도 있으며, 일반국민이나 기업에게 부담으로 작용할 가능성도 있다. 따라서, 실업, 저출산과 고령화, 지식정보화로 움직이는 우리사회의 현실과도 유사한 점이 많다. 이러한 관점에서 보면 국민 개기인과 기업들이 글로벌 시장에서 생존하고 부가가치 분야에서 경쟁할 수 있는 역량을 배양하는 것이 중요하다. 특히 사회 규범적 목표에 기초하여 사회적 약자에 대해서 최소한의 생활을 보장하거나 사회적인 부조의 제도화는 수많은 문제를 해결할 수 없는 상황에 이르도록 하였다. 특히, 글로벌화와 더불어 세계의 경제가 지식기반의 경제(KBE : Knowledge-Based Economy)화 하고 있과 사회도 지식기반의 사회(KBS)화 하고 있는 현실에서 국민과 기업의 지식정보화는 중요하다. 이러한 환경에서 혁신주도형 경제로의 전환은 필수적인데 기술변화와 우수인력 확보는 기업이나 국가 차원에서 성장과 경쟁력을 위한 핵심적인 사항이다. 특히, 산업을 중심으로 성장하던 경제가 탈산업화 혹은 서비스화의 경로를 밟고 있으므로 이에 걸 맞는 시스템과 세계 최고수준(top notch) 인력 양성에 대한 국가간 경쟁도 치열하다. 우리나라는 세계수준의 최고 인력 상황은 어느 정도이고 준비는 어떻게 하고 있을까? 과거 교육인적자원부가 추진하려고 했던 인적자원개발의 정책발표나 기초자료를 통하여 개요를 파악허볼 수 있다.

• 최고수준 인력의 정의, 현황 및 문제적

환경변화에 따른 Top-notch 인력 등장 배경으로는 글로벌경쟁과 지식정보화에 따른 혁신의 중요성이 등장하면서 창조계급의 중요성이 증가한다. 그리고 승자독식(Winner-all-take)사회의 경향도 나타난다. 정보기술을 포함한 기술의 발전과 특히 참여, 개방, 공유를 지향하는 웹 2.0 의 도래는 개인적으로 글로벌 지식을 필수조건으로 한다. 집단적으르 지식을 잘 모으고 관리하는 집단지성(collective intelligence)의 활용체계도 중요한 국가역량의 기반이 된다.

우리나라는 과거 선진국을 모방하고 추격하는 상황에 주로 있었지만, 일부 산업을 중심으로 경쟁상대국이 선진국으로 변화하고 있다. 즉 경쟁의 유형이 추격모델(catch-up model)화하면서 선진국과 동등하게 경쟁하여야 한다. 미래의 중요한 산업과 미래 수요 변화측면에서 보면 탈산업화(deindustrialization), 상품의 서비스화와 제조업의 서비스화, 산업의 융합,와 가치사슬 구조의 변화로 첨단기술, 디자인 등의 고부가가치 창출 영역의 변화도 전 세계적으로 빠르게 일어나고 있다. 세계최고의 인력에 대한 학문적으로 정의는 없으나, 글로벌 기업 인사담당자(CHO)나 경영학 관련 분야에서는 최고위직을 담당하는 전문가 혹은 각 분야의 학위와 전문성을 갖추고, 새로운 기술혁신과 신규 시장 창출이 가능한 인력, 그리고 고성과, 잠재력이 크고 통찰력과 전문성을 갖춘 인력으로 포괄적으로 정의하고 있다. 특히 융복합추세가 조직애세도 가속화되면서 다양한 분야의 업무를 동시에 수해할 수 있는 멀티 플레이어(generalized specialist)로 볼 수 있다. 우수 인재도 각 분야의 기준에 따라 등급을 정하는 경우도 있는데, 소위 A급 인재는: 창조적 실행능력, 팀웍과 리더십, 커뮤니케이션 통로, 업무에 대한 충성심을 갖춘 인재로, 천재급 인재가 제시하는 조직의 비전을 실행하는 사람으로 보는 경우도 있다. (매경, 『'3만달러 한국' 80만 핵심인재를 키웁시다』). 한때 세계기업의 구조조정과 인사제도 그리고 성과의 분야에서 모범사례가 된 GE의 경우를 보자. GE는 철저하고 효율적인 체제를 통해 A급 인재로만 회사를 채워가 방식(Top Grading)을 채택, A급 직원을 채용하고, B급 직원을 A급 직원으로 개발시키며, 발전도 없고 다른 업무에도 적합하지 않은 C급 직원을 해고함으로써 높은 성과를 거두었다. 국내 대기업의 경우에도 탁월한 설직이나 기여를 통하여 성과를 나타낸 인재를 특별한 등급을 부여하여 관리하고 대우해주고 있다. 예를 들면, 글로벌 탤런트급 과학자 및 공학자의 경우는 주요 산업분야 톱 SCI 논문게재 건수, 피인용회수, 특허 등에서 상위권에 포함된 Scientists나 Engineers를 말하기도 한다(SERI, 2006).

이들은 유형별로 소위 소위 T자형 인재라고 불리는 핵심인재(Specialized Generalist), 창조적인 인재, 도전적인 인재, 글로벌 인재 4가지로 구분한다.

Specialized Generalists	자신의 전문분야는 물론 관련 분야의 지식을 섭렵하여 이들의 유기적인 조합과 새로운 창출이 가능한 인재 - T자형 인재 : 최고의 specialist이자 관련분야나 그 외 다양한 분야의 지식까지 폭넓게 수용하고 뛰어난 커뮤니케이션으로 다양한 정보들을 획득하고 전파할 수 있는 인재
창조적 인재	미래의 비전을 창출하고 기존의 형식주의를 타파하며 새로운 발상과 함께 과감하게 인식을 전환할 수 있는 인재
도덕적 인재	용기와 소신을 가지고 남들이 기피하는 분야에 과감히 도전하며 변화와 혁신을 선도하는 인재
글로벌 인재	국제적 감각과 매너를 체득하여 글로벌 마인드를 갖추고, 외국문화에 대한 공감대 형성이 가능한 인재

글로벌 선진기업의 핵심인재상의 개요를 보면, GE의 경우 안정적인 경영환경의 1970년대에는 장기계획이나 전략이 중요한 경영수단과 지표가 되었다. 따라서, 계획(Plan) → 조직(Organize) → 통합(Integration) → 성과관리(Manage)의 사이클이 중요한 업무이며 이에 맞는 역량을 갖춘 인재가 필요하였다. 두 차례의 석유위기와 세계적인 경제문제 그리고 중국의 등장 등으로 새로운 리더십 정립이 필요하며 GE는 다음과 같은 인재의 4E 모델을 활용하였다. 즉, Energy(열정과 에너지) → Energize(동기부여) → Edge(집중/결단, 최고지향) → Execution(실행력)을 갖춘 인재를 필요로 하였던 것이다.

국내기업으로서 세계적인 기업으로 성장한 삼성의 경우 'S(Super)급 인재', 핵심 인재를 계열사 CEO급 대우를 받는 S급, 주력 사업 핵심 추진인력인 'A(Ace)급 인재', 미래의 S급으로 양성가능성 있는 'H(High Potential)급 인재' 등으로 구분하고 있다.

우리나라의 최고 수준의 핵심인력 현황 및 문제점을 알아보자. 우선, 양적인 부족을 들 수 있는데, 선진국의 A급인재 비중은 경제활동인구 대비 평균 4%정도이나 한국은 2%대에 불과(매경 및 Mercer 분석)하고, A급 인재 예비후보군들은 이공계 기피하고, 안정성이 보장된 의대나 고시 편중현상이 심화되고 있다. 향후 공무원 선발제도가 개선되어 지금의 고시방식을 개선한 선발방식과 민간전문가를 활용하는 개방형직위의 확대 등은 긍정적인 영향을 미칠 것으로 기대된다.

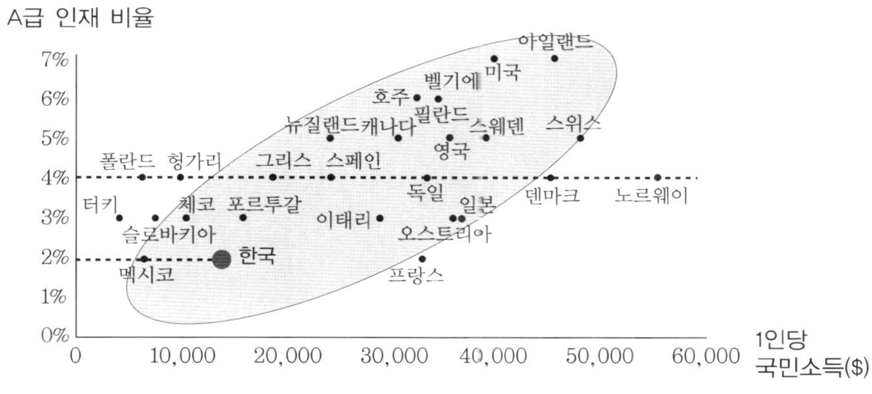

출처: 매경, 제13차 국민보고대회, '3만달러 한국' 80만 핵심인재를 키웁시다.

인재양성 체계를 보면, 현재의 교육체계로는 미래지향적, 글로벌 경쟁력 갖춘 인재 양성이 어렵다. 학문적 지식기반과 현장의 실무적 지식기반을 동시에 갖춘 인력이 필요하고, 수학, 통계학, 논리학, 과학 등 이공계 기초교육의 중요성이 증가하고 있으나 수학 및 과학에 대한 흥미나 최상위권 성취수준은 계속 저하하고 있다. 특히 산업계에서 대학교육에 대한 불신이 크고(skill level mismatch), 시장 수요와 관계없이 인력공급이 되어 수급불균형도 중요한 사회적 비용으로 발생하고, 기업의 재교육비용도 증가하고 있다. 우리나라의 기업의 대부분은 우수한 핵심인재를 확보하고 육성하는 데 기업의 사회적 책임(CSR)이나 성과 위주의 평가시스템 구축 등 미흡한 경우가 많다.

핵심인재의 글로벌 소싱 전략도 미약한데, 석·박사급 유학생들의 귀국 기피 및 외국인력의 국내 유치가 아직은 미약하다. 미국 유학생 규모는 엄청나게 증하가고 있지만 미국대학 이공계 학과에서 석·박사 학위를 끝낸 A급 인재 10명 중 7명이 학위 취득 후 5년이 지나도 귀국하는 않은 현상이 지속되어 왔다.

미국에 거주하는 고급인적자원 현황(명)

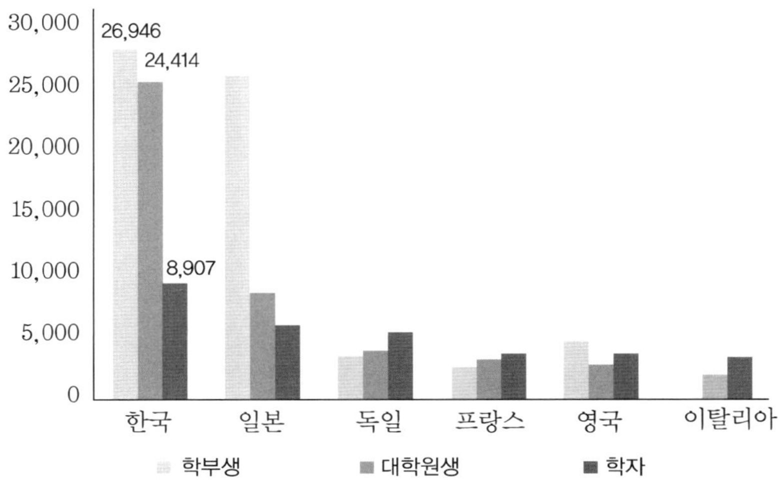

출처: NSF 및 IIE(Institution of International Education) (2006)

이공계 석박사 미국 체류율(%)

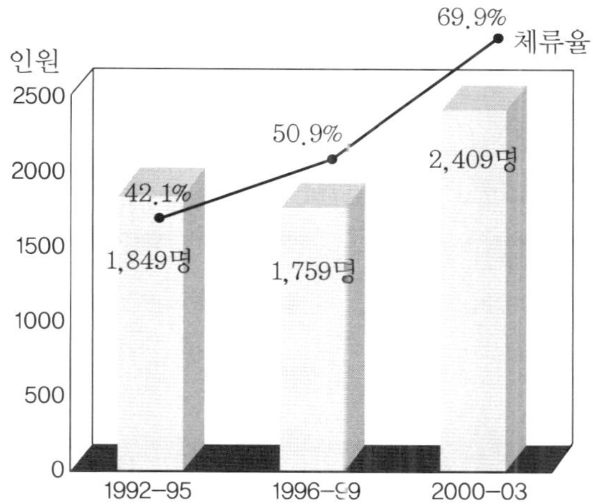

출처: NSF 및 IIE(Institution of International Education) (2006).

우리의 인력이 해외로 진출하는 것은 바람직한 측면도 있지만 이제는 인력이 경쟁력이 되는 경제 환경에서 장기적으로 무역적자보다 우수인력의 흐름이 더욱 중요하다. 우수 인력에 대한 유치가 부진하면 장기적으로 두뇌 유실(Brain drain) 문제는 심각한 국가문제가 될 것이다. 최근 이중국적 허용 등을 시행하고 있지만 이는 적극적으로 국내외를 망라한 최고급 두뇌인재풀(global brain pool)을 확충, 관리하는 전략이 필요하다. 한국의 가정은 자식에 대한 교육의 열정이 넘치고 있다. 교육에 대한 열정이 사회와 세계 시장에서 유용한 역량을 갖춘 인재를 양성하는데 활용되기 위해서는 정부부문이라도 사회적으로 필요한 미래역량에 기초하여 채용과 보상을 하는 과감한 인사 및 성과지향적 정책이 필요한 시점이다.

chapter 06

창조적 인재강국 실현을 위한 ICT 활용전략

제 1 절 문제 상황의 인식

국내 · 외 사회상황과 경제흐름이 갈수록 복잡해지고 있다. 문제를 꿰뚫어 보고 창조적 아이디어로 해결할 수 있는 인재가 절실하다. 천연자원이 부족한 우리나라의 경우 창조적 인재를 국가발전의 원동력으로 삼을 수밖에 없다. 저탄소 녹색성장, 사회통합, 일자리창출, 선진화 등 국가적 난제의 해결을 위해서도 절박하다. 하지만 급속한 저출산 · 고령화, 산업계 수요를 충족시키지 못하는 대학교육 등으로 인해 인재양성이 어려운 현실이다. 그나마 애써 키운 두뇌들마저 유출되는 상황에서 한국경제의 견인차 역할을 했던 IT산업의 경쟁력이 약화되면서 정보강국의 위상도 흔들리고 있다. 근본적인 원인은 창조성의 결핍에서 비롯된다.

바야흐로 창조력이 생존수단으로 인식되면서 창조적 인재 영입 및 양성을 위한 경쟁이 치열하다. 기업의 경우 창조적인 기업가 정신을 가진 최고의 인재를 많이 확보하는 기업만이 연구개발 경쟁에서 성공할 수 있고 선두기업이 될 수 있기 때문이다. 이에 따라 창조경영이 새로운 경영패러다임으로 자리잡고 있다[1]. 도시마다 창조도시로의 혁신적 변화를 추구하고 있다. 웰링톤

1) 이건희 삼성회장은 지난 2006년 8월 뉴욕전자사장단회의에서 "20세기 경영과 21세기 경영은 다르다. 20세기에는 물건만 잘 만들면 1등이 됐지만 지금은 품질에 별 차이가 없다. 21세

(뉴질랜드), 암스테르담(네덜란드), 상하이(중국), 뭄바이(인도)가 창조적 인재들을 빠른 속도로 끌어가고 있다.

이러한 상황을 인식한 듯 이명박대통령은 "전 세계를 흔들고 있는 경제위기를 극복하고 선진 일류국가로 도약하기 위해 창의적인 글로벌 인재를 길러내야 한다"며 "획일과 평준화에 익숙해진 우리에게 자율적이고 수월성을 보장하는 체제로의 변화는 두려운 것 일수 있지만 개인과 국가의 미래를 위해 반드시 가야 할 길 인 만큼 두려워해서는 안 된다"고 밝혔다[2]. 지난 5월 국제경영개발연구원(IMD)은 올해 한국의 정책과제로서 창의성 개발을 위한 교육개혁을 제시하였다[3].

그 동안 역대 정부에서 창조적 인재양성을 위해 노력하였지만 공염불에 그쳤다. 창조적 실용주의를 국정기치로 내건 이명박 정부는 창의인재대국의 실현을 목표로 교육패러다임 변혁을 꾀하고 있다. 그 일환에서 교육과학기술부는 2010년 중점추진과제로 창의·인성교육 강화를 제시하였다. 하지만 교육과학현장에서 창조성에 대한 이해가 부족한 실정이다. 그나마 강조되었던 ICT융합의 경우, IT부문을 제외한 대부분의 산업에서 IT활용도는 전반적으로 낮은 것으로 나타났다. 특히, 의료·교육 같은 서비스산업의 경우 IT융합이 활발하지 못했다(박성욱, 2010). 그 이유가 기술보다는 제도적 걸림돌 때문인 경우가 많았는데 문제해결과 가치창출기능을 지닌 정책부문의 창조성이 요구된다. 즉 공공부문에서의 창조적 인재의 필요성을 의미한다. 이렇듯 창조적 인재는 전 방위적으로 요구된다. 즉 문화예술, 과학기술, 산업분야에서 필요하지만 창조성을 자극하고 창조성을 유지하기 위해서는 교육 및 정치행정을 비롯한 공공부문에서 절실하다.

그 동안 창조성은 특별한 재능이나 현저한 능력을 지닌 사람의 특성으로 인식되었다. 하지만 본 연구에서는 창조성은 개선되고 학습될 수 있다는 맥락에서 ICT를 활용한 창조적 인재의 양성방안을 탐색하고자 한다. [그림 1]에서 보듯이 국가사회적 당면과제 해결을 위해 요구되는 창조적 인재양성을

기에는 여기에 디자인, 마케팅, 연구개발 등이 복합적으로 어우러진 창조적인 것을 만들어내야 살아남을 수 있다."며 창조경영과 창조적 S급 인재 확보를 역설했다.

2) 이명박대통령의 2008년 11월 5일 '글로벌 인재포럼'의 축사를 재인용하였다.

3) 스위스 국제경영개발연구원(IMD)이 평가한 국가경쟁력 순위에서 우리나라가 세계 23위를 차지, 역대 최고의 성적을 기록했다(연합뉴스, 2010년 5월19일자).

[그림 1] 본 연구의 목적

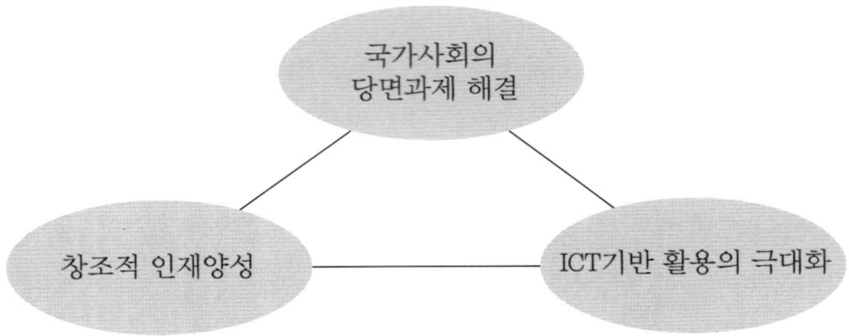

위해 ICT기반의 활용 극대화방안을 도출하는데 연구목적이 있다. 창조성 자극을 위해 ICT가 어떻게 관련되며, 창조적 인재양성에 활용될 것인지 살펴보고자 한다. 즉 창조적 학습과 혁신적 교육의 가능인자로서 ICT가 개개인의 창조적 역량과 환경을 조성할 것인지에 대해 정책적 시사점을 모색하고자 한다.

제2절 정보패러다임에서 창조패러다임으로

Ⅰ. 정보패러다임의 한계

그 동안 한국은 전자, 반도체, CDMA 상용화, 세계 최고 수준의 초고속인터넷 등으로 통신후진국에서 IT강국으로 거듭났다. 그러나 지금은 창조성이 뛰어난 기업문화와 경쟁력을 바탕으로 새로운 IT물결을 만들어낸 미국의 구글과 애플에 의해 위협받고 있다. 게다가 적지 않은 분야에서는 중국에 추월당하고 있다. 정보화의 성취를 느끼기 전에 새로운 패러다임에 의해 위기상황을 맞이한 형국이다. 기존의 기술지향의 하드중심적 정보패러다임은 산업사회의 문제를 해결하지 못할 뿐만 아니라 새로운 한계에 직면하고 있으며 미래의 방향제시에도 역부족이다. 창조성 없는 정보패러다임에 대한 진단과 창조패러다임을 향한 대전환이 요구된다.

1. 하드웨어에서 소프트웨어로

지금껏 한국은 휴대폰강국이었다. 하지만 스마트폰에선 후진국으로 전락했다. 창조적 소프트웨어가 중요해지면서 새로운 위기에 직면해 있다. 창조성 파워를 실감하게 하는 스마트폰은 국내 전기전자기업이 포진하고 있는 소비가전 영역이 아니며 통신기기 영역도 아니다. 컴퓨터 정보산업 영역이다. 사실 메인프레임 컴퓨터를 시초로 컴퓨터산업은 1940년대 이후 미국이 주도권을 유지하였다. IBM · 인텔 · 애플 · MS · HP 등 유수의 컴퓨터기업은 모두 미국에서 사업을 시작했다. 컴퓨터산업은 우주산업 · 군수 · 항공기 제조업 등 미국을 이끌고 있는 첨단산업의 밑바탕이 되었고 1990년대 중반 야후 · 구글 등의 인터넷기반 회사들이 세계 인터넷산업의 주도권을 잡는 데 기여했다. 현재는 스마트폰과 앱스토어로 대변되는 개방과 혁신의 물결이 전 세계 IT 지형을 송두리째 바꿔놓고 있다.

컴퓨터 산업과 가전 산업은 각기 다른 방향으로 발전해 오다가 2000년대에 들어서면서 교집합을 만들기 시작했다. 가전제품이 점점 복잡해지면서 컴퓨터산업의 도움을 필요로 했는데 그 단초가 MP3플레이어다. 기존 CD라는 물리적 매체로 음악을 듣던 사람들이 파일로 음악을 듣기 시작하면서, 우아하게 디지털 음원을 들을 수 있는 휴대기기를 원했다. 일본 기업들은 불법파일 재생기기를 만들어서 미국과 유럽 음반사들과 부딪히는 것을 우려했고, 한국 중소기업들도 이 시장에 뛰어들지만, 우아하게 음악을 들을 수 있는 기기를 만들어내는 데 실패했다. 하지만 애플은 디지털 음원 플레이어 아이팟을 시장에 내놓았다[4]. 아이팟의 등장은 컴퓨터회사의 소비가전산업 진출을 의미한다. 컴퓨터 회사인 애플이 소비가전영역으로 여겨졌던 디지털 음원플레이어를 만들기 시작한 일종의 창조적 영역파괴다. 2001년 아이팟 등장으로 가전산업이 컴퓨터산업으로 편입되는 패러다임 변화가 시작되었다. 애플은 기존 소비가전 산업에 뛰어든 것이 아니라 가전산업을 컴퓨터산업으로 전환시켰다. 아이팟은 소형컴퓨터였고, 아이튠은 음악을 우아하게 듣게 해주는 OS였다. 애플은 여기서 멈추지 않고 또 다른 성장엔진을 모바일폰 제조사업에서 찾았다. 사람들이 핸드폰으로 음악 듣고, 사진 찍고, 이메일을 보내기

4) 스티브잡스는 아이패드를 출시할 때 "인문학과 기술의 교차로입니다, 애플은 언제나 이 둘이 만나는 곳에 존재해 왔지요."라며 상상력과 융합을 강조하였다.

시작하자 애플은 모바일폰으로 우아하게 사진 찍고, 이메일을 할 수 있는 디바이스를 만들고 OS를 개발했다. 게다가 간단한 어플리케이션까지 실행할 수 있게 됨으로써 아이폰은 전화할 수 있는 컴퓨터가 아니라 컴퓨터인데 전화까지 가능한 제품으로 변신한다. 앞으로 컴퓨터산업과 소비가전산업간 컨버전스는 한층 심화될 것이다. MP3P · MobilePhone · e-Book에 이어 TV · 냉장고 · 세탁기 · 커피포트 등 가전제품은 컴퓨터화와 다기능화가 예상된다. 물론 애플이나 다른 컴퓨터 회사들이 새로운 시장에 뛰어들지 않는다는 보장이 없다(오마이뉴스, 2010년 4월 19일자). 미국 컴퓨터 산업의 끝자락에 서있는 디바이스, 아이폰은 하드웨어가 아닌 소프트웨어로의 전환의 필요성을 교훈한다.

2. 모방에서 창조로

토플러(Alvin Tofler)는 미래사회의 특징으로 신기성(Novelty), 잠시성(Transiency), 다양성(Diversity)의 세 가지를 들었다. 장차 21C에는 변화속도가 빨라져서 10년 전 학교에서 배운 지식의 절반 이상은 쓸모없게 될 것으로 예상했다. 사실 산업사회에서는 근력에 의한 땀과 노력을 강조했다. '하면 된다'는 신념에서 한강의 기적이 가능했다. 헝그리기질과 모방이 통했다. 하지만 창조시대는 프런티어근성과 창조정신이 필요하다. 지적재산이 강조되는 상황에서 모방전략은 한계에 직면하고 도덕적, 윤리적 문제를 낳으며 짝퉁이나 아류로 전락할 수 있다. 또한 선진국 진입 및 국가경쟁력 강화를 위해 필요한 사회적 자본으로서 다양성 수용, 기초질서 준수 등 국민들의 인성함양이 강조된다. 창조성과 인성 함양은 바람직한 교육의 차원을 넘어서 미래 사회에서 개인과 국가의 생존과 직결된다. 주지하다시피 한국의 과거 성장전략인 모방과 추격에 강한 인적 자본에 의해 주도되었다. 하지만 미래의 성장 동력은 새로운 것을 생각하고 만들어 내는 창조적 인적 자본에 달렸다. 결국, 국가경쟁력은 창조적 인재의 경쟁력이며, 기업이나 정부에서도 창조성과 인성을 겸비한 훌륭한 전문인을 요구된다. 기업의 경우, <표 1>에서 보듯이 기업이 원하는 바람직한 인재 상으로 창조성이 강조되면서 채용시스템도 기존 필기시험 · 서류전형 비중이 감소하는 반면, 문제해결력 · 조직융화력 등 검증을 위한 면접, 인 · 적성검사 비중이 확대되고 있다(인크루트, 2008년 6월호). 이러한 움직임은 모방에서 창조로의 전환 필요성을 반영한다.

〈표 1〉 매출액 상위 100대기업 인재 상

구 분	창의성	전문성	도전 정신	도덕성	팀워크	글로벌 역량	열정	주인 의식	실행력
100대 기업	71%	65%	59%	52%	43%	41%	29%	13%	10%

자료: 대한상공회의소 리서치, 2008.9.

3. 개인적 지능에서 공감적 상상력으로

산업사회에서 합리성이 일차적 역할을 수행했다면 포스트모더니티에서는 상상력이 중추적 기능을 담당할 것으로 주장된 바 있다(Farmer, 1995). 이를 실감케 하듯 요즘 시대변화는 일정한 규칙을 갖지 않으며 속도도 빠르기 때문에 짧은 시간이 지나면 이미 과거의 이야기가 되고 만다. 또한 컴퓨터나 로봇이 인간의 감정을 온전히 이해하지 못하듯 감정이 배제된 과학적 분석은 공감하기 어렵다. 이러한 난국을 타개하기 등장한 것이 상상력이요, 창조성이다.

창조성 발휘를 위해 상상력이 필요하다[5]. 가령 급변하는 환경 속에서 수요자의 니즈를 파악하기 위해 많은 기업들은 상상력으로 무장하고 있다. 상상력의 힘이 강하지만 상상력만으로는 부족하다. 상상력은 미래지향적이며 비현실적이다. 다소 역설적이지만 상상력이 창조성으로 연결되려면 실현가능성 혹은 현실성이 뒷받침되어야 한다. 지나치게 허황되거나 수요자의 니즈와 동떨어진 상상이면 곤란하다. 수요자의 감성까지 읽는 상상이 요구된다. 실례로 미국에서 매년 출시되는 3만개의 신제품 중 70~80%가 1년 내에 실패하는 이유는 치열한 경쟁 때문이 아니다. 상상력을 한껏 뽐내 새로움만을 강조할 뿐 고객에 대한 깊은 이해와 공감이 부족했기 때문이다. 상상력은 창조력의 한쪽 날개에 불과하다. 수요자가 진정으로 원하는 것이 무엇인지 파악하도록 도와주는 공감은 창조력의 다른 쪽 날개로서 다른 사람의 입장에서 그 사람의 눈으로 보고 그 속마음을 직관적으로 이해하는 능력이다.

5) 1938년 설립 이후 7명의 노벨물리학상 수상자를 배출한 미국 브롱크스 과학고등학교는 물리, 화학, 지구과학, 생물학 등 기초과학뿐만 아니라 인문학, 역사, 예술 등의 교육과정을 강화하여 다방면에 걸쳐 지식을 쌓게 한다. 이처럼 창조성은 상상력과 깊이 있는 사고력에서 출발하며 문학, 역사, 철학, 예술에 대한 폭넓은 이해를 통해 이루어진다.

Ⅱ. 창조성의 의미와 맥락

인류문명은 인간의 창조성에 의해 점철된 역사다. 수준과 정도를 달리할 뿐 창조적 행위는 인간에 의해 지속되어 온 사회현상이다. 장차 환경, 자원, 경쟁 등의 문제와 한계에 직면한 인류사회의 지속적 발전을 위해 필요한 유일한 자원이자 열쇠는 창조성이다. 모든 분야에서 창조성이 강조되고 있다. 특히, 지난 10년간 ICT는 혁명적이라 불릴 만큼 놀라운 발전을 거뒀다. 이는 더 큰 미래를 위한 기초에 불과하다. 장차 ICT의 핵심은 미래 세대에 놀라운 발전을 가능케 할 기술적 진보를 뒷받침하는 창조력에 있다[6].

1. 사회생활과 창조성

창조성은 인간생활의 전반에 걸쳐 밀접한 관련을 맺는다. 창조성은 새로운 것을 제작함으로써 삶의 틀을 지속적으로 확장시켰다. 사회생활과 관련하여 창조성의 바탕에 새로운 문명을 창출하고 문화를 가꿀 수 있게 해주고 있다. 창조적 산물이 없었다면 오늘날의 의·식·주는 물론 생활양식의 변화를 예상하지 못했을 것이다. 무엇보다도 과학기술분야에서의 창조성이 식생활부터 오락에 이르기까지 모든 일상생활에 영향을 미치고 있다. 뿐만 아니라 문화예술분야에서 창조성의 가치는 능력의 표현이고 인간정신의 독립성이며 개별성과 독창성의 표현이라는 점에서 인정된다.

2. 정치행정과 창조성

창조성은 가치창출의 수단으로서 문화예술뿐만 아니라 정치·행정적 요소로 작용할 것이다. 정치와 행정은 한정된 자원이나 가치를 적절하게 배분하거나 국가적 문제 상황의 해결이 바람직한 미래사회의 가치창출을 위하여 정책결정이나 전략, 제도를 수립해야 한다. 이러한 정치행정의 문제는 단일 국가의 차원을 넘어 글로벌 맥락에서 국가 간 정책의 공조가 필요하다. 가령 글로벌 경제위기나 국제범죄, 기후변화와 관련한 환경문제의 해결을 위

6) 2006년에 개최된 '정보통신기술 교육을 위한 세계대학 총장포럼'(IFUP- ICT)에서 마이크로소프트사(MS)의 빌 게이츠 회장의 연설내용 재인용하였다.

한 국제적 공조를 위한 의제형성이나 정책공감대 확산을 위해 창조성이 불가피하다.

3. 경제와 창조성

세계는 지식정보기반경제에서 창조성기반경제(Creativity -based economy)로 진전하고 있다. 창조성기반경제에서는 인재의 기본소양도 전문지식에 창조성이 수반돼야 한다. 사회가 복잡다양해지고 산업간, 학문간 융합이 가속화됨에 따라 아무리 뛰어난 지능이나 지식을 갖춘 전문가도 창조성 없이는 리더의 역할을 수행할 수 없다. 창조성은 산업경제와 밀접하다. 즉 경제성장과 발전, 지적재산권, 산・학・연의 연대, 노동관계 문제의 해결을 위해 필수적이다. 특히, 지적 재산권으로서 발명이나 특허의 경우 신기술이나 신제품으로 연결되기 때문에 중요성이 한층 강조되고 있다. 발명은 창조성에 의해 성취되며 창조성이 발명의 원동력이다. 최근 바이오테크놀로지나 정보통신분야의 특허는 산업경쟁력의 원천이 되고 있다. 독창적인 기초연구에서 기술개발에 이르는 프로세스가 단축되고 피드백이 중요해지면서 지식교류뿐만 아니라 인재교류에서 산・학・연 연대의 적극적인 추진이 요구되는 상황에서 창조성은 교류와 연대를 촉진가능하게 하는 요소가 되고 있다.

4. 교육과 창조성

지식, 기술, 기능, 가치관 등을 가르치고 배우는 활동으로서 교육은 사회가 유지, 발전하는 것을 목표로 한다. 창조성은 교육이 의도하는 목표이기도 하지만 동시에 교육의 효과적 수간이기도 하다. 호기심이 발동하도록 교육시키는 것이 창의성 교육이다. 교육의 실제 대상은 인간두뇌다. 21세기는 두뇌의 시대로서, 인간의 창조적 지성이나 가치생산능력은 인간의 두뇌 비밀 속에서 비롯된다는 점에서 두뇌연구의 열풍이 교창조적 교육의 새로운 방향을 제시할 것으로 기대된다.

5. 창조성의 사회적 책임과 윤리

창조적 활동은 사회적 행위다. 창조적 산물은 사회생활 전반에 영향을 미치므로 사회적 의미와 가치가 요구되며 인류 사회의 공동자산으로서 활용되어야 한다. 가령 과학자의 사회적 책임은 과학을 존경하고, 질 관리의 높은 수준 유지, 혼자 지식을 독점하지 말아야 할 것 등을 명시하고 있다[7]. 따라서 창조성은 공동체에 대한 이해심과 협동심을 가지는 인성이 전제되어야 한다. ICT에 근거한 학습에 의해, 유연한 사고, 타인과의 협력, 건전한 가치관 및 판단능력을 함양해야 한다.

Ⅲ. 창조패러다임의 전개

산업사회에서 정보사회로의 전환과정에서 기본적 가치와 원리가 바뀌었다. 하드웨어적인 것에서 소프트웨어적인 것으로 이동하면서 사회 전반적으로 유연성이 증가되고 자아실현 욕구가 강화되는 경향을 보여주고 있다. 장차 창조패러다임은 기술의존한계에서 벗어나 인간중심의 지혜, 통찰, 감성이 중요한 요소로 작용할 것이다. 창조맥락에서 정보기술은 창조시대의 가치인 미감유창(美·感·柔·創)의 촉매수단으로 작용할 것이다. 더구나 급변하는 니드 속에서 발견되는 경향성은 감성 가치가 중요해진다는 사실이다. 이에 따라 새로운 사회모습으로 제시되는 Dream Society는 가난과 배고픔이 사라진 세계로서 소비자들은 재미와 스릴, 사랑과 윤리적 자부심 같은 정서적 만족을 원하고 것으로 인식된다(Jensen, 2001). 정보사회 이후사회는 꿈과 이미지에 의해 움직여지는 사회 즉, 꿈의 사회로서 상상력과 창조성이 경쟁력의 핵심이 되고 석탄이나 석유가 자원이 아닌 상상력과 이미지가 자원이 되는 사회로 전망된다. 이미 세계경제는 제조업에서 서비스업으로, 다시 지식경제에서 창조경제로 이동 중이다. 경제성장 동력이 혁신(innovation)에서 창조성(Creativity)으로, 가치의 원천이 지식과 정보에서 상상력과 창의성으로 전환되고 있다(Dator, 2005:1-21)[8].

창조성을 기반으로 새롭게 형성되는 창조사회는 사회시스템은 물론 구성요소가 상황적응적이라는 점에서 연성 기질을 강하게 드러낼 것이다. 즉 [그

7) 1999년 7월 1일 부다페스트에서 개최된 세계과학회의에서 채택된 “과학과 과학적 지식의 이용에 관한 선언”에서 명시되었다.

8) 그는 세계에서 Dream Society에 진입한 첫 국가가 Korea라고 서슴없이 지적하면서 Korea가 미래의 물결을 선도하고 있는 나라라고 말한다. 그 이유인즉 “한국이 한류(韓流)라는 흐름 속에서 스스로의 이미지를 상품으로 포장하여 수출하고 있기 때문이다” 했다.

림 2]에서 보듯이 다양화, 탄력화, 복합화, 개성화, 분산화, 수시화와 같은 일련의 동태적 변동인자를 '연성화(軟性化)'로 이해할 수 있다. 연성화는 본질적으로 비결정적이면서 가변성(可變性)을 띤다는 점에서 연성사회로의 전환가능성을 증대시킨다. 이른바 산업사회에서 정보사회를 넘어 창조사회로의 전환과정에서 기본적 가치와 원리가 바뀌고 사회중심도 하드웨어적인 것에서 소프트웨어적인 것으로 이동하고(한세억, 1998), 이제는 창조력으로 전환하고 있다. 산업의 경우 소프트웨어가 생산의 중심이 되며, 두뇌 · 지식 · 문화 · 정보 집약산업이 최고의 부가가치를 창출하고, 문화예술과 제조업과 서비스업의 구분이 애매해지는 융합과 개방화된 사회르 이해된다. 특히, 새로운 인간화를 지향하는 창조사회에서 사회구성원은 정신적인 풍요를 추구하고, 자아실현을 위해 노력하는 문화적인 삶을 중시한다.

창조사회에서는 생활가치, 문화, 정보, 커뮤니케이션, 자기창조를 특성으로 나타내며, 생활가치로서 생존적 삶으로부터 생활적 삶을 추구하며, 쾌적성(amenity)과 생활감각이 강조된다. 이른바 물질문명에서 정신문명이 강조되면서 인간에의 적합성이 강조되고 풍부한 문화적 경험을 강조하게 할 것이다.

[그림 2] ICT의 사회적 영향과 변화

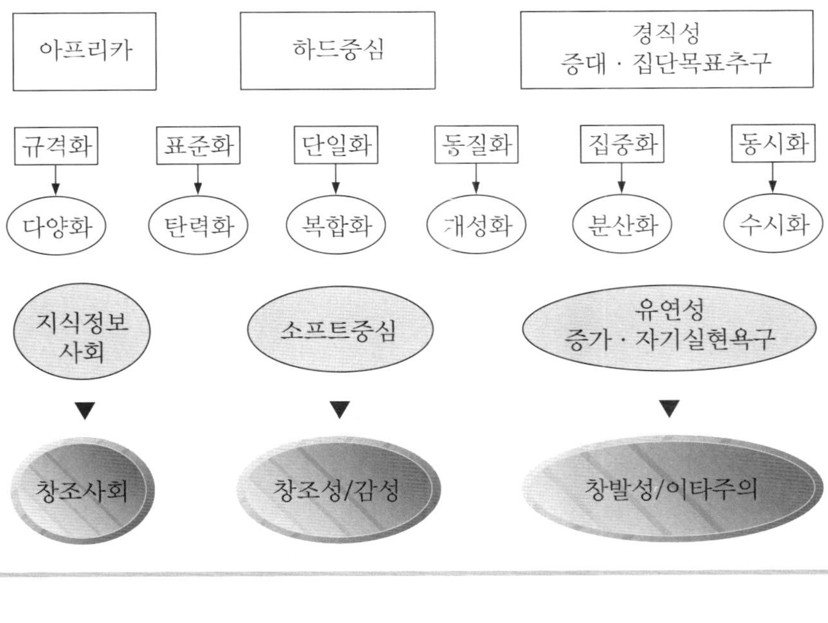

이에 사회성원은 시간가치를 중시하고, 글로벌 감각, 생활밀착형 정보를 지향하며, 사회성과 감성의 자유로운 교류 및 자기연출의 장으로서 커뮤니케이션이 의미를 지니면서 차별성이 강조된 자기창조를 추구할 것이다. 이런 추세를 반영하여 창조산업이 부상하고 있다.

최근에는 제품이나 서비스의 가격과 기능보다 디자인이 강조되고 있다. 제품을 구입해도 디자인을 먼저 보고, 레스토랑에 가도 음악과 분위기가 좋은 곳을 선호하는 경향이 강하다. 이른바 지능지수(IQ), 감성지수(EQ), 얼마 전 등장한 공존지수(NQ)에 이어, 이제는 시각적 감각을 측정하는 '비주얼지수(VQ · Visual Quotient)'의 시대로 접어드는 듯하다. 라이프스타일 관련된 모든 산업이 마케팅에서 미감유창이 스며있는 디자인 중심으로 전환하고 있다. 소비자 안목도 높아져 기업들은 VQ인재를 선호하고 있다. VQ가 뛰어난 천재는 기업의 생사를 뒤집기도 한다. 하지만 타고난 VQ 천재는 드물며 시각적 감각 자체 역시 교육을 통해 기를 수 있다.

제3절 창조성 및 창조시대에의 대응과 시관(視觀)

Ⅰ. 창조성을 둘러싼 이론적 논의

1. 창조성의 개념

창조성의 개념은 예시적으로 <표 2>에서 보듯이 다양하다. 창조성 현상을 폭넓게 살펴보면 인간에게 본연적으로 잠재된 속성인 동시에 인류문명을 꾸준히 발달시켜온 개인의 정신적, 내면적 욕구 표현이라 할 수 있다.

2. 창조성의 의미

창조를 포괄적인 의미로 이해할 때 인간이 만들어낸 모든 것을 창조된 것이라고 할 수 있다. 하지만 창조의 위상을 확립하기 위해서는 진정성이 필요하다. 진정한 의미의 창조는 우선 'create'의 어원을 통해서 생각해 볼 수 있다. 라틴어에서 신적인 창조에 해당하는 create는 앞으로 나아가게 하다는

〈표 2〉 창조성의 개념

구 분	개념 정의
Guilford (1970)	인간의 지적, 정의적 요인을 모두 포함하고, 지적 요인은 인간의 보편적 잠재적으로 창조적 사고를 발휘하게하고 정의적인 요인은 창조적 행동을 발휘하는 개인의 인성적 기질적 특성
Torrance (1974)	지적 능력이 아니라 문제에 임하는 개인의 태도이며 문제해결 과정에서 개인과 환경과의 상호작용으로 나타내는 자기표현의 산물임. 또한 기존의 질서 개념에 대한 곤란도에서 파생되며 그 해결방안을 개인의 잠재가능성에 비추어 보다 새로운 관계 의미를 발견하고, 자기표현이나 자기발전의 과정
Lowenfeld (1941)	모든 사람이 자신있게 자기자신을 표현하는 충동이며, 인간의 정서적 정신적인 내면적 욕구가 창조성의 근원
Steinburg and Lubart(1999)	새로움과 가치의 조화
Csikszentmihalyi(1997)	비범한 사고, 신기하며 독창적 방식으로 변화를 야기하는 활동
Franken (2002)	문제해결, 소통, 즐겁게 하는데 유용한 아이디어, 대안, 가능성 등을 생성 및 인식하는 경향

create에서 시작한 말로서 '성장하다'의 뜻을 지닌다. 이는 곧 보다 높은 가치의 실현을 지향하며 주어진 현실에 작용하여 그것을 바꾸는 역동적인 현상을 말한다. 그리고 사사키 겐이치(2002)는 창조성의 위상이 '보다 높은 가치'를 추구하는 것이며, 항상 '새로움'과 함께 한다고 하였다. 곧 create의 어원과 같은 맥락이다. 따라서 창조성은 "앞으로 나아가게 하다, 성장하다, 보다 높은 가치, 새로움" 등 기존의 것에 대한 상대적인 개념이다. 따라서 창조라고 말할 수 있는 것은 그 진정성이 사회, 문화 속에서 새롭고, 발전적인 가치를 가지고 있을 때 비로소 창조성이라는 의미를 부여할 수 있다.

3. 창조성의 영역

뉴턴은 나무에서 사과가 떨어지는 것을 보고 중력을 발견했다. 아르키메네스는 자기가 욕조에 들어가자 물이 넘치는 것을 보고 "유레카!"라고 외치며 아르키메데스 원리를 깨우쳤다. 이렇듯 사실 창조적 현상은 우리 삶의 전

[그림 3] 창조성의 영역과 분야

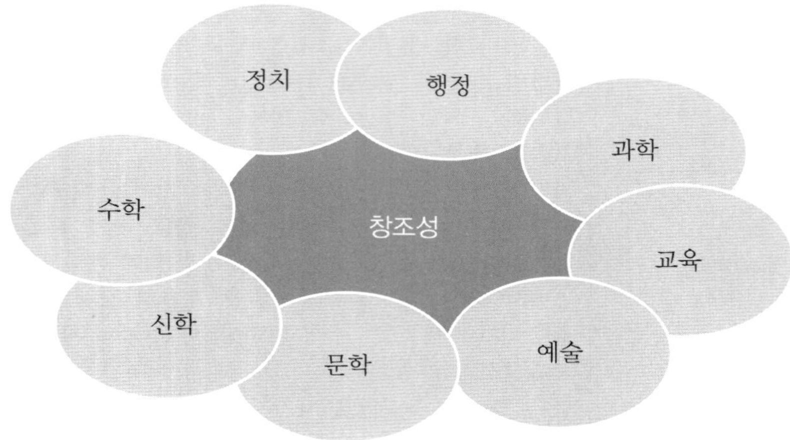

방위적인 영역에서 일어난다. 또한 일본 소설가 무라카미 하루키는 스물아홉 살 되던 해에 야구시합을 구경하다가 2루타가 포물선을 그리며 시원하게 날아가는 것을 보고 소설을 써야겠다고 결심했다고 한다. 이처럼 과학에서의 발견이나 발명, 문학, 예술 분야의 획기적인 착상, 풀리지 않는 문제를 해결하는 기발한 아이디어, 삶의 전환점을 만드는 깨달음에는 모두 '두뇌의 번뜩임'이라는 공통적인 현상이 나타난다(다니엘 핑크 지음/김명철, 2006)

창조성은 문학, 예술, 신학뿐만 아니라 교육, 심리, 수학, 과학기술분야를 넘어 경영, 정치, 행정 등 모든 영역에 이르기까지 활용과 응용이 확산되고 있다. 그래서 창조성은 일반적으로 여러 분야의 경계를 넘나드는 것과 관련이 있다고 인식된다(Csikszentmihalyi, 1997). 심지어 기술적으로 난관에 부딪혔을 때 엔지니어와는 거리가 먼 사람이 이를 해결하는 경우가 종종 있다고 주장된다(Negroponte, 1999).

Ⅱ. 창조성 기반인재, 조직, 사회의 모습

창조시대의 사람, 조직, 사회의 모습은 어떻게 그려질 것인가? 기존 논의를 바탕으로 창조적 인재, 창조적 조직, 창조적 도시, 창조사회를 살펴보기로 한다.

1. 창조적 인재

가장 존경받는 예술가, 과학자, 발명가 그리고 비즈니스 천재들의 혁신적 성과에 대한 조사를 통해 발견된 점은 '창조적 정신은 그 분야가 예술이건, 춤이건, 과학이건, 비즈니스건 본질적으로는 동일하다'는 사실이었다. 로버트 프로스트가 시를 쓰고, 밥 딜런이 서정적인 노래를 만들고, 하워드 슐츠가 스타벅스 제국을 위한 아이디어를 창출하고, 레이 크록이 식생활 문화에 일대 변혁을 가져온 맥도날드 프랜차이즈를 구상한 것은 한마디로 같은 '기술'이었다. 하지만 사람들이 아이디어를 개발하는 방식은 저마다 달랐다. 누구든지 상상력을 발동시키거나 아이디어를 찾아내려고 애쓸 때 시작하는 방법이 따로 있다. 개중에는 머릿속에서 펑 터지듯이 떠오르는 맨 처음 영상에 관심을 기울이는 사람도 있고, 또 과거에 있었던 비슷한 상황들을 떠올리고 거기서부터 벽돌을 하나씩 쌓아가는 사람도 있다(아네트 모저 웰만 저/권진욱 역, 2007).

창조적 인재란 함부로 상황에 순응하는 것도 아니고 그렇다고 순응하지 않는 것도 아닌 펼쳐지는 상황 속에서 무엇이 효과적인지를 생각하고 그 생각에 따라 상황에 순응하기도 하고 순응하지 않기도 하는 극히 자유로운 인간으로 이해된다(Thurrow, 1999). 또한 자신의 경험과 지식을 바탕으로 새로운 문제를 찾아내고 그에 대한 독창적 해결책을 제시, 가치 있는 결과물을 창출하는 사람이라고 할 수 있다(Guilford, 1970).

하지만 일반적으로 실무에서 이야기되고 있는 창조적 인재는 다음과 같은 능력을 갖춘 사람이다. 첫째, 미래의 변화추세를 읽어내고 새로운 지식・정보를 즉시 수용하여 방향을 제시할 수 있는 능력 및 리더로서의 자질을 갖춘 사람이다. 가령, 기업경쟁 우위의 원천이 되는 지식과 기술 등 개인역량을 제공하여 사업 성공에 결정적으로 기여할 수 있는 전문가와 핵심제품과 핵심부품을 설계・생산・판매하거나, 주요서비스를 제공하는데 반드시 필요한 핵심역량을 갖춘 인재다. 둘째, 지금까지의 틀에서 남들이 보지 못하는 것, 생각하지 못하는 것을 발견하고 새로운 사업으로 연결시킬 수 있는 창조력과 유연성을 갖춘 인재다. 주어진 일만 수행하는 모범사원이 아니라, 새로운 영역을 창조할 수 있는 능력과 끼를 보유한 개척자형 인재여야 한다. 또한 이러한 아이디어를 새로운 사업으로 연결할 수 있는 유연함과 실행력이 뒷받침된 사람이 창조적 인재다.

2. 창조적 조직(Hotspot)

세계시장을 주도하는 기업들에게도 공통점이 있다. 남들이 쉽게 모방할 수 없는 독특한 프로세스가 있다는 사실이다. 특히, 경영의 최우선은 직원들의 흥미를 자극하는 놀라운 유도장치를 설계한다. 그 안에서 구성원들은 생산성과 활기를 느끼며 신나고 도전적인 일에 매달리게 된다. 창조적 조직은 사무실을 명령과 통제의 중심의 공간으로 보기보다는 신선한 창의적 아이디어의 인큐베이터로 이해한다. 이 순간, 아이디어가 전염되고 전혀 새로운 가능성이 모습을 드러낸다. 이러한 순간을 가리켜 '핫스팟'이라 한다. 이를테면 기업이 핫스팟에 직면한 순간, 미지의 영역을 창의적으로 개척할 수 있는 에너지가 생기고 개개인이 모두 신나는 가치창조자가 된다. 실제로 10여 년간 시장을 선도한 기업들을 관찰한 결과, 협력적 사고방식(cooperative mindset), 경계 해제(boundary spanning), 점화 목적(igniting purpose), 세 가지 연료가 동시에 연소하며 핫스팟의 불꽃을 일으키는 것을 발견했다(린다 그래튼/조성숙, 2008). 이러한 요소 중 어느 한 가지만 부족해도 핫스팟의 잠재 에너지는 크게 감소했다. 또한 잠재적 에너지가 생산적 에너지로 전환될 수 있는 능력을 좌우하는 것이 핫스팟 현장 안에 존재하는 사람들의 생산적 능력(productive capacity)임을 확인했다. 각각의 요소들은 서로의 효력을 배가시킨다. 따라서 리더들은 이러한 요소들이 잘 유지될 수 있도록 대화를 유도하고, 고유의 프로세스를 형성하며, 구성원간 인적 네트워크를 형성해주는 것, 그것이 핫스팟을 지휘하는 역할이다. 그러나 대부분 에너지는 드러나지 않은 채 계속 숨어 있는 경우가 많다. 이처럼 숨어 있는 생산 에너지에 불을 지피기 위해서는 경영자의 가치관부터 조직 구성 방식, 행동방식 등 근본적인 차원에서 변화를 감행해야 한다.

핫스팟을 경험한다는 것은 기본적으로 유대관계를 경험하는 것을 의미한다. 다시 말해 핫스팟 안팎의 사람들과 탄력적인 유대관계를 맺는 것을 말한다. 이러한 사회적 연결성을 통해 아이디어와 지식의 공유가 자유로워지고 사기를 드높인다. 예컨대 오픈소스 소프트웨어를 창시한 리눅스는 '동료 간 검토' 프로세스를 통해 오픈소스 소프트웨어의 버그 발생률을 줄이고, 광범위한 지식 네트워크를 결합시킬 수 있었다. 수천 명에 이르는 훌륭한 인재들이 발휘한 협업정신은 리눅스의 핫스팟을 점화시키는 원동력이 되었다. 핫스팟에서는 서로의 지식을 나누고 내가 모르는 것을 상대방으로부터 배울 수 있을 때 직원들의 에너지와 열정이 솟아오른다. 감정적 유대감이 증가할수록 지적 자본에 대한 공유도 증가한다. 일에 대한 열정이 증가하면서 일에 전력투구하게 되고, 열심히 일하는 다른 직원들과의 감정적 접촉을 즐거운 마음으로 환영하게 된다. 창조적 조직은 서로 간의 우정과 인간관계가 단단히 다지면서 서로에 대해 친밀감과 애착심을 느끼게 한다. 나아가 핫스팟은 사회적 자본이 창조되기 위한 둘도 없는 기회를 제공하기도 한다. 비단 기업조직뿐만 아니라 정부조직이나 공공부문조직도 창조적 조직으로 변신해야 사회적으로 의미 있는 조직이 될 수 있다.

3. 창조적 도시

창조적 도시란 고급의 일자리를 기반으로 창조적 인재가 모이는 곳이다. 과학과 산업과 문화가 어우러진 도시이다. 도시계획가, 문화계획 컨설팅 조직 코메디아(comedia) 설립자인 찰스 랜드리(Charles Landry)에 의해 제안되었는데[9] 그는 산업의 쇠퇴나 인구감소 등의 심각한 도시문제를 극복하고 도시재생에 성공한 사례에서 창조도시의 개념을 귀납법으로 도출하였다. 창조도시는 '그 도시만의 개성'이라는 짧지만 분명하다. 이는 도시가 더 이상 '큰' 규모와 면적만으로는 세계의 경쟁에서 성공할 수만은 없음을 의미한다. 작은 지방도시도 그 도시만의 개성을 살려 새롭게 창조될 수 있고 세계의 중심이 될 수 있다. 각 도시는 부정적, 혹은 긍정적 자산을 지니고 있기 마련이며, 이러한 자산들은 작지만, 창조적이고 참신한 아이디어를 통해 그 도시만이 지닐 수 있는 독특한 개성으로 승화될 수 있는 것이다. 그 독특한 개성으로 무장하여 경쟁력을 높이는 도시가 이른바 '창조도시'이다. 다시 말해서 창조도시란 독자적인 예술문화를 육성하고 지속적으로 새로운 산업을 창조할 수 있는 능력과 매력을 갖춘 도시, 또한 인간이 자유롭게 창조적 활동을 함으로써 문화와 산업의 창조성이 풍부하고 유연한 새로운 문화적 생산시스템을 갖

9) 1994년 국제문화경제학회에서 개념을 제시하여, 2000년 창조도시의 개념이 구체화되었으며 도시 및 지역 재생도구로서 문화의 중요성 및 잠재력 인식에서 비롯되었다.

춘 도시이다(Landry, 2000). 창조도시의 핵심요소로서 문화의 다양성 인정, 창조활동을 위한 기반시설 구축, 창조적 인간 육성 및 네트워크 구축, 창조산업의 클러스터 형성 등이 요구된다.

창조도시와 관련된 또 하나의 흐름으로 미국의 도시사회학자 Richard l. Florida는 '창조적 계층(creative class)'이라는 새로운 사회계층에 대해 연구하였다. '창조적 계층'이란 과학자, 기술자, 예술가와 같이 새로운 가치관, 워크스타일, 라이프스타일을 가진 창조적 공급자를 의미한다. 최근의 저서에서는 창조성을 객관화 할 수 있는 '국제 창조성 지표'를 체계화하기도 하였다.

4. 창조적 사회

21세기는 지식정보사회를 넘어 창조사회로 전망된다. 21세기의 또 다른 특징은 문화의 세기라고도 한다. 지식정보, 문화, 창조와 같은 용어의 공통점은 사회조직의 유연함을 강조하며 보다 자연적이고 친환경적인 것을 선호하며 하드웨어보다 소프트웨어적인 것을 지향하는 사회를 의미한다. 이와 같은 사회변화의 추세에서 나타나듯 21세기는 발상의 전환과 혁신을 요구된다. 창조적 사회는 [그림 4]에서 보듯이 개인이나 조직은 창조적 삶을 영위하면서

[그림 4] 창조사회의 구성요소

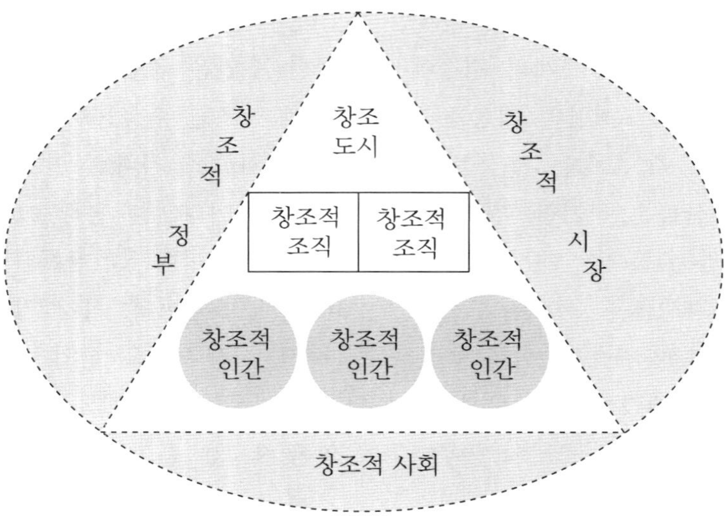

사회를 운영하는 정부와 시장도 창조적으로 작동하면서 새로운 변화를 통하여 가치를 창출하는 사회로 그려질 수 있다.

Ⅲ. 창조성 개발을 위한 경험적 현상: 대응 및 동향

1. 창조적 인재양성의 중요성

바야흐로 창조적 인재가 국력이다. 미래사회가 창조사회가 될 것이라는 인식하에 각국은 창조적 인재양성을 위한 국가적 노력을 강화하고 있다. 특히, 국가경쟁력이 과학적 창의성을 통해 혁신적 아이디어를 창출하는 창의인재에 의해 주도될 것이라는 인식에서 전 세계적으로 인재확보 열기가 고조되고 있다. 이미 글로벌 기업들은 각기 자사의 기업 상황에 맞는 차별화되고 경쟁력 있는 인재 확보에 사활을 걸고 있다.

인류사회와 역사는 끊임없는 혁신에 의해 발전해왔다. 그 혁신은 창의적인 인재에 의해 이루어졌다. 인류의 산업사는 인간이 풍요롭고 편안하게 살기 위한 도구의 발명과정에서 일어난 과학기술의 창조적 혁신에 의해 발전해왔다. 이에 선진국가나 기업들은 교육의 초점을 창조성 증진에 맞추고, 창의리소스의 개발에 매진하고 있다. 미국, 영국, 일본 등 선진국들은 과학, 수학을 중심으로 교육의 기본 초점을 창의성에 맞추고 있다. 왜냐하면 합리성·논리성·실용성을 특징으로 하는 과학, 수학이 모든 창의성의 근간이 되기 때문이다. 또한 이스라엘, 싱가포르, 네덜란드 등도 이미 글로벌 국가로의 부상을 목표로 창의교육에 대한 투자를 확대하고 있는 상태다. 이러한 국가 및 기업의 노력은 창조적 인재양성의 중요성을 드러낸다.

2. 외국의 창조적 인재 양성동향

지금 사회는 다원화양상을 보이면서 더욱 빠르고 폭넓게 변화할 것으로 예상된다. 따라서 미래에 뭘 먹고살 것인지, 일자리 창출은 어떻게 할 것인지 알 기 어렵기 때문에, 창조적 인재를 양성하여 미래변화에 능동적으로 대응해야 한다. 그런 의미에서 창조적 인재육성은 세계적인 과제라 할 수 있다. 더구나 창조성이 21세기 국가경쟁의 최대 관건이 되면서 각국은 창조성 배양에 관심을 갖고 휴먼 캐피털이 국가경쟁력의 핵심으로 인식하여 인재 육성에 나라의 미래를 걸고 있다. 국가 경쟁력의 원천이 하드웨어에서 소프트웨어로 그리고 다시 브레인웨어(Brain ware)로 변하고 있다는 사실을 수년 전부터 인식해 왔기 때문이다. 미국, 영국 등 선진국은 물론 중국 같은 후발 국가들도 창조경제의 핵심인 창조산업(Creative Industry)을 국가전략산업으로 적극 육성하고 있다.

1) 미 국

1983년 미국에서는 국가수월성교육위원회가 국가위기라는 제목의 보고서를 발표했다. 국가경쟁력의 기본인 두뇌경쟁력이 심각한 위기에 처해 있다고 경고하였다. 수월성교육위원회는 보고서에서 21세기 지식기반사회에 대비한 지식의 창출과 그 활용이 국가 경쟁력을 향상시키는데 가장 중요한 과제임을 지적했다. 특히, 2007년 8월 『America COMPETES Act』[10]제정을 통해 고위험・고수익(High-Risk, High-Returns) 연구 투자확대를 강조하고, 미래 과학기술 인력 육성을 위한 대학교육・연구지원 강화를 추진하고 있다. 기업 CEO 등으로 구성된 경쟁력 위원회가 글로벌 경제 시대에서 미국의 경쟁력 우위를 유지하기 위해 발표(2007.10)한 'Five for the Future'는 첨단 과학기술 분야에의 도전, 안정적이고 지속가능한 에너지 확보, 창조적이고 첨단기술을 보유한 인재 육성 등을 주요 핵심과제로 제시하였다.

또한 창의성을 교육목표로 하여 초등학교 때부터 수준별 수업을 진행하고 있으며 지역사회 및 민간주도로 종합적인 인성교육 프로그램을 개발・보급하고 있다. 물론 과학기술인력양성에 대한 정책적 관심도 제고하고 있다. 특히, STEM[11] 분야의 교육 개선 및 고등교육체계 개혁이 공통적으로 강조하고 있다. 구체적으로 내용으로서 오바마 행정부의 2011년 R&D예산(안) 규모는 2010년 대비 0.2%(3.4억 달러) 증가한 1,477억 달러로 확정되었다. 이 가운데 학생들이 미래를 준비할 수 있도록 초・중・등 STEM 교육에 37억 달러를 투자할 계획이며, 혁신을 위한 교육(Educate to Innovate) 캠페인[12]을 통해 5억

10) Creating Opportunities to Meaningfully Promote Excellence in Technology, Education and Science Act의 약칭임.

11) Science, Technology, Engineering, and Mathematics

12) 2009년 11월23일, 오바마대통령의 캠페인 선언에 따라 향후 10년간 미국 내 학생들의 STEM 분야 수준을 세계 최고 수준으로 끌어올리기 위한 캠페인으로, 기업 및 단체, 비영리기구, 과

달러를 추가 배정하였다. 즉, 청정에너지 개발과 질병 치료법 개발 등 21세기의 중요한 도전들에 대응하기 위한 양질의 교육이 필요하며 대통령은 ① 학생들의 STEM 소양 제고, ② STEM 교육의 질 향상, ③ 여성과 소수민족 등 과소대표집단의 STEM 교육 및 경력계발 기회 증대 등 세 가지 영역에 집중하여 전략적으로 투자할 계획이다. 또한 국가적 우선사항으로서 21세기 학교와 교육을 위한 투자로서 혁신을 위한 교육프로그램에 5억 달러를 배정하였다. 또한 다학제적 연구프로그램으로서 국립과학재단은 혁신잠재력과 창조력배양을 위해 사이버학습교육(CTE)프로그램을 신규 추진하고 있다. 특히, 혁신의 구성요소로서 교육뿐만 아니라 일상생활에서 접근성 및 활용을 촉진하기 위해 국가브로드밴드계획 수립(FCC)과 함께 720억불 규모의 프로그램 운영예산을 책정하였다.

2) 영 국

영국은 2000년부터 창의성을 국가교육과정의 중요 목표로 강조하였다. 토니 블레어수상 재직 시 창조산업을 육성하기 위한 강력한 정책을 펴왔다. 점잖은 신사의 나라 대신 '창조적인 영국(Creative Britain)'을 정책슬로건으로 내걸었다. 해리포터시리즈, 패션디자이너 폴 스미스, 웨스트 엔드 뮤지컬 등으로 유명한 영국의 창조산업은 지난 10년간 부가가치(GDP의 6.4%), 수출(전체의 4.3%), 고용(전체의 7%) 등에서 경제적 파급 효과가 타 산업에 비해 높다. 이러한 성공은 창의적 인재가 있었기에 가능했다. 조앤 K 롤링에 의해 해리포터가 탄생했고 앤드루 로이드 웨버와 같은 작곡가 덕분에 웨스트엔드 뮤지컬이 사랑받을 수 있었다. 이처럼 창조경제에서는 창의적 인재, 창의적 직업군이 중요한 자원이다.

영국의 고든 총리는 취임 직후인 2007년 7월, 무역산업부(DTI)의 과학기술혁신 업무를 독립하여 과학혁신대학부(DIUS)를 신설하는 한편, 기술전략위원회(TSB)를 설립하고, 과학기술과 교육개혁을 국정의 중심에 두었다. 이어 2008년 2월 창조산업에 대한 정부의 종합지원계획을 발표했다[13]. 창조산업을

학기술커뮤니티 등과 협력·연계하고, 다양한 학습법을 통하여 STEM 분야에 대한 학생들의 관심과 흥미를 증대시켜 궁극적으로 혁신 및 지속적 경제성장을 달성하는 것이 목적임.

13) 영국 문화·미디어·스포츠부, 산업·경영·규제개선부, 혁신·대학·기술부는 창조산업에 대한 정부의 종합지원계획을 담은 전략보고서 '창조 영국 : 新경제를 위한 새로운 인재들'을 발간했다.

경제와 정책의 주변에서 주류로 이동할 것이라는 것을 담고 있다. 전략보고서에는 정부와 산업계를 위한 26개의 주요 지침을 포함하고 있는데 이는 인재들을 창조산업으로 유입하고 국제시장에 맞는 경쟁력을 갖추도록 계획한 것이다. 종합지원계획의 출발점은 창조적 인재들을 창조산업계로 끌어들여 활성화하는 것으로 실천방안은 첫째, 2013년까지 창조산업 전반에 5,000명의 신규인력 유입을 위해 BBC, 테이트 리버풀, 유니버셜 뮤직 그룹, 멍키데빌 디자인 등이 양질의 훈련기회를 제공하는 것이다. 둘째, 5개의 새로운 '우수센터'를 발전시키기 위해 아드맨 애니메이션, EMI, 로열 오페라 하우스 등 성공적인 창작자들과 작업하는 것이다. 셋째, 창조산업을 위한 학교, 예술대학, 종합대학과 함께 14~25개의 아카데미 허브의 창설 등이다. 전략보고서는 단계별 전문인력과 사업들을 돕기 위한 정부와 산업계를 위한 26개의 지침을 포함하고 있다. 급변하는 분야의 발전에 대응하기 위한 실행계획을 수립하고, 정부와 산업계가 지침들을 수행하기 위해 높은 수준의 자문을 수행하면서 사업의 진행과정 및 관련된 논의들을 파악할 수 있는 웹사이트도 개설하고 있다. 또한 영국 과학기술위원회(CST; Council for Science and Technology)는 영국의 연구개발(Research)을 위한 비전을 제시하였다. 비전에 담긴 주요 권고사항을 위주로 정리하면 <표 3>과 같다.

〈표 3〉 창조적 연구개발을 위한 권고 및 실행계획

권고안	실행계획
1. 영국 연구개발을 위한 비전을 활용/연계	- 연구개발 기반을 가치 있게 해야 한다. - 연구개발에서 확고한 글로벌 주자가 되어야 한다. - 사람에 집중해야 한다. - 영국은 반드시 전 세계 최고의 연구원들이 꿈을 실현할 수 있고 머무를 수 있는 최고의 지역이 되어야 한다. - 과학 및 연구개발이 문화에 깊숙이 내재된 생활을 할 수 있는 교육 시스템을 구축 - 우선순위를 정하고, 창조하며 개척하고 해결해야 한다. - 전략적으로 상호협력을 통해 특별한 글로벌 문제를 해결하는데 선도 국가가 되어야 한다. - 영국은 유용한 아이디어 및 지식을 지속적으로 생성해야 한다. - 연구개발을 위한 제반 환경이 잘 구축되도록 보장해야 한다. - 연구개발의 고품질 지역이라는 영국의 이미지 판매를 통해 국

	제 투자의 장으로 활동해야 한다 - 영국은 반드시 상이한 분야간 공동협력을 통해 그리고 고급 인력을 노동시장에 지속적으로 제공함으로써 대학 및 연구개발 사회를 번창시켜야 한다.
2. 선도적인 연구원 양성 및 유인	- 우수한 학생들을 선별하고 지원할 수 있는 매우 경쟁적인 국가 장학금 계획 실천 - 연구원들의 유연성 및 이동성 촉진(특히 학계와 산업계 사이에) 및 보상시스템 마련 - 뛰어난 연구개발 교수인력을 위한 국가 인력 지원 계획을 추진해야 한다. - 연구 노동력의 국제화를 추진 - 65세 이후 은퇴 고경력 연구원들에 대한 대책 수립
3. 영국에 강력하고 번창할 수 있는 세계 일류의 연구기반 구축	- 창조적인 연구개발에 대한 자금지원을 통해 번영을 위한 연구개발을 위한 최적 환경을 창출하기 위한 활동을 지속하여 국제 연구원들에 있어 영국이 매력적인 국가로 남아있는 것을 보장
4. 연구 결과가 경제적 사회적 혜택으로 전환될 수 있도록	- 21세기 국가 기반을 뒷받침할 기술이어야 한다. - 영국의 역량을 강화시킬 필요가 있는 분야에 자원을 집중시켜야 한다. - 식량 안보, 헬스케어, 노령화 등과 같은 주요 사회문제에 대응할 수 있어야 한다.
5. 탁월한 연구개발에 지원 및 공동협력 촉진	- 국제표준에 의해 정의에 따라 연구개발 우수성의 다양성을 유지해야 한다. - 비즈니스와 다학제적인 연구개발을 수행하기 위한 보다 나은 체계 구축
6. 영국 정부는 부처내/부처간 연구개발 역량을 강화하기 위한 수단 마련	
7. 영국 정부는 공공개입에 우선순위 부여 및 집중	

3) 중국 : 항저우시의 창조형 인재 건설[14)]

중국은 '기술-시장 교환전략'으로부터 '자주혁신전략'으로 전환하여 R&D 투자 및 혁신역량 강화를 본격적으로 추진 중이다. 중국은 1978년 시작된 개방 이후 '科教興國'을 국가경영목표로 삼고 과학기술을 경제성장의 동력으로 강조하였다. 기술이전을 조건으로 한 외국인 투자기업 진출 허용(기술-시장 교환전략)하였다. 국가연구소와 대학을 중심으로 하여 막대한 규모의 R&D 투

14) 동 방안은 2006년 9월 1일부터 시행중이다(출처: http://www.hangzhou.gov.cn/main/wjgg/zxwj/zfwj/shsy/kj/T135754.shtml

자를 통해 기술혁신역량 축적하고 있다. 하지만 기존의 따라잡기식 기술발전 전략이 중국에 대한 견제와 지식재산권 보호 강화 등으로 한계에 봉착한 상황이다. 이에 2006년 2월 수립한 『국가 중장기 과학기술발전계획요강(06~20)』의 5년간의 구체적인 실천계획으로 『제11차 과학기술기본계획(07~11)』을 마련(06.10)하여 본격 추진 중이다. 제11차 기본계획의 5대 해결과제로서 자주혁

〈표 4〉 중국 항저우시의 창조적 인재양성계획

목 표	실천계획	주요 정책수단
창조적 인재의 창업 플랫폼 제공	과학기술원과 과학기술기업 인큐베이터 건설의 가속화	자원공유및 프로젝트 활성화
	과학연구 성과전환을 실시하는 플랫폼 구축 및 제공	정책강화
	유학생 창업단지건설 강화	단지구축 및 서비스
	포스트닥터 과학연구소건설가속화	연구개발기지 및 특성화
창조형 정책으로 고차원 창조인재 도입	고차원 창조형 인재도입의 녹색 통로 개통	
	해외에서 인재를 도입하는 새 경로 개척	해외인재 연락경로확장
	인재 유연성 이동 메커니즘구축	산학연시스템 및 거주지원
	인재시장건설 가속화	특성화된 인재정보네트워크 구축 및 정보공유
인재의 창조적 능력개발	고차원 인재와 부족한 고차원 전문기술 인재 양성	
	부족한 인재에 대한 양성 강화	교육기지 설립
	기업 경영관리인재의 창조적 능력양성을 강화	지식형기업가 양성
	고기능(高技能) 인재 양성을 중요시	고 기능 인재양성 체계를 추진, 인재교류제도
	정부의 인재훈련양성기능 강화	제도구축 및 재정지원
	민간 및 기업부문의 주도적 기능 장려	프로젝트 개발 및 지원
인재창조 격려를 위한 특별체제	창조형 인재선발 활동 확장	보조금, 지원메카니즘 구축
	성과분배체제 확립	지적재산권 및 장려금지원
	전문기술직무 초빙제도	평가메커니즘 구축 시행
	고급 인재 과학연구 자금지원 제도 설립	자금지원역량 강화 및 재정지원
	전문가 학술교류와 휴가제도 수립	
	인재주택정책 확충	아파트 등 쾌적한 주택지원

신을 강조하면서 ① 경제사회 발전을 제약하는 기술적 난관 극복, ② 과학기술의 창조능력을 제약하는 분야 돌파, ③ 자주혁신을 제한하는 메커니즘 장애 해결, ④ 자주혁신을 방해하는 정책 및 제도 개선, ⑤ 자주혁신에 불리한 사회문화 환경변화 등을 추진하고 있다. 이러한 중앙정부의 혁신적 노력과 함께 지방정부에서도 창조전략이 전개되고 있다. 특히, 항저우시는 <표 4>에서 보듯이 '창조형 도시건설을 추진하는 결정'을 실현하고 항저우시 자주적 창조능력을 끊임없이 향상시키고 창조형 드시를 건설하고 창조적 인재양성을 위해 계획을 시행하고 있다.

4) 일 본

일본은 유토리교육 폐지 등 학력증진에 중점을 두면서 인간성・사회성 함양을 위한 인성교육을 병행하여 추진하고 있다. 특히, 'Cultivating Richness in Mind'를 기치로 아침독서 권장, 감성교육을 확대하여 추진하고 있다. 아베 총리의 주도 하에 『Innovation 2025』수립('07.5)하였는데 장차 2025년 일본사회의 5대 목표로서 ① 평생 건강한 사회, ② 안전하고 안심할 수 있는 사회, ③ 다양한 인생을 보낼 수 있는 사회, ④ 세계적 과제 해결에 공헌하는 사회, ⑤ 세계로 열린사회 등을 제시하였다. 이러한 목표실현을 위한 기술혁신전략으로 생명과학, 정보통신, 환경, 나노・재료, 에너지 등 8대 중점기술 분야별 로드맵을 작성・추진 중이다.

5) 싱가포르

정보과학이 유효하게 활용되는 지능섬(Intelligent Island)을 추구해 온 싱가포르는 1998년 '맨파워 21 국가비전 선포식'을 열고 생각하는 학교(Thinking School)와 배우는 나라(Learning Nation) 시스템을 도입했다. 이어 2002년부터 경제재검토위원회(Economic Review Committee) 주도로 '허브(중심) 업그레이드화'를 생존전략으로 정하고 '글로벌 교육허브'를 겨냥하여 현재 인구당 외국인 유학생 비율에서 아시아 최고수준이다. 글로벌 두뇌들을 끌어들임으로써 다국적기업 본부 유치가 가속화되고 있다. ISS, ICIS 등 국제화된 교육기관, 고품질의 엄격한 교육제도와 교육투자에 대해 신념을 갖고 있는 국가, 싱가포르에서는 국내학생 및 기술자뿐만 아니라, 전 세계의 학생, 전문가들에게 인생을 풍요롭게 하고 성취도를 높여주는 양질의 교육을 제공하고 있다. 특

〈표 5〉 싱가포르의 WSH 추진전략

전 략	주요 내용
WSH 관리역량 강화	위험관리, 안전보건문화, 역량개발 등
효율적 규제프레임 실행	전략적 개입, 자기규제의 강화 등
WSH의 편익증진 및 Best Practice 인식	전파와 교육, 정보확산 및 위험고지, 안전보건관리시스템 제고 등
국내외 공고한 파트너십의 강화	기관 및 산업간 협력, 국제협력 등

히, 1997년부터 교육정보화사업을 추진하여 최고수준의 정보인프라의 바탕에서 최신 기술을 담고 있는 인터넷 캐털로그, 디지털 도서관 및 기타 서비스를 언제든지 이용할 수 있다. 초·중등학교에서 인공지능 메신저로 한 1대 1수업이 이루어지고 있다[15]. 이처럼 정보교육은 싱가폴 정부가 가장 힘을 쓰고 있을 계획의 하나다. 2003년에는 15년 이후의 국가전략을 담은 '비전 2018 보고서'를 발표하고 전문능력을 갖춘 인재뿐 아니라 새로운 서비스·지식산업에 적합한 핵심인재 발굴에 나섰다. 2008년 4월에는 싱가포르가 탁월한 안전과 건강이 보장되는 중심국가가 되기 위해 <표 5>에서 보듯 WSH(Workplace Safe and Health) 전략을 추진하고 있다(WSH Council, 2008). 아울러 싱가포르가 새로운 곳임을 표현한 후 전 세계 어느 곳에서도 찾을 수 있는 유일한 문화적 특징이 있다는 'Uniquely Singapore'라는 국가브랜드캠페인을 수행하고 있다.

6) 이스라엘

실리콘밸리 다음으로 하이테크 회사가 집중된 곳이 이스라엘이다. 이스라엘은 인력양성, 과학기술, 지식경제를 국가발전의 원동력으로 삼고 있다. 열악한 국토환경이지만 전국 상위 3%의 초등학교 2~3학년을 대상으로 정부가 직접 12개 종류의 영재교육기관에서 인재를 양성하고 있다. 이스라엘은 1973년 전담부서인 영재교육국을 설립한 결과, 선진국 대도시 수준보다 적은 인구(600만명)에도 불구하고 노벨상 국가, 벤처강국 등으로 과학기술 선진국 입지를 굳혔다. 실제로 과학기술인력은 인구 1만 명당 130명으로 세계 최고 수준이다. 이스라엘 수출 중 60%를 하이테크가 점유하고 있고 테크니온공대나

15) 지난 2008년8월 국제교육기술콘퍼런스(iCTLT)에서 응엥헨 교육부 장관은 개막연설에서 "2014년까지 교육환경을 ICT 중심으로 바꿔 학생들이 지식경제 사회에 필요한 핵심 경쟁력을 갖출 수 있도록 하겠다"고 선언했다.

와이즈맨연구소 출신들이 세운 벤처기업의 경우, 미국 나스닥에 100개 이상 등록돼 있다. 노벨상 수상자 중에 3분의 1이 이스라엘 출신이다. 인구 1000명당 대졸 기술자 수가 135명으로 세계에서 가장 높고 과학기술 투자와 벤처자본이 각각 국민총생산 대비 4.8%와 1.3%에 달한다. 이스라엘인의 지능지수는 95점으로 세계 29위지만, 창조적으로 평가받는 근본적 이유는 좋은 질문을 좋은 답보다 더 많이 하도록 하는 이스라엘의 창조능력배양중심의 교육에서 찾을 수 있다.

7) 유럽연합

1990년대 후반 이후 EU는 성장과 생산성 측면에서 미국과의 격차가 확대되는 한편, 아시아 신흥경제국들의 추격에 직면하자 지식관련 투자확대와 성과창출을 통해 장기적인 경제성장을 도모하고 있다. 따라서 2010년부터 GDP 대비 3% R&D 투자, 하이테크산업 육성, 인적자원 투자 확대 등을 주요 내용으로 한 신 리스본전략을 추진 중이다. 또한 EU차원에서 창조성지수를 개발하였다. 문화에 기반을 둔 창조성지수는 예술가나 창조적 전문가, 문화 및 창조산업 등을 다루고 있으며 [그림 5]와 같이 다양한 요소를 포함한다. 창조성의 핵심 축으로서 첫째, 경제적 상태, 문화적 규범 및 가치를 포함하는 외적 요소다. 전통적 교육이 창조성에 필요한 상상력, 직관, 내성적 호기심 등을 간과하고 있다는(Claxton, 2008) 반론이 제기됐지만 어느 사회든 학습과 교육은 인적 자본의 핵심 요소다(OECD, 2001: Barro, 2001). 특히, 문화는 인적자본의 창조적 수준을 배양하는데 중요하다. 둘째, 다양성과 사상의 교환은 혁신의 원천이자 역동적인 도시형성에 중요하다. 열린 마음과 다양성에 의해 특성화된 창조적 풍토 없이는 창조성이 배양될 수 없다(Florida, 2002). 더구나 지역경제의 성장은 새로운 아이디어에 관용적이며 개방적이며 다양한 장소를 선호하는 창조적 인재에 의해 움직여지므로 자유롭고 창의적으로 표현뿐만 아니라 문화와 정보자원에의 접근이 자유로워야 한다. 셋째, 문화적 환경은 창조사회 발전에 필수 요소다. 한정된 서클을 초월하여 토론의 시공간인 논쟁의 장에서 아이디어 개발과 연결이 이루어져야 한다. 창조성은 부산물이 아닌 그 자체의 사회세계 없이 효과적으로 존재하지 않는다. 마치 생성, 평가, 시장으로 보내지는 문화상품과 같은 기제를 갖는다. 문화는 사회적 자산이자 창조성의 동인으로 창조성을 배양하는 박물관이나 갤러리처럼 새로운 것을 다르게 생각하고 교환하도록 장려한다. 넷째, 기술이 창조성을 자극한다. 특히, 디지털기술의 발전은 지역 및 글로벌 문화공간을 변형시켰다. 지난 10년간 예술, 문화 및 창조산업에서 분화하면서 통합효과를 낳았다. 동시에 전통적 비즈니스모델을 해체하면서 개인의 창조성을 자유롭게 하고 문화적 공동이익을 창출하고 있다. 디지털기술은 상반되는 과정을 동시에 드러냈다. 문화가 미디어회사처럼 글로벌화되면서 다양한 관객에게 창조적 콘텐츠를 제공하였다. 반면에 문화의 세분화, 개인화, 이용자 생성적이면서 지역성을 강조하였다(Castells, 1998). 기술적 산물은 개인으로 하여금 창조자로 변화하게끔 도와준다. 개인용 컴퓨터, 디지털카메라에서 휴대폰에 이르기까지 인간을 네트워크화된 세계에서 개인의 표현과 개발능력을 증진시켰다. 넷째, 제도적 환경으로서 삶의 수준이 높은 국가나 사회는 투명성, 책임성, 규제제도의 탄력과 연관되어 있다. 국제투명성지수나 포터(Porter, 1990)가 지적했듯 국가경쟁력은 법의 지배, 정책의 적절성 등을 포함한 제도적 환경과 밀접하다. 창조적 생태시스템의 근본적인 요소로서 창조성을 자극하며 창조적 투자를 보상하는 것은 지적재산권(저작권)이다. 저작권은 연구개발 특허와 동일하며 창조성에서 투자 촉진과 창조자 보호를 위한 독점적 권리로 제공해야 한다.

[그림 5] 창조성 지수의 구성요소

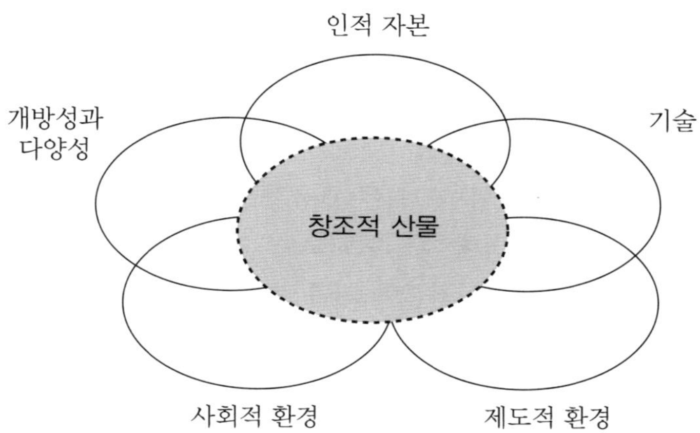

Ⅳ. 본 연구의 시각과 관점16)

창조성 현상은 매우 다양하고 복잡하다. 그래서 창조성의 특성, 발현, 수준 등을 둘러싼 쟁론에서 정설을 찾기 어렵다. 첫째, 창조성의 수준이 개인적인가 집단적인가? [그림 6]에서 보듯 창조성이 자질에 의한 독창이냐 학습에 의한 군창 또는 협력의 산물인가에 관한 이슈이다. 창조성을 천재성으로 간주하는 경우, 창조성에 대한 접근 자체가 어렵다. 아인슈타인, 모차르트 등 천재적 자질이 강조될 수 있지만 타이거우즈처럼 훈련이나 연마과정을 통해 나타날 수도 있기 때문이다.

반면에 전신기, 이메일, 산악자전거, 비행기, 텔레비전 등 위대한 발명품 및 빅히트 상품의 산출과정 속에서 그룹이나 집단이 창조적 역할이 중요하다. 다수 사람들이 생각과 의견을 교환하는 과정에서 나온 통찰력은 개인의 통찰력을 합친 것보다 큰 시너지 효과를 발휘한다는 것이다. 이렇게 사람들

[그림 6] 창조성 수준과 개발

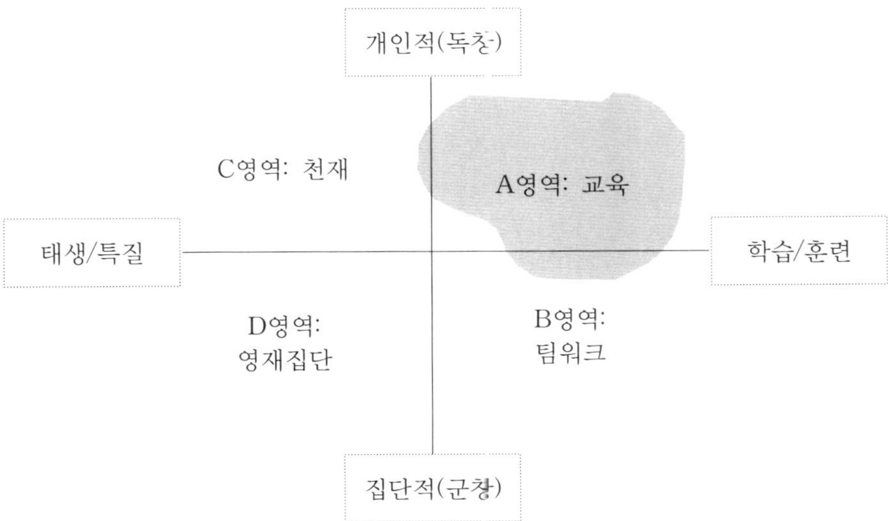

16) 창조성 현상을 유형화하여 획일적으로 규정하기는 어렵지만 정책과제의 도출을 위해 편의상 창조성 수준과 ICT활용성격에 따라 구분하고자 한다.

사이의 협력이 창조적 힘을 자극하여 강력한 통찰력을 이끌어내는 상황을 '그룹 지니어스(Group Genius)'라고 한다(Sawyer, 2007).

둘째, 정보통신기술이 창조성 개발에 본질적인가 수단적인가에 대한 문제이다. [그림 7]에서 보듯 창조성 개발이 긴장, 규제지향적이냐 자유, 자율지향적인가에 관한 이슈다. 오늘날 정보환경은 일상적 삶의 조건이다. 정보기술은 쌍방향성을 촉진시키고 호환성을 증진시키면서 협업을 가능하게 한다. 정보기술혁명이 창조성과 소통의 무한 지평을 열면서 개인의 자아와 경험을 관통하는 구조적인 사회변화를 심화시키고 있다. 네트워크에 대한 접속이 필수가 되는 사회에서 네트워킹 능력은 조직과 기관, 사회적 행위자의 생산성·경쟁력·창조성과 직접 또는 간접적으로 연결되고 있다(Castells, 1996). 네트워크 사회를 추동하는 힘은 정보통신기술의 능력이다. 특히 인터넷은 전자적으로 연결될 수 있는 모든 활동영역과 맥락, 장소에 네트워킹 논리가 적용될 수 있게 했고, 소통을 촉진하면서 기업뿐 아니라 조직·제도·노동 과정 등 사회 전반에 거대한 변동을 낳고 있다. 네트워크에 의해 역동적이고 개방적인 구조로 변화하고 있다. 이처럼 네트워크는 개방성·유연성·종합성·복잡성·네트워킹의 특성을 포괄한다. 하지만 정보, 네트워크 등 정보환경 자체만

[그림 7] 창조성 개발과 ICT 활용

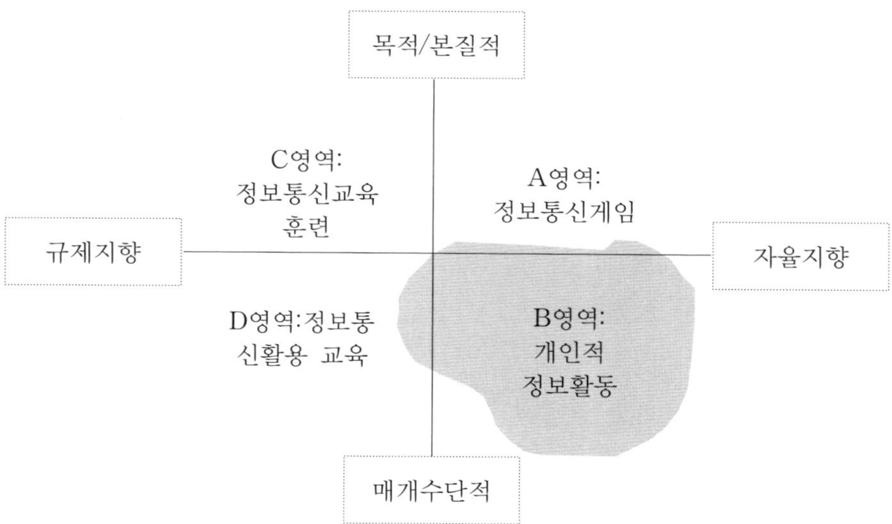

으로 창조성이 개발된다고 보기는 어렵다. 정보통신기술은 창조성을 자극, 계발하기 위한 매개적, 수단적 기능이 강하다. 인간 자신이 창조적 활동의 주체이기 때문이다.

본 연구는 창조적 인재양성이라는 맥락에서 창조성을 개인적 수준의 훈련과 학습을 통해 자극, 배양이 가능한 과제로 인식하고자 한다. 앞서 국가의 사례에서 보듯이 창조적 인재육성을 위해 재정지원, 제도형성, 프로그램 개발 등 지원활동이 주류를 이루고 있다. 여기서 정보통신기술은 환경을 구성하면서 창조성 촉진을 위한 매개수단으로 작용하고 있다. 실례로 대부분 선진국이나 글로벌 기업들은 고도화된 정보환경을 갖추고 있으며 특히, 싱가포르에서 정보통신을 활용한 교육이 비교적 강하게 나타났다.

제 4 절 창조적 인재강국을 위한 과제와 정보통신기술(ICT) 활용

Ⅰ. 창조적 인재양성 조건과 실상

경제 · 사회 발전과정에서 인재의 중요성은 재론의 여지가 없다. 자원빈국인 우리나라가 세계 10위권의 경제대국에 오르는 고도의 압축적 성장을 이룬 것도 우수한 인재들이 있었기에 가능했다. 갈수록 치열해 지는 경쟁적 환경 속에서 새로운 기회를 한발 앞서 포착하고 선점하려면 새로운 시각과 통찰력을 갖추고 혁신적으로 움직일 수 있는 창조적 인재가 사회 곳곳에서 양성되어야 한다. 장차 기술진보와 인재의 국가 간 및 지역 간 이동이 가속화 될 것으로 전망되면서 창조적 인재양성을 위한 국가적 차원의 노력이 경주되어야 한다.

1. 창조적 인재의 조건과 가능성

21세기는 고정불변의 영원한 경쟁 우위란 없다. 지속적으로 새로운 경쟁 우위를 찾아내고 개발하는 국가, 기업만이 성공할 것이므로 창조적 인재야말로 핵심 요소다. 장차 기업 간 기술격차가 줄어들고 정보가 순식간에 확산되는 환경 속에서 모방과 작은 개선만으로는 경쟁력을 유지할 수 없다. 차별화된 가치로 시장을 선점·주도하는 조직의 창조적 역량이 강조되는 시대다[17]. 창조적 인재란 엘리트를 의미하지 않는다. 건전한 상식과 전문지식을 갖고 급변하는 사회에 잘 대처할 수 있는 능력을 겸비한 사람이다[18]. 창조적 역량 강화를 위해 다양한 제도와 인프라를 구축한다 할지라도 창조적 사고와 활동을 주체로서 인간적 요소를 간과한다면 본질적 변화는 불가능하다. 조직의 창조적 역량도 근본적으로 구성원들의 창조성에 달렸다(Cummings and Oldham, 1997). 그러면 어떠한 인재가 창조적 인재일까? 그 요건으로 5Cs(Compassion, Conception, Controversy, Commitment, Cognition)라는 측면에서 살펴볼 수 있다.

1) 탁월한 공감능력(Compassion)

창조적 인재란 무엇보다 수요자의 입장에서 수요자가 원하는 것이 무엇인지 파악하는 능력이 탁월한 인재다. 단순히 새롭고 톡톡 튀는 아이디어를 만들어 내는 인재만을 의미하지 않는다. 새로울 뿐 아니라 실제로 유용하고 쓸모 있는 아이디어를 창출해 내는 인재이다. 이처럼 수요자와의 공감에 탁월한 역량을 갖출 수 있으려면 수요자와 직접적인 교류를 자주 가질 수 있어야 한다. 즉 시장동향 보고서나 리서치 결과 등 이차적 자료에 의존하기보다, 실제 현장에서 어떻게 느끼고 있는지 직접 체험할 수 있어야 한다. 현장의 '소리'도 중요하지만, 수요자가 처한 상황과 입장을 반응적으로 이해하는 데 관심을 가질 필요가 있다.

2) 풍부한 상상력(Conception)

창조성을 발휘해 사회를 발전시킨 사람들을 보면 박학다식하기보다는 호기심 많고 꿈이 큰 사람들이었다[19]. 창조적 인재는 풍부한 상상력을 바탕으로 수요자의 니즈를 만족시키기 위해 다양한 대안을 제시할 수 있는 인재다.

17) 잭 웰치 전 회장은 2008년 11월 4~6일 글로벌 인재포럼 진행 연설에서 '4E1P'를 갖춘 인재가 필요하다 고 역설했다. 잭 웰치 회장이 말하는 4E는 에너지(energy), 에너지를 다른 이에게 주는 'energizer', 결단력(edge), 실행력(execution), 열정(passion)이다.

18) 정운찬 전 국무총리는 지난 3월 31일 '창조적 인재 육성'을 위해 일선 학교에서 창의성 교육을 대폭 강화하고, 이를 위한 수업. 평가방법 방안의 마련을 교육과학기술부에 지시했다.

19) 20세기 IT 부문에서 자수성가한 3대 부호인 빌 게이츠, 마이클 델, 오라클의 래리 엘리슨은 모두 대학을 중퇴했으며, 과거 과학혁명, 산업혁명 등 세상을 혁신한 사람들도 공부를 많이 하지 못했지만 매우 창조적인 인물이었다.

상상력은 틀에 박힌 고정관념에서 탈피하여 자신의 다양한 지식과 경험을 창조적으로 결합시킬 수 있는 능력이다. 즉 다른 분야에서 활용되는 아이디어나 기술을 자신이 고민하고 있는 분야에 적용시킬 수 있는 사고 능력이다. 이러한 능력은 기존 방식으로 해결되지 않는 문제에 대해 다른 방식으로 접근할 수 있도록 해 주는 등 문제 해결이나 가치창출 능력을 강화해 준다. 이처럼 풍부한 상상력 발휘를 위해선 다양한 지식과 경험들을 습득할 수 있어야 한다. 즉 자신의 업무나 관심영역에 대한 깊이 있는 전문 지식과 함께(I자형) 다른 업무영역이나 교양분야에 대한 폭 넓은 지식(-자형)의 습득이 필수적이다. 특히 '우물 안 개구리'라는 말처럼 자신의 담당 영역에만 충실한 사람은 고지식한 사고에서 벗어나기 어렵다. 보다 창조적인 사고를 하려면 다른 분야 동료와의 지속적인 교류, 철학이나 역사, 예술사 등 교양서적 탐독, 스포츠 활동이나 악기 연주 등 다양한 활동을 통해 자신의 지식과 경험기반을 확대하는 데 노력해야 한다[20].

3) 창조적 논쟁을 즐기는 인재(Controversy)

창조적 인재란 적극적인 논쟁을 즐기는 인재다. 창조적인 논쟁은 구성원들은 상호간 아이디어의 토론 및 교환과정에서 타인과 자신의 아디이어를 하나로 엮어 새로운 아이디어나 주장을 발전시키게 하는 등 상승효과를 낳는다. 그 결과, 다양한 아이디어가 도출될 뿐 아니라 이 과정에서 폭넓은 아이디어가 포괄되면서 실현 가능성도 높아지게 된다. 일반적으로 사람들이 논쟁을 기피하는 이유는 다른 사람들과 껄끄러운 반목 상태를 회피하려 하기 때문이다. 하지만 생산적 갈등이 없다면 다른 구성원들과의 아이디어 평가 및 공유를 통한 새로운 아이디어 재창출이 어렵다. 생산적이며 창조적인 논쟁과정에 갈등이란 불가피하며 궁극적으로 탁월한 성과창출에 기여하는 것이라는 인식 하에 갈등에 적극 대처해야 한다. 또한 반대나 비판을 감수하고 용기있게 자신의 의견을 내세울 수 있어야 한다[21]. 하지만 논쟁 과정에서 발생하

20) 최근 일부 기업들은 채용 시 창의적 인재를 확보하기 위해 특정 분야의 전문적 역량을 갖추고 있으면서 동시에 악기를 한 두 개 정도 다룰 수 있는 사람을 뽑는다고 하는 데, 이 역시 다양한 분야의 경험이 창의성 발휘에 중요하다는 판단 때문이라 하겠다.

21) 3M 등 창의적인 조직으로 잘 알려진 기업의 구성원들은 이러한 갈등 상황에 대한 내성이 높을 뿐더러 자신의 주장을 내세우고 상대방의 의견을 조목조목 평가하는 데서 발생하는 갈등을 당연한 것으로 여긴다고 한다. 그렇기에 논쟁이 벌어지면 의견 충돌로 인해 때로 살풍경이 벌어지지만 결론적으로는 가장 최고의 아이디어를 발굴할 수 있었다고 한다.

는 갈등이 개인적 다툼 등 감정적 갈등으로 비화되지 않도록 해야 한다. 감정적 갈등을 최소화하기 위해서는 우선 상대방의 의견을 경청하는 자세가 필요하다. 상대방의 의견 중 이해가 가지 않는 부분에 대해 질문을 하는 등 관심을 보임으로써 상대방의 의견을 제대로 듣고 있음을 알려 주는 것도 필요하다.

4) 끝없는 열정과 몰입(Commitment)

창조적 인재란 자신의 아이디어를 구체적으로 실행해 옮기는데 끊임없는 열정을 가진 인재다. 흔히 창조성을 번뜩이는 아이디어를 제시하는 능력에 국한하기 쉽다. 그러나 조직에서 창조성은 그 실현 가능성에 무게 비중을 둔다. 아무리 좋은 아이디어라도 실천되지 않고 사장된다면, 생성될 필요조차 없었을 것이다. 또한 아무리 좋은 아이디어라 할지라도 당사자가 끊임없는 관심을 기울이지 않으면 그 아이디어는 사라질 가능성이 높다. 실행과정에서 다양한 난관에 부딪힐 경우, 아이디어 창출자 본인 이외에 심혈을 기울일 사람은 많지 않기 때문이다. 따라서 창조적 인재란 아이디어 창출은 물론, 자신의 아이디어에 책임감을 가지고 실체화 될 때까지 지속적인 관심과 노력을 기울이는 인재다. 조직 내 다양한 창의적 노력이 실제 성과로 구현되기 위해서는 상사가 개발을 그만두라 명령하는 순간에 몰래 숨어서라도 아이디어를 제품화하는 데 주력하는 열정이 필요하다(Sutton, 2007). 즉 창조적 인재는 몰입하는 인재다. 인간의 몰입(flow)이 고조되는 순간에 물 흐르듯 창조적 행동이 자연스럽게 이루어진 느낌이다(Csikszentmihalyi, 1998).

5) 전문지식과 정보(Cognition)

창조적 사고과정에 데이터와 정보가 필요하다. 창조적 작업의 중요한 투입물로서 데이터와 정보를 분석하여 얻는 지식이 필요하다. 많은 경험과 다양한 시도를 해본 사람들이 데이터와 정보 수집 그리고 분석 역량이 뛰어나다. 적절한 데이터와 정보를 수집하여 필요한 가설을 수립하고 검정한 후 결과를 새로운 시각에서 해석해보는 치밀한 분석과 잠재의식 속에 묻혀있는 상상력을 최대한 활용하여 일상의 궤도를 넘어서는 생각을 창조적으로 결합해보는 노력을 반복할 때 인사이트를 얻을 가능성이 높다[22]. 데이터와 정보 분

22) 예를 들어, Amabile(HBR, 1998)는 창의성의 3가지 요소 중의 하나로 Expertise를 강조하

석결과를 새로운 시각에서 재해석하고 상상력을 동원할 수 있는 창조적 사고 역량은 선천적이기보다는 계획된 학습과 반복적 훈련을 통해 얻어지는 것이다. 이처럼 조직원들이 창조적 사고와 상상력 활용을 위해 교육프로그램을 통해 학습과 시행착오를 경험할 수 있는 기회를 제공해야 한다.

2. 창조성 실태와 문제점

한국의 창조성 수준은 어느 정도일까? 기존 연구에 의하면 한국의 창조적 계급(Creative class)[23] 비율은 39개국 중 38위로 나타났다(Florida, 2002). 멕시코가 유일하게 한국보다 낮았을뿐 루마니아, 폴란드, 헝가리 등 동구권 국가도 상위에 기록되었다. 기술자(technician)를 포함하지 않을 경우 한국의 창조적 계급 비율은 10%에 못 미쳤다. 반면 1, 2위인 아일랜드와 벨기에는 30%가 넘었다. 미국은 25%에 약간 못 미쳐 11위였다. 그러나 창조적 계급의 증가율(1995년 이후 증가율)은 1위 아일랜드에 이어 한국이 2위, 멕시코 3위, 이스라엘 4위 등이었다. 또한 창조성과 밀접한 혁신이나 경쟁력수준을 나타내는 국제지표를 보면 스위스경영개발원(IMD), 산업정책연구원(IPS)・국제경쟁력연구원(IPS-NaC) 등 국가경쟁력 지수에 보듯이 대한민국 경쟁력은 정체상태다. 비록 IMD의 2010년 평가에서 크게 상승하였지만 아직까지 경제규모의 수준에 미치지 못한다. 이처럼 경쟁력이 미흡한 근본원인은 창조성의 결여에 기인하는 것으로 판단된다.

우선 근본적인 문제로 첫째, 우리 사회의 가장 비 창조적인 교육환경이다. 즉 다양한 독서, 새로운 세상에 대한 체험을 통해 기본적인 소양과 인격과 지식을 함양하고, 꼭 알아야 삶의 지혜를 터득하고 유연한 사고로 학습해 나가야 할 청소년 시기에 오히려 치열한 입시경쟁으로 내몰리고 있다. 교육현실에서 이루어지는 '창의성' 교육은 창의성의 가장 밑단계인 '이해'를 목표로 하면서도 실제로는 '암기'와 같은 낮은 단계의 지식을 주입식으로 교육해 왔다[24]. 사회의 자원과 에너지가 소모적인 사교육에 투입되고, 청소년들은 하

고 있는데 이것은 표현은 다르지만 바로 지식과 역량을 의미한다고 할 수 있다. 이와 같이, 데이터와 정보의 수집과 분석은 얻고자 하는 고객 인사이트를 위한 단서 또는 가설을 찾아내어 창조적 사고의 방향을 제시하는 매우 중요한 단계가 된다.

23) 창조적 계급은 국제노동기구(ILO)의 직업분류를 기초로 과학자, 엔지니어, 예술인, 건축가, 교수, 매니저 등 창조적 활동을 하는 직업을 묶은 것이다.

24) 이명박대통령은 2010년5월18일 제3차 교육개혁대책회의에서 "입고 먹는 것 자체가 큰일이

루 12시간 이상을 대학입시라는 왜곡된 경쟁환경의 지옥터널을 뚫어야 한다[25]. 이러한 혹독한 경험을 청소년기에 겪은 대학생들은 정작 본인의 일생을 좌우할 좌표를 결정하기 위한 역량을 축적해 나가면서 학문적, 사회적 비전과 목표를 위해 도전정신, 벤처정신으로 무장하여야 할 중요한 시기에 방종하거나 공무원 시험준비, 해외유학 등으로 현실도피를 한다. 이는 실수와 실패를 허용하지 않는 풍토에서 기인하는 것이기도 하다(한상엽, 2009). 물론 개인적, 사회적으로 창조적 역량이 집중되어야 할 시기에 소진되는 역량이 방기되고 있다. 작금의 청년들은 어떠한 미래도 비전도 부여 받지 못한 채 청년실업이라는 멍에를 안고 있다. 해외로 빠져 나간 핵심 인재들은 선진사회의 창조환경에 머물고 있다(김왕동 · 성지은, 2009).

둘째, 심각한 문제는 글로벌 경쟁환경에 내몰리고 있는 기업이다. 기업에 속한 직장인들이 본인을 위해 진정한 경쟁력을 확립하며 평생교육으로 지식과 경험을 축적해야 한다. 하지만 치열한 기업경쟁 환경에서 작동해야 하는 정책시스템이 기업생존을 위한 역량과 철학을 함양하도록 돕지 못하고 있다. 가령 불공정거래환경, 비창조적 산 · 학 파이프라인 체계와 정책 환경 체계라 할 수 있다. 가장 창조적이어야 할 문화, 과학기술, 교육 및 콘텐츠 정책지원기관 역시 그 범주에 머물러 있으며 창발성과 창조성을 억제하는 레드 테이프와 획일화된 비경쟁 환경, 관료화된 구조적 문제를 극복하지 못하고 있다. 이러한 상태로는 진정한 창의적 인재양성 체계도, 창조 한국도, 선진 강국도 구두선에 그칠 가능성이 크다.

었던 시대의 우리 교육, 즉 주입식의 획일화된 교육시스템으로는 더 이상 세계의 흐름을 따라잡기 불가능하다"

25) 경제협력개발기구(OECD)가 주관한 국제학력조사에서 핀란드가 1위, 한국이 2위를 차지했다. 하지만 학습시간과 방법에서 커다란 대조를 이루었다. 핀란드 학생들의 평균공부시간은 7시간이다. 한국학생의 입장에서 봤을 때 참 '편하게' 공부하는 것이다. 중학교 3학년 학생들의 성적편차(2006년 기준)의 경우 한국이 31.8의 높은 수치를 기록한 데에 비해 핀란드는 4.7에 불과했다. 미국이 29.1, 영국이 23.5의 편차를 기록했다. 앞의 세 나라가 경쟁적 교육방식을 받아들였지만 핀란드는 '함께 가는' 방식을 채택했다. '단 한명의 낙오자도 없이'가 그들의 목표이자 슬로건이다. 부진한 학생들을 위해 특별한 지원과 1.5배의 예산이 책정된다. 이처럼 핀란드학생들은 1등을 목표로 하는 교육정책이 아닌 '함께 가기 때문에' 웃으면서 공부할 수 있는 것이다(한국경제신문, 2010년5월21일자).

Ⅱ. 창조적 인재양성의 프레임워크: 방향과 전략

창조적 인재양성의 기본방향은 <표 6>에서 보듯 효율성 위주의 양적 확장, 생산자 위주의 공급위주 정책, 하드웨어에 지향된 정책, 정부가 직접 지휘·통제하는 관리지향적 역할, 부분적 시각 및 분산적 기능에서 탈피해야 한다.

그리고 가치중시의 질적 심화를 추구하고, 수요자중심의 수요위주 정책으로 전환해야 한다. 아울러 ICT자원을 유연하게 잘 다루기 위해서 자율·혁신 지향적 풍토를 조성하고, 소프트웨어·정보를 강조하며, 전체적 시각에서 통합과 통섭을 지향하면서 인재양성 정책의 리스트럭처링을 통해 정책혁신(policy innovation)을 이루어야 한다.

이러한 방향에서 창조적 인재양성을 위한 프레임워크는 [그림 8]에서 보듯이 교육 및 사회활동의 기반이 되는 ICT기반 및 환경조성, ICT기반을 활용하여 교육의 효율이나 부가가치를 얻는 ICT활용 및 응용촉진, 다양한 지식 및 정보를 유통하는 수준이 되면서 문제해결 및 가치창출능력의 향상에 활용되어야 한다.

ICT의 발전으로 새로운 지식량 급증하고 지식의 주기도 단축되고 있다. 변화속도가 빨라 장차 어떤 산업이 유망할지 가늠하기 어렵다. 가령 디지털 속도 때문에 신제품도 2~3년만 지나면 퇴물이 된다. 창조적 발상을 통해 차별화된 신제품과 서비스를 적시에 제공해야 한다. 이러한 노력은 개인, 조직 수준에서 중요하지만 국가적 차원에서도 요구된다. 정부, 기업 등이 직면한

〈표 6〉 창조적 인재양성의 기본방향

기존의 인재양성 정책	창조적 인재양성 정책
효율성 위주의 양적 확장	가치를 중시하는 질적 심화
공급자중심의 인재양성	수요자중심의 인재양성
지휘·통제·관리지향의 정부주도	자율·경쟁·혁신지향의 민간주도
하드웨어 지향	소프트웨어 지향
부분적 시각	전체적 시각(holistic)
분절적	통합적(Integrative)

[그림 8] 창조적 인재양성 프레임워크

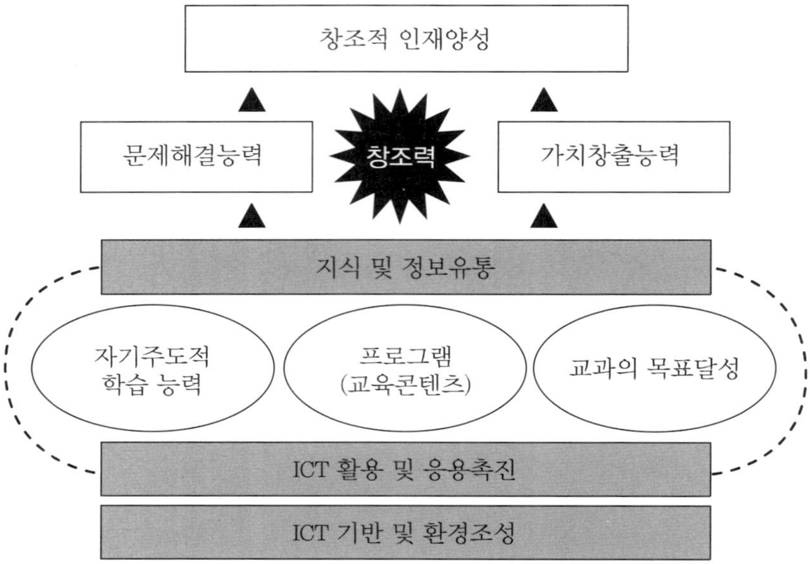

문제들의 복잡성과 불확실성이 증대하고 국가 간 상호연관성이 심화되면서 정보·지식의 취사선택, 새로운 지식창출·응용으로 문제 상황을 해결하면서 무한가치를 창출할 수 있는 역량의 확보에 초점을 맞춰야 한다. 이를 위해 학제적 네트워크 기반의 프로젝트 창출하여 산·학 파이프라인과 콘텐츠 생태계 환경기반을 조성해야 한다. 뿐만 아니라 교육기관이 중심이 되어 인재양성시스템의 선순환체계를 만들어야 한다. 즉 다양한 학과와 커리큘럼 개발, 교재, 교수체계 개발 등을 재정립하되 잘 구축된 ICT인프라를 어떻게 활용하여 교육의 질을 끌어올릴 것인지 신중히 고민해야 한다.

Ⅲ. 창조적 인재양성을 위한 ICT 활용방안

우리나라의 인재양성 시스템은 서열중심의 사회에서 극심한 경쟁만 중시해왔다. 사물과 현상의 이해보다는 결과를 중시하는 교육 위주였다. 그 결과, 과거 우리나라의 눈부신 발전에 기여했지만, 미래를 책임질 창의적 인재양성이 어려움에 봉착해 있다. 창조적 인재양성을 위해서 종합적인 접근이 필요하다. 교육제도, 정책, 그리고 방법이 창의적이어야 한다. 여기에 기술이 창조성을 자극하는 매개로 활용되어야 한다.

1. 창조성 개발인자로서 ICT의 가능성

아바타, 해운대, 해리포터 등 감동과 흥미를 이끈 작품들에 정보통신기술이 없었다면 가능할 것인가? 물론 작가, 제작자의 역량이 중요 요소이지만 정보기술의 활용이 인간 및 작품역량을 한층 고도화시켜주었다는 점은 부인할 수 없다. 비단 영화뿐만 아니라 ICT는 제품, 일, 사람 등과 만나면서 메디치효과[26])를 낳으며 사회적 영향에 무한한 잠재적 가능성을 지닌 도구로 작용하고 있다. 당초 정보기술의 적용과 확산에 의해 단순 반복적이며 기계적인 업무의 자동화로 인간의 창조적 작업에 기여할 것으로 기대되었다. 이미 정보기술은 reengineering 등과 같이 조직혁신의 동인으로 경험되었으며 인간능력의 한계를 벗어나게 하며 삶의 질 향상에 기여하였다. 창조성이 요구되는 문화예술분야에서 이미 ICT가 폭넓게 활용되고 있다. 영화제작, 작곡, 연주활동에 컴퓨터는 선택이 아닌 필수품이다. 소통촉진은 물론 보다 많은 정보에 접근하며 협력을 증진시키고 연구능력을 신장시켰다. 이처럼 정보기술의 가능성에 대한 기회와 선택은 개인과 조직의 삶의 양식에 변화를 가져왔다. 이러한 가능성은 ICT의 혁신과 확산에 의해 지속될 것으로 예상된다. 최근에는 교육이나 인재양성부문에 기대가 커지고 있는데 학교교육의 궁극적 목표는 미래사회에서 요구되는 창의적 인재양성이다. 그 중심에 있는 학생과 교원에 의해 다양한 교수-학습 활동이 이루어지고 있다. 학교교육 목표와 활동을 지원하기 위해 ICT 활용은 여러 가지 도구와 방법의 하나이다. 즉, ICT는 창조적 인재 양성을 지원하는 유용한 도구이며, 새로운 지식생산을 위한 다양한 학습활동을 촉진하여 자기주도적 학습환경을 조성에 기여한다는 점에서 ICT 활용은 인재양성에 필요한 핵심 수단이다.

1) 창조성의 특질과 ICT

흔히 창조성은 창조적 인재와 창조적 사고의 다섯 가지 요소 즉 민감성,

---

26) 르네상스시대 이탈리아 메디치가문의 후원아래서 서로 다른 재능과 지식을 갖춘 인재들이 교류함으로써 창조와 혁신을 이끌어낸 데서 유래하였다. 전혀 다른 분야의 융합에 의한 아이디어 창출과 생산성 향상을 의미한다.

유창성, 유연성, 정교성으로 이해할 수 있다(Guilford, 1970)[27]. [그림 9]에서 보듯 정보통신기술은 창조적 요소들을 자극하거나 강화하는 유효한 수단으로 볼 수 있다. 특히, 유비쿼터스 기술의 활용을 통해 나타난다.

첫째, 민감성은 새로운 문제를 감지해 유연하게 반응하는 능력이다. 최근 컴퓨터와 인터넷의 도움으로 구축되는 사이버 공간에서 가상현실적 경험이 확산되고 있다. 즉, 물리적 공간과 전자화된 공간이 융합된 형식의 새로운 공간으로서 유비쿼터스 공간 또는 사이버공간이 센서와 컴퓨터의 도움으로 창출되고 있다. 가상공간에서는 인간이 시공을 초월하여 다양한 변환이 가능하다. 예를 들면, 세계적인 예술 및 디자인학교인 뉴욕의 Parsons는 학습이나 작업과정에서 오감체험이나 활동이 가능하도록 개인컴퓨터랩을 제공하면서 다른 장소들에서도 연속적으로(Seamlessly) 유지할 수 있도록 환경을 조성하고 있다. 이러한 확장된 공간 및 장소체험의 가능성은 기존의 장소에 대한 체험형식에 익숙한 사람들에게 혼란과 기회를 동시에 제공한다. 즉 문제상황에 대한 대응속도와 감각을 향상시켜 준다. real-time, concurrent 정보처리를 가능하게 하면서 동시에 다양한 인식을 가능하게 한다. 이 외에도 CAVE나

[그림 9] 창조성의 특질과 ICT 활용

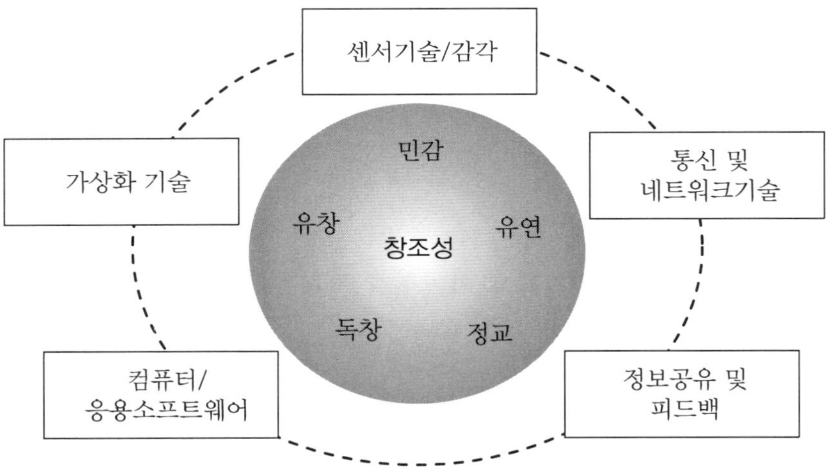

27) 창조성의 특성은 Howard Gardner and Mihaly Csikszentmihalyi의 연구에서도 유사하게 나타난다.

고글 등을 이용한 침잠형 가상현실 기법이 제공하는 공간 및 장소 체험, 유비쿼터스 기술을 이용한 스마트한 환경, 정감적 환경, 혹은 실존적 환경의 구축 가능성이 확대되면서 감응성을 높여주고 있다.

둘째, 유창성은 짧은 시간 동안 다양한 아이디어와 해결책을 생각해내는 능력이다. 언어, 연합, 표현, 상상의 유창성을 촉진하는 가능인자는 네트워크다. 특히, 유비쿼터스기반 통합적 네트워크는 개인은 물론 조직을 연결시켜주면서 범위와 규모를 확장시켜 준다. 가령 센서에서 얻어진 정보는 서버에 전달되어야 하며 수많은 센서에서 얻어진 정보는 다른 센서들을 통해 메인 서버까지 보내면서 라우팅 기능을 동시에 수행한다. 또한 지식관리시스템의 구축 및 활용을 통하여 개인이나 조직이 축적된 지식이나 정보를 바탕으로 문제해결을 위한 아이디어 창출을 자극할 수 있다. 이 과정에서 적절히 설계되고 구축된 HCI(Human Computer Interaction)를 기반으로 학습자 또는 수요자 요구를 적절한 기기와 인터페이스를 통해 파악하고 이에 대응한 서비스 제공이 가능할 것이다. 또한 문제상황에 대응한 센싱과 상황인지, 그리고 서비스의 선별과 적응화 및 실행 등 일련의 지능적 과정을 수행할 시스템이 실현되고 있다. 예를 들면, 의료 및 주택분야에서 거주자 위치를 파악하고, 현재 주어진 환경이 거주자의 활동에 적합한지 판단하기 위해 온도, 습도, 조명, 압력 등 다양한 주변 환경에 대한 정보인식과 대응조치가 가능할 것이다.

셋째, 유연성은 정형화된 사고의 틀을 깨는 능력이다. 적응적 유연성을 지향하는 정보통신기술을 이용하여 교사와 학생, 사업자와 고객을 연결하는 유연한 학습커뮤니케이션이 가능하다. 특히, 교육영역에서 인터넷이 보급과 고도화로 인하여 개인별 요구와 필요에 부응한 학습이 심화될 수 있다. 통합커뮤니케이션(UC) 기술 및 기기에 의해 다양한 정보화 상황을 제공함으로써 고정관념이나 통념에서 벗어난 환경을 제공할 수 있다. 미래에는 유비쿼터스 공간을 지원하는 센서의 수가 수천 개 이상이 될 것이다. 센서에서 받아들인 정보를 기반으로 유비쿼터스 공간에서 체험주체가 어떤 상황에 있는지를 해석하는 상황인지 기술이 인식능력을 향상시킬 것이다.

넷째, 독창성은 참신하고 독특한 발상능력이다. ICT를 활용한 유러닝 환경에서 학습자에게 타블릿피시와 전자칠판, 각종 멀티미디어 도구 등이 설치, 제공될 수 있다. 가령 유러닝에서 가능한 수업 경험으로서 파워포인트 자료 만들기, 타블릿피시로 그림 그려 표현하기, 원격학습하며 토론하기 등 다양한 방법론을 적용한 유러닝 모델(가설설정 학습, 토론중심학습 등)이 가능하다. 이러한 유러닝 환경에서 창의적 수업을 위해 교사들은 정보를 해석, 전달, 재창조 하는 과정을 찾는 교수법을 고민해야 한다.

다섯째, 정교성은 추상적 아이디어를 체계화·구체화하는 능력이다. 유비쿼터스 공간이라는 개념과 관련해서, 인간과의 다양한 상호작용을 통하여 인간의 신체적, 심리적, 사회적, 심미적 요구들에 능동적으로 적응할 수 있는 '살아 있는' 거주환경의 도래가 점쳐지고 있는 것은 매우 고무적이다. 앞으로 물리적 공간과 전자공간의 융합으로 주어지는, 자연환경 및 인간의 제반 활동들에 민감하게 반응하는, 유기체적인 건물들과 공간들이 미래의 거주환경을 혁신적으로 변화시킬 것으로 예상된다. 나아가 교육이나 예술영역에서도 보다 섬세하고, 융통성이 있으며 유기체처럼 반응할 뿐 아니라 인간의 다양한 요구들에 민감하게 대응할 수 있는 인위적 환경을 지향하는 유비쿼터스 기기 및 기술이 적용될 것이다. 인간생활의 모든 영역에서 ICT의 발전은 인간이 꿈꾸어 온 환경이나 상황이 어떠한 형식이든 실현가능하게 해 줄 것으로 기대된다.

2) 창조성의 발현과정과 ICT 활용

창조성의 발현과정은 복잡하고 역동적이다. 신비롭기까지 할 정도이기에 창조적 행위와 과정은 일의적으로 규정하기 어렵다. 그럼에도 불구하고 이에 대한 연구는 1908년 이후 오늘날에 이르기까지 다양한 연구자들에 의해 창조성 프로세스모델이 개발되어 창조적 과정을 기술, 설명하였다. 초기의 모형가운데 하나로서 월러스(Wallas, 1926)는 준비, 숙성, 발현, 검증단계를 제시하였다. 이후 코베르그와 바그넬(Koberg and Bagnall, 1981)은 상황수용-분석-정의-생성-선택-실행-평가 등 7단계의 Universal Traveler Model을 제시하였다. 기존의 연구모델을 종합적으로 창조성 발현과정은 [그림 10]과 같이 도시할 수 있다. 아울러 창조적 과정에 직접 또는 간접적으로 활용 가능한 ICT와 자원들을 예시하면 컴퓨터, 통신, 소프트웨어 등의 영역에서 다양하게 활용될 수 있다.

[그림 10] 창조성 순환 프로세스와 ICT

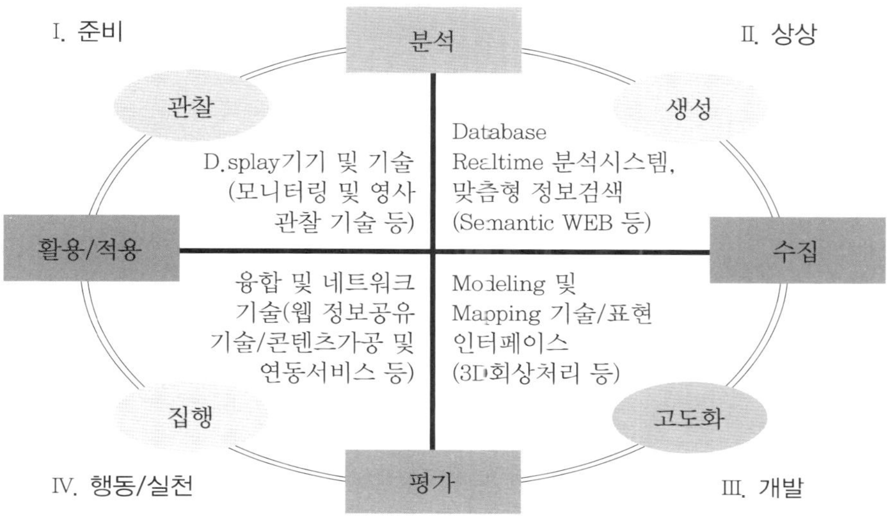

3) ICT 활용에 따른 창조성 효과

정보통신기술(ICT)의 궁극적 목적은 인간의 창조성 확장을 돕는데 있다. ICT활용의 효과는 [그림 11]에서 보듯 인식 및 정보능력, 다기능, 융합, 다양성, 협력 등을 촉진한다. ICT 활용은 정보수집과 편집, 연결에 필수적인데 정보생성, 변형, 연결등 일련의 정보편집이 바로 창조적 과정이다. 정보축적과정에서 정보들간 상호작용 및 편집과정이 생성되고 새로운 정보의 생성, 적용과정에서 문제의 해결책이나 방향이 도출된다. 실제 국내·외 글로벌기업들은 우수인재 육성을 위해 다양한 교육제도의 도입, 실시뿐만 아니라 KMS, ERP, BI 그리고 CRM에 이르기까지 정보시스템과 프로세스 구축 등 최고수준의 IT인프라를 갖추어 구성원의 창조력을 배양하고 있다. 나아가 모바일오피스, 재택근무제 같은 유연한 근무환경을 조성해 근무만족도와 생산성을 높인다.

[그림 11] ICT 활용과 창조성 배양효과

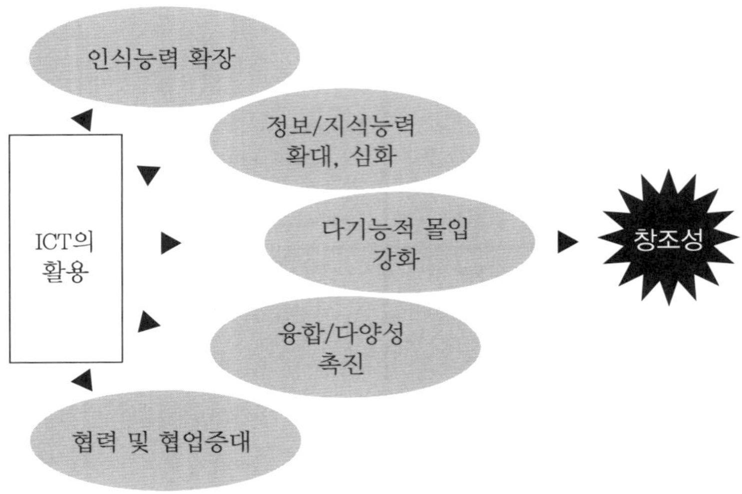

2. 창조적 인재양성을 위한 ICT 활용방안

효율적인 창조적 인재양성은 ICT활용에 달렸는데 ICT 활용대상으로서 창조성은 다음과 같은 전제가 필요하다. [그림 12]에서 보듯이 창조성이 개발, 관리가능하기 위해서는 창조성의 명시적 성격에 초점을 두어야 한다. 이러한 바탕에서 창조적 학습과 혁신적 교육을 위한 수단으로서 적절한 ICT 툴이 요구된다. 특히, 정보통신기기나 네트워크, 웹2.0 애플리케이션은 창조적 인재양성을 위한 동인이 될 수 있다.

[그림 12] 창조성의 암묵적 및 명시적 이론

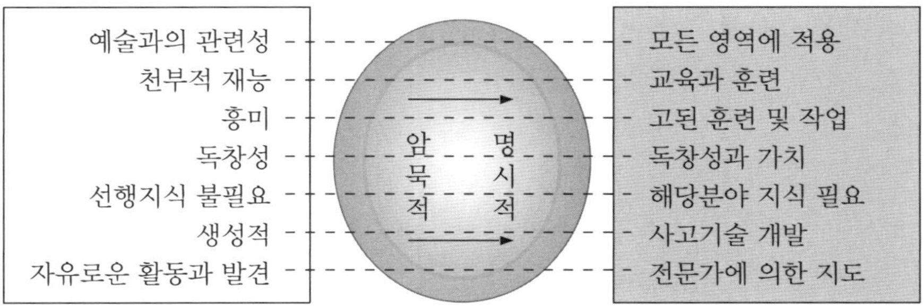

1) 지식과 창조성의 연계

지식은 창조적 산물을 촉발시키는 실체다. 물론 역으로도 성립한다(Burke, 2007). 지식과 창조성은 선순환의 관계를 갖는다. 창조성은 지식습득을 자극하고 새로운 지식은 창조적인 사고경로를 허용한다. 창조성은 상이한 분야의 지식을 거친 연계과정에서 생성된다. 물론 지식확장을 위한 응용과 연계를 위해서 교육이 필요하다. 창조성은 개인적 의미의 구성으로 이해되거나(Runco, 2003) 지식창출의 형성(Craft, 2005)으로 인식된다. 이러한 맥락에서 현재 교육현장에서 고질적 문제인 지식과 창조성간 단절을 극복해야 한다. 지금까지 학교, 가정, 어른들 모두 학생들에게 지식습득을 중시하였으며 즉 인류가 창조한 문화유산을 학습하고 계승하는 것으로 보았다. 따라서 상상과 창조는 성인이후의 일이었다. 이른바 죽은 지식 쌓기로서 말하는 '지식'이 우선이고 '창조'는 이후라는 이분법적 교육방식으로 인해 학교교육에서 상상력과 창조력의 배양을 소홀히 다루어졌다. 이제라도 지식에 대한 새로운 해석을 통해 지식과 창조가 함께하는 방법을 고민해야 한다. 지식과 창조의 연계과정에는 데이터베이스 구축과 네트워크(Intranet)와 함께 멀티미디어 기기나 웹기술이 활용될 수 있다.

2) 지식공유 및 협업의 활성화

창조성은 개인적 성격이 강하면서 동시에 집단적 현상이다. 사회현상에서 창조성은 사회과정으로 대부분 조직의 맥락에서 이루어진다. ICT는 개인 간 상호작용을 촉진하고 협업을 증진시키는 도구로 활용된다. 조직 내 인트라넷이나 지식관리시스템 등은 개인의 정보 및 지식능력의 한계를 극복하는데 기여한다. 특히, 디지털미디어는 영역 간의 불분명한 경계와 다양한 상호작용, 다수의 네트워크와 수평적이고 순환적인 계층들의 존재를 특징으로 한다. 네트워크 환경은 네트워크에 연결된 수많은 사용자들이 정보를 교환하고 의사소통하며 새로운 사회적 협업관계를 만들면서 창조성을 자극한다. 가령 대표적인 소셜미디어로서 블로그, 소셜네트워크, 메시지보드, 팟캐스트, 위키스, 비디오블로그 등이 있다. 아울러 모범사례(Best Practice)의 장려・전파를 위해 블로그, 홈페이지 등을 활용하여 개인・단체의 우수 사례 등을 상호 소개하고 공유할 수 있는 공동의 장 마련해야 한다.

3) 융합 및 통합적 사고의 촉진, 활성화

창조적 인재양성은 창조사회 구현을 위한 핵심전략이다. 개인의 창조성을 발아시키기 위한 토대이자 융합 및 통합적 사고를 촉진하는 창조적 환경이 조성되어야 한다. 창조적 활동에 필요한 융합, 통섭이나 통합적 사고를 위한 협력적 개발환경 구축에 미디어콘텐츠의 공유기반이 활용될 수 있다. 가령, Wikidipia, Flickr, YouTube 등이나 소셜네트워킹으로서 MySpace, Facebook, SecondLife 등 ICT기술이 적극 활용되어야 한다. 또한 방송통신 융합 환경에서의 위성방송, DMB, 와이브로, IPTV 뉴미디어 환경을 가정, 교육, 기업현장에 능동적으로 활용하여 융합 및 통합적 사고를 활성화시킬 수 있다.

4) On-demand Learning

창조적 인재육성을 중시하는 선진 기업들의 경우, 제도나 시스템에 의존하기보다는 구성원들이 일하는 현장에서 인재육성 활동을 강조하고 있다. 일례로 세계적인 컴퓨터 회사인 델은 '일하는 중간에 모르는 것이 생기면 10분 이내에[28], 5~10분 정도의 짧은 교육'을 이상적인 육성 방법론으로 추구한다. 이른바 'On-demand Learning'이라고 불리는데 인재육성의 핵심을 일선 현장에서 일하는 과정에서의 학습임을 강조하면서 약 100여 개에 달하는 온라인 교육프로그램이 운영 중이다. ICT를 활용한 고수준의 멀티미디어 지도교재, 학습교재, 지식공유시스템 등의 제공으로 원격학습과 복수 거점간의 협동학습으로 창조성 배양이 가능하며 학교나 기업현장에서 이루어질 수 있다.

5) 실험 및 분석기법의 활용

전문가(Expert)는 라틴어의 '시도하다, 실험하다'를 의미하는 'Experiri'가 변해서 만들어진 단어다. 전문가가 되기 위해서 수많은 시도와 실험을 통해 얻어지는 지식과 지혜가 필수적이다. 특히, 기업은 인재 육성과정에서 현장의 업무 수행 과정 속에서의 학습이 가장 중요하다고 강조한다. 통찰력 있는 지혜로움(Deep Smart)은 독서나 교육을 통해서는 얻을 수 없다. 오로지 경험을 통해서만 얻어질 수 있다[29]. 통찰력의 가장 본질적 요소는 암묵적 지식(Tacit

---

28) '10분 이내'를 강조하는 것은 업무를 수행하다가 막히는 부분이 생겨서 답답함을 느끼는 바로 그 순간이 새로운 지식을 학습하고자 하는 욕구가 가장 높은 시간이기 때문이다. KMS나 Intranet 등을 통해 활용이 가능하다.

29) 일례로 'Deep Smart(역서 명: 비즈니스 내공 9단)'의 저자인 도로시 레오나르드는 "리더의

Knowledge)인데, 이는 실제로 업무를 수행하면서 자연스럽게 습득되는 경험을 토대로 만들어지기 때문이다. 가령 모의실험(Simulation)이나 가상실험 등은 시행착오를 감소시키고, 분석기술에 대한 정보를 공유하여 업무능률을 증진하면서 통찰력을 제고할 수 있다. 인간의 오감(五感)에 일종의 착오를 가져오게 해서 마치 실제 세계에 놓여 있는 것처럼 느끼게 하는 인간·컴퓨터 간의 인터페이스다.

6) 디지털 리터러시의 강화

디지털 리터러시를 디지털 미디어를 통해 표현된 광범위한 정보 출처에서 나온 다양한 유형의 정보를 이해하고 사용하는 능력이다. 아울러 '텍스트 뿐 아니라 사운드와 이미지 등을 판독하는 기술을 포함하며 네트워크로부터 전자적 정보를 식별하고, 접근하여 사용할 수 있는 능력까지 포함한다. 즉 다양한 매체적인 맥락 안에서 미디어에 접근(Access)하고, 미디어를 이해(Understand)하며, 창의적인 제작(Create)을 할 수 있는 능력이다. 여기에서 '접근'은 전자매체에 초점을 맞추면서 디지털 격차와 관련하여 강조되는 부분으로, 자신이 필요로 하는 미디어 콘텐트 혹은 정보를 찾고, 활용할 수 있는 능력이다. '이해'는 디지털매체나 전자매체를 통한 정보의 정확성과 신뢰성 평가 능력과 더불어 미디어를 비판적으로 분석할 수 있는 능력을 총체적으로 일컫는 개념으로 기존의 비판적 리터러시의 특성을 가진다. '창조'는 사용자가 미디어를 사용해서 자신의 메시지를 전달하여 의사소통하거나, 자기표현을 위해 자신의 메시지를 적극적으로 생산해낼 수 있는 Skill능력을 포괄적으로 지칭하는 말로써, 전통적인 방식의 미디어 생산자와 수용자 간의 관계가 근본적으로 변화된 오늘날의 디지털 미디어시대에 강조된다.

7) 디지털 학습 및 교육체계 확립

창조성의 발전과 육성을 위해 가장 중요한 원천과 수단은 교육이다. 교육은 지식기반경제 성공의 결정적 요인이다(Thurow, 1999). 이에 먼저 학교교육에서 학생의 적극적인 참여를 유도해야 한다. ICT는 학생이 자신의 학습 활동에 적극적으로 참여할 수 있는 환경을 쉽게 조성할 수 있다. 교사 주도적인 일방향의 학습 환경에서 벗어나 학생의 적극적인 참여를 유도하는 쌍방향

성공에 있어서 가장 중요한 요소로 제시하고 였다.

방향 수업을 가능하게 하면서 자기 주도적 학습능력을 신장시킨다. 창조사회에서 필요한 능력은 스스로 필요한 정보를 찾고 지식을 활용하는 능력이다. 따라서 학습자 스스로 주제에 맞는 정보를 찾고 이를 활용하여 산출물을 제시할 수 있는 교수-학습이 진행되어야 한다. 물론 ICT는 교수-학습 활동의 목표가 아닌 수단이다. 교과에서 ICT를 활용하는 의도는 ICT 능력을 습득하는 것뿐만 아니라 교과의 목표를 달성하는데 맞추어지면서 교과 혹은 학습목표 달성에 적합한 ICT가 개발, 활용되어야 한다. ICT 활용은 교과목표를 달성하는 것이 주목적이므로 사용할 ICT의 영역과 내용은 달성하고자 하는 학습 목표의 특성에 따라 선별적으로 활용되어야 한다. 이 과정에서 사용하려는 ICT는 학생들의 활용능력 수준에 적절해야 한다. ICT 활용 교육은 학생들이 학습 활동에 필요한 활용능력을 지녀야 효과를 발휘할 수 있다.

8) 창조적 생태계의 구축

창조적 인재는 창조적 환경에서 양성될 수 있다. 창조성의 산물인 콘텐츠를 통해 배태되고 가치가 발현되고 권리관계까지 획정하게 된다. 콘텐츠에서의 창의성이란 디지털 콘텐츠 생태계, 크리에이티브 벨류 체인에 가깝다. 이는 산업의 연관 관계의 새로운 환경변화에 따른 의미구조의 분석과 통찰, 이를 통한 가치의 창조를 포함한다. 콘텐츠에서의 창조성은 기존 제조 산업, 서비스 산업 등과 긴밀한 연관 구조 즉, 콘텐츠 크리에이티브 벨류체인 네트워크로 짜여지는데 이러한 구조가 이른바 창조적 토양과 환경이다. 창조적 인재들은 이러한 토양과 환경에서 활동하고 프로젝트를 전개하는 무대가 되며, 창조적 인재들의 시장에서의 창발적 활동은 콘텐츠 생태계의 선순환을 이끌게 된다. 창조사회를 이끌어갈 창의적 인재는 단기간의 교육으로 양성되지 않는다. 10년, 20년, 30년 전문 분야에 집중적인 노력, 과정에서의 수많은 실패와 시행착오에도 굴하지 않는 용기와 도전 정신은 창조적인 인재 양성의 기본 토양이다.

9) 창조적 정치행정시스템의 혁신

WEB 2.0시대에 부합하여 정책 2.0시대를 창조해 나가야 한다. 정책기관의 신속한 혁신과 진화를 통해 통합과 분산, 참여, 공유, 개방, 집단지성의 전국화, 지역화, 글로벌화를 지향하면서 정책 목표를 재설정해야 한다. 국가사회의 창조역량 강화를 위한 창조사회 인프라로서 [그림 13]에서 보듯 중·장기적 관점의 정책지원과 정보기반 활용전략 등을 제시해야 한다. 이러한 정책실현을 위해 정부역할이 창조적으로 변화해야 한다(한세억, 2008). 앞서 제시된 정책실현의 조력자로서 행정(지방자치체)뿐만 아니라, 다양한 주체들(개인, NPO, 민간기업)이 창조공동체로 참여하되, 각 주체들이 자율성을 확보하고, 교류, 협력해야 한다. 이를 위해 정부는 자금지원, 창조적 장소 제공(발표장소, 공연장, 포럼 등)과 함께 정보를 제공해야 한다. 정부는 과거의 규제 또는 국가경제를 좌지우지하는 역할을 떠나 자국의 국민들이 세계적 수준의 쾌적한 생활수준을 향유할 수 있는 기회를 제공하고 세계적 경제활동주체를 자국 내에 유치하기 위한 매력적인 기반시설, 교육, 연구와 개발 등 하부구조의 창출자로 변해야 한다.

창조사회의 핵심 요소로서 창조적 인재는 개인의 ICT 활용노력과 함께 정부, 대학, 기업이 창조공동체로서 시장과 현장에서 창조적 정책, 프로그램, 프로젝트를 창출하고 사회적 기반으로서 창조적 마인드와 제도 그리고 풍토와 문화를 지속적으로 조성할 때 실현가능할 것이다.

[그림 13] 창조사회의 인프라

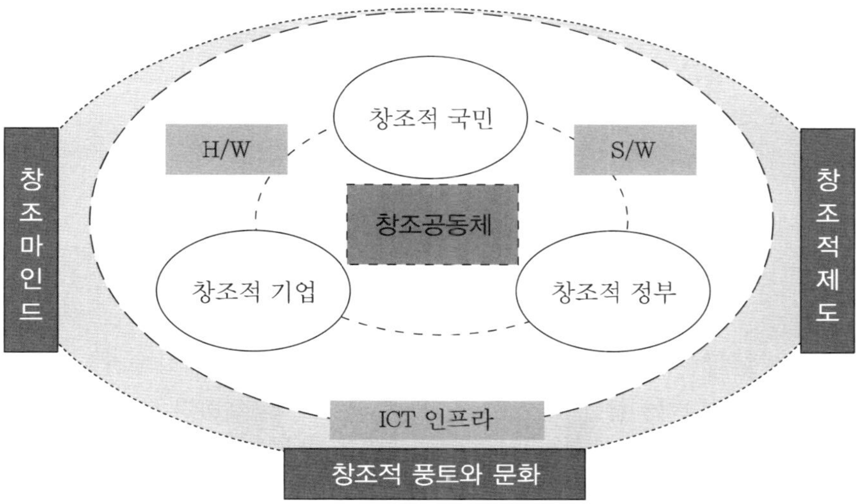

3. ICT의 한계

정보통신기술이 지닌 잠재적 가능성에도 불구하고 부정적 영향이나 부작용을 간과할 수 없다. 첫째, ICT는 도구이며 수단이다. ICT 자체가 전적으로 창조성을 보장하지 않는다. 달리 말해 기술은 가치중립적이므로 창조적 역량은 근본적으로 인간 자신에 달렸다. 즉 인간의 주체적인 노력과 적극적 의지가 바탕이 되어야 한다. 자칫 기술발전이 과도한 복잡함으로 번지면서 정작 인간이 기술에 압도당하면서 창조성이 저해될 수 있다. 따라서 단순함의 중요성이 부각된다. 가령 정보기술 발전이 광범위하게 공유(共有)되는 현 상황에서는 분야별 인재의 독창성이 혼합되어야 탁월한 성과를 얻을 수 있다. 기술이 진보할수록, 진보한 기술이 모든 인간에게 힘들고 고된 '일'을 만들어내면 오히려 창조성이 말살될 수 있기 때문이다. 둘째, 창조성이 긍정적인 측면에서 생산적인 방향으로 발현되어야 한다. 만일 부정적인 방향에서 창조성이 개발되거나 소모적인 양상으로 활용된다면 예상치 못한 재앙이 야기될 수 있다. 따라서 사회적 책임이나 윤리, 인간존중의 가치가 담보된 창조적 인재여야 한다. 셋째, 아무리 ICT기반이 잘 갖추어지고 창조적 인재가 존재하더라도 제도나 정책의 뒷받침이 없으면 무용지물이다. 따라서 관료주의나 경직된 제도가 창조적 풍토 조성이나 창조적 인재양성의 걸림돌이다. 가령 세계에서 80번째로 아이폰 도입, 100여 개국 이상에서 사용되는 아마존 킨들의 미진입국, 세계 IT서비스 시장점유율 1% 등은 제거되어야 할 비창조적 제도의 산물이다(서울경제신문, 2010년2월22일자).

제5절 결어 및 정책적 시사점

IT강국, 한국은 세계에서 최고의 정보기술 환경과 초기사용자들이 넘쳐나는 역동적인 곳이다. 첨단 디지털 환경과 열정이 어우러진 강점을 활용해야 한다. 한류를 창출했듯 앞서 경험한 디지털신경제, 콘텐츠 생태계 환경에서 새로운 기술트렌드에 창조적으로 적응하고, 미디어와 네트워크를 창조적으로 융합하며, 글로벌 킬러 앱과 킬러 콘텐츠 프로젝트를 창조적으로 발휘하기 위한 역량이 사회 각 분야에서 발산되어야 한다. 이를 위해 창조적 인재로서 문화창조자, 콘텐츠 크리에이터들이 창조하는 프로젝트와 비즈니스 모델이 창조생태계의 선순환을 이루어야 한다.

정보통신분야의 경쟁은 치열하다. 경쟁우위와 탁월성을 유지하는 글로벌기업들은 조직구성원들의 창조성을 자극하고 개발하기 위하여 지능적인 정보환경을 구축하고 있다. 하지만 장차 정보기술의 괴리가 줄고 기술 수준이 평평해지면서 창조성의 중요성이 한층 부각될 것이다. 바야흐로 창조성과 ICT가 접목된 영역으로 승부처가 옮겨지는 창조시대에서 제2의 문예부흥, 즉 후기 디지털 르네상스시대가 전개될 것으로 예상된다(Maeda, 2006). <그림 14>에서 보듯이 산업사회에서는 창조성이나 ICT의 수준이 모두 낮았다. 1940년대 이후 컴퓨터의 발달과 정보과학의 고도화로 ICT 수준이 높아졌으며 예술분야는 그 자체로 창조성이 높게 유지되었다. 하지만 컴퓨터과학이나 전통적 예술분야는 해당분야에 요구되는 필요조건만 갖추었을 뿐 새로운 영역을 끊임없이 창조해 나가는 창조성을 갖추는데 불충분했다. 하지만 정보통신기술과 창조성의 만남이 이루어지는 시대에서는 새로운 문명과 문화의 창출이 가능하다.

[그림 14] 창조시대와 창조적 ICT의 발전과정

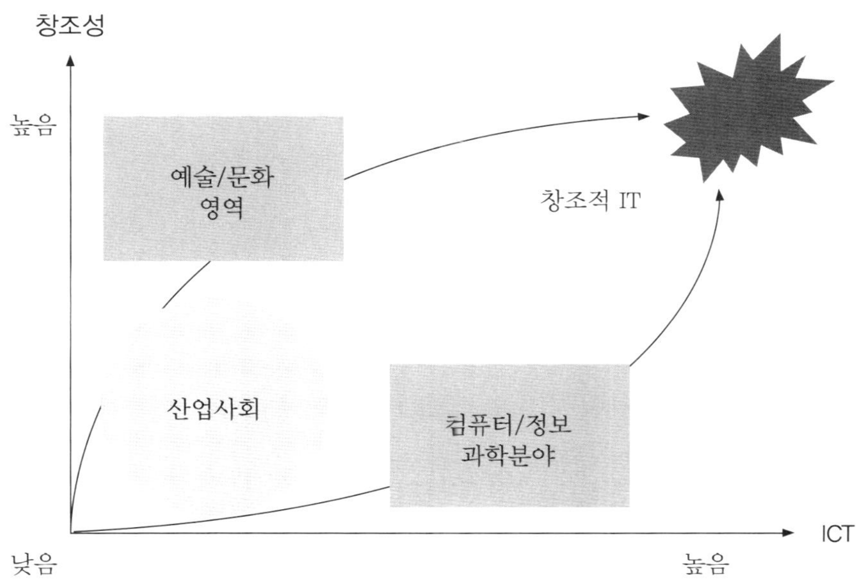

앞서 살펴보았듯이 정보통신기술(ICT)이 창조성의 스파크를 일으키는 부싯돌로 작용하려면 정보강국의 한계에 대한 인식이 필요하다. 아울러 잠재역량이나 열정을 지닌 인재가 창조적 인재로 거듭나 창조역량을 발산하도록 창조강국에 대한 비전과 실천노력이 병행되어야 한다. 급변하는 패러다임 변화 속에 일류의 창조적 선진 국가가 되기 위해서는 창조적 변화를 주도할 수 있는 인재양성에 역량을 결집해야 한다. 하지만 한국사회는 늙어가고 있다. 고령화가 미래사회를 위협하지만 역발상에 의해 위기를 기회로 전환시켜야 한다. 유태인 랍비 Sydney Greenberg가 "만약 새로운 아이디어를 찾고 있다면 우리는 청년이다. 그러나 과거의 전통과 방법에만 의지하고 있다면 우리는 참으로 노인이다"고 설파했듯 비록 물리적으로 초고령화 사회로 변화하지만 정신적으로 청년사회를 지향해야 한다. 한국사회가 IT강국을 넘어 창조적인 청년사회를 지향하려면 첫째, 사회적 관용(Tolerance)지수를 높여야 한다. 상이한 정치적, 종교적, 이념적, 지역적, 문화적 의견과 행동이 존중될 수 있는 풍토를 조성해야 한다. 조그만 흠집만 보여도 돌이킬 수 없는 치명적 처벌과 비판이 가해지는 혹독한 사회에서는 창조적 인재가 숨 쉴 수 없다. 실패를 피해가는 보신주의자만 득실거릴 수 있음을 경계해야 한다.

둘째, 정보기술의 인간화를 추구해야 한다. ICT가 인간행복과 사회발전에 기여하는 창조성을 자극, 계발의 매개체로 활용하는 것이야말로 진정한 정보기술의 사회화 과정이다. 특히, 정보기술이 창조적 인재양성을 보장하지 않는다. 창조적 인재양성을 위해 필요조건이지 결코 충분조건이 아니다. 창조적 인재양성을 위해 인간의 얼굴을 가진 ICT여야 한다. 결국 ICT가 나아가야 할 길은 궁극적으로 인간과의 소통 그리고 정보통신과학과 인문학 및 문화의 만남을 지향해야 한다.

셋째, 창조적 인재양성을 위해 창조적 정부에 의한 창조적 정책이 조성되어야 한다. 창조성은 한 송이 국화꽃을 피우듯 고통스럽고, 가지 않는 길 가야하는 불확실성이 따른다. 정부나 공공부문에서 고통과 불확실성을 감소하기 위한 기능과 역할을 담당해야 한다. ICT를 활용하여 지능수준이 높아진 창조적 정부가 창조적 정책을 만들고 창조적 인재양성은 물론 창조적 활동을 진작해야 한다. 새로운 디지털 환경의 정책과 공공서비스의 변화를 모색해야 한다. 공평한 권리, 투명성, 책임성, 법치주의를 강조하며 ICT를 기반으로 민주주의 및 국내 정책을 강화해야 한다.

넷째, 동서고금을 통해 경험했듯이 창조성 제고를 위해 혼란과 질서의 절묘한 조화가 중요하다. 이를테면 러시아는 톨스토이, 파브로 등과 같이 전 분야에 걸친 우수한 인적자원을 지녔지만 국가시스템의 혼란과 불안정으로 인하여 그 창의성을 국가경쟁력으로 활용하지 못했다. 중국 역시 유럽보다 300년 전에 산업혁명이 가능한 철, 나침반, 인쇄, 석유화학기술을 보유하였지만 정부규제로 인해 산업혁명을 창출하지 못했다. 이처럼 정치사회시스템이 지나치게 혼란스럽거나 질서가 너무 엄격하면 창조성을 저해할 수 있다.

끝으로, 정보통신기술의 창조적 활용은 사회개선과 함께 인간 삶을 더욱 풍요롭고 편안하고 안전하게 살도록 하기 위함이다. 따라서 인간의 행복과 직결되는 역할을 담당하는 정보통신기술, 산업 및 정책에게 창조성은 필수요소이며, 이러한 창조성은 인간 생활전반에 걸친 넓은 시야와 이해를 수반해야 한다. 이를 위해 국가정보화 진흥을 담당하는 기관, 스스로 창조성의 바탕에서 창조적 인재양성 및 창조적 ICT전략을 수립, 추진해야 할 것이다. 즉 창조적 인재양성 및 창조성 배양을 위한 정보화(ICT)교육 계획의 수립, 추진을 제안한다.

참고문헌

교육과학기술부(2009), *창의와 배려의 조화를 통한 인재 육성 -창의·인성교육 기본방안-*

기 소르망 지음·민유기 외 옮김(2004), *MADE IN USA*(미국 문명에 대한 새로운 시선), 문학세계사.

김왕동·성지은(2009), *창의적 인재육성의 근본적 한계와 당면과제*, STEPI Insight 제32호.

니콜라스 네그로폰테 지음·백욱인 옮김(1999), *디지털이다*, 커뮤니케이션북스.

다니엘 핑크 지음, 김명철 옮김(2006), *새로운 미래가 온다*, 한국경제신문사.

린다 그래튼·조성숙(2008), *핫스팟(HOT SPOTS) -창조 에너지가 넘치는 혁신의 시공간*, 21세기북스.

박성욱(2010), *주요 산업별 IT활용 현황 분석과 시사점*, 정보통신정책연구원(KISDI) 보고서.

사사키 겐이치(2002), *미학사전.*

아네트 모저 웰만 저·권진욱 역(2007), *창조적 인재의 5가지 얼굴*(The Five Faces of Genius).

한상엽(2009), *인재 육성을 방해하는 고정 관념들*, LGERI리포트 3~4월호.

한세억(1998), *정보시대의 새로운 정부패러다임: 연성화*, 한국행정연구 제7권 제3호, 한국행정연구원.

한세억(2008), *창조적 행정의 담론적 고찰: 가능성과 한계*, 전자정부연구 제3권 제1호. 전자정부포럼.

Amabile, Teresa M.(1998), How to kill creativity, *Harvard Business Review.*

Amabile, Teresa M.(2002), Constance N. Hadley, and Steven J. Kramer, Creativity under the gun, *Harvard Business Review*, August.

Amabile, Teresa M. and Mukti Khaire(2008), Creativity and the role of the leader, *Harvard Business Review*, October.

Barro, R(2001), Education and Economic growth. In D.J.Helliwell(ed.), *The Contribution of Human and Social Cap*ital to Sustained Economic Growth and Well-Being. Paris: OECD.

Baldoni, John(2003), *The discipline of creativity*, Harvard Management Communication Letter, March.

Burke. C(2007), I*nspiring Spaces: Creating Creative Classrooms*,

Curriculum Briefing, 5(2), 35-39.

Castells, Manuel(1996), *The rise of the Network Society, Malden,* MA: Blackwell Publisher, Inc.

Castells, M.(1998). L'ère de l'information. Vol. La société en réseaux. Paris: Fayard.

Charles Landry(2000), *The Creative City: A toolkit for urban innovators.*

Claxton,G.(2008). Cultivating positive learning dispositions. H. Daniels, H. Lauder and J. Porter (eds), Routledge *Companion to Education.* London: Routledge.

Craft.A(2005), *Creativity in Schools: tensions and dilemmas.* London: Routledge.

Csikszentmihalyi, Mihaly.(1997), *Creativity -Flow and the Psychology of Discovery and Invention,* Harper Perennial; 4 Tra edition.

Csikszentmihalyi, Mihaly.(1998), *Finding Flow: The Psychology of Engagement with Everyday Life,* The Perseus Books Group.

Sutton, Robert I.(2007), *Weird Ideas That Work: How to Build a Creative Company,* Free Press.

Cummings Anne, and Greg R. Oldham, 1997, Enhancing Creativity: Managing Work Contexts for the High Potential Employee, *California Management Review* 40(1) : 22-38.

Dator, Jim(2005), *Korean as the wave of a future : The emerging Dream society of icons and aesthetics experience,"* with Youngseok Seo, Papers of the British for the Korean Studies, Vol. 10.

Farmer, David, J.(1995). *The Language of Public Administration-Bureaucracy, Modernity, and Postmodernity.* Tuscaloosa, Alabama: The Univ. of Alabama Press.

Florida, R.(2002). *The Rise of the Creative Class. And How It's Transforming Work, Leisure and Everyday Life.* New York: Basic Books.

Franken, Robert E.(2002), *Human Motivation,* 3rd ed., Wadsworth, Inc.

Gary, Loren(1999), *Beyond the chicken cheer: How to improve your creativity,* Harvard Management Update.

Guilford, J.P(1970). 'Traits of creativity' in H.H. Anderson (ed.), Creativity and its Cultivation, Harper, 1959, pp 142-61, reprinted in P.E. Vernon (ed.), *Creativity*, Penguin Books, 1970, pp 167-88.

Koberg, D and Bagnall, J (1981) *The All New Universal Traveler: A Soft-Systems Guide To Creativity, Problem-Solving, And The Process Of Reaching Goals*. Los Altos, CA: William Kaufmann, Inc.

Lester C. Thurow(1999), *Building Wealth: New Rules for Individuals, Companies, and Nations in a Knowledge-Based Economy*, Sloan Business School, MIT.

Lowenfeld, H.(1941). Psychic trauma and productive experience in the artist. *Psychoanalytic Quarterly*, 10, 116-130.

Maeda, J.(2006), *The Laws of Simplicity-Simplicity: Design, Technology, Business, Life-*, MIT Press.

Morrison, E.W. and F.J. Milliken(2000), Organizational Silence: A barrier to change and development in a pluralistic world, *Academy of Management Review*.

OECD(2001), *The Wellbeing of Nations-The Role of Human Social Capital*. Paris: OECD.

Porter,M.E(1990), *The Competitive Advantage Nations*. London: Macmillan.

Rolf Jensen(2001), *The Dream Society*, McGraw-Hill.

Runco.M.A(2003), Education for Creative Potential, *Scandinavian Journal of Educational Research*, 47(3), 317-324.

Sawyer, R. Keith(2007), *Group genius : the creative power of collaboration*, Basic Books.

Sweetman, Katherine J.(1977), Cultivating creativity, *Harvard Business Review*, March-April.

Torrance, E.P.(1974). *Torrance Tests of Creative Thinking*, Scholastic Testing Service, Inc..

Wallas, G(1926) *The Art of Thought*. New York: Harcourt Brace.

WSH Council(2008). *A National Strategy for workplace safety and health in Singapore*, WSH 2018.

PART 4

불확실성 세상 읽기

제 7 장　사회순환법칙을 통해 바라본 미래 한국의 모습
제 8 장　미래사회 이해를 위한 통섭적 시도

chapter 07

사회순환법칙을 통해 바라본 미래 한국의 모습

제 1 절 서 론

하와이 대학의 미래학자 짐 데이터(Jim Dator) 교수에 따르면, 미래는 3가지 요소로 구성된다고 한다. 첫 번째 요소가 현재의 '지속(continuation)'이다. 과거로부터 지속되어 온 것이 현재에도 지속되고 있고, 또 미래에도 지속될 것이라는 것이다. 두 번째로 미래를 구성하는 요소는 '순환 또는 주기(cycle)'이다. 과거에는 존재하였던 것이 현재에는 존재하지 않지만, 다시 과거에 존재할 수 있다는 것이다. 마지막으로 세 번째 구성요소가 '새로움(novelties)'이다. 과거에도 존재하지 않았고, 현재에도 존재하지 않는 것이 미래에 새롭게 나타난다는 것이다.

미래를 예측하고자 하는 많은 연구자들이 트렌드 연구로 대표되는 '현재의 지속'에 초점을 맞추고 있다. 주로 사회과학과 비즈니스 영역에 종사하는 연구자들이 현재의 지속을 통하여 미래의 모습을 파악하고자 한다. 반면 '새로움'의 징후를 발견하고, 이러한 새로운 징후가 미래사회 전반에 어떠한 영향을 줄 것인가에 관심을 갖고 있는 부류들이 바로 미래학자이다. 마지막으로 역사의 순환이나 주기를 통해 과거의 일정한 패턴을 발견하고, 현재의 위치를 파악함과 동시에 미래를 조망해 보려고 하는 시도는 주로 거시사가들인 역사학자에 의해 이루어진다.

지난 수년간 한국사회에서 미래에 대한 관심이 크게 증가하면서 미래에 대한 연구가 활발히 진행되고 있다. 그러나 대부분의 연구들이 '현재의 지속'에 초점이 맞추어진 트랜드 연구나, '이머징 이슈(emerging issue)'[1]로 대표되는 '새로움(novelties)' 발굴에 연구의 목표나 방법들이 집중되어 있다. 미래 구성의 한 축을 담당하는 '순환 또는 주기(cycle)' 분석을 통한 미래연구는 아직까지 시도된 적이 없다. '미래 구성의 3가지 요소'에 대한 적절성과 진위성 판단 여부는 차제에 두더라고, 미래가 다양한 형태의 복합적 요소로 구성되어 있음을 부인하기는 어려울 것 같다. 따라서 미래 연구는 그 방법에 있어서도 과거와, 현재, 미래를 통시적으로 바라볼 수 있는 균형적인 접근을 통해, 미래가 갖고 있는 다양한 속성을 파악하는 것이 필요하다.

본 연구에서는 앞서 언급한 미래 구성의 두 번째 요소인 '순환 또는 주기(cycle)' 분석 방법을 통해 한국의 미래를 조망해 보고자 한다. 역사에 순환의 법칙이 존재한다는 가정 하에, 과거에 한국이 걸어온 길, 역사의 순환 속에서 현재 한국의 위치, 그리고 앞으로 나아가게 될 모습에 대해 탐색해 볼 것이다. 이를 위해 한국의 역사를 공간적으로는 한반도를 넘어 만주지역까지 확장하고, 시간적으로는 고대국가 태동 이전의 부족연맹체 시기부터 해방 후 현대사까지 폭넓은 범위를 다룰 것이다. 한국 역사의 거시사적·미시사적 궤적의 추적을 통해 사회순환의 패턴을 분석하고, 사회순환적 맥락에서 현재 우리사회가 서 있는 위치와 다가올 가능한 미래 모습에 대해 탐색해 볼 것이다

제2절 이론적 배경

I. 거시사적 순환론 vs. 선형론

사회순환의 궤적을 추적하고, 그 변화에 대한 일정한 메커니즘을 찾아내기 위해서는 충분할 만큼의 긴 역사에 대한 연구가 필요하다. 즉, 특정 시공간의 몇몇 단위나 사건에 초점을 맞추는 것이 아니라, 여러 사회단위와 체제

1) 이머징 이슈는 이슈의 신호가 극히 미약한 관계로 현재 그 중요성이 크게 부각되고 있지 않지만, 그 이슈가 사회를 관통하는 트렌드로 성장했을 경우 엄청난 사회적 영향을 가져오게 된다.

를 포괄적으로 아우를 수 있는 거시적 관점이 필요하다. 이러한 관점을 요한 갈퉁(Johan Galtung)과 소해일 이나야툴라(Sohail Inayatullah)는 '거시사(macro-history)'적 관점이라고 정의한다. 갈퉁과 이나야툴라는 그들의 역작 「거시사의 세계」에서 "거시사란 사회체제의 궤적을 따라가며 패턴을 발견하고자 하는 역사 연구 방식이다. 거시사는 역사의 단계와 시간의 흐름에 따른 변화의 원인, 즉 통시적(diachronic)인 것에 중점을 두는 매우 야심만만한 작업이다"라고 언급하고 있다.[2)]

거시사 연구방식이 사회체제의 궤적을 따라가며 변화의 원인과 패턴을 발견하는데 초점을 맞추고 있다는 측면에서, 비록 거시사가 역사의 한 연구방식이지만 미래 연구에도 많은 유용한 도움을 줄 수 있다. 거시사 연구를 통해 과거의 패턴변화를 이해하고 현재의 위치를 가늠해 봄으로써, 사회순환의 맥락에서 다가올 미래에 대한 대략적인 유추가 가능하기 때문이다.

이나야툴라는 미래 연구에 있어서 거시사 연구의 유용성을 다음과 같이 정리하고 있다. 먼저 거시적 패턴 변화를 연구함으로써, 미래의 불확실성을 축소시켜주며, 이러한 불확실성 축소를 통해 미래예측 역량을 향상시킬 수 있다. 뿐만 아니라, 거시사적 패턴 연구는 다소는 공상적일 수 있는 미래 시나리오에 어느 정도의 개연성을 부여해 줄 수 있다. 아울러, 사회의 변화가 왜, 어떻게, 어디서, 언제 일어나는지에 대한 커다란 그림을 제공한다. 마지막으로 변화에 대한 다양한 이론과 인식의 틀에 초점을 맞춤으로써 우리가 가지고 있는 미래에 대한 좁은 시야로부터 벗어나게 해줄 수 있다는 것이다.[3)]

갈퉁과 이나야툴라는 「거시사의 세계」에서 20명의 거시사가들을 소개하고 있는데, 이들은 시대순으로 나열하면 다음과 같다.

1) 사마천(B.C.145~B.C.90?)
2) 아우구스티누스(Augustinus, 354~430)
3) 이븐 할둔(Ibn Khaldun, 1332~1460)
4) 잠바티스타 비코(Giambattista Vico, 1668~1744)

2) 요한 갈퉁, 소하일 이나야툴라, 노영숙 옮김(2005), *거시사의 세계: 미래를 바라보는 눈*, p. 21.

3) 보다 자세한 사항은 Sohail Inayathullah, "Macrohistory and the Future: history of social system", http://www.metafuture.org/Articles/macrohistoryandthefuture.htm. 참조.

5) 애덤 스미스(Adam Smith, 1723~1790)
6) 프리드리히 헤겔(Friedrich Hegel, 1770~1831)
7) 오귀스트 콩트(Auguste Come, 1798~1857)
8) 칼 마르크스(Karl Marx, 1818~1883)
9) 허버트 스펜서(Herbert Spencer, 1820~1903)
10) 빌프레도 파레토(Vilfredo Pareto, 1848~1923)
11) 막스 베버(Max Weber, 1864~1920)
12) 루돌프 슈타이너(Rudolf Steiner, 1861~1925)
13) 오스발트 슈펭글러(Oswald Spengler, 1880~1936)
14) 피에르 샤르댕(Pierre Chardin, 1881~1955)
15) 피티림 소로킨(Pitirim Sorokin, 1889~1968)
16) 아놀드 토인비(Arnold Toynbee, 1889~1975)
17) 안토니오 그람시(Antonio Gramsci, 1891~1937)
18) 프라바트 라이니안 사카(Prabbat Rainjan Sarkar, 1921~1990)
19) 라이앤 아이슬러(Riane Eisler, 1931~)
20) 가이아(Gaia) 4)

갈퉁과 이나야툴라는 위의 20명의 거시사가들을 서양, 인도, 이슬람, 중국 문명의 가장 위대한 사상가들이라며 평가하면서 이들 거시사가들이 갖고 있는 이론과 역사 인식에 대해 비교·분석하고 있다. 갈퉁과 이나야툴라는 이러한 분석을 통해 거시사 이론에 담겨 있는 미래에 대한 다양한 지식을 이해하고, 우리의 미래 방향을 가늠하는데 적절히 활용할 것을 요구하고 있다.

거시사 이론은 크게 순환 모델과 선형 모델의 두개의 범주로 구분할 수 있다. 먼저 선형 모델은 인류의 역사를 지속적으로 발전하는 과정으로 보는 시각으로, 인류역사의 종점에 유토피아가 존재할 것임을 암시한다. 반면, 순환 모델은 역사가 일정한 법칙을 가지고 일정한 유형의 사건들로 반복된다는 역사 사상이다. 갈퉁과 이나야툴라는 20인의 거시사가들 중에 할둔, 슈팽글러, 소로킨, 토인비, 사카를 순환형 진영으로 배치하고 있으며, 스미스, 콩트,

4) 요한 갈퉁, 소하일 이나야툴라, 노영숙 옮김(2005), *거시사의 세계: 미래를 바라보는 눈*, p. 36.

스펜서, 마르크스, 베버를 선형 진영에 포함시키고 있다.

사실 인류의 역사를 지속적인 진화와 발전의 과정으로 볼 것인가, 아니면 흥하고 쇠하는 순환의 과정으로 볼 것인가는 지난 수세기 동안 많은 역사·철학자들의 부단한 논쟁거리였다. 순환이론가들은 한 국가, 또는 사회가 흥하고 쇠하는 데에는 일정한 패턴과 법칙이 있음을 가정하면서 상승, 하강, 몰락과 같은 희망과 위험을 결합시켜 역사를 해석하고 있다. 다시 말해, 순환론적 역사관은 미시적으로는 낙관과 비관을 다 포함하는 듯하면서도, 거시적으로는 운명적·비관적인 편이다. 이러한 측면에서 순환형은 인간의 행동과 희망에 제약할 수 있기에 혹자에 따라서는 지극히 反미래적으로 보일 수도 있다.

반면 선형적 역사관은 역사 과정을 지속적인 진보와 발전으로 파악하면서, 비록 현실과 동떨어져 있다하더라고 역사에는 이상향적인 최종 도착점이 존재한다. 기독교의 천년왕국, 플라톤의 철인이 통치하는 이상국가, 마르크스의 역사 최후단계로서의 공산사회 같은 것들이 여기에 해당된다. 선형론적 역사관은 역사 안에서 희망을 걸기 때문에 역사에 적극적으로 참여하고, 최종적인 이상향에 도달하기 위해 부단히 노력할 것을 요구한다. 그래서 다분히 진취적·낙관적인 편이다.

일반적으로 서양인에게는 순환형과 선형이 결합된 형태가 나타나지만, 동양인에게는 분명한 순환형 역사관이 나타난다.

먼저 대표적인 선형 사관으로는 기독교사관을 들 수 있다. 아우구스티누스로 대표되는 서양의 기독교 사관은 속세가 아니라 내세의 천국에서 어떻게 최후의 종말을 맞는가에 초점을 맞춘다. 선형적 사회 진보론의 대표격인 콩트는 역사를 성숙을 향해 나아가는 과정으로 파악하면서 역사발전의 세 단계를 주장했다. 역사 발전의 세 단계란 초월적 존재를 믿는 신학적·군사적 단계, 관념을 실제로 여기는 형이상학적·법률적 단계, 확실히 존재하고 관찰되는 현상들을 믿는 과학적 실증 단계가 그것이다. 콩트에게 있어서 세 번째 단계가 역사의 최종 단계이며, 역사의 진보는 "완전해지고자 하는 인류의 본능적인 경향으로부터 비롯되는 자연 법칙이다"라 생각했다.[5] 마르크스는 역사의 발전과 사회변화의 핵심을 생산수단을 둘러싼 유산계급과 무산계급간의 '갈등'에 의한 계급투쟁으로 바라보았다. 마르크스는 생산양식의 변화에 따라

5) R.P 아펠바움, 김지화 옮김(2009), *사회변동의 이론*, p. 21, 한울아카데미.

인류의 역사는 원시공산사회→고대 노예제사회→중세 봉건 노예제사회→자본주의 사회로 발전해 왔으며, 자본주의 이후 사회주의를 거친 공산사회를 역사의 최종 귀착점으로 파악했다.

동양의 대표적인 순환 사상으로는 불교의 윤회사상, 우주순환론, 왕조순환론 등을 들 수 있다. 윤회사상은 우주만물의 이치에는 "환생과 부활처럼 제2, 제3의 기회가 있는데 해탈의 경지에 도달하면 영원한 윤회의 고리에서 벗어날 수 있다"고 보고 있다.[6] 우주론적 순환론은 우주가 광대한 시간을 주기로 순환한다고 본다. 한주기의 종결은 모든 것의 마지막이자 새로운 땅, 새로운 하늘이 다시 시작되는 주기의 전주곡이기도 하다. 3천 년 전 인도인들이 편집한 '푸라나'라는 자료에는 우주가 긴 시간을 주기로 해서 전개된다고 보았다. 한 주기는 보통 네 유가, 즉 네 시대로 되어 있는데 각 시대의 앞에는 여명기가 있고 이후에는 황혼기가 있다. 각 유가는 시간이 지나면서 인간 수명과 도덕성, 행복이 감소한다는 특징을 보여 준다. 고대 인도인들은 '순환'을 우주와 인간세계 모두를 포함한 만물의 섭리이자 자연의 법칙으로 믿었다.

왕조 순환론은 하나의 왕조가 순환한다는 이론으로 소주기 100년과 대주기 500년으로 본다. 또한 이 시기는 천하의 어지러움을 바로잡을 성인이 나타나는 주기이기도 하며, 마치 달(月)이 주기를 갖는 것과 같은 원리다. 하나의 왕조가 있으면 제 1 기 태동기(胎動期) 제 2 기 성장기(成長期) 제 3 기 극성기(極盛期) 제 4 기 쇠퇴기(衰退期)가 있다는 이론이다. 공자는 역사를 춘추라 하여 4계절에 비유하였으며, 천하의 이치가 일치일난(一治一亂)[7]하다고 보았다.

서양의 대표적인 순환론적 거시사가 슈팽글러는 여러 문명의 발전과정에는 유사점이 있다고 보면서 정치·경제·종교·예술·과학 등 모든 영역의 문명을 비교함으로써 어떤 사회가 문명사에서 어떠한 단계에 와있는지를 가늠할 수 있다고 보았다. 이는 이슬람 거시사가인 이븐 할둔의 역사관, 즉 문명을 하나의 유기체로 인식하고 모든 유기체와 마찬가지로 문명도 발생·성장·노쇠·사멸의 과정을 밟는다는 주장과 같은 맥락이다. 슈펭글러는 자신의 생각을 문명의 흥망에 관한 학문인 문화형태학이라 칭하면서, 이를 근거

6) 요한 갈퉁, 소하일 이나야툴라, 노영숙 옮김(2005), *거시사의 세계: 미래를 바라보는 눈*, p. 352.

7) 한번 다스려지는 시기가 지나면, 다시 어지러운 시기가 온다. '중국인들의 왕조순환론', http://blog.naver.com/jhon119/87723087.

로 '서구의 몰락'을 예언하기도 했다. 슈펭글러의 역사인식은 역사의 발전과정을 '도전과 응전'으로 파악한 토인비에게도 큰 영향을 미치게 된다.

이탈리아 거시사가 비코는 선형론과 순환론이 결합된 거시사론을 제시한다. 비코는 나선형적 순환사관을 통해 역사는 순환하지만 동시에 진보한다고 주장했다. 그는 역사를 신들의 시대, 영웅의 시대, 인간의 시대, 3단계로 구분하고 무질서에서 질서로, 야만에서 영웅, 이성으로 진보하지만 다시 야만인들에 의해 몰락해 순환한다고 보았다. 그의 역사관은 19세기 역사주의에 커다란 영향을 미쳤다.

순환이론 중에서 가장 풍부한 사회순환이론, 문명이론, 미래이론을 갖고 있는 거시사가가 인도의 철학자이자 사상가인 사카(P. R. Sakar)이다. 이나야툴라에 따르면, 사카의 미래관은 "현대적 요소와 전통적 요소를 모두 지니고 있으며 동시에 그 두 가지를 모두 초월하고 있다"라고 평가하고 있다.[8)]

사카는 인류사회가 과거에 걸어온 길과 앞으로 나아가게 될 모습을 "바르나(Varna)"라고 하는 독특한 사회순환의 관점에서 바라보았다.[9)] 사카는 인도의 "카스트 계급(수드라, 크샤트리아, 브라만, 바이샤)을 평행적으로 재정의하여, 이 네 계급을 환경과의 상호작용을 통해 역사적으로 진화해온 더 넓은 사회적 범주로 확장"하였다.[10)]

사카에 따르면, 모든 문명은 노동자, 지식인, 무사(Warrior), 자본가라는 4개의 사회계급으로 구성되어 있으며, 특정시점마다 한 계급이 사회를 지배한다고 보았다. 다시 말해, 역사 변화는 "환경과의 싸움(노동자시대에서 무사시대로의 이동), 이념과의 싸움(무사시대에서 지식인시대로의 이동), 환경・이념과의 싸

〈표 1〉 인도의 카스트제도와 4계급의 관계

수드라	노동자/농민	환경에 의해 지배됨
크샤트리아	무사/군인	환경과 싸우고 지배함
브라만	지식인/성직자	이념과 싸우고 지배함
바이샤	자본가/탐획자	환경/이념과 싸우고 지배함

출처: 칼퉁과 이나야툴라의 "사회적 사이클의 단계" 재구성[11)]

8) 요한 갈퉁, 소하일 이나야툴라, 노영숙 옮김(2005), *거시사의 세계: 미래를 바라보는 눈*, p. 15.
9) 바르나는 사카의 독특한 언어로써, 연극적으로 재해석된 인도의 카스트제도이다.
10) 요한 갈퉁, 소하일 이나야툴라, 노영숙 옮김(2005), *거시사의 세계: 미래를 바라보는 눈*, p. 209.
11) Ibid., p. 210.

움(지식인시대에서 자본주의시대로의 이동)"의 지속적인 반복을 통해 순환해 간다는 것이다.[12] 각각의 사회계급에 속한 사람들은 서로 다른 사고유형을 갖고 있으며, 일정한 순환주기에 따라 각각의 계급이 일정기간 동안 사회를 지배하게 된다.

사카는 인류의 역사는 인류가 부족국가를 이루기 이전까지는 무질서한(노동자적인) 사회를 유지해 왔으며, 그 다음으로 무사적 성향을 지니는 사람들이, 다시 그 이후에는 지식인 성향을 지니는 사람들이 사회의 실질적인 주도권을 잡았으며, 그 다음에는 상인 내지 탐욕적 성향을 지닌 사람들이 자본가의 시대를 이루게 되었다고 보았다. 자본가의 시대는 다시 무사적 성향의 사회에 의하여 대체되며, 그 다음에는 지식인 사회, 자본가 사회 등으로 계속해서 사회가 순환된다고 보았다. 사회는 이 네 가지 유형의 사람들로 구성되며 유형은 서로 다른 사고의 틀을 지니고 있다. 타고난 능력과 성향이 아주 다르기 때문에 사람들은 서로 다른 직업을 추구한다.[13] 사카에 따르면 이런 계급들은 이전부터 존재해 왔고, 사카는 이것을 '4분화된 사회체계'라고 부른다. 각 계급들은 동적이며 사회적 이동도 가능, 하지만 사회적 이동성은 비교적 제한적이다.

[그림 1]에서는 사카가 언급한 순환의 법칙 안에서 사회들이 장시간에 걸쳐서 원을 따라 어떻게 움직이는지, 그리고 미래에는 어떻게 계속 변화해 나아갈 것인지를 보여주고 있다. 이 원형 패턴의 주된 메시지는 어떤 시대도 영원히 지속되지 않으며 각 시대 뒤에는 다른 시대가 뒤따른다는 것이다(바트라, 2006 : 98-99).

사카는 모든 문명의 역사에서 "어떤 계급도 사회의 위계질서 상 영원히 지배적 지위를 갖지 못하며, 중요한 것은 한 시대에서 다른 시대로 넘어갈

12) 요한 갈퉁, 소하일 이나야툴라, 노영숙 옮김(2005), *거시사의 세계: 미래를 바라보는 눈*, p. 2010.

13) 이들 네 계급의 특성을 살펴보면, 전사들은 신체적 위험도 불사하는 전사의 기질을 지니고 있으며, 현재의 직업군으로 보았을 때, 군인, 경찰관, 소방관, 프로 운동선수, 숙련된 블루칼라 근로자 등이 전사계급에 해당된다. 지식인 계급은 근력보다는 두뇌를 활용해 살아가려는 사람들이다. 학자, 작가, 언론인, 법조인, 의사, 성직자 등이 지식인 계급에 포함되며, 이들은 지식적이거나 분석적인 사고를 가지고 있다. 탐획자 계급은 기업가적 능력과 사업 재간을 가지고 있는 사람들로써 상인가 은행가, 사업가, 자본가, 지주 등이 이에 속한다. 다른 계급들이 상품과 서비스를 더 많이 소비하기 위해 돈을 추구한다면, 이들은 돈 자체를 목적으로 한다. 노동자 계급은 사회가 요구하는 특별한 능력을 갖추지는 못하여 유일한 희망은 조직을 결성하는 것이다. 농부와 소작인, 미숙련 근로자 등이 여기에 해당된다.

[그림 1] 사카의 사회순환

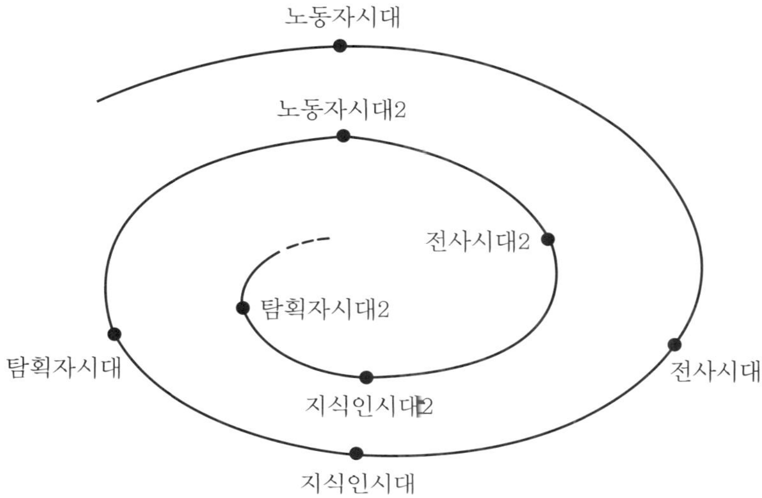

출처: 라비 바트라, 2006: 98

[그림 2] 사카의 시간에 따른 사회순환

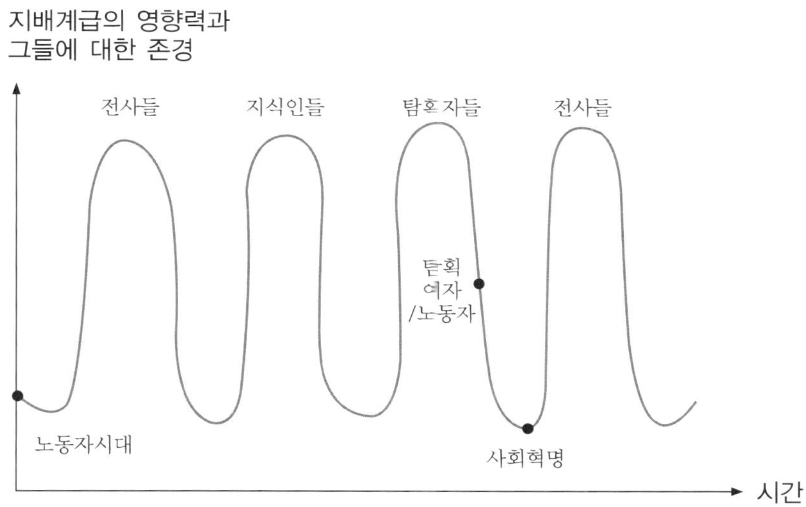

출처: 라비 바트라, 2006: 99

때 특정한 패턴을 따른다는 점이다.

[그림 2]에서도 한 문명이 국가나 정부 형태가 없는 노동자 시대에서 시작해서 전사시대로 이동한다. 이 그림에서 수직측은 지배계급의 영향력과 그들에 대한 존경을 나타낸다. 전사시대에는 전사계급이 권력을 통합해 여러 해 동안 영향력을 확대해 나간다. 이때에는 전사들에 대한 사람들의 존경도 점차로 증가하지만, 정점 이후에는 전사의 영향력과 그들에 대한 사회적 존경이 줄어들기 시작하며 주기의 하향곡선을 그린다. 이 시대의 마지막에는 다시 무정부 상태에 가까운 상황이 만연해지고, 전사의 지배는 학자들에 의해 전복되며, 그 학자들이 지식인 시대를 열개된다.

지식인들의 권력과 영향력은 주기의 경로를 따라 이동해 정점에 도달했다가 그 이후 하락한다. 다음으로 지식인들은 탐획자들에게 권력을 빼앗기고, 탐획자들이 대중의 마음을 사로잡게 된다. 탐획자들은 다시 정점까지 올라가고, 이후 다른 계급들과 마찬가지로 하향곡선을 그린다. 탐획자의 하향 단계에서는 탐획자들은 노동자들과 권력을 나누게 되며, 탐획자들과 노동자들이 상존하는 시대가 도래한다. 탐획자와 노동자가 상존하는 시대의 저점에는 사회혁명으로 끝이 난다.

Ⅱ. 라비 바트라의 서구 문명 사회순환분석

사카의 제자이면서 현재 미국 서머스대학의 경제학 교수인 라비 바트라는 2006년 The New Golden Age라는 저서에서 사카의 사회순환 이론을 바탕으로 세계의 현재와 미래를 전망하였다. 물론 많은 사회 조사와 바트라가 갖고 있는 개인적 통찰력도 있겠지만, 그의 분석 바탕은 수세기 동안 지속된 역사적 주기다. 인플레이션 주기, 통화증가율 주기, 불황 주기, 마지막 해 법칙, 사회순환의 법칙이 그것이다. 바트라는 유럽과 이슬람권의 거시사 분석을 통해 다음과 같은 각 시대의 특징과 공통 요소를 발견하였다.

먼저 노동자시대의 특징을 보면, 바트라에 따르면 노동자시대는 탐획적인 지식인들이 정치를 장악하고 있지만 노동자들도 일부 권력을 나누어 갖고 있는 시대를 말한다. 노동자 시대는 어린이와 노인들에게 무관심한 시대이자 높은 이혼율로 가정 해체가 확산된다. 종교 예술 스포츠 등 모든 것이 상업화되고 매춘과 포르노가 만연하며, 정부는 분열되고 분권화된다.

〈표 2〉 노동자시대의 특징

* 높은 이혼율, 가정 해체의 확산
* 범죄가 만연하고 법치주의가 무시됨
* 매춘의 성향, 포르노의 유포 등 극도의 도덕적 해이
* 어린이와 노인에 대한 무관심
* 엘리트계층의 초물질주의와 탐획이 두드러짐
* 종교, 예술, 음악, 스포츠 등 모든 것이 상업화 됨
* 두려움을 잊기 위한 종교가 성행하고 교육이 쇠퇴함
* 지식인들의 부정과 도그마의 확산
* 이혼,매춘, 포르노의 만연으로 여성들의 지위가 저하
* 분열되고 분권화된 정무
* 탐획적 지식인들이 권력을 장악하지만, 노동자들과 일부 권력을 공유

〈표 3〉 전사시대의 특징

* 가족간 유대 관계가 강화되고, 어린이와 노인에 대한 배려가 깊음
* 어린이와 노인을 잘 보살피는 대가족 제도
* 낮은 범죄율
* 매춘율이 낮고 포르노가 적음
* 신체 단련에 관심이 집중됨
* 사람들은 예술과 모험에 관심이 많고 돈에 대한 관심은 적어짐
* 여성, 특히 어머니의 지위가 높아짐
* 절대적이고 중앙집권적인 정부
* 경제의 번영
* 영토 획득, 개인의 영애를 위한 전쟁이 계속
* 전사시대의 말기에는 폭정, 무정부상태에 가까운 상황 도래

전사시대는 무사들이 리더가 되는 중앙집권적 시대를 의미한다. 무사들은 초기 상승단계에서는 정의롭고 관대하다. 전사시대에는 범죄율이 낮아지고, 가족 간 유대관계가 깊어지며 경제는 번영한다. 하지만 시간이 지나면 무사들은 부패하고 관료적으로 변한다. 전쟁이 자주 일어나고 시대말기에는 폭정과 독재가 수반된다.

그 다음에 오는 지식인시대는 전사 시대 때 그들 밑에서 전문가 노릇을 하던 지식인들이 정권을 잡는 시대를 의미한다. 이 시대에는 종교나 이념에 근거한 전쟁이 자주 일어나고, 과도한 규칙과 규정이 나오게 된다. 이 시대 말기에는 무정부 상태 같은 혼란이 올 수 있다.

〈표 4〉 지식인시대의 특징

* 가족간 유대 관계가 강화되고, 어린이와 노인에 대한 배려가 깊음
* 모든 시대 중 가장 범죄율이 낮음
* 매춘이 성행함
* 형이상학에 관심이 많음
* 물질만능주의 수준이 낮음
* 유일신을 믿는 종교가 성행
* 여성들의 지위가 매우 낮음
* 권력을 공유하는 분권화된 정부
* 풍요롭지 않은 경제
* 종교나 이념에 근거한 전쟁이 가끔 일어남
* 대중 행위를 규제하는 과도한 규칙과 규정
* 말기에는 지식인들의 폭정이 일어남

〈표 5〉 탐획자시대의 특징

* 개인주의의 대두로 가족관 유대가 느슨해 짐
* 범죄율이 증가
* 매춘과 포르노가 증가
* 물질주의의 팽배
* 종교에 대한 경시와 무신론자 증가
* 여성의 낮은 지위가 지속
* 고도로 분권화된 정부
* 과학 및 기술의 대두
* 생활수준의 향상 및 부의 집중화 현상
* 자원과 시장을 놓고 벌이는 전쟁의 빈번
* 시대 말기에는 탐획자들의 폭정과 가난, 전반적인 불안 및 무정부 상태

마지막으로 탐획자시대는 권력이 지식인에서 부유한 자본가로 넘어가는 시대를 의미한다. 이 시대에는 개인주의가 득세하고 범죄가 증가하며, 무신론자가 늘어난다. 또 과학과 기술이 발전하고 자원을 놓고 전쟁이 벌어진다. 부의 집중화가 극단적으로 드러나기 시작하는 시기이기도 하다.

어떤 시대든 대부분의 지식인들은 지배계급의 주도권을 합리화하는 이론을 만들어 내는 역할을 한다. 그 대가로 지배계급은 지식인들을 후원을 하게 되는데, 탐욕자시대의 지식인 후원은 연구 보조금과 컨설팅 의뢰 등의 형태로 이루어진다.

[그림 3] 사회순환으로 살펴본 각 사회의 위치

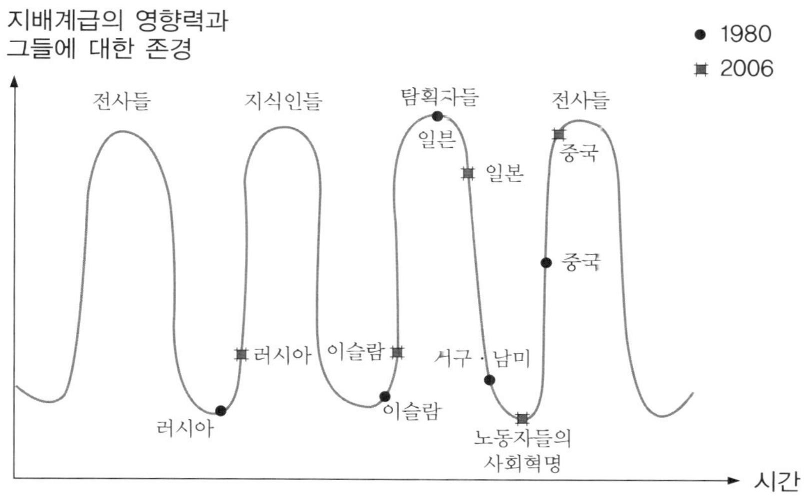

출처: 라비 바트라, 2006: 258.

[그림 3]에서 라비 바트라는 미국을 비롯한 서구 사회는 그동안 부유한 자본가들과 극소수 부자들로 구성된 탐획자들의 권력과의 결탁으로 불만과 사회적인 모순이 쌓여 지금 노동자들의 사회혁명이 일어나기 직전이고 이를 거쳐서 새로운 황금시대가 온다고 주장한다.

라비 바트라는 이 사회순환법칙에 따라 현재 러시아를 전사 시대의 바닥을 치고 지식인 시대로 올라가는 상황에 있고, 이슬람 사회는 지식인 시대를 지나 탐획자시대로 건너가는 상황에 있으며, 일본은 탐획자시대의 정점을 지나 내려가는 단계에 있다고 진단한다. 그는 또한 남미는 탐획자시대의 최저점에 있으며, 중국은 전사 시대의 정점을 향해 치닫고 있고, 미국은 탐획자시대의 말기에 있어서 2009년부터 대변환이 시작되어 2016년경에는 전사 민주주의가 자리 잡을 것이라고 확신하고 있다.

Ⅲ. 국가 주기, 전쟁 주기, 헤게모니 주기, 경기 순환

거시사적 관점에서의 순환론이 문명의 생성과 소멸에 대해 다룬다면 보다 미시적인 관점에서의 순환적 사고가 다루는 것이 국가 주기, 전쟁 주기, 경기

순환 등의 영역이다. 경제학자들은 국민경제 순환과 비즈니스 주기, 그리고 그 안에 발명, 개량, 균형의 순환이 존재함을 지적한다. 정치학자들은 국력과 헤게모니의 주기를 이야기하고, 또 다른 학자는 전쟁 주기를 지적한다.

일부 사상가들은 "사람에게 생명주기가 있듯이 국가에도 생명주기가 존재한다"라고 믿는다. 사람은 태어나서 자라고 성숙하고 죽지만 세대가 그 뒤를 이어서 살아가가 때문에 국가는 지속적으로 유지된다고 보기 때문이다. 슈펭글러는 '서구의 몰락'에 대해서 다음과 같이 지적한다.

모든 것은 탄생, 성장, 쇠퇴, 사멸의 단계를 거치는 유기적 리듬을 보인다. 이것이 모든 사람에게 예외 없이 나타난다면, 그와 똑같은 유기적 리듬이 더 큰 생명 단위들로 확장될 개연성이 없지 않다.[14]

수 만 년 전에 새겨진 나무 화석에서 발견된 나이테를 보더라도 가뭄과 홍수의 주기는 50~60년을 주기로 선명하게 나타나 있다고 한다. 브로델은 문명은 사멸한다고 주장했으나, 킨들버거는 국가는 죽지 않는다고 지적한다. 국가도 하나의 유기체와 같이 탄생, 성장, 쇠퇴, 사멸의 과정을 겪게 되며, 이러한 과정에는 일정한 간격의 주기적인 패턴이 존재한다는 것이다.

순환의 개념이 근대 사회과학계로부터 관심을 받기 시작한 것은 구소련의 경제학자 니콜라이 콘드라티에프가 1925년 장기파동론을 발표하면서 부터이다. 콘드라티에프는 경기가 50~60년을 주기로 상승과 하강곡선을 그리며 순환한다는 것을 발견했다. 콘드라티에프에 따르면 제1파동은 1780년 말부터 1850년대 초기까지, 제 2파동은 1850년 초기부터 1890년까지였으며, 제3파동은 1890년대부터 시작되어 이 가설이 발표된 1920년대까지 진행 중이었다. 콘드라티에프 장기파동론의 핵심은 원천기술의 변화에 따라 경기 순환의 큰 흐름이 변한다는 것이다.

슘페터와 프리만 등은 그의 이론을 바탕으로 제 1 파동의 산업혁명(1771년)과 그것이 침투하는 과정, 제 2파동은 철도・증기기관(1829년)의 시대, 제 3파동은 철강・전기・중공업・자동차(1875년)의 시대, 제 4파동은 전자・정보통신(1971년) 등 신기술이 본격 확산되는 시점을 호황국면으로 해석했다. 그리고 이 같은 장기 순환의 원동력을 기술혁신(Innovation)으로 설명하였다.

많은 경제학자들과 경제사가들, 그리고 정치학자들은 콘드라티에프의 나

14) 찰스 킨들버거, 주경철 옮김 (2009). *경제 강대국 흥망사: 1500-1990*, 까치, p.32.

[그림 4] 콘드라티예프의 장기파동

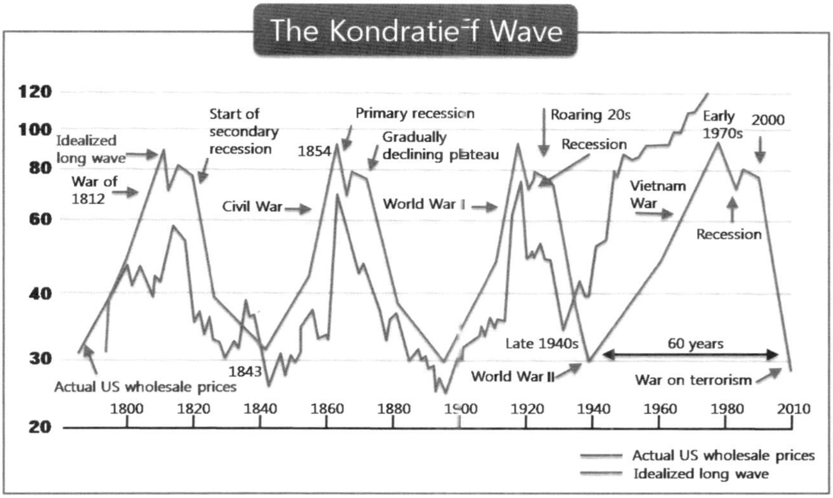

출처: “K-Wave Chart”, http://www.kondratieffwinter.com/blog/k-wave-chart/ 재수정

폴레옹 전쟁시기부터 시작된 장기주기를 수용했다. 슘페터, 로스토, 포레스터, 골드스타인과 베리는 종종 “추세주기(trend period)”라고 불리는 이 장기적 파동을 물가만이 아니라 생산영역에까지 확대 적용시켰다. 골드스타인과 베리는 더 나아가서 물가와 생산을 전쟁에 연결시켰다. 조지 모델스키는 한층 더 나아가서 헤게모니 주기를 덧붙였다.

비록 개개 분석가마다 설명이 서로 다른 경향이 있고, 때로는 그 차이가 매우 크지만, 대체적으로 물가와 생산을 연결시키는 공통점을 가지고 있다. 예를 들면 슘페터와 포레스터는 콘드라티예프 주기를 증기와 전기 그리고 화학제품과 같이 간헐적으로 일어나는 주요한 혁신의 결과로 간주하는 반면 로스토는 그것을 일차 자원과 인구 간의 관계변화에 연결시킨다. 물가변동은 나폴레옹 전쟁과 그 100년 뒤의 제 1차 세계대전 시기의 인플레이션 그리고 그 사이에 끼어 있는 유럽의 크림 전쟁과 미국의 남북전쟁에 연결된다. 이러한 전쟁들이 세력균형, 과도한 야망, 과잉팽창과 같은 정치적인 문제가 아니라 경제적인 리듬에 기인한다는 것이다.

골드스타인은 물가와 생산과 전쟁을 50~55년의 주기 속에 결합시켰는데,

그는 콘드라티예프의 물가계열(price series)을 300년 전인 1495년까지 연장시키고, 전쟁주기에 5년 앞선 생산주기와 콘드라티예프에 의하여 발견된 물가리듬을 낳는다는 가설을 세웠다. 25년간의 물가하락은, 창조적인 파괴라는 슘페터의 견해를 따라서, 혁신의 파동을 유도하고, 그것은 다시 회복을 불러와서 실질임금의 상승, 생산량, 전쟁과 물가의 정점으로 이끈다. 골드스타인은 전쟁이 생산보다 10년 정도 뒤져서 따라가며 물가 리듬에 대해서는 1-5년 정도 앞서간다고 보았다.

굿윈은 골드스타인 분석의 보다 간결한 버전에 대해서 논하면서, 상승하는 경제가 전쟁 가능성을 높인다는 점을 강조하며, 자기 자신은 장기파동과 전쟁과의 밀접한 관련성에 대하여 확신을 가지고 있다고 이야기한다. 그러나 그는 전쟁을 가지고 장기파동을 설명하는 것은 별로 신통치 못한 것으로 본다. 왜냐하면 전쟁이 주기적으로 일어나는 이유를 설명할 이론이 필요하지만, 그 어떠한 이론도 경제학에 근거한 것만큼 설득력이 없기 때문이다. 이것은,

[그림 5] 골드스타인의 개념화된 장기파동

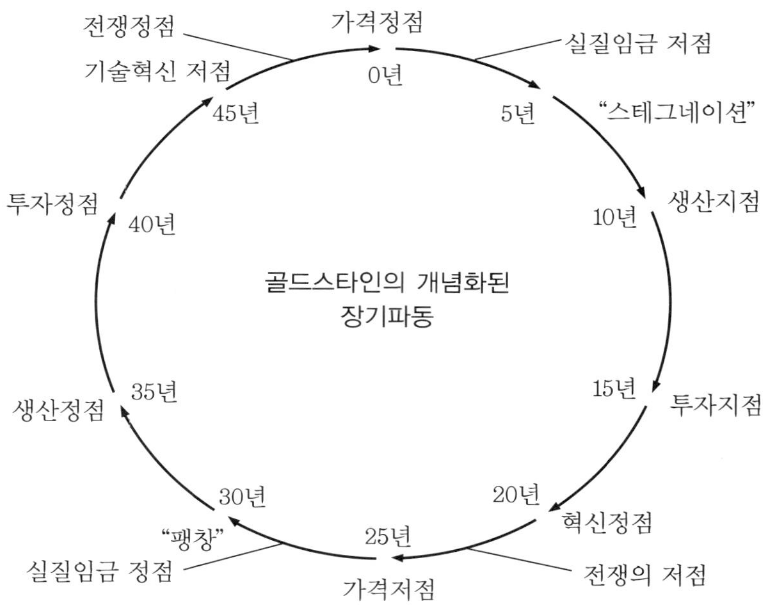

출처: Berry, 1991, p.161

콘드라티예프 주기가 실제로 존재한다고 하더라도, 경제적 결과는 경제적 원인을 가지게 마련이라는 극단적인 생각에 근접한 것이다.15)

브라이언 베리는 50-55년의 콘드라티예프 주기보다는 20-25년의 쿠즈네츠 주기가 훨씬 더 그럴듯하다고 주장한다. 쿠즈네츠 주기 두 개가 합쳐져서 하나의 콘드라티예프 주기가 되는데 그중 하나는 팽창국면, 다른 하나는 수축국면이 된다. 그러나 그는 어떠한 경제적인 주기라도 그것을 전쟁주기에 연결시키는 것에 대해서는 매우 회의적이다.

헤게모니 주기를 연구한 모델스키는 세계대전이 대체로 100년 정도마다 발생하고, 그때 하나의 세계적 강자가 헤게모니 국가로 떠오르며, 또 100년 후에는 다른 국가에 의하여 따라잡힌다고 보고 있다. 차례로 각 헤게모니 국가는 과도하게 야심적인 계획에 이끌리게 되고, 궁극적으로는 "탈집중화(deconcentration)"로 귀결되는 전통성의 상실(delegitimization)과 패배를 겪게 된다. 모델스키가 말하는 세계대전과 그 뒤에 나타나는 세계적 세력, 정통성의 상실, 탈집중화에 대한 역사적 서술은 [그림 6]에 정리되어 있다.

[그림 6] 세계권력에 대한 모델스키의 장주기

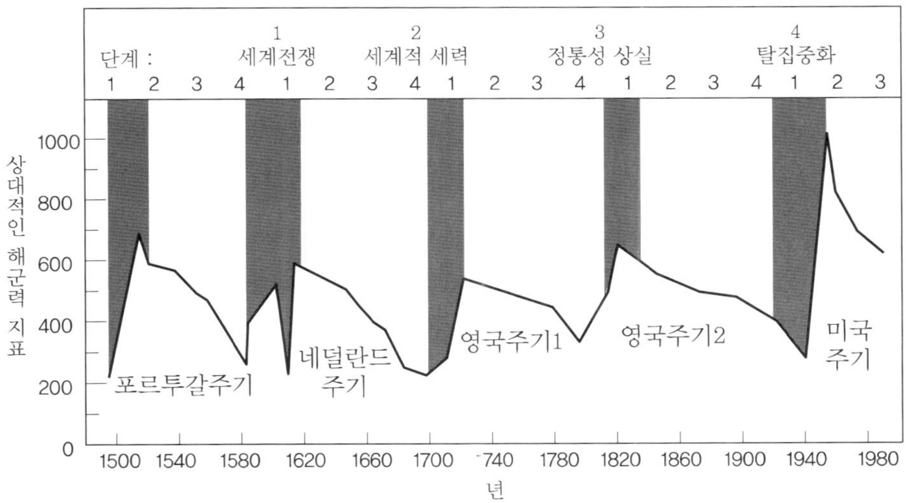

출처: Berry, 1991, p.160

15) Richard Goodwin (1991). Comment on Joshua Goldstein, "A War-Economy Theory of Long Wave." in Business Cycles, London: Macmillan, p. 326.

모델스키에 따르면, 1491년부터 2000년까지 다섯 개의 주기가 있는데, 처음은 포르투갈 주기이고, 그 다음은 네덜란드 주기이며, 두 개의 영국 주기가 있고, 또 미국이 하나의 주기를 차지한다. 여기에서는 수직 축은 해군력을 나타내므로 결과적으로 프랑스나 독일 같은 육군 중심의 군사력은 과소평가된다. 긴 안목에서 보면 제1-2차 세계대전은 하나로 묶어서 미국 헤게모니를 가져온 지구적 전쟁으로 볼 수 있다. 미국 헤게모니의 상실은 1973년에 시작되며, 그 뒤 일본이나 혹은 강시 경쟁 중이었던 소련과 권력을 나눌 것으로 예상되었다.

베리는 콘드라티예프의 논의가 전반적으로 통계적이라기보다는 수사학적이라는 점을 강조하고, 골드스타인은 미래가 불확정적임을 강조한다. 콘드라티예프 이론가들은 두 견해를 지지하기 위해서 방대한 증거를 제시한다. 로스토와 포레스터는 콘드라티예프에 근거해서 1980년대에 자기주장을 폈는데, 한사람은 세계경제가 부상한다고 주장했고(로스토), 다른 한사람은 쇠퇴하고 있다고 주장했다(포레스터). 항상 국가의 생명주기가 있는 것 같다는 점을 인식하고서 말이다. 어떤 시대라도 세계는 계서제적 질서를 향하여 움직이고 있으며, 아마도 선도 국가가 시련을 만나 상대적인 쇠퇴에 빠져들면 그 질서가 무너질 것이다. 그러면 조만간 전쟁기에 대대적인 도전이 일어나거나 혹은 나중에 평화로운 막간의 시기를 이용하여 새로운 국가가 선도적인 지위로 옮겨가게 될 것이다.

또 다른 주기적인 패턴은 홉킨스, 월러스틴과 그의 동료들이 만들어낸 것인데, 상승하는 헤게모니, 헤게모니의 승리, 성숙한 헤게모니, 쇠퇴하는 헤게모니라는 용어로 표현된다.

〈표 6〉 월러스틴의 세계 헤게모니 주기(Ⅰ-Ⅳ)

헤게모니 세력	Ⅰ 합스부르크	Ⅱ 네덜란드	Ⅲ 영국	Ⅳ 미국
상승하는 헤게모니	1450-	1575-1590	1798-1815	1897-1913/1920
헤게모니의 승리	······	1590-1620	1815-1850	1913/1920-1945
성숙한 헤게모니	-1559	1620-1650	1850-1873	1945-1967
쇠퇴하는 헤게모니	1559-1575	1650-1672	1873-1897	1967-(?)

출처: Hopkins, Wallerstein, et al. “Cyclical Rhythms and Trends of the Capitalist World Economy.” *World-System Analysis : Theory and Methodology*

다양한 국가들의 흥기, 절정, 쇠퇴에 대한 여러 견해들을 정리해 보았다. 국가의 생명주기와 경제학 및 정치학을 포괄하는 거대이론 틀에다가 연속적인 경제 선두의 연쇄를 짜 맞추어 집어넣는다는 것은 여간 어려운 시도가 아님에 틀림없다. 하지만, 이들 논의들의 국가 생명주기를 통해 과거의 패턴을 통해 현재의 상황을 파악하려 할 뿐, 이를 미래예측에 응용하려는 시도는 극히 제한적으로 이루어지고 있다.

제 3 절 서구문명의 사회순환 역사

서구의 고대사는 사회순환법칙 측면에서 아주 간단히 설명된다. 로마제국 당시 서구 사회는 분명 전사시대였다. 그 제국은 게르만족에 의해 멸망할 때까지인 5세기 말경까지 지속되었다. 그 후 서구 사회는 교황을 위시한 카톨릭 교회의 성직자들로 대표되는 지식인들이 지배했는데, 그 당시 성직자들은 그들의 지식과 교리를 바탕으로 사회를 장악했다. 이 기간이 10세기 말까지 지속되었고, 그 뒤 부유한 영주들로 대표되는 부자들의 통치가 시작되었다. 그들의 지배 형태는 봉건주의로, 이렇게 해서 탐획자시대가 문을 열었다. 그 시절 부의 주된 형태는 토지였고 대토지를 소유한 부호들 중에는 왕보다 부유한 사람도 많았다. 그들은 영지 확장에만 전념하면서 매우 탐욕적인 사고방식을 드러냈다.

Ⅰ. 봉건 영주들의 탐획자시대

탐획자시대가 서구에 확산된 시기는 10세기 초였다. 샤를마뉴 대제가 사망한 뒤 중앙정부의 힘이 극도로 취약해지자 광활한 토지를 소유한 많은 귀족들은 독립을 선언하고 지배 권력을 잡았다. 바이킹족의 잦은 침입으로 서유럽의 수도원들이 파괴되자 성직자들은 그들의 일신을 귀족들에게 의탁했다. 이런 일련의 과정을 거치면서 국가의 주요 과업의 하나인 국방, 즉 외부의 침입자로부터 국민을 보호하는 일이 영주들의 수중으로 넘어가게 되었다. 귀족들은 법률과 질서로 영지의 규율을 가지고 난 뒤 정부의 다른 기능, 즉,

사법과 과제 및 경제관리 장악했다.

새로운 왕국들의 주된 특징은 봉건주의적 성격을 보였다. 봉건주의는 주로 부유한 영주들이 정치와 권력을 장악하며 모든 이들이 명확히 정립된 계약적 의무의 측면에서 영주들에게 봉사하는 사회다. 봉건 귀족들이 정부의 권력을 향유하는 이유는 단지 사람들이 그들에게 경제적으로 의존하기 때문이다. 이는 생산수단을 장악함으로써 사회를 지배하는 탐획자시대의 정의와 일치한다. 이렇게 10세기부터 14세기 유럽의 중세 후반기는 탐획자의 시대였다.

이시기의 농노들은 경작할 토지가 필요했던 힘들게 살아가는 해방된 노예나 영세농민들이었다. 그들은 영주에게 토지를 빌렸고 영주가 소유한 다른 농장에서 일하는 것으로 그 대가를 치렀다. 영주는 또한 농노들에게 세금을 부과하는 권한도 지녔다. 영주와 성직자들은 농노들을 사실상 노예처럼 부렸다.

13세기가 되자 농노들은 상당수가 경제적 자유를 누리기 시작했다. 사회의 모든 부문이 경제 발전의 혜택을 누렸다. 경제적 번영과 함께 도시들도 늘어났다. 처음에는 영주들이 도시를 통치했지만 시간이 흐르면서 도시들은 봉건 영주들의 지배에서 해방되었다.

그러나 서구의 발전은 14세기 중엽 창궐한 흑사병으로 중단되었다. 3분의 1이 넘는 인구가 죽었고, 그로 인해 엄청난 노동력 부족이 야기되었다. 풍부한 노동 공급으로 확립되었던 봉건주의는 이 일로 기반 자체가 흔들렸다. 인구 급감은 영주들의 고통을 배가시켰으며, 남아도는 땅이 늘면서 토지 임대료가 하락했고 임금은 치솟았다. 그러자 귀족들은 금납제를 부역지대로 되돌려 농노들의 자유를 다시 빼앗으려 했고, 당연히 농부들은 강하게 저항했다. 전 유럽에서 농부들의 폭동이 일어났고, 영주들은 이를 무자비하게 진압하였으나 화려했던 영주들이 세계는 되돌릴 수 없이 와해되었다.

Ⅱ. 절대 군주들의 전사시대

서구는 전염병과 경제 쇠퇴 외에도 백년전쟁 등 수백 년 동안 전쟁에 시달렸다. 15세기 말이 되자 서구의 대부분에 전제군주가 지배하는 국가 정치가 자리 잡았고, 각국은 군대가 뒷받침하는 전능한 왕이나 여왕이 다스렸다. 부유한 귀족들은 붕괴됐고, 그들이 수행하던 정부 기능은 왕이 지명하는 관리들에게로 이양됐다. 중앙집권화 된 국가는 세금 징수와 국부에 대한 지배를 확립했다. 경제학자 튜마는 1500년에서 1700년 사이에 걸친 서구의 경제사는 중대한 시기로 인식돼왔다. 실제로 몇몇 학자들은 그 다음 200년 동안 일어난 서구의 경제 급등의 기초가 이 시기에 놓였다고 말하기도 한다.

Ⅲ. 수상이 지배하는 지식인시대

영국에서는 엘리자베스 1세 여왕 서거 후, 왕위 계승을 둘러싼 갈등이 불거지면서 심각한 내전에 빠져들었다. 그 뒤에 섭정기가 이어졌는데, 이 기간 동안 왕정은 거의 폐지 된 것이나 다름없었다. 그 섭정기는 실패작이었고, 이로 인해 다시 시작된 분쟁은 1689년 명예혁명이라 불리는 무혈혁명으로 끝이 났고, 이때부터 영국의 왕정은 의회에 비해 훨씬 작은 권력을 갖게 되었고, 수상이 실질적 권력의 수장이 되었다. 이 시기부터 서구 사회에 또 다른 지식인 시대가 시작되었다. 유럽의 다른 국가들도 영국과 거의 비슷한 과정을 겪었다. 다른 국가들의 경우 의회 형태의 정부가 출현하지는 않았지만 실질적인 권력이 국왕의 자문관들의 수중에 들어갔다. 이 시대에 관료계층과 자문관들은 왕과 권력을 공유하였다.

Ⅳ. 탐획자시대의 도래, 자본주의

자본주의시대인 19세기에는 돈과 재산이 정치권력과 사회적 우월성의 주된 원천이었고 오늘날과 같은 일반적인 양상을 보였다. 19세기 말 유럽 경제는 개인들의 이해관계보다 국가의 경제적 이해관계를 고양하는 수많은 규칙과 규정 및 이론이 지배했다. 시간이 흐르면서 중산층으로 편입된 자본가들과 노동자들은 그들의 활동과 성장을 제약하는 법을 반대했다. 1867년 영국에서 선거법 개정안이 통과되면서 상당수의 국민들이 선거권을 얻었다. 이때 이후로 선거에서 승리하는데 재력이 필수가 되었다. 그 결과 부유한 자본가들이 정치인과 관료 뒤에서 실질적인 권력을 발휘하게 되었다. 부자들은 이런 권력을 통해 규제를 완화시켰으며 더 쉽게 수익을 올릴 수 있는 법을 만들어 나갔다.

V. 오늘의 세계는 어디에 서 있는가?

오늘날 서구에서는 탐욕적 사고방식을 지닌 사람들이 사회의 모든 계층을 지배하고 있으며, 그들은 부의 축적에 모든 정신이 팔려 있다. 그들은 돈에 너무 집착한 나머지 다른 계층들을 무시하고 있다.

세계적으로 부자들의 재산이 엄청나게 불어나고 있음에도 불구하고 가난한 사람들의 수는 늘어나고 있다. 화석 에너지원은 부족해지고 자본주의의 성장과 생산성 향상을 위해 반드시 필요한 다른 자원들도 한계가 있다. 이것은 지금으로부터 40여 년 전에 '로마 클럽'이 제기했던 문제다. 당시의 미래 예측은 과장된 것이었기 때문에 많은 사람들의 비웃음을 샀다. 그러나 40년이 지난 오늘 과도한 생산과 소비에서 나오는 오염 물질은 환경파괴와 기후변화라는 심각한 문제를 야기했다. 신자유주의적 자본주의의 한계가 드러나고 있는 것이다.

이러한 자연의 유한성은 무한한 성장과 시장을 추구하는 글로벌 자본주의와는 크게 상충되는 것이다. 이는 글로벌 시장주의가 자연의 자율성과 사회의 다양성을 무시하면서, 부당한 방법으로 사용되고 있음을 의미한다. 자연의 자율성과 사회의 다양성은 글로벌 탐획자 세력들에게 의해 강압적으로 시행되고 정당화되고 있다.[16] 이것은 인간의 안전과 사회경제적 안전의 기반을 전략적으로 약화시키고 있으며, 민주적 참여의 수단들을 제한하고 있다.

현재 미국과 서구는 탐획자들과 노동자들이 공존했던 시대 전 단계였던 서구의 봉건시대가 붕괴 직전에 겪었던 것과 유사한 혁명의 전 단계에 있다고 바트라는 주장한다. 다시 말해, 지금은 사회순환주기 상 탐획자와 노동자가 공존하는 봉건시대 말기와 비슷하다는 것이 바트라의 주장이다.[17]

기업들이 노동자들에게 임금 양보를 요구하는 상황은 지주들이 예전에 농노였던 이들에게 양보를 요구했던 것과 유사하며 최고경영자(CEO)들이 억만장자가 되어가는 현상은 봉건시대 말기 급격한 부의 집중 현상과 닮았다는

16) 과도한 시장화는 공적 재산의 민영화, 일자리 파괴, 사회적 규범과 권리의 제한, 건강을 위협하고 있다.

17) 봉건제도는 1450년부터 15세기 말까지 지속되다가 전사들이 프랑스와 스페인, 영국의 지주들을 전복시키면서 붕괴하였다.

〈표 7〉 혁명 전 단계의 미국: 자본주의와 봉건주의의 유사성

봉건주의	자본주의
1. 지주들이 예전에 농노였던 이들에 게 양보 요구	1. 기업들이 노동자들에게 임금 양 보 요구
2. 부의 집중 현상이 급격히 심화	2. CEO들이 억만장자가 되어감
3. 무정부 상태에 가까운 범죄 만연	3. 범죄자들이 늘어남
4. 빈곤층 증가	4. 빈곤층 증가
5. 봉건 귀족에 대한 분노	5. CEO 추문으로 인한 시민의 분노
6. 공직자들의 무능 만연	6. 공직자들의 무능 만연
7. 전쟁 때문에 대중의 불안 확대	7. 테러·전쟁 등 대중 불안 가속
8. 가뭄, 역병과 같은 자연재해 발생	8. 쓰나미, 지진 등의 자연재해 빈번
9. 흑사병과 전염병	9. 에이즈와 신종 전염병의 확산

것이다.

바트라는 미국은 탐획자가 지배하는 노동자시대에 있으며, 지금 그 어느 때보다 끝을 알리는 혁명의 발화점에 근접해 있다고 말한다. 그리고 그 혁명은 민주주의의 근간 위에 세워진 유권자 혁명의 형태로 이루어지며, 2009년에 시작되어 2016년에 마무리된다는 것이다.

바트라에 따르면 탐획자시대의 종말로 해서 다가올 새로운 시대는 진취적이고 용감한 전사의 성향을 가진 사람들이 민주주의의 근간위에 건설하는 '전사 민주주의'시대가 될 것이다. 지난 모든 문명에서 황금시대의 절정은 바로 이 전사시대가 상승 국면을 맞을 때였다.

바트라에 따르면, 다가오는 혁명은 미국을 전사 민주주의로 이끌 것이며, 역사상 대부분의 전사시대가 그렇듯 미국의 전사시대도 황금시대로 발전해 갈 것이다. 미국의 전사시대는 인권의 전반적인 준수, 언론의 자유, 개인의 권리를 익히 알고 있는 교육받은 대중을 기반으로 세워질 것이다. 돈이 지배하는 시대가 끝나고, 새로운 경제, 사회 정치, 종교 조직들이 발전 할 것이며, 미국의 혁명적 사고방식은 급속히 지구촌을 사로잡을 것이다.

제4절 거시적 맥락에서 바라본 본 한반도의 사회순환

사카는 사회순환법칙을 통하여 과거뿐이 아니라 미래에 대한 예측까지 가능하다고 보고 있다. 과거의 어떤 사건과 패턴이 오늘을 만들었다면, 미래는 현재의 어떠한 사건의 연장선 상위에 놓여 있는 것이다. 즉, 우리의 앞에 놓여 있는 미래는 가변적이고 불확실하지만, 예측 가능한 위치에 놓여 있다는 것이다. 사카의 주장대로 사회순환법칙은 어느 문명, 어느 사회에도 적용이 가능하다면, 한반도의 역사와 미래도 그 순환의 흐름에서 크게 벗어나지는 않을 것이다.

본 장에서는 노동자 시대를 시작으로 전사 시대, 지식인 시대, 탐획자시대를 거쳐 다시 전사 주도의 사회혁명으로 한주기를 완성한다는 사카의 법칙에 따라, 한반도의 사회순환주기를 살펴볼 것이다. 사카의 사회순환법칙을 한국의 역사에 적용해보고 현재 한국사회가 사회순환의 주기 상 어느 지점에 위치해 있으며, 한국의 미래가 어디로 향하고 있는지를 진단하고자 한다.

기년체, 편년체, 기사본말체로 나누어지는 역사서술방법은 우리 주위에 편찬되어 있는 여러 역사관련 서적을 통하여 쉽게 접할 수 있다. 초등, 중등교육에 필수 과목으로 지정되어 있으며, 중등교육을 마친 사람이면 누구나 최소한 한반도 역사의 시대적 구분은 가능하기 때문에 이 글에서는 교과서적인 국가의 성립 배경과 과정은 과감히 생략하며, 한반도 역사에 대한 사회 순환적 요소에 초점을 맞출 것이다.

Ⅰ. 한반도의 노동자시대: 부족국가 시대

문명, 달리 말해 역사의 시작은 인간들의 정착과 밀접한 관련이 있다. 역사학계에서는 유목생활을 하며 떠돌던 유목민들이 지금의 중국 요령 지방과 길림성을 지나 한반도와 남만주 일대에 정착한 시기를 구석기 시대로 보고 있다. 중앙집권적 권력이 발생하기 이전의 부족 단위의 집단들은 서로의 문화를 교류하며 발전해 나아갔으며, 유목생활에서 농경생활로의 발전을 통하여 독자적인 문화를 형성해가기 시작한다.

구석기, 신석기 시대를 거치면서 홉스와 헤겔이 언급한 '자연 상태'가 한반도에서 오랜 기간 지속되었다. 후에 중앙집권적 전사 시대가 시작되기 이전까지 이러한 자연 상태를 사카는 노동자 시대라고 정의하고 있다. 씨족단위의 부족사회를 이루고 있던 신석기인 들은 연장자가 부족을 이끌어 가며, 지배와 피지배관계가 발생하지 않았던 평등 사회였다. 농경문화의 정착은 인구의 증가를 가져다주었고, 청동기 시대가 시작하면서 농기구의 발달은 농업 향상에 크게 기여하며 수확량을 증대시켰다. 잉여재산은 개인 간의 빈부의 차를 만들었으며, 재산의 정도에 따른 사회적 계층이 형성되고, 두 계층 간의 경제적 공존 관계를 통한 다른 계층의 상대적 속박, 즉, 권력을 발생시켰다. 철기가 보급되면서 이러한 상대적 구속력은 한층 강화가 되었으며, 역사학자들은 이러한 사건을 '국가의 형성' 또는 '국가의 탄생'이라고 정의한다.

청동기 문화의 유입은 일대 혁명과도 같았다. 강력한 무기의 제조가 가능해 지고, 생산 경제가 그전보다 발달하였으며, 청동기 제작에 관련된 전문 장인의 출현은 사회구조의 분화에 크게 기여하였다. 그리고 무엇보다도 사유재산 제도와 계급이 발생하게 되었는데, 이에 따라 사회 전반에 걸쳐 커다란 변화가 일어나게 된다. 특히, 강력한 청동기 무기로 무장한 전사 계급들이 등장은 전사 계급이 지배하는 부족국가의 서막을 알렸다.

청동기의 발전과 함께 당시 한반도 전역에서는 고조선의 발전, 멸망과 더불어 부여, 고구려, 옥저, 동예, 삼한(마한, 진한, 변한)은 왕국의 형태로 발전해가고 있었다. 각 부족 국가는 왕의 통치하에 있었고, 외교와 무역을 통하여 국가를 발전시켜 나갔다. 왕은 부족 연합에서 추앙된 대표의 성격이 강했고, 각 부족들은 아직도 부족장들의 지배하에 있었다. 이들 부족국가들이 고대 국가의 형태를 띠긴 하였지만, 권력은 분산 되어 있었고, 경제 또한 자급자족의 수준에서 크게 벗어나지 못한 상태였다. 이 시대의 부족국가들은 노동자 계급과 전사 계급이 사회의 지배권을 양분하고 있는 상태로, 진정한 의미에서의 전사 시대라고 말하기는 어려울 것이다.

Ⅱ. 한반도의 전사시대: 삼국시대, 남북국시대, 고려시대

1. 삼국시대

철기 문화의 발전은 한반도 역사에서 하나의 분수령을 이루었다. 이 일로 한반도 전역 일대에 대대적인 구조조정이 일어나게 된다. 철기 문화에 적응하지 못한 부족국가는 철기로 무장한 더욱 강력한 부족에 편입이 되고, 덩치를 키운 부족국가는 중앙 집권적인 고대국가, 즉 본격적인 전사 시대로의 돌입하게 된다. 전사 계급은 자기 집단 내부의 지배력을 강화하는 동시에, 타 집단에 대한 지배력을 강화하기 시작한다. 그러한 과정 속에서 정복활동을 통하여 영토 확장을 꾀하고, 다른 피지배부족의 경제력, 군사력을 흡수하여 더욱 강력한 왕권을 발현할 수 있었다.

한반도의 북부에서는 강력한 군사력을 앞세운 고구려가 인근 국가들을 정복하면서 전사 국가로 발전해 나갔고, 한반도의 남쪽에서는 백제와 신라가 고대 왕국의 기틀을 다져 나갔다. 이러한 고대 전사 국가로의 기틀을 만들어 가는 과정에서 몇 가지 특징이 발견된다. 먼저 율령의 반포를 통하여 법체계를 정비하고 지배 구조의 안정화를 꾀한다. 또한 고등 종교인 불교를 수용하고, 왕권 안정을 위하여 왕위계승을 부자상속으로 바꾸었다. 고구려, 백제, 신라 삼국 공통으로 초기의 전사 지배 계급은 정의로우며 백성들을 배려하고 관대하다는 특징을 가지고 있다. 이들 전사 지배 계급의 정의로움과 관대함은 초기의 건국신화에 잘 나타난다.

전사시대인 고대국가에서 가장 두드러진 특징으로 영토 확장을 꼽을 수 있다. 농업의 발달은 생산량의 증대로 이어졌지만, 여전히 절대량은 부족하였기 때문에 정복활동을 통하여 경제력을 증진시켰고, 흡수한 군사력을 통하여 더욱 왕성한 정복활동을 전개하였다. 국가의 군대가 가지고 오는 승리는 단순한 승전보 이상의 의미를 가진다. 백성들에게는 조금 더 나은 풍족한 생활과 지배계층으로 나아갈 수 있는 교두보로서의 의미를 내포하며, 기득권 세력은 더욱 안정된 정치적 입지를 구축 할 수 있었다. 이러한 정복활동을 통하여 크게 성장한 삼국은 내부적 안정을 꾀하고, 힘의 균형을 이루자 대외 정복활동으로 눈을 돌린다. 정복활동을 통하여 유리한 지리적 위치를 차지한 국가는 대외 진출에 많은 이점이 있었기 때문에, 삼국시대의 세 국가는 끊임없는 정복활동을 통하여 국가의 존속을 ㅇ어갔다.

전쟁에 필요한 인원은 계속 충원되어야 했으며, 전쟁의 승리를 통한 신분 상승의 기대감은 사람들로 하여금 전사계급을 존경의 대상으로 만들었고, 지속적으로 전사 시대의 원동력을 제공하였다.

전사들은 국가의 영토를 확장하는 전쟁에는 능하지만 그 영토를 관리하는 데는 능숙하지 못하다. 따라서 국가를 관리할 전문가, 즉 지식인 관료를 필요켔, 다. 하지만 한반도에 전문적 관리를 충원하는 시스템인 과거제가 도입된 것이 고려 초 광종때이다. 따라서 삼국시대와 통일신라시대까지는 귀족층의 지식인들과 문무를 겸비한 전사 계급들이 국가의 관리를 맡아 왔다.

이후 전사 계급은 부패하기 시작하면서 리더는 독재자가 되고, 다른 모든 계급들 사이에 공포감을 조성하게 된다. 고구려 말기의 연개소문의 집권과 그 아들들의 분열과 부패, 그리고 백제 의자왕의 타락 등은 이들 국가를 멸망의 길로 인도하게 된다.

2. 남북국시대

북동아시아의 지리적 특징을 거론할 때 빼놓지 말아야 할 것은 바로 중국의 존재이다. 한반도의 역사도 중국과 접해있는 여러 국가의 역사에서 발견되는 보편성을 지닌다. 초강대국이었던 중국으로부터 주변 국가가 문화적, 정치적, 경제적 영향을 받게 되는 것은 필연적이다. 특히, 중국에 통일 왕조가 들어서고, 대외적으로 팽창할 때면 늘 한반도의 국가들과 마찰을 빚어왔다. 그러한 중국과 맞닿은 고구려는 끊임없는 수나라와 당나라와의 마찰로 국력이 쇠하였으며, 백제를 공격하기 위하여 신라는 당나라와 동맹을 맺는 등, 한반도의 패권을 향한 질주는 백제와 고구려의 멸망과 신라의 통일로 일단락되는 듯 했지만, 전사시대의 종말을 알리는 것은 아니었다.

패망한 고구려 유민들은 옛 고구려의 땅에서 당에게 저항을 하면서, 당의 세력이 약해진 틈을 타 발해를 건립하였고, 발해의 건국으로 남쪽의 신라와 북쪽의 발해가 대치하는 남북극의 형세를 띄게 되었다.

새로이 등장한 발해 역시, 전사시대의 특징을 그대로 지내고 있었다. 대조영을 비롯한 무왕, 선왕 등은 영토 확장에 힘을 기울이며 동북방의 여러 세력을 복속하고, 북만주 일대를 장악하며, 대부분의 말갈족을 복속시키는 등 요동지방에서의 입지를 굳혔다. 남으로는 성장하는 신라를 견제하기 위해서 군사력을 증진하였다. 발해의 대부분의 주민은 말갈족으로 군사력을 장악한 소수의 고구려인에게 복속되었으며, 강력한 군사력을 앞세운 발해의 지배층은 사회의 안정과 질서를 유지하였다. 이러한 정복활동은 전사시대의 특징이다.

강력한 전사 국가였던 신라 역시, 초기에는 중국의 선진 제도를 받아들여 중앙집권화에 더욱 박차를 가하였지만, 지배계급이 타락하면서 국가의 지배력이 약해지기 시작하였다. 남북국시대에서 신라의 약화는 농민 반란과 함께, 견훤, 궁예, 왕건과 같은 뛰어난 전사가 출몰할 수 있는 기회를 제공하였고, 그들은 강력한 전사적 기질을 바탕으로 새로운 전사 국가를 건립한다. 이들의 대립구도에서 살아남은 고려가 전사시대의 바통을 이어 받으며, 다시 한 번 강력한 중앙집권국가로 발돋움하게 된다.

전사시대의 특징을 다시 열거해 보면, 전사시대는 뛰어난 전사가 군대의 통솔자가 되며, 그가 군대의 권력을 장악한다. 전국적으로 혼란스러웠던 통일신라시대의 말기에 등장한 왕건은 지방귀족들을 통합하고, 다른 군사적 집단들을 흡수하면서 획득한 막강한 군사력을 바탕으로 고려를 건국하였다. 고려는 한반도를 통합 후, 통합의 과정에서 잃어버린 땅을 수복하기 위해서 북진정책을 펼쳤다. 평양을 서경으로 삼아, 통일 이전보다 넓은 국경선을 확보했다.

3. 고려시대

고려의 전사 계급은 불교와 유교 등 선진 이념을 받아 들여 체제 안정화를 도모하고, 통치 체제를 정비하여 지방 세력을 견제하였다. 아울러 국가를 효율적으로 관리하기 위해 과거제를 도입하여 전사 계급이 지니는 단점을 보안하는 등, 고려는 과거의 전사국가들이 범했던 오류를 밟지 않기 위해 부단히 노력하였다. 하지만 통일 당시 강력한 군사력을 기반으로 고려 건국에 크게 이바지 한 신라의 호족 출신들이 중앙관직으로 진출하였고, 자신들이 가지고 있는 특권을 이용하여 세력을 확장하며 왕권에 도전할 정도 성장하였다. 이들을 문벌귀족이라 칭하였으며, 이렇게 중앙에서 여러 세대 동안 고위관직자를 배출해 낸 문벌귀족은 왕권에 직접적으로 도전하거나, 자신들의 세력을 바탕으로 막강한 군사력을 확보하여 전사적 국가를 와해하기 시작한다.

앞서 사라져간 많은 전사적 국가들의 사례에서 알 수 있듯이, 대부분의 전사계층이 초기에 권력을 잡고 막강한 군사력을 앞세워 사회질서를 구현하면서, 국가는 사회적 안정과 발전적인 양상을 보인다. 이렇듯 국가가 정복활동을 통하여 크기가 질적, 양적으로 팽창하고 다원화·복잡화 되면서 국정을 관리할 전문 인력을 필요로 한다. 전사 계급은 지식인 계급에게 그들 권력의 일부를 양도하고, 전사 계급은 여유로운 생활을 즐기며 부패하고 타락하게 된다. 모든 역사에서 보아 왔듯이, 이와 같은 과정으로 전사 계급은 탐획자적 성격으로 변모하고, 전사적 국가는 사회변혁을 통해 등장하는 또 다른 전사 계급에게 그 자리를 내주게 된다.

고려 또한 이러한 전사 시대의 모순이 대두되기 시작하면서, 지배층 사이에 균열이 나타나고, 필요한 곳에 전문 인력을 공급하기 위해 지식인 계층을 기용하기 시작했다. 하지만, 지난 전사 시대의 몰락에서 경험했듯이 지식인계층의 등장은 상대적으로 전사 계층의 몰락을 의미했다. 이러한 지배 체제의 모순에 반기를 들고 일어난 사건이 무신정변이다. 비록 무신정권의 등장은 정치적으로는 안정을 가지고 왔지만, 체제의 유지에만 집착을 했던 무신정권은 국가 행정을 소홀히 함으로서, 국가 통치 질서는 오히려 악화되었다. 그리하여 전사시대의 모순을 극복하기 위해서 일어난 무신정변은 반대로 전사시대의 몰락을 촉진시켰다.

무신정권은 대내외적으로 많은 불안 요소를 안고 출발하였다. 대내적으로는 지배세력의 모순이었고, 대외적으로는 강력한 외세의 위협이었다. 오랫동안 유목 생활을 하던 몽골족이 통일된 강력한 전사 국가로 발전한 것이다. 소국가들이 통일이 되고 복속이 되어 거대한 국가를 형성하게 되면, 그들의 내부적 불안 요소를 제거하기 위해서 정복활동을 시작한다. 당시 권력 유지에만 몰입하던 무신정권은 강력한 전사 국가를 이룬 몽고와의 항쟁에서 버티어 낼 수 있는 여력이 부족하였고, 그 결과 몽고에 굴복하게 된다.

이후 몽고가 중원에 세운 원나라의 권세를 업고 등장한 세력이 바로 권문세족이다. 이들 권문세족들은 탐획적 지식인 성향을 지닌 지배계층으로서 농민 수탈, 농장 확대, 양민 억압 등을 통하여, 고려의 전사시대의 종막을 더욱 가속화 시켰다.

무신정권의 전사들은 정변으로 획득한 정권을 관리하는 데에 한계를 느끼자 그 한계를 극복하기 위해서 모순을 끌어안는 자충수를 두었다. 즉, 6두품 출신의 지식인들을 기용하였다. 후에 신진사대부로 성장하는 이들은 성리학을 수용하여 그것을 국가 통치 이념과 학문적 기반으로 삼고, 불교의 폐단을 시정하려 노력하였다. 이러한 과정을 통하여 권력의 중심으로 진출한 신진사대부는 고려 멸망 후에 지식인 시대를 여는 중요한 계층이 된다.

신진 사대부들은 지속적으로 토지를 잠식해가는 권문세족으로 인하여 그들의 경제적 입지가 좁아지자 새로운 혁명을 모색하게 된다. 지식인 계급인 신진사대부는 전사 세력인 이성계와 결합하면서 실질적인 군사력을 장악하고, 유교적 이상국가인 조선을 건국하게 된다. 이로서 한반도를 오랜 기간 지배했던 전사의 시대는 막을 내린다.

Ⅲ. 한반도의 지식인 시대: 조선시대

전사시대 말기의 사회는 혼란의 시기를 거친다. 새로운 시대의 도래로 사회는 많은 변화를 겪게 된다. 문화에 대한 관심이 높아지고, 선진 문물에 도입에 대해 관대하며, 법률을 더욱 정교하게 체계화 하는 등 전사 시대와는 다른 특징을 보인다. 조선의 건국과 함께 시작된 지식인 시대는 유교정치의 이념을 바탕으로 유능한 인재를 폭넓게 발굴하였으며, 청백리 제상을 내세워 깨끗한 정치를 실현하려 노력하였다. 전사 시대의 공포정치보단 경국대전과 같은 법률을 편찬하여 지식인 시대의 통치 방향과 이념을 정립하였다.

지식인 시대인 조선의 정치·행정 체계는 한층 정교해 지고 견고해 졌다. 왕권을 견제하고, 귀족정치를 견제하는 기구가 마련되었고, 지방을 직접 통제하기 위하여 왕의 대리인인 수령을 파견하였다. 또한 군역제도에서도 변화는 일어났다. 사병을 폐지하고 군역제를 실시하였다. 권력이 세습되는 전사시대의 모순을 극복하기 위한 방안으로 과거제가 도입이 되어 정착이 되는 등, 지식인 시대로서의 합리적인 국정 운영을 위한 제도가 마련되었다.

지식인을 대표하는 양반은 학문의 습득을 통하여 중앙 권력에 진출할 수 있었다. 이러한 학문의 중심에는 성리학이 있었고, 성리학의 접근성에 따라서 파벌이 형성이 되었다. 파벌간의 대립은 상당히 소모적이었으며, 지식인 시대에서 나타날 수 있는 여러 문제점을 고스란히 안고 있었다. 조선 지식인 시대의 가장 큰 문제점은 붕당을 들 수 있다. 학술적이면서 정치적 성향을 가진 붕당은 초기에는 상호 보안적인 위치에서 비판적인 공존 체제를 이루어 가며 조화로운 구도가 유지되었다. 그러나 권력을 잡고 정국을 주도하는 과정에서 붕당이 권력을 탐하고, 탐획적 성격을 띠면서 붕당정치 본연의 역할을 잃고 만다. 이로써 붕당은 일당 전제화의 추세가 두드러지기 시작했다. 국가와 백성보다는 권력의 장악에만 관심을 두었고, 무관의 경시 풍조는 국방력의 약화를 초래하였다. 경제력과 국방력의 약화는 모든 역사에서 반복되는 결과를 초래했다. 한반도에서 지식인 시대의 문제점이 나타나는 무렵에 전사국가인 일본과 청나라의 침략을 받게 된다. 임진왜란과 병자호란이라는 최대의 국난을 겪은 조선은 사회적, 경제적, 문화적으로 많은 변화를 겪게 된다.

양란 후 조선에는 많은 변화가 있었지만, 그중에서 가장 두드러지는 것은 지배층인 지식인 계급이 세력의 균형을 유지하려는 노력이었다. 경신환국을 통하여 왕이 직접 정국을 주도하였으며, 그 결과 왕과 직결된 세력의 비중이 커졌다. 이로써 강력한 왕권을 중심으로 왕이 직접 정치적 균형을 유지하려고 하였다. 영조와 정조는 붕당의 뿌리를 제거하고자 붕당의 근거지인 서원을 정리하기 시작하였다. 왕권 강화와 붕당의 퇴색으로 인해, 조선의 지식인들을 본래의 위치로 되돌아가는 듯했다. 또 하나의 중요한 변화로는 이상적 정치 이념만을 강조하던 성리학은 쇠퇴의 길을 걷기 시작하며, 대안으로 실학이라는 실용적인 학문이 그 자리를 대체하기 시작했다. 비록, 붕당정치는 역사의 뒤편으로 사라져 갔지만, 외척의 발호와 세도정치가 그 공백을 메우기 시작하였다. 이로써 지식인 시대는 세도정치라는 새로운 국면을 맞이하게 되었다.

조선 후기로 들어서면서 상업의 발달로 인하여 지식인 지배 계급의 몰락이 가속화 되었다. 청렴함을 필두로 한 유교적 이념은 찾아 볼 수가 없었고, 지배계층인 양반은 부를 축적하는 데에 자신의 특권을 사용했다. 조선의 지식은 계급은 탐획적 지식인으로 변질되어 갔으며 세도를 이용해 관직을 매매하는 일이 빈번하게 발생하였다. 탐획적 지식인 계급인 외척의 세도가들이 조선을 지배하고 있는 동안, 조선은 외부의 탐획적 제국주의자들의 위협에 직면하기 시작하였다.

Ⅳ. 한반도의 탐획자시대

19세기 말경부터 일본을 위시로 한 탐획적 제국주의자들은 조선의 식민지화를 목적으로 지속적인 침략의 야욕을 드러냈고, 이에 위협을 느낀 조선의 지배 계급은 쇄국정책을 포기하고 정치, 경제, 사회 등 나라 전체의 변혁을 도모하는 개혁을 단행하였다. 하지만, 탐획적 일본 제국주의자들로부터의 식민지화를 면하기에는 때늦은 자각이었다.

이러한 측면에서, 한반도의 탐획자시대는 자생적인 요인이 아니라 일제의 식민지화란 외생적인 요인에 의해 시작되었다는 특징을 지닌다. 일반적으로 탐획자시대는 지식인들의 사치스럽고 타락한 생활방식에 회의를 품고, 서서히 부유한 사업가나 거부들에게 권력이 이양되는 과정을 거치는데 반하여, 한반도의 탐획자시대는 내부의 탐획적 지식인의 협조와 외부 탐획자로부터의 강압에 의해 수동적으로 진행되었다.

일본의 식민지 농업정책의 가장 중요한 목적은 조선을 일본의 식량공급지로 묶어두는 데 있었으며, 거기에 맞춰 정책을 취해갔다. 식민지화 이후 첫 경제 정책으로 단행한 '토지조사사업'은 농토의 많은 부분을 일시에 일본인 및 일본기관 소유로 만들고, 토지에 대한 지본제적 배타적 소유권을 수립하여 토지집중을 용이하게 했다. 그 배후에는 동양척식 주식회사가 있었으며, 토지조사사업은 조선의 식민지화를 위한 경제적 토대가 되었다. 또 조선에서의 농업경영을 쌀 생산 중심으로 정착시켜 자본주의 발달에 희생된 일본농촌을 대신해서 그 식량 공급지로 기능할 기반을 마련했다. 이후 일본제국주의 탐획자들은 조선에서 생산된 쌀을 대량으로 일본에 반출하였으며, 토지까지 사들여 대지주로 성장해 갔다.

이 같은 기반위에서 1920년대에는 '산미증식계획'을 실시했다. 일본 쪽의 개인 및 회사 등에 의한 토지집중을 촉진하고 쌀 생산에서 높은 이윤을 취할 수 있도록 보장해주어 쌀의 증산과 일본에 대한 공급량을 늘릴 수 있었다.

1930년대로 들어서면서 조선농촌의 황폐화와 혁명적 농민운동의 폭발에 대응하면서 이른바 '농촌진흥운동'등을 일으켜 조선농민을 회유하여 식량공급에 차질이 없게 하려 했다. 중일전쟁과 태평양전쟁을 도발한 후에는 곡물의 공출제도를 실시하여 식량공급을 강요했다.

아울러 식민지 농업정책은 지주제를 강화하여 보호한 대신 자작농 및 자소작농을 몰락시켜 소작인으로, 더 나아가서 이농민으로 만들어갔다. 자작농 및 자소작농의 몰락은 농촌인구를 지주와 소작인의 두 계층으로 고정시키고 농촌 중간층의 성장을 저지했다. 농민운동을 탄압하고 지주제를 강화하여 이농민을 증가시킴으로써 값싼 노동력을 대량으로 창출하여 침략전쟁에 이용했다.

1930년대로 접어들면서 식민지 경제체제는 이전의 농업생산 중심 체제를 벗어나서 대륙침략을 위한 병참기지화 정책에 의해 일정하게 공업 분야의 발전을 보게 되었다. 그러나 그 공업은 식민지적 성격이 너무 뚜렷한 구조적 결함을 가지고 있었다.

일본은 조선을 식민지화한 후 바로 재벌자본을 조선에 침투시킬 사정은 못되었다. 일본 자본주위가 식민지 조선에 본격적으로 자본수출을 할 만한 단계에 있지도 않았을 뿐만 아니라 조선에서 산업기초시설의 설비가 제대로 이루어지지 않았기 때문이었다. 따라서 식민지시대 초기에는 철도・도로・항만 등 기초시설의 설비에 총독부의 예산이 집중적으로 투입되었다.

1930년대 이후부터 일본의 독점자본은 경제공황의 돌파구를 찾고 값싼 노동력과 수자원 및 지하자원을 겨냥하여 한반도에 본격적으로 침입하여 식민지 공업화를 이루어갔다. 그러나 1930년대 이후 조선의 공업은 일본 독점자본에 의해 완전히 장악된 군수공업 중심이었고, 조선인의 자본 및 기술 발달과는 거의 연결되지 않았다. 광산의 개발도 이루어지고, 평양과 인천, 부산을 잇는 철도 개발도 행하여 졌다. 하지만 조선의 생활수준은 개선되지 않았다. 대부분의 공업화는 수탈을 목적으로 진행되거나, 전쟁준비를 위한 것이었기 때문이다. 단적인 예로 1920년에 행해진 산미증식 계획과 조선의 쌀 소비량을 비교해보면 알 수 있다. 표면적으로 상업화 공업화가 이루어졌지만, 20년부터 30년까지의 쌀 소비량은 오히려 2/3가량 줄어든 것을 확인할 수 있다. 결국 부의 흐름은 탐획자인 일본에게 집중되었기 때문에 조선의 삶의 수준은 개선되지 않았던 것이다.

식민지 시대 초기는 농민층으로부터 생산수단인 토지를 수탈하는 '원시적 축적'과정이었다. '원시적 축적'과정에서 희생당한 것은 조선농민이었고, 대신 일본제국주위가 토지조사사업·철도부설·어업자원개발 등을 통해 막대한 이익을 얻었다.

일제 강점기 동안 탐획자시대의 주체만 다를 뿐, 탐획자시대의 특징은 고스라니 담고 있다. 당시 조선의 지식인 계층은 일제의 식민화를 정당화하기 위해 고용되었으며, 그 대가로 경제적 후원과 특권을 부여 받았다. 물론, 당시의 시대적 상황을 고려해야겠지만, 어느 시대이건 간에 대부분의 지식인들은 지배 계급의 주도권을 합리화하는 이론을 만들어 내고, 지배계급을 위해서 봉사한다는 특징과는 크게 다르지 않다. 지식인계층을 제외한 전사계급과 노동자 계급은 단지 살아남기 위한 노동을 했을 뿐이었다.

또 다른 탐획자시대의 특징으로는 범죄율이 증가한다는 것이다. 일본의 수탈로 삶의 질이 하락하기 때문에 생계형 범죄가 성행한다. 사회를 지배하는 탐획자가 일본 제국주의자들이라는 사실을 상기한다면, 그들의 입장에서 권력의 반하는 행동은 범법행위이며, 탐획자는 자신들의 기득권을 지키기 위해억압과 탄압적인 방법으로 사회질서를 유지하려 했다.

일제의 수탈에 대항한 수많은 항일운동이 벌어졌다. 국내에서는 사회주의자를 중심으로 독립운동이 확산되는 한편, 국외에서는 무력봉기를 위한 준비가 진행되었다. 탐획자시대가 하강단계에 들어가면서 노동자 세력과 전사세력이 사회 변혁을 일으킨다는 사회순환주기 이론에 응하는 사건이었다.

일본제국주의가 막바지에 이르면서 탐획자 일본은 조선을 병참기지로 활용하게 된다. 군수 물자를 조달하기 위해 공업화에 더욱 박차를 가하였고, 결과적으로 금속, 화학 등 중화학 공업이 빠르게 성장하였다. 하지만 대부분의 자본은 일본 탐획자들의 소유였으며, 조선인 노동자의 값싼 노동력을 기반으로 이루어졌기 때문에, 조선인의 생활수준 향상과는 거리가 있었다. 일본이 태평양전쟁에 돌입하면서 조선인들은 극심한 경제적 피탈을 경험했다. 당시 조선의 지식들은 조선인의 징용을 도모하기 위해 탐획자들에게 자신을 의탁했는데, 이러한 탐획자적 지식인들은 일본인보다 더한 탐획자로서 조선인 위에 군림했다.

사카의 사회순환법칙에 따르면, 탐획자시대의 말기는 가진 자와 못가진 자만 남게 되고, 결국 사회 혁명을 통해 노동자 시대를 맞이하게 된다고 했다. 조선의 탐획자시대 역시, 가진 자인 일본과 가지지 못한 식민지 치하의 조선인으로 구분이 되었다. 사카의 이론에 따르면, 이러한 탐획자시대는 전사계급과 노동자 계급을 이끄는 새로운 리더의 혁명으로 전복을 맞이하게 된다. 그러나 조선의 탐획자적 말기의 사회적 혁명은 내생적인 요인보다는 외생적인 요인에 의해 일어났다. 사회혁명을 통해 한반도의 북쪽에는 전사계급이, 남쪽에는 탐획적 자본주의 세력이 지배하게 된다.

V. 소 결 론

사카가 언급한 시대의 지배 계급과 그 특징에 따라서 한반도의 사회순환주기를 구분해 보았다. 중앙집권적인 고대극가로 발전하기 이전인 고조선, 부여, 삼한 등의 부족국가 시대를 노동자 시더로 규정하고, 그 후 중앙집권화를 이루어 영토 확장과 세력다툼이 치열했던 삼국시대와 통일 신라, 고려시대를 전사시대로, 성리학적 사상을 기반으로 유교적 이상주의가 실현되었던 조선시대를 지식인 시대로 구분했다. 비록 자의는 아니었지만, 1910년 경술국치로 국가의 주권이 일제로 넘어간 시기 이후를 탐획자시대로 정의했다.

일본의 탐획적 제국주의자들이 물러가면서 한반도에는 사회혁명의 극심한

[그림 7] 사회순환법칙을 적용한 한국의 과거, 현재, 미래(거시)

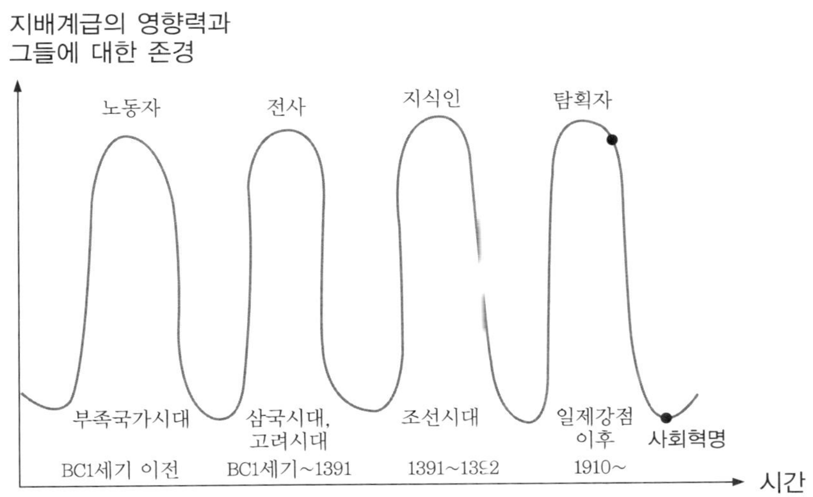

혼란기를 맞이한다. 이시기의 사회혁명은 한국전쟁이라는 극한의 유혈 혁명으로 발전하면서 한반도의 북쪽에는 전사 계급이 지배하는 사회주의 체제가 들어섰고, 한반도의 남쪽에는 탐획자 계급이 지배하는 자본주의 정권이 들어서게 된다. 거시적인 맥락에서 보았을 때 한반도의 남쪽에는 주체만 바뀌었을 뿐, 탐획자가 지속적으로 사회를 지배하는 계급으로 남게 된다.

제5절 해방 이후의 사회순환

한반도는 1945년 8월 15일 일제 탐획자들로부터 독립을 맞이하게 된다. 한반도 이북에는 소련군이, 한반도 이남에서는 미군이 주둔하면서 1948년 8월 15일 대한민국 정부수립까지 군정을 실시한다. 광복 이후 정치적 혼란과 무질서 속에 있던 한국은 한반도의 위도 38도선을 경계로 북쪽에는 소련의 영향 밑에 북한정권이 수립되고, 남쪽에는 미국의 지원 아래 대한민국이 국가적 모습을 갖추게 되었다.

한반도의 38선 이북에서는 1946년 2월 8일 김일성을 위원장으로 하는 북조선 임시 인민 위원회가 구성되어 사실상 정부의 구실을 하였다. 김일성은 전형적인 전사계급으로 일제 말기 무장 항일투쟁을 주도적으로 전개한 인물이다. 이후 소련군에 입대하여 소련군 특무공작요원으로 훈련을 받고 소련군 장교로 임관하였다. 이후 소련군을 등에 업고 '김일성 장군'으로 평양 시민들에게 소개되면서 본격적인 정치활동을 시작하였다. 김일성은 북한지역에 공산주의 지배 체제를 확고히 한 뒤 1948년 9월 9일 조선민주주의인민공화국이 수립하였다. 남쪽의 이승만 정권에 불안 요인이 많았던 것과는 대조적으로 북쪽의 김일성 정권은 비교적 빨리 안정되어갔다. 한국전쟁 이후 북한은 커다란 변화 없이 전사계급인 김일성 체제가 그의 사후까지 지속되었다.

김일성 사망 이후 '선군정치'로 대표되는 군부의 영향력은 더욱 강화되었다. 김정일은 "혁명의 군대는 주체사상의 핵심적인 힘이고 주력이다. 군대는 인민이며 국가이고 당이다"라고 언급하면서 군의 역할에 대해 강조하였다. 아울러 선군정치의 강령은 군의 위상을 다음과 같이 정리하고 있다;

군을 통수하는 국방위원회를 국가특별행정기구로 격상시키고, 국방위원장의 지위가 법률상으로 국가원수이며 또 국가의 상징이 된다. 동시에 군인의 사회 내 계급을 노동자, 농민, 지식계급이라는 3대 사회계급의 최상위의 위치로, 국내에 있는 일의 모든 것에 군사와 군인이 우선 된다.

선군정치의 강령은 북한 내에서 군의 위상을 잘 나타내 주는 대목이다. 북한이 오늘날도 '군'이라고 하는 전사계급에 의해 지배되고 있다는데 이의를 달기는 어려울 것 같다.

Ⅰ. 대한민국 정부수립과 제 1 공화국: 지식인과 탐획자의 결탁

일제 탐획자들로부터의 해방 이후 한반도 남쪽의 사회순환을 좀 더 미시적으로 살펴보면 다음 그림과 같은 사회순환법칙이 작동하고 있는 것처럼 보인다.

먼저 해방이후 1960년 4 · 19 혁명 이전까지를 어떠한 한 시대로 규정하기에는 매우 어려울 것 같다. 이시기에는 극심한 혼란기로써 노동자계급, 전사계급, 탐획자계급, 지식인계급들이 이합집산의 형태로 패권다툼을 하였다. 해방 후 제 1공화국이 수립되었고, 한국전쟁이라는 특수한 상황이 있었지만, 이

[그림 8] 사회순환법칙을 적용한 한국의 과거, 현재, 미래(해방 후)

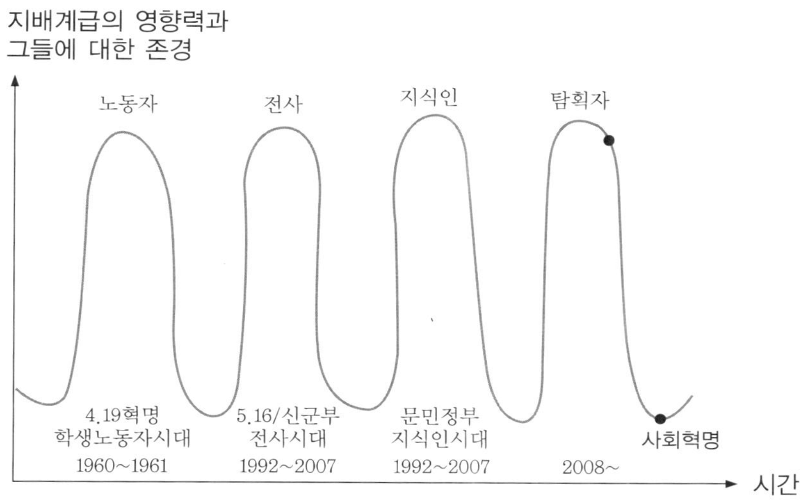

승만 정권을 전사계급으로 보기는 어려울 것 같다. 김구가 전사적 성향을 지녔다면 이승만은 전형적인 지식인이다. 한국 최초의 미국 박사이자 한학에 능통한 한학자이기도 하다. 지식인 정권의 성향을 지니고 탄생한 제1 공화국은 남북분단과 한국전쟁이라는 특수한 상황을 맞으면서 독재와 부정부패로 얼룩진 탐획자시대로 변질되어 갔다.

이승만 정권은 정권수립 과정에서 좌익세력은 물론 우익세력의 지지도 얻지 못하였다. 다만 국내 지주세력을 중심으로 조직된 한국민주당과 친일세력 등을 기반으로 삼았다(강만길, 1994: 228). 대한민국 정부수립이후 여론의 압력과 좌익의 발호와 북한의 토지개혁으로 '농지개혁안'을 만들어 국회에 상정하였다. 그러나 지주 출신이 많았던 국회에서 오히려 견제를 받다가 1949년 6월에 가서야 '농지개혁법안'이 제정되고, 1950년 3월에 동시행령이 공포되었다. 그 결과 총경지의 약 40%에 달하는 땅이 유상매입, 유상분배의 원칙에 의해 재분배 되었다. 6.25 전쟁이 일어나기 직전에 농지개혁이 이루어진 것은 남한의 공산화를 막는데 일조하였다(한영우, 2010: 579).

이승만 정권은 한국전쟁 중 국민들의 반공정서를 이용하여 독재체제를 구축하기 위한 비상수단을 동원하였다. 1952년 7월 계엄령을 선포한 가운데 이승만의 재선을 위한 대통력 직선제 개헌안을 통과시켰다. 그리고 전쟁이 끝난 1954년 대통령의 중임제한을 철폐하는 개헌안을 표결에 부쳐 '사사오입' 법을 근거로 이를 통과시킴으로써 정권을 유지할 수 있었다.

이후 이승만 정권의 독재체제는 그 추종자들의 과잉충성이 뒷받침되면서 더욱 강화되어갔다. 야당과 정적들을 탄압하였으며, 경향신문의 폐간 등 언론도 탄압함으로써 민심을 잃었다. 정권유지에 위협을 느낀 이승만 정권은 1960년 3월에 실시된 제 4대 정부통령 선거를 최악의 부정선거로 이끌면서 멸망을 자초하였다. 이후 부정부패에 시달린 국민들이 분노하면서 사회혁명의 기운이 무르익어 4·19 학생 시민혁명을 유발하고 말았다.

대한민국정부 수립이후부터 4.19 시민혁명이 일어나기까지의 한국사회는 지식인과 탐획자가 결탁한 시대라고 규정해 볼 수 있다. 이승만의 지지 세력이 지주세력을 중심으로 조직된 한국민주당과 친일 세력이었다는 것이 이러한 사실을 뒷받침해준다. 해방 직후 지주계급은 국가의 부를 거머쥐고 있었으며, 친일 세력들은 지식을 독점하고 있었다. 대한민국 정부수립이후 이승만 정권이 몰락하기 전까지의 한국사회는 지주계급과 지식인계급이라는 탐욕적인 사고방식의 사람들이 정치세력과 사회적 특권을 장악한 시기였다. 사회순환 법칙에 따르면, 권력을 잡은 지식인과 새롭게 부상하는 탐획자들 사이에는 근본적인 갈등이 있게 마련이며, 이것이 이승만 정권이 겪었던 극심한 혼란의 근간을 이루었다고 할 수 있다.

Ⅱ. 4.19 시민혁명: 전사시대로 가기위한 과도기적 시기

이승만 정권을 붕괴시킨 주역이 비록 학생들이었으나, 이들에게는 정권을 담당할 능력이 없었다. 따라서 정치적 지배권은 이승만 정권 당시 야당을 중심으로 한 지식인 계급으로 넘어가면서 장면과 윤보선으로 대표되는 과도기적인 지식인 시대를 거치게 된다.

지식인 시대의 정치적 특징 중의 하나가 권력을 공유하는 분권화된 정부의 등장이다. 4·19 혁명으로 제1공화국이 붕괴된 후, 정권은 허정에게로 넘어갔고, 허정 과도 정부는 헌법을 내각 책임제와 양원제 국회의 권력 구조로 개정하였다. 이 헌법에 따라 총선거가 실시되어 1960년 8월 23일 장면 정권이 출범하였다. 이에 앞서 1960년 8월 12일 국회에서의 대통령 선거로 윤보선이 대통령에 당선되었다. 1공화국과는 달리 대통령중심제가 아닌 의원내각제가 채택되어 정치적 실권은 국무총리가 담당했고, 대통령은 의례적인 국가원수로서만 기능했다. 또한 국민 기본권 보장의 강화, 지방자치제도의 시행, 양원제의 국회 등이 이 시기의 특징이었다.

4·19 혁명의 이념을 안고 출발한 장면 정부는 미국식 자유민주주의 정치운영을 추구하였으나, 학생층과 일반 민중, 그리고 언론까지도 급격한 정치, 사회, 경제면의 개혁을 요구하고 나섰다. 그러나 정부의 유약함과 극심한 무능은 민의의 효과적인 수합에 성공하지 못해 정치적 혼란은 거듭되었다.

지식인시대의 또 하나의 특징으로 경제가 풍요롭지 못함을 들 수 있는데, 당시의 한국경제는 50년대 말 이후의 경기침체로 실업자는 240만 명에 이르고, 1960년 말 경인지역 공장의 80%거 조업중단에 들어갔다. 그리고 200만 농민이 '보릿고개'라 하여 봄철의 식량난에 허덕였다(한영우, 2010: 591-592). 결국 5.16 군사혁명이 일어나면서 장면 정권의 지식인 계급은 8개월 만에 전사

계급에게 지배권을 넘겨주게 된다.

Ⅲ. 5.16 군사혁명과 12.12 군사정변: 전사시대의 탄생

4·19 혁명 이전까지의 시대 규정은 유보해 두더라도, 1961년 5.16 군사혁명 이후 탄생한 제 3 공화국 18년이 전사시대였다는데는 의심의 여지가 없을 것 같다.

과도기적 지식인시대를 거치는 동안 학생과 정치인들의 급진적인 통일운동[18] 그리고 정부의 미온적 태도에 가장 예민한 반응을 보인 것은 군부였다. 당시 민주당 정부는 이를 통제할 능력을 가지고 있지 못하였으며, 민주당 정부가 감군정책을 추진한 것도 군부의 불만을 유발하는 요인이 되었다(한영우, 2010: 592).

한국전쟁을 거치면서 가장 강력한 조직체로 성장한 것이 군대였으며, 미국식 군사행정의 합리주의를 가장 빨리 익힌 것도 군대였다. 특히 육사출신들의 젊은 장교들이 그러하였다. 이들은 4.19 혁명 이후의 정치흐름을 관망하다가 1961년 5월 초 학생들의 남북회담이 확정되고 북한에서도 대대적인 지지를 보내오는 등 시위가 극에 달하자 그해 5월 16일 마침내 박정희 소장을 중심으로 한 군부가 군사 정변을 일으키게 된다(한영우, 2010: 592).

군사정변의 주체들은 '군사혁명위원회'를 조직하여 정권을 장악하고, 초헌법적인 최고통치기구로서 '국가재건최고회의'와 그 직속기관으로 '중앙정보부'를 설치하여 본격적인 군정을 실시하였다(한영우, 2010: 592).

군정은 민생안정과 반공강화에 최대 역점을 두고, 국가재건비상조치법, 반공법, 집회에 관한 임시조치법, 정치활동정화법 등을 잇달아 공포하여 정치, 경제, 사회, 문화 전반에 걸쳐 강권적인 조치를 신속하게 진행시켰다. 정치에 있어서는 모든 구정치인들의 활동을 금지시키고, 진보적 정치인들과 노조 및 학생 간부들을 대거 검거하여 혁명재판에 회부하였으며, 4천 명의 폭력배를

18) 4.19 혁명의 주역이었던 학생들은 1960년대 말부터 통일운동 쪽으로 방향을 선회하였다. 또한 당시 전 세계적으로 유행한 제3세계의 민족주의 열풍이 학생들의 통일운동에 불을 댕기게 한 것이다. 당시 학생들이 통일운동으로 내세운 구호는 "오라 남으로, 가자 북으로", "한국문제는 한국인 손으로", "소련에 속지 말고, 미국을 믿지 말자" 등이었다(한영우, 2010: 591).

검거하였다(한영우, 2010: 592).

이후 박정희 군사정권은 대통령중심제 헌법을 국민투표를 통해 제정하고 1963년 10월 새헌법을 통해 대통령선거가 실시되었다. 박정희는 민주공화당 후보로 출마하여 윤보선을 근소한 차이로 누르고 대통령에 당선되었다. 그리하여 군부에 기반을 둔 제3공화국이 탄생하였다.

전사시대의 초기가 늘 그러하듯이 박정희 정부는 출범하자 곧 '경제제일주의'와 '조국근대화'를 기치로 내걸고 강력한 국가주도의 성장정책을 밀고 나갔다. 1962년부터 제1차 경제개발5개년계획을 추진하여 공업을 집중 육성하고 수출을 비약적으로 증대시키는 이기간 동안 경제성장률은 연평균 8.5%에 이르렀다. 또한 일본과의 관계를 개선하여 한일 협정을 체결하는 한편, 일본으로부터 유치된 자금을 통해, 경부고속도로를 비롯한 도로와 항만 등의 사회간접시설도 확충하였다. 1967년부터는 다시 제2차 경제개발 5개년계획에 착수하여 이 기간에 수출은 연평균 33.7%, 경제성장률도 연평균 10.7%를 기록하여 경제발전에 탄력이 붙게 되었다. 이러한 과정에서 국내 자본의 축적이 이루어 졌으며, 자본 집중이 심화되어 소수의 재벌들이 생산과 소득에서 지배적인 위치를 차지하게 되는 결과를 가져왔다. 자본이 축적과 집중으로 인해 한국에 탐획자 계급의 기반이 마련된 것이다.

사회순환법칙에 따르면 전사계급이 지배하는 체제는 절대적이고 중앙집권적인 정부의 형태를 띠며, 말기로 접어들게 되면 폭정과 부정부패가 만연하게 된다. 이승만 정권의 독재체제가 3선 개헌을 고비로 파탄으로 치달은 것과 같이 박정희 정권도 독재체제를 연장하기 위한 3선 개헌을 강행함으로써 파탄의 길로 접어들었다. 박정희 정권은 여당 안의 개헌 반대세력을 제거하고 야당과 학생들의 반대를 탄압하면서 여당의원만으로 3선 개헌안을 가결시키고 이를 국민투표를 통해 확정했다. 3선 개헌을 통해 박정희 정권은 유지될 수 있었으나, 1970년대에 들어오면서 박정희 정권은 국내외적으로 심각한 도전에 직면하게 되었다.

1972년 10월 17일 대통령은 비상계엄을 선포하여 국회 해산과 정당 활동을 중지시키고, 비상국무회의에서 이른바 유신헌법을 제정한 다음 국민투표로 이를 확정하였고, 같은 해 12월 대통령으로 박정희를 선출하였다. 이로써 제3공화국은 막을 내리고 되고 유신헌법에 기반 한 제4공화국이 출범하게 된다. 유신체제로도 불리는 제4공화국의 헌정체제는 대통령 1인 독재 체제이다. 대통령이 국회의원의 3분의 1과 모든 법관을 임명할 수 있었으며, 긴급 조치권, 국회 해산권을 가지며 임기 6년에 연임할 수 있었다. 또한 대통령 선출제도가 직선제에서 통일주체국민회의의 간선제로 바뀜으로서 행정·입법·사법의 3권이 모두 대통령에게 집중된 절대적 1인 독재체제였다.

유신체제에 대한 국민의 반발과 저항이 거세지면서 유신체제를 유지하기 위해 박정희 정권은 많은 폭정을 거듭하였다. 유신정권의 긴급조치 조항을 발동하여 헌법에 대한 부정, 반대, 비방 행위와, 발의, 제안, 청원 행위를 일체 금지하는 긴급조치 제1호를 시작으로 제9호까지 잇달아 발동하였다. 이로 인해 교수, 학생, 종교인, 언론인 등 민주인사들이 투옥 혹은 해직을 당했다.

정권 말기에는 YH사건, 부마항쟁, 야당 당수 제명 등 일련의 사건들로 인해 반유신, 반독재, 민주화운동의 공동투쟁전선이 형성되었고, 미국을 비롯한 국제사회에서도 인권탄압을 비판하는 목소리가 거세어져 더 이상 권력유지가 어려운 상황이 되었다. 이 무렵에 불어 닥친 제2차 오일쇼크에 이은 경제 불황은 사태를 더욱 악화시켰다. 이러한 가운데 10.26사건이 일어나면서 18년간의 박정희 시대는 막을 내리게 된다.

18년간의 박정희 시대는 바트라가 언급한 전사시대의 여러 요소들을 골고루 갖추고 있었다. 절대적이고 중앙집권적인 정부, 경제적 번영, 낮은 범죄율 등이 그것이다. 이 기간 동안 정부는 대통령을 중심으로 하여 고도로 중앙집권화 되었고, 수출신장률은 연평균 40%, 경제성장률은 8.9%를 기록하여 세계적으로도 개발도상국의 모범이 되었다.

Ⅳ. 신군부의 등장과 제2차 전사시대

1979년 10월 26일 박정희 대통령이 급서한 이후 헌법에 따라 국무총리 최규하가 대통령의 권한을 대행하였으나 곧 전두환, 노태우를 중심으로 하는 신군부 세력이 12·12 군사정변으로 실권을 장악하면서 한국은 제2의 전사시대로 들어서게 된다.

신군부는 사회 안정을 이유로 정치인의 정치활동을 규제하고, 언론을 통폐합하였으며, 폭력조직을 근절한다는 이유로 약 2만 명의 시민이 '삼청교육대'라는 군대의 특수훈련장에 보내졌다. 1980년 5월 신군부 세력은 5.17 비상계엄 전국 확대 조치를 내려 완전히 정권을 장악함으로써, 모처럼 민주화에 부풀어 있던 국민들의 거센 저항에 직면하게 되었다. 1980년 5월 광주에서 일어난 광주민주화운동과 같은 대규모 항쟁이 연이어 일어났으나, 결국 모든 항쟁들은 무력으로 진압이 되었으며, 과잉진압은 신군부의 도덕성과 전두환 정권의 커다란 부담으로 남게 되었다.

1980년 10월 27일 대통령 임기 7년에 중임을 금지하는 제5공화국 헌법이 제정되었으며, 1981년 3월 3일 제12대 대통령으로 전두환이 취임했다. 전두환 정권은 정의사회 구현과 민주복지국가 건설을 국정지표로 내걸고, 군인출신들을 주요 관공서와 기관의 요직에 앉혔다.

이 기간 동안의 경제는 전사시대의 특징 중의 하나인 경제적 번영의 패턴을 잘 따랐다. 물가가 안정되었으며, 수출이 호조를 보이고 부가가치가 높은 자동차, 전자, 반도체 등 첨단산업이 활기를 띠고 성장하였다. 수출호조에 힘입어 연평균 경제성장률이 10% 내외를 유지하였다.

아울러 전사시대의 주요 특징이라고 할 수 있는 스포츠 문화예술 분야가 활성화 되었다. 8국민들의 관심을 정치에서 돌려보려는 의도도 있었겠지만, 88서울올림픽과 86년 아시안 게임을 유치하였으며, 체육부를 두어 프로야구와 프로축구 등을 출범시켰다. 예술문화 공간으로서는 예술의 전당과 국립현대미술관등이 건립 되었다. 이와 함께, 국민들에 대한 유화책으로, 야간통행금지 해제, 중고등학교 교복 자율화 등을 시행하였으며, 역대 정권 중 가장 낮은 범죄율을 기록한 시기이도 하다.[19)]

전사시대에 빼놓을 수 없는 핵심 단골 메뉴인 부정부패도 권력형 비리의 형태가 전두환 정권 치하에서 빈발하였다. '이철희·장영자 사건', '명성그룹 사건', '국제그룹해체' 등 모두가 전두환의 친인척이 개입된 권력형 대형 부정 사건이었다. 전두환의 동생 전경환이 맡아 하던 새마을운동중앙본부의 운영에도 비리의 대표사례라고 할 수 있다.

계속되는 인권 유린과 극심한 비리, 권위주의적 독재 등으로 인해 전두환

19) 그 당시의 범죄 발생률은 일본과 비교해도 손색이 없을 정도로 모든 국민이 비교적 안심하고 살았던 시기라고 할 수 있다. 지금도 전두환 정권을 살"대문을 열어놓고 자도 마음 편했던 시절"이었다고 평가하기도 한다.

정권의 정치적 대중적 입지는 계속 좁아지는 반면 민중세력의 정치적 역량은 강화되었다. 80년대 중반부터 민주화 운동은 학생뿐 아니라 정치권과 사회 각계각층으로 넓게 확산되어갔다. 아울러 1985년 정치활동 금지에서 해제된 인사들을 중심으로 민주화를 요구하는 목소리가 더욱 거세어졌다.

1987년 1월 박종철 고문치사 사건으로 촉발된 대학생들의 시위에 참가했던 이한열이 최루탄에 맞아 숨지자 이에 분노한 시민들과 학생들에 의해 일어난 6월 항쟁으로 전두환 정권은 최대의 위기를 맞게 되었다. 결국 당시 여당 대통령 후보 노태우에 의해 발표된 6·29 민주화선언에 의해 제5공화국 헌법이 개정되고, 새 헌법에 따라 국민의 직접선거에 의하여 노태우가 제13대 대통령으로 선출되어 1988년 2월 취임하면서 제5공화국은 종료되었다.

노태우 개인은 육사출신임과 동시에 신군부의 일원으로서 12.12 사태를 통해 전두환 정권에 핵심세력으로 동참했던 전사계급이다. 노태우 정권은 적극적으로 북방 정책을 추진하여 동유럽 여러 나라와 수교하고, 소련, 중국 등과 차례로 외교관계를 맺었다. 또한 국제 동합에 남한과 북한이 함께 가입하였으며, 남북 고위급 회담이 열렸고, 적극적인 대북 외교를 펼쳤다. 아울러 5.16 이후 30년간 중단되었던 지방자치제를 부활시키는 기반을 마련하였다. 노태우 정권은분권화, 민주화, 자율화를 위한 제도개선을 단계적으로 추진해 나가는 등 전사시대에서 지식인시대로 넘어가는 과도기적인 특징을 보여주었다.

1961년 5.16 이후 1980년 12.12 군사정변을 거쳐 노태우 정권이 막을 내릴 때 까지 30년간 한국사회는 전사계급이 지배하였다. 이 기간 동안 전사시대의 특징이라고 할 수 있는 절대적이고 중앙집권적 정부, 경제적 번영, 낮은 범죄율, 스포츠 문화예술의 활성화, 그리고 정권 말기의 폭정과 권력형 부정부패 등이 잘 나타나 있다. 아울러 이 기간은 경제·산업의 발전과 함께 자본이 축적되면서 한국에 탐획자 계급의 기반이 마련된 시기이도 하다. 이 시기의 지식인들은 전사계급의 지배논리를 개발하고 그들의 관료로써의 역할을 충실히 수행하였다. 하지만 이 시대를 지배하고 이끌었던 계급은 군인 출신들인 전사계급이었다.

V. 문민정부, 국민의 정부, 참여 정부: 지식인과 탐획자의 공존

1992년 대통령 선거에서 김영삼이 당선됨으로써 1961년 이후 처음으로 민간정부가 32년 만에 들어섰다. 이 시대가 바로 문민정부라 불리는 김영삼 정권 이후부터 김대중의 국민의 정부를 거쳐 노무현의 참여정부까지이며, 지식인시대라고 명명할 수 있을 법 하다. 김영삼, 김대중, 노무현은 지식인의 성향을 가졌으나, 엄밀히 말하면 김영삼 정권 이후부터 한국은 탐획자시대에 들어섰다고 볼 수 있는 정황이 곳곳에서 발견된다. 한국의 탐획자시대가 시작된 것은 자생적이라기보다는 '세계화'라는 외생적인 변수가 크게 작용했다고 볼 수 있다.

김영삼 정부는 1993년 '우루과이라운드' 협정을 타결 지음으로써, 상품, 금융, 건설, 유통 서비스 등 모든 분야에서 외국에 문호를 열어 놓게 되었다. 시장개방정책에 맞추어 국제 경쟁력을 높인다는 명목 하에 '세계화'를 강조하고 1995년 1월 '세계화추진위원회'를 공식 출범시켰다. 또한 시장개방정책을 더욱 강화하기 위해 1996년 12월 아시아 국가로는 일본에 이어 2번째로 OECD에 가입하였다. 이후 세계화'라는 말이 급속히 전파되기 시작했고, 대다수의 국민들은 세계화가 대세이며, 따라서 세계화를 따르면 선진국이 되는 줄 알았다. 그러나 세계화의 본질을 온 국민이 피부로 느끼게 된 것은 아마도 1997년 IMF사태 이후부터일 것이다.

세계화의 핵심은 글로벌 탐획자들이 주도하는 신자유주의의 전 세계적인 확산이다. 1970년대부터 진행되기 시작한 미국 주도의 신자유주의적 세계화는 20세기 이후 상당 기간 유지되었던 복지국가를 대체하는 '자본가보호국가'

〈표 8〉 신자유주의의 핵심내용

세계화(개방화)	전세계 시장을 자유롭게 넘나드는 것	WTO, 무역협정
규제완화	기업활동을 억제하는 규제를 풀어서 자유롭게	경제자유무역법
공공부문의 시장화	공공부문 돈벌이가 가능한 시장으로 자유롭게	공기업사유화, 교육·의료 시장화
노동의 유연화	노동자에 대한 착취를 더 자유롭게	임금, 고용 공격

출처: "한국에서의 신자유주의의 역사", http://spline3.blog.me/10087679741)

라고 하는 새로운 형태의 국가체계를 등장시켰다. 자본가보호국의 가장 큰 역할은 국경을 초월한 투자와 경쟁을 통해 이윤을 남길 수 있는 여건과 장소

〈표 9〉 신자유주의의 구체적인 내용

<table>
<tr><th colspan="2">신자유주의 특징</th><th>구체 진행 내용</th></tr>
<tr><td colspan="2">세계화(개방화)</td><td>자본의 자유이동을 위한 시장 개방, 세계화 상품(재화) 뿐만 아니라, 교육, 의료, 문화, 지적 서비스 등.
⇒ WTO를 통해 초국적 자본의 지배 강화됨.
국가 간에 FTA(무역협정), BIT(투자협정)를 우선 진행 중</td></tr>
<tr><td colspan="2">규제완화
(자본가에게
각종규제 철폐)</td><td>각종 법인 세금 감면
시장(투자), 조제, 환경, 노동 규제 완화
⇒ 경제 자유 구역</td></tr>
<tr><td colspan="2">사회 보장 제도 축소</td><td>세금감면으로 사회보장제도를 공격
⇒ 시장화</td></tr>
<tr><td colspan="2">공공부문의 시장화</td><td>공기업 매각
⇒ 기간사업의 사적소유, 교육·의료 등 공공 부문의 시장화</td></tr>
<tr><td rowspan="4">노동의
유연화
(현장통제)</td><td>고용 유연화</td><td>정리해고 자유롭게
⇒ 파견근로제 도입(비정규직 확대)</td></tr>
<tr><td>임금 유연화</td><td>성과 주의적(성과급) 임금체계 도입
⇒ 연봉제 도입, 팀제를 통한 신인사관리제도(인사고과)로 확산</td></tr>
<tr><td>시간 유연화</td><td>탄력(변형)시간제 도입</td></tr>
<tr><td>업무 유연화
(작업장유연화)</td><td>1) 다기능화와 팀제(공공 서비스, 사무전문직)
2) 린 생산체계로 공정통폐합과 팀제 전환(제조업)
⇒ 작업장 배치전환 일상화
3) 노동통제 강화(ERP:전사적 관리시스템, CCTV)
4) 품질관리운동(품질실명제)
5) 제안제도, 각종 상벌제도(마일리지)
⇒ 인사고가 반영
6) 작업외적 현장통제 강화(친절운동, 체조)</td></tr>
<tr><td colspan="2">일방적 노사관계 구축
(노동 3권 공격)</td><td>노동3권에 대한 공격
⇒ 단체행동권 제약, 일방적 노사관계를 구축하기 위해서 노사정 협의 기구 활용</td></tr>
</table>

출처: "한국에서의 신자유주의의 역사", http://spline3.blog.me/10087679741

를 확보해주는 일이다. 정부는 시민을 보호하는 것보다 자본가와 기업을 보호하는 것을 더 우선적인 과제로 삼아야 하는 상황이 된 것이다.[20]

신자유주의는 개방화, 규제완화, 공공부문의 민영화, 노동의 유연화 등을 통해 관철해 나간다. 자본가들은 과세도 자유경쟁을 해치는 억압이라 주장하면서 신자유주의 정권을 내세워 독점기업을 위한 감세조치를 하게 되고, 이는 사회복지 예산의 감축으로 나타난다. 축소된 사회복지와 공공부문을 시장화하고, 대외적 개방 확대로 상품서비스, 자본, 금융은 무한경쟁에 돌입한다.

이렇게 자본의 경쟁이 격화되고 모순이 심화될수록 노동자에 대한 착취수단은 강화되는데 그것이 노동의 유연화이다. 신자유주의는 거대 독점체제(초국적 기업), 금융체제(세계금융시장)가 더 이상 국가와 노조의 개입을 받지 않고, 국가나 민족의 경계선을 무너뜨리면서 지구 전체를 대상으로 돈벌이를 하겠다는 것이다.

결과적으로 신자유주의적 세계화는 도덕을 결여한 이윤추구로 인해 부자를 더욱 부유하게, 가난한 사람은 더 가난하게, 그리고 이전보다 더 많은 사람들을 가난하게 만드는 결과를 초래하였다. 다국적 기업의 이윤은 눈덩이처럼 불어나지만 정작 고용된 종업원 수는 오히려 줄어들면서 실업률이 늘어나고, 사회경제적인 불평등은 극적으로 증가하게 된 것이다(촘스키, 2006, 61).[21]

데이비드 하비가 지적한대로 신자유주의에서 '자유'는 강자의 '자유'이며, 자산가, 회사, 다국적 기업, 금융 자본 등의 이해관계를 보장하는 자유이다. 하비는 신자유주의적 국가는 '특정 계급'의 자유 보장을 위해 국가의 폭력 수단 독점과 사용을 인정하는 체제를 만들고 있다고 비판한다. 이러한 비판의 근거로 하비는 '탈취에 의한 축적(accumulation by disposession)'이란 개념으로 신자유주의의 메커니즘을 설명하고 있다. 하비는 이 탈취에 의한 축적의 네 가지 주요 양상이 주로 민영화와 상품화, 금융화, 위기의 관리와 조작, 국가의 재분배 등으로 나타난다고 분석했다.[22]

결국 신자유주의적 세계화는 글로벌 탐획자들이 자본과 이윤을 증대시키기 위해 만들어놓은 고도의 전략인 셈이다. 세계화의 물결을 통하여 수동적으로 신자유주의 정책을 수용할 수밖에 없게 된 한국은 몇 년 지나지 않아

20) 모드 발로, 토니 클라크 (2002), p. 161.
21) 노엄 촘스키, 그들에게 국민은 없다: 촘스키의 신자유주의 비판, 강주현 옮김 (모색, 2001)
22) 데이비드 하비, 최병두 옮김(2007), *신자유주의*, 한울.

그 직격탄을 맞게 된다. 한국이 본격적인 세계화 시대를 맞이하면서 많은 기업들이 경쟁력 부족으로 인하여 연쇄적으로 도산하는 사태가 발생했다. 대기

[그림 9] 한국적 신자유주의의 진행과정

한국적 자유주의의 진행과정

1 신자유주의의 역사 2 정권의 성격 3 주요 정책 및 쟁점

김영삼 정부 (1993~1998년) 후반기	1 도입기 2 발전국가론과 신자유주의의 공존 3 국제화, 세계화 담론 제시 / 신경제정책(규제완화, 민영화, 시장개방 등) 추진 / 자본시장 개방
김대중 정부 (1998~2003년)	1 정착기 2 제3의 길(시장경제와 민주주의의 병행발전론) 3 국제통화기금(IMF) 프로그램 수용 / 4대 부문(기업, 금융, 공공, 노동) 구조조정 추진 / 노동 시장 유연화 강화
노무현 정부 (2003~2008년)	1 성숙기 / 위기 공존 2 좌파 신자유주의 3 한 · 미 자유무역협정(FTA) 체결 / 비정규직 증가 / 사회 양극화 강화 / 국민소득 2만달러 담론 제시
이명박 정부 (2008년~현재)	1 위기 심화 2 우파 신자유주의 3 외환정책 실패와 시장 개방 강화 / 사회복지 및 사회안전망 소홀 / 사회 양극화 심화 / 전면적 규제 완화, 민영화

출처: "한국에서의 신자유주의의 역사", http://spline3.blog.me/10087679741

업들의 연쇄 도산사태를 보면서 한국 경제에 불안을 느낀 투기성 외국 자금들이 급속히 해외로 빠져나감으로써 주가가 폭락하고, 외한 수요가 갑자기 늘어 환율이 폭등했으며, 여기다가 단기 자금을 대출해준 해외 금융기관들이 만기를 연장해 주지 않음으로써 외환 위기가 발생하여 IMF 구제금융을 받기에 이른 것이다.[23)]

IMF를 거치면서 한국의 탐획자시대는 견고해지기 시작한다. IMF 금융위기가 닥친 이후, 신자유주의적인 정책이 본격적으로 유입되기 시작했다. 이후 집권기간 10년 내내 김대중·노무현 정권은 신자유주의적 세계화를 적극 추진해왔다. 신자유주의 정책의 성격은 국내적 차원과 국제적 차원으로 나눠 생각해볼 수 있다. 국내적 차원에서는 민영화, 예산감축, 노동 유연성의 재고, 복지 및 공공 서비스 축소, 주주 이익에 부합하는 노동 관리 규율이 특징이다. 국제적 차원에서는 자본시장 개방, 자유무역, 외환거래의 증가를 특징으로 한다. 따라서 시장에 대한 조율과 규제를 부과하는 국가의 역할은 극적으로 축소되며 역할의 방향 또한 자본 친화적으로 전환되었다.

앞에서 언급한바와 같이, 한국사회에서 신자유주의의 기원은 대체로 김영삼 정부의 후반기로 소급된다. 김영삼 정부는 금융실명제 실시 등 집권 초반기 경제개혁의 의욕을 선보였지만, 이내 '국제화' '세계화' 담론을 수용하면서 규제완화, 민영화, 시장개방을 강화하는 신경제정책으로 선회했다.

신자유주의에 대한 김대중 정부의 전략은 이중적이었다. 국제통화기금(IMF)의 권고에 따라 일련의 구조조정을 단행하는 등 경제 영역에서는 신자유주의 정책을 적극 추진하는 동시에 국민기초생활보장법의 제정 등 사회적 약자들을 보호하는 복지국가의 기틀을 다련하고자 했다. 김영삼 정부보다는 상대적으로 사려 깊었다고 볼 수 있겠지만, 김대중 정부를 경유하면서 우리 사회에서 경제적 신자유주의는 더욱 공고화됐다.

노무현 정부의 정책기조는 노무현 대통령 자신이 말한 바 있는 '좌파 신자유주의'였다. 집권 초반기 김대중 정부의 유산인 카드대란을 정리하고 장기주의적 관점에서 경제를 운용하고자 시도했지만, 결국 정책의 방점은 '좌파'가 아니라 '신자유주의'에 놓여졌다 '2만달러 시대' 담론에서 한·미 자유무역협정(FTA)의 강행에 이르기까지 경제정책 영역에서 노무현 정부는 신자유주

23) 윤선구(2001), "신자유주의 세계화의 원인과 대안", *동아시아 사상과 민주주의*, p. 172.

[그림 10] 한국적 신자유주의의 진행과정

김영삼	**금융 시장 개방** 1993년 기업의 외화자금조달 확대방안 실시 1994년 국내 기업의 해외 현지 차입 한도 제한 폐지, 해외투자직접 확대방안 1995년 외국인 국내 주식직접투자한도 확대, 외국기업의 국내원화 채권 발행허용 1996년 경제협력개발기구(OECD)가입 1997년 외환위기, 국제통화기금이 자본시장 개방요구
김대중	**금융 자유화 적극 추진** 1998년 단기금융시장 개방계획발표, 외국인투자업종확대, 외국인주식투자한도 폐지, 카드사의 일반대출 업무 허용, 현금서비스 한도 폐지 1999년 1단계 외환거래자유화, 부동한 대출규제 완화 2001년 재벌 계열금융기관 의결권 제한 30%로 확대 2002년 재벌의 은행 투자목적 지분 소유 10%로 확대
노무현	**금융 자유화 심화 I** 2003년 동북아 금융허브 육성방안 발표 2005년 한국투자금융공사 출범, 2단계 제로베이스 금융규제 방안 발표, 부동산 규제완화에 따른 부동산가격 폭등 2006년 해외부동산투자활성화 등 외환거래규제완화방안 발표, 금융허브지원팀 출범 2007년 자본시장통합법, 금융중심지법 국회 통화, 한미자유무역협정 체결(금융서비스 협정, 투자협정을 통한 금융 자유화)
이명박	**금융 자유화 심화 II** 2008년 금산분리 완화, 금융지주회사법 개정 추진, 자본시장 통합법 시행령강화, 사모펀드규제완호, 산업은행 민영화 발표, 회계기준 완화 2009년 자본시장통합법 시행, 금융중심지 확정, 금융규제(완화)입법 강행, 출자총액제한제도 폐지

출처: "한국에서의 신자유주의의 역사", http://spline3.blog.me/10087679741

의를 꾸준히 강화해 나갔다. 하지만, 신자유주의적 정책은 최악의 상황을 초래했다. 경기의 양극화, 실업의 증가와 고용의 악화, 독점의 심화, 빈곤과 불평등

의 심화, 경제의 대외종속 심화 등 자본주의적 모순을 더욱 심화시켰다.[24)]

노무현의 신자유주의의는 양쪽에서 적을 만들었다. 한 쪽은 신자유주의 정책으로 인한 양극화의 결과로 생존의 벼랑에 몰린 비정규직, 영세업자등은 노무현 정권에 등을 돌리고 막연한 경기회복으로 숨통이 트이지 않을까 하는 기대를 갖고 이명박에 표를 던진다. 또 한편으로 신자유주의 정책의 수혜자들로서 부동산등 막대한 부를 축적으로 해 왔지만 노무현 정권이 신자유주의의 부작용을 줄이려는 약간의 규제조치들에 불만을 갖고 좀더 자유롭게 부를 축적할 수 있는 기회를 이명박 정권이 주길 바라면서 이명박을 적극적으로 지지했다. 문제는 신자유주의 정책의 피해자들이 정말 강한 버전의 신자유주의 정책을 추진하려는 최고경영자 출신 이명박을 지지하고 대통령으로 만들었다는 것이다

문민정부를 시작으로, 국민의 정부, 참여 정부를 거치면서 한국은 탐획자 시대에 진입한 상태이긴 하지만 이때까지간 해도 한국은 지식인 계급에 의해 통치되고 있었다.

Ⅵ. 이명박 정부: 탐획자시대의 정점을 향하여

한국 헌정 사상 최초로 기업인 출신인 이명박 후보가 2007년 제17대 대통령 선거에 당선되었다. 이명박 후보는 20대 이사, 30대 사장, 40대 회장이라는 샐러리맨의 신화를 가지고 있는 최고경영자(CEO) 출신이다. 이명박 후보는 인수위원회 시절에 이미 '경제 살리기'를 목표로 '작은 정부, 큰 시장'을 토대로 한 정부조직 개편안을 발표했다. 이를 목표로 취임 직후부터 성장 우선 정책과 규제 완화와 투자 활성화, 각종 감세 정책[25)] 등이 적극 추진하였다. 여기에는 재벌의 금융기관 소유를 지한하는 금산법을 완화, 재벌의 무분별한 사업부문 확장을 제한하는 총출자규제완화, 소수에 집중된 부동산의 투기를 규제하는 종부세를 완화 등이 포함되어 있었다. 취임 후 이명박 정권이

24) 장상환, 전남대신문, 2001. 3. 8.

25) 이명박 정부가 추진한 '부자 감세' 정책의 결과로 인해 국세에서 부유층의 세금 부담이 상대적으로 주는 간접세가 차지하는 비중이 꾸준히 늘어나고 있다. 기획재정부에 따르면, 2007년 국세의 세목을 기준으로 집계한 간접세 비중은 2007년 47.3%에서 2008년 48.3%, 2009년 51.1% 등으로 높아졌다.

구성한 정부 내각은 '강부자(강남 땅부자)'라는 신조어가 생길정도로 강남의 부자들이 주축을 이루었다.

CEO 출신의 이명박 정부가 들어서면서 한국은 확실한 탐획자시대의 정점으로 들어서게 된다. 국가와 정치의 운영논리에서 시장논리와 가치가 가장 중요한 요소로 기능하고 있으며, 실제로 국정운영에 시장과 기업의 힘이 압도적으로 강하게 작용하고 있다. 정부는 아웃소싱이나 민영화, 민관협력을 기치로 점점 더 많은 부분에 시장과 기업의 참여를 독려하고 있다. 주요 공공기업과 금융부분의 민영화, 금산분리의 철폐와 같은 시장 지향적 정책은 물론 심지어 핵심 사회간접자본을 포함해 의료와 교육부분에서도 기업화와 시장화는 두드러진다.[26] 교육 예산에서 민간 부분의 공적 부분 초월을 넘어 급기야 '사교육 시장' 규모가 '공교육 예산'을 초월하는 교육파괴 사태에까지 다다르고 있다. 이미 의료, 복지, 언론 영역 역시 광고제공 여부를 통해 상당 부분 기업의 논리가 반영되어가고 있다. 사회의 중심 부분들은 이미 시장과 기업의 하위요소처럼 기능하고 있는 것이다.

민영화 규제완화는 현재 제공되는 최소한의 필수적 공공서비스도 무너뜨릴 수 있다. 예컨대 시장이 제대로 기능하지 못하는 건강보험, 교육 등 가치재 산업을 민영화하면 고급 서비스 시장이 발전하는 대신 공교육이나 공공의료에 투입되는 자원과 인력이 줄어들어 사실상 공공성이 무너지게 된다. 일반 국민은 그동안 누리던 공공서비스마저 잃게 되는 것이다.

2008년 이후 전개된 세계경제의 위기적 상황은 지난 20여 년간 맹목적이고 무분별하게 확산된 시장주의와 신자유주의 개혁이 초래한 경제적 재앙이었다는 데 많은 사람들이 동의하고 있는 상황에서 이명박 정부는 오히려 노동시장 유연화, 금융자본을 비롯한 자본 활동에 대한 규제의 철폐, 그리고 의료산업 및 공기업 민영화 등과 같은 신자유주의 개혁을 더욱 가속화 하겠다는 정책적 의지를 지속적으로 피력하고 있다. 규제완화, 민영화, 시장개방, 정부 역할의 축소, 그리고 노동시장의 유연화 등에 이르는 신자유주의의 핵심

26) 이명박 정부는 세 차례에 걸쳐 공기업 선진화 방안을 발표했다 319개 검토대상 기관 중 108개 기관에 대해 사유화 38개, 경쟁도입 2개, 통합 17개, 폐지 5개, 기능조정 20개, 경영효율화 8개로 분류했다. 산업은행과 기업은행 등 은행 사유화와 가스공사, 지역난방공사, 방송광고공사, 철도, 한전 등 핵심 공기업들의 민영화와 민영화를 위한 통폐합, 경영 효율화, 기능조정, 경쟁 도입이 포함되어 있다

[그림 11] 지니계수, 소득 5분위 배율, 상대빈곤율 추이

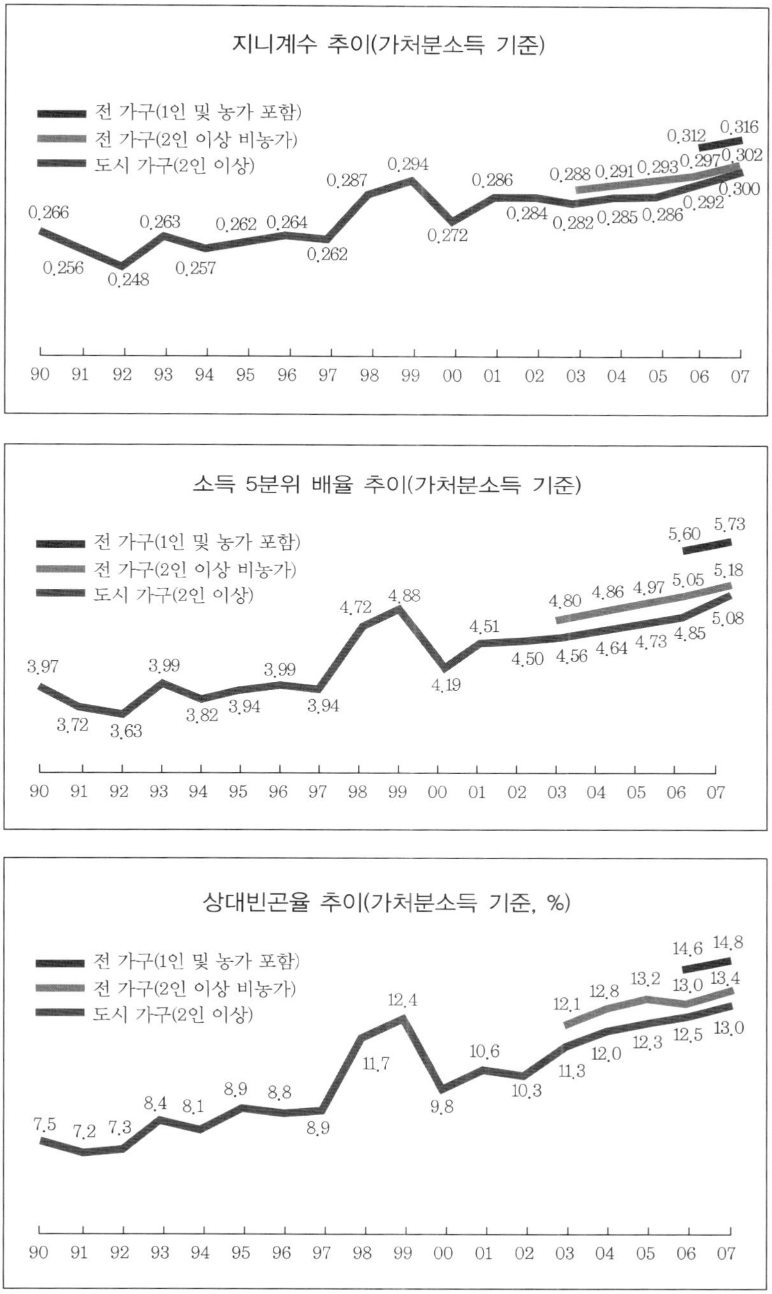

출처: 통계청

교리를 이명박 정부는 교과서처럼 따르고, 이를 위해 모든 국가 역량을 집중시켜 왔다. 신자유주의에도 미국식, 유럽식 등의 여러 버전이 있는데 이명박 정부는 유독 '미국식 신자유주의'를 극단적으로 선호하고 있다

97년 이후 신자유주의적인 사회재편의 결과 한국사회는 심각한 양극화 현상이 벌어지고 있다. 국민의 56%가 비정규직 노동자가 되었고, 소득 양극화는 교육 양극화, 건강 양극화 등 국민의 삶 전반의 양극화로 드러나고 있다. 임금근로자 중 임시직, 일용직 등 비정규직 비중이 절반에 달하고, 신규 일자리도 급여수준이 중위권인 일자리는 거의 정체 상태인 반면 보수수준이 상대적으로 높은 일자리와 낮은 일자리는 크게 증가하고 있어 고용구조도 양극화가 심화되었다. 한편 외환위기 이전에 꾸준히 하락하는 모습을 보여 왔던 지니계수[27]와, 소득 5분위 배율[28]이 외환위기를 지나면서 크게 상승하는 등 소득불평등도도 심화되었다.

지난 10년 동안 비정규직노동자는 두 배로 늘어났다. 이러한 증가는 약자의 일방적 희생을 강요하는 강자 위주의 노동시장정책을 '노동시장의 유연화

[그림 12] OECD 각국 상용직 임금생활자 소득격차

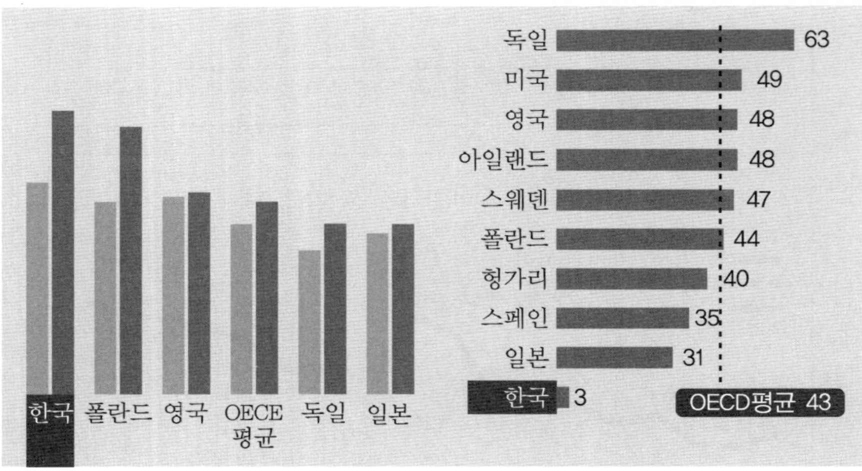

출처: OECD

27) 1에 가까울수록 소득분배의 불평등도가 높음
28) 전체가구를 소득 순으로 5등분하여 소득수준이 가장 높은 5분위의 평균소득을 소득수준이 가장 낮은 1분위의 평균소득으로 나눈 값으로 수치가 클수록 불평등도가 높음

정책'을 꾸준히 추진한 결과이다. 이러한 무분별한 노동시장 유연화정책으로 국가적 차원의 일자리 시스템 붕괴가 일어나자 풍선효과처럼 자영업자가 급증하였다.

이제 한국의 자영업자는 전체 경제활동인구의 30%이상을 차지하면서 OECD 평균의 2~3배, 미국의 6배 이상이라는 위험 수위를 기록하고 있다. 현재 정규직과 비정규직의 임금격차가 2배로까지 벌어졌다. 2000년 이후 최대이다. 그나마 그런 일자리(임시, 일용직)마저 1년 전에 비해 26만개나 줄었다. 영세자영업 일자리 역시 26만개나 없어졌다. 그곳에서 나온 실업자들 대부분이 빈곤층으로 전락하고 있다.

한국노동사회연구소의 3월 경제활동인구 부가조사를 보면 법정 최저임금(시간당 4,000원)을 못 받는 근로자가 사상 최다인 전체 13.8%로, 222만 명이나 된다. 이 수치는 지난해 8월에 비해 47만 명이 늘어났으며 2000년 조사가 실시된 이래 최대 규모다.

법정 최저임금 미달자는 2001년 8월 59만 명, 2006년 8월 144만 명, 2008년 8월 175만 명으로 꾸준한 증가세를 보여 왔다. 최저임금 미달자의 고용형태는 비정규직이 208만 명으로 93.6%를 차지했다. 공공부문 종사자 가운데도 최저임금 미달자가 8만 명이나 됐다.

중소기업이 도산하고 자영업이 무너지고 비정규직이 증가하고 사회적 약자들이 거리로 내몰리는 등의 사회 양극화가 빠른 속도로 강화되고 있는 상황에서도 이명박 정부는 신자유주의적 시장원리에 입각한 '시장만능주의'와

[그림 13] 연도별 법정최저임금 미달자

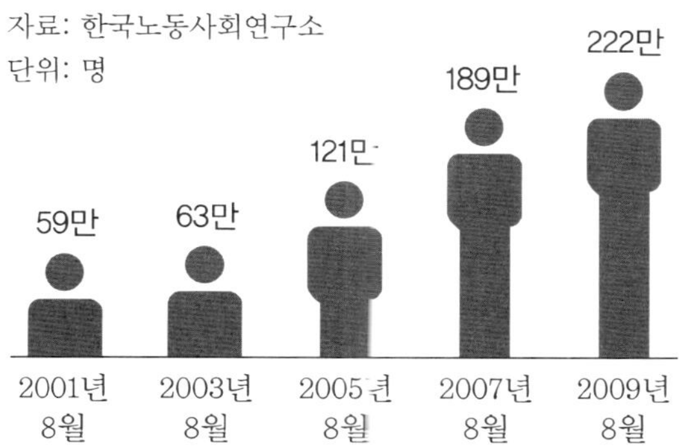

'성장지상주의'를 지속적으로 고수하며, 한국사회를 탐획자시대의 정점으로 내몰고 있다.

제 6 절 미래한국의 모습: 새로운 신황금시대

본 연구에서는 역사에 순환의 법칙이 존재한다는 가정 하에, 과거에 한국이 걸어온 길과 역사의 순환 속에서 현재 한국의 위치를 살펴보았다. 거시사적 미시사적 모든 측면에서, 한국사회의 현재 상황은 지식인 시대를 넘어 탐획자시대의 정점을 향해 치닫고 있는 것으로 보인다. 한국 사회가 현재 탐획자의 시대의 정점에 치닫고 있다는 징후를 사회 곳곳에서 발견할 수 있었다.

현재 한국 정부는 민주주의의 중심 가치인 평등, 형평, 기회 균등, 법치를 외면한 채 경쟁, 효율성, 생산성 지상주의의 정부로 변모해가고 있다. 대통령조차 민간기업 총수처럼 인식되고 행동하는 CEO 대통령 담론을 넘어 이제 CEO 장관담론이 나오고, 정부는 마치 기업처럼 행동하도록 요구받고 있다. 정부부처나 관료조직, 개인 업적 수행의 평가의 기준 역시 민주성이나 공공성, 책임성, 투명성이 아니라 생산성, 효율성, 경쟁 지상주의로 흐르고 있다.

문제는 시장운영원리가 정부운영을 넘어 사회운영의 핵심가치로 기능하기 시작했다는 것이다. 개별 정부 부서는 물론 정부능력 평가의 모든 것은 경제성장 능력 하나를 기준으로 판단하고 있다. 시장성, 생산성, 효율성 가치가 민주성, 시민성, 사회성을 압도하고 있는 것이다.

최근 들어 한국사회에서 개인의 자유와 기회, 사회적 경제적 신분이동과 상승의 기회는 현저히 줄어들었다. 치밀한 통계연구들이 밝혀내었듯이 부모의 경제적 수준과 다음 세대의 교육기회 및 수준, 수입 사이에는 고도로 높은 상관관계가 존재한다고 한다. 교육과 부의 세습, 즉 부모의 사회경제적 정치적 지위에 따른 자녀의 학습능력과 진학, 사회진출이 좌우되고 있는 것이다. 이러한 세습화의 누적은 사회적 양극화의 심화로 이어져 중산층의 붕괴와 사회갈등과 불안요소로 작용하고 있다. 이는 곧 바트라가 설명한데로 상층과 하층의 대립을 격화시켜 아래로부터의 사회혁명의 촉발요인을 누적해가고 있음을 보여준다. 다시 말해, 혁명전을 암시하는 여러 가지 자본주의 현상들이 나타나고 있는 것이다.

바트라의 이론에 의하면, 탐획자시대의 말기에는 탐획자들과 노동자들, 다시 말해 부자와 가난한 자의 두 계급만 남는다. 이 시점이 되면 한때 전사나 지식인이었던 노동자들 사이에서 불만에 찬 집단이 생겨난다. 이런 집단에서 새로운 리더들이 대두되고, 그들은 대중의 도움을 받아 엘리트계층을 전복시킨다. 노동자들의 불꽃같은 사회혁명으로 상황은 최고조에 이르게 되며, 이런 과정을 거쳐 사회순환이 새롭게 다시 시작된다. 사회혁명을 주도한 리더들이 과거에 지식이었던 사람들일 경우 평화로운 사회 변화가 진행되고, 그 리더가 전사들일 경우에는 유혈이 낭자해 진다. 그러나 바트라는 다가올 혁명은 극도의 유혈사태와는 거리가 먼 훨씬 즐겁고 유쾌한 혁명이 될 것으로 내다보고 있다.

2006년 "뉴 골든에지"가 출간될 당시, 바트라는 미 비즈니스 제국은 탐획자가 지배하는 시대에 있으며, 지금 그 어느 때보다 끝을 알리는 혁명의 발화점에 근접해 있다고 말한다. 그리고 그 혁명은 민주주의의 근간 위에 세워진 유권자 혁명의 형태로 이루어지며, 2009년에 시작되어 2016년에 마무리된다고 예측한 바 있다. 혁명 뒤에는 순환주기에 따라 미국은 전사시대로 나아갈 것인데, 역사상 대부분의 전사시대가 그렇듯 미국의 전사시대도 황금시대로 발전해 갈 것이라고 보았다. 부흥의 강도는 중국의 최근 기세에 필적할 만큼 대단할 것이며, 변화는 노동자와 여성들에게 유리할 것이라고 예측했다. 미국 사회의 부흥은 신속하게 이뤄질 것이며, 곧 전 세계에 영향을 끼칠 것이라고 내다보았다. 그리고 혁명의 징후는 빈곤층과 실업자의 시위행진, 여성이나 소수민족의 대통령 당선, 대기업 해체, 제3정당의 화려한 데뷔 등이 될 것이라고 전망하였다.

그런데 우리는 이미 그 시작의 징후를 눈앞에서 목격하고 있다. 2000년 후반 들어 미국식 금융 자본주의는 뿌리부터 흔들리고 있다. 실제로 리먼 브라더스가 무너지고, 서브프라임모기지로 시작된 미국발 전세계 금융위기가 촉발되었다. 또한 GM, 포드, 크라이슬러 같은 자동차 회사의 뿌리가 흔들리고 있다. 바트라는 새로운 전사시대의 징후 중 하나로 여성이나 소수민족 대통령의 등장을 꼽았는데 2009년에 이미 버락 오바마가 미국 대통령이 되었다. 그는 대기업 해체를 언급하였을 뿐만 아니라, 오랜 숙원이었던 건보개혁까지 이루어 냈다.

오바마 대통령은 2010년 5월 23일 하원을 통과한 건강보험개혁 법안에 정식 서명, 근 1세기에 걸친 미국의 건보개혁 도전사에 한 획을 그었다. 이것은 서구 자본주의에서도 가장 탐획적인 나라인 미 비즈니스 제국에 좌파적 혁명에 가까운 일이라고 할 수 있다. 이를 두고 공화당일부와 사회일각에서는 "오바마의 공산화" 또는 "사회주의화"라고 까지 비판하였다. 오바마의 건보개혁은 그 자금의 투명성과 더불어 현재 국가적 재정위험에도 불구하고 미국 국민개개인이 처한 건강보험의 높은 수가와 살인적인 병원비용, 그리고 건강보험 회사들의 횡포에 단도를 가할 수 있는 막강한 파워를 오바마 대통령과 그 내각에게 주어준 일거의 사건이 되었다.

그만큼 지난 100여 년간의 탐획주의적 자본주의로부터 벗어나려고 하는 국민적 공감대가 마침내 오바마에게 집중적인 힘을 부여한 것이라고 판단할 수 있다. 미국의 혁명은 이제부터 시작인 것이다. 이제 부터 본격적으로 미국 사회는 좀 더 공공적인 이익에 눈을 돌릴 것이며, 보다 공정한 사회로의 커다란 사고의 반전이 가해질 것이다.

바트라가 전망한대로 미국의 혁명적인 변화는 전 세계에 영향을 미칠 것이며, 한국도 예외는 아닐 것이다. 현재 한국사회가 순환주기 상 그 정점에 도달했다고 가정했을 때 향후 10년간 한국사회에는 중요한 변화가 일어나리라 예측해볼 수 있다. 한국도 미국과 마찬가지로 혁명의 징후는 빈곤층과 실업자의 시위행진, 여성이나 소수민족의 대통령 당선, 대기업 해체, 제3정당의 화려한 데뷔 등이 될 수 있을 것이다. 그리고 그 혁명은 미국과 마찬가지로 민주주의의 근간 위에 세워진 유권자 혁명의 형태로 이루어질 것이며, 다음 대선이 있는 2012년 투표소에서 시작되어 2017년쯤에 마무리 될 것이라 조심스럽게 예측해 볼 수 있다.

그렇게 해서 다가올 미래 한국의 새로운 시대는 진취적이고 용감한 전사의 성향을 가진 사람들이 민주주의의 근간위에 건설하는 '전사 민주주의'시대가 될 것이다. 지난 모든 문명에서 황금시대의 절정은 바로 이 전사시대가 상승 국면을 맞을 때였다. 새로운 전사 민주주의 시대에는 대중 다수의 부와 행복을 중시하는 '뉴 골든 에이지'가 될 것이다.

참|고|문|헌

갈퉁 · 요한 · 소하일 이나야툴라 편저, 노경숙 옮김(2005). *거시사의 세계: 미래를 보는 눈*, 우물이 있는 집.

강만길(1994) *고쳐쓴 한국현대사*, 창작과비평사.

김정주(2008). "세계경제 위기와 달러 헤게모니: '마법에 걸린 세계'의 종언과 제국의위기", 마르크스주의 연구 5권 4호, 경상대학교 사회과학연구원.

국정홍보처(2008), 참여정부 국정운영백서 1: 총론/대통령발언록.

모드 발로 · 토니 클라크, 이창신 옮김(2002). *블루 골드-지구의 물을 약탈하는 기업들과의 싸움*, 개마고원.

바트라, 라비, 송택순 옮김(2007). *뉴 골드 에이지: 미 비즈니스 제국의 몰락, 그 다음 세상*, 리더스 북.

알트파트 · 엘마, 염정용 옮김(2007). *자본주의의 종말*, 동녘.

윤선구(2001), "신자유주의 세계화의 원인과 대안", *동아시아 사상과 민주주의.*

하비 · 데이비드, 최병두 옮김(2008). *신자유주의*, 한울아카데미.

한영우(2010), *다시 찾는 우리역사*, 경세원.

한스 피터 마르틴 · 하랄드 슈만, 강수돌 옮김(1997). *세계화의 덫 민주주의 삶의 질에 대한 공격*, 영림카디널.

킨들버거 · 찰스, 주경철 옮김(2009). *경제 강대국 흥망사: 1500-1990*, 까치.

촘스키 · 노엄, 강주현 옮김(2001). *그들에게 국민은 없다: 촘스키의 신자유주의 비판*, 모색.

Goodwin Richard(1991). Comment on Joshua Goldstein, "A War-Economy Theory of Long Wave." in *Business Cycles*, London: Macmillan.

Berry, Brian J. L.(1991). *Long-Wave Rhythms in Economic Development and Political Behavior*, Baltimore: Johns Hopkins University Press.

Hopkins, Wallerstein, et al(1982). "Cyclical Rhythms and Trends of the Capitalist World Economy." *World-System Analysis: Theory and Methodology,* Beverly Hills, Calif.: Sage Publication.

chapter 08

미래사회 이해를 위한 통섭적 시도

제 1 절 미래의 이미지

고대 전쟁의 승패를 점친 델파이 신전, 특정 종교나 노스트라다무스의 계시록 등을 살펴보면 인간은 대체로 미래에 대해서 대체로 불안하고 어두운 부정적 이미지를 가지고 있다. 한국인이 생각하는 미래에 대한 이미지도 신랑이 바람피울 때나, 가뭄이나 기근이 왔을 때 그리고 대통령 선거 등 국가적 중대사가 있을 때 무당이나 점집을 하는 것을 보면 역시 그러하다. 농경사회가 자리 잡은 이후 이렇게 수천 년간 이어온 미래의 부정적 이미지는 이미 사람들의 DNA 속에 깊이 자리잡고 있으며, 미래의 未가 '아직 아니다'라는 뜻으로 未知, 未成熟, 未成年, 未婚母 등과 같이 부정적인 뜻의 접두어로 쓰이는 것을 보면 이해가 될 것 같다. 아마도 미래란 오감(五感)으로 인지할 수 없는 것에 대한 두려움과 보통 사람들은 이해할 수 없는 초월적 세계의 것이기 때문일 것이라는 생각이 든다.

인터넷으로 '미래'라는 검색어를 넣고 검색을 해보면 매우 많은 다양한 서적이 있음을 확인할 수 있다. 짐 데이터(Jim Dator), 롤프 얀센(Rolf Jensen), 앨빈 토플러(Alvin Toffler), 레이 커즈와일(Ray Kurzweil), 미치오 카쿠(Michio Kaku), 다니엘 핑크(Daniel Pink), 존 나이스빗(John Naisbitt) 등 유명한 해외의 미래학자[1])에서부터 한국에 이르기까지 매우 다양한 분야에서 다양한 시각의 미래관련 서적이 유통되어 있음을 알 수 있다.

이 중에는 뛰어난 통찰력과 과학적 사고(scientific thinking)를 통해 미래사회에 대한 이미지와 대응을 제시해주는 책도 있지만, '미래'가 뜬다고 하니 그럴싸한 제목으로 난립되어 있는 경우도 있는 것 같다. 아마도 검증될 수 없는 미래에 대해 인간의 막연한 불안감을 해소해 주기 위한 측면으로 이해한다면 좋은 정신치료방법이라는 생각은 든다. 그러나 한편으로는 미래에 대한 불안감을 이용한 얄팍한 장사속이지는 않을까 우려가 되기도 한다. 타임머신을 타고 미래로 갈 수 없는 현실에서 과연 미래란 급속히 변화 발전하는 세계에서 우리에게 어떤 의미를 전달하는지 살펴볼 필요가 있다. 아울러 철학적 사유에서 비롯된 자연과학과 사회과학을 아우르는 과학적 사고를 통해 미래사회 혹은 미래의 이미지를 이해하고 토론할 수 있는 근거를 마련해보고자 한다.

'未來'는 '아직 오지 않았다'의 뜻의 부정적인 이미지에서 언제부터인가 발전과 희망의 이미지로 변화하기 시작한다. 그것은 인간의 이성에 의한 과학기술의 발전으로 비롯된 산업혁명에 힘입은 바 크다. 과학기술의 발전과 산업시대의 도래는 미래는 예측될 수 있으며, 이 세계를 이해하는데 결정론적 세계관을 수립하는데 크게 기여한다. 한국도 1968년 이한빈 박사(1926.2.9.~2004.1.21.) 등에 의한 한국미래학회가 설립되고 미래학을 통한 한국의 근대화 과정에 이바지하였다. 당시에는 최신 미래연구기법을 통한 '서기 2000년 한국에 관한 조사연구'를 실시했다. 이처럼 미래는 종교와 점성술에 의한 예언(prediction)적 성격에서 이성과 합리성을 바탕으로 하는 과학적사고에 의한 예측(forsight or forecast)으로 발전하게 된다. 그러나 과학문명의 발전은 모순되게도 미래를 '꿈의 사회(Dream Society)'와 '위험사회(Risk Society)'로 그리게 되었다.

1) 우리나라는 아직 미래학에 대한 학술적 차원의 이론과 방법론적 논의를 본격적으로 해본 적이 없기 때문에, 엄격한 의미에서 미래학자라는 말은 공식적으로 쓰기 어렵다. 미래학의 대부인 짐데이터도 futurist라는 표현보다는 정치학자라고 스스로 정하며, 존 나이스빗도 futurist라는 말을 거부한다. 최준호는 futurist는 '미래학자'라고 번역되기보다는 '미래주의자'라고 하는 것이 타당하다고 주장한 바 있다(존 나이스빗과의 인터뷰 중에서, 중앙일보, 2010.10.23.).

제2절 미래사회의 패러독스, 꿈의 사회와 위험 사회

최근 짐 데이터(Jim Dator)는 "한국은 엔터테인먼트, e-game, 드라마, 스포츠 등 '이미지' 산업을 주도하고 수출하는 국가로서 '꿈의 사회'로 진입하는 첫 번째 국가이며, 글로벌한 꿈의 사회를 이끄는 리더이다. 이런 '꿈의 사회'를 가능하게 하는 것은 정보통신기술, 로봇, 인공지능, 유전공학, 사이보그, 포스트 호모 사피엔스(post-homo sapiens)를 가능하게 하는 기술이 있기에 가능하다.[2]"라고 꿈의 사회와 과학과 기술의 관련성을 주장한 바 있다.

또한 그는 "전세계적 인구증가(Global population growth)가 지구적 생존문제와 직결되고 있는 것으로 인식되고 있는 반면에 거꾸로 한국에서는 인구 감소를 위협 요소로 인식하고 있다[3]. 값싼 석유에 의존하는 경제 체제, 세계적 식량자원의 고갈, 물부족 현상, 글로벌 기후변화와 해수면 상승, 세계 경제의 붕괴[4] 등 이러한 세계적 문제를 신속하고 정칙하게 다루지 않으면, 정보사회나 산업사회를 포함하여 '꿈의 사회'는 당연한 듯이 오지는 않을 것이다"라고 주장한다. 즉 '꿈의 사회'는 어디까지나 여러 가능성 있는 미래의 대안 중 하나이며, 결국은 사람들이 그리는 미래의 이미지[5]에 의해 결정된다는 것이다.

역사를 살펴보면 기술은 사회와 환경을 변화하게 하는 핵심 요인임을 알 수 있다. 다시 말하면 새롭게 등장한 기술은 과거에 할 수 없었던 일과 행태를 가능하게 해주고, 새로운 일과 행태는 새로운 아이디어와 가치를 만들어 낸다. 새로운 아이디어와 가치는 낡은 기술에 기반을 둔 생각과 가치를 변화시키고 사회와 환경을 변화시킨다. 그리고 새로운 사회와 환경은 또 다른 기술을 요구하게 된다. 즉, 기술과 인간은 주체와 객체를 상호 번갈아 가며 나선형으로 발전하는 것이다.

코펜하겐 미래학연구소장인 롤프옌센(Rolf Jenen) 자신의 저서에서 '꿈의

---

2) 스마트워크와 노동의 미래, 조경 인사이트 포럼, 2010년 12월 14일.

3) 짐데이터는 한국의 인구감소는 새로운 기회이자 도전과제가 될 수 있다고 주장한다.

4) 데이터는 세계 경제 침체가 끝났다는 견해가 있음을 인정하지만, 자신은 세계 경제 침체가 더 지속될 것이다라고 하고, 이에 대한 이유로, 석유고갈, 환경 변화, 부채 종속 정부(debt-bound governments) 때문이라고 밝혔다.

5) 짐데이터는 다양한 문화권에서 겪은 경험을 바탕으로, 미래에 대한 이미지를 4개로 제시한 바 있다.

사회' 건설은 과거 산업사회와 정보 사회를 이끌던 인간의 이성과 합리성에 의해서가 아니라, 감성에 의해 주도되는 세상이라고 말한다. 소위 이성이 아닌 감성의 시대이며, 감성[6]은 사람의 행동을 이끌어내는 힘인 것이다. 산업화를 기반으로 성장제일주의를 앞세우며 오늘과 다른 내일만이 최상과제라고 생각하는 변화 중심 사회가 아닌 안정과 평화로운 삶이 더 소중하고, 물질의 풍요로움 속에서 물질 그 자체보다는 재미와 꿈을 더욱 소중히 여기는 세상이라고 말한다. 미래사회는 인간에게 꿈과 희망을 주는 이야기의 세상이라고 말한다.

이처럼 '꿈의 사회'는 현재의 연속선상에서 선형적으로 이어지는 사회가 아니며, 철저하게 기존 산업사회가 추구하는 성장과 이성 및 합리성을 비판하며 건설된다고 특징지울 수 있다. 그러나 짐 데이터(Jim Dator)는 "아직도 전 세계 다수의 정부와 정책주창자들은 기존의 산업·정보사회의 연속선상에서 정책을 개발하고자 하고 있으며, 심지어는 이것이 그들의 미래에 대한 공식적인 견해(Official View of the Future)로 채택하고 있다[7]"라고 한다.

미래사회를 '꿈의 사회'가 아닌 '위험 사회'라고 보는 견해도 있다. 과학기술은 미래의 사회를 아름답고 풍요롭게 그리지는 않으며, 오히려 위험 사회를 증폭한다는 것이다.

1980년대 말 독일의 사회학자 울리히벡(Ulrich Beck)은 그의 대표작 "위험사회: 새로운 근대를 향하여(Risk Society: Towards a New Modernity)"에서 과학기술발전의 모순을 '위험사회'라는 명제로 요약하였다. 현대문명의 추동력인 과학기술이 풍요와 편리를 가져다주는 동시에 인간적 능력으로 통제 불가능한 "절대적" 위험을 체계적으로 생산해낸다는 것이다. 고도의 과학기술 발전으로, 이제 인류는 천재지변, 질병 등 자연재해보다 대량살상무기의 오용, 방사능 유출사고, 화학물질오염 등 각종 인공·기술 재해에 더 위협받는 과

6) 여기서 감성은 영어로 emotion(감정)이며, 밖으로(e) 행동(motion)을 옮긴다는 뜻을 내포하고 있다.

7) 미래를 과거의 시계열적 연장선상으로 보는 방법은 제한된 범위내에서 아직 유효하며, 추세외삽법처럼 미래를 연구하는 하나의 방법이기도 하다. 그러나 미래를 과거의 연장선상에서 선형적으로 인식하는 뉴튼적 패러다임의 한계를 벗어나지 못하는 것도 현실이다. 뉴튼적 패러다임이란 합리적이고 이성적인 인간이 세상을 결정론적 시각으로 이해하는 것이고, 자연과학적 인식론 중 하나이다. 그러나 복잡성과 불확실성이 증가하는 사회에서는 이러한 결정론적 시각은 많은 낭패를 부를 수 있다.

학화의 역설에 직면함으로써 현대 사회는 금자탑이 아니라 위험의 바벨탑에 건설된 위험사회라고 주장한다.8)

제 3 절 위험사회에 대한 경고 : 성장의 한계

18세기 중엽 영국으로부터 비롯된 산업혁명은 종래의 수공업적 소규모생산에서 대량생산의 공장제 기계공업으로 전환하는 생산수단의 변혁을 통한 사회 변혁을 이루어냈다. 산업혁명은 2세기에 걸쳐 영국에서 유럽을 지나 미국, 러시아, 일본으로 확대되고, 20세기 후반에는 한국을 비롯한 동아시아에 확대되기에 이른다. 산업혁명은 대량 생산과 대량소비를 이끌어 냈으나 인간성 소외의 문제 1, 2차 세계대전과 같은 대량 살상 등의 문제를 발생시켰다. 전후 세계는 산업시대를 거쳐 정보화 시대로 이어지면서 21세기는 정보통신, 생명공학, 나노융합기술 등 첨단 과학기술 등에 의한 지식정보화 시대로 넘어가고 있다.

이제 과학기술과 통신기술의 발달은 현대 사회와 사회를 그물망처럼 복잡하게 얽히는 네트워크 사회로 특징지우면서도 하나의 위험이 쉽게 국경을 넘어 전파되고 증폭되는 글로벌 위험을 야기 시키고 있다. 지구 반대편의 사건 혹은 국가 불안을 야기하는 각종 테러, 국민 생명과 건강을 위협하는 강력한 전염병 등은 이제 국가를 초월한 전 지구적 위험의 씨앗으로 인식되고 있다.

이미 1972년 세계 경제의 무한한 성장을 당연한 것으로 생각하던 사람들에게 큰 충격을 주었던 로마클럽의 성장의 한계(The Limits to Growth)은 "당시의 인구성장, 경제성장, 자원고갈, 식량부족, 환경오염 추세가 지속될 경우 100년 이내에 지구는 성장의 한계에 직면할 것이다(Meadows, D. H., et al., 1972)"라고 주장한 바 있다. '성장의 한계'는 즉시 비판을 받게 되는데, 그 이유는 기술발전을 간과하고 사회적 변수를 결여하였으며 예측이 맞지 않다는 등이 비판의 주된 골자들이었다. 그러나 최근 글로벌하게 진행되고 있는 석유, 구리 등을 비롯한 에너지와 자원가격의 급속한 상승, 곡물가격의 상승, 기후변화의 가시화, 기상재해 빈도와 강도의 증가 등 일련의 사안들은 로마클럽보

8) 정지범, 국가종합위기의 이론과 실제, 2008.

고서의 통찰력을 다시금 돌아보게 하고 있으며, 인구성장, 공업화, 자원의 사용, 환경오염의 상태가 지속된다면 지구의 미래가 어떻게 될 것인가를 묻고, 이에 대한 장기적인 대응 전략을 모색한 보고서라고 평가받고 있다.9)

세계경제포럼(World Economic Forum)은 2004년부터 매년 전 지구적 위험요인을 발굴하고 이들간의 관련성을 통합적 견지에서 추적 및 평가하는 'Global Risk Report'를 발간하고 있다. WEF에서 제시한 지구적 위험요인은 다음 표와 같다.

로마클럽이 전망했던 자원부족, 환경오염, 식량의 부족은 액 40년이 지난 지금까지도 WEF에서 여전히 위험 요소로 분류되고 있다. '성장의 한계' 연구진들은 다음과 같이 성장의 한계를 극복하기 위해서는 가치관의 전환, 즉 인식의 전환이 필요하다는 주장을 한다.

> *"성장의 한계는 기술의 발전으로 극복할 수 있는 문제가 아니다. 유한한 지구에서 무한한 성장이 가능하지 않다는 것을 사람들이 인식하고, 성장지향적인 가치관을 바꾸고 지금과 같은 소비 위주의 생활습관을 변화시키지 못하면 성장의 한계를 극복할 수 없다"*

이재열은 한국사회에서의 위험과 재난의 유형을 지구적 생태위험, 자연적 재해위험, 국가적 안보위험, 정치적 억압위험, 경제적 생계위험, 기술적 재난위험, 사회적 해체의 위험으로 구분하고, 울리히 벡이 주목한 '위험사회'의 핵심적인 위험이 현대 '과학기술의 위험'이라고 파악하고 과학기술은 놀라운 생산력의 원천인 동시에 살상력의 원천이기도하다고 지적하였다.10)

여기서 왜 울리히 벡은 과학기술에 의해 산업화가 발달된 나라일수록 위험하다고 하였는지에 대해 고찰해 볼 필요가 있다. 만약 산업화가 되지 않으면 위험하지 않다고 볼 수 있을 것인가? 산업화를 일으킨 과학기술은 무엇이고 왜 산업화에 영향을 미쳤나? 와 같은 근본적 질문을 던질 수 있다.

소위 근대국가 형성에 절대적인 영향을 미친 산업화는, 증기기관의 발명에 의한 '산업혁명'과 대량생산 기반의 확보로부터 비롯되었다고 일반적으로 알려져 있다. 그리고 증기기관 발명의 원류는 근대과학의 아버지라고 할 수

9) 문태훈 외, *인과지도로 본 한국의 성장의 한계: 인구, 경제, 자원, 환경, 식량 위기요인을 중심으로*, 한국시스템다이내믹스 연구, 2009. 10.
10) 이재열, 2004, *위험사회와 생태적·사회적 안전.*

〈표 1〉 Global Risks 2010의 평가에 따른 위험항목

구분	위험항목
경제적 위험	• 식량가격의 전반적인 상승으로 저소득층 식량 부족 위험(식량위기로 확대 가능성) • 석유와 가스공급 문제로 인한 급격한 가격상승 위험(에너지위기로 확대 가능성) • 미국 달러화의 급격한 가치 하락 위험 • 중국의 6% 이하로의 갑작스런 경제 성장률 둔화 위험 • 지탱하기 힘든 규모의 빚, 이자율의 증가, 국가부채와 인플레이션 압박을 발생하는 국가재정의 과도한 운용에 의한 국가재정 위기 • 부동산 및 금융자산 가치의 붕괴 위험 • 경제 선진국의 보호 무역주의에 의한 긴축정책 • 신흥 경제개발국의 보호 무역주의에 의한 긴축정책 • 규제에 대한 부담 • 성장과 개발을 저해하는 물리적 및 무형의 인프라에 대한 투자 감소
지정학적 위험	• 글로벌화를 저해하고 악화시키는 국제 테러리즘 • 지역 긴장을 확산하는 핵무장 등 핵 확산 • 이란의 핵개발 프로그램은 중동지역의 불안정성과 긴장을 증대 • 북한의 불안정성과 예측 불가능성은 동아시아뿐만 아니라 전세계적 긴장을 유발 • 아프가니스탄의 불안정성 • 투자분위기와 성장을 저해하는 세계적인 범죄와 부패 • 이스라엘-팔레스타인 문제 • 이라크 문제 • 글로벌 거버넌스 격차
환경 위험	• 지구온난화로 인한 기상이변 위험 • 지구온난화로 인한 빈번한 폭염과 가뭄의 위험 • 물부족 • 동아시아의 인구밀집 지역에 대한 열대성 사이클론 위험 • 토쿄, LA, 샌프란시스코, 베이징, 뭄바이에 대한 강력한 지진 • 미시시피, 양쯔, 탬즈, 라인강 등 내륙지방의 홍수 • 해수면 상승에 의한 해변지방의 홍수 • 건강비용과 생산성 감소를 초래하는 공기 오염 • 생태계 파괴를 유발하는 생물종의 감소
사회적 위험	• 사회핵심인프라를 마미시킬 수 있는 세계적 규모의 전염병 유행 • 공기를 통한 전염병의 유행과 신종 유행병의 창궐(e.g. TB, 말라리아, 콜레라 등) • 선진국에서 개발도상국까지 번지는 만성 질환의 위험 • 미국식 책임 제도(Liability regimes)의 확산 • 국가간 노동 협약의 부재로 인한 불법이주와 사회적 긴장
기술적 위험	• 중요 정보통신기반(Critical Information Infrastructure : CII) 파괴와 고장에 따른 도미노효과 위험(CII에 연계된 전력·상수도·교통·금융·비상대응 시스템의 연속적 실패) • 나노입자의 유해성으로 인한 나노기술 투자 저감 • 데이터의 유출과 오용

자료: Global Risks 2010, World Economic Forum

있는 뉴튼으로까지 거슬러 올라 갈 수 있다. 그런데 울리히 백이 얘기한 위험사회의 뿌리를 뉴튼에게까지 거슬러 올라가는 것은 논의를 지나치게 확장하는 것은 아닌가라는 질문을 받을 수 있다. 좋은 지적이다. 여기서 주장하는 핵심이 거기에 있다.

이처럼 과학기술은 위험사회의 뿌리이기도 하면서, 지식정보화 사회를 넘어선 꿈의 사회를 이루기 위한 양면성을 지니고 있다. 과학기술의 무엇이길래 이런 양면성을 띄는지, 과학기술이 가지는 특성이 무엇인지 파헤쳐 보기로 한다.

제 4 절 과학과 기술, 그 둘은 동전의 양면과 같은 것인가?

2010년 현재 한국 정부는 교육, 과학, 기술을 합쳐서 교육과학기술부라는 이름의 독임제 정부부처를 두고 있다. 이전 과학기술부나 정보통신부의 해체 이후 녹생성장을 기치로 내세운 걸 보면, 교육과학기술부는 교육과 과학을 기술의 하부구조로 인식하고 우리나라의 영원한 성장을 이끄는 핵심동력원을 찾겠다는 의미로 해석되어질 수 있다. 좋은 말이다. 경제개발 5개년계획을 통해서 과학입국의 기치를 내건 대한민국은 이미 과학과 기술을 동일시 여기는 분위기가 우리 아버지 세대부터 자리 잡고 있었는지 오래다. 특히 우리나라는 실용정부, 실용외교, 실용국방, 실용자치 등등 실용이라는 말들이 성행하고 있다. 심하게 얘기하면 현재 우리나라는 실용 만능주의 국가라고 해도 과언이 아닐 정도이다. 바야흐로 과학기술은 실용의 첨병에서 그 역할을 수행하고 있다. 그러나 과학기술은 꼭 실용적 측면으로만 봐야 할 것인가?

흔히 물질문명은 서양에서 발달하였고 정신문화는 동양이 발달되었다고 한다. 그러나 다시 생각해보면, 그 반대인 것을 알 수 있다. 물질문명이란 기술과 직결되는 문제이다. 세계 3대 발명품인 나침반, 종이, 화약 그리고 인쇄술이 어디서 나왔는지를 생각해본다면, 물질문명이 어디서 가장 왕성했는지 금방 답을 찾을 수 있다. 실제로 중세까지는 물질문명이나 기술에서 동양이 서양보다 많이 앞섰다는 것이 정설이다. 그런데 그렇게 역사적으로 동양의 기술 문명이 서양보다 앞섰는데, 왜 근대 이후 상황이 역전되었을까?

현대사회의 근간을 이루는 기술은 산업혁명이후에 과학적 사고를 기술에 접목하고 응용하면서 발달한 반면에, 그 이전에는 기술과 과학은 서로 독자적으로 발전한 것이므로 그 뿌리가 다르다. 사실 기술의 역사가 과학의 역사보다 오래되었다고 볼 수 있다. 구석기 시대에 돌도끼를 만드는 기술, 신석기 시대에 빗살무늬토기를 만드는 기술, 그리고 본격적으로 농경문화가 시작되었던 B.C. 5000년대 고대 수메르 문명에까지 거슬러 올라가보면 기술이란 인간의 생활양식과 예술로서 정착되어 있으므로, 인간의 역사와 기술의 역사는 시대를 같이 한다고 볼 수 있을 것이다.

전설에 따르면 오늘날 우리가 자연법칙이라고 부를 만한 수학 공식을 처음으로 제시한 인물은 이오니아 사람인 피타고라스(B.C. 580?~490?)였다. 피타고라스 정리로 유명한 그는 현악기의 현의 길이와 소리의 화성적 조화 사이에 성립하는 수적인 관계를 발견했다고 한다. 이 이론을 제외하면 고대인들이 정확하게 알았던 물리법칙은 아르키메데스(B.C. 287?~212?)가 자세히 논한 '지렛대의 법칙', '부력의 법칙', '반사법칙'이다.[11)]

농경문화가 시작된 수메르 문명을 기점으로 피타고라스와 아르키메데스 시절까지 계산해 보면, 최초의 농경기술은 과학적 사고보다 약 4000년 이상 앞서 있음을 알 수 있다.[12)]

서양의 기술문명이 동양을 앞지르기 시작한 것은 영국의 '산업혁명' 이후부터라고 알려져 있다. 그런 점에서 동양은 기술적으로는 발달했지만 과학적 사고는 미흡했으며, 이러한 과학적 사고가 동양과 서양 사이에 전통적 차이가 있었다고 하는 주장이 설득력을 얻고 있다. 이처럼 과학과 기술의 전통은 각각 서양과 동양에서 뿌리를 찾을 수 있으며, 과학은 과학적 사고에 앞섰던 서양이 기술과 접목하면서 동양을 추월했다고 보는 것이 다수의 의견이다.

제 5 절 사회과학과 미래연구, 필요한 것은 과학적 사고다

자연과학이 과학인 것은 알겠는데, 사회과학은 왜 과학일까? 심지어는 예

11) 스티븐 호킹, *위대한 설계*, 까치, pp.23-25.

12) 지역적 교류가 약했던 시절에는 같은 문명권에서 문병의 변화를 따져야 하지만, 여기서 서로 다른 문명권에서 기술과 과학 문명의 등장을 수리적으로 계산하는 것은, 기술이 과학보다 많이 앞섰음을 상징적으로 보여주기 위함이다.

술 과학(Art Science), 지식 과학(Knowledge Science)라는 말도 생겨나고 있는데 왜 과학이라는 말을 접미어처럼 붙이려고 할까? 사회과학도들은 한번쯤 이런 의문을 품은 경우가 있을 것이다.

사회과학이든 예술이든 미래이든 이런 학문들이 과학인지 아닌지 생각하기 전에 과학이 무엇인지 과학의 속성이 무엇인지 살펴보는 것은 중요한 의미가 있다.

과학이란 무엇인가? 과학 Science는 '지식'을 뜻하는 라틴어 scientia에서 유래되었다. 자연과학의 연구 대상은 인간의 관측 한계를 벗어난 소립자의 세계에서부터 그 끝을 알 수 없는 광대한 우주를 연구의 대상으로 삼고 있지만, 한편으로는 기술과 접목하여 전자공학, 방송통신공학, 에너지 공학, 핵의학, 유전공학 등 첨단 기술을 탄생하는 어머니 역할을 수행하였다. 다시 말해서 과학은 미지의 세계를 탐구하는 '정신문화'로서의 역할과 기술과 접목하여 '물질문명'의 산파 역할을 수행했다고 볼 수 있다.

데카르트의 심신이원론[13]과 뉴튼의 근대과학은 인간과 자연을 완전히 분리시켰으며 인간은 자연을 인식하는 주체로서, 자연은 인간의 관찰 대상으로만 파악하는 이원론적 근대과학을 완성한다. 근대과학은 산업혁명을 통해 사회변화를 일으켰고, 지구의 일일생활권화, 인간의 우주 개척 등 인간 인식의 지평을 수천억 광년의 광활한 우주로까지 확산시키며 보이지 않는 미시의 세계를 탐구할 수 있도록 도왔다. 어떻게 이런 것이 가능했을까?

문화를 연상케 하는 인문학과 달리 자연과학은 문명과 연결 짓곤 한다. 실제로 자연과학은 기술의 바탕이 되어서 전자기술이나 유전공학 등 물질문명을 낳았다. 그러나 자연과학은 신비로운 생명현상과 자연현상을 이해하려는 시도로서 본질적으로 정신문화의 성격을 지녔다고 할 수 있다. 하비의 '혈액순환이론'이나 뉴튼의 '중력의 법칙'은 뛰어난 통찰력에 의한 문화적 유산

13) 마음이란 개념은 17세기 초에 데카르트가 창안했다. 데카르트 이전의 철학자들은 마음 대신에 영혼(몸, 특히 자율신경계의 작용을 포함한 개념으로 종종 쓰였다)이나 이성(理性, 몇몇 이론에서는 인간의 몸이 죽은 후에도 살아남는 것이라는 뜻으로 쓰였다), 지성, 정신 또는 다른 개념들로써 세계와 세계 속에서 우리가 맡은 역할을 설명하려 했다. 그러나 마음을 인식(認識, awareness)과 의식(意識, consciousness)으로 구체화하고, 하나의 실체로 이름을 붙인 사람은 데카르트였다. "cogito, ergo sum(나는 생각한다, 고로 존재한다)"은 자기 인식, 인간 개인의 분리, 인간의 유일무이함에 대한 설명으로 볼 수 있다(카렌 N. 샤노어 외, 2004, *마음을 과학한다*, 나무심는 사람, p.37).

이지 그 자체가 기술 문명이라고 보기는 어렵기 때문이다. 우리 자신도 자연의 일부라는 점에서 우리가 경험하는 대부분의 현상은 넓은 의미에서 모두 자연현상이라고 할 수 있다. 따라서 자연현상을 탐구하는 자연과학은 극대의 세계에서 극소의 세계, 곧 우주 전체에서 기본 입자에 이르기까지 모든 현상을 대상으로 하고 있다.

자연과학은 자연과학자가 하면 되고, 사회과학은 사회과학자가 하면 되고, 예술은 예술 하는 사람이 하면 될 텐데, 왜 과학을 전공도 하지 않는 사람들에게 이런 이야기가 필요한지, 특히 미래연구 하는데 과학적 사고가 왜 필요한지 되묻는 사람이 있을 것이다. 이에 대해 최무영 교수는 다음과 같이 설명한다.

"과학을 전공하지 않은 이가 왜 공부를 해야 할까요? 그 해답을 얻으려면 과학이 현대사회를 살아가는 우리에게 무슨 의미를 주는지 생각해 봐야 합니다. 과학의 첫 번째 의미는 '과학적 사고방식'입니다. 과학적 사고란 비판적이고 합리적인 사고를 말하며 과학적 사고방식은 과학정신이라 할 수도 있습니다. 과학의 위력이라고 하면 과학적 지식이나 그것을 특별히 기술로 응용한 것이라고 생각하기 쉽습니다. 요즘에는 그 위력과 힘을 협소하게 물질문명, 더 좁게는 무기 같은 것으로 생각합니다. 미국이 이라크를 침공해서 순식간에 점령했지요. 이때 두 나라의 실질적 차이는 어느 쪽이 군사력이 강하냐하는 것이었고, 이를 결정하는 무기들은 기술의 응용에서 나옵니다. 그런 것을 보면 우리는 자연과학의 위력은 과학을 기술에 얼마나 잘 응용하는지에 달려 있다고 생각하기 쉽습니다. 그러나 실제 자연과학의 위력이란 기술의 응용에 있는 것이 아니라 '과학적 사고'에 있다고 할 수 있습니다".[14)]

즉 과학의 본질은 기술과의 접목이 아니라, 인간의 과학적 사고에 있는 것이며, 과학적 사고는 인간의 정신문화 그리고 종국에는 인문학과 연결되어 있는 것이다.

과학적 사고의 전형은 '근대과학의 아버지'라고 불리는 갈릴레이의 '사고실험(Gedankenexperiment)[15)]'에서 찾을 수 있다. 당시 무거운 것이 가벼운 것

---

14) 최무영, *최무영의 물리학 이야기*, 책갈피, pp.23-24.

15) 사고 실험은 사물의 실체나 개념을 이해하기 위해 가상의 시나리오를 이용하는 것이다. 가상의 시나리오가 어떻게 동작할지 생각하는 선험적(라틴어: a priori) 방법이므로 관찰이나 실험을 통한 경험적(empirical) 방법과 대비된다. 사고 실험이라는 용어는 독일어에서 유래하

보다 먼저 떨어진다는 믿음은 아리스토텔레스 이후 중세의 막강한 권위를 자랑한 스콜라 철학의 기본 사상이었으며, 이런 사상에 갈릴레이는 '가벼운 물체와 무거운 물체는 동시에 떨어진다'라고 주장했다. 중세 절대 지배 계층의 권위에 정면으로 맞받아 친 것[16]이다. 이게 바로 과학적 사고의 전형이다. 최무영은 과학적 사고의 구성요건은 '기존 지식에 대한 의식적 반성', '지식의 정량화', '지식의 실증적 검토', '지식의 반증 가능성', '하나의 합리적 체계'와 같이 다섯 가지로 구성된다고 하며 다음과 같이 설명한다.

"과학적 사고의 첫째 요소는 기존 지식에 대해 '의식적으로 반성'하는 겁니다. 무거운 것이 가벼운 것보다 먼저 떨어진다는 진술이 기존 지식인데, 갈릴레이가 이를 다시 성찰한 것이지요. 특정지식과 달리 보편지식에 의식적으로 반성하는 것은 쉬운 일이 아닙니다. 보편지식은 사회에 널리 받아들여져 있고 사물의 보편적 양상으로서 우리 사고의 바탕에 깔려 있습니다.

과학의 둘째 요소는 '지식의 정량화'입니다. 아리스토텔레스에 의하면 무거운 것이 가벼운 것보다 먼저 떨어진다는데, 그렇다면 얼마나 더 빨리 떨어질까요? 막연하게 '더 빨리'가 아니라 얼마나 더 빠르게 떨어지는지 정량적으로 계산해보자는 겁니다. 그렇게 생각하는 것이 왜 중요하냐면, 무거운 것과 가벼운 것 중에서 무거운 것이 먼저 떨어진다면 그 둘을 합쳤을 때는 어떻게 될까요? 가벼운 것과 무거운 것을 같이 붙이면 더 무거워지므로 더 빨리 떨어져야 합니다. 그러나 무거운 것과 가벼운 것을 붙여서 떨어뜨리면 무거운 것은 빨리 떨어지고 가벼운 것은 천천히 떨어지니까 무거운 것만 떨어질 때보다는 도리어 천천히 떨어질 듯합니다. 그러면 좀 이상합니다. 무거울수록 빨리 떨어진다는 말이 의심스러워집니다. 얼마나 더 빨리 떨어지는지 정량적으로 생각하면, 아리스토텔레스의 말에 문제가 있다는 것을 깨닫게 되겠지요. 사실 갈릴레이가 실제로 물건을 떨어뜨려 보고 이런 결론을 얻은 것이 아니라 이런 정량적 고찰을 통해서 였다고 합니다. 다시 말해서 과학적 사고를

였고, 이 용어는 에른스트 마흐가 만들었다. 사고 실험은 철학과 물리학이외에 많은 분야에서 사용한다. 기록으로 남은 가장 오래된 사고실험은 고대 그리스 시대 소크라테스 이전의 철학자들이 철학과 관련된 문제에 최초로 사용한 것으로 알려졌다. 물리학등의 분야에서는 19세기와 20세기에 유명한 사고실험이 있었다. 물론 갈릴레오 갈릴레이의 사고실험과 같이 이보다 훨씬 앞선 물리학 분야의 사고실험도 있었다(출처 : 위키피디아)

16) 갈릴레이는 오로지 사고실험을 통해 보편지식에 대한 반증을 시도했으며, 이로 인해 '근대 과학의 아버지'라는 영예를 안게 되었다.

한 것이지요.

과학의 세 번째 요소는 '지식의 실증적 검토'입니다. 지식의 정량화를 위해서는 객관성과 더불어 측정이라는 개념이 필요합니다. 몇 배 더 빨리 떨어지는지 말하려면 실제로 재어 볼 수 있어야 하며, 이를 위해 측정의 개념이 필요하지요. 정말로 빨리 떨어지는지 실제로 해봐야 하는 겁니다. 어떤 지식을 통해서 예측하면 그 예측을 실제를 통해서 확인해 봐야겠지요. 이른바 '검증[17]'을 해야 하며, 이런 확인 과정을 실험이라고 합니다.

넷째는 '지식의 반증 가능성[18]'입니다. 어떤 지식의 예측을 실험을 통해 확인했다면 그 지식을 '참'이라고 결론 내려도 될까요? 예측을 확인해 보는 것은 중요하지만 그 결과를 보고 바로 참이라고 하는 것은 성급한 일입니다. 10,000번 확인해 봤는데 9,999번 맞지만 한 번이라도 틀리면 그 지식은 참이 아니라 거짓입니다. 그래서 확증은 할 수 없지만 반증은 한 번 만에 할 수 있습니다. 한 번도 반증이 안 되었다면 그만큼 믿을 만한 지식이라고 생각할 수 있는 것입니다. 확증할 수는 없지만 반증의 기회가 아주 많았는데도 반증이 안 되었다는 것은 그만큼 상대적으로 신뢰도가 높다고 말할 수 있습니다.

과학적 사고의 마지막 요소는, 단편적 지식들을 '하나의 합리적 체계'로 설명하려고 시도하는 겁니다. 특정지식은 개별 과학적 사실들을 말하는데, 이들을 묶어서 보편지식 체계를 만들려고 하지요. 보편지식을 간단하게 이론이라고 합니다. 사과가 땅에 떨어지는 현상이나, 계절이 순환하고, 밀물과 썰물이 생기는 것은 하나하나가 과학적 사실이고 특정지식이지요. 그런 것들은 얼핏 보면 관계가 없어 보이지만 하나의 보편적 체계로 묶을 수 있으며, 그 예가 뉴튼의 '중력의 법칙'입니다. 과학에서는 이렇게 아무 관련이 없어 보이는 여러 지식들을 묶어서 하나의 체계로 만들려고 합니다. 이러한 경향은 물리학[19]에서 가장 두드러지며, 이 때문에 물리학은 다른 자연과학과 구분되지

---

17) 최무영은 동양이 서양에 비해 과학적 사고가 부족한 점이, 비록 동양이 관측은 했지만 서양처럼 실험을 통한 정밀한 실증적 '검증'이 부족했다고 한다. 그러나 아직 초끈이론(super string theroy)같이 첨단 과학적 사고도 실증적 '검증'을 마치지 못한 이론이 있으며, '검증'을 과학적 사고의 필요조건으로 보는 것에 대해서는 이론의 여지가 있다.

18) 칼 포퍼(1902~1994)는 '과학적 발견의 논리'에서 고전적인 관찰과 귀납적 과학 방법론을 거부하고, 개별적으로 제시된 가설을 경험적인 증거가 결정적으로 반증하는 방법을 통해 과학이 발전함을 주장하였다. '백조가 희다'라는 통념에 검은 백조의 발견을 통해 '백조는 희지 않다'라는 반증이 그 예이다.

19) 최무영은 물리학은 보편지식 체계를 추구하는 학문이고, 다른 과목은 대부분 특정지식을

요. 물리학은 바로 보편지식 체계를 추구하는 학문이고, 다른 자연과학은 대부분 특정지식을 추구하는 학문입니다."[20]고 하였다.

이런 점에서 사회물리학도 각 사회 분야의 특정지식을 보편적 체계로 이해하려는 시도라고 볼 수 있다.

장회익(1938~현재)은 『과학과 메타과학』에서 물리과학, 생명과학, 사회과학이 상호 수직적인 연계성을 가지며, 물질·생명·정신에 대한 계층적 존재론에 그 바탕을 두고 있다고 한다. 이 세 분야의 과학은 각 계층에서 나타나는 현상을 취급하는 과학이지만 상호 영향을 주고받는다고 한다. 원자론에 입각한 응집체 물리학 연구는 분자생물학에 영향을 주고, 분자생물학에 의해 DNA와 단백질의 구조 및 기능이 분자론적으로 밝혀짐으로써 생명현상의 본질적인 이해를 도왔다. 이와 유사한 관계가 생물체로서 인간과, 인격 및 정신의 소유자로서의 인간 사이에 존재한다고 하였다.[21] 장회익은 학문의 연구방법이나 이론체계의 구성에서 이러한 유사성을 최대한으로 활용할 필요가 있다고 하며, 그동안 자연과학과 사회과학이 격리되어 온 이유를 각 과학들의 응용가능성을 지나치게 추구하는 데서 빚어진 결과라고 해석한다.

미래연구의 목적을 미래사회의 대안적 모델을 제시하고, 이에 대한 정책의 창(policy window)과 정책흐름(policy stream)[22]을 제시한다고 했을 때, 미래연구는 과학기술에 의한 접근, 생명과학적 접근 그리고 사회과학적 접근을 각각 허용하는 수직적 접근과 각각의 접근을 관통하는 수평적 통합적 이론체계를 필요로 한다.

추구하는 학문이다라고 한다. 생물학, 천문학, 지구과학 등 특정지식을 추구하는 자연과학은 현상과학이며, 보편지식을 추구하는 물리학은 이론과학이라고 한다. 여기서 이론은 실험과 대비되는 용어가 아니라 보편지식을 가리킨다

20) 개인적으로 지금까지 살펴본 과학적 사고에 대한 설명중 가장 친절하고 명료하게 작성된 글이다. 그래서 최무영 교수의 설명을 큰 수정 없이 인용하였다. 최무영, *최무영의 물리학 이야기*, 책갈피, pp.39-43.

21) 장회익은 물리과학, 생명과학, 사회과학의 유기적 관계를 설명하지만 이러한 연계성이 환원주의적 입장을 반영하는 것은 아니라고 강조한다.

22) 킹던은 '정책의 창' 이론에서 창(window)는 로켓이 우주로 발사할 수 있는 기회(opportunity)이며, '정책주창자들이 그들의 관심대상인 정책문제에 주의를 집중시키고, 그들이 선호하는 대안을 관철시키기 위해서 열리는 기회'로 정의한다. '정책의 창'은 정책과정의 세 가지 흐름 - 문제흐름(problems stream), 정치흐름(political stream), 정책흐름(policy stream) - 중에서 정치흐름의 변화에 의해 열리는 경우가 가장 많다고 하였다(John W. Kingdon, 1984. *Agendas, Alternatives, and Public Policies*. Boston: Little, Brown and Co.).

제6절 고전적 물리사회이론

17세기 계몽사상이 등장하기 이전, 토마스 홉스(Thomas Hobbes, 1588~1679)는 유클리드의 "기하학 원본"과 갈릴레오의 '관성의 법칙'으로부터 영감을 얻어 자연과학을 사회과학에 접목하고자 했던 최초의 사람이다. 홉스는 인간의 기호, 욕심과 같은 마음은 태어나면서부터 지니는 본성이기 때문에, 누구의 간섭 없이는 영원히 지속될 것이다라는 '관성의 법칙'에 따라 사람들 간에는 결국 분쟁이 일어날 수 밖에 없을 것이다고 생각했다. 그리고 이를 중재해야만 사회 질서를 유지할 수 있기 때문에 강력한 국가가 필요하다는 논리를 주장한 "리바이어든(Leviathan, 1651)"을 저술한다. 그래서 홉스는 최초의 사회물리학자라고 본다.[23)]

물리학은 물질 혹은 물체간의 상호작용을 다루는 학문으로써 상호작용하는 힘들을 규명하는 학문이다. 물리학은 크게 고전역학, 전자기학, 통계물리학, 양자물리학을 기초로 자연을 이해하고 해석한다. 뉴튼에 의해 완성된 고전물리학 혹은 고전역학은 관측이 가능한 거시세계 혹은 물질세계의 질서는 초기 값과 관성의 법칙에 위해 모든 운동이 결정된다는 '인과적 결정론'사고를 사회과학 전 분야에 영향을 미친다.

인과적 결정론(causal determinism)은 모든 세상 만물에 발생하는 사건이란 이전의 사건이 원인이 되어 그 결과로서 이루어진다는 개념으로 원인과 결과가 명확하다는 것을 의미한다. 따라서 신과 같은 초자연적인 존재에 의한 기적이나 완벽한 우연이란 있을 수 없다. 여기에는 사람의 인지작용이나 행동 또한 포함되며, 인간의 행동 또한 이러한 인과작용의 결과이므로 자유의지도 존재하지도 않는다는 이론이다. 대표적으로 '라플라스의 악마'라고 불리는 사고실험이 이것에 해당한다.

프랑스의 수학자였던 라플라스(Pierre Simon de Laplace, 1749~1827)는 세상을 움직이는 모든 힘과 물체의 위치를 알 수 있고, 모든 데이터를 분석할 수 있는 능력이 있는 존재 - 라플라스의 악마 - 가 있다면 사회현상을 포함한 모든 자연현상은 수식으로 기술되는 인과론적 원리에 의해 완벽하게 설명[24)]

23) 필립 볼, *물리학으로 보는 사회*(pp. 21-23).

할 수 있으며 미래를 예견 가능하다는 입장을 펼친다.

레옹발라(Leon Walras, 1834~1910)는 경제학에 수학 방정식을 처음 도입한 인물로서 경제학의 수리적 모델을 세운 사람으로 평가 받고 있다. 그는 물리학에서 균형이라는 개념을 경제학으로 도입하여 오늘날까지 교과서와 저널에서 취급하는 전통 경제학의 수학적 기초를 놓은 사람이다. 발라는 미분 방정식이 우주의 행성과 원자의 움직임을 파악할 수 있게 만들었다면 똑같은 수학적 기법을 응용할 경우 경제에서도 인간 심리의 움직임을 설명해 낼 수 있을 것이라고 확신했으며, 경제 시스템을 예측 가능하다고 생각했다.[25] 그러나 발라는 인간은 기본적으로 합리적이고 이기적이라는 가정을 벗어나지 못하고 있다.

발라 외에도 경제학을 과학으로 만들겠다고 한 제번스(William Stanley Jevons, 1835~1882)는 인간의 이기심을 중력과 매우 흡사한 하나의 힘으로 인식하고 1871년 '정치경제학 이론(Theory of Political Economy)'에서 물리학의 '장이론(field theory)'으로부터 유래된 방정식을 사용해 철학적 개념에서 나온 벤담의 효용(utility)과 고센의 소비를 증가해도 효용이 감소한다는 '한계효용 체감의 법칙'아이디어들을 수학적 모델[26]로 바꾸어 놓았다.

제번스의 관점에서 설명하자면 개인들 간 효용(utility)의 차이는 거래를 위한 일종의 잠재적인 에너지를 만들어 낸다. 그릇에 있는 공이 그릇 표면들이라는 제약 조건 하에서 최소한의 에너지 상태를 찾아가듯이 인간들은 유한한 자원이라는 제약 조건 하에서 최대한의 행복 상태를 추구하며, 그런 행복 상태에 도달하기 위해 거래를 한다.

'고체의 탄력적 균형'으로 박사 논문을 썼던 빌프레도 파레토(Vilfredo Pareto, 1848~1923)는 발라와 제번스 이상의 물리학적 지식이 뛰어난 사람이었다. 제번스가 효용에 관한 이론적 분석을 크게 발전시켰지만 효용은 측정할 수 없다는 문제가 남아있었다. 여기서 파레토는 거래인들의 효용이 만족할 때까지 거래가 지속될 것이며, 누군가가 손해를 보게 되면 그 지점에서

24) 윤영수 외, *복잡계 개론*, p.77.

25) 에릭 바인하커, *부의 기원*, pp.69-74.

26) 물리학에서 다루는 입자는 개인, 힘은 한계효용, 에너지는 효용이며, '에너지 총량은 입자에 가해지는 알짜힘(net force)의 경로 적분값'에 대해서 '효용 총량은 개인에 가해지는 알짜 한계효용의 적분값'이다라고 설명한다(Mirowski, 1989, *More Heat han Light: Economics as Social Physics Physics as Natures's Economics*).

거래는 멈출 것이고 시장은 하나의 균형점에 이를 것이라는 '파레토 최적'이라는 개념을 제시한다. 파레토 최적은 어느 누군가에게 손해를 주지 않고는 더 이상 거래를 할 수 없는 그런 균형점을 가리킨다.[27)]

각 개인들의 욕망이 관성에 의해 지속되면 결국 모순과 갈등을 야기할 수 밖에 없고, 결국 절대 군주가 등장해서 이들을 강력하게 지배해야 한다는 리바이어든을 저술한 토마스 홉스 이후, 발라, 제번스, 파레토의 경제학 이론은 단힌 계(Closed System)에서 두 물체의 에너지 교환은 결국 평형 상태로 간다는 열역학법칙을 적용한 사례라고 볼 수 있다. 이처럼 17세기 이후 20세기 초까지 고전물리학적 영감은 경제학과 같은 사회과학 영역에 상당한 기여를 했음을 알 수 있으며, 다수의 경제학자들은 당시 지배적인 과학이론의 영향을 받아 하나의 균형 시스템으로서 경제 현상을 설명하는 시도를 추구하였다.

그러나 1970년대에 들면서 물리학자, 화학자, 생물학자 들은 그런 균형상태가 아닌 역동적이고 복잡한 그리고 단 한 번도 정지상태에 접어들지 않는 '복잡계 시스템'으로 옮겨 가고 있었는데 반해, 기존의 경제학을 비롯한 사회과학은 고전물리학적 패러다임을 크게 벗어나지 못하고 있다.

제 7 절 진화하는 사회에서의 창발성 - 복잡성 과학의 등장

물질간의 상호작용을 통해 창발 되는 현상과 그 원인을 규명하는 게 주된 목적인 자연과학적 사고는 인간과 인간, 집단과 집단 간의 상호작용 및 창발 현상을 연구하는 사회과학에 영향을 미칠 수밖에 없다. 또한 맥스웰(James Clerk Maxwell, 1831~1879)과 볼츠만(Ludwig Eduard Boltzmann, 1844~1906)에 의한 통계물리학은 사회현상을 통계적 관점에서 이해할 수 있는 이론적 틀을 제시함으로써 사회 물리학을 가능하게 하였다.

이처럼 고대 이집트 농경문화시대로부터 수립되어 자연에 대한 관찰과 이론을 오랜기간 축적해 온 자연과학 이론은 자연의 본질적 문제를 추구하였기 때문에 사회현상을 설명하기위한 이론에도 적용이 가능하리라 본다.

---

27) 에릭 바인하커, *부의 기원*, pp.77-79.

자연계에서나 사회현상에서 창발현상은 매우 비일비재하게 일어난다. 물과 열에너지가 만나면 기체라는 창발현상이 일어나고, 남과 북이 친해지면 평화통일이라는 창발현상이 일어나거나 적대적 관계를 지속하여 임계치를 넘어서면 전쟁이라는 창발현상이 일어날 수 있다. 이처럼 창발현상은 자연계뿐만 아니라 사회현상에서 매우 중요하게 다뤄져야 할 주제이다. 물이 끓으면 기체로 변화하지만, 그들이 가지는 속성은 다르다. 물을 환원주의적 입장에서 아무리 분해해본들 기체로 변화하는 창발현상은 설명할 수가 없듯이, 남과 북을 자국이 가지는 속성만 가지고 아무리 연구해본들 새로운 창발현상을 이해할 수가 없다.

창발적 사회현상을 이해하기 위한 방법은 대표적으로 복잡계 이론이 있다. 복잡계 연구의 주된 목적은 자연계 및 사회경제계를 진화론적 관점에서 사회 전반에 걸쳐 나타나는 창발현상[28]을 구명하는데 있다.

복잡성을 특징으로 하는 사회는 1997년 아시아 금융위기, 2008년 미국으로 촉발된 글로벌 금융위기 그리고 이미 자연계의 사소한 변화가 거대한 환경변화를 초래한다고 알려진 '나비효과'가 나타나는 사회이며, 나비효과는 이미 창발성을 특징으로 하는 복잡계로서의 사회를 설명하는 현상으로서 일반명사화 된지 오래다. 이렇게 자연계에서나 사회에서 창발성을 나타내는 사회는 이 세상이 선형적이고 결정론적인 세상이 아니라, 다양한 변수가 얽혀서 만들어진 복잡한 세상(complexity world)[29]임을 나타낸다.

복잡성 세계에서는 뉴튼의 미분 방정식을 풀듯이 사회 운동을 설명할 수가 없다. 물리학에서는 다체문제(many body problem)라는 것이 있다. 두 개의 물체가 상호작용하는 관계는 수학적 해를 그할 수 있으나, 3개 이상이 되면 매우 복잡해져서 카오스(chaos)적 요소가 많아지고, 수학적으로 정확한 해를 구할 수 없다는 것이다. 아래 그림에서, 뉴튼의 고전역학에서는 A가 B·C에 부딪힐 때 A → B → C 또는 A → C → B의 결과를 예측할 수 있지만, B

28) 최재천은 '통섭'에서 "창발성이란 비겁한 개념이다 현재의 지식으로 해결할 수 없는 부분을 비겁하게 뭉뚱그리는 행위에 지나지 않는다. 그래서 언젠가 반드시 설명되어야 할 개념이다"라고 주장한다.

29) complex란 라틴어의 'complexus'에서 유래되었으며, 그리스어 엮는다란 뜻의 'pleko'와 함께라는 뜻의 접두어 'com'이 결합하여 생긴 말이다. 즉 함께 엮임으로써 혼란스러워 보이지만 질서정연한 상황이 복잡함을 의미한다. 뒤죽박죽되어 혼란스러운 상태는 complicated에 해당된다(윤영수 외, *복잡계 개론*, 삼성경제연구소).

[그림 1] 3체 문제(Three body problem)

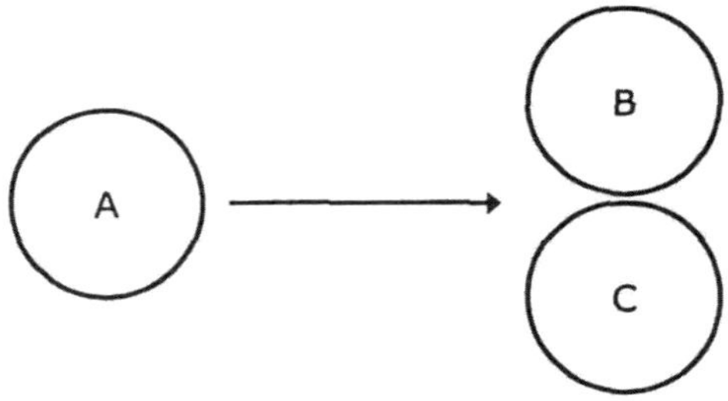

와 C에 동시에 부딪힐 때에는 그 결과를 알수 없다[30]. 이미 고전경제학의 거두들이 열적 평형과 에너지의 개념으로 경제학 이론을 수립하였듯이, 다체 문제로부터 얻을 수 있는 사회문제의 복잡성을, 미래연구뿐만 아니라 사회과학 전 분야에 도입하여 보다 풍부한 연구를 할 필요성이 있다.

기존 경제학은 인간을 합리성 이상의 초합리성(hyper rational)이라는 존재로 설정하여 비판을 받아왔다. 허버트 사이먼(Herbert Alexander Simon, 1916～2001)(1957)은 이러한 비현실적 상황을 비판하면서 인간의 인지력에 제한이 있다는 제한적 합리성(bounded rationality)을 제안한다.[31]

복잡계의 창발성을 설명하기 위해 도입된 행위자기반모형(ABM: Agent Based Modelling)은 이러한 제한적 합리성을 반영한 에이전트를 만들기에 용이하다. 대표적으로 토마스 셸링(Thomas Shelling, 1921～현재)[32]의 인종격리모형(segretaion model)이 있다. 인종격리모형은 어느 한 도시에 두 종류의 인종(백인, 흑인)이 살고, 이들은 서로 혼합되어 살다가, 자신의 이웃이 1/3 이상이 되면 다른 지역으로 이사를 가는 사회현상에 대한 모형이다. 이때의 행위자는 두 개의 인종으로 설정할 수 있고, 그들 간의 상관관계(혹은 규칙)는 혼합지역에서 이웃의 1/3 이상 자신과 다른 색깔에 속하면 이사를 가는 것이라고 설정한다. 시뮬레이션 결과 두 인종은 서로 분리되어 살아가는 모습을 보이

30) 민병원, *복잡계 이론의 기초*, 국회도서관.
31) N. Gilbert, *Agent-Based Models*, p.15.
32) 1978년 셸링은 많은 개인적인 결정의 집단적인 결과가 직관과 어긋나게 되는 과정을 보여주는 획기적 연구 결과를 발표했다. "미시적 동기와 거시적 행동(Micromotives and Macrobehavior)"이라는 셸링의 책은 사회 물리학 주춧돌 중 하나이다(출처 : 필립 볼, *물리학으로 보는 사회*, 까치, p.337).

게 된다. 이것은 물과 기름 혹은 오일과 식초가 음식물에서 분리되는 상분리(phase sepration) 현상과 유사하며, 사회에서도 자연의 그것처럼 상분리 현상이 일어날 수 있음을 보여주는 것이다. 이것이 사회현상에 대한 복잡계 이론을 적용한 대표적 사례이다.

셸링의 분리 게임은 사회 과학의 고전이 되었다. 셸링의 연구의 핵심은 겉보기에 복잡한 사회현상이 실은 아주 단순한 이유에서 시작될 수 있으며, 사람들은 물리 법칙에 버금가는 법칙들의 지배를 받는다. 인간들이 어떻게 이러한 법칙들에 휘둘리는지 살펴보면 복잡한 사회 속에서 단순한 패턴이 드러난다.[33] 다시 말하면 사회의 규칙성과 개인의 자유의지는 상호 의존적이지 않다. 개인의 자신의 뜻대로 행동한다고 하더라도 개인행동으로 인한 창발성은 패턴으로 통해 예측 가능성이 있다는 것이다. 셸링은 2005년 노벨 경제학상을 수상한다.

에릭 바인하커는 '부의 기원'에서 생물권의 질서와 복잡성의 증대를 가져왔던 똑같은 과정이 경제권의 질서와 복잡성의 증대를 몰고 오고 있으며 경제학과 진화 이론은 오랜 공동의 역사를 가지고 있다고 한 바 있다. 실제로 1898년 경제학자 소스타인 베블런(Thorstein Veblen, 1857~1929)은 경제는 하나의 진화 시스템이라고 주장하는 논문을 썼으며, 근대 경제 이론의 창설자 중 한 사람인 알프레드 마셜(Alfred Marshall 1842~1924)은 '경제학의 원리'라는 자신의 역저 서문에서 "경제학자들의 메카는 경제적 생물학에 있다"고 적고 있다. 그 후 수십년에 걸쳐 요제프 슘페터(Joseph Schumpeter, 1883~1950), 프리드리히 하이에크(Friedrich Hayek, 1899~1992)등을 비롯한 경제학자들이 경제학과 진화론 간의 관계에 주목했다.

복잡계이론은 기본적으로 현실보다는 복잡성이 낮아야 하지만, 사회현상의 창발현상을 설명할 수 있어야 한다. 복잡계에서의 창발현상은 상호작용하는 다양한 개체들을 모형 속에 담아야 하며 그들에 대한 속성을 부여하고 모니터링을 하려면 필수적으로 컴퓨터의 빠른 계산처리 능력이 필요하다. 현실을 더 반영한 에이전트와 각 에이전트의 속성들이 부여되면 부여될수록, 더 많은 계산 능력이 필요하게 된다.

이런 점에서 1982년 리처드 넬슨과 시드니 윈터(Sidney Winter)는 '경제 변

33) 마크 뷰캐넌, 2010, *사회적 원자*, 사이언스 북스.

〈표 2〉 복잡계 방법론의 분류[34]

		분석의 기법	
		계산적	해석적
분석의 초점	시스템의 미시적 매커니즘	행위자 기반 모형 예) 다중 행위자 모형, 복잡 네트워크 모형	합리적 선택 모형 예) 게임 이론적 모형
	시스템 변수	매크로 시뮬레이션 예) 시스템 다이내믹스	해석적 매크로 모형 예) 비선형시계열 모형

화의 진화이론'을 내놓았는데, 이는 진화론, 경제학, 그리고 당시에 개발되고 있던 컴퓨터 시뮬레이션을 처음 시도하는 기념비적 시도였다.[35]

일반적으로 사회·경제현상을 복잡계 관점에서 접근하는 데에는, 모델을 구성하는 에이전트간의 상호작용을 통해 창발현상을 볼 수 있는 행위자기반 모형(ABM : Agent Based Modelling)과 사회 시스템의 변화를 야기하는 요인들간의 상호관계 혹은 인과관계를 통해 변화 패턴을 추정하는 시스템 다이내믹스(System Dynamics) 그리고 페이스북, 트위터 등 SNA(Social Network Analysis)로 알려진 네트워크 이론이 있다.

사회의 복잡성을 분석하기 위해 모형을 선택할 때는 행위자 수준의 초점을 맞추느냐 그렇지 않느냐에 따라, 미시모형과 거시모형을 구분한다.[36] 미시모형은 행위자 개개의 다이내믹스를 모형에 구현하는 것이며, 거시모형은 행위자 레벨이 아닌 사회·경제 현상간의 인과관계와 전체 변화의 패턴을 살펴보는 것이다. 복잡계 연구를 위한 방법론을 미시모형과 거시모형을 구분하면 다음과 같다.

1. 행위자기반모형(ABM: Agent Based Modelling)

행위자 기반 모형이란 행위자 수준에서 작은 복잡계를 구현하는 가상적 계산 모형이다. 이 가상세계는 크게 행위자, 행위자가 활동하고 상호작용하는 시스템 공간, 시스템에 영향을 미치는 외부환경 등의 세 가지 요소로 구성되

34) 윤영수 외, *복잡계 개론*, 삼성경제연구소, p.248.
35) Nelson, R.R., and Winter, S.G. 1982. *An Evoltionary Theory of Economic Change.*
36) 미시모형과 거시모형은 경제학에서 대상 경제계의 크기에 따라 거시·미시 경제학을 나누는 관점과는 다르다.(출처: 윤영수 외, *복잡계 개론*, 삼성경제연구소, p.248).

며 이들 요소를 설계하여 조립하는 방식으로 모형을 만들어 나간다.[37)]

예로써 1997년 IMF 사태 혹은 2008 미국발 금융위기 현상을 행위자 기반 모형으로 재구성하면, 이와 같은 금융위기는 개인, 회사, 정부 등과 같은 '행위자'와 생산, 매매, 유통, 정책 등과 같은 '행위자간의 상호작용', 시장과 인터넷 등 물리적·사이버 공간과 같은 '시스템 공간' 및 국제관계, 전쟁과 같은 '외부환경'이 복잡하게 상호작용하여 나타난 혹은 창발된 현상이다라고 해석할 수 있다.

일반적으로 경제학은 경제현상을 소비자·생산자·기술·시장 등 맨 아래 단계에 있는 경제 주체를 가지고 해석하는 학문으로서 뉴튼의 기계론적이며 환원주의적 입장을 취하고 있다. 물론 이런 관점이 시장의 구성요소를 파악하고 구성요소간의 상호관계를 이해하는데 도움이 있을 수 있지만, 정작 현실은 구성요소들이 상호 복잡하게 얽히고 설 켜서 일어나는 현상들이 비일비재하다. 즉 창발적 효과가 많이 일어나며 결코 부분의 합이 전체가 될 수 없는 구조인 것이다.

현실은 기존 경제학이 경제 활동의 주체인 인간을 '합리적 인간'이 아니므로 인간 개별 행동의 다양성과 행위의 결과를 뉴튼 법칙에 의한 기계론적 사고방식으로는 설명하기는 것은 한계가 있다. 반면 과학적 사고의 한 방법으로서 행위자기반모형은 미시적 단위의 행태를 분석하는 것이 아니라, 수많은 개체가 상호작용하면서 일으키는 질서와 창발성을 살펴보는데 적절한 방법과 이론을 제시하기 때문에, 제한적이긴 하지만 정책적 아이디어를 얻는데 보다 현실적이 가능성 있는 대안이 될 수 있다.

2. 시스템 다이내믹스(System Dynamics)

20세기초 상대성이론과 양자물리학의 등장으로 자연을 기계적, 환원적으로 바라보는 뉴튼의 기계론적, 환원주의적 시각은 대상을 전체로 봐야 한다는 패러다임의 변화가 일어난다. 비슷한 해에 유기체설 생물학자들에 의해 개진되었던 개념들은 연결성, 연관성, 맥락성[38)] 등의 측면에서 새로운 사고방식인 '시스템 사고'를 낳았다. 이런 시스템적 관점에서 볼 때, 유기체, 즉

37) 윤영수 외, *복잡계 개론*, p.251.

38) 분석적 사고에 반대된다는 뜻으로 해석

생물 시스템의 가장 본질적인 특성들은 그 부분들은 가지고 있지 않는 전체의 특성들이다. 이 특성들은 부분들 사이의 상호작용과 연관성에 발생한다. 이 시스템이 물리적으로나 이론적으로 분리되어 고립된 요소들로 나뉘어질 때, 이러한 특성들은 사라진다.[39)]

유기물질의 생명현상은 세밀하게 쪼개고 쪼개어 분석하는 환원주의적 입장에서 볼 수가 없다. 왜냐하면 생명현상 자체가 창발현상이기 때문이다. 기름의 미끈거림, 설탕의 단맛을 구성하는 원인을 탄소, 수소, 산소 단위로 아무리 쪼개고 쪼개어도 그 원인을 알 수 없으며 마찬가지로 열역학에서 핵심적 개념인 온도는 양자론이 지배하는 세계에서는 아무런 의미가 없게 된다. 이를 사회적 현상으로 옮겨도 비슷한 특징을 발견할 수 있다. 한류가 일어나는 원인과 현상, 1997년 아시아를 강타한 금융위기에 보여준 한국의 금모으기 운동 등은 국가, 사회, 단체, 개인의 특성으로 쪼개어 들어가도 알 수가 없다. 이와 같이 시스템사고는 현상을 전체로 봐야한다는 중요한 시사점을 제공한다. 카프라(Fritjof Capra, 1939～현재)는 '생명의 그물(1996)'에서 다음과 같이 이야기한다.

> *20세기 과학의 가장 큰 충격은 시스템이 분석에 의해 이해될 수 없다는 것이다 여러 부분의 특성들은 본질적 특성이 아니라 보다 큰 전체의 맥락 속에서만 이해될 수 있는 것이다. 따라서 부분과 전체 사이의 관계가 역전된 셈이다. 시스템적 접근방식에서 부분의 특성들은 전체의 조직이라는 측면에서만 이해될 수 있다. (중략) 시스템적 사고는 분석적 사고에 반대된다는 점에서 맥락적contextual 이다.*

'시스템 분석'이라고 알려진 전략적 사고방식은 1940년대 말에 미국의 RAND에 의해 개척된후 정책수립을 전문으로 하는 두뇌집단의 모델이 되었다[40)]. 1950년대 이후 시스템적 사고는 군 조직의 문제를 해결하기 위한 방법에서 공학과 경영학에 영향을 미치며, 시스템공학, 시스템 분석, 시스템 경영 등 여러 새로운 분야들을 낳았으며, 시스템 공학자는 그 시스템의 창발적 특성들, 즉 그 시스템의 부분이 아닌 전체가 갖고 있는 특성들을 예견할 수 있어야 한다는 생각이 지배적이었다. 1960년대와 1970년대에 '시스템'이라는 제목이 붙어 있는 경영서들이 봇물 터지듯 쏟아져 나오게 된다.[41)]

39) Fritjof Capra, *생명의 그물*, 범양사 출판부, pp.48-49.
40) Dickson, *Think Tanks, Atheneum*, New York, 1971.
41) Checkland, *Systems Thinking, Systems Practice*, John Wiley, 1981, p. 123 이하.

이런 분위기에서 1961년 MIT의 포리스터(Jay Forrester)는 그의 저서 '산업동태론'에서 '시스템 다이내믹스'를 제안하고 시스템의 변화를 야기하는 요인들 간의 상호관계를 현실적으로 묘사하여 성장과 변화 패턴을 추정한다.[42]

1970년대 초반 로마클럽 보고서인 성장의 한계(Limits to Growth)를 저술한 메도즈(Donnella Meadows)는 1980년대 증반 이후 시스템 사고의 관점에서 사회적 이슈를 논평하는 칼럼을 게재함으로써, 시스템 사고의 대중화를 선도하였다. 또한 1990년대 피터 셍게(Peter Senge)는 5세대 경영(The Fifth Discipline)을 저술함으로써 기업경영에서 시스템 사고가 활용될 수 있는 가능성을 각인시켜 주었다.

시스템사고란 원인과 결과간의 관계를 변화의 과정 속에서 단선적 관계가 아닌 연결 관계의 고리들로 파악하고 어떤 변화 자체를 주목하는 것이 아니라 전체적 변화의 패턴을 살펴보는 것이다. 정책학의 아버지라고 불리우는 라스웰(Harold Lasswell, 1902-1978)이 제시한 '문제 해결의 맥락적 사고'도 이와 같다고 본다.

따라서 정책을 변화의 산물인 사회 문제에 대한 해결 수단으로 정의 내린다면, 정책 역시 전체 변화의 산물로 인식도어져야 하며 정책과 정책이 상호연관되어져서 인식되어지는 정책 생태계라는 관점에서 파악되어야 한다. 그리고 시스템적 사고의 정책 생태계적 접근은 당리당략적이고 주관적 정책 수

[그림 2] 사회 문제 vs 정책 문제 비교

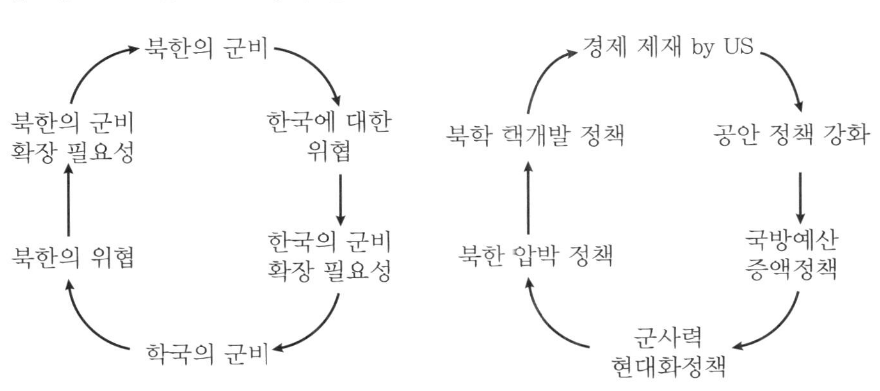

42) 윤영수 외, *복잡계 개론*, 삼성경제연구소, p.322.

립을 벗어나 전일론적(Holistic view) 관점에서 국민적 합의와 동의를 이끌어 내는데 좋은 수단을 제공할 것이다. 사회문제와 정책문제를 시스템관점에서 살펴보면 [그림 2]와 같다.

3. SNA(Social Network Analysis)

데카르트와 뉴튼으로 대표되는 고전적 사유체계는 '전체는 부분의 합이다'라는 논리가 성립된다. 즉 부분을 구성하는 물체 혹은 개체가 주된 관심의 대상이었다. 그러나 시스템적 사고가 지배하는 복잡계에서는 결코 '전체는 부분의 합이 될 수 없다'라는 명제가 성립한다.

따라서 Facebook이나 Twitter 등으로 대표되는 사회적 네트워크는 뉴튼의 고전물리학 사유체계를 뛰어넘은 것이며, 이는 곧 '객체'에서 '관계'로의 전환을 꾀한 큰 사건이다. 뉴튼의 기계론적 관점에서 '관계'는 '객체'의 부산물일 뿐이지만, 시스템적 관점 혹은 복잡계적 관점에서의 '관계'란 거대한 연결망 속에서 존재하는 '관계'[43]그 자체이다.

살아있는 세계를 관계의 연결망으로 받아들이는 인식은 연결망이라는 측면에서의 사고를 – 독일어 Vernetztes Denken(그물망 사고) 에서는 이 의미가 좀더 분명하게 드러난다 – 시스템적 사고의 또 하나의 핵심적인 특성으로 만들었다. 이렇게 '연결망 사고(network thinking)'는 우리의 자연관뿐 아니라 과학지식에 대한 표현방식에까지 영향을 미쳤다.[44]

복잡계 중에서도 가장 복잡하고 다이나믹한 것은 생명현상을 이루는 조직일 것이다. 생명체는 뇌와 심장, 허파, 간, 콩팥 등을 이루는 기관들간의 네트워크와 작게는 생체분자와 분자간의 네트워크 그리고 더 세분하면 세포와 세포간의 네트워크로 구성되어 생명이라는 창발성을 보이는 복잡계이다. 이러한 네트워크는 기본적으로 선들을 이어주는 노드(node)와 노드와 노드를 연결하는 선(link)으로 구성되어 있다. 연결되어 있는 선이 많은 노드를 허브(hub)라고 부르는데, 허브는 네트워크를 구성하는 데 당연히 중요한 위치를 차지한다. 복잡계 네트워크는 자연과학과 사회과학 전 영역을 아우르는 개념이기 때문에, 생명현상을 포함한 자연계와 사회적 관계모두 네트워크 이론이

---

43) 양자물리학에서는 독립된 개체나 부분이라는 개념은 성립되지 않는다.
44) Fritjof Capra, *생명의 그물*, 범양사 출판부, p.61.

적용될 수 있다.

1996년 산타페 연구소[45]에 개최되었던 경제물리학 워크숍의 조직 책임자의 말에 따르면, "시장은 행위자들의 네트워크를 통해서 움직이고, 시장에서 일어나는 일은 그런 네트워크의 구조를 반영하며, 네트워크의 구조는 다시 네트워크가 어떻게 만들어지는가에 따라 달라진다."[46]

물리학자들은 사회적 네트워크에 일종의 보편성이 있다는 것을 찾아내었다. 사회적 네트워크를 지칭하는 말 중에 '케빈 베이컨 수(Bacon Number: BN)'가 있다. 이 말은 만약 내가 법정스님과 영화를 출연하고 다시 내가 케빈 베이컨과 영화에 출연했다면, 나와 케빈과의 관계는 BN 1이 되고, 법정 스님과 케빈 베이컨과의 관계는 BN 2가 되는 것이다. 이렇게 확장을 해 나가면, 지구상에 제 아무리 멀리 떨어지고 아무런 관계가 없는 사람이라 할지라도 BN은 6을 넘지 않는다. 이것은 1967년 '밀그램의 실험'[47]에서 입증되었다.

최근 SNA가 주목받는 이유는 구글을 따라잡은 2004년 마크 주커버그가 설립한 페이스북과 트위터의 놀라운 성장세이다. 거대 공룡기업이었던 IBM을 MS가 넘어가고, MS의 세력을 구글이 넘어서며, 지금은 페이스북이 인터넷 시대의 총아인 구글을 위협하고 있는 것이다. 그러나 SNA가 가지는 확산의 속도와 관계성의 본질을 잘 생각해보면 그리 놀라운 일은 아니다. IBM은 대형 컴퓨터 회사로 만족했고, MS는 개인컴퓨터에 들어갔으며, 구글은 컴퓨터간의 연결, 그리고 페이스북과 트위터는 휴대가 가능한 스마트폰의 등장으로 폭발적 신장세를 기록하게 되었다. 창발성을 특징으로 하는 자연계에서 폭발적 세포분열을 일으키는 현상과 유사하다고 볼 수 있다. 어떤 미래학자가 인제 손안의 컴퓨터에서 사람 몸속에 이식된다고 하는 표현은 괜히 나온 말이 아니다. 이는 마치 열역학적 상태를 표현하는 엔트로피가 증가하듯이 복잡도가 증가한다는 말이며, 복잡계적 성질을 보이는 이 세상에서 네트워크 이론이 필요한 이유이다.

---

45) 산타페 연구소(Santa Fe Institute)는 1984년 복잡계 분야 연구를 위해 설립되었으며, 미국 뉴멕시코주 산타페에 위치해 있다.

46) W. B. Atthur, S.N. Durlauf, & D.A. Lane (1997). *The Economy as a Complex Evolving System II*, p.9.

47) 밀그램의 실험은 사회 네트워크에 대한 연구 중에서 가장 유명하고 정교한 연구이며, 1950년대 MIT의 정치학자 풀과 수학자 코헨의 사회에서 정치권력이 어떻게 등장하는지에 대한 연구에 자극받아서 수행하였다(필립 볼, *물리학으로 보는 사회*, 까치, p.386).

제8절 미래학과 양자이론

지금까지 설명한 복잡계 이론을 구지 자연과학과 대칭을 시키자면, 통계물리학적 범주에 속한다. 통계물리학은 기체운동과 같이 작은 입자간의 운동과 열역학적 상태를 연구하는 것이다. 그러나 지금부터 설명하는 양자론은 고전물리학적 사고 체계와는 완전히 다른 새로운 관점의 이론을 제시한다.48)

현대사회의 특징을 흔히 불확실성이 높고 매우 빠르게 변화하고 있다고 말한다. 이것을 물리학적 표현으로 풀이하면, 위치와 운동량이 매우 빠르게 움직인다고 할 수 있다.

고전물리학은 물체의 운동 상태를 밝혀내기 위해 물체의 위치와 속도를 필요로 하고 이 해를 구하는 것이 뉴튼의 운동법칙이자 운동방정식이다. 이를 사회현상으로 비유해보면 크게는 농경사회에서 산업사회로의 변화, 산업사회에서 정보화사회로의 변화를 생각해볼 수 있으며, 작게는 정치에서의 여야간의 관계, 경제주체들간의 관계, 한국과 북한과의 관계 등 사회를 구성하는 다양한 주체(물리학에서는 물체)와 이들간의 역학관계(물리학에서는 운동)가 매우 빠르게 변화하고 있음을 의미한다. 즉 고전물리학적 관점에서는 사회현상을 뉴튼의 운동방정식을 풀듯이 사회현상을 풀이하면 되었다.

그러나 사회는 점점 더 빠르게 움직인다. 레이 커즈와일(Ray Kurzweil)은 특이점(Singularity)에서 멀지 않은 장래에 컴퓨터연산능력의 증가로 인간과 로봇 사이의 경계가 사라질 것이라는 예측을 한 바 있으며, 짐 데이터(Jim Dator)는 미래는 하나의 결정된 미래가 존재하는 것이 아니라 다양한 대안적 미래가 존재하며, 미래연구의 목적은 대안 미래를 연구하여 준비하는 것이 핵심이라고 주장한 바 있다. 그리고 미래 자신의 꿈을 실현하기 위해 현재를 준비하는 모습은 미래가 현재에 영향을 주는 창발적 현상이라고 이해할 수 있다.

이처럼 미래사회의 특징은 '불확정성'49)과 '다양성', '주관성' 그리고 '시공

48) 고전물리학이 경제학 등 사회과학에 영향을 많이 미쳤으나, 양자론에 입각한 사회과학 이론은 심리학과 경영학에서 일부 시도한 경우가 있다. 최동석은 기업이 위기에 대처하는 방식으로 조직구성원들이 '양지적 변화'를 일으킬 수 있는 '변혁적 리더십'을 강조하고 있다.

49) 미래사회의 상태는 통상 불확실하다는 표현을 쓰지만, 양자상태에서 입자의 상태가 불확정

간의 얽힘'에 있다고 해도 무방하다. 이런 미래사회의 특징은 우연히도 양자역학의 세계와 유사성이 있다. 양자물리학은 고전역학이 설명하지 못하는 원자의 세계와 같이 아주 작은 세계를 설명하는 이론이다. 이 중에서 대표적인 이론이 하이젠베르크(Werner Karl Heisenberg, 1901~1976)의 '불확정성 원리(uncertainty principle)'가 있는데, 불확정성 원리는 고전역학서 설명하는 운동의 이론과는 그 체계가 완전히 다른 이론이다.

1. 불확정성 : 미래상태는 확실하지도 않고 확정된 상태도 아니다

불확정성 원리는 아주 작은 원자의 세계를 구성하는 입자의 위치와 운동량을 동시에 정확히 알 수 없다는 것이다.

$$\Delta x \Delta p \geq \frac{\hbar}{2}$$

Δx는 어떤 물체가 있는 위치의 불확정도이고 Δp는 물체의 운동량의 불확정도이며, 이 두 가지 변수의 곱은 플랑크 상수 $\hbar$[50]보다 작을 수 없다라는 의미이다. 좀 더 풀어서 설명하면 어떤 물체의 위치를 측정해서 그 불확정도 Δx가 작아지면 운동량의 불확정도 Δp는 더 커지게 된다. 만일 어떤 물체의 위치를 더 정확히 측정한다면 위치의 불확정도가 0에 가깝게 작아지지만, 대신 물체의 운동량 Δp는 무한히 커져야 하므로 그 물체의 속도는 전혀 할 수 없게 된다. 반대로 물체의 속도를 정확히 재면 잴수록 그 물체의 위치를 전혀 모르게 된다는 것이다.

미래연구를 할 때 흔히 사용하는 방법이 트렌드 연구이다. 트랜드는 현재의 힘과 상태가 미래에도 지속될 것이다라는 전제에서 사용되지만, 1997년 IMF사태나, 2008년 금융위기 등으로 보더라도 트렌드는 얼마든지 생겼다가 사라질 수도 있다. 따라서 불확실한 세계에서 미래연구는 지금 당장은 우스꽝스럽고 하찮게 여겨지는 이슈, 즉 이머징 이슈(emerging issue)를 주목해야 하고, 언제나 사회변화를 지속적으로 관찰하는 사고가 필요하다.

양자론적 아이디어를 미래에 적용해보면, 미래사회의 모습은 물체가 가지

적이다라는 뜻에서 uncertainty를 불확정성으로 번역한다.

50) 1900년 M. Plank가 흑체복사의 파장에 따른 세기분포를 연구하다가 발견하였으며(E=hυ), 플랑크 상수가 무한히 작아지면($\hbar \rightarrow 0$) 양자역학이 고전역학으로 환원됨을 알 수 있다. 그래서 고전역학은 양자역학의 특수한 경우 혹은 부분집합으로 생각할 수 있다.

는 불확정도인 Δx에 비유되고, 물체의 운동량인 Δp는 사회의 역동성으로 비유될 수 있다.

따라서 미래사회의 모습과 역동성은 동시에 파악할 수 없다는 말이며, 미래사회 모습을 정확하게 예견하려 하면 할수록 그 사회의 역동성은 더욱 커져 버리고, 미래사회의 역동성을 파악하려 하면 할수록 미래사회의 모습은 모호해질 수밖에 없다고 비유될 수 있다. 따라서 양자론적 이론이 미래학 이론으로 접목이 된다면, 향후 몇 년 후의 미래의 모습을 정확히 예견하고 답하는 것은 것은 과학적 사고가 결여된 질문과 대답이 될 가능성이 높다.

2. 다양성 : 미래 상태의 다양성

당구는 물체의 2차원 운동을 설명하는 사례로 곧잘 인용되곤 한다. 당구공의 위치와 운동 속도를 정확하게 계산하면 언제 어디를 움직이는지 파악이 가능하다. 이처럼 초기 위치와 운동량이 결정되면 미래는 하나의 상태로 나타나게 된다. 이는 태양 주위를 자전하는 행성들의 움직임을 현재 위치와 속도를 파악함으로써 미래의 상태를 예측할 수 있는 것과 마찬가지이다.

그러나 양자상태에서의 운동은 고전물리학의 운동과 개념상 완전히 다르다. 고전역학에서 운동은 위치와 속도로 규정되기 때문에 물체의 운동 상태를 기술하려면 매 순간마다 위치와 속도를 말해야 한다. 반면에 양자상태에서는 운동 개념을 다르게 생각하고, 상태의 규정을 새롭게 해석해야 한다. 고전물리학에서 뉴튼의 운동방정식이 있다면, 양자물리학에서는 슈뢰딩거의 파동 방정식이 있다. 뉴튼의 운동방정식 $F=m\,dv/dt$을 풀어서 물체의 위치를 시간의 함수로 구할 수 있듯이, 슈뢰딩거 방정식을 풀면 입자의 상태함수 $\Psi(x,\ t)$를 공간과 시간의 함수로 구할 수 있고, 이를 구하면 입자의 상태를 알았다고 하는 것이다. 여기서 상태함수의 절대 값을 제곱하면 입자가 나타나는 확률이 되는 것이다

미래는 다양하게 존재한다. 그래서 미래연구를 할 때 지칭하는 미래는 futures를 쓴다. 이것은 미래란 하나의 결정된 미래가 아니라 언제나 복수의 미래라는 의미로 사용되기 때문이다.

짐데이터(Jim Dator)는 대부분의 문화권에서는 4가지 유형의 미래 이미지가 존재한다고 결론지으며, 다음과 같이 설명한다. 현재의 위기와 기회가 미

래에도 지속적으로 성장할 것이라는 "지속 성장(Continued Growth)", 전쟁, 경제공황, 환경 및 자연 재난, 도덕적 타락 등 다양한 형태의 몰락과 붕괴를 의미하는 "붕괴(Collapse)", 발전과 퇴보없이 현재의 상태를 유지해 나가거나, 진화를 인위적으로 통제하는 보존사회 혹은 생존 사회(Conserved Society or Disciplined Society), 현재의 사회 시스템이나 형태가 종식되고, 과거와 현재에는 존재하지 않았던 새로운 형태의 믿음, 가치, 행동에 기반한 "변화(Transformation Sociey)"가 있다.[51)]

3. 주관성의 개입

앞서 과학적 사고의 구성요건 중, 세 번째 요소인 '지식의 실증적 검토'에서 실험을 통한 검증의 중요성을 언급한 바가 있다. 이는 어떤 물체의 운동에 대한 미래 상태를 확인하기 위해 실험의 중요성을 언급한 내용이었다. 관측이란 관측의 주체인 사람이 관측의 대상인 물체를 살펴보는 것이다.

그런데 이 단순한 명제는 고전물리학과 양자물리학에 매우 큰 차이가 존재한다. 고전물리학에서 물체의 운동은 기본적으로 데카르트의 좌표계(Cartesian coordinates system)에서의 운동이다. 데카르트는 인간 정신은 세상과 독립하여 세상을 구성하는 물질을 인지할 수 있다는 이원론을 주장하고, 정확히 수학적 법칙에 지배를 받는 자연관을 제시하였다.

데카르트는 '모든 과학은 확실하고 분명한 지식이며, 단순히 가능성을 가진 모든 지식을 배척하며 완전히 알려지고 아무런 의심도 있을 수 없는 것만을 믿어야 한다'라고 주장하였으며 이러한 데카르트적 확신은 오늘날 아직도 광범위하게 퍼져 있으며 서구 문화의 전형인 과학주의에 반영되어 있다.[52)]

데카르트의 입장을 반영한 고전역학에서의 운동과는 달리, 양자물리학에서는 관찰의 주체와 대상이 독립되어 있지 않다. 다시 말하면, 관찰자가 측정하면 대상의 움직임이 변한다는 것이다.

물리학 전공자는 잘 알고 있는 '전자의 이중슬릿 실험'에서 한 개의 전자의 움직임은 관찰자의 개입여부에 따라 '파동성'과 '입자성'의 성질을 보여준다. 측정을 하지 않으면 전자의 상태는 이리로 갈 수도 있고 저리도 갈 수도

51) 한국정보화진흥원, 2009, *미래전략연구방법론*.
52) Fritjof Capra, *새로운 과학과 문명의 전환*, 범양사 출판부.

있는 중첩되어 있는 상태이며, 만약 관측을 하게 되면 한쪽 방향으로만 가는 상태의 결과를 얻는 다는 것이다. 이것은 전자의 상태가 측정하는 순간에 두 고유상태 Ψ_1과 Ψ_2 중에 하나로 바뀜을 의미한다.

이러한 결과는 기존의 결정론적 자연관 그리고 미래연구에 있어서 매우 중요한 시사점을 제공한다. 관찰의 대상이 인간의 의식과는 무관하게 움직인다는 자연관에 혁신적 변화를 초래한 것이다. 또한 미래학이 인간의 생각, 인간이 갖고 있는 이미지에 대한 연구를 한다는 점 그리고 그동안 객관적으로 검증할 수가 없어서 과학으로서의 학문적 지위를 인정받지 못했던 점에서 향후 미래학이 추구하는 방향은 기존의 결정론적 패러다임에서 주관성이 개입된 양자론적 패러다임에 있음을 강하게 시사해준다.

스티븐 호킹(Stephen William Hawking, 1942~현재)은 '시간의 역사'에서 양자역학에서 측정의 문제를 다음과 같이 설명한다. "일반적으로 양자역학은 한 관측에 대해서 하나의 확정된 결과를 예측하는 대신 여러 개의 가능한 결과를 예언하고, 개개의 결과가 얻어질 확률을 알려준다. 다시 말해서 동일한 측정을 수많은 비슷한 계에서 되풀이 하면, 어느 횟수만큼은 측정 결과 A, 또 다른 어느 횟수만큼은 측정 결과 B 등으로 얻어진다는 뜻이다. 이때 우리는 결과 A나 B가 얻어지는 대략의 횟수를 예언할 수는 있으나, 개개의 측정에 대해서 어떤 결과가 얻어지는지 예언할 수는 없다."

4. 시간과 공간의 얽힘

영화 매트릭스를 보면 주인공 네오가 오른쪽으로 걸어가는 고양이를 보고 조금 후 다시 똑같은 고양이가 오른쪽으로 이동하는 것을 목격하는 장면이 나온다. 네오는 이것을 보고 데자뷰[53](deja vu)라고 말한다.

데자뷰가 일어나는 원인이 뭔지는 모르지만, 인간의 뇌활동이라고 생각해보면 이것도 하나의 창발 현상이라고 볼 수 있다. 그런데 데자뷰는 일반적으로 현재 시점에 있는 여러 요인들의 상호 작용에 의한 창발 현상이라기보다는, 걱정거리가 있거나 혹은 미래에 간절히 원하는 것이 있을 때처럼 뇌에 스트레스가 작용할 때 일어나는 것으로 생각할 수 있다.[54] 이 말을 다르게

53) 최초의 경험임에도 불구하고, 이미 본 적이 있거나 경험한 적이 있다는 이상한 느낌이나 환상. 프랑스어로 '이미 보았다'는 의미로서 영어로는 already seen에 해당한다(출처: 네이버).

해석하면, 미래가 현재에 영향을 준다고 해석할 수 있다. 즉 네오와 그 일행이 스미스와의 대결을 앞두고 오는 스트레스가 데자뷰를 나타나게 했다고 생각할 수 있다.

양자물리학에서도 이와 비슷한 사례가 있는데, 양자 얽힘 현상(quantum entanglement)이다. 아인슈타인은 양자역학의 확률적 개념을 몹시 싫어하여, 보리스 포돌스키, 네이선 로젠과 같이 1935년 'EPR'사고실험으로 양자물리학의 논리를 깰려고 하였다.

이 실험에서 두 개의 전자가 동일한 모드로 진동하면(결맞음, coherence) 멀리 떨어져 있는 경우에도 파동적 동조상태를 유지할 수 있다. 두 전자가 몇 광년 거리를 두고 떨어져 있다 해도, 이들 사이를 탯줄처럼 연결해주는 슈뢰딩거 방정식이 존재하는 것이다. 이 중 한쪽 전자에 무슨 일이 일어나면 정보의 일부가 '즉각적으로' 다른 전자에게 전달되는데, 이것을 '양자 얽힘(quantum entanglement)'이라고 한다. 결 맞은 진동을 하고 있는 입자들은 이와 같은 네트워크를 통해 서로 밀접하게 연결되어 있다. 이 실험은 아인슈타인의 빛보다 빠른 물체는 없다는 논리를 이용하여 양자역학이 틀린 이론이라고 주장하기 위해 고안되었으나, 1980년 프랑스의 물리학자 알랭 아스펙(Alain Aspect)에 의해 양자이론이 옳다는 것이 증명된다.[55)]

아스펙은 서로 영향을 미치는 광량자(photon) 한 쌍을 쪼개서 양쪽 방향으로 쏘고, 광량자가 날아가는 동안 한쪽의 탐지기 앞에 편극 필터를 놓아 보았다. 한쪽의 광량자가 다른 편 광량자에게 일어난 일을 나는 듯이 보였다. 이 실험은 마치 쌍둥이같이 밀접히 연결된 사람들이 멀리 떨어져 있어도 서로에게 무슨 일이 일어나고 있는지 알고 있는 것과 같은 성격의 이야기이다.[56)]

원자를 구성하는 수소, 헬륨, 리튬, 베릴륨 등은 핵을 돌고 있는 전자에 따라 그 물리적 성질이 달라진다. 인간의 존재도 이와 같은 원소로 구성되어 있으며 이러한 원소들의 결합에 의한 창발적 현상이라고 볼 수 있다. 자연계에는 매우 광범위한 영역에서 자유전자, 광량자와 같은 아원자가 존재하며,

54) 이것은 저자의 주관적 해석이며, 과학적 해석이 아님을 밝힙니다.
55) 미치오 카쿠, *불가능은 없다*, 김영사, pp.113-115.
56) 피터 로리, *미래의 역사*, p.136.

이러한 아원자의 존재가 영향을 줄 수 있는 범위는 확률이 매우 낮긴 하지만 지구 반대편에도 존재할 수 있다. 증명할 수는 없지만, 한국에 있는 아버지가 이라크에 있는 아들이 걱정된다면, 자연에 있는 그 무엇은 그 아들에게 영향을 주어 갑자기 꿈에 부모님의 모습이 나타나게 할 수 도 있다.

김성태는 "미래예측은 현재의 모습에서 미래의 변화상을 미리 그려봄으로써, 의사결정자들에게 미래의 수요와 기회가 조화될 수 있도록 준비하는 데 목표를 둔다"[57]고 한 바 있다. 이 말은 미래의 시공간이 현재의 시공간에 영향을 준다는 의미이며, 이것은 양자물리학에서 시공간을 초월하는 양자 얽힘 현상(quantum entanglement)과 유사한 면이 있다.

아인슈타인은 비록 양자론을 끝내 거부했지만, 그가 남긴 특수상대성이론과 일반상대성 이론은 우리가 살고 있는 이 세상이 시간과 공간이 서로 연결되어 있으며 우주가 중력에 의해 휘어져 있음을 알게 해 주었다. 지구는 태양의 주변에 형성된 '움푹 파인 공간'을 따라 원운동을 하는 것이다. 좀 더 정확하게 표현하자면, 지구는 태양 주위의 왜곡된 공간 속에서 '가장 저항력이 작은' 경로를 따라 운동하는 것이다. 이것은 지구가 태양을 도는 이유가 그저 중력 때문이라는 뉴튼의 사고를, 중력이 '질량으로부터 공간이 왜곡되면서 나타나는 현상'으로 바꾸었으며, 결국 아인슈타인의 일반상대성이론은 뉴튼의 중력을 전달하는 매개체를 '휘어진 우주공간'으로 밝힌 것이다.[58]

그러나 이러한 아인슈타인의 시공간의 개념은 양자상태의 입자들에 대해서는 더 이상 적용되지 않는다. 불확정성원리에 의하면 작은 입자의 위치를 정확히 하려 하면 할수록 주사 맞은 망아지처럼 날뛰고, 반대로 얌전하게 진정시키려면 그 위치를 파악할 수 없다는 것이었다.

우주의 행성운동을 아주 우아하게 설명하는 일반상대성이론은 양자적 요동이 극심한 초미세 영역에서는 더 이상 적용이 되질 않는다. 이런 두 이론의 모순관계를 해결하고자 하는 것이 바로 초끈이론(superstring Theory)이다.[59]

우리가 살고 있는 이 세상은, 가깝게는 뉴튼의 운동을 설명한 유클리트

---

57) 김성태, *또다른 미래를 향하여*, 법문사, p.14.
58) 브라이언 그린, *엘러건트 유니버스*, p.122.
59) 위의 책, p.212.

공간에서, 아인슈타인이 얘기한 휘어진 공간에서 우아하게 움직이는 우주안에서, 양자론의 지배하는 작은 세상의 경계에서 살고 있다.

자연뿐만 아니라 사람들의 사회도 결국 이러한 시공간의 경계에서 살고 있다. 홉스와, 제번스, 발라, 파레토가 고전 물리학으로부터 각 분야의 사회이론을 발전시켰듯이 사회학, 경제학 그리고 심리학 등 소위 사회과학 분야도 이러한 자연과학의 발견과 외침에 귀를 기울여야 하는 이유가 여기에 있다.

이제는 사회 속에서 창발되는 현상을 뉴튼적 패러다임 속에서 오감에 의해 인지되는 것만을 모두인 것으로 생각하고 진리인양 생각하는 순진한 착각을 버려야 한다. 양자론을 비롯한 자연과학의 성과로부터 우리가 알면 알수록 모르는 것이 더 많은 것이 바로 우주이며 이 세상임을 인지해야 한다. 지금 바로 도래하는 위협도 모르고 이미 지난 사건에 대해서도 잘 모르고서, 어떻게 미래를 잘 안하도 얘기할 수 있을까. 양자세계를 더 이상 뉴튼의 패러다임으로 이해할 수 없듯이, 보다 겸손한 마음으로 우주와 이 세상을 과학적으로 연구하는 풍토가 필요하다. 자연과학이 이루어 놓은 거듭된 과학적 사유 체계를 통해 보다 진보된 사회과학적 이론을 발전시키고 이를 통해 미래연구의 방법론으로 활용하는 풍토가 자리잡아야 할 것이다.

제 9 절 미래사회의 위험 - 우리가 알고 있는 것은 무엇인가

자식을 키워본 부모는 누구나 아기가 태어나면 본능적으로 젖을 빨고, 무엇이든 입에 넣으려는 모습을 쉽게 관찰할 수 있다. 아기가 자라면서 무엇을 먹을 수 있고, 무엇을 할 수 있고, 무엇을 하지 말아야 하는지, 그리고 무엇이 위험한지를 깨닫듯이, 인간에게 있어 지식에 대한 욕구는 원초적 본능이라고도 볼 수 있다.

이러한 본능은 B.C. 5000년 고대 수메르-아카디아 문명을 시작으로 이집트 문명, 에게문명, 그리스 문명, 중세를 지나 현재에 이르기까지 인간의 생존과 삶을 위해 필요했던 기술과 지식을 낳게 되었고 여러 갈래의 문명과 학문체계로 발전되었다.

농사를 짓기 위해 필요한 지식은 천문학으로 발전하고, 홍수 범람에 따른 농지 구획을 위해 필요했던 측량 및 토목기술은 수학과 공학으로 발전하였으며, 도시 생활로부터 비롯된 인간관계는 정치학,[60] 행정학, 정책학 등 사회과학으로 발전하였다.

이 중에는 연구나 탐구를 통해 실질적 문제 해결을 지향하는 공학이나 정책학과 같은 학문도 있고, 예전부터 늘 제기되어 왔지만 명쾌한 답을 이끌어내기 힘든 심리학, 자연과학, 인문학 등과 같은 학문도 있을 것이다.

중요한 것은 역사적으로 인간의 경험과 지식을 통해 축적된 이들 학문에는 기본적으로 시간, 특히 미래에 대한 속성이 포함되어 있다는 것이다. 물리학, 화학, 생물학 등이 과학(Science)으로 불리는 이유 중 하나는 시공간에 대해 재현성이 있다는 것이다. 시공간에 대한 재현이란 언제 어디서든 같은 조건, 환경에서 동일한 결과가 나와야 한다는 것이다. 이미 과학적 사고란 인간의 사유이며 정신문화임을 밝힌 바 있다. 따라서 과학적 사고에 의한 정신문화는 자연과학 그 자체에만 머물지 않고 동시대에 살고 있는 많은 심리학, 철학, 사회과학 등 지식인들의 사유체계에 많은 영향을 주고 받으며 형성되어 온 것이다.

과학을 종교로부터 분리한 데카르트(Rene Descartes, 1596~1650)의 심신이원론적 사고와 갈릴레오(Galileo Galilei, 1564~1642)의 관성의 법칙 그리고 뉴튼(Isaac Newton, 1643~1727)으로부터 집대성된 고전 물리학은 단순히 과학적 지식의 축적이 아니라 인류 문명의 패러다임이 결정론적이고 기계론적 세계관으로 가는데 매우 큰 기여를 하고 실용적 학문의 초석을 다지게 했으며, 인간이 자연과 사회를 바라보는 패러다임을 제시하는데 결정적 공헌을 하였다.

이러한 사조는 기계론적 생명관, 뉴튼적 심리학, 경제학 분야에 두드러지게 나타났으며, 특히 경제학은 기본적으로 인간이 이성적이고 합리적이다라는 전제로, 수학보다도 더 수학이론을 즐겨 쓰는 학문이 되었다. 에릭 바인하커는 '부의 기원(2007)'에서 19세기 후반 이후 경제는 하나의 균형시스템, 특히 정지 상태의 시스템이라는 패러다임을 가지고 있었으며, 이는 물리학으로부터 영감을 받았다고 한다. 이때의 물리학은 정지 상태가 운동의 일반적인

60) 정치학(politics)의 어원은 고대 그리스의 도시(polis)에서 비롯되었다.

경우로 이해하는 뉴튼적 패러다임의 전형이며, 이는 아인슈타인(Albert Einstein, 1879~1955)의 특수상대성이론에 의해 부정되기에 이른다.

경제학, 경영학, 정치학 혹은 정책학 등을 사회과학으로 분류한 것은, 사회도 자연과학과 마찬가지로 과학적 사고가 보편적으로 적용될 수 있으며, 그리고 과학이란 말을 씀으로써 체계적 학문적 지위와 함께 인류 정신문화로서의 지위를 누리기 위함일 수도 있다.

남궁근은 “자연과학과 사회과학의 구분은 기본적으로 연구대상에 따른 것이다. 자연 현상은 매우 규칙적이고 질서정연하지만 사회현상은 유동적이며 관찰하기 어렵다.”[61]고 하였다. 이 말은 이미 과학으로서 검증을 거쳐 더 이상 논란의 여지가 없는 양자론의 입장에서 보면, 아직 논란의 여지가 있다. 왜냐하면 양자상태에서 입자들의 운동은 그리 질서가 있지도 규칙적이지도 않기 때문이며, 또한 ‘초끈이론(Super String Theory)’으로 가면 검증되지 않은 이론들도 여전히 과학적 사고의 결정체로 다루어지고 있기 때문이다.

아무튼 정치학이든 경제학이든 사회과학 분야는 데카르트-뉴튼 자연과학의 패러다임에 많은 영향을 받았다. 따라서 자연과학의 패러다임을 살펴봄으로써 사회과학 등 인간 관계 및 정치 역학이 관심 있는 사회과학을 이해하는 데 매우 필요하고도 중요한 의미가 있다.

미래 사회 위험을 이해하기에 앞서 다시 한 번 인간의 지식에 대한 원초적인 질문에서부터 아인슈타인의 특수상대성이론(Special theory of relativity, 1905)과 양자론에 이르기까지 구구한 설명을 하였다. 왜 이런 논의가 필요할까?

미국으로부터 촉발된 금융위기, 북한의 핵위협, 신종플루, 지구온난화, 폭력과 전쟁의 위협, 에너지 위기 등 신문지상으로부터 너무도 쉽게 읽을 수 있는 이러한 위험 현상들은 과거에도 앞으로도 있을 것이다. 마찬가지로 과학기술의 발전에 의한 수명의 연장, 행복한 삶 등도 우리 앞에 도래할 것이다. 이제부터 미래사회 위험에 대한 이야기를 해보고자 한다.

---

61) 남궁근, *행정조사방법론*, 법문사, p.12.

제10절 위기는 본질적으로 패러다임 점프를 인식하지 못하는 데서 온다

자연과학 특히 물리학은 기본적으로 물질과 물질간의 상호 관계를 서술하는 과학이다. 만유인력의 법칙이 그러하고, 맥스웰(James Clerk Maxwell, 1831~1879)의 전자기 이론, 미시세계를 설명하는 양자 물리학(Quantum Physics) 그리고 통계물리학으로 비롯된 복잡성 과학(Complexity Science)이 그러하다.

물질과 물질간의 상호관계를 안다는 것은 예측이 가능하다는 것을 의미한다. 당구장에서 공의 어떤 위치에 어떤 방향으로 얼마만큼의 힘을 주면 다른 공을 맞출 수 있는지 예측이 가능한 것처럼, 미래에 대한 예측이란 시간과 공간속에 운동하는 물체의 상호관계를 규명함으로써 파악이 가능하다.

뉴튼은 떨어지는 사과를 보고 만유인력의 법칙을 발견했다고 한다. 이런 정황에 대해 이견이 계신 분도 계시겠지만, 중요한 것은 이 사과와 지구간의 상호작용을 알아낸 뉴튼으로부터 근대 과학이 완성되고, 근대 과학은 19세기까지 결정론적 과학 패러다임을 지배하게 된다. 또한 자연과학뿐만 아니라, 경제학·행정학 등 사회과학 분야와 서구 문명 발달에 거대한 패러다임을 제시하게 된다.

그러나, 1900년 플랑크(Max Planck, 1858~1947)는 흑체 복사 실험을 통해, 빛은 파동이아니라 양자화된(quantized) 입자라고 주장하게 되고, 뒤이어 보어(Neils Bohr, 1885~1962)와 슈뢰딩거(Erwin Schrödinger, 1887~1961) 등에 의해 주창된 양자 물리학은 뉴튼의 결정론적 세계관을 뒤집는 자연과학의 세계를 보여준다.

토마스 쿤(Thomas S. Kuhn, 1922~1996)은, 1962년 『과학혁명의 구조』에서 일반적으로 받아들이는 '정상과학'이란 누적적으로 발전하는 것이 아니라, 우발적 혁명에 의해 단절적 안정성을 가져온다고 주장한다. 즉 뉴튼의 근대과학의 패러다임은 양자물리학이란 새로운 정상과학으로의 패러다임 전환을 단절적으로 일으키게 된다는 것이다. 쿤에 의한 과학의 진보 과정은 다음과 같이 반복에 반복을 거듭한다.

전과학(정상과학에 도달하기 전의 과학) → 정상과학 → 위기 → 혁명 → 새로운 정상과학 → 새로운 위기 → …

자연과학자이든 사회과학자이든 과학자들에게 있어, 새로운 정상과학으로의 도약은 도전이자 사명이요, 책임이라고 할 수 있다. 만약 정상과학 속에 안정을 꾀하면 그동안 나타나지 않던 현상과 이슈들에 둔감하게 되고, 점차 설명할 수 없는 문제들에 직면하게 된다.

정상과학 속에서 활동하는 과학자들은 실험 결과에 대해 그 시대적 패러다임 속에서 이해하고 발전시킨다. 막스 플랑크가 빛의 양자성을 주장했을 때만 해도, 뉴튼적 패러다임 속에 머물러 있었고, 아인슈타인이 일반 상대성 이론을 주장 할 때는 물리학의 기초도 모르는 사람이라고 평가 절하되었다.

이러한 과정 속에 명백한 반증에 직면하게 되고 이 문제 해결에 속수무책으로 당하게 되면, 그때부터는 새로운 위기 상태를 맞이하게 되는 것이다.

제11절 전염병과 위험의 시간적 속성

2010년 말부터 2011년 지금 이 책을 쓰는 동안에도 한국은 구제역에 의한 재난을 겪고 있다. 이미 신종플루나 사스 등 위험한 바이러스를 겪은 바가 있었고 구제역도 이미 처음도 아닌지라 갑자기 왜 이런 재난을 겪게 되었는지 분석이 필요하다. 분석의 프레임은 재난, 위기, 위험에 대한 시간적 속성과 복잡도를 설정하였다.

위기(Crisis)는 위험(Risk)과 기회(Opportunity)의 복합어이다. 즉 자칫 잘 못하면 재난을 맞이할 수도 있고 잘하면 새로운 기회를 만들 수 있다는 뜻으로 현재적 상황[62]이라고 볼 수 있다. 위험(Risk)은 아직 도래하지 않은 미래의 좋지 못한 상황을 뜻하며, 피해 규모도 쉽게 가늠하지 못한다는 특징이 있다.

독일의 사회학자 울리히 벡(1944~현재)은 오늘날 우리가 살아가는 터전은 계산 불가능하고 정확한 예측이 불가능한 위험들이 도처에 널려 있는 위험사

62) 엄밀하게 따지면 현재란 영원히 없다고 볼 수 있다. 오감에 의해 인지되고 말하는 순간 이미 과거가 되어 버리기 때문이다. 여기서 현재적 상황이란 가까운 장래에 미칠 수 있는 상황을 의미한다.

회라고 주장한 바 있다.

WHO는 위험을 바람직하지 않은 결과가 발생할 확률 또는 이 확률을 높일 수 있는 요소(World Health Report, 2002)라고 정의한 바가 있으며 재난(disaster)은 이미 일어난 사실로서 시간적으로 보면 과거에 해당되고 피해 규모도 매우 큰 것을 의미한다. 반면에 미래 위험요소와 그 원인들은 매우 복잡한 상황에서 창발될 가능성이 높다. 위험은 점점 가깝게 다가오면서 위기로 변화되지만 그 원인의 복잡도는 상대적으로 많이 떨어진다. 이후 재난이 되면 그 재난에 대한 원인은 인간의 오감에 의해 파악이 가능하다. 이에 대한 개념을 도식화 하면 다음과 같다.

재난은 인력으로 어쩔 수 없는 자연적 재해도 있고, 인간에 의해 저질러진 재난도 있다. 최근에 있었던 최고의 자연재해로는 쓰촨성 대지진과 칠레 대지진, 세계 최대의 인재로는 제2차 세계대전을 들 수 있을 것이다. 그러나 2011년 한국에서 벌어지는 있는 소에 대한 홀로코스트는 비록 짐승이기는 하지만, 자연과 인간으로부터 저질러진 재난이라고 봐야 할 것이다.

위험이라는 속성은 인간이 생로병사를 알고 난 이후부터는 언제나 함께 하는 것이다. 어차피 인간의 운명을 함께 하는 것이 위험이라는 속성이라면,

[그림 3] 위기, 위험, 재난의 시간적 속성과 복잡도

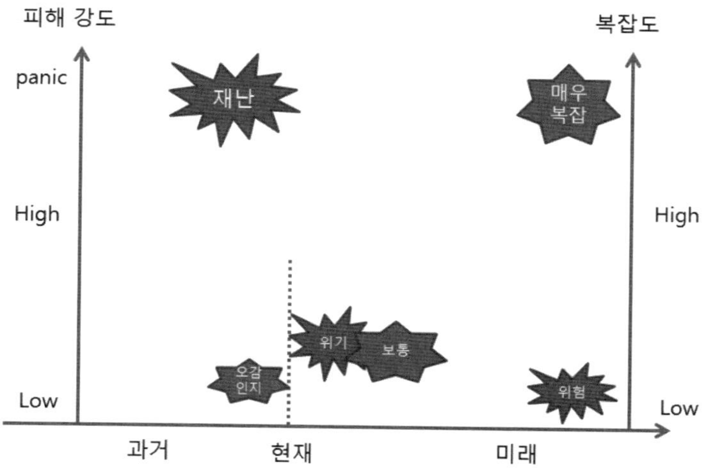

위험에 대해서 잘 이해하고 인류에게 피해가 덜 가도록 할 수 있는 방안을 찾아보는 것도 좋을 것 같다.

그림에서 미래의 잠재적 위험은 지금 당장 피해를 입지는 않지만, 그 위험을 이해하기 위한 복잡도는 엄청 높다. 이미 WEF에서도 매년 발간하고 있듯이 전염병은 전 세계의 위험 요소로 이미 분류된 지 오래다.

어쩔 수 없는 면이 있지만 지금 우리는 큰 사건이 벌어진 이후에야 비로소 재난관리와 사고 수습에 국력을 집중한다. 꼭 대형 사고가 일어난 후에야 천문학적인 돈을 쏟아 부으면서 사후 처리에 골몰하고 있다. 물론 재난 대책은 매우 중요하다.

그러나 과거 지향적 처리보다는 그런 대규모 피해가 일어나지 않도록 선제적으로, 미래지향적 사고로 생각을 바꿔 보는 것은 어떨까. 그렇게 하기 위해서는 발상의 전환이 필요하다. 그림에서 보듯이 미래의 위험은 지금 당장 느끼는 피해는 크지 않지만, 복잡도가 무지 높다. 그리고 그 복잡도는 정치, 경제, 사회, 문화, 기술적 환경에 의해 복합적으로 일어나고 있기 때문에, 라스웰이 제시한 다학제적(multidiciplinary) 접근을 넘어서 이제는 범학문적(transdisciplinary)에 의한 통섭적(consilience) 사고의 접근이 필요하다. 단순하게 방역, 수의학, 경찰 및 행정력 그리고 지역 농민들의 일방적 희생으로 사후 땜빵하는 식의 처리는 지양되어야 할 것이다.

'나비효과'란 작은 나비의 날개짓이 엄청난 홍수와 피해를 입히는 말로 익히 알고 있다. 폭풍우와 홍수가 나서 인명피해가 났다면 폭풍우와 홍수를 탓해야 할 것인가 나비를 탓해야 할 것인가? 넋두리 한 말 한마디가 확대 재생산되어서 사회에 큰 피해를 입혔으며 넋두리 한 사람을 벌주어야 할 것인가?

이미 우리는 앞에서 이 세상의 복잡성을 이해하고 왔다. 인간의 행동을 유발하는 원인에 대해 그 사람의 경험 → 교육 → 가치관과 영성에 이른다고 한다. 마치 물위에 솟은 빙산(행동 혹은 문제)은 수면 아래 순차적으로 잠겨있는 빙산의 층(경험층, 교육층, 가치관층, 영성층)에 있다고 할 것이다.

구제역이 전국을 휘감고 촛불이 서울광장을 뒤덮고, 광우병 이슈가 온 나라를 뒤흔들었을 때에는 그만한 이유가 있었을 것이다. 이미 병든 소를 도살하고, 촛불 시위를 주도한 단체를 때려잡고, PD를 잡아 가두는 식은, 근원적인 치유책이 되지 못한다. 문제는 왜 이런 현상이 일어났는지를 통합적으로 이해하는 것이다. 어쩌면 공장 굴뚝에서 나오는 먼지와 폐수 그리고 이 땅에 평화롭게 살아가던 작은 생물들이 인간에 의해 사라짐이 '나비효과'가 되어 다시 우리에게 나타난 것일 수도 있다

미래의 속성 중 하나는 기본적으로 불확실(uncertainty)하다는데 있다. 불확실성이 미래의 속성이기도 하지만, 자연의 기본적 속성이기도 하다. 앞에서 설명한 불확정성원리(uncertainty principle, 1927)는 어떤 상태를 측정하는 순간 그 상태는 다른 상태로 변해버린다는 뜻이며 영원히 알고자 하는 상태를 알 수 없다는 말로 해석될 수 있다. 그러나 다행히도 우리가 파악하고자 하는 대상(전자의 운동 및 위치)이 있다는 것과 그 상태를 변화시키는 작용자(여기서는 빛)는 알고 있다.

따라서 불확실성 관리란 영원히 알 수 없는 것을 관리하려는 어리석은 짓을 의미하는 것이 아니라, 관심의 대상이 무엇인지 그 대상을 에워싸고 있는 환경과 작용자가 무엇인지를 파악함으로써 불확실성 관리의 가능성을 의미한다.

이제는 소 잃고 외양간 고치는 위기 혹은 재난 대비적 근대 정책 수립에서, 복잡도는 높지만 위험에 대한 관리 패러다임을 모색할 때이다. 위험관리는 안전관리 혹은 불확실성 관리로도 불릴 수 있으며, 불확실성 관리는 표층에서 발생하는 표면적 원인 분석에서부터 행동의 주체인 인간의 의식에 이르기까지 사회 전 분야를 관통하는 정책적 패러다임을 필요로 한다.

이런 맥락에서 의학의 아버지라고 불리는 히포크라테스(BC 460?~BC 377?)가 "질병을 앓고 있는 사람이 누구인지가 환자가 앓고 있는 질병이 무엇인지보다 더 중요하다"[63]고 한 말은 깊은 의미가 있다.

아직 체감하지 못하는 미래의 위험에 대한 속성은 결국 우리 사회에 배태되어 있는 것이다. 지금 우리 몸을 이해하듯이 개인의 생각과 우리 사회에 전반에 걸쳐 있는 위험의 속성을 파악하는 것이 미래사회 혹은 미래의 위험에 대비하는 '미래사회 준비'의 첫 걸음이 된다.

63) 카렌 N. 샤노어 외, 2004, *마음을 과학한다*, 나무심는 사람, p.240.

제12절 미래 사회 준비를 위한 정책연구

오늘날 정책 연구는 대부분 과학적 절차에 따라 일반화된 규칙을 추출하는 경험적 접근방법을 택하고 있으며, 대부분의 정책연구는 라스웰(1951)의 정책연구 방향을 따르고 있다. 라스웰의 정책연구는 문제해결(problem-oriented)을 지향하면서, 시간성과 공간성의 맥락성(contextuality)을 가지면서도 순수학문과 응용학문적 성격이 혼합된 연합학문적(multidisciplinary) 성격을 지니고 있다.

1951년 당시는 이미 자연과학적 세계관은 뉴튼의 결정론적이고 기계론적 사고를 극복하였으나, 자연과학적 이론을 수용하던 사회과학 이론은 뉴튼의 결정론적이고, 계량적이면서 논리 실증주의적이며 환원주의적 성격을 유지했었다고 볼 수 있다. 따라서 이때 성립된 정책연구의 특징은 뉴튼의 한계를 벗어나지 못한 과학적 합리성과 이성, 효율성, 계량적인 연구방법이 존중되어 귀납적 실험을 통해 일반화된 이론을 추출하는 데 익숙하다.

그러나 정책연구가 이러한 과학적 합리성의 전통을 계승하여 발전하였지만, 사회적 가치와 갈등, 권력과 협상 등 인간적 속성을 반영한 산물이기도 하므로, 정책연구가 단순히 계량적이고 단순 과학적이며 환원주의적 연구로는 한계를 지닐 수밖에 없다. 특히 지식정보화 사회로의 변화에서 드러나는 인터넷 혹은 미디어 매체들에 의한 광우병 사태, 촛불시위 등은 기존의 정책연구 패러다임으로서는 한계를 지닐 수밖에 없으므로, 보다 심층적이고 동역학적 이해에 바탕을 둔 정책연구가 수반되어져야 한다고 본다.

이미 양자역학의 주춧돌을 세운 하이젠베르크(Werner Heisenberg, 1901~1976)는 그의 저서 『부분과 전체』에서 현대물리학은 베이컨, 갈릴레오, 케플러 그리고 17, 18세기에 걸쳐 형성된 자연과학의 실제적인 응용과정에서 형성된 일련의 과학발전의 맥락을 타고 탄생되었다고 하였다. 그리고 동서양 사상과의 결합에 의한 현대물리학의 확장과정을 고려해 보면, 우리는 현대물리학의 발전과정을 산업이나 공학 그리고 다른 자연과학, 나아가서는 현대문화 전반에 걸친 영역에서의 발전과정과 분리할 수가 없다고 하였다.[64)]

---

64) 하이젠베르크, 1989, *부분과 전체*, 한겨레, p.165.

또한 역사학자인 개디스(J.L. Gaddis)는 '변수간의 상호종속성'은 기존 환원주의적 입장을 탈피한 생태주의적(ecological) 관점을 가지고 있다고 주장하였다. 즉 시간의 흐름에 따른 사회변화를 독립변수와 종속변수라는 개념에 따라 사고하지 않는다는 뜻이며, 변수들이 시간의 흐름에 다라 상호 영향을 주고받는 것을 의미하는 변수들의 상호종속성을 가정하고 있다.[65]

이런 이해는 뉴튼식의 과학적 패러다임에 젖어있는 정책연구와는 처음부터 다른 관점에서 문제를 이해하게 된다. 문제를 해결하는 수단으로서의 정책수립이 그 문제를 이해하는 과정에서부터 차이가 생긴다는 뜻이다. 물부족 문제 해결을 위해 저수량 확보 정책 사업인 4대강 사업이, 만약 물부족 문제의 원인이 강이 아닌 육상에서의 담수 능력(논, 밭, 지하수 등)과 강우량 보존 정책 등 다양한 원인간의 복잡성에서 왔다고 생각하면 오히려 강가에 콘크리트를 치는 것이 아니라, 기존의 것들을 드러내고 자연적으로 강우를 저장하는 친환경 사업을 추진했었을 수도 있다는 것이다. 이런 관점에서 역사학자인 게디스의 '변수간의 상호종속성'은 문제해결을 위한 정책의 접근 방식이 silos적 관점이 아니라 전일론적(holistic) 관점의 정책 수립이 필요하다는 교훈을 제시한다.

사회를 전일론적 관점에서 바라보는 이론은 새로운 시각의 정책 수립에 도움을 줄 수 있다. 앞서 설명했듯이 복잡계란 수많은 요소들이 서로 상호작용하면서 각 요소 특성의 조합만으로는 설명할 수 없는 창발성, 총체적 규칙성 혹은 패턴을 설명하기 위한 이론이다. 따라서 사회적 문제를 식별하고 해결하는데 있어서 그 원인을 환원주의적이 아닌 다각적이고 심층적인 접근을 할 수 있도록 해준다.

촛불시위의 원인이 오로지 반정부적 NGO 때문에만 있었던 것이 아니라, 온라인 공간에서의 젊은이들의 자유로운 토론문화와 그 속에서 피어난 창발적 아이디어 그리고 이러한 변화를 이끈 개인주의적 세태, 탈 권위주의 등 복합적 원인으로부터 발현되었을 수도 있다는 문제의식을 지니게 하여 정책 수립의 과정에서 다양한 이해관계자들(NGO, 국민, 정부 등)의 소통과 협력을

---

65) 개디스는 사회과학자의 모임에서 "종속변수를 독립변수로부터 어떻게 솎아 낼 것인가"라는 것에 대해 "이런 고민의 뿌리는 사회를 환원주의적으로 보고 있기 때문이다"라고 한다. 개디스, *역사의 풍경*, pp.87-88.

통해 문제 해결의 실마리를 찾아 가는 것이 중요하다는 점을 일깨워준다.

이런 맥락에서 사회 문제와 이를 해결하기 위한 정책 그리고 미래사회를 그려보는 데 있어서, 비록 학문에 대한 이야기이지만 에드워드 윌슨의 '통섭(Consilience)'에서 최재천이 한 말은 깊은 의미가 있다.

> *"그동안 우리는 이른바 학제적(interdisciplinary) 연구를 한답시고 적지 않은 시도들을 해왔다. 하지만 우리 노력의 대부분은 단순히 여러 학문 분야의 연구자들이 제각기 자기 영역의 목소리만 전체에 보이는 다학문적(multidisciplinary) 유희에 지나지 않았다. 이제는 진정 학문의 경계를 허물고 일관된 이론의 실로 모두를 꿰는 범학문적(transdisciplinary) 접근을 할 때가 되었다. 이것이 통섭의 시대를 맞이하는 길이다"*

라스웰이 제시한 연합학문적(multidisciplinary) 성격은 이제 범학문적(transdisciplinary) 패러다임으로 전환할 때에 이른 것이다. 미래사회는 이러한 통섭적 시각에서 사회문제를 바라보고 해결하는 노력을 기울여야 할 것이다.

NIA는 미래 사회 위험에 대한 연구[66]에서, 미래 사회 위험을 일으키는 주요 원인이 산업주의(근대화), 정보통신인프라의 붕괴(CII 붕괴), ICT 통합 거버넌스 능력이 나타났음을 알 수 있었다. 특히 근대성에 기반을 둔 산업주의는 압축성장 우선주의, 남성주의 군대문화로부터 위험에 대한 감수성을 약화시켜 사회전반에 대한 안전 불감증으로 이어지는 구조를 만들었음을 알 수 있었다. 그리고 과학기술 발전에 의한 ICT 인프라 구축과 정보통신망 붕괴(CII)와 ICT통합 거버넌스 능력이 사회위험 구조에 선순환과 악순환 관계가 나타나는 것을 찾을 수가 있었다. 이에 대한 시스템 사고는 다음 그림과 같다.

상기 연구는 미래 사회 위험에 대한 STEEP(사회, 기술, 경제, 환경, 정치)환경의 주요변인들을 살펴본 통합적(holistic) 관점의 사례일 뿐이다. 결코 미래 위험 사회에 대한 결정론적 혹은 전형적 모습으로 오해되거나 솔루션으로서 이해되어서는 곤란하다. 왜냐하면 미래는 언제나 새로운 이머징 이슈(emerging issue) 및 트렌드 그리고 이런 것들에 대한 사람의 인식이 얼마든지 변화되고 이것이 사회전체에 미치는 영향이 매우 다이나믹하게 일어나고 있기 때문이다.

그래서 늘 사회변화를 일으킬 수 있는 잠재적 이슈를 모니터링하고 시뮬

---

66) 한국정보화진흥원, 2008, *미래전략연구방법론*.

[그림 4] 미래 사회 위험 시스템 인과지도

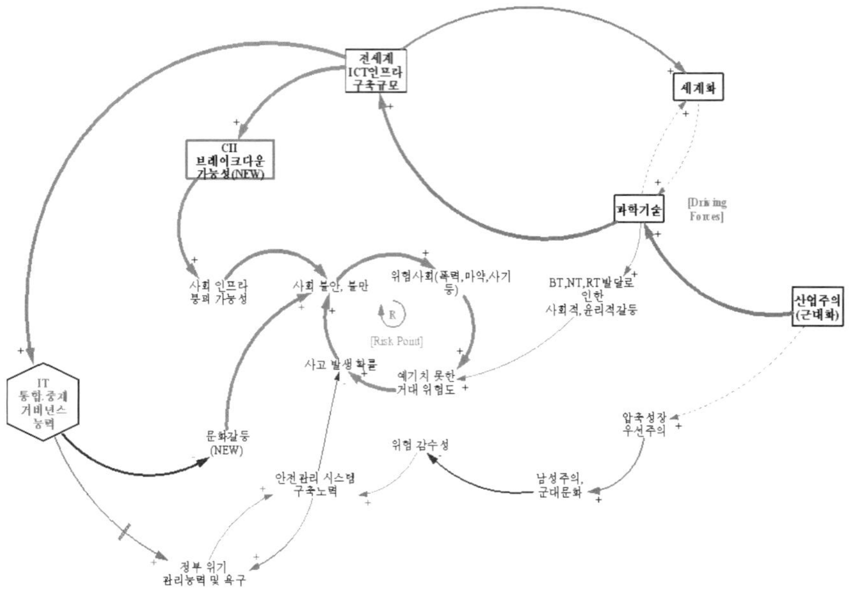

레이션 해서 불확실한 사회에 대한 시뮬레이션을 통한 정책방안을 수립할 수 있는 사회적 인프라가 매우 중요하고도 절실하다. 실시간으로 정보의 수집과 분석, 미래 사회 전망을 위한 시뮬레이션, 상황변화를 언제나 주시하는 모니터링 시스템 그리고 무엇보다 가장 중요한 고정 관념의 탈피, 이것은 사람이 사회 문제를 바라보는 인식에 대한 패러다임의 변화가 가장 중요한 해법이며 이것은 IT라는 수단과 함께 기존 사고 패턴에 자유로운 미래역량에 달려있다고 해도 과언이 아니다.

제13절 미래세대의 공론장과 의사결정

하버마스(Jurgen Habermas, 1929～현재)는 공론장(Public Sphere)을 "정보와 관점에 대한 커뮤니케이션을 위한 네트워크"라 정의하고, 1789년 프랑스 대혁명을 이끌어낸 '지식인 네트워크'에서 그 기원을 찾고 있다. 프랑스 혁명

당시 지식인들이 주고받은 서신과 수기신문 등으로 프랑스 지식인의 비판적이고 합리적인 토론이 공론장에서 형성이 가능했던 것이다.

이처럼 공론장이란 사회에서 나타난 문제와 생각들을 공유하고, 정책결정자에게 전달할 수 있는 공간을 의미하며, 국가와 사회의 사이에서 사회정치적 조직의 핵심적 역할을 수행한다.

이러한 공론장은 시대가 바뀜에 따라 그 양태와 역할이 변하게 된다. 특히 과학기술과 정보기술이 융합되어 나타나는 새로운 사회 환경에서의 공론장의 성격은 중요하게 변모된다. 이제 여론을 주도하는 것은 대형 언론매체에서 스마트폰과 같은 개인 컴퓨터에 의한 Facebook이나 Twitter와 같은 SNS(Social Network Services)로 넘어오고 있다. 가장 빠른 보도는 Twitter에 의해 전달된다는 말을 예사롭게 흘리고 지나칠 수 없는 사회가 된 것이다.

앞서 미래란 복수로 존재하다고 하였지만, 아마도 개인 매체와 매체간의 네트워크를 통한 여론 주도 사회가 되는 것은 확률이 매우 높은 미래 사회의 이미지 중 하나일 것이다. 그러나 네트워크 사회에서 공론장의 역할은 장밋빛 미래만 기대할 수 없다.

과거 산업시대 때의 공론장은 정보기술의 확산에 따라 그 성격도 변화를 거듭하였고 미래사회에서도 그 성격이 변화될 것이다.

농경사회에서 산업사회로 들어오면서, 국가 기능이 비대화되고 관료화되면서 국가는 국민 일상생활에 대한 정보를 수집하고 개입하게 되었다. 심지어는 탄압받는 시대를 겪기도 하였다. 그리고 지역 공동체 혹은 작은 단위의 공간에서 여론을 형성되었던 공론장은 그 성격이 훼손당하기 시작했다. 또한 언론이 상업화됨에 따라 공정한 토론의 장이 되기보다 특정한 이해를 관철시키기 위한 정보 제공 혹은 특정 집단의 주장과 가치관을 드러내는 일방적 전달의 장으로 바뀌게 되었다.

산업화 시대에서 정보화사회로의 진입은 다시 공론장의 역할을 변모시킨다. 카스텔(Manuel Castells, 1942~현재)은 “IT에 의해 공론장은 사람들의 생각과 활동에 대한 문화·정보의 저장소로서 국가 정책에 영향(법제화 등)을 미칠 정도로 변화시키며, 공론의 장이 막히게 되면 국가 권력 구조에 영향을 미칠 정도의 위기가 오고 글로벌 사회정치 질서가 단일 국가 주권체제의 한계에 막혀 시대에 역행하게 될 정도로 공론장의 역할이 심화된다”[67]고 주장한다.

인터넷으로 대표된 정보화 사회는 다시 손안의 인터넷 신화로 진화하고 있다. 오랜 동안 인터넷이라는 매체를 통해 발생하는 사회 현상을 탐구한 하워드 라인골드(Howard Rheingold)[68]는 인터넷을 통해 등장한 새로운 참여주체를 스마트 모브(Smart Mob), 즉 영리한 군중이라 개념화함으로써 디지털 시대의 새로운 변화를 설명한다. 스마트 모브 혹은 영리한 군중은 컴퓨터와 인터넷으로 무장한 대중을 의미하는데, 이들은 시위, 보이코트, 압력행위 등을 하기 위해 새로운 정보통신기술을 활용하는 군중이라는 것이다.

스마트맙의 등장은 어제 오늘의 일이 아니다. 지난 2001년 필리핀의 영리한 군중은 수십 만 명의 군중들이 순식간에 반대시위에 참여함으로써 에스트라다 정권을 실각시키고 교체하는데 지대한 영향을 미쳤다. 이 시위과정에서 활용된 정보통신기술은 이동통신기기의 문자메시지(SMS)였다. 필리핀 시민들은 이동통신기기라는 새로운 통신기술을 활용함으로써, 오프라인의 정치질서를 변동시켰다. 국제적 시민 연대활동 과정에서도 영리한 군중은 등장하고 있다. 1999년 세계무역기구(WTO)회의에 항의하는 과정에서 스워밍(swarming)이라는 시위전략을 구사했던 군중들이 등장하였다. 일명 벌떼작전이라고 불리우는 이 전략은 이동전화, 노트북 컴퓨터, 인터넷 웹사이트, 휴대용 컴퓨터에 의해 이루어졌으며, 세계무역기구 회의에 반대하는 세계 시민들은 스워밍을 통해 영리한 군중으로 등장하게 된다.

영리한 군중의 등장은 이미 한국사회에서도 이루어졌다. 2002년 월드컵 진행과정에서 등장한 붉은 악마는 이러한 영리한 군중의 전조가 될 수 있는 사례이며 2010년 월드컵까지 그 영향력을 행사하였다. 그리고 과거 참여정부를 탄생시킨 노사모는 보다 적극적 정치참여와 이를 통한 오프라인 정치변화라는 보다 직접적인 효과를 창출한 영리한 군중이라고 볼 수 있다. 노사모의 경우는 이동통신기기의 문자메시지를 중심으로 특정 후보 지지는 물론 선거참여를 독려하는 등의 선거참여를 수행한 바 있다.[69]

이처럼 정보화 사회는 사회와 사회를 연결하고 다시 전 세계를 연결하는

---

67) M.Castells, 2008, *The New Public Sphere: Global Civil Society, Communication Networks, and Global Governance.*

68) 참여군중의 저자

69) 정연정, 2003, *한국의 온라인 참여군중: 스마트 모브((Smart Mob)의 등장.*

정보기술의 기술의 성장으로 가능하게 되었다. 정보기술의 발전은 복잡계 세상(Complexity World)에 시민들의 의식과 단체 행동 등 창발성을 유도하는 매개체가 되었다.

이제는 글로벌관점에서 정부 없이도 공론장에 의한 글로벌 거버넌스 과정은 실제로 일어나고 있다. 글로벌 공론장은 YouTube, Facebook, 블로그 등 웹2.0의 인터넷 공간에서 이루어지고 있다. 이러한 글로벌 미디어를 통한 세계 여론 형성은 가장 효과적이며 새로운 형태의 글로벌 정치 참여가 되고 있다.[70]

부르조아 계층으로 국한된 시민혁명은 정보화로 인해 국내외의 시민단체를 성숙시키고, 기존 국가의 역할 및 위상을 변화시키고 있다. 국가는 이제 시민사회의 새로운 관계를 요구받게 된 시대가 온 것이다.

이제 우리는 산업사회, 정보화사회 이후의 사회에 대해 논의를 해야 한다. 랄프얀센이 얘기한 것처럼 미래가 '꿈의 사회'가 될 것인지 울리히 벡이 얘기한 것처럼 고도로 '위험사회'한 사회가 될 것인지 아니면 양자론에서 얘기하는 것처럼 이 두 사회가 중첩되어 나타날 것인지, 확정적으로 이야기 할 수 없다. 아마도 새로운 사회에서의 위험과 기회는 새로운 양상으로 전개될 것이다.

그러나 분명한 것은 이 두 사회가 가능하게 하는 것은 인간이 만든 과학기술 문명에 영향을 받고 있으며, 또한 동시에 이런 문명의 이기로 인간이 지배받고 있다는 현실이다. 인간이 기술을 창조하고 다시 그 기술이 인간에게 영향을 주며, 새로운 가치관을 만들고 새로운 기술을 만들어 내는 것이다. 그리고 그 현상은 더 가속화되고 있는 것이다.[71]

따라서 오로지 기술에 의한 사회변동, 메가트렌드에 의한 사회변동, 미래학자 혹은 국가 지도자에 의한 사회변동 연구는 의미가 있긴 하지만, 갈수록 퇴색될 가능성이 있다. 그 중심에는 갈수록 지적 능력이 고도화 되고 있는 개인, 그리고 그 개인들의 연합체에 힘의 중심이 옮아가고 있기 때문이다. 따라서 10년후, 20년후, 30년후 그리고 50년후의 미래사회와 사회문제 그리고

70) M.Castells, 2008, *The New Public Sphere : Global Civil Society, Communication Networks, and Global Governance.*

71) 이미 새로운 인류인 트랜스 휴먼과 포스트 휴먼이 회자되고 있다.

정책 어젠다를 준비하기 위해서는, 지금 현세대 중심이 아닌 학생들, 유치원생들, 아기들 그리고 아직 태어나지 않은 우리 미래세대(Future Generations)의 가치관과 감성과 변화의 패턴을 읽어야 할 것이다.

2010년 한국사회를 뜨겁게 달군 스마트폰은 과거 시각과 청각에 의한 의사전달에서 촉각에 의한 의사 전달을 하고 있다. 이로서 의사결정에 필요한 정보가 인간이 느끼는 오감 중 미각과 후각만 남아 있게 된 것이다. 지금도 좀 그런 면이 있기는 하지만, 미래사회는 감성이 보다 지배적인 사회가 될 것이라고 한다.

감성의 시대는 감성을 이해하는 의사결정이 이루어져야 할 것이라고 조심스레 내다본다. 사람의 사회적 행동 혹은 사회적 관계 속에서 표면적으로 드러나는 현상과 문제에 집착한 나머지, 그 현상 혹은 문제를 해결하는 방향으로 가게 되면 영원히 치료는 불가능할 것이다. 미래사회의 문제는 더욱 복잡한 양상으로 전개될 것이나 그 문제의 원인은 의외로 간단할 수 있다.

북극과 남극을 떠다니는 빙산을 수면 밖에서 제거한다고 해서 빙산이 없어진 건 아니다. 미네르바가 산속에 울지 않고, 인터넷에서 울었다고 해서 미네르바를 잡아 가두는 것은 근본적 해결책이 아니다. 제1의 미네르바, 제2의 미네르바는 우리 사회를 휘감고 있는 단단한 지식으로 무장된 개인화라는 사회적 흐름과 가치가 강물처럼 도도히 흐르고 있기 때문이다.

미래사회란 영원히 오지 않는다. 이미 가면 또 다른 미래사회가 오기 때문이다. 그러나 확실한 것은 우리아이들 즉 미래세대(Future Generations)가 이 세상과 이 사회를 이끌어 간다는 것이다. 지금부터 짧게는 10년에서 길게는 50년[72] 이후 이 사회의 주역이 되어 있다는 뜻이며 그래서 이들에 대한 이해와 연구가 더욱 절실해 진다. 미래연구의 방향은 오지 않은 미래를 연구하는 것이 아니라, 현재를 기반으로 미래를 준비하는데 초점이 맞춰져야 할 것이다. 여기에는 체계적인 과학적 사고가 필요하다. 과학적 사고를 통한 미래연구는, 점치는 기술로서의 미래학이 아니라 진정한 학문의 영역으로서 미래학으로 거듭날 수 있기 때문이다.

---

72) 짐 데이터는 '미래'의 시간적 속성을 20~50년 후로 내다본다. 대개는 '20~30년'을 뜻한다 (출처 : 짐 데이터 외, *다가오는 미래*, 예문).

참고문헌

김성태(2007), *또다른 미래를 향하여*, 법문사.

남궁근(2010), *행정조사방법론*, 법문사.

롤프 옌센(2005), *드림 소사이어티*, 리드리드출판.

마크 뷰캐넌(2010), *사회적 원자*, 사이언스 북스.

문태훈 외, *인과지도로 본 한국의 성장의 한계: 인구, 경제, 자원, 환경, 식량 위기요인을 중심으로*, 한국시스템다이내믹스 연구, 2009. 10.

미치오 카쿠(2010), *불가능은 없다*, 김영사.

민병원, *복잡계 이론의 기초*, 국회도서관.

브라이언 그린(2007), *엘러건트 유니버스*, 승산.

스티븐 호킹(2010), *위대한 설계*, 까치.

애드워드 윌슨(2010), *통섭*(1998), 사이언스북스.

에릭 바인 하커(2009), *부의 기원.*

윤영수 · 채승병(2005), *복잡계 개론*, 삼성경제연구소.

이재열(2004), *위험사회와 생태적 · 사회적 안전.*

장회익(1990), *과학과 메타과학*, 지식산업사.

정연정(2003),"한국의 온라인 참여군중: 스마트 모브((Smart Mob)의 등장".

존 루이스 개디스(2004), *역사의 풍경*, 에코리브르.

최무영(2008), *최무영교수의 물리학강의*, 책갈피.

프리조프 카프라(1989), *새로운 과학과 문명의 전환*, 범양사 출판부.

프리조프 카프라(1998), *생명의 그물*, 범양사 출판부.

피터 로리(1999), *미래의 역사*, 석필.

필립 볼(2008), *물리학으로 보는 사회*, 까치.

하이젠베르크(1989), *부분과 전체*, 한겨레.

한국정보화진흥원(2008), *미래전략연구방법론.*

Gilbert N., *Agent-Based Models,* p.15.

Nelson, R.R., and Winter, S.G. 1982. *An Evoltionary Theory of Economic Change.*

Dickson(1971), *Think Tanks,* Atheneum, New York.

Checkland(1981), *Systems Thinking, Systems Practice,* John Wiley.

Atthur W.B., S.N. Durlauf & D.A. Lane(1997). *The Economy as a Complex Evolving System II.*

Castells M.(2008), *The New Public Sphere: Global Civil Society,*

Communication Networks, and Global Governance.

Kingdon John W.(1984), *Agendas, Alternatives, and Public Policies.* Boston: Little, Brown, Co..

PART 5

통합적 미래연구 방법론

제 9 장 IT 기반의 선진 미래연구 체계 수립 방안

제10장 성공적 공공정책 수립을 위한 미래전략 연구방법론(FROM) v1.0

chapter 09

IT 기반의 선진 미래연구 체계 수립 방안

제1절 서 론

Ⅰ. 연구의 배경

정보교환이 언어나 문자 형태에서 벗어나 전자적 매체를 통해 변형되어 이루어지는 새로운 의사소통방식이 급격히 확산되면서 경제나 정치는 물론 사회구조도 새로운 모습으로 변화하고 있다. 이러한 변화는 소위 농업시대, 산업시대와 구별되는 지식정보사회라는 새로운 시대를 창출해내고 있으며 그 변화의 속도나 강도가 가름하기 힘들 정도로 급격하게 나타나고 있다. 이러한 변화의 급격한 물결은 미래의 불확실성으로 나타나 개개인이 일상적인 삶에서 조차 위협으로 느껴지고 있는 것이 현실이다.

21세기 삶의 환경을 특징짓는 급격한 변화와 불확실성에 대해 인간은 다양한 방식으로 대응을 모색하고 있으며, 그러한 노력 중 하나로 다양한 형태의 미래연구가 이루어지고 있다. 미래연구는 미래에 대한 체계적 예측과 이에 근거한 전략적 대응을 통해 조직이나 사회의 생존과 지속성장을 추구하려는 노력을 추구하는 인간의 지적활동을 총칭한다.

이미 세계화 정보화의 물결 속에서 선진 기업과 국가는 미래예측에 관련하여 관련된 다양한 정보를 체계적으로 수집하고 이를 전자적인 데이터베이스로 구축하여 활용할 수 있도록 하고 있다. 나아가 이 데이터 베이스에서 변화의 트렌드를 추출하여 미래의 주요한 모습을 예측하려고 하고 있다. 이와 같이 나타나는 '예상되는 미래' 뿐만 아니라 개인이나 조직이 원하는 '바람직한 미래'를 도출하기 위해 다양한 방법을 통해 미래에 대한 비전과 목표를 도출하고 이를 실현시키는 전략과 계획을 창출해 내고 있다.

국가적 차원에서도 선진각국들은 미래에 예상되는 위기를 극복하고 새로운 기회를 창출하기 위해 중장기적인 미래예측 활동을 주기적으로 실시하고 이를 정책에 적극 반영함과 동시에 국민과 국가 미래 비전을 공유하는 작업을 진행하고 있다. 이를 위해 국가차원의 미래전략조직을 설립하여, 특정 미래를 확정하기보다 미래를 상시적으로 연구하고 변화하는 미래에 능동적으로 대응하는 정부 형태를 만들어 가고 있다.

우리나라에서도 70년대 국가 경제발전과 관련하여 미래에 관한 관심과 연구가 본격화 되었다. 기업에서는 한 편으로는 변화하는 경영환경에 대응하기 위해 기업 내외의 정보를 수집하고 유통하며 이를 통해 예측되는 문제를 극복하기 위한 경영활동의 맥락에서 미래가 다루어져 왔고, 다른 한 편으로는 기업의 핵심 경쟁 요소인 신기술 개발이라는 맥락에서 미래연구가 이루어졌다고 할 수 있다.

기업과는 다르게 공공부문에서도 미래연구는 여러가지 다른 맥락에서 진행되어 왔다. 우선 참여정부 후반에 국가차원의 중장기 계획수립을 위하여 중장기 미래예측과 이에 기반한 중장기적 국가과제에 대한 연구가 진행된 바 있으며, 이명박 정부 수립 이후에는 미래기획위원회가 대통령 직속으로 설치되어 "미래사회 전망 및 이에 기초한 사회통합과 안전, 인구, 환경, 교육, 문화, 에너지, 식량, 수자원, 건강, 정보통신과 미디어, 우주개발 등 미래생활과 관련된 총체적 국가비전 및 전략의 수립"을 연구하고 자문하는 역할을 수행하고 있다.

이러한 맥락에서 한국정보화진흥원에서도 미래예측 인프라 구현을 위한 초기 단계로서 미래예측 인프라의 논리적 모형 제공과 미래연구자의 역량 강화를 위한 목적으로 '미래전략연구방법론'을 제안하고 이를 미래 사회위험 전망에 적응하는 연구를 수행한 바 있다.[1] 이 연구는 국책연구기관에서 발표한 미래연구 방법론을 기반으로, ICT 기반의 미래예측 인프라로 발전할 수 있도

1) 한국정보화진흥원. 미래전략연구 방법론 (FROM). 2009.12.

록 보다 논리적이고 체계적인 모형을 제시하고 있다. 아울러 미래연구가 국가 정책과 전략 수립 간에 직접적 상관관계를 맺을 수 있도록 '목적지향성'에 기초하여 시간-공간-정책적 관점에서 계량 정보 및 사람의 감정과 감성 정보를 체계적으로 수집및 분석할 수 있는 '체계성', 그리고 최신 미래연구 기법이 반영될 수 있도록 '확장 가능성' 등을 강조하고 있다.

Ⅱ. 연구의 내용과 구성

본 연구는 앞서 언급한 한국정보화진흥원의 '미래전략연구방법론'을 포함하여 국내외 연구에서 나타나는 여러가지 미래연구를 종합적으로 검토하여 발견되는 문제점을 보완하기 위해 연구되었다. 특히 국내외 연구에서 발견되는 다음 세 가지 문제점을 특별히 보완하는 차원에서 연구되었다. 첫째, 미래연구에 관련된 다양한 이해관계자와 이들과 관련된 정보와 지식을 포괄하는 통합적 연구, 둘째, 미래연구를 위한 주제의 설정에서 미래예측 그리고 이러한 예측에 바탕을 둔 미래기획의 실행을 포함하는 전과정연구, 셋째, 미래예측과 이러한 예측의 활용에서 발생하는 시차(time gap)을 최소화 하려는 노력이 그것들이다.

기존의 미래연구에서 발견되는 이러한 문제점을 극복하는 방법 중의 가장 중요한 핵심 요소가 바로 정보통신기술을 활용한 미래연구라 할 수 있다. 미래에 관련된 다양한 이해관계자들이 참여하고, 이들의 아이디어를 연계하며 데이터 베이스로 축적하고 나아가 이러한 데이터 베이스에서 새로운 정보를 탐색하여 찾아내고 이를 통해 미래 트렌드를 예측할 뿐만 아니라 대응전략도 도출해 내는 것을 가능하게 해주는 것이 바로 정보통신기술이라 할 수 있다.

위와 같은 연구 내용을 바탕으로 본 연구는 제2절에서 국내외 미래연구의 흐름과 주요 내용을 개관하고 특히 국내 미래연구 방법을 점검해보고자 한다. 이를 바탕으로 제3절에서는 기존의 다양한 미래연구에 나타난 절차와 방법들을 종합하여 체계화하는 통합미래연구 구상을 제시하고자 한다. 기존의 모든 절차와 방법을 통합할 뿐만 아니라 이를 통해 나타난 취약한 부분을 개선하는 방향도 함께 제시하고자 한다. 제4절은 미래연구를 위한 정보통신기술활용과 정보시스템을 어떻게 구성할 수 있는지에 대한 개념적 구상을 제안하고자한다. 특히 최근에 나타나고 있는 새로운 인터넷 환경인 Web2.0의 개념과 기업에서 사용하는 비즈니스인텔리전스(BI: business intelligence)을 원용하여 미래연구를 위한 정보시스템을 제시하려고 한다.

제 2 절 미래연구의 흐름

Ⅰ. 2차대전 이후의 미래연구

미래를 예측해 보고자 하는 열망은 인간의 역사와 함께 해왔다고 해도 과언이 아닐 것이다. 고대 그리스의 델파이 신탁에서, 중세의 문학이나 예술 작품 속에서 미래에 대한 기술들을 지나, 근대 서구의 과학혁명 이르기 까지 다양한 형태로 인간사회에서 미래가 다루어져 왔다.

특히 근대 서구의 과학혁명은 산업과 경제사회의 급속한 변화를 만들어 냈고, 그 변화의 범위와 강도 그리고 속도는 과거와는 비교가 될 수 없이 커졌고, 이에 비례하여 미래에 대한 관심도 획기적으로 증가되었다. 그러나 과학에 바탕을 둔 미래는 뉴턴의 운동법칙에 나타나는 것처럼 세계는 하나의 수학적 원리와 같은 일정한 법칙에 따라 예상가능한 것으로 인식되었다. 합리적이고 경험적인 방법론, 현상에 대한 이론과 묘사, 그리고 이로 인한 규범적인 미래로 나타나는 사회진화의 사상은 긍정적인 미래 비전을 가져왔을 뿐만 아니라, 기술결정론을 포함한 과학적 원리 또한 포함하고 있어, 미래연구 방법에 있어서 다양한 추세외삽적 예측의 기초를 제공한다.

과학혁명과 계몽주의에 바탕을 둔 미래관은 2차대전에 이르기까지 서구에서 지배적이었고, 이를 바탕으로 미래연구가 지속적인 성장과 발전의 실천적 도구로서의 역할을 하였다고 할 수 있다. 이어 1920년대와 30년대에는 국가주도의 사회 및 경제계획으로 나타나고, 1940년대에는 사회관련 각종 지식을 미래지향적 측면에서 종합하고 체계화하여 국가정책으로 활용하는 학문으로 정책과학과 이를 뒷바침하는 연구소나 싱크탱크들이 발전하면서 본격적인 미래연구가 확립되기 시작하였다.

이렇게 과학과 합리적 계몽주의에 바탕을 둔 미래연구는 세계대공황과 양

〈표 1〉 2차대전후 지역별 미래연구의 경향

지역	초점	관점	연구방법	주요학자
미국	자원배분과 생산극대화	계량적 기술적 방법론적	시스템 모델링 델파이 시나리오	Medows, Khan, Helmer, Gordon
유럽	전후 재건	철학적 비전지향	미래비전개발 기획 미래관	F. Polak, Pierre Masse, B. de Jouvenel
사회주의 국가	중앙집중경제 계획	경제예측	계량적 추세연장 목표예측	Malitza, Novaky, Sicinski, Zeman, Markvic
개발 도상국	국가형성	국가비전설정 계량경제 탈식민주의	기획 추세연장 비판적분석	E Mandra, Ahamed, Sardar

출처: Wendy Schultz, Future Studies and social research for policy: an introduction. (2009. 6.), Wendell Bell (1996) "What do we mean by future studies?" in Richard A. Slaughter, New Thinking for a New Millennium, pp. 5-8.

차세계대전과 같은 위기를 겪으면서 기계론적 낙관적 미래관에 대한 도전에 직면한다. 이러한 도전은 2차세계대전 후 지역에 따라 다른 상황을 맞이하게 되고 각기 미래에 대한 초점이나 연구방법 등이 다르게 나타나고 활용되게 된다.

우선 미국에서는 국가자원 배분과 생산의 극대화에 초점을 두고 계량적 기술적 관점에서 시스템 모델링이나 델파이, 시나리오와 같은 방법론에 기초한 미래연구가 활성화 된다. 1950년대를 거쳐 1960년대 미국에서는 미래연구가 소련과의 양극화 대립이라는 맥락에서 군사력을 포함하는 국가 경쟁력 극대화에 주로 활용되었다. 이 시기의 대표적인 미래연구가인 Herman Khan의 경우에도 국책연구기관인 랜드연구소에서 새로운 무기의 가능성을 탐구하거나, 미래의 세계 패권을 누가 차지할 것인지 등을 예측하는데 시나리오 기법을 사용하기도 했다. 결국 미국의 미래연구는 2차대전의 승전국으로 또 이념적으로는 사회주의 국가 소련과 대립하는 민주진영의 대표적 국가로의 역할과 책임성에서 더욱 강조되었다고 볼 수 있다.

이에 비해 사회주의 경제를 이끄는 또 다른 열강으로 소련과 그 주변 사회주의 국가들은 계획경제라는 이념적인 바탕에서 주로 국가경제의 운영이라는 큰 틀에서 미래 목표를 설정하고 이를 달성하기 위해 계량적인 방법으로 미래를 다루게 된다.

세계대전의 폐허에서 재건을 해야하는 유럽과 개발도상국은 각기 전후 재건 혹은 신생국가로서 국가형성이라는 다른 방향에서 새로운 미래를 기획하고 이를 실현하려는 노력을 하게 된다. 과거의 영광을 재현하려는 유럽은 과거에 대한 반성과 아울러 경쟁적이고 파괴적인 미래상보다는 평화로운 미래에 대한 관점과 철학을 고민하게 된다. 이에 비해 개발도상국은 신생국으로서 경제적 풍요와 정치적 안정을 함께 구현하려는 의도적인 미래를 창출하기 위한 방법들을 찾으려고 애를 쓰게 된다.

오늘날 미래연구의 또다른 중요한 축이 되고 있는 유럽에서의 미래연구는 미국과는 다른 경향을 보인다. 즉, 미국이 가능한 미래(probable future)을 강조한데 반해, 유럽의 미래연구자들은 보다 바람직한 미래연구(preferable future)에 초점을 맞추었고, 이러한 경향은 1960년대말 창설된 세계미래학연맹(World Futures Studies Federation)과 같은 조직을 통해 심화 확산된다. 미래연구의 고전이라고 할 수 있는 '성장의 한계(The Limits to Growth)'와 같은 연구결과가 바로 이러한 맥락에서 나타난 것으로 볼 수 있다.

70년대를 지나면서 미국과 소련을 양극으로 했던 이념대립이 점차 약화되어 다극화가 나타나기 시작하였고, 정치체제나 이념보다는 경제적인 경쟁이 치열해지기 시작하였다. 이와 아울러 국제적인 교류의 증대는 정보통신기술의 발전과 맞물려 미래예측의 대상을 급격히 변화시키기 시작하였다. 이런 변화의 맥락에서 미래연구는 점차 지역 간의 차이는 줄어드는 대신 미래연구에서 다루는 대상영역의 범위나 철학에서의 차이를 더 크게 보이게 된다.

즉, 추세에 기반한 미래예상(future forecast)을 중심으로 했던 70년대의 미래연구는 미래예측(foresight)으로 그리고 나아가 90년대를 지나며 전략적 예측(strategic foresight)으로 점차 그 대상범위를 확대하게 된다. 예상(forecast)이란 특정한 주제 영역에 대하여 과거의 데이터를 사용한 모델링과 계량경제학의 방법들을 통해 미래를 예상하는 것으로, 추세 외삽법, S-곡선, 추세선 등의 방법을 주로 사용하게 된다. 이에 비해 예측(foresight)은 미래연구의 대상범위를 미래에 관련된 각종 정보수집 및 평가, 해석 활동 뿐만 아니라, 나아가 이러한 활동을 바탕으로 구체적인 문제해결을 위한 의사 결정을 통합하려

[그림 1] 미래연구의 수준과 대상범위

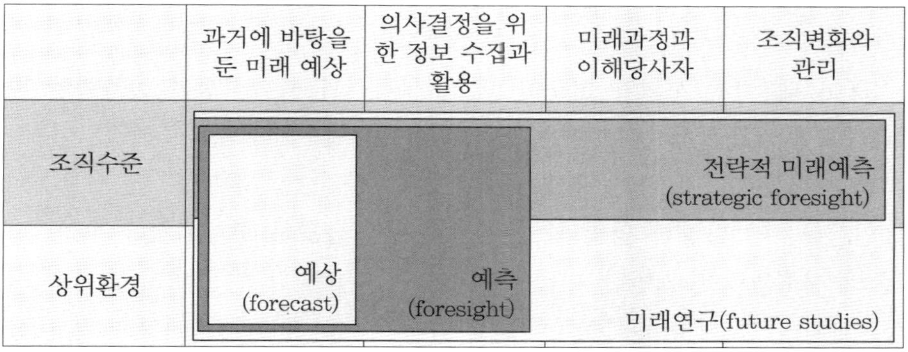

출처: Rohrbeck(2007), "Strategic Foresight in multinational enterprises" [http://mpra.ub.uni-muenchen.de/5700]을 재구성

는 시도를 포함하게 된다.

1990년대에 들어서서 세계는 이념적 대립의 종말은 물론 인터넷과 같은 정보통신기술의 등장으로 국경을 넘어 연결되는 지구화(globalization)를 본격적으로 경험하게 된다. 이제 경제는 물론 문화도 국경없이 하나로 연결되는가하면, 증가하는 교역과 함께 환경문제 역시 국경을 넘어 영향을 미치는 전지구화가 이루어지고 이에 따라 미래연구의 대상은 지구적 삶의 모든 영역을 포괄하는 범위에서 이루어져야만 하는 상황을 경험하게 되었다.

오늘날의 미래연구는 전략적 미래예측(strategic foresight)이든 혹은 미래연구(future studies)이든 현재까지의 추세를 파악하여 미래를 예상함은 물론 이를 바탕으로 의사결정을 하되 관련된 이해당사자들을 포괄하는 행동과정을 구상하고 나아가 조직변화까지 포함하는 광범위한 활동을 포괄하게 되었다.

국가든 기업이든 미래의 모습을 그려보고 현재로 돌아와 새로운 통찰력으로 미래를 전망하고 대응하는 것이 '전략적 미래예측'으로 이는 지식정보시대의 특성을 반영하여 급속히 발전하고 있다. 전지구화되고 지식정보가 주도하는 환경에서 지속적으로 경쟁력을 유지하기 위해서는 예상되는 미래 환경에 능동적이고 효과적으로 대응하는 총체적인 전략의 필요성이 더욱 중요해지고 있는 것이다.

Ⅱ. 미래연구의 여러 흐름과 융합

1960년대 이후 사회가 고도화 되고, 복잡성과 불확실성이 증가함에 따라 미래예측에 대한 수요는 기업은 물론 과학기술연구, 사회문제 해결, 지구차원의 환경오염과 이에 따른 문제 해결, 정보통신기술의 발달로 인한 문화변화 등 인간활동의 다양한 영역과 범위에 걸쳐서 급격히 확대되었다. 이에 따라 기존의 사회과학에 기반한 미래연구는 물론 철학이나 인문학, 문화예술 그리고 과학기술 등 다양한 학문분야들이 미래연구에 참여하게 되었고 그 내용과 범위도 지속적으로 확대되고 있는 중이다.

20세기에 본격화된 양자역학을 시작으로 최근에 발전하고 있는 뇌-인지과학, 우주천문과학, 유전자 연구와 같은 생명과학 등 과학영역의 확장은 근대과학의 틀을 넘어서서 과학의 본질이나 인간이나 사회의 본질에 대한 질문까지 포괄하는 모습을 보이고 있다. 뿐만 아니라 이러한 다양한 과학분야를 연구하는 철학적 관점이나 연구 방법론도 일일이 열거하기가 힘들정도로 다양하게 나타나고 있는 것 오늘날의 연구현장이다.

아래 표는 90년대를 기준으로 그 이전과 그 이후과 비교하여 미래연구의 변화를 요약한 표이다. 이표에 나타난 것처럼 미래연구는 그 범위와 영역 그리고 기법과 주제 등을 지속적으로 확장해오고 있는 것을 볼 수 있다.

〈표 2〉 미래연구의 시기별 변화

구분	90년대 이전	90년대	2000년대 이후
초점	국가나 기업 경쟁력 향상	기업 및 산업 환경에 적응	미래에 대한 인식범위의 확대 대중적 관심
주요방법론	델파이	델파이 시나리오	델파이 시나리오 패널 및 포럼 워크숍/네트워크
주요특징	소수의 전문가 주도 조직적 관심	국가차원의 관심 개별특성에 맞춘 연구	문화적 특수성, 제도및 정치적 문제 등 사회적 요소를 고려 미래연구 과정 중시 다양한 주제와 수행주체 및 방법

[그림 2] 미래연구방법론 지도

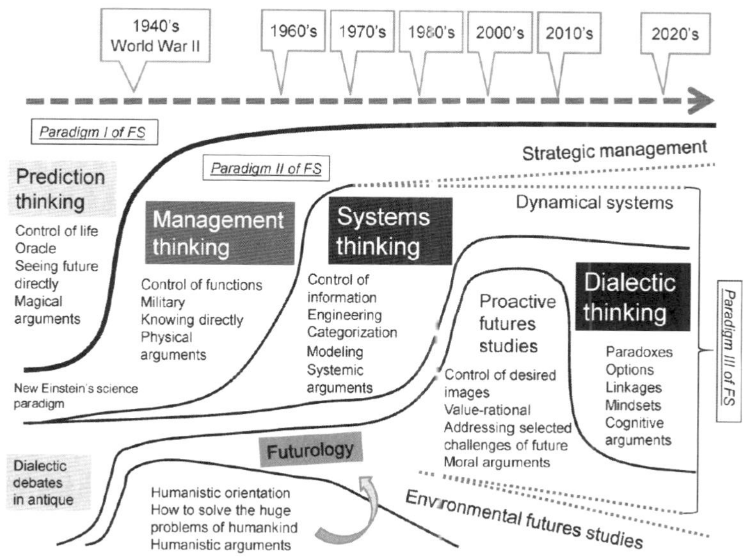

출처: Tuomo Kuosa (2010), "Evolution of future studies" unpublished paper.

이렇게 과거의 연구를 대치하는 것이 아니라 오히려 이를 계승하고 확장하며 통합하는 것이 오늘날의 미래연구의 핵심적 경향이라 할 수 있다. 오늘날의 미래연구는 전통적인 미래예상 사고는 물론 관리적 사고, 시스템적 사고, 그리고 이를 통합하려고 하는 변증법적 사고는 물론 기존의 미래학과 최근에 나타나는 전지구적 환경문제의 맥락에서 미래를 다루는 환경 미래연구(environmental future studies)까지 다양한 형태가 혼재하고 있는 것이다. [그림 2]는 이러한 미래연구의 흐름을 정리한 것으로 현재에는 대응적인 미래연구(proactive future studies)가 주류를 이루고 있지만 장차 변증법적 사고에 바탕을 둔 통합적 미래연구가 주류를 이룰 것이라는 전망을 보여주고 있다(Kuosa, 2010).

아래에서는 이렇게 오늘날 나타나는 변증법적 논의와 관련된 철학적 관점이나 연구방법론에 관련된 몇 가지 주제를 요약하여 정리해보고자 한다. 현재 진행되고 있고 또 미래에 확산될 미래연구에 관한 논의를 철학적 논의나 방법론적 혹은 기법에 관한 논의로 한정시키지 않고 이들을 복합적으로 고려

하되 아래와 같은 여섯가지 흐름의 변화에 초점을 맞추어 논의하고자 한다.[2)]

- 대안적 미래들의 탐색
- 전략적 선택과 윤리적 책임
- 탈학제적(post-disciplinary) 접근
- 전지구적 대화
- 이미지와 나래티브의 분석
- 비선형적 복잡계 진화시스템(complex evolving systems)

1. 대안적 미래(alternative futures)들의 탐색

역사적으로 미래는 다가올 어떤 것으로 인식했으며, 그 다가오는 것은 오직 하나의 형태로 다가오는 것이라고 생각하는 것이 지배적이었다. 과거 전근대적 사회에서는 이렇게 다가오는 미래를 운명이라는 관점에서 이해하고, 종교적인 방법을 통해서 이 운명적 미래를 바꾸거나 혹은 받아들 일 수 있는 길을 찾으려고 하였다.

근대사회가 되면서 이렇게 다가오는 미래에 대한 생각에서 달라진 것은 과학이 종교를 대치했다는 점이다. 역시 다가오는 미래는 과거와 현재의 연장선상에 존재하며, 우리가 과거를 잘 이해하고 알면 알수록 과거와 현재의 연장선상에 존재하는 미래를 알 수 있다고 생각했으며, 나아가 현재의 선택으로 미래를 바꿀 수 있다는 생각도 함께 발견된다. 특히 과학기술의 급격한 발전과 그로 인한 사회변화의 경험은 새로운 과학기술의 개발을 통해 새로운 미래를 만들 수 있다는 유토피아적 미래사회 구상도 나타나게 되었다. 이러한 구상은 사회과학적 지식의 축적 아울러 과학 방법의 적용을 사회에까지 확대하는 결과로 나타난 것이다.

이러한 흐름은 특히 2차대전 이후 미래상을 탐색하려는 다양한 연구들에서 찾아볼 수 있다. 이러한 시도들도 공통적으로 과거가 하나이고 현재도 하나인 것 처럼 미래도 하나의 단일한 모습을 가지고 있다고 생각하는 공통점

2) 미래연구의 경향변화를 연구범위, 내용, 과정, 참여자, 활용방법 등 핵심요소들로 환원하여 분석적으로 논의에 대해서는 Popper(2008)의 연구를 참고. 변증법적 사고의 특징이 이것이냐 저것이냐라는 이원론이나, 혹은 하위구성 요소로 환원시켜 설명하는 분석적 논의가 아니라 대립적 요소로 인식될 수 있는 것들을 융합하여 새로운 형태로 변형시키는 방식이다.

을 가지고 있다. 시나리오 기법을 처음 시도한 Herman Kahn(1967) 조차도 미래는 과거로 부터 연속되는 하나의 흐름에서 나타나는 것이라는 태도를 보이고 있다.

그러나 이러한 단일한 미래모습은 여러가지 문제점을 가지고 있다. 우선은 이러한 미래를 정확하게 알 수 있는가의 문제이고, 정확히 미래를 예상한다 하더라도 대응할 수 있는냐는 별개의 문제라 할 수 있다.[3] 그동안 정밀한 과학적 기법을 통해 미래를 예상하는 다양한 시도를 했지만, 일기예보에서 보듯이 항상 적중하는 것은 아니라 할 수 있다. 또한 적중한다 하더라도 여전히 다가오는 미래에 대한 대응은 별개의 문제로 남게 된다.

다시 말해서 하나의 절대적인 미래는 예측할 수 없지만, 우리는 복수의 미래상은 예측할 수 있고 또 예측해야 한다.[4] 즉, 현재의 관점에서 보면 미래는 항상 복수로 존재하는 것이 된다. 그것이 복수의 미래(several different futures)이든, 미래에 대한 선택(future options)이든 간에 미래는 여러 형태를 가지고 있으며 그 중에 하나가 현재로 나타나고 시간이 지나면 과거가 되는 것이라 할 수 있을 것이다.

60년대에 나타난 시나리오 기법은 이미 미래에 대한 이러한 복수의 관점을 반영하고 있는 것이라 할 수 있다. 다만 과학적 분석을 통해 불확실성을 제거해 나가면 가장 근접한 미래를 미래 모습을 제시할 수 있을 것이라는 신념이 있었던 것이 다른 점이다. 델파이 기법도 역시 마찬가지로 복수의 미래

[그림 3] 복수의 미래

3) Jim Dator는 "미래는 존재하지 않기 때문에 연구되어질 수 없다("The future" cannot be "studied" because "the future" does not exist.)"라고 말한다. Jim Dator, "forward" to Richard Slaughter, ed. The Knowledge Base of Future Studies, (3 vols.) Hawthorn, Australia: DDM Media Group, 1996 참조.

4) 앞의 글.

상이 전문가들의 참여를 통해 하나의 구체적인 모습으로 점차 선명하게 떠오르게 될 것이라는 전제를 가지고 있으므로 결과적으로는 하나의 미래상을 그리려는 데 최종적인 목표를 가지고 있는 기법으로 활용된 것이라 할 수 있다.

앞서 지적한 것처럼 하나의 미래를 예상한다는 것은 결국 그것이 방법론적이든 혹은 정책적이든 간에 권위적이거나 아니면 지나치면 독재적 관점에서 출발한 것이라 비판할 수 밖에 없다. 과거 과학적 방법의 절대성의 신념에서 혹은 문제에 대한 해결책을 국가가 정책적 수단으로 독점하는 상황에서 이러한 단일한 미래상에 대한 신념이 지배적일 수 있었던 것이다.

다양한 복수의 미래상은 결국 세계화되고 다원화된 오늘날의 필연적인 선택일 수 밖에 없는 관점이라 할 수 있다. 예를 들어 기업의 경우에도 예측할 수 없는 기술변동은 경쟁업체들이나 소비자 고객을 고려할 때 미래는 여러가지 가능성의 복합체로 존재할 수 밖에 없다는 점을 인정할 수 밖에 없다(Courtney외, 1997). 정부의 정책 역시 국회나 지방자치단체 혹은 이익집단을 포함한 다양한 정책관련 이해당사자들이 상호작용하기 때문에 미래는 오히려 여러가지 가능한 형태 중에 하나로 나타날 가능성이 더 높은 것이 현실이라 할 것이다.

2. 전략적 선택과 윤리적 책임

미래연구에서 전략적 선택과 윤리적 책임이 강조되는 것은 오늘날 사회가 더욱 복잡해지는 것은 물론 미래와 관련된 시간적 범위나 영역, 고려 요인 등이 훨씬 많아졌다는 것 뿐만 아니라, 미래가 연속적인 관점에서가 아니라 단절이나 순환적 관점에서도 인식되어야 하기 때문이라 할 수 있다. 앞서 논의한 것 처럼 미래가 단순히 보편적이고 절대적인 모습으로 예측될 수 없고, 복수의 다양한 미래상으로 상상될 수 있는 것이라면 이러한 미래상은 결국 인간의 지적활동의 결과이며 이러한 활동에는 인지적인 특성은 물론 가치지향적인 특성이 반영될 수 밖에 없다는 결론에 도달하게 된다.

다시 말해서 복수의 다양한 미래상에 대한 인간의 지적활동에는 미래상에 대한 상상은 결국 여러가지 가능한 묘사와 예상가운데 가장 그럴듯한 것 혹은 가장 적절한 것을 선택하는 활동이 될 것이다. 이 과정에서 인간의 가치가 잠재적이든 혹은 의식적이든 간에 반영되는 것이라 할 수 있다. 전략적

[그림 4] 복수의 미래에 대한 전략적 선택

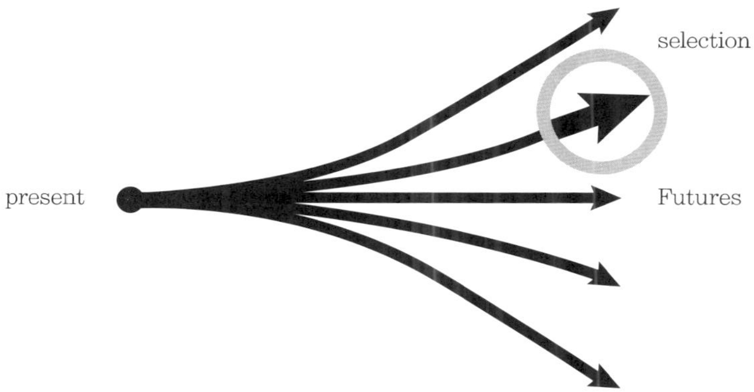

선택이란 바로 이러한 인간의 선택적 활동이라는 것을 인정하는 것이며 윤리적 책임이란 그 선택에 대하여 윤리적인 책임성을 인식해야 한다는 것을 의미한다.

사실 이러한 의미의 전략적 선택이란 개념이 널리 알려지게 된 것은 경영학에서 나타났다. 전략(strategy) 개념이 경영학에 도입되는 것은 조직의 운영이 단순히 조직내부 구조나 활동이 일관된 방향성을 가지는 것만으로는 부족하는 관점에서 출발한다. 더 나아가 이러한 조직의 구조나 활동이 외부상황에 정합성을 높이는 것만으로 무엇인가 부족하다는 비판을 넘어서기 위한 관점으로 전략을 언급하게 되었다. 조직의 구조나 활동의 일관성이나 외부환경에의 정합성을 높이는 것으로 조직의 바람직한 미래가 형성될 것이라는 것은 논리적으로는 타당한 것 같지만 실은 그 타당성을 보장할 수가 없고 실제로 그러한 사례도 없다는 것이 이러한 구조 상황이론에 대한 비판이었다.

앞서 다양한 미래상에 대한 관점에서 언급한 것처럼 기업의 경우에도 경쟁기업이나 환경요소의 변화를 통제할 수 없는 것이 자명하기 때문에 아무리 구조의 일관성이나 환경에의 정합성만 가지고는 조직의 미래를 보장할 수 없다는 것이다. 결국 이렇게 조직에서의 구조적 상황이론이 다분히 결정론적인 지향성을 보이는 것에서 나오는 한계를 극복하기 위해 제안된 것이 전략적 선택이론이다. 미래연구에 있어서 전략적 선택을 강조하는 것은 인간행동이 갖는 임의론적 지향성을 강조하기 위해서이다. 다시 경영전략에서의 전략적 선택이론의 경우로 돌아가 보자.

전략적선택 이론은 구조적 상황이론이 전략적 선택의 중요성을 무시하고 있다는 점을 두가지 측면에서 비판한다. 첫째로, 구조적 상황이론이 전제하고 있는 것처럼 조직이 환경에 매우 밀접하게 연결된 것은 아니라는 것이다. 조직과 환경은 어느 정도 느슨하게 연결되어 있기 때문에, 동일한 환경 하에서도 조직이 주어진 목표에 도달할 수 있는 방법은 다양하다는 것이다. 즉 등종국성(equifinality)의 개념이 제기된다. 물론 효과적인 조직을 만드는 방법 중 가장 교과서적인 것은 구조적 상황이론이 제시하는 바와 같이 조직 구조를 조직이 처한 상황에 적합하게 설계하는 방법일 것이다. 그러나 조직효과성을 제고하는 방법은 그러한 방법 이외에도, 기술혁신이나 조직구성원들의 직무수행 동기를 제고하는 등 수많은 대안 또는 보조적 수단들이 있는 것이다. 이러한 여러 대한에 대한 판단은 관리자의 자율적 영역에 속하는 것이므로, 관리자는 여러 대안 중에서 전략적 선택을 한다는 것이다.

둘째, 구조적 상황이론이 중시하는 효과성(effectiveness)만이 조직구조를 결정하는 사람들의 유일의 관심사는 아니라는 것이다. 오히려 관리자들은 조직 내에서 자신의 지배와 통제를 계속 유지하기 위하여 권력, 안정성, 자율성 등의 목적을 달성하는 방향에서 결정하는 경향도 나타난다는 것이다. 즉, 조직은 관리자의 지각체계를 통해서 조직환경을 인식하는 것이기 때문에, 동일한 환경에 처한 조직이라도 관리자의 환경에 대한 지각 차이로 인해 상이한 선택을 할 수 있다는 것이다. 즉, 관리자의 인지적 기초(cognitive base)와 가치관이 영향을 미칠 수 있다는 것이다. 여기서 관리자의 인지적 기초라 함은 관리자가 미래의 사건에 대하여 알고 있는 지식이나 가정, 관리자가 환경에 대해서 취할 여러 가지 대안에 관해서 알고 있는 지식, 관리자가 각각의 대안이 가져올 결과에 대해 알고 있는 지식 등이다. 또한 관리자의 가치관이란 대안이나 대안이 가져올 결과에 대해 본인의 선호에 따라 서열을 정하는 원칙들이다. 즉 조직내 의사결정자는 본인의 인지적 기초와 가치관을 바탕으로 환경을 인식하며, 이렇게 인식된 환경을 기초로 관리자의 전략적 선택이 이루어진다는 것이다(Child, 1972).

요약컨대 경영학에서 말하는 전략적 선택이론은 관리자의 자유재량 영역이 존재하고, 이에 따른 관리자의 전략적 선택을 강조한다는 점에서 조직의

[그림 5] 선택한 미래를 위한 전략적 기획

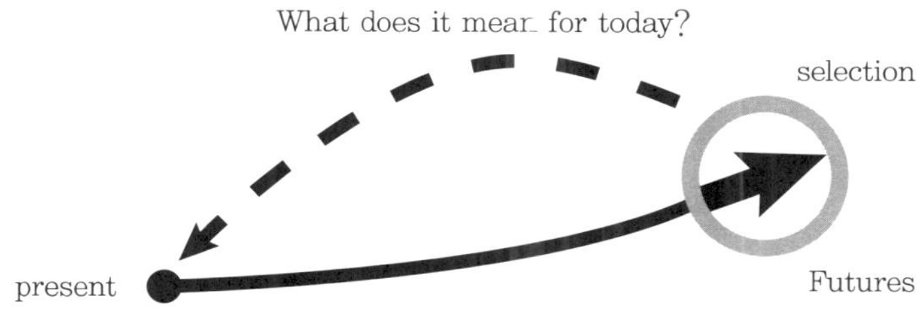

행동을 임의론적으로 바라보는 이론인 것이다. 이러한 경영학에서의 전략적 선택이론은 조직구조를 현재에 대한 이해로 그리고 환경에 대한 대응을 미래에 대한 예상으로 원용하면 그대로 미래연구에서도 활용가능한 이해의 틀로 사용할 수 있게 된다.

즉 기업조직이 성공은 조직의 효과성을 증대시키는 것이고 이는 환경과의 관계에 있어서 기계적인 적응을 의미하는 것이 아니라 오히려 조직의 관리자가 일정부분의 자유재량의 영역에서 조직과 환경의 관계를 임의선택할 수 있다는 것이다. 다시 말해서 인간은 현재와 미래의 사이에서 일정부분 임의적으로 선택할 수 있는 영역이 존재하며 이러한 선택을 어떻게 하느냐가 바로 전략적 선택이라 할 수 있다.

미국의 미래학자인 Wendell Bell(1997)은 이러한 관점에서 미래학의 접근방법은 미래가 획일적인 하나의 객관적 사실이라는 객관주의 입장이나 혹은 미래는 인간이 자유롭게 만들어내는 주관주의 입장도 아닌 새로운 존재론적 입장인 비판적 실재이론(critical realism)에서 접근하는 것이 타당하다고 주장하는 것이다.

미래연구에서 전략적 선택의 강조는 미래예측의 문제가 단순히 미래상을 예상하는 문제가 아니라 이에 관련된 사회적 지식체계와 인간의 심리적 동기 등과 관련을 벗어날 수 없다는 점을 부각시키는 것이다. 결국 미래연구는 인간이 가지고 있는 지식체계를 종합적으로 활용하는 것이며 아울러 인간의 복잡한 심리적 요인들이 관여되어 일종의 타당한 지식을 창출해내는 것이므로 그것은 자동적으로 나타나는 것이 아니라 인간의 선택을 통해 구체화되는 것이므로 선택의 중요성은 물론 그 선택에 대한 책임성까지도 고려해야 한다는 것이 된다.

즉 인간은 미래를 조종하거나 통제할 수 있는 상당한 허용범위와 자유를 가지고 있는 자율적 행위자이므로 그 자율성에 따른 선택을 최적화 하기 위한 활동으로서 전략적 선택과 아울러 그 선택에 대한 책임도 함께 인식해야 한다고 할 수 있다. 결국 미래는 일정한 단일한 현상으로 다가올 것이며, 그러한 미래를 명확히 파악하고 이에 적응하기 위해 현재의 선택을 하는 것이 아니다. 오히려 인간은 그 미래를 인간에게 유리하도록 조종하거나 통제할 수 있는 영향력을 가지고 있으며, 미래를 스스로 창조해 갈 수 있다고 본다는 점에서 미래를 인간의 지식적이고 인지적인 현상으로 파악하게 해주는 것이 전략적 선택의 관점이다.

전략적 선택의 관점은 현재와 미래의 연결역할을 하는 인간 지성의 능동적인 역할을 매우 강조하고 있는 것이다. 이것은 전통적 미래연구가 보여주었던 미래결정론과 대조적인 것으로서 미래연구의 한계점을 수정 보완해 주는 역할을 하고 있다. 또한 미래연구에 있어서 전략적 선택에 대한 논의는 이론은 미래연구의 결정론적 성향을 넘어서는 복수의 다양한 미래논의에 있어서 인간지성의 역할을 보다 더 잘 설명해줄 수 있는 틀이 된다.

결국 미래연구와 관련되어서 전략적 선택은 기존의 미래연구보다 시점을 더 넓게 잡을 뿐만 아니라 미래상 또한 기존의 지식이나 행태, 트랜드 등을 넘어서는 미래에 대해 어떠한 프레임으로 바라볼 것인지 그리고 이러한 프레임을 통해 제기되는 기존의 조직구조의 문제점은 물론 나아가 조직구조의 변화 방향까지도 고려하는 것이 된다. 다시 말해서 기존의 조직구조나 지식체계를 벗어나 새로운 열려진 미래(open future)을 향한 선택과 그에 대한 책임의식[5]이라는 관점을 가져야 한다는 것을 말한다.

3. 탈학제적(post-disciplinary) 접근과 통합

근대사회에 들어서며 미래변화와 관련해서 가장 중요한 역할을 하는 것으로 인식된 것이 과학과 기술의 발전이다. 사실 미래연구와 관련해서 가장 중요한 근거가 되었던 것이 바로 과학적 사고와 기술 발전이라 할 수 있다. 하

5) 여기서 책임의식도 특정한 방향이나 가치에 바탕을 두고 책임을 가져야 한다는 당위론적 주장이 아니라 책임에 대한 감수성(sensitivity)을 말하는 것이다(Serra, 2010).

지만 탈근대를 경험하는 오늘날 미래연구는 단순히 과학과 기술의 문제가 아니라 인간과 철학의 문제로 보는 것이 오히려 주류를 이루고 있다. 하지만 여전히 인간과 사회문제와 관련해서 과학과 기술의 위상은 피할 수 없는 현실이며, 이는 선택이 아니라 융합과 통합의 문제로 인식되어야 한다.

다시 말해서 미래연구가 의도적인 문제해결의 성과 지향형에서 인간적인 의미를 발견하는 성찰형으로 한 차원 더 심화시켜야 하며 이를 위해서는 과학과 기술에 비해 그동안 소외되었던 인문학의 영역으로 확장되어야 할 것이다. 과학과 인문학은 각기 그 목적이나 방법에서 상당한 이질성을 가지고 있기 때문에 이를 융합하는 것은 나름대로의 매개 수단과 절차를 가지지 않으면 실현되기 어려울 것이다.

사실 오늘날 눈부신 물질적 발전의 바탕에는 다양한 기술이 존재하고 이 기술은 과학적 활동의 결과라 할 수 있다. 이러한 과학은 과학적 세계관과 과학적 사고의 결과라고 생각할 수 있다. 또한 과학적 사고는 인간이 가지고 있는 여러가지 사고형태 중 하나이므로 결국 인문학의 한 분야로 연계될 수 있는 가능성을 발견할 수 있다. 이러한 맥락에서 최근 학제간 벽을 넘어 인문학과 과학의 적극적인 교류를 '통섭(consiliance)'이라는 개념으로 논의하고 있다.

통섭은 사회생물학이란 새로운 분야를 개척하며 사회학과 생물학의 영역을 결합하려던 에드워드 윌슨(Edward Wilson, 1998)이 제시한 개념이다. 구체적으로 Wilson이 말하는 통섭이란 어떤 수준의 사실과 이론을 다른 수준의 사실과 이론을 연결시킴으로써 논의의 전제가 되는 기존 틀을 뛰어넘는 합류(confluence)를 시도하는 것이다. 윌슨(Wilson)은 두개 이상의 일반화를 보다 포괄적인 이론으로 통합하는 것은 이론의 신빙성에 대한 중요한 근거이며, 이를 '귀납의 통섭'이라 하고 있다. 즉, '귀납의 통섭은 하나의 사실집합으로부터 얻어진 하나의 귀납이 다른 하나의 사실집합으로부터 얻어진 귀납과 부합할 때 나타나는 것이다. 천체궤도에 대한 케플러의 법칙과 갈릴레오의 자유낙하 법칙 등을 하나의 운동이론으로 통합해낸 뉴턴의 업적이 전형적인 사례이다.

윌슨(Wilson)은 현대 학문들에서도 일부의 영역에서는 이러한 통섭 현상이 일어나고 있다고 한다. 생화학의 경우 생물학은 화학으로 흘러들어가고 있으며, 그 화학은 다시 고분자화학에서 보여지 듯 물리학으로 흘러들고 있다. 이와 같이 자연과학의 영역에서는 일어나는 통섭 과정이 이제는 인문학과 사회과학의 참여로 확장되어야 한다는 것이다. 윌슨의 주장은 더 이상 자연과학과 인문학-사회과학의 경계는 필요가 없다는 것이다.

생명과 문화 사이에는 인간의 지성이 만들어낸 인공물의 세계가 개재되어 있기 때문에 과학기술과 인문사회간의 통섭이 가능한 것이다. 인공물은 물질적인 것을 가지고 만들어지지만, 지성을 통해 디자인됨으로써 단순히 물질적인 것 이상의 속성을 갖는다. 더군다나 현대의 생물학과 의학이 인간의 뇌와 유전적 본능에 대한 연구를 통해 인간 지성을 이해하기 시작했기 때문에 통섭의 가능성은 더욱 높아진다. 문화는 의식과 지성의 산물이지만 그 의식과 지성은 뇌의 생리학적 작용이다. 따라서 물리적 세계와 문화는 뇌의 생리학적 연구를 매개로 서로 횡단(traverse) 소통될 수 있다는 것이다.

윌슨이 제시하는 통섭이론의 널리 받아들이게 된 배경에는 단순히 생물학이나 인문학간의 문제가 아니라 21세기에 나타나는 사회현상과 미래문제를 고려할 때 현재의 지식체계나 학문적 영역을 넘어서는 새로운 시도가 절대적으로 필요하다는 공감대에서 나타난 것이라 생각할 수 있다.

영국의 전략적미래그룹에 관한 보고서에서도, 전략적 미래는 조직의 안은 물론 밖을 포함하는 다양한 원천에서 자료를 수집해야 하며, 특히 일상적으로 듣기 어려운 목소리들을 들을 필요가 있다는 것을 지적한다.[6] 이러한 측면에서 미래연구는 오히려 문화적으로나 심리적으로 조직의 경계에서 이루어져하며, 미래연구를 하는 사람들 역시 기존 조직이나 학문분야에서 일하는 것과는 다른 태도, 관심, 문화적 감수성을 가져야 한다고 요청받고 있다(Henley Centre, 2001:11).

무선 통신 기술과 로봇 기술 그리고 나노 기술의 융합은 인간의 혈관 속에 치료용 로봇을 집어넣어 질병을 치료하는 의료기술의 혁신을 가져올 수 있다. 또 진화론에 대한 연구와 인간 유전자에 대한 연구는 전통적으로 확고하게 여겨졌던 인간 사회와 동물 사회의 질적 차이를 붕괴시킴으로써, 사회생물학이라는 새로운 분야의 연구를 촉진한다. 비유적으로 말해 융합과 통섭의 목표는 물리적인 변화가 아니라 화학적 변화이다.

융합과 통섭이 추구하는 것은 학문적 영역간에 나타나는 다양한 가능성들

6) 윌슨의 통섭이 가지는 생물학적 환원주의라는 점에 대해서는 박승억(2008) 참조.

간의 화학적 결합을 추구하므로서 나타날 '열린 존재론(open ontology)'을 향한 추구와 이와 관련된 지혜를 얻고자 하는 것이다. 즉, 현재의 학문간의 영역을 파괴하여 통합하기 보다는 오히려 학제내에서 나타날 창의성을 훨씬 더 옹호하며, 학제 상호 간의 협력을 격려함으로 나타날 놀라운 다양성과 풍요로움을 추구하는 것이라 할 수 있다.

이러한 통합적 관점의 연장선상에서 미래학자 슬로터(Slaughter, 1996, 1998)는 미래연구가 포스트모던이즘과 근대성의 통합적 시각을 가져야 한다고 주장한다. 그는 과학주의, 합리주의, 물질주의, 객관주의로 향한 서구의 편향된 생각과 이러한 편향된 사고들이 미래를 보는 시각과 미래에 대한 연구를 제한해 왔다고 비판하면서, 이를 보완할 수 있는 "내부적 실체(inner reality)"와 직관과 비합리성의 중요성을 다시 미래연구에 통합하여야 한다고 주장한다. 실체에 대한 다른 관점을 포함시키지 않을 경우 우리가 갖고 있는 사변적인 상상력은 심각하게 제한될 것이기 때문이라는 것이다.

미래연구는 미래와 실체에 대해 하나의 관점에 고착되어서는 안 되며, 다른 문화적 관점, 다른 실체에 대한 이론, 다른 방법에 대해 열려 있어야 한다. 따라서 미래연구는 객관적인 외부 환경에만 초점을 맞추고 있는 실증주의적 과학적 방법들에만 국한시켜서는 안 되며, 객관적인 외부환경과 주관적인 내부 환경에 대한 종합적이고 균형 잡힌 접근이 필요하다고 Slaughters는 역설하고 있다. 이성과 합리성에 기반을 둔 실증주의, 과학주의, 계몽주의가 배척했던 개인의 감성과 직관, 영성, 초자연 등이 다시 미래연구의 영역으로 통합되어야 할 것을 제안하고 있다(Slaughter, 2003).7)

4. 이미지와 나래티브의 분석

미래학자 메이(Michael May, 1987)에 의하면 미래연구자(futurists)는 본질적으로 이야기꾼이다("Futurist tells a story."). 그렇다면 왜 미래연구자는 이야기꾼이 되어야 하는가? 미래연구에 대한 많은 비판은 미래를 예측하는 엄밀하고도 과학적인 방법론을 제대로 갖추고 있지 못하다는 점이다. 이러한 비판은 특히 엄밀한 과학적 방법론이나 통계방법론을 주로 활용하고 있는 학자들

7) 이 책에는 현대 통합이론의 대표이론가인 Ken Wilber의 서문과 그의 이론을 접목한 "Integral Futures - A New Model for Futures Enquiry and Practice"이 실려있다.

의 지적이다. 사실 수치적으로 뒷받침되지 않는 미래연구는 그야말로 관념적 사고에 지나지 않는다는 비판을 피하기 어려운 것이 사실이다.

미래연구가 갖는 가장 큰 난제가 바로 이 문제와 직결된다. 즉, 수치화 할 수 있는 것은 이미 존재하는 것 즉, 과거와 현재를 묘사하는 것인데, 이를 토대로 미래를 예측하는 것 자체가 모순이라 할 수 있다. 미래연구의 본질은 미래의 여러 가능성들을 미리 전망해보는 것인데, 이런 가능성이 앞으로 벌어질 확률에 대해 통계적으로 입증하는 것은 거의 불가능한 일이다. 만약 통계적으로 입증이 가능하다면 그것은 전지전능한 연구가 될 터이고, 다른 학문들의 유용성조차 부정할 수 밖에 없는 결과를 가져오는 것이 된다.

그러나 미래연구는 앞에서도 논의한 것 처럼 미래를 한 치의 오차도 없이 정확하게 통계적으로 예측하는 전지전능한 연구가 아니라, 여러 가능성있는 미래들을 제시하며 각각의 상황이 벌어졌을 때 우리가 보다 더 효율적으로, 보다 더 능동적으로 대응하게 할 수 있는 방법을 탐색하는 것이다. 즉 여러 가능성들을 찾아내는 데 힘을 기울이는 것이 미래연구의 역할인 것이다.

결국 이러한 미래연구의 특징 때문에 미래학자는 미래에 대해 이야기하는 이야기 꾼일 수 밖에 없는 것이다. 미래에 관한 많은 내용이 현실적인 환경에서 관찰되지 못한 것이기 때문에 미래의 내용을 언어적 서사나 시각 혹은 멀티미디어 영상과 같은 이미지의 형태로 형상화하는 것이다. 미래연구의 내용은 현재에서 상당한 거리가 있는 먼 미래의 내용을 묘사하는 것이기 때문에, 그 내용을 과학적으로 관찰하고 측정하며 모델화하는 것을 용납하지 않을 가능성이 있다. 바로 이런 측면 때문에 미래연구가 네러티브나 이미지로 표현될 수 밖에 없다는 것이다.

동시에 미래는 현재 그 모습이 눈에 보이지 않는(invisible) 무엇이라는 점에서 이것을 시각적으로 표현할 수 있는 방법을 동원하는 것이 오히려 더 효과적일 가능성이 높다. 픽션화한 스토리로 묘사를 하든지, 특정한 그래픽을 동원하여 이미지화 하든지, 영화나 애니메이션 등을 통하여 시각적으로 가상화 하든지 등의 방법을 통하여 미래에 대해 이야기 하고 설득할 수 있는 능력을 높이는 것이다.

이렇게 미래를 시각화하거나 내러티브하는 방법은 미래연구가 이루어지는 과정에 참여하는 다수의 이해당사자들 사이에서 합의를 만들어가는 과정

(consensus building process)에서 대단히 중요한 역할을 할 수 있다. 소위 '과학적 방법'은 과학 그 자체에 내재해 있는 내적 일관성(internal consistency)에 기반한 보편적 타당성으로 별도의 합의를 필요로 하지 않는다고 주장되어진다. 하지만 이러한 엄밀한 과학적 방법이 미래연구에 적용될 수 없다는 점 때문에, 미래에 관한 의사소통에는 과학적 전달을 넘어서는 의사소통이 필요하다. 즉, 미래에 관한 담론과 그 과정은 그 내용과 관계된 이해당사자들 혹은 그 대표들이 직접 그 과정에 참여하고 스스로 생각하는 바를 집합하고 조정함으로써 미래에 대한 모습을 구체화하고 수용하는 과정을 내재하고 있는 것이다. 따라서 미래연구는 그 결과를 사용하는 집단 내에서 존재할 수 있는 의견의 충돌이 나 갈등의 구조를 내재화하여 체계적으로 풀어가는 과정을 수반하여야 한다고 할 수 있다.

이렇게 미래연구에 관련된 이해당사자간의 의사소통은 과학적인 전달을 포함할 뿐만 아니라 이를 넘어서는 모든 인간적인 의사소통의 방법들이 활용되어야 한다. 즉, 이런 과정은 팀웍, 브레인스토밍, 커뮤니티적(communal) 접근 등을 통하여 달성할 수 있으며, 이런 과정을 통하여 내적인 차이나 갈등을 조정하는 집단적 창의성(social or communal creativity)이 도출되는 과정이다. 이러한 집단적 의사소통의 과정에 담기는 내용은 모두가 기본적으로 언어 혹은 상징적인 형태를 가지며 그 가장 대표적인 형태가 이야기 혹은 이미지인 것이다.8)

이와 같이 미래연구는 이야기와 이미지를 주요한 컨텐츠로 하는 의사소통 혹은 집단적 상징적 상호작용으로 이해될 수 있는 것이다. 이러한 상징적 상호작용은 구체적으로 담론이나 미디어의 형태를 가질 것이고, 바로 이 담론이나 미디어가 미래에 대한 분석적 연구의 실체적 자료가 되는 것이다. 오늘날 미래연구의 기초가 되는 트렌드 분석이나 시나리오 기법 등이 모두 이야기를 수집하고 이를 분석하고 재구성하는 활동인 것도 바로 미래연구가 이야기나 이미지를 대상으로 하고 있기 때문이다

8) 필립스 디자인의 트렌트와 전략담당 이사인 Josephine Green은 이렇게 말한다. "미래연구자로서 우리의 역할은 우리가 더 잘 살 수 있게 하주는 이야기를 하는 것이다. 그리고 그 일을 최대한 의미있고 민주적으로 하는 것이다. 미래는 공동창작 예술이어야만 한다(Our role as futurists is to tell the stories that can help us to live better, and to do that in as meaningful and democratic a way as possible. The future must become a co-creative act."

5. 전지구적 대화(Global Conversation)

미래에 대한 초기의 인식은 공간적 확대와 관련이 깊게 전개되었었다. 즉, 과학적이고 근대적인 세계가 지구상에서 공간적으로 확산되는 것이 미래의 물리적 모습으로 표현되는 것이 일반적이었다. 비록 세계화가 일정한 속도로 단선적으로 진행하지는 않았을지 모르지만 적어도 그 방향은 지금까지 지속되어왔다고 할 수 있다.

서구에서 르네상스로 부터 시작된 근대는 유럽을 지나 아메리카로 그리고 아시아와 아프리카를 포괄하는 확장을 하였고, 이제는 교통수단과 정보통신기술의 발달로 전지구를 하나로 묶는 거대한 생활공간으로 확장되었다. 2차대전 이후 재건된 세계 경제는 장기호황의 이익을 누렸으나, 70년대를 잠시 주춤거렸고, 80년대 이후 냉전체제의 종식, 신자유주의의 확산, 정보통신기술의 발달이 복합적으로 작용하면서 현재 방식의 세계화가 본격적으로 논의되게 된 것이다.

세계화라는 것은 한마디로 말해서 세계가 좁아진 것(shrinkage of the world)을 의미한다. 컴퓨터와 인터넷을 통해 이제는 한 개인이 쓴 글이든 동영상을 역시 컴퓨터와 인터넷이 가능한 곳이면 지구상 어디서나 접근이 가능하게 된 것이 세계화이다. 세계가 좁아지면서 모든 사람들이 그것이 경제가 되었던 정치가 되었든 문화가 되었든 서로 상호연결되게 된 것이 세계화이다. 이제 지역 이슈가 세계 이슈가 될 뿐만 아니라 심지어는 개인의 이슈가 세계적 이슈가 될 수 있게 되었다. 이러한 변화는 특히 그 속도에서 많은 사람들이 적응하고 따라갈 수 없을 정도 빠르게 나타나고 있다.

이렇게 상호연결된 세계로 부터 나타나는 미래 모습은 전통적으로 논의해오던 것과는 근본적으로 다른 몇가지 특징을 지니고 있다. 첫째로 미래란 본질적으로 비물질적 영역에 속한 것이라는 생각을 심화시킨다. 앞서 언급했던 것처럼, 세계화가 확산되는 과정에서 미래는 물리적 공간적 개념을 대치되는 경향이 있었다. 즉, 미래는 어디엔가(somewhere) 존재하는 것으로 상상되는 공간적 특성을 가졌다면 이제 공간적으로 세계화가 완성된 오늘날 미래는 더 이상 지구상에 존재하는 어떤 물리적 현상이 아니라 인간의 상상속에만 존재하는 비물질적인 것으로만 존재할 수 밖에 없는 것으로 인식되게 되었다. 결국 앞서 논의했던 복수의 미래상이나 이야기나 이미지로서의 미래가 나타나게 된 배경이 된 것이 결국 세계화의 결과라 할 수 있을 것이다.

둘째로 세계화는 미래에 대해 보다 인간 중심적인 관점을 가질 수 밖에 없게 만들었다. 세계화를 통해 인간은 이제 외적인 구별요소인 언어나 피부색을 넘어 내적인 구별요소라 할 수 있는 종교, 신념, 문화 등에서 까지 상호교류가 이루어지므로 인간의 집단적 정체성의 근원은 약화되고 점차 종으로서의 인간 정체성(identity as human species)이 강화될 것이다.

셋째로 세계화를 가능하게 한 통신기술의 발달은 결국 인간의 모든 지식을 네트워크로 연결하게 되고 이러한 지식의 망 속에서 개인은 절대적 지식의 주체를 상실하고 오히려 집단만이 지식의 담지자이며 전달자로서의 역할을 하게 될 것이다. 따라서 현재 우리가 아는 것과 같은 진리는 더 이상 존재하지 못하게 될 것이다(Wishard, 2008, 94). 모든 사람들이 인터넷을 통해서 모든 철학이나 사회이론, 모든 지식에 접근이 가능하게 되므로, 진리는 컴퓨터 안에 검색을 통해 발견되는 것이라는 생각이 지배적이 될 가능성이 높다는 말이다. 다시 말해서 '자명한 진리'는 존재하지 않고 다만 자명해지는 과정이 더 중요한 세계가 되었다는 것이다. 정보통신기술의 발달로 나타나는 세계에서는 집단적 신념은 점차 약화되고 지식에 대한 불확실성만 증대하는 결과를 가져올 것이라는 것이다.

세계화로 나타나는 이러한 변화는 역시 세계화로 인해 급격히 확산되는 위기요인들과 맞물려 비관적인 관점에서도 제기되고 있다. 급속히 진행되고 있는 지구온난화를 포함한 환경문제, 국제적인 테러와 범죄문제, 국경을 넘어서 나타나는 질병과 차별, 그리고 양극화 등과 같은 전세계적 이슈들은 미래연구에 주요한 테마를 제공할 뿐만 아니라 연구방법이나 기법에 대한 근본적인 도전을 제공하고 있다. 이런 의미에서 오늘날 미래연구에서 세계화를 전제로 하지 않는 연구는 사실상 아무런 의미를 갖지 못한다고 해도 과언이 아닐 것이다.

6. 비선형적 복잡계 진화시스템(complex evolving systems)

고도화된 지식정보사회에 진입하고, 전지구화된 의사소통 환경을 맞이하면서 미래연구는 실증주의에 입각한 과학주의를 넘어서 새로운 패러다임을 필요로 하고 있다. 이러한 새로운 미래연구의 패러다임은 여러 가지 다원적인 관점들이 상호교차하는 통합적인 복잡계(complexity)를 구성하는 것으로 인식할 수 있고 이러한 복잡계는 자체의 논리에 의해 진화해가는 것으로 볼 수 있다.

현대 사회를 비선형적 복잡계 진화시스템으로 설명하는 것은 1)우리가 경험하는 변화의 속도가 점차 더 빨라지는 가속도를 보이고 있으며, 2)그 변화의 추세는 선형적인 변화가 아니라 비선형적 모양을 나타내고 있으며, 3)이로 인해 불균형과 지체가 나타나고 있다는 것으로 요약할 수 있다.

우선 변화의 속도가 가속화되고 있다. 선사시대의 사회적 변화는 아마도 느린 직선의 속도로 변화를 보였을 것이다. 중세에서 근대에 이르는 변화도 한 개인의 삶속에서 담아낼 수 없는 긴 변화의 호흡을 보여왔다. 하지만 지난 100년간의 변화는 그 속도가 엄청나게 빨라지고 있음을 한 개인의 삶속에서도 경험하고 있다. 지적활동의 집중과 경제적 필요가 맞물려 나타난 기술진보의 속도는 점점더 빨라지고 있다. 신기술이 나타나고 사라지는 기술의 수명주기는 점점 더 짧아지고 있는 것이다. 자동차가 세계적으로 확산되는데 100년이 걸렸다면, 텔레비전은 50년이 걸렸고, 인터넷은 15년, 휴대폰은 10년이 채걸리지 않아서 전지구적으로 확산되었다는 사실이 이러한 변화의 속도를 설명해 준다.

변화의 가속화는 20세기 말 정보통신기술의 발달과 맞물려 가속화되어 이제는 선형적 변화로 설명할 수 없는 지수적 변화(exponential change)을 보이고 있다.[9] 지수적 변화는 통제가 불가능하며 엄청난 속도로 끊임없이 일어나는 경향이다. 즉, 다른 사건이 터지기 전에 기존의 사건을 수습할 만한 여유가 없으며, 적절히 대처하기 전에 이미 또 다른 사건들이 터지고 만다. 지수적 변화를 반영하는 변화의 S자 곡선 이론이 오늘날 지배적인 변화 설명 모형 중에 하나로 인식되고 있다.

S자 곡선에 따르는 지수적 변화는 특정 사건에 대한 충격뿐만 아니라 동시에 발생하는 다양한 변화에 의한 더 큰 경향들과 그 맥을 같이 한다. 사회에 충격을 주는 모든 변화에는 그에 적절한 대응이 필요하다. 하지만 이떤

9) 시간이 가면서 정보의 양이 두 배로 되는 데 걸리는 시간은 절반으로 줄어들 것이라는 무어의 법칙(Moore's Law)이 대표적인 예이다.

사건의 결과를 이해하고 그 대응책을 준비하여 수행하는 데는 시간이 걸릴 수 밖에 없다. 이렇게 사건발생과 그 것을 알아채기까지의 시간적 차이가 바로 지체인 것이다. 또한 알아채는 것과 대응하기까지의 시간차도 지체이며, 반응과 그에 대한 충격의 시간차 역시 지체에 해당된다. 이와 같이 세가지 형태의 지체가 나타날 수 있는데, 이러한 지체가 길어지면 질수록 우리는 변화에 압도될 수 밖에 없게 된다. 예를 들어 한 사회에 10개월이 걸려야 극복할 수 있는 새로운 변화가 나타났다고 하자. 즉 사건이 생기고 10개월이 지나야 다시 균형을 회복할 수 있기에 열심히 노력하여 문제를 극복해 나가고 있는지 6개월쯤 지나서 다시 시스템전체에 충격을 가하는 새로운 변화가 발생했다고 상상해 보자. 이 것이 바로 문제의 시작이다. 왜냐하면 충격들 사이의 간격이 하나의 충격에 대응하기 위해 걸리는 시간보다 더 짧기 때문이다. 만약 이렇게 변화의 충격이 지속된다면 사회는 영원히 균형을 회복할 수 없게되고, 소위 만성적 불균형 상태에 빠지게 되는 것이다.

결국 지수적 변화로 인해 사회 전체에 초래되는 불균형의 경향은 단순히 변화의 충격으로 인한 복잡성의 증가가 아니라 오히려 만성적 불균형에 의한 복잡성을 의미하는 것이라 할 것이다.

따라서 만성적 불균형에 빠지는 것을 막는 방법은 변화의 충격과 그에 대한 인식과 대응 사이에 지체를 최소화 하는 수 밖에 없는 것이다. 즉, 이렇게 지체를 극복하기 위해서는 변화와 그것을 알아채는 시간, 그리고 대응책을 준비하고 실행하는 세가지 활동 사이의 시간차가 없어야 한다는 결론에 도달한다.

자연 현상에서 이러한 문제를 해결하기 위해 나타난 것이 진화(evolution) 현상이다. 최근 정보이론과 결합한 진화이론이 변화에 대한 적응에서 나타나는 시간차를 극복하는 방법으로 제시되고 있다. 변화를 인식하고, 이에 대해 대응을 생각해내고 실행하는 전체의 단계가 개체에서는 뇌에서의 활동을 통해 종합적으로 실시간에 이루어지고 있는 것이 그 예이다. 사람의 감각기관에서 인식된 변화현상은 즉시 뇌로 전달되는 뇌에서의 사고활동을 통해 대응책이 나타나고 이는 즉시 신체기관을 통해 대응하도록 뇌에서 명령을 하여 해결하는 것이다. 변화에 대응하기 위해 개체는 이와 같이 정보를 중심으로 진화해 왔다는 것이다.

개별 생명체가 이와 같이 정보를 활용하므로 지체를 극복하고 실시간 대응을 할 수 있도록 진화해온 것처럼, 사회도 변화가 일어날 때 그 변화를 인식하는 개인들과 이에 대하여 인식하고 분석하는 개인들 그리고 변화의 충격에 대한 대응책을 실행하는 개인들 사이의 지체를 최소화 하는 길은 변화에 관련된 모든 내용들이 전달 가능한 정보의 형태로 만들어져서 빠른 시간에 소통되도록 하는 것이 앞서 말한 불균형과 그로 인한 복잡성을 극복하는 방법이라 할 것이다.

이러한 과정은 결국 개체는 물론 집단의 학습과정(learning process)이며 그 과정은 진화 과정(evolutionary process)의 형태가 될 것이다. 경영학자 러셀 애코프(Russel Ackoff)가 말하는 지혜이론(Morris, 1995)은 이러한 과정을 잘 설명해 준다. 그는 감각적으로 주어는 자료인 데이터가 정보로 되고 이를 바탕으로 지식과 이해가 나타나지만, 이러한 지식과 이해는 과거에 바탕을 둔 것에 지나지 않는다고 한다. 미래와 관련된 것은 지식과 이해를 넘어서 '옳은 일을 하는 것' 혹은 '평가된 이해'라고 할 수 있는 '지혜'와 관련이 있다고 주장한다. 즉, 지식은 이미 존재하거나 되어진것에서 나오지만, 지혜는 앞으로 가능한 것 그리고 그렇게 되어야만 하는 것과 관련이 있다는 것이다. 이러한 의미에서 미래 연구는 결국 지혜에 관한 연구라 할 것이다.

Ⅲ. 국내 미래연구의 점검

우리나라의 미래연구는 미국의 영향으로 사회과학이 국가발전에 깊이 관여하기 시작한 1960년대에 시작되었다. 이 시기에는 국가경제발전이라는 목표를 달성하기 위해 경제계획을 수립하고 이를 수행하는 과정에서 미래를 예측하고 이렇게 예측된 미래를 달성하기 위한 정책의 집행과 성과를 관리하기 위해서 미래에 관련된 연구를 하였다. 이러한 기획과 연계된 미래연구가 80년대까지 지속되었고, 80년대 중반부터 우리사회에 본격적인 민주화가 진행되면서 계획과 관련된 미래연구에서 변화에 대한 예측, 그리고 전략적 미래연구 등이 논의되기 시작했으며, 민간기업들의 경우 급격한 기술발전과 세계화에 대비하기 위한 경영전략의 수립을 위해 미래에 대한 다각도의 접근이 시작되었다고 할 수 있다.

정보통신기술의 발전이나 세계화로 인한 급격한 사회변화가 나타나고, 특히 97년의 경제위기 그리고 21세기로의 변화를 경험하면서 새로운 차원의 미래연구가 나타나게 되었다. 이와 같이 새르운 차원의 미래연구는 사실상 일본, 미국 등의 선진국보다 늦은 1990년대 부터 시작되었으며, 2000년대 초부터 미래연구에 대한 중요성이 크게 인식되면서 국책연구기관뿐만 아니라 민간연구소 및 학계 등에서도 본 연구에 대한 움직임이 활발해 지고 있다.

현재 우리나라의 미래연구는 대중적 부문, 민간기업 부문, 정부 부문과 출연연구소 등 세가지 영역에서 상호간 긴밀한 연계가 없이 별도로 진행되고 있는 것이 현실이다. 우선 대중적 부문에서는 피터 드러커나 앨빈 토플러 그리고 나이스비트와 같은 대중적인 서적을 통해 변화의 특징이나 트렌드에 대한 관심들이 널리 확산되어 왔다. 하지만 이들 대중적 서적들은 그것이 우선 미국중심의 서적을 번역한 것들로 우리의 현실에 맞지 않을 뿐더러 내용에 대한 깊은 이해나 분석이 따르지 않아 일시적 유행처럼 지나가버리는 현상에 그치고 만 경향이 있다. 물론 이러한 흐름에 자극을 받아 일부 연구자들이나 민간연구기관에서 우리 나름의 연구결과를 가지고 매년 트렌드 예측에 관련된 서적이나 보고서가 발간되고 있기는 하다.[10)]

이렇게 대중적인 관심과 기업에서의 미래예측에 대한 관심에 비해 정부 부문은 여전히 70년대식의 기획관[11)]에 바탕을 둔 미래관을 가지고 있는 것이 대부분인 것으로 생각된다. 세계화의 물결은 물론 급격히 변하는 정보통신환경으로 나타나는 경제환경의 변화 그리고 세대간 문화의 차이가 확대되면서 나타나는 사회문화적 변화에 대응하기 위하서는 적절한 미래예측에 바탕을 둔 정책탐색과 전략적 의사결정이 이루어져야 하지만 여전히 관료제적 틀과 기획적 사고방식에 의해 미래에 대한 적극적 탐색과 예측이 미흡한 것으로 생각된다.

1. 국가차원의 미래연구

2002년 참여정부의 출범이후 국정운영에 대한 다양한 로드맵이 제시되어

10) LG경제연구원, 현대경제연구소, 삼성경제연구소에서 각각 매년 한해를 예측하는 보고서가 나오고 있으며, 김난도 (2010) 교수가 2009년부터 내는 트렌드 코리아 시리즈도 이 예가 될 것이다.

11) 70년대 유신정권을 시작으로 우리나라의 미래연구가 외삽법과 델파이 기법을 바탕으로 '장미빛 미래상'을 주입해온 관제 미래학으로 주로 활동했다는 비판도 있다(시사저널, 1991.1.31).

이를 바탕으로 각종 정책들이 추진 및 모니터되는 방식으로 국정운영이 이루어진 바 있다. 사실상 로드맵은 목표달성을 위해 단계적으로 접근하는 과정을 하나의 도식화한 표나 그림 혹은 주제어 등으로 표현하거나 이미지화하여 보여주는 것이다. 주로 로드맵은 기술기획이나 기술개발 분야에서 먼저 사용된 개념으로, 우선 미래시장에 대한 예측을 바탕으로 미래수요를 충족시키기 위해 기업 또는 산업차원에서 향후 개발하여야 할 필요기술과 제품을 예측하여 최선의 기술대안(alternative)을 선정하는 방법으로 제안된 것이다(Garcia & Bray, 1998). 이와 같이 로드맵이란 근본적으로 고객이나 시장에 대한 미래예측과 아울러 이에 대응하는 주요한 제품이나 기술의 개발를 포함하고 실행을 위해 이해관계자와 추진과정의 변화까지를 포함하는 전략적 기획의 한 방법이라 할 수 있다.

이와 같이 본래의 로드맵 개념과 참여정부에서 사용한 로드맵 개념은 상당한 차이를 가지고 있는 것을 볼 수 있다. 결국 참여정부에서 로드맵이라는 정책기획방식이 널리 사용되였지만 실제로 로드맵 작성에 대한 이론적 기초가 부족함은 물론, 로드맵 작성 과정의 실질적인 수행 없이 로드맵이라는 이름만 활용된 감이 없지 않다. 특히 정확한 미래예측이나 이해관계자 참여가 제대로 되지 않은 로드맵은 기존의 중장기계획과 질적인 차이를 보이지 못한 것으로 평가될 수 있을 것이다.

참여정부의 뒤를 이은 이명박 정부는 2008년 5월 '미래사회 전망 및 이에 기초한 사회통합과 안전, 인구, 환경, 교육, 문화, 에너지, 식량 등 미래생활과 관련된 국가비전 수립'을 위해 대통령 직속 자문기구로 미래기획위원회를 설치하였다. 미래기획위원회에는 미래전략분과, 신성장동력분과, 외교안보통일분과, 사회정책분과, 문화미디어분과로 나뉘어 있고, 각 분과 위원회에는 대학 교수와 재계 대표, IT계·문화계 인사들이 참여하고 있으며, 행정 부처에서 실무적인 업무를 지원하고 있다. 그동안 이 위원회를 통해 서민중산층을 키우기 위한 휴먼뉴딜, IT KOREA 5대미래 전략, 저출산 대응 등의 미래전략이 제안된 바 있다.

미래기획위원회 역시 국가의 미래전략을 제시하는 데 초점을 두고 있지만, 미래예측에 대한 전문성이나 전략개발에 대한 전문성은 취약한 것으로 나타나고 있다. 그리고 실제 미래전략을 추진하는 실무부처와의 연계가 부족하여 제안되는 미래전략들이 정책제안 수준에 그칠 염려가 제기되기도 하였다(위클리 경향, 09.12.22).

2. 국책연구소에서의 미래연구

사실상 미래연구를 본격적으로 수행한 것은 과학기술과 관련된 국책연구기관들이 중심이 되서 진행해왔다. 1990년대 초반 국가차원의 전략적 과학기술기획을 위한 기술예측 중심의 미래연구가 시작되었으며, 2000년대 이후부터 각기 다른 관점 및 목적을 가진 미래연구가 이들 국책연구기관과 관련 전문가들에 의해 다양한 형태로 추진되고 있다.[12] 아래 표는 2000년대 이후 국책연구기관을 중심으로 수행되었던 주요 미래연구 활동들을 정리한 것이다.[13]

3. 기존연구의 한계점

2010년 현재까지 대부분의 연구들이 가지고 한계점을 국가미래전략의 측면에서 기본적으로 체계성과 통합성이 부족하고, 예측과 관련된 정보수집과 활용간이 시차가 너무 크며 또한 단절적이며, 연구방법이 제한적이며, 연구관련 인력의 전문성이 부족한 점을 지적할 수 있다. 아래에서는 기존의 연구들이 가지고 있는 한계점을 국가차원의 미래예측과 대응전략수립이라는 측면에서 논의하고자 한다.

첫째, 예측과 관련된 정보의 수집과 활용간의 시차 문제이다. 미래예측의 핵심적 문제는 시간과 관련된 문제이고 복합적 요인과 관련되어서 발생한다고 할 수 있다. 미래 이슈는 움직이는 시간(dynamic time) 안에서 계속 발생하고 변화하고 있는 것이기 때문에, 한번 관찰하여 정리하였다 하더라도 지속적으로 갱신하고 보완되어야 유효성을 갖는다. 우리나라의 경우 한 편에서는 연말연시를 기점으로 대중적인 트렌드 예측이 유행처럼 제시되고 있는 반면, 다른 한편으로는 정부나 국책연구기관에서는 5년 혹은 10년이상의 장기적 예측들이 발표가 되고 있다. 그러나 1년짜리 단기예측은 장기적인 맥락이

12) 교육과학부(과학기술부), 한국과학기술기획평가원(KISTEP), 과학기술정책연구원(STEPI), 정보통신정책연구원(KISDI), 한국정보화진흥원(NIA) 등이 그 예이다. 이중 과학기술기획평가원의 연구는 과학기술기본법에 의해 매5년마다 실시되도록 법제화 되어 있다.

13) 이세준, 이윤준, 홍정임, 2008: 31,32을 바탕으로 주요연구를 추가하여 재구성.

〈표 3〉 국책연구소의 주요 미래연구 요약

연도	사업명	수행기관	연구목표/주요자료
1993~현재	과학기술 예측조사	STEPI KISTEP	* 과학기술 분야의 미래유망기술 및 과제 도출을 통하여 과학기술 발전의 바람직한 방향을 제시함으로써 정책목표 및 전략수립에 필요한 기초자료 제공 - 미래경제사회 전망과 과학기술비전(07) - 통합적미래연구방법론의탐색과적용(08) - 과학기술기반의 국가발전미래연구(09) - 미래예측을 통한과학기술발전전략(09) - 미래예측프로세스의 고도화및 기술기획을 위한 지식시스템구축에 관한연구(10)
2003~2007	21세기 한국 메가트렌드연구	KISDI	[1라운드('03~'06)] * IT기반 미래국가발전전략 연구: IT의 급속한 확산에 따른 우리사회변동의 본질과 방향에 대한 장기전망을 도출하고 미래사회 전망을 통한 미래한국 국가전략 수립 기여 - 디지털사회의 미래예측 방법론연구(06) [2라운드('07)] * IT기반 한국사회 패러다임변화 연구: IT 패러다임 변화에 대한 트렌드 발굴 및 사회적 정책적 이슈도출을 통한 정책방향 제시를 통한 국가전략수립 기여 - IT의 사회문화적영향연구(07) - 한국사회방송통신패러다임변화연구(08) - 디지털컨버전스기반 미래연구(09)
2005~현재	미래유망 기술 탐색 및 연구	KISTI	* 미래연구를 위한 정보수집 및 분석의 체계적 시스템 구축을 통한 지속적인 정보제공 및 미래유망기술 발굴을 통해 국가 및 민간기업에 기초자료 제공
	국가미래 예측/미래 전략	NIA	* 국가차원의미래예측및 미래전략 탐색 - 국가미래예측관련 메타분석(08) - 공공정책관련 미래연구로 미래전략 연구방법론(FROM)1.0제안(09)

부족하고, 중장기 예측들은 매년 빠르게 변하고 있는 환경변화에 대한 모니터링과 이를 반영한 수정대응이 부족하다고 할 수 있다. 특히 우리나라 정부 관련 미래연구에서의 문제점은 이러한 중장기적 연구가 상시적인 변화에 대

한 연동성이 부족하다는 점이다.[14)]

둘째, 미래연구가 그 의미를 갖기 위해서는 바람직한 미래상에 대한 전체 시스템적인 차원에서의 요구에 부합하여야 한다. 이를 위해서 우리나라에서의 미래연구는 한국 사회 전체차원에서의 사회적 수요에 대응하여야 하고, 나아가 범세계적인 트렌드에도 부합하는 미래연구가 이루어져야 한다. 이러한 정합성을 확보하기 위해서는 미래연구가 어떠한 맥락에서 이루어지느냐에 따라 해당 맥락에 대한 보다 깊은 이해가 전제되어야 한다고 할 수 있다. 우리나라에서 주를 이루는 미래연구라 할 수 있는 과학기술미래예측의 경우 앞서 언급한 것처럼 기술과제와 국가사회의 사회 경제적 변화의 정합성에 대한 깊이 있는 조사없이 주로 과학기술로 연계를 제시하는 형태에 머물고 있어 정책으로의 연계는 미흡한 실정이다. 실제로 앞서 언급한 KISDI의 '한국의 메가트렌드 연구'는 한국사회전체적인 측면의 연구라면, KISTEP의 연구는 과학기술에 초점을 둔 연구이고, 최근에 나타나는 국책연구기관의 미래 연구들은 각 기관의 연구관심영역에 관련된 연구를 하고 있다는데 사실상 이들 연구들은 상호 보완적인 연구의 성격을 갖는다고 할 수 있음에도 이들 간의 공식적이고 체계적인 연계를 발견하기는 어려운 것이 현실이다[그림 6 참조].

셋째, 세계 주요국은 시나리오 기법 등을 사용하여 미래사회 전망 시 수반되는 불확실성을 감안한 다양한 미래상을 제시하고 나아가 이로 인해 발생할 수 있는 위기요인까지 제시하고 있으나 우리나라의 미래연구는 여전히 단일한 미래사회 모습을 기반으로 미래를 규정하고 이에 대한 대비를 제시하려고 하고 있다. 다시 말하면, 불확실한 미래사회 모습을 다양하게 그려보면서 파악할 수 있는 동인들 간의 상호 작용에 대한 이해와 동인 간의 차이점 인식이 부족하다고 할 수 있다. 이러한 정태적이고 획일적인 미래상은 결과의 활용가능성을 떨어뜨리며, 다양한 이해당사자들의 동의와 참여를 끌어내기에는 미흡한 정책대안을 제시할 가능성이 높게 된다. 따라서 결과적으로 미래에 대비하기 보다는 기존의 정책모형이나 정책행태를 재생산할 가능성이 더 높아 결과적으로는 혁신적이고 미래지향적이기보다는 과거지향적이고 보수적

14) 영국의 경우 미래예측과 관련하여 HSC(Horizon Scanning Centre) 설립 하여 시그마스캔(SigmaScan)이나 WICE델타스캔(DeltaScan)등을 통한 미래사회 핵심이슈 및 미래유망기술 동향 파악 등 최신 모니터링 시스템 구축하고 있는 것을 주목할 필요가 있다.

[그림 6] 국내미래연구의 변화방향

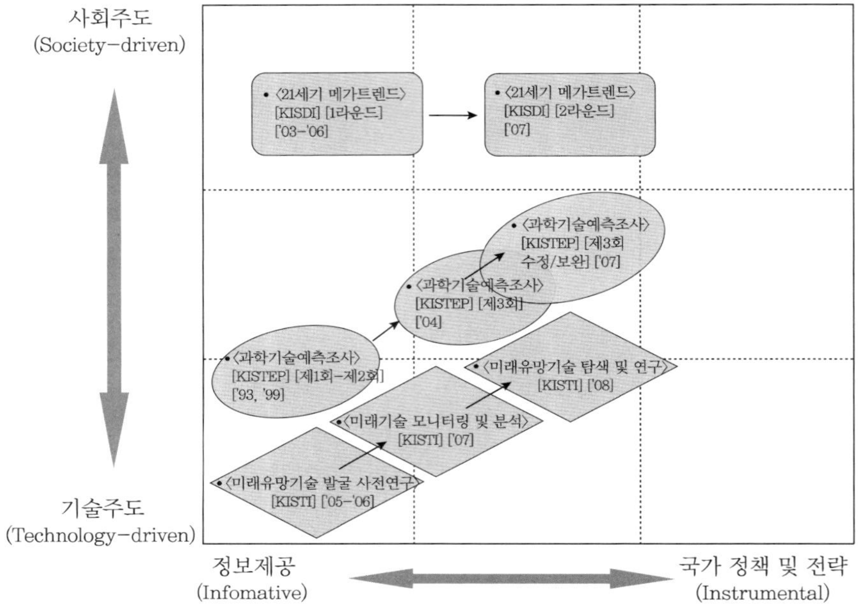

출처: 이세준, 이윤준, 홍정임. 통합적미래연구방법론의 탐색및 적용. 과학기술정책연구원. 2008. p.99.

인 정책으로 미래 대안이 도출될 가능성이 높게 나타날 것이다.

넷째, 방법과 기법적인 측면에서 우리나라의 미래연구는 사용되는 방법론이 제한적인 것으로 나타나고 있다. 이미 앞서 지적한 것처럼 우리나라의 주된 미래연구들이 국책연구소들이 개별기관이나 고유사업 영역과 관련된 미래연구를 하는 것이 거의 전부기 때문에 델파이 방법을 중심의 예측조사, 워크숍을 통한 메가트렌드 도출, 연구결과에 대한 양적분석을 이용한 모니터링이 대부분으로 나타나고 있다. 따라서 범세계적인 이슈파악과 드렌드 분석, 교차분석, 시나리오 도출, 미래비전 도출 등의 활동은 극히 빈약한 것이 현실이다. 이러한 경향은 [그림 8]에 요약된 포퍼(R. Popper, 2008)가 제시한 미래연구 방법론들 중에서 주로 전문가기반, 그리고 근거기반에 치중하여 창의력기반이나 상호작용기반의 측면은 취약한 모습을 보이고 있다고 생각된다.[15]

15) R. Popper의 미래연구 방법론 분류에 의하면 미래연구는 개인이나 집단의 창의적이고 상상적인 생각들의 조합이 전문가에 의해 도출되는 창의성 기반(creativity-based) 방법, 특정영

[그림 7] R. Popper의 Foresight Diamond에 따른 미래연구방법론

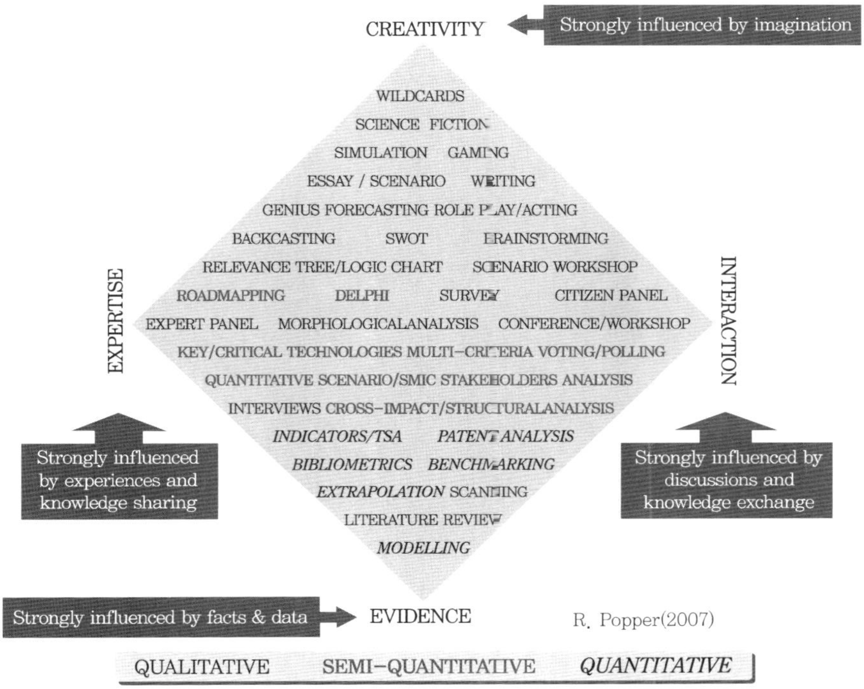

다섯째, 미래연구 결과의 활용이 대단히 제한적이라는 점도 문제점으로 지적될 수 있다. 우선은 미래연구 결과가 과학기술 전략 및 계획을 포함한 국가 전략 및 계획수립에 반영되어야 하나 그 정도가 대단히 미흡하다. 이에 따라 정부정책 전반에 미래예측은 없고 과거와 현재를 재생하는 것만 정책으로 재생산되고 있는 것이다. 물론 이러한 문제점은 미래연구를 몇몇 전문가들만이 참여해서 진행되고 있다는 점에서 필연적인 결과라 할 수도 있을 것이다. 아울러 미래연구와 관련된 전문가나 조직이 체계적이지 않고 일시적으로 그 때 그 때 이루어지기 때문에 미래연구나 미래예측이 활용되도록 하는 역량도 부족한 것이라 할 수 있다. 이는 미래연구의 전문가들 사이의 교류나 연계도 부족하다는 점과도 밀접히 연관되어 있는 문제이기도 하다.

역에서의 경험과 전문성 그리고 이들간의 상호지식공유에 의존하는 전문성 기반 방법, 사실과 자료에 근거하는 근거기반, 토론과 지식교환 등 상호학습과 상향식 의사결정을 강조하는 상호작용 기반 등 네가지 유형으로 미래연구를 나누고 있다(Popper, 2008).

결과적으로 우리나라 특성에 맞는 미래연구가 이루어지지 못하고 있다는 점도 지적되어야 할 것이다. 미래연구 전문가나 전문기관, 관련 정책체제가 구축되어 있지 않기 때문에 우리나라 특성에 맞는 미래연구가 이루어지지 못하고 있는 것이다. 민간 및 학계에서도 미래연구의 중요성을 인식하고 여러가지 형태로 미래연구를 촉진하고 결과도 산출하고 있지만, 이러한 결과물들의 유통이나 활용이 활발하지 못한 것이 현실이다. 이러한 문제점들을 개선하기 위해서는 미래연구의 프로세스 측면에서 그 해결책을 찾아야 할 것이다. 미래연구의 기획에서 진행 그리고 평가나 활용 전체 단계를 우리나라 실정에 맞는 전략적 미래연구의 프로세스로 구축하고 매 단계마다 적절한 관계자들이나 전문가들을 참여시키도록 하면 이를 통해서 한국적인 미래연구가 진행될 수 있는 가능성을 높이는 것은 물론 미래연구의 결과가 가지는 효과성도 높일 수 있게 될 것이다.

4. 개선 방향

일반적으로 미래연구는 미래사회 핵심 이슈 및 동향 파악, 사회 전망에 근거한 미래 비전과 목표 제시, 그리고 이를 바탕으로 미래변화전략과 우선순위 제시 등이 포함되어야 한다. 그러나 대부분의 연구들이 이러한 요소들에 대해 부분적으로만 제시하고 있다. 또한 이들 연구들 간의 연계도 전혀 이루어지지 않아서 국가차원의 통합된 미래정책으로 연결되지 못하고 있는 실정이다.

우선 국가차원의 미래정책을 통합적으로 수행하는 방법으로는 1) 이론과 방법론 측면에서는 국가차원의 독자적인 미래예측모델 개발 및 적용, 2) 정보와 지식측면에서 미래연구의 틀을 구성하며 이를 정보통신기술의 활용을 통해 실질화 시키는 국가차원의 미래예측과 관련된 정보와 지식의 지식저장소(knowledge warehouse)와 미래전략관련 의사결정지원시스템(future strategy related decision support system) 구축과 운영, 3) 미래연구와 관련된 인적자원의 유지 개발과 이를 체계화하는 미래전략관련 통합조직을 통해 미래연구 역량을 개발하는 것이 필요한 것이다.

또한 미래연구의 방법이나 기법에 관해서는 다음과 같은 개선이 필요하다. 첫째, 양적방법과 질적방법의 적절한 조화가 필요하다. 우리나라의 경우

전반적으로 여전히 양적연구가 주를 이루고 있는 실정이므로 사실상 양적연구와 질적연구의 적절한 균형을 위해서는 질적연구에 대한 강화가 필요하다고 할 수 있다. 질적방법을 많이 사용하면 이를 통해 우리나라 현실에 보다 적합한 미래연구가 될 가능성이 높다고 할 수 있다. 그러나 질적연구는 연구내용이나 결과에 대한 객관성이나 타당성에 대한 검증에 어려움이 있으므로 이를 보완할 수 있는 방법론적 연구와 검증이 요청된다고 할 수 있다. 양적연구의 경우에도 양적연구의 기초가 되는 연구모델의 설정이 대단히 중요한데 이는 사실상 질적연구의 바탕위에서 이루어질 수 밖에 없는 것이 현실이므로 미래연구에 있어서 질적연구의 중요성이 대단히 높다고 할 수 있다.

둘째, 연구기법의 균형은 물론 복합적 활용이 필요하다. 영국이나 유럽을 포함하는 선진국의 경우 미래연구 프로젝트는 일반적으로 3개 이상의 기법들을 포함하는 것으로 알려져 있다. 물론 단순히 연구에 활용되는 기법의 숫자를 가지고 연구의 질적수준을 판단하는 것에는 문제가 있을 수 있지만 미래연구가 가지는 통합적 다학문적 성격을 고려할 때 차별성있는 다양한 기법들이 복합적으로 사용되어야 한다고 할 수 있다. 우리나라에서 그간 사용되는 연구기법은 델파이기법을 중심으로 한 몇 가지 기법들이 주로 사용되었고 기타 창의적이고 참여적인 기법들의 활용은 제한적이었다. 특히 국가차원의 미래연구에서는 다양한 이해당사자들이 참여하며, 복잡한 요인들이 상호작용할 가능성이 높으므로 참여적이고 창의적인 기법들의 활용이 더욱 필요해진다고 할 수 있다. 이러한 기법들이 활용되기 위해서는 이들 기법에 대해 전문적 경험을 가진 현장전문가가 하루 빨리 확보가 되어야 실질적으로 이러한 기법들이 활용될 수 있을 것이므로, 미래예측관련 전문역량을 강화하는 것이 현실적으로 대단히 시급한 과제라 할 수 있다.

셋째, 오늘날 미래연구에는 대단히 많은 참여자와 다양한 자료들이 상시적으로 활용되어야 한다. 이렇게 복잡한 자료들을 효과적으로 관리하고 처리하며 체계화하기 위해서는 정보통신기술을 활용하는 것이 절대적으로 필요하다고 할 수 있다. 다시 말해서 미래에 관련된 자료의 수집과 정리, 이러한 자료를 관련자들 간에 공유하고 활용하게 하기 위해서는 간단한 데이터베이스 프로그램에서 부터 시작하여 통계프로그램, 도표화를 지원하는 프로그램, 자료를 검색하고 정리하는 소프트웨어 등 다양한 종류의 정보통신기술과 이를 실현시키는 소프트웨 그리고 정보네트워크가 절대적으로 필요하다. 기존의 인트라넷이나 전사적자원관리시스템(ERP)과는 차별성있는 미래연구를 위한 전략적 시스템이 개발이 필요할 수도 있다.

마지막으로 우리나라에서 미래연구의 문제점을 극복하기 위해서는 미래연구 결과의 활용도를 높이기 위한 다각적인 노력이 필요하다. 특히 미래연구 결과의 활용도를 높이는 것은 미래연구가 이루어지는 맥락을 보다 거시적이고 과정적인 측면에서 재구성하는 것을 통해 가능해질 수 있다. 다시 말해서 미래연구를 개별적인 연구소나 그 보다도 더 작다고 할 수 있는 연구프로젝트 단위로 생각해서는 절대로 활용가능성 높은 연구를 진행할 수가 없다. 이렇게 개별 연구프로젝트 혹은 연구기관이라는 맥락에서 미래연구가 진행될 경우 연구의 범위는 물론 연구결과에 대한 평가와 활용 등이 결국 그 범위를 넘어서는 것이 불가능하기 때문이다.

제3절 통합미래연구(Integrated Future Studies)

Ⅰ. 지식의 진화와 통합

1. 미래연구와 지혜(wisdom)탐색

미래연구와 관련된 오늘날의 상황은 복잡성을 만들어내는 역동적인 기술변화, 사회 내에 분산되어 존재하는 다양한 경험 주체들, 문제해결을 위해 필요한 사회적 조직의 분산과 연대의 어려움, 그리고 다양한 방식으로 존재하는 정보와 지식의 흐름망 등을 생각해 볼 수 있다. 이러한 여러가지 상황들이 복합적으로 작용하는 상황에서 생존을 보장하고 나아가 지속가능한 경쟁력을 갖추는 최선의 방법이 통합적 지식화(integrated knowing) 혹은 지혜(wisdom)의 발견이라고 할 수 있다.

실제로 경영학자이며 시스템이론가인 애코프(R. Ackoff)의 DIKW 위계[16]에 대한 논의는 지식활동과 미래연구의 관계에 대해 많은 시사점을 주고 있

16) Data-Information-Knowledge-Wisdom Hierachy

다. 이제 아래에서는 애코프의 이론을 바탕으로 지식화의 측면에서 미래연구를 제시해보고자 한다. 애코프에 따르면 인간의 의식은 다음과 같은 네 가지 범주로 나뉘어저셔 서열을 이루고 있다고 한다.

- 데이터(data): 현실의 상징
- 정보(information): 활용 가능한 데이터로, 누구(who), 무엇(what), 어디(where), 언제(when)와 같은 질문에 대한 답으로 제공될 수 있는 데이터.
- 지식(knowledge): 데이터와 정보의 적용으로 어떻게(how)에 대한 대답이 될 수 있는 데이터와 정보
- 지혜(wisdom): 왜(why)라는 질문에 답할 수 있는 이해(evaluated understanding)

애코프(R. Ackoff, 1989)는 미래와 관련된 지식은 결국 지혜(wisdom)으로 부르면서 데이터(data)에서 지혜에 이르는 DIKW 위계를 설명하고 있다. 즉, Ackoff는 데이터에서 지식에 이르는 세가지 단계는 과거에 관계되어 이미 알려진 것을 다루는 것이지만, 마지막 범주인 지혜는 비전(vision)과 디자인(design)을 결합시키는 것이므로 미래를 다루게 된다고 한다. 인간은 과거와 현재를 파악하는 것을 넘어 미래를 창조하기 위해서는 반드시 지혜가 활용되어야한다는 것이다. 그러나 문제는 이러한 지혜에 도달하는 것이 쉽지 않다

[그림 8] DIKW위계

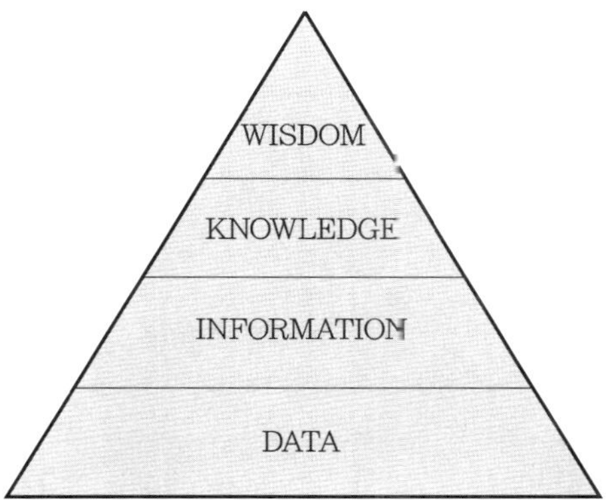

는 점이다. 인간은 데이터에서 지혜에 이르는 단계를 성공적으로 거쳐야만 지혜에 도달하고 지혜를 가지고 있어야만 미래를 창조할 수 있다는 의미일 것이다. 결국 미래연구는 데이터에서 시작하여 정보를 넘어 지식에 이르는 과정을 거쳐야 하며, 여기서 한걸음 더 나아가 지혜에 이르는 과정을 구체적으로 밝히는 것이 된다고 할 수 있는 것이다[그림 9 참조].

그림에서 보듯이 데이터는 단순히 존재하는 그 자체로 그 이상의 의미를 갖지 않는다. 정보(information)는 관계적 연계를 통해 의미가 주어진 데이터이다. 이때 주어진 의미는 관계를 통해서 주어지는 것으로 정보의 유용성이 이 관계를 통해서 나타나게 된다. 예를 들어 29라는 숫자는 단순한 데이터지만 온도가 29라고 하면 29라는 데이터는 '온도'라는 관계 속에서 의미를 가지게 되는 것이며 이를 통해 유용성을 획득하게 되는 것이다. 이와 같이 정보는 '무엇(what)'에 대한 대답의 형태로 나타날 수 있다.

지식은 이론이나 경험을 반영하는 정보의 집합(collection of information)으로 '무엇을 할 수 있는가(how to)'에 대한 대답의 형태로 나타날 수 있다. 이

[그림 9] 미래의 지식으로 지혜

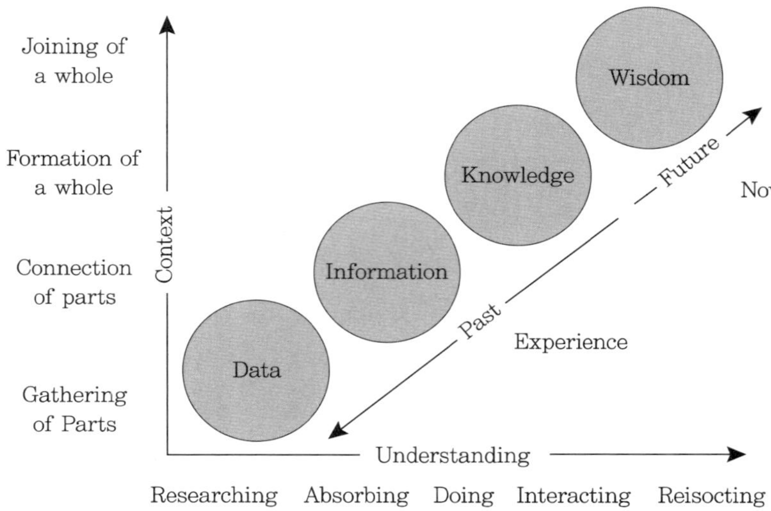

출처: Gene Bellinger, Durvay Castro, Anthony Mills, (2004). "Data, information, knowledge and wisdom" [http://www.systems-thinking.org/dikw/dikw.htm]

러한 의미에서 지식은 확정적(deterministic)인 성격을 갖는다. 전통적 의미의 교육에서 전제하고 있는 것처럼 일정한 양의 정보를 기억하면 이것이 지식으로 축적된다. 그렇지만 이러한 지식이 새로운 지식을 낳지는 못한다는 한계를 갖는다. 예를 들어, 법령을 모두 다 암기하여 법률 지식으로 갖고 있다 하더라도, 구체적인 법률문제에 대하여 어떤 법률을 적용할 것인가에 대해서는 답을 내놓을 수 없는 것이다. 구체적 현상에 대해 어떠한 법률을 적용할 것인가의 문제는 단순한 법률의 암기만으로는 답을 제시할 수 없다. 법률에 대한 암기는 물론 추가로 현상에 대한 인식은 물론 주어진 상황에 대한 분석 역시 이루어져야 하는 것이다. 하지만 지식은 주어진 정보에서 나타나는 일정한 패턴을 인식하는 것이며, 그 범위 안에서는 일정한 정도의 예측력을 가질 수 있다. 일기예보 같은 것이 바로 이러한 예측이라 할 수 있다. 일기예보라는 기온, 습도, 풍향, 기압배치 등 기상관련 주요 정보들 알고 있는 경우 이러한 정보들을 과거의 패턴들과 비교해서 앞으로 나타날 결과로 예측하는 것이기 때문이다.

지혜는 미래지향적이고, 비결정론적(non-deterministic)이며, 비확율적(non-probablistic)인 과정이다. 지혜는 지식을 축적하여 일정한 패턴을 발견하는데 있어 비결정론적이고 비확율적이라는데 지식과 차이가 있다. '내일의 비올 확율이 20%'라는 식으로 기상 지식을 활용한 일기예보는 항상 결정론적이고 확율적이다. 이에 비해서 "갈매기가 낮게 날면 비가 온다"라는 날씨 속담처럼 지혜는 비결정론적이고 비확율적이다. 지혜는 데이터에서 지식에 이르는 모든 인간의식활동을 포함할 뿐만 아니라 더 나아가 도덕이나 윤리와 같은 인간의식의 특별한 형태를 포함하게 된다. 특별히 지식 그 자체를 넘어서는 질문들을 하게 되고 그에 대한 답을 추구한다. 예를 들면 지혜는 답이 있는지 혹은 없는지 그 자체를 질문해 보고, 또는 인간의 현재적 의식으로는 답을 알아낼 수 없는 것에 대해서도 답을 탐색하려는 것이다. 그러므로 지혜는 옳고 그름 혹은 선과 악을 구별하거나 그것들 사이에서 결정을 내리는 과정과 관계가 있다고 할 수 있다.

'왜(why)'라는 질문에 답을 할 수 있는 이해를 바탕으로 지식을 평가하고 사용하여 '일을 올바르게 하는 것(doing things right)'을 지혜라 할 수 있을 것이다. 앞서 말한 것처럼 지식은 기계적(mechanical)이고 공학(engineering)과 관

[그림 10] 데이터에서 지혜로의 진화과정

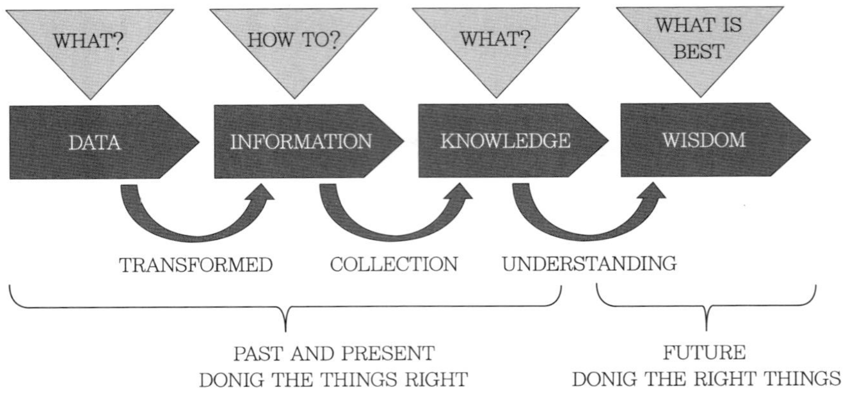

출처: “From Data to Wisdom” [http://blogs.southworks.net/vfugante/2008/09/06/from-data-to-wisdom]

련된 것이라면, 지혜는 윤리적이고 도덕적이며 미학적인 것이 될 것이다. 즉, 지혜는 ‘무엇이 가장 최선인지(what is best)’라는 질문과 관련되는 것으로, ‘올바른 일을 하는 것으로 (doing the right things)’ 새로운 의미를 창출하기 위해 해야만 하는 일들을 제시하고 이를 비전과 디자인으로 표출하는 것이 된다(Ackoff, 1989). 바로 이 지혜와 관련된 것이 곧 미래이다.

애코프에 따르면 미래를 다루는 지혜는 선행되는 데이터에서 이해에 이르는 흐름의 연장선 상에서 마지막으로 나타나는 것임을 알 수 있다. 따라서 미래연구의 맥락에서 중요한 질문은 어떻게 데이터에서 지혜에 이르는 전 과정을 세밀히 살펴보고 각 단계에 해당하는 특징이나 기법 전략 등을 찾아내는 것이라 할 수 있다. 애코프의 DIKW위계를 표현한 위 [그림 10]은 미래와 관련된 지혜가 나타나기 위해서는 데이터가 변형(transform)되어 지식이 되어야 하고, 정보는 집합(collection)되어 지식으로, 그리고 지식은 이해되어(understanding)야 함을 보여주고 있다. 여기에 나타난 것과 같이 변형, 집합, 이해의 과정들이 곧 미래를 예측하게 해주는 주요한 과정임을 알 수 있다. 이러한 변형, 집합, 이해이 구체적으로 어떠한 과정이나 기법 혹은 구조를 통해 진행될 것인지에 대해서 다음에서 살펴보고자 한다.

2. 집단적 지혜와 지식창조

미래를 위해서 꼭 필요한 것이 지혜이다, 지혜는 데이터에서 시작하여 정보와 지식을 거쳐서 도달하게 된다. 이러한 상승과 성숙의 과정이 제대로 진행되어야만 지혜에 도달할 수 있다고 할 것이다. 이중 데이터와 지식에 대해서는 정보학(information studies)에서 다루어왔고, 지식에 대해서는 경영학의 지식경영(knowledge management)에서 많은 기법과 이론 들을 제시하고 있다. 이제 여기에서는 정보에 관한 부분은 간략히 다루고, 지식경영이론에서 제시하는 학습(learning) 혹은 지식화(knowing)를 중점적으로 살펴보고자 한다.

데이터는 지혜로 가는 과정에서 가장 중요한 출발점이 된다. 데이터와 관련해서 그간의 논의는 대부분 데이터의 전자화를 전제로 하여 이들 데이터를 모으는 데이터베이스의 구축, 그리고 이들 데이터베이스를 관리하는 데이터베이스 관리(database management) 그리고 이들 데이터 베이스를 연계하는 네트워크, 그리고 데어터베이스가 집중된 데이터웨어하우스 등 기술적인 면이 중점을 이루었다고 할 수 있다.

이렇게 전자적으로 집적되기 시작한 데이터의 양이 급격히 증가하고 이들 데이터를 전자적으로 전송할 수 있는 기술발달이 이루어지면서 정보시대의 문을 열렸다. 사람에 의해서 혹은 편지나 책에 의해서 전달되던 정보가 전자적 네트워크를 통해 빠른 속도로 그리고 값싸게 전달되면서 경제적 유용성을 갖는 정보가 엄청난 속도로 활용되기 시작하였다. 이에 따라 정보에 대한 사회적 의존도가 커지고, 정보통신기술의 급격한 발전은 정보통신기술을 이용하는 데 드는 비용을 점점 더 저렴하게 되었다.

정보의 유용성과 가치가 높아지게 되자, 정보가 갖는 영향력에 대해서 더욱 큰 관심을 가지게 되었다. 이제 정보는 개인과 사회를 변화시키는 것이 되었고, 이 정보에 의해서 서로 다른 결과를 산출하는 차이들이 나타나게 된 것이다. 정보를 인식하게 되기 전과 후에 우리가 세계를 인식하는 방법은 아주 다르다. 물론 인식되기 전까지 그 것은 정보가 아니지만, 일단 우리가 보거나 듣거나 읽거나 느끼게 된 정보는 이미 우리의 인식을 바꾸어 놓는다. 이것이 바로 정보가 만들어 내는 차이라 할 수 있다. 즉 정보에 의해서 인식이 바뀌고 그것은 행동의 변화까지도 가져올 수 있는 가능성을 내포하는 것이 된다. 즉, 정보는 '변화'시키며 '창조'한다. 결국 정보는 우리를 미래로 이끄는 것이 되는 것이다. 지식경영의 주창자인 노나카는 '미래는 지식을 갖춘 사람들의 손에 달려있다'고 말한다(1998: 21).

정보가 우리를 미래로 이끄는 것이라는 말은 좀 더 세심하게 생각해 볼 필요가 있다. 정보가 직접적으로 우리를 미래로 이끄는 것은 아니기 때문이다. 정보가 전달되는 방법과 과정, 그리고 사람에게 인식되는 방법과 과정에 따라 그 정보의 의미는 달라질 것이기 때문이다. 정보시스템에 대한 논의나 정보의 성격 그리고 변화에 대한 논의가 곧 지식에 관한 논의로 바뀌게 된 것이다. 이와 같이 정보에 관한 논의에서 지식에 관한 논의로 관심이 바뀌면서 등장한 것이 대표적으로 지식경영이다. 이제 아래에서는 주로 노나카 등의 지식경영 이론가들의 논의를 중심으로 지식에 관해 어떻게 지식이 창조되는 가, 그리고 지식이 창조되는 과정은 어떠한가를 중심으로 논의를 전개하고자 한다. 이 과정을 통해서 특히 초점을 두는 것은 지식이 문제가 개인 수준의 문제가 아니라 집단적 수준의 문제라는 점이다. 비록 모든 지식의 출발점은 개인이지만 개인이 그 지식을 어떻게 표출하고 또 흡수하느냐는 결국 집단적인 상호작용의 맥락에서 이루어지기 때문이다. 집단적 상호작용의 과정, 특성과 방법 등이 바로 집단적 지혜를 창출하며 미래를 예측하고 준비하는 핵심에 놓이게 되는 것이다.

노나카는 그의 동료 다케우치(1998)와 공저로 출판한 '지식창조기업'에서 정보와 지식을 구분하는 것이 타당하며, 정보의 의미론적 측면, 즉 정보를 통해 전달되는 의미에 관심을 가지는 것이 지식창조에 보다 중요하다고 주장한다(89-91). 정보의 형식적 처리에 초점을 두는 정보처리는 정보가 지식으로 변화하는 측면을 다룰 수 없다는 것이다.정보가 지식으로 변화하는 것은 정보의 흐름을 통해서 지식으로 창조되는 것이며, 이는 정보를 소유한 사람의 행위에 기초해서 이루어 진다고 한다. 즉, 지식은 필수적으로 인간의 행위와 연관되어 있다는 것이다.[17)]

정보와 지식에 대한 이러한 구별은 노나카의 지식에 관한 논의의 핵심인 형식지(explicit knowledge)와 암묵지(tacit knowledge)에 그대로 연결된다. 형식

17) 지식은 '진리를 향해 개인적인 믿음을 정당화시키는 역동적인 인간과정'이다(노나카, 1998: 90).

지는 객관적 지식에 해당하는 유형으로서 명제적 문장으로 표현되며 과학공식, 안내서, 자료형태 등으로 공유될 수 있다. 반면에 암묵지는 주관적 지식에 해당하며 개인적 차원의 통찰력, 직관력 등이 해당되고 언어로 표현될 수 없는 상황구체적인 실천적 지식으로 구성되어 있다. 여기서 특히 중요한 것이 암묵지인데 암묵지가 바로 미래와 관련되기 때문이다. 다시 말해서 형식지는 이미 공개되어 있는 추세적 미래를 의미한다면, 암묵지는 우리가 관심갖는 잠재적 미래를 배태하고 있기 때문이다. 암묵지에는 우리를 둘러싸고 있는 세계를 인식하는 방법을 이루고 있는데, 여기에는 “실재(현재의 모습)에 대한 이미지와 미래(앞으로의 모습)에 대한 비전(노나카, 1998: 23)”을 반영하고 있기 때문이다.

따라서 노나카의 지식에 대한 논의에 따르면 미래는 형식지와 암묵지를 통해서 구성되는 것이다. 예측가능한 미래는 형식지를 통해 그리고 잠재되어 있는 미래는 암묵지를 통해 드러나게 되는 것이다. 하지만 이러한 암묵지와 형식지는 개인적인 차원의 것이기 때문에, 조직이나 사회에서는 개인들의 상호작용 형태에 따라 암묵지가 형식지가 상호전환되는 과정을 통해 조직의 지식자산으로 창조 축적된다고 설명한다. 다시 말해서 조직의 미래에 대한 대응은 결국 구성원 개인이 가지는 암묵지와 형식지가 어떻게 조직내 지식자산으로 창조 축적되느냐에 따라 결정되게 된다는 것이다.

조직의 미래를 담보할 수 있는 지식창조과정이 어떠한 역동적 과정을 통해 창조 축적될 수 있는가를 노나카는 지식전환의 SECI방식으로 설명하고 있다. SECI로 요약되는 지식전환의 4개방식은 암묵지를 암묵지로 전환하는 공동화(Socialization), 암묵지를 형식지로 전환하는 표출화(Externalization), 형식지를 형식지로 전환하는 연결화(Combination), 형식지를 암묵지로 전환하는 내면화(Internalization)로 구성되어 있다. 지식전환 과정에 의하면 지식창조는 사회화로부터 시작되어 나머지 3개 영역을 나선형적으로 순환될 때 범조직적으로 발생한다고 보는 것이다.

우선 개인이 어떤 경험을 하거나 지식을 접하게 되면 기존의 자신이 가지고 있던 지식과 연관하여 내면에는 다른 발전된 지식이 만들어지는데 이것이 암묵지이다. 앞의 그림에서 보는바와 같이 개인이 다른 개인과 교류하며 내면에 만들어진 자기만의 지식을 보완하여 객관화 시키는 과정을 암묵지에서

[그림 11] SECI모형 (I: 개인, G: 그룹, O: 조직)

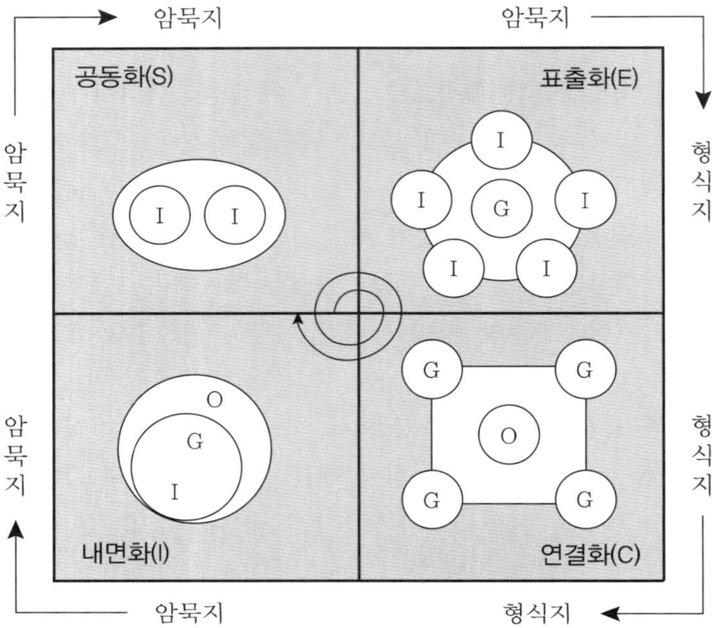

암묵지로의 공동화(Socialization)라고 한다. 그 다음에는 이 객관화 된 지식을 글이나 도표의 형태로 표현해 가는 데 이것을 형식지라고 한다. 이 과정을 암묵지에서 형식지로의 표출화(Externalization)라고 하며, 그 다음으로는 이러한 지식이 조직 내에서 공유가 되고 그룹 간의 교류가 일어나서 기존에 있는 형식지와 연결하여 체계 화한 새로운 형식지를 만들어 가는 과정을 형식지에서 형식지로의 연결화(Combination)라고 한다.

실제로 기업조직에서 이러한 지식창조가 이루어지는 단계에 대해 노나카는 암묵지의 공유 → 개념의 생성 → 개념의 정당화 → 원형의 창조 → 범차원적 지식 이라는 5가지 단계 모형을 제시한다(126-133). 우선 지식창조는 암묵지를 공유하는 데서 시작된다. 개인이 가진 풍부하지만 정리되지 않은 지식이 공동화 과정을 통해 증폭된다. 두번 개념생성 단계에서는 자기완결적 구조를 갖춘 팀에서 공유된 암묵지가 표출화 과정을 거쳐 새로운 형식지로 전환된다. 새로이 생성된 개념이 추구할 만한 가치가 있는 지의 여부가 정당화 단계에서 결정되고, 가치있는 지식으로 채택되면 원형의 형태로 전환되는 단계로 넘어간다. 마지막 단계에서 이렇게 창조된 지식은 조직내는 물론 외부에가지도 확신된다. 지식창조가 내부에서만이 아니라 외부환경과 끊임없이 지식을 교환하는 개방된 시스템 속에서 움직이기 때문이다.

여기서 특히 주목해야 할 것은 지식창출에서의 집단적 과정의 특성이다. 암묵지가 형식지로 전환하는 것은 기본적으로 개인적 차원에서 일어나는 일이다. 이렇게 암묵지에서 형식지로 전환되는 것이 모든 지식화의 기초라 할 수 있다. 지식은 항상 인간 개인에서만 발생하는 것이라는 점은 대단히 중요한 사실이다. 어떠한 변화나 연구도 개인어서 출발하지 않으면 안된다는 것이 바로 이 점 때문이다.

하지만 개인의 지식이 그 개인에게서만 머문다면 아무런 의미나 영향력을 가질 수가 없다. 개인의 지식이 다시 개인 간의 지식교류로 확대되고 그렇게 전달된 지식이 집단에서 공유될 때 노나카가 말하는 지식의 '표출화'가 이루어진 것이다. 표출화된 상태에서 지식은 비공식적 지식으로 집단에 의해서 공유되는 지식의 형태가 될 것이다. 이러한 집단속의 비공식적 지식이 집단의 공식적 지식화가 되면 이 집단은 조직화된 것이라 할 수 있다. 조직이란 공동의 목적을 가지고 구성원들이 일정한 역할과 기능을 수행하기 위해 모인 개인의 집합이기 때문이다(Bolman & Deal, 2008: 47). 노나카가 이 단계를 연결화라고 명명한 것은 개인이 속한 집단들에 공유된 지식들이 보다 더 큰 단위인 조직 안에서 연결되기 때문이다. 조직안에서 지식이 연결화되는 방식은 집단안에서 지식이 표출화되는 방식과는 다르게 나타날 수 밖에 없다. 즉, 표출화는 지식을 표출하는 개인의 특성과 아울러 집단내 상호작용 역학에 따라 이루어진다면, 연결화는 기존 조직이 가지고 있는 지식구조와 의사소통 방식 등이 주로 영향을 미칠 수 있을 것으로 생각된다. 아무튼 이렇게 표출화되고 연결화된 지식은 다시 개인들에게 내면화되어 새로운 순환의 사이클로 들어가게 되는 것이다.

개인에게 잠재되어 있는 지식이 표출되고 이 지식이 집단내에서 공유되며, 나아가 조직차원에서 공식적으로 활용되는 형식지가 되는 단계가 곧 지식화의 과정이라면 이 과정에는 지식을 가진 개인의 개인적 특성이 영향을 미치게 된다. 또한 지식 표출화의 환경이 되는 집단구성 및 집단내 상호작용이나 의사소통의 형식에 따라 표출화가 이루어질 것이며, 조직의 구조나 과정 그리고 권력관계 등에 의해서 연결화가 이루어질 것임을 예상할 수 있다.

이렇게 개인의 특성, 집단내 상호작용, 그리고 조직구조 등의 요인들이 상호작용하여 지식화를 구성하므로 지식화에 대한 통합적 이해는 이러한 모든 면을 고려해야 함을 알 수 있다. 미래연구 역시 미래에 대한 지식화의 한 영역으로 생각할 때 역시 개인차원, 집단차원 그리고 조직차원 나아가서 국가나 세계 차원에서 미래에 대한 지식이 어떻게 형성 전달 순환되는 지에 대한 통합적 분석틀이 필요함을 생각해 볼 수 있을 것이다.

3. 집단적 지혜창조의 조건들

앞서 우리는 데이터에서 정보를 거처 지식과 지혜에 이르는 지식의 진화에 대한 Ackoff의 논의를 살펴보았고, 이어서 지식의 진화가 개인이나 집단 혹은 조직에서 어떻게 표출되고 사회화되며 연결화되는지를 노나카의 지식경영이론을 바탕으로 살펴보았다. Ackoff의 이론이 지식에 초점을 맞추고, 노나카의 이론의 조직에 초점을 맞추었다면, 이 두가지 논의를 통합하되 그 범위를 국가나 세계 수준으로 넓혀야만 미래연구에 적용할 수 있게 된다. 오늘날의 미래연구는 이미 세계화된(globalized) 환경을 염두에 두고 미래에 대한 분석과 예측을 다루기 때문이라 할 수 있다. 이러한 점을 염두에 두고 아래에서는 노나카의 지식경영이론의 확장을 통해 미래연구에의 시사점을 찾아보고자 한다.

노나카는 그의 1995년 저서의 주요 내용을 보다 심화·확대한 논문(Nonaka, Toyama and Byosiere, 2001: 498-501)에서 지식전환의 단계는 또한 지식이 공유·창조될 수 있는 각각의 장소(Ba)에 근거하여야 한다고 주장한다. 즉, 지식창조는 조직구성원이 상호 교감할 수 있는 맥락적 장소가 전제되어야 가능하다는 것이다[그림 12 참조].

지식전환 단계별로 지식창조가 발생하는 장소는 생성장소, 대화장소, 체계화장소, 실습장소이다. 생성장소는 공동화 과정이 발생하는 곳으로써 개인의 느낌, 정서, 경험, 정신모델 등을 공유하기 위한 자유로운 만남이 보장되는 장소이다. 대화장소는 외면화가 발생하는 곳으로써 개인의 기능과 경험을 타 구성원들과 공유하기 위한 상호작용적인 대화와 정신적 교감을 격려한다. 이

[그림 12] 지식경영 생태계의 구성요소들

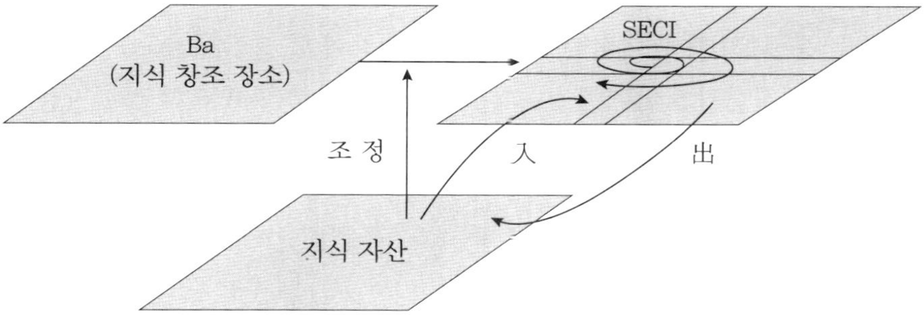

과정에서 새로운 개념이 형성된다. 대표적인 장소유형은 프로젝트팀을 들 수 있다. 체계화장소는 지식의 연결화가 발생되는 곳으로써 정보통신망, 데이터뱅크 등의 정보공학을 활용하여 기존의 지식과 생성된 지식이 조화를 이룰 수 있도록 한다. 가상공간이 대표적 예이다. 실습장소는 지식의 내면화가 일어나는 곳이다. 이 장소는 현직연수를 통한 자기정련과 지속적 학습 및 참여적 행위 등을 통하여 새로운 지식의 핵심이 추출되어 개인·집단·조직 속으로 내면화되게 한다.

또한 노나카는 지식발생 장소와 지식전환과정의 연계적인 지식창조과정을 통하여 조직의 가치를 제고하기 위한 투입적·산출적 자원으로써 4가지 지식자산을 창출·활용된다고 본다(Nonaka, Toyama and Byosiere, 2001: 501-503). 첫째는 경험적 지식자산으로서 공통적인 경험을 통해 공유된 암묵지(개인의 실천적 지식, 기능, 열정, 사랑, 믿음, 신뢰 등)를 지칭한다. 경험적 지식자산은 구체적인 맥락적 성격으로 인하여 모방하기 어려운 자원으로써 조직경쟁력을 제고한다. 둘째는 개념적 지식자산이다. 이는 언어를 통하여 논리정연하게 명시적으로 표현된 자산형태로서 생산품 개념, 설계, 상표가치 등을 포괄한다. 셋째, 체계적 지식자산은 문서, 안내서, 데이터베이스, 특허, 면허 등과 같은 명시화되어 있는 자산으로서 조직경쟁력의 기초가 된다. 따라서 거래와 구매가 가능하기 때문에 법적 보호 장치가 중요한 문제로 대두되고 있다. 넷째, 일상적 지식자산은 암묵지가 실제적 행위 속에서 조직 전체로 일상화된 것으로서 조직문화, 실천적 지식 등이 해당된다. 개인은 지속적인 연습과 일상적 참여행위를 통하여 조직의 비전과 문화적 배경을 조직구성원과 공유하는 것이 필요하다.

지식을 통해 미래에 대비할 수 있다는 전제아래 조직에서 어떻게 지식이 창조되고 순환하는가를 설명하는 노나카의 지식이론은 미래연구에 다음과 같은 여러 가지 시사점을 제공한다.

첫째로 강조되는 것은 미래연구는 지식창조와 직결되어 있다는 점이다. 앞에서 애코프의 논의에서 살펴본 것처럼 미래는 기본적으로 인간과 지식의 측면에서 접근해야 한다는 점이다. 노나카의 지식경영은 구체적으로 이러한 지식이 조직 내에서 어떻게 창조되고 자원화하는 가를 보여주고 있다. 이러한 지식창조의 방법이 단순히 암묵적 지식을 외부로 발굴해낸다는 것 뿐만 아니라, 이러한 그외에도 공동화, 내면화, 연결화하는 방식들도 존재한다는 점이다. 다시 말해서 미래연구가 미래에 대한 지식을 발굴해 내는 것만 의미하는 것이 아니고, 발굴한 지식을 공유하고, 또 결합하고, 다시 내면화 하는 여러가지 다양한 지식화 방식들도 존재한다는 점으로 인식의 지평을 넓힐 수 있다.

둘째, 지식창출의 5단계 모형을 미래연구에 적용해보면 미래관련 지식역시 암묵지가 표출되며 공유가 되고, 이는 개념으로 그리고 이러한 개념들이 일정한 틀 안에서 정당화가 된다. 미래연구에서 제시하는 트렌드에 관한 논의가 바로 이러한 단계의 지식으로 이해될 수 있을 것이다. 다음으로 개념들이 일정한 틀 안에서 체계화되었을 때 이는 원형으로 다시 창조되어서 조직 내외로 활용되게 되는 것이 지식창출의 단계의 흐름이다. 노나가카 말하는 원형은 새로 창조된 형식지와 기존의 형식지를 상호 결합하는 과정에서 발생하는 데, 이는 신제품과 같은 구체적인 형태일 수도 있고, 서비스나 기업혁신에 대한 모델 운영메커니즘이 될 수 있다고 한다(노나카, 1998: 131). 그간 미래연구에서 사용되는 시나리오가 바로 이와 같은 원형이라고 할 수 있을 것이며, 이러한 시나리오를 통해서 미래연구가 사회 내에서 통용될 수 있는 것도 같은 맥락에서 이해될 수 있을 것이다.

셋째, 실제로 지식창조의 형태가 다양한 것 뿐만 아니라 지식창조가 이루어지는 장도 다양하다는 점이다. 지식창조가 이루어지는 공간이 생성장소 뿐만 아니라, 대화장소, 체계화장소, 실습장소 등 다양하게 존재하며, 이들 장소가 가지는 특성이 다양하게 제시되고 있다. 미래연구에 있어서도 이러한 다양한 장들이 존재해야 한다는 점을 시사한다고 볼 수 있다.

셋째, 미래관련 지식의 형태에 대한 시사점이다. 지식창조과정에서 투입 혹은 산출되는 지식의 형태로 경험적 지식자산, 개념적 지식자산, 체계적 지식자산, 그리고 일상적 지식자산의 네 가지가 제시되고 있다. 미래에 관련해서도 기존에 강조되는 체계적 지식자산 뿐만 아니라 다른 지식자산들도 존재하고 있음을 인식해야 하며, 이들 지식자산을 활용할 수 있는 틀을 마련해야 할 것이다.

마지막으로 통합적 접근이다. 노나카의 지식이론은 데카르트 이래 지속되어온 서구에서의 이원론적 논의를 극복하고 이를 순환론적으로 통합하는 방법을 제시하고 있다.[18] 그는 형식지와 암묵지라는 이원론에서 출발하지만 이들이 상호작용하는 SECI전환과정을 통해 통합하고 이러한 통합이 나선형 흐름을 통해 지속적으로 상승할 수 있다고 제시한다. 기업에서의 지식창조과정이 비직선적이고 상호작용하는 특성을 가지고 있으며, 암묵지의 공유-개념창조-개념정당화-원형구축-지식의 확산 같은 5단계의 순환적인 것으로 각 단계를 이동하는 수평모델과는 차이가 있다는 지적처럼, 미래연구 역시 비직선적이고 상호작용하는 틀을 통해 통합되고 진화하는 체제를 구축해야 한다고 할 수 있다. 앞의 그림에서 처럼 미래연구는 지식의 전환과정을 통한 지혜의 창조, 개인과 집단 간의 다양한 상호작용, 그리고 창조 축적되는 다양한 형태의 지식을 전부 통합하는 것이 되어야 하는 것이다.

Ⅱ. 통합미래연구

1. 통합미래연구의 기본방향

미래연구는 본질적으로 지적작업이다. 미래에 대해 발견하여 인식하고, 이를 전달가능한 형태의 지식으로 정리하고, 나아가 이를 바탕으로 행동을 계

18) 노나카는 암묵지와 형식지, 신체와 정신, 개인과 조직, 상의하달식과 하의상달식, 관료주의와 실무중심, 릴레이(순차적)와 럭비(중복적), 동양과 서양이라는 일곱가지 이분법을 제시하며 이를 변증법적으로 넘어서야 함을 주장하며 순환 이론을 제시한다(노나카, 1998: 308-321).

획하려는 것을 포함하는 활동을 포괄하는 것이기 때문이다. 지식활동으로 미래연구는 앞서 살펴본 것처럼 현실 경험에서 파악된 데이터가 정보로 그리고 지식으로 진화하는 과정을 포함한다(Ackoff). 또한 이러한 지식의 진화과정이 개인적인 활동에 그치는 것이 아니라 개인과 개인사이의 집단적 활동으로, 또 개인과 집단을 넘어서서 지속되는 조직을 통해서도 나타난다(Nonaka).

미래연구는 지식이 단순한 데이터의 형태를 벗어나 미래에도 의미를 갖을 수 있는 지혜에 이르도록 진화하는 과정을 다루는 것이며, 이 과정은 노나카의 설명대로 개인과 개인의 상호작용인 집단적인 것일 뿐만 아니라, 집단을 넘어서 객관적인 지식형태로 나타나는 조직적인 것까지 포함하게 된다. 즉, 애코프의 지식이론에서 다시 노나카의 SECI로 SECI는 지식생태계 이론(knowledge ecology)으로 확장 진화하는 틀을 통해 미래연구를 구상할 수 있게 된다.

이러한 입장은 미래에 관한 기존의 관점을 실체론, 다원적 분석론에 이어 재구성론의 입장에서 보는 것으로 요역할 수 있다. 간단히 요약하면 미래에 대한 연구는 미래라는 것이 실체로 존재한다고 보아서 이러한 실체를 탐구하고 묘사하는 것을 말한다. 80년대까지의 미래연구는 산업사회론의 연장선아래 이러한 미래 사회를 낙관적인 모습이든 혹은 비관적인 모습이든 하나의 전체로 인식하고 이러한 모습을 추구하는 미래연구였다고 할 수 있다. 우리나라에서의 초기 미래연구 역시 이러한 실체론의 연장선상에서 국가발전이라는 대의에 따라 낙관적인 미래모습을 주로 묘사하려는 데 초점을 두었다고 평가할 수 있다.

하나의 실체로 미래를 묘사하려는 시도들은, 미래를 유토피아적으로 혹은 디스피토아적으로 묘사했든 간에, 차츰 현실화 되면서 단일한 실체가 아니라 보다 복잡한 현실로 다가온다는 것을 경험하게 되었다. 고도 산업사회의 모습이 삶이 현실적 문제를 해결한 것도 아니었고, 그렇다고 성장의 한계처럼 문제점 투성이의 상태도 아니었기 때문이다. 이렇게 미래를 하나의 실체로 인식하면서 나타난 문제점을 해결하기 위한 새로운 접근방법이 바로 다원적 분석론 접근이라 할 수 있다. 미래를 형성하는 여러가지 요인들에 대한 분석, 미래를 형성하는 다양한 흐름들에 대한 기술, 가능한 복수의 미래에 대한 탐색 등이 그것들이다. 이렇게 미래를 하나의 실체가 아니라 여러가지 요소들의 복합체로 인식하는 다원적 요소에 대한 분석적 입장이라 할 수 있다. 미래 트렌드 이론이 이런 접근방법의 가장 대표적인 형태일 것이다. 하지만 이러한 다원요소에 대한 분석적 입장은 미래에 대한 기술은 가능할지 모르지만 통합된 미래로서의 모습을 그려내고 이에 대한 대응책을 마련하여야 한다는 실천적 요구에 부응하기에는 취약한 접근방법이라 할 수 있다. 미래에 대한 분석적 기술(analytical description)의 형태로 나타나는 결과의 한계일 수도 있을 것이다.

최근에 나타나는 기법들은 이러한 문제점을 해결하기 위해 다양한 방향들을 제시하고 있다.[19] 이제 아래에서는 앞서 미래연구를 위한 시사점을 발견하기 위해 살펴보았던 애코프와 노나카의 지식에 대한 논의들을 통해 그 방향을 모색해보고자 한다. 미래연구를 위해 디딤돌로 삼은 애코프의 지식의 위계이론이나 노나카의 지식경영이론들을 잘 살펴보면 미래연구가 가지는 통합의 특성을 발견할 수 있게 된다. 애코프나 노나카의 이론에서 발견되는 통합의 특성은 인간활동에 의한 질적 진화, 복합적 방법, 그리고 과정의 관점을 통해서 구체화되고 있음을 알 수 있다.[20] 요약컨대 지식이론을 통해 배울 수 있는 통합미래연구의 방향은 하나의 과정 안에서 복합적 방법을 인간 활동을 중심으로 통합되어야 한다고 할 수 있다. 아래에서는 이를 세부적으로 나누어서 설명하고 구체적인 통합틀은 다음에 제시하고자 한다.

1) 인간 활동에 의한 질적 진화

미래연구의 대상인 '미래'는 지식의 구성체라 할 수 있다. 아직 실현되지 않은 미래상에 대한 기술의 총합이 곧 미래이기 때문이다. 미래상에 대한 기술은 지금까지 존재하는 현재 혹은 과거의 언명(statements) 중에 미래와 연관성이 예상되는 언명을 발견하고 이를 재구성하는 것이 될 것이다. 이러한 재구성의 과정에서 전제되는 것은 비록 이러한 언명들이 과거나 현재에 관련된 것들이라 할지라도 새롭게 재구성 될 때 미래에 관한 것으로 질적인 변화

---

19) 새롭게 나타나는 기법들의 공통적 특성은 재구성(reconstruction)이라 할 수 있다. 앞단계인 다원분석적 접근에서 발견된 다양한 요소들을 어떻게 통합할 것인가에 관한 논의가 재구성 접근의 핵심이다. 필자는 이러한 재구성의 주체로 '인간', 다원적 방법의 '통합', 그리고 이를 체계적으로 연결시키는 '과정'의 세가지 방향이 재구성이 그 실천적 방향이라고 제시하는 것이다.

20) 이러한 3가지 통합은 다음에서 논의될 자료의 통합과 사람을 통합을 통하여 미래연구의 통합체계를 구성하게 된다.

를 한다는 것이다. 이러한 질적인 변화에 대한 전제가 없다면 미래는 단순한 과거와 현재에 관한 진술의 종합에 지나지 않을 것이기 때문이다.

이러한 질적변화를 담보해 줄 수 있는 철학적 근거는 비판이론이나 해석학적 전통에서 찾을 수 있으며, 결국은 인간의 자율적 의지나 해석적 창의력에서 그 원천을 찾는 것이다. 주어진 객관적인 자료에 대해 비판적으로 볼 수 있는 인간의 능력이나, 새롭게 의미를 부여하고 해석해 낼 수 있는 능력이 인간에게 주어져 있다는 철학적 전제가 없이는 미래에 대한 어떠한 언명도 의미를 가질 수가 없기 때문이다.

데이터에서 지혜로 변화하는 지식의 진화과정에 대한 설명 역시 이러한 인간중심적인 철학이 포함되어 있다. 지식경영을 제시한 노나카가 서구에서 데카르트 이래 나타난 이원론을 비판하고 인간중심적 지식이론을 제시한 것도 같은 맥락에서 였다. 노나카는 암묵지와 형식지와 같은 이원적 대립을 넘어서 지식이 전달되고 진화하는 과정을 설명하는 데 인간의 활동을 필수적인 매개로 제시하고 있는 것이다. 암묵지를 형식지로 혹은 형식지를 암묵지로 변화시키는 것이 바로 사람이다. 그 뿐만 아니라 형식지가 체계적 지식으로 변화시키는 것도 바로 인간의 집단적 관계를 통해서 이다. 다시 말해서 지식의 변증법적 진화를 끌어내는 핵심에 인간 활동을 두고 있는 것이다.

요약컨대 인간활동이 구체적으로 포함되지 않은 지식 활동은 질적인 진화를 끌어낼 수 없는 것이라 할 수 있다. 데이터에서 정보로, 정보에서 다시 지식과 지혜로 진화하는 과정이 일정한 정도의 데이터가 축적되면 그것이 정보로 자동적으로 진화하는 것이 아니며, 정보가 일정한 정도 축적되면 역시 지식으로 진화한다는 것이 아니라는 것이다. 이 과정에는 반드시 사람의 활동이 개입되어야 하며, 개입되는 사람의 활동이 갖는 특성에 따라 지식의 질적 변화가 다르게 나타날 것이다. 결국 일정한 정도의 데이터 축적이 이루어져야 하고, 이렇게 축적된 데이터에 인간 활동이 개입되면 데이터가 정보로 질적인 변화를 보이는 것이라 할 수 있다.

따라서 미래연구는 미래에 관한 충분한 데이터를 축적하면 저절로 미래상이 드러나는 것이 아니라, 적절한 데이터 축적이 이루어지면 그 데이터에 대하여 어떠한 인간활동을 부여할 것이냐가 중요한 결정이 될 것이며, 이러한 결정에 따라 미래상이 달라질 것이라는 점을 간과할 수 없다. 예를 들어 미래 핵심 트랜드가 무엇인가에 대해 인터넷이나 기존 문헌에 대한 자료수집을 충분히 한다고 해서 저절로 미래상이 드러나는 것이 아니라 그 과정에 누가 참여해서 어떠한 방식으로 했는가에 따라 결과가 다르게 나타날 것이라는 점을 충분히 인식하여야 한다고 할 수 있다. 따라서 미래연구의 진행 과정에 누구를 참여시키는가 그리고 어떠한 방식으로 참여시키는가가 미래상의 모습을 바꿀 수 있으므로 참여자나 참여방식의 결정을 연구목적이나 연구결과 활용방향에 정합성을 갖도록 해야만 할 것이다.

2) 복합적 방법

애코프의 데이터-지혜 위계나 노나카의 지식관리에 대한 논의에서 발견되는 중요한 특징은 체계적이라는 점이다. 체계란 하위구성요소들의 총합을 의미한다. 애코프의 데이터-지혜 위계에는 하나의 체계를 이루고 있다. 하위구성요소인 데이터, 정보, 지식, 지혜가 모두 포함되어 있다. 이들 하위 요소들이 하나만 빠져도 전체 내용에 의미를 가질 수가 없는 전체를 구성하고 있기 때문이다. 이러한 점은 노나카의 지식관리도 마찬가지이다. SECI과정은 완벽한 하나의 체계이다. 공동화－표출화－연결화－내면화는 각각 지식화의 한 단계를 이루지만 상호 연결되어서 전체과정을 구성하는 체계를 형성하고 있다.

이와 같이 하나의 체계를 이루어 통합적인 지식관을 제시하고 있지만 문제는 각각의 구성요소들 혹은 구성단계에서는 전혀 다른 방법들이 사용되고 있다는 점을 주목해야 한다. 노나카의 예를 들어보자. 공동화 단계에서는 암묵지에서 암묵지를 얻는 단계인데, 이 단계에서 사용되는 방법은 언어에 의존하지 않고 체험, 관찰, 모방 등의 신체적이고 감각적인 경험을 통하여 지식이 공유되고 변환된다. 여기서는 맨투맨 혹은 집단의 공유체험이 큰 역할을 담당한다. 행동을 함께 공유함으로써 신체적인 감각을 총동원하여 말로 표현할 수 없는 지식을 공유하는 것이다. 암묵지에서 형식지를 얻는 외부화 단계에서는 언어나 시각적 메시지 등 조직에서 공유와 전달이 용이한 방법이 사용되며 대화나 은유 등의 언어적 방법론이 중요한 기능을 담당한다. 형식지에서 형식지를 얻는 연결화는 각각의 형식지를 조합시켜 새로운 지식을 창조하는 것인데, 언어 문서 사양서 설계도 데이터베이스 또는 전자메일 컴퓨터 등의 매개를 이용한 분류 가공 조합 편집 등의 방법이 사용된다. 형식지에서 암묵지를 얻는 내면화 단계에서는 노하우, 매뉴얼 등을 롤 플레잉(혹은 시뮬레이션)에 의해서 개개인의 내부에 체험적으로 이해시키는 방법이 사용된다.

지식화의 네 가지 단계는 지식화하는 하나의 체계를 구성하는 하위 단계이지만 각 단계에서 사용되는 방법들은 전혀 다르다. 사실상 각 단계는 지식이 갖는 목적이나 판단가치, 접근방법 혹은 패러다임 자체가 확연히 구별된다고 할 수 있을 것이다. 따라서 각 단계마다 지식과 관련되어 사용되는 방법 역시 확연히 구별되는 다른 모습을 하고 있는 것이다. 그럼에도 불구하고 이들이 하나의 지식화 과정을 구성한다는 점을 동시에 인식해야 한다. 결국 지식화에는 독자적인 논리와 구성요소를 갖는 다양한 방법들이 복합적으로 사용된다고 요약할 수 있다.

이와 같이 복합적인 방법들이 하나의 체계 안에서 사용되고 있다는 점이 미래연구에 적용되어야 하는 점이다. 즉, 미래연구는 하나의 연구 체계를 구성하지만 하위 구성 요소들에서 사용되는 방법들은 확연히 구별되는 다른 방법들을 채용할 수 있다는 점이다. 다시 말해서 미래연구는 기본적으로 다양한 접근방법, 방법론, 패러다임 등을 복합적으로 사용하지 않는 연구는 실질적으로 미래연구라 할 수 없을 것이다. 그렇다고 해서 미래연구가 무조건 다양한 연구방법론을 복합적으로 사용만 하면 된다고는 할 수 없을 것이다. 이들 방법론간의 적절한 균형을 갖추어 전체적인 통일성을 확보하는 것이 중요하다고 할 것이다. 이러한 맥락에서 특히 주류사회과학에서 사용되는 행태주의에 기반한 계량적 방법에 지자치체 편향되어 있는 우리의 미래연구를 비판이론이나 해석학 혹은 현상학에 기초한 질적연구방법들을 사용하여 균형을 회복하는 것이 대단히 중요한 과제라고 생각된다. 또한 사회과학적인 분석에 치우쳐 예술적이거나 감성적에 기반한 창의적 방법의 결여 역시 미래연구에서 방법론적으로 균형을 잃고 복합성을 약화시킨다고 비판될 수 있을 것이다.

복합적 방법론을 균형있게 활용하는 미래연구를 위해서는 현재 사회과학 전반에서 활용되고 있는 다양한 방법들을 충분히 검토하고 이들 방법들이 역시 충분히 활용될 수 있도록 연구의 체계나 과정을 설계하는 것이 반드시 필요하다. 아래 [그림 13]은 현재 사회과학 전반에서 활용되는 다양한 철학과 방법론을 종합하여 정리한 사회과학 방법론 지도(Map of social sciences

[그림 13] 사회과학 방법론 지도

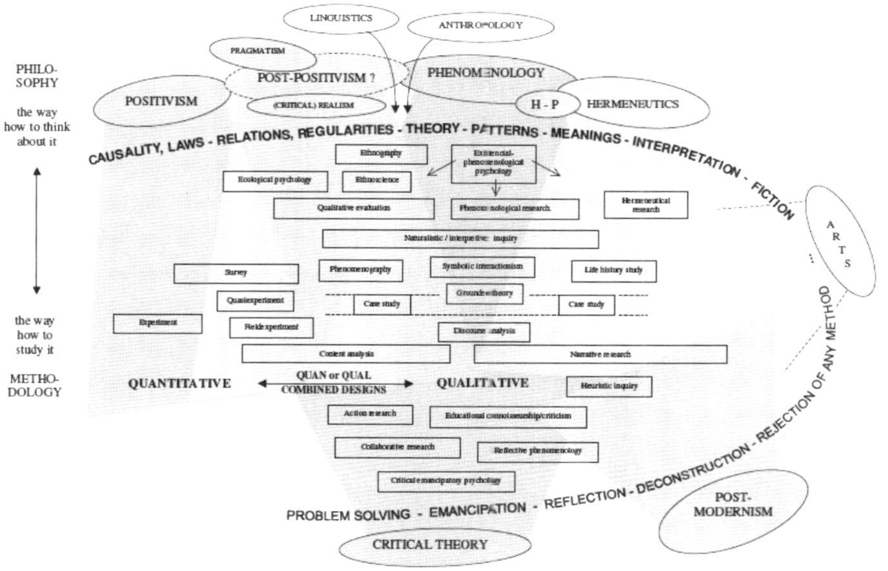

methodologies)로 복합적 방법론을 구체화 할 때 참고할 수 있을 것이다 (Niglas, 2001).

3) 과정의 관점

위에서 통합미래연구의 방향으로 지식활동의 주체인 인간의 개입이 의한 질적 변화 그리고 다양한 방법들을 혼용하는 복합적 방법을 제시하였다. 이 두가지 방향은 사실상 미래연구의 통일성보다는 복잡성을 가중시킬 수 있는 요인으로 나타날 가능성이 훨씬 크다. 인간 활동에 의한 질적 변화를 강조하기 위해서는 사람의 참여가 미래연구에 필수적이게 된다. 그러나 문제는 연구 주제인 미래라는 문제에 개입되는 이해당사자들은 사실상 기존의 연구에 비하면 엄청나게 많은 사람들이 참여가 필요하게 된다. 이렇게 많은 사람들이 개입되는 연구 수행은 복잡성을 증대시키고 결과를 통합하는 데 대단히 어려운 상황을 만들어 낼 가능성이 크게 되는 것이다. 이렇게 다양한 사람들의 참여와 연관되어 복합적인 방법들의 적용 역시 문제를 더욱 악화시킨다. 다양한 사람들이 참여할 뿐만 아니라, 이들 다양한 사람들에게 적합한 방법들을 채택해야 하기 때문에 복잡한 상황이 배가되는 것이라 할 수 있다.

참여자의 많음과 맞물리는 방법의 다양성으로 인해 발생하는 복잡성을 통제하는 방법으로 제시할 수 있는 것이 바로 과정의 설계이다. 즉, 미래연구 과정을 통해 다양한 인간활동과 다양한 방법들이 적절히 구성 활용되도록 하는 전략을 통해 미래연구로서의 타당성이나 적용가능성을 떨어트리지 않고 참여자 확대와 복합적 방법 사용으로 부터 발생하는 복잡성을 통제하자는 것이다. 즉, 결과적으로 인간활동의 다양성과 방법론적 다양성을 복합적으로 고려하여 미래연구의 과정을 구성하는 것이 미래연구의 질을 결정하는 대단히 중요한 의미를 갖는다고 할 수 있다.

미래연구를 위한 과정 설계 역시 앞서 논의했던 애코프와 노나카의 논의에서 교훈을 얻을 수 있다. 우선 애코프의 경우 '데이터-정보-지식-지혜'라는 지식의 진화과정이 미래연구 과정의 핵심을 제시하고 있다. 미래연구 과정 설계의 핵심은 데이터가 지혜로 변화하는 과정으로 설계해야 함을 보여준다. 앞서 지적한 것처럼 지혜가 곧 미래에 활용가능한 지식을 의미하기 때문이다. 다시 말하면 데이터를 모아서 정보로 그리고 정보를 지식으로 진화시키는 과정을 가져야 할 뿐만 아니라 더 나아가 이렇게 창출된 지식을 지혜로 승화시키는 과정을 구상해야 한다는 것으로 요약할 수 있다(그림 10 참조).

애코프는 데이터에서 지혜로 진화하는 과정에서 각단계에 어떠한 활동이 필요한지에 대한 상세한 설명은 제공하지 있지 않으나, 다른 연구자들은 이 부분에 대한 다양한 논의를 제공하고 있다. 즉, 데이터가 정보가 되기 위해서는 일정한 형태의 코드화가 필요하고, 정보가 지식이 되기 위해서는 지식에 이전트(인간이든 혹은 인공지능의 형태이든)가 개입되어 분류가 필요하며, 지식이 지혜가 되기 위해서는 인간의 집단적 참여를 통한 역량이 개입되고, 나아가 이를 행동으로 실행하는 것에 연결된다고 본다(Tuomi, 1999: 122). 아래 [그림 14]는 이러한 지식의 진화과정을 하나로 통합하여 정리한 것이다. 이 그림에서 보듯이 미래연구는 데이터에서 지혜에 이르는 과정을 기본으로 하되 매 단계마다 필요한 참여자와 방법을 연계하여 전체연구 내용을 구성할 수 있음을 보여주고 있다.

노나카 역시 기업에 있어서 지식을 창조하는 과정을 SECI모델을 기초로 하여 암묵지의 공유 - 개념의 생성 - 개념의 정당화 - 원형의 창조 - 범차

[그림 14] 과정으로 본 지식의 진화

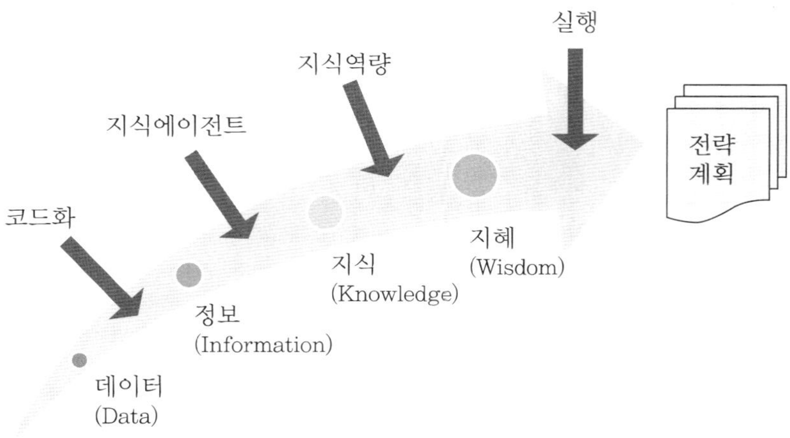

원적 지식으로의 5단계 과정으로 설명한다. 우선 기업은 대면적 관계나 실천을 통해 암묵지를 공유하게 된다. 이렇게 공유된 암묵지는 주로 대화를 통해 집단적인 지식으로 전환하게 되는 데, 이는 은유나 유추를 통해 개념화하는 단계를 거친다. 이렇게 형성된 개념은 다시 기업이 가지고 있는 비용이나 이윤 혹은 기업발전이라는 조직의 가치관에 비추어 정당화되는 과정을 겪게 된다. 새롭게 형성된 개념이 기업내에 공유되는 가치관이나 의도에 부합하는지에 따라 새로운 진화를 할수 있는지가 결정되는 것이라 할 수 있다. 정당성을 부여받은 개념은 다시 신제품과 같은 물리적 형태이든 혹은 새로운 경영 시스템과 같은 지식체계와 같은 구체적 표현으로 하나의 원형(prototype)으로 구성된다. 여러가지 형식지들이 결합되어 나나나는 단계를 거치는 것이다. 마지막 단계는 새로운 지식체계가 범조직적으로 수평적 수직적으로 확산되는 단계이다. 이러한 확산은 단순히 조직내에만 미치는 것이 아니라 생산흐름에 연관된 기업, 상품을 소비하는 고객, 경쟁자 등까지 광범위하게 확산될 수 있는 것이다.

이와 같이 암묵적 지식의 공유에서 시작하여 사회전반에 까지 지식이 확산되는 과정에 대한 노나카의 설명은 기업어서 미래를 어떻게 창조할 수 있는지를 단계별로 보여주고 있으며, 나아가 각 단계마다 필요한 조건들을 제시하고 있다. 아래 그림에서 보듯이 미래를 창출하기 위해 지식이 진화하는 각 단계별로 필수적이루어져야 하는 활동들이 있으며 이 활동들은 결국 활동 주체와 방법으로 다시 구분해 볼 수 있을 것이다. 아무튼 지식창조의 "과정"을 통해 다양한 사람들과 방법들이 통합되고 있음을 볼 수 있다. 지식을 실체로 인식할 것이 아니라 일상의 과정으로 인식하고 이 과정의 관점에서 보아야 한다는 것이 노나카의 지식창조 이론에 핵심이라 할 수 있다(노나카, 2010).

노나카(2010: 31-35)는 화이트 헤드의 과정철학(process philosophy)의 세계관을 따라서 지식을 실체로서가 아니라 일상의 과정, 즉 '루틴(routine)'으로 이해해야 한다고 주장한다. 대상을 실체로 인식하는 전통적 과학은 그리 현실적이지 않다고 비판하면서, 과정 안에서 존재의 관계성과 의존성을 고려해야 하고, 아울러 과정이 시공간 속에서 어떻게 변화하는 지 주목해야 한다고 주장한다. 즉, 실체로서의 지식의 중요성이 무시되는 것이 아니라 오히려 과정을 통해서 실체로서의 지식이 더 잘 이해되고 드러날 수 있다고 보는 것이다.

[그림 15] 지식화의 과정과 그 내용

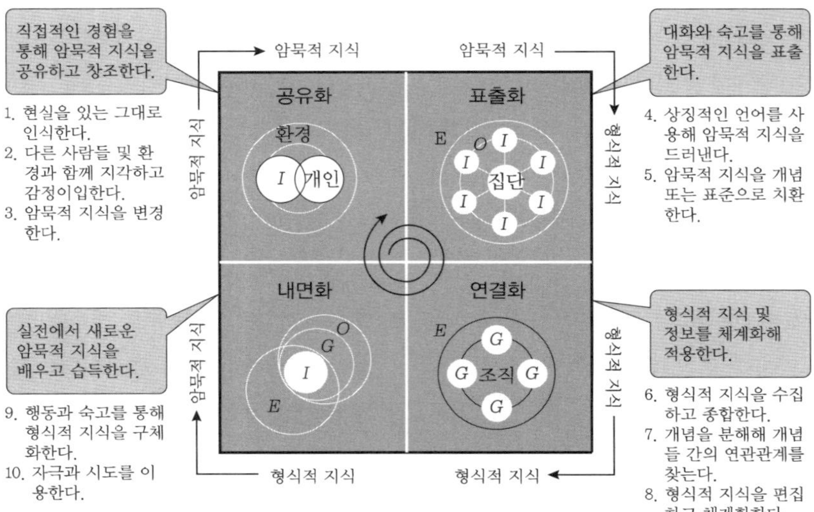

• I=Individual(개인), G=Group(집단), O=Organization(조직), E=Environment(환경)

이렇게 과정을 통해서 인간의 과거에 관한 지식은 미래와 연계를 가질 수 있게 된다. 노나카(2010)는 이러한 과정을 소설가가 되고자 하는 한 여성의 예로 묘사하고 있다.

> "한 여성이 소설가가 되어 있는 자신의 미래 모습을 그렸다면 그녀의 과거는 그녀에게 소설의 원천이 되어주고, '세상은 동료 예술가들과 독자, 출판업자 등으로 가득한 장소'로 새롭게 열리기 시작한다. 그녀의 미래와 과거가 그녀의 현재를 창조하는 것이다."(34)

미래연구에 있어서 과정의 구상은 단순히 연구진행의 편의성을 위한 수단적 절차가 아니라 과정 자체가 지식을 미래를 위한 지혜로 진화시키는 도구라는 점을 깊이 인식할 필요가 있다. 노나카의 지적 처럼 미래연구의 과정에서 지식 주체인 개인은 다른 사람들과의 상호작용을 통해 주체로서의 개인의 한계나 개념으로서 지식의 한계를 뛰어넘어 자신과 타인, 조직과 환경을 변화시킬 수 있는 미래상으로 나타날 수 있을 뿐만 아니라 실제로 변화를 창출할 수 있게 되는 것이기 때문이다.

2. 미래연구의 과정과 기법 검토

오늘날 관심의 대상이 되는 미래연구는 혹성의 궤도를 예측하거나, 인구를 예측하는 단순한 지식의 종합을 넘어 상호연계된 복잡한 지식들을 다루게 되었다. 빈곤퇴치, 국제간 분쟁과 테러리즘, 기후변화, 경제활동의 세계화 처럼 복잡한 이슈에 대한 사회적 미래에 대한 질문에 대해 답을 해야 한다. 이러한 복잡한 이슈들은 여러가지 측면에서의 불확실성들을 포함하고 있고, 이러한 불확실성들은 정치적이고 윤리적인 문제를 동반하고 있다. 이러한 상황에서 통합미래연구는 전통적으로 내려오는 과학에 기반을 둔 확실성의 예측과 다수의 이해관계자들의 정치적 대립의 장에서 발생하는 객관성이나 타당성의 문제, 그리고 바람직성이나 개인적 선호에서 발생하는 윤리적 함의를 포함하여 상호충돌 가능성있는 해석과 선택들을 조화시키려는 시도이다.

포스트모더니즘(post-modernism)이나 사회적 구성주의(social constructivism)에 기반을 둔 통합미래연구는 확실성(certainty)과 진실(truth)과 지식(knowledge)이 항상 일치하는 것이 아니므로, 의식과 선호의 주체로서 인간과 이러한 인간의 의식이나 선호가 드러나는 장을 균형있게 조합하여 연결하는 과정(process)을 통해 조합하는 것이 하나의 전략이라고 앞에서 제시한 바 있다. 이제 아래에서는 이렇게 미래연구의 과정 즉, 지식의 미래 진화형태로 지혜를 창조해 내기 위한 과정을 살펴보고 이러한 과정에 포함되어야할 의식과 행동 그리고 선호의 주체로서 사람과 이들의 사람들과 관련해서 행해져야 하는 주요한 활동을 정리하여 미래연구의 과정으로 제시하고자 한다.

1) 델파이와 시나리오 중심의 미래연구과정

우리나라에서 초기의 미래연구는 주로 특정한 연구방법에 기반하여 미래상을 예측하는 연구들이 주류를 이루었으나 최근 들어서 몇 가지 연구를 복합적으로 사용하는 연구가 나타나기 시작하였다. 미래예측 기법들을 복합적으로 사용하면서 이들 기법들을 어떠한 과정으로 통합하고 있는지를 살펴보고 이들 과정상의 특징이나 한계점을 살펴보자.

최항섭 등(2007)은 미래연구 방법론으로 KITAIP(KISDI -Tracking trends-Analysing factors-Imaging futures Process)을 제시하면서, 변수도출과 트렌드분석-상호영향관계 분석-미래도출과 전략대응이라는 3단계의 미래연구 과정을 제시하였다. 우선 첫번째 단계에서는 미래를 예측하고자 하는 대상의 미래변화에 영향을 미칠 변수들을 도출하는 것과 그 변수들의 최근 5년 전부터 앞으로 5년 후까지의 변화 트렌드를 포착하는 것으로 시작되며, 두 번째 과정은 첫 번째 과정을 통해 도출된 변수들 간의 상호관계를 분석하는 것으로 구성된다. 그리고 세 번째 과정은 변수들 간의 상호관계를 토대로 하여 발생가능성이 높은, 즉 파급효과가 큰 미래의 상을 N개 도출하고 이에 대응하는 전략을 마련하는 것으로 구성된다.

KITAIP은 미래예측방법론 중 '델파이'기법과 '시나리오'기법을 기본으로 하여 미래연구 과정을 설계한 것이다. 델파이 기법은 델파이 기법은 전문가 집단의 의견을 도출하고, 정제하는 일련의 과정으로 미래연구에 있어 가장 잘 알려진 '질적 구조화된 간접적 상호작용' 미래연구 방법론이다. KITAIP의 배경이 된 또 하나의 방법은 시나리오 기법이다. 시나리오 기법은 "미래에는 어떤 일들이 일어날 것인가?", "이러이러한 조건들이 만족된다면, 혹은 이러이러한 사건들이 발생한다면 어떠한 일들이 일어날 것인가?"와 같은 질문에

[그림 16] KITAIP의 3단계

Phase 1. 변수도출과 트렌드 분석
1st step: 중요성과 불확실성
2nd step: 거시적 동인과 미시적 요인
3rd step: AHP 기법 활용

⇩

Phase 2. 상호영향관계 분석
1st step: Matrix 활용
2nd step: SAS 활용

⇩

Phase 3. 미래도출과 전략대응
1st step: 미래들의 도출
2nd step: 미래맵핑과 전략

답하는 것으로 다양한 미래를 예상해 볼 수 있는 기법이다. 즉, 미래에 무언가를 결정하기 위해서 '미래에 변화될 여러 가지 상황들이 어떻게 펼쳐질 것인가를 알게 해주는 도구'인 것이다.

KITAIP에서는 델파이 기법과 시나리오 기법을 결합시키되 우선 델파이를 통해 주요 미래변수와 트렌드를 도출하고 이를 시나리오로 만드는 방식으로 두 기법을 결합시키고 있다. 아래 표는 KITAIP의 3단계에 따라 구체적으로 활용되는 방법을 요약한 것이다.

〈표 4〉 KITAIP의 3단계

과정	주요 내용	기법/도구	참여주체
Phase 1: 변수도출과 트렌드 분석	1st step: 중요성과 불확실성 2nd step: 거시적 동인과 미시적 요인 3rd step: AHP 기법 활용	전문가브레인스토밍 워크숍 핵심동인분류 트렌드 분석 트렌톨로지 AHP기법	전문가
Phase 2: 상호영향관계 분석	1st step: Matrix 활용 2nd step: SAS 활용	상호영양관계분석 (Cross Impact Analysis) SAS시뮬레이션	전문가
Phase 3: 미래도출과 전략제시	1st step: 미래들의 도출 2nd step: 미래맵핑과 전략	미래맵핑 시나리오 작성	연구진

위 표에서 보듯이 KISTAIP은 주로 전문가들의 판단을 기초로 하여 미래 트렌드를 예측하고 이를 바탕으로 미래 시나리오를 작성하는 것을 하고 있다. 이러한 방식은 인과성 탐색이나 인과관계 설명이 아닌 단순한 '의견수집(opinion gathering)'에 지나지 않는다는 델파이의 한계를 넘지 못할 위험이 있다. 특히 전문가들의 의견이 지나치게 의존하며, 나아가 연구진의 시각에 따라 응답자 선정, 질문구조화, 정보해석 등이 좌우되기 때문에 매우 주관적인 결론이 될 수도 있다.[21)]

2) 미래연구와 정책의 통합: 통합적 미래연구방법론

KISTAIP이 주로 델파이와 시나리오를 통해 미래예측에 주로 초점을 두고 있다. 이러한 과정설계와 대비되는 것으로 이세준 (2008) 등은 '통합적 미래연구방법론'을 통해 미래예측을 정책연구의 맥락 속에 넣어 사전작업과 미래예측에 따른 정책수립과 집행 및 평가라는 흐름에 포함시키는 과정을 제시하고 있다. 정책과정과 연계한 미래관련활동들을 종합하여 정리한 것이 아래 표이다 (208-213).

이러한 정책과정과 연계한 미래연구의 과정은 아래 그림과 같이 제시되고 있다. 이 그림에 나타나 있는 통합적 미래연구의 과정은 이 연구에서 초점들 두어 다루고 있는 미래연구가 주로 국책기술개발과 관련된 내용에 한정되어

〈표 5〉 미래예측과 정책연구의 단계

과정	미래관련 활동	기법/도구	참여주체
의제형성	미래변화 예측과 장기적 시각에서의 정책설계	메가트렌드 분석 사회연결방 분석	연구진
목표설정	미래 목표 발견 및 명료화	니즈부합성 평가 교차영향분석	연구진 국민일반
대안탐색	정책비전 설정	시나리오 대안비교 기술시나리오 비교	연구진 전문가
정책결정	미래 가치에 근거한 비교	영향평가	전문가
정책집행	영향 예측 및 점검	SWOT분석 우선순위기술로드맵	전문가 연구진
정책평가	미래 가치 평가	모니터링	연구진

21) KISTAIP을 적용한 연구결과는 최항섭 (2009), '미래예측방법론을 활용한 디지털 컨버전스의 미래연구' 로 발표되었다.

있기에 일반적인 국가정책의 정책과정과는 상당한 차이를 보이고 있다. 다시 말해서 국가과학기술개발 정책을 형성하고 집행하기 위해 관련된 미래기술예측이 주된 연구 주제이기 때문에, 미래연구의 흐름이 경제사회의 주요 이슈를 도출하여 트렌드를 확인하고 이를 시나리오로 만든 후에 이를 바탕으로 기술예측을 하고 다시 이러한 기술이 만들어진 시나리오의 측면에서 어떠한 영향을 가지는 지를 평가해보는 흐름을 가지고 있다. 이상과 같은 과정을 거친 후에 최종적으로 기술로드맵을 작성하여 향후 기술개발 정책의 기초로 삼을 수 있도록 제공하는 것이 전체 연구의 과정이다.

위에서 살펴본 통합적 미래연구 방법론에서 '통합'은 정책(기술개발정책)의 개발과정에 미래연구를 통합시켰다는 의미에서의 통합으로 볼 수 있다. 따라서 통합의 의미를 한정적으로 사용하고 있으며, 미래연구 과정역시 미래에 관련된 이해관계자나 기법들의 통합을 보여주고 있지는 못하다.

[그림 17] 통합적 미래연구 방법론 (이세준 외: 2008, 208)

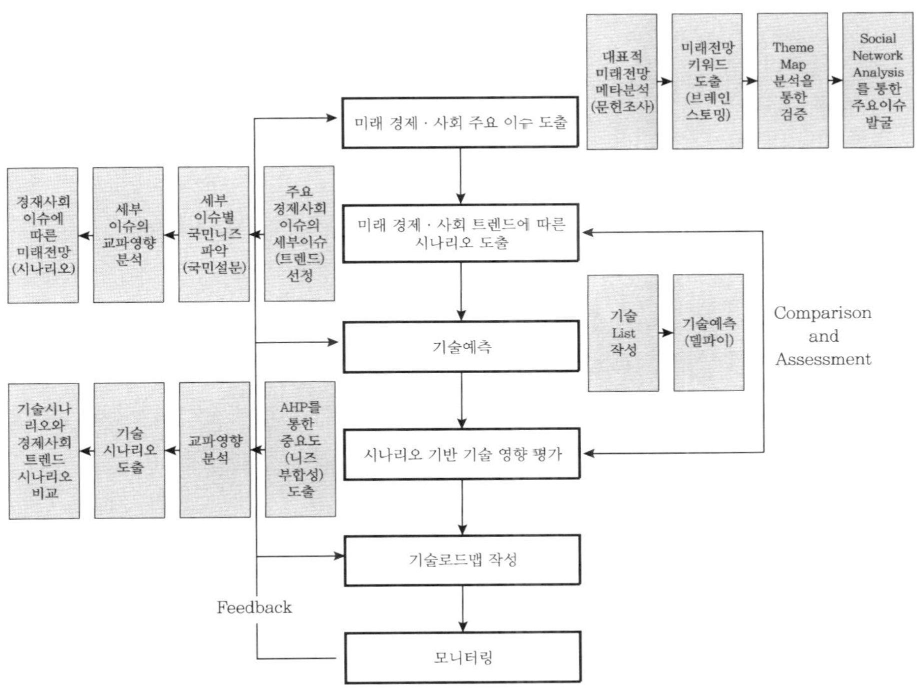

3) 연구방법의 통합으로 미래전략연구방법론 v1.0

한국정보화진흥원(2009)에서 개발한 미래전략연구방법론v1.0은 앞서 논의한 '통합적 미래연구방법론'에서의 문제의식이었던 미래연구와 정책연구 방법론을 통합하여 실질적인 통합미래연구가 되도록 하였다. 이와 아울러 연구의 각단계에 관여되는 다양한 연구기법들도 통합하여 한차원 나아간 미래연구방법론을 제시하고 있다. 아래 그림에서 보듯이 미래전략연구방법론은 연구과정을 정보수집 및 추출단계 → 정보연관 및 확장단계 → 정보 재구조화 단계 → 미래 이슈도출 단계로 미래연구를 진행하면 이 단계에서 정책비저닝이 시작되고 이는 다시 정책 맨 전략수립, 실행과 모니터링으로 이어지는 7단계의 과정으로 정리하여 제시하고 있다.

다음 표는 미래전략연구방법론의 연구단계에 따른 내용과 활용 기법을 정리한 표이다.

[그림 18] 미래전략연구방법론(FROM) v1.O.

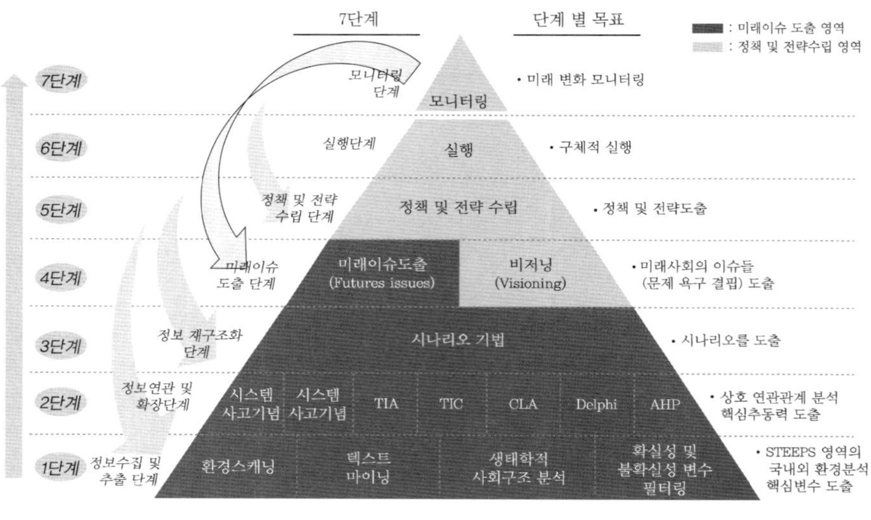

〈표 6〉 미래전략연구방법론의 과정별 내용과 기법

과정	미래관련 활동	기법/도구	참여주체
정보수집 및 추출단계	주제선정 환경스캐닝 데이터베이스 구축 텍스트 마이닝 사회구조분석 확실성 및 불확실성 변수 필터령	환경스케닝(STEEP) 텍스트 마이닝 생태학적사회구조분석 변수필터링	연구진
정보연관 및 확장단계	정보연관 정보확장	시스템사고기법 Futures Wheel Trend Impact anslysis Causal Layered Analysis Cross Impact analysis Delphi AHP	연구진 전문가
정보재구조화 단계	일반적 시나리오 작성 Multi-systemic 시나리오 연결	시나리오 기법	연구진 전문가
미래이슈 도출단계	미래이슈 도출 비저닝		연구진
정책 및 전략수립단계	정책수립 전략수립	정책우선순위 결정 SWOT분석	
실행단계	정책 및 전략 실행		
모니터링 단계	정보와 활동결과 추적		

미래전략연구방법론에서 미래연구는 정척과정에서 정책결정을 위한 사전 준비단계라 할 수 있는 정책의제형성에 해당하는 단계로 이해되고 있다. 정책과정과 미래연구과정의 결합은 그간의 미래연구가 가졌던 미래관련 지식의 활용을 위해서 요청되는 것이며, 정책과정에 있어서 중장기적 시각의 부족으로 나타나는 단기적 문제해결의 한계를 극복할 수 있게 해주는 상호 보완적인 대안이라 할 수 있다. 그러나 사실상 미래전략연구방법론에서는 이렇게 미래연구와 정책과정을 이원론적으로 인식하고 있어서 연구의 내용은 미래연구에 그치고 있어 사실상 정책과정과의 연계에 대해서는 어떠한 방법으로 연계를 가질 수 있는지에 대한 논의는 제외도고 있다.[22] 따라서 앞의 표에서

22) "정책실행은 ..... 미래학 및 미래연구의 관점에서 별도의 기법이나 연구방법론을 직접적으

나타나듯이 미래이슈 도출단계에서 모니터링에 이르는 정책과정에 있어서는 특별한 기법이나 도구는 물론 참여자에 대한 언급이 빠져있는 것은 바로 이러한 한계 때문이라 할 수 있다. 결과적으로 미래연구의 정책과정 연계성을 추구했으나 결과적으로는 이 둘 간의 의미있는 연계를 창출하는 방안의 제시는 미흡했다고 할 것이다.

3. 미래연구에서 통합 구상

미래연구에서 통합구상의 핵심은 우리나라에서 그동안 이루어졌던 미래연구들의 한계를 극복하는 것은 단순히 이들 연구들의 한계점을 넘어서기 위해 새로운 기법을 도입하는 것이 아니라 오히려 이들 연구들을 모두 통합하여 보다 완벽한 미래연구가 되도록 하는 것을 의미한다. 이를 위해서 앞서 제시한 인간활동에 의한 질적변화, 복합적 방법, 과정의 관점이라는 세가지 초점에 맞추어 기존의 연구들을 통합하는 것을 의미한다. 특히 이러한 의미에서의 통합은 다음과 같은 두가지 측면에서 특별히 의미가 있다.

우선 이론적인 측면에서 미래연구는 그 특성상 늘 통합적인 특성을 가질 수 밖에 없다. 미래연구는 항상 불완전할 수 밖에 없는 특성이 있다. 소립자들의 미래상태는 관찰자의 측정에 따라 달라질 수 있다는 하이젠베르그의 불확정성 원리처럼, 미래예측에 의해서 미래가 달라질 수 있다는 사실은 미래라는 의미자체를 부정하는 것이기 때문이다. 결국 미래연구의 결과는 항상 개방적이고 불확정적일 수 밖에 없는 특성을 가질 수 밖에 없다. 이러한 한계를 극복하는 방안은 결국 불완전한 미래연구를 더욱 더 개선하는 것이며 이렇게 개선하는 최선의 길 중 하나는 기존에 나와있는 다양한 연구들을 통합해가는 것이라 할 수 있다.

두 번째로 미래에 대한 통합연구가 필요한 것은 실천적인 측면에서도 중요한 의미를 갖는다. 앞서 이론적 측면에서의 통합연구의 필요성은 실천적으로는 미래연구를 진행하는 조직이나 국가의 입장에서 더 큰 의미를 갖는다. 다시 말해서 통합연구는 이론적인 논의가 아니라 실천적인 의미를 갖는다는 뜻이다. 미래연구의 통합을 주장하는 슬로터(Slaughter, 2004: Part 4)의 경우 미래연구의 통합은 그간 진행되어왔던 미래예측(forecasting), 시나리오 접근,

---

로 적용하는 대상이 아니며" (67)

그리고 CLA기법을 포함하는 비판적 미래연구(critical future studies)등을 모두 포괄하고 더 나아가 초개인적(transpersonal-자아초월적)인 영역까지를 포함하는 미래연구의 패러다임으로 통합미래연구(integrated future studies)를 제시하고 있다.[23] 이러한 슬로터(Slaughter)의 주장은 미래예측과 시나리오 접근법이 시도되는 초기에 있는 우리나라에서의 미래연구로서는 충분히 받아들이기 힘든 상황이다. 현재 우리나라의 미래연구에 있어서 제대로 된 시나리오기법의 적용조차 없는 상황에 성장중심주의, 시장만능주의, 물질주의에 대한 비판을 포함하는 새로운 미래연구는 현실적으로 많은 어려움이 예상된다. 특히 미래연구에 필요한 지식과 기법을 갖춘 전문 역량의 한계, 미래연구를 위한 사회적 기술을 동원할 수 있는 사회문화적 환경, 그리고 이에 필요한 재원의 확보 등의 환경을 고려할 때 슬로터가 제안하는 통합미래연구와 우리의 통합미래연구는 다를 수 밖에 없을 것이다.

따라서 우리나라에서의 미래연구는 현재까지 진행되어온 미래연구 방법들을 통합하는 수준에서의 통합에 그칠 수 밖에 없으며, 그렇게 하는 것이 당연하고 마땅한 방법이라는 것이다. 결국 '통합'의 의미는 미래연구 주체의 입장에서 통합이라는 뜻이라 할 수 있다. 우리나라 미래연구의 현단계에서 통합의 의미는 결국 현재까지 시도되었고 활용되어온 여러 가지 미래연구를 통합하여 전체구도를 살펴보고 이들을 인간활동에 의한 질적변화, 복합적 방법, 과정의 관점이라는 세가지 초점에 맞추어 재정리하여 기존의 미래연구를 한 차원 높이려는 시도를 하는 것이다.

구체적으로 이를 위해서는 이와 같은 세가지 관점이 모두 충족될 수 있도록 연구설계가 이루어지되 특히 이 세가지 관점이 골고루 충족되는 연구과정의 구상이 중요하다. 즉, 미래연구과정의 진행에 있어서도 이 세가지 관점들간에 균형을 고려하면서 진행되어야 할 것이다. 다음 그림에 표현되듯이 그간의 미래연구는 사람의 측면에서는 연구진과 내부 전문가, 과정의 측면에서는 정보의 수집/추출, 정보의 연관/확장, 재구조화, 미래이슈도출에 이르는 과

23) Slaugther의 통합이론은 미래연구의 발전을 미래예측, 시나리오 접근, 그리고 비판적미래연구로 정리하면서 이들 접근방법들이 가지고 있는 한계를 시장만능주의, 변화보다는 기존사회구조의 안정지지, 서구중심주의, 물질중심주의 등으로 비판하고 있다. 이러한 한계를 넘어서기 위한 대안으로 통합이론을 제시한다. 그의 통합이론은 철학자 Ken Wilbur가 제시하는 인간지성의 4가지 영역인 주체(I), 사물(It), 문화(We), 물질세계(Its)와 이들 세계의 상승적 통합(spiral integration)에 바탕을 두고 있다. (Ken Wilbur. 2004. 참조).

[그림 19] 미래연구에서 3가지 관점의 통합

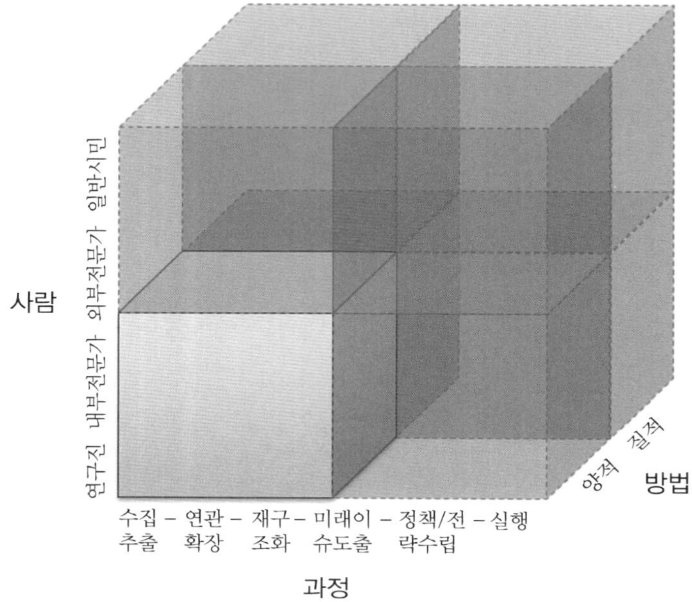

정, 방법의 측면에서는 양적방법에 집중되어있었다. 미래연구의 통합구상은 이러한 불균형한 미래연구의 균형을 회복하기 위해 그림에서와 같이 미래연구의 전 영역을 보여주고, 그간 경시되었던 부분에 대한 연구를 촉진함으로써 종합적인 미래연구를 제시하려는 것이다.

실제로 미래연구의 3가지 관점은 각각 일정한 스펙트럼을 가지고 있다. 사람의 측면에서 미래연구에 참여자는 연구진 뿐만 아니라 내부 혹은 외부 전문가는 물론 일반시민을 포함한다. 일반 시민의 경우에도 연구분야에 직접 관련된 시민들은 물론 관련되지 않은 시민, 다른 나라 시민들까지 포함될 수 있을 것이다. 아울러 통상 인식의 영역에서 배제되고 있는 소수자, 장애인, 청소년 등도 존재하고 있음을 인식해야 할 것이다.

그간 미래연구에 관여된 사람은 현재까지의 연구에는 주로 연구를 주도하는 연구진과 전문가중심으로 이루어져 왔다. 그러나 이들 전문가를 중심으로 연구되는 미래연구는 결국 미래예측에 초점을 둘 수 밖에 없고, 예측되는 미래는 현재 사회구조의 지속을 전제하거나 혹은 사회 내에 일반인들 사이에

〈표 7〉 미래연구의 3가지 관점과 스펙트럼

	통합전략	통합 스펙트럼
사람중심	다양한 참여자	일반인(General Public)-전문가(Expert)-연구진(research team)
다원적 방법	복합적 기법	양적(Quan.)-질적(Qual.) 정보통신기술(information technology)-사회기술(social technology)
과정중심	통합적 과정	의제설정-지식화-지혜화-정책결정-실행

잠재되어 있는 변화요인들을 무시하거나 심지어는 잠재적으로 통제하려는 의도까지 가지고 있는 것이기 때문이다. 이러한 이유 때문에 전문가 중심의 미래연구는 미래예측에 실패할 수 밖에 없는 필연성을 가진다고 볼 수 있다.

따라서 미래연구는 가능하면 연구진에서 시작하여 일반인에게 이르는 과정을 모두 거치는 방식으로 즉 통합적으로 이루어져야 한다. 뿐만 아니라 그 과정이 단순히 양적자료나 정보를 주고 받는 수준의 교류가 아니라 지식과 지혜를 주고 받는 관계로 통합될 수 있어야 한다. 앞서 살펴 본 것과 같이 그간의 국내에서 진행되었던 대다수의 미래연구들은 제한된 전문가들의 참여는 물론 전문가들의 참여도 양적인 방식, 직접대면의 인터뷰나 워크숍과 같은 질적인 방법보다는 설문지와 같은 양적인 방식에 치우쳐 온 것이 현실이다.

이러한 점을 보완하기 위해서는 연구에 개입시키는 범위를 더 확대해야 한다. 즉, 전문가도 더 다양하게 그리고 더 참여하는 숫자도 확대하고, 특히 일반인들이 참여할 수 있는 다양한 기회를 만들어내야 한다. 이렇게 더 다양하고 더 많은 전문가나 일반인들의 참여를 끌어내기 위해서는 이에 적합한 새로운 기법과 도구들이 활용되어야 한다. 즉, 이미 개발되어 있는 FGI기법, 모바일 설문 등과 같은 방법 뿐만 아니라 우리 문화에 맞는 새로운 기법들이 개발될 수 있을 것이다.

통합구상으로서의 미래연구는 미래에 대한 예측이나 대비는 결국 지식을 수집하고 이를 체계화하며 이를 활용하는 활동들을 종합적이고 체계적으로 할 수 있도록 하는 포괄적인 구조와 과정을 의미한다고 볼 수 있다.[24] 미래

24) 이러한 지식화의 관점과 비교될 수 있는 관점으로 이세준 등(2008)은 '통합적 경영모델(integrated management model)'의 개념을 기초로 하여 통합적 미래연구 방법론을 제시하고

연구는 지식에 관한 이론과 철학 그리고 방법론들을 종합하여 그 이해의 틀을 구성하고 이를 활용할 수 있는 체제와 문화를 만들어가는 종합적 활동이 되어야 할 것이다.

아래 [그림 20]은 통합미래연구 과정에 있어서 향후 나아가야할 방향을 보여주고 있다. 이 그림에 나타난 것처럼 현재 미래연구는 참여방법도 소수 결정자나 이해관계자 전문가집단을 중심으로 이슈발견에서 실행까지 진행되고 있다면 앞으로의 미래연구는 시민참여와 대규모 사회적 토론까지를 포함하는 통합적인 방법으로 진행되어야 할 것임을 보여주고 있다. 점선의 원으로 표현된 것처럼 특히 재구조화 단계에 있어서 이해관계자나 전문가집단의 참여는 물론 시민참여는 물론 대규모 사회적 토론까지 포함할 수 있도록 해야 할 것이다.

[그림 20] 미래연구 과정과 참여방법의 통합 (임현, 2007: 47)

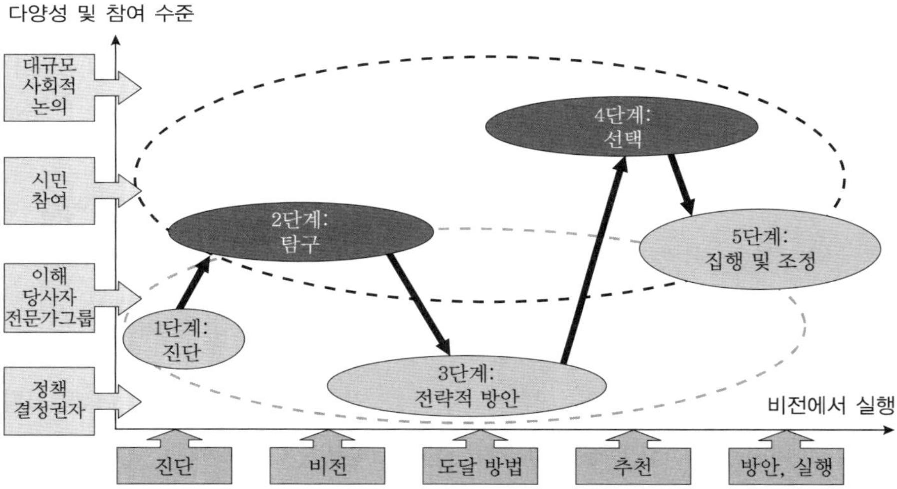

있다 (이세준, 2008: 176-179). 사실 Choo(1998)은 통합적 경영모델을 지식화의 관점에서 통합하여 제시하고 있다.

Ⅲ. 통합미래연구의 과정

1. 통합미래연구과정의 이념형(Ideal Process)

미래연구의 이념형은 다양한 미래상을 연구할 때 이상적으로 연구를 진행할 때의 연구의 진행과정을 의미한다. 이러한 이념적 연구단계를 실천적 연구단계와 구별하는 이유는 이념적 연구단계의 경우 각 단계에서 이루어지는 활동과 이 활동에서 추구하는 지식의 내용과 성격은 물론 각 단계별 지식을 추구하고 관리하는 지식활동의 성격이 확연히 구별되는 특성을 가지고 있기 때문이다. 따라서 우선 이념적인 미래연구의 과정을 먼저 살펴보고 다음에 실제 미래연구를 진행할 때 나타날 수 있는 여러 가지 변형적인 형태를 다음에 살펴보고자 한다.

이념형의 미래연구 과정에 대해서는 여러 가지 방식으로 그 과정을 구성할 수 있다. 일반적으로 미래연구의 과정과 내용은 다음 [그림 21]처럼 미래 관련 지식의 수집과 체계화 그리고 활용과 평가라는 흐름으로 종합할 수 있다. 대부분의 미래연구 과정이 이와 같은 흐름을 가지고 있으나 차이점은 주로 각 단계를 얼마만큼 세분화 하느냐에서 나타난다.

그러나 이러한 연구단계 구성은 지식의 활동단계에 우선적 초점을 두고 있기 때문에 구체적인 연구진행에서 사용되는 기법이나 도구와의 관계가 불명확하게 다루어지고 있다는 문제점이 있어서 실제적인 연구진행에 있어서 혼란을 야기시키고 있다.

예를 들어 미래에 대한 환경스캐닝을 통해서 미래에 관한 지식을 체계화시킬 때 활용되는 기법들은 사실상 지식을 활용하여 정책을 개발하거나 전략을 마련할 때도 사용되고 있다. 예를 들어 시나리오는 일반적으로 전략 시나리오라를 의미하는 데, 미래연구에서는 주로 미래 변화를 기술하는 시나리오를 의미하고 있다.

이러한 혼란을 초래하는 것은 미래연구 과정에서 연구 자료가 되는 인식의 성격과 연구가 진행되는 맥락을 구별하지 않아서 생기는 것이다. 따라서 미래연구에서 연구의 자료가 되는 미래인식(cognition of future)이 어떠한 상태인지 즉, 그것이 데이터(data) 상태인지, 혹은 정보(information)나 지식(knowledge)의 상태인지를 구별하여야 한다.

[그림 21] 지식화로서의 통합미래연구

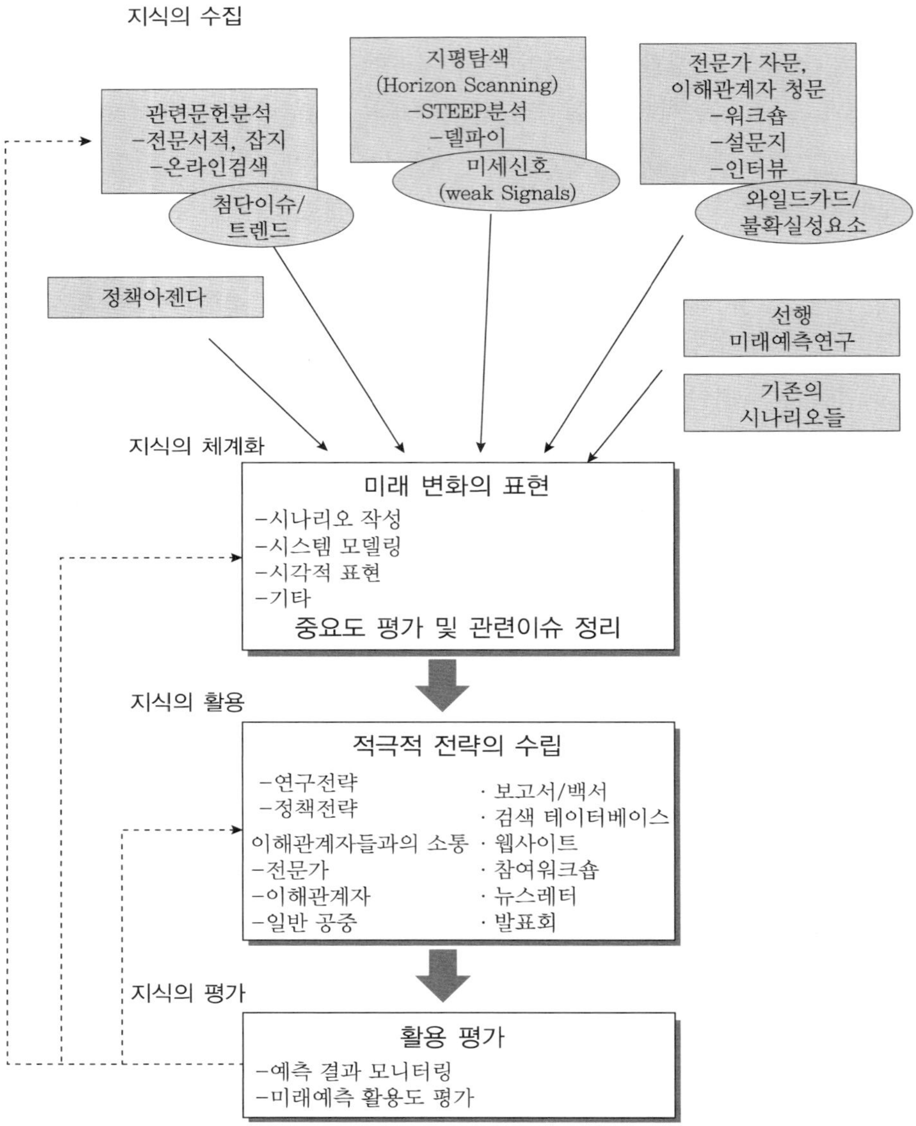

아울러 연구가 진행되는 맥락이 다루고 있는 미래인식을 통해서 미래를 진단을 하려는지 아니면 미래인식을 활용하려는 지, 혹은 모니터링을 하려는 것인지를 구별할 필요가 있다는 것이다. 이렇게 미래연구가 이루어지는 맥락과 그 맥락 안에서 다루어지는 미래인식의 상태(state)를 구별하므로 미래연구에 관여되는 다양한 요소를 통합하려는 것이 통합미래연구의 과정이다.

결국 통합미래연구과정은 데이터에서 정보로 그리고 다시 정보가 지식화하는 지식진화과정과 이러한 지식진화과정이 이루어지는 진단, 활용 그리고 평가라는 세 가지 미래연구 맥락의 변화과정을 통합한 것이다. 아래 [그림 22]에서 보여지듯이 미래연구과정의 이념형으로서 통합미래연구과정은 진단-활용-평가로 이어지는 미래연구의 단계(stage)와 각 단계마다 내부적으로는 데이터-정보-지식으로의 인식 상태(state)의 변화가 이루어지는 진화가 이루어지는 복합적인 과정으로 구성된다.

앞서 살펴본 것과 같이 국내외 연구자나 기관에 따라 다양한 미래연구 과정을 제시하고 있다. 필자는 앞서 논의한 매코프의 지식진화에 대한 이론과 노나카 등에서 발견되는 지식관리의 이론을 통합하여 미래연구과정을 제시하고자 한다.

[그림 22] 통합미래연구과정

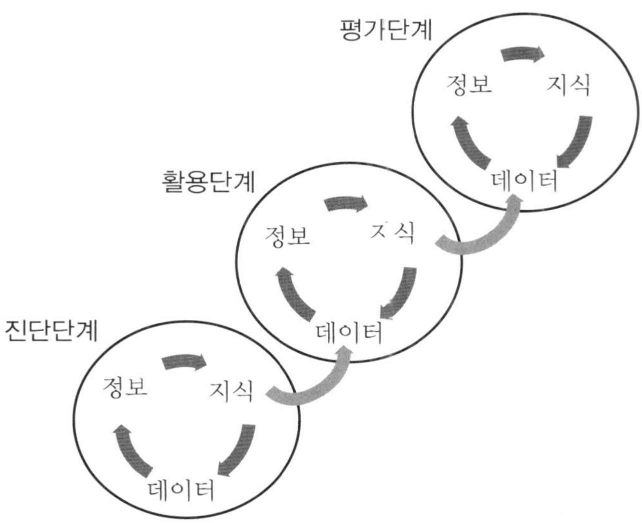

우선 미래연구에 있어서 상태(state)와 단계(stage)를 구분할 필요가 있다. 상태(state)라 함은 미래에 대한 인식이 어떠한 상태에 있는지 즉, '미래에 대한 의식의 상태(state of knowing future)'를 의미한다. 이러한 상태는 Ackoff의 지식진화이론에서 제시한 것처럼 인식은 데이터에서 정보로, 그리고 정보에서 지식을 거쳐 지혜로 미래에 대한 인식 상태가 변화해 간다고 할 수 있다. 데이터에서 정보로 그리고 정보에서 지식으로, 지식에서 지혜로 진화해나가는 과정은 정보과학에서는 물론 인간의 심리인격 발달이나 사회적 패러다임의 변화 등을 포함하는 광범위한 철학적 체계와 관계가 있다. 이러한 내용에 대한 구체적인 논의는 여기에서 할 수 없으나, 아래 <표 8>을 통해 이를 간략히 요약하였다.

이 표에서 나타나듯이 데이터에서 정보로 그리고 지식으로 지혜로 이어지는 진화의 단계는 그 자체가 하나의 목적이 아니라 인간 인식이나 지능활동의 초점이 되는 상태로 이해할 수 있을 것이다. 따라서 각 상태에 따라 주체와 활동 그리고 평가기준 등을 생각해 볼 수 있다. 예를 들어 인간 활동이 지식에 초점을 맞추는 상태에서는 성찰이나 학습에 의해서 의미 부호인 정보가 지혜로 변화해가는 단계이다. 이 단계에서는 중장기적 시간범위를 전제로 하여 일정한 틀을 갖춘 체계적 활동을 구상하게 된다.

아무튼 미래연구와 연관되어서 데이터에서 지혜로의 진화는 결국 지혜의 상태를 어떻게 창출할 것인가 그리고 그 과정은 어떠한 방법과 절차를 가지고 어떠한 기법과 도구가 사용되어서 도달 할 수 있을 것인가가 최종 목표라 할 수 있다. 애코프의 주장처럼 미래에 대한 정확한 인식은 지혜의 상태에 있는 것이기 때문이다.

그러나 이렇게 데이터에서 지식으로 인식의 상태가 변화해 간다는 것만으로는 미래연구의 모든 단계를 충분히 설명할 수가 없다. 왜냐하면 데이터에서 정보로 그리고 정보에서 지식으로 인식의 상태가 진화하는 과정은 이러한 과정이 속해있는 맥락에 따라 크게 달라질 수 있기 때문이다. 따라서 미래에 대한 인식상태의 진화과정과는 별도로 이러한 인식상태의 진화과정이 일어나는 맥락의 변화를 다시 고려하여야 한다. 이러한 맥락의 변화를 단계(stage)라고 부를 수 있다. 단계가 다르면 데이터나 정보 그리고 지식의 존재맥락이 달라진다는 것이다.[25] 요약하자면 단계는 일종의 패러다임의 변화라고 할 수

〈표 8〉 데이터에서 지혜로의 진화

상태	데이터	정보	지식	지혜
투입요소	감각자극 (stimulus)	데이터 (단위인지)	정보 (의미부호)	역량
행동초점	수용/수집	지식	학습	행위
변환주체	신경계	뇌	유기생명체	영적인간
변환방법	입력 코드화	절차 체계화	성찰 학습화	혁신 재창조
평가전략	인식가능성 피드백	논리적합성 능률성	상황적합성 효과성	가치구현도 지속가능성
시간범위	찰나	단기	중장기	장기
특성	경험적 empirical	추상적 abstract	체계적 systematic	무결성 integrity
일반적인 예	온도변화감지 공포 감각 등	일정관리 문서편집 규정시행	우선순위설정 전략계획수립	변화와 혁신 사회적 실천
경영관리의 예	관찰 측정	공정관리 조직도 점검표	재무상태추적관리 성과관리체제구축	고객만족 윤리경영
도구의 예	펜, 온도계, 자동차 같은 도구	업무메뉴얼 워드프로세서	그룹웨어 인트라넷	다중지능 집단지성 wiki

있다. 동일한 단계에서는 인간, 지식, 변화 등에 대해 동일한 논리와 철학 그리고 동일한 행동과 행동이해를 가지고 있으나, 단계가 달라지면 인간관이나 논리 철학 자체가 달라진다는 의미이다. 즉, 데이터나 정보 혹은 지식의 의미가 단계가 달라지면 다른 존재맥락이기 때문에 다르게 이해되고 실천되어 진다는 것이다.

우선 통합적 미래연구의 첫번째 단계인 진단단계는 환경을 관찰해서 그로부터 미래에 대한 지식을 창출해내고 이를 체계화 하는 활동이 이루어진다. 이때 연구자는 미래를 조응하는 관찰자로서 아무런 의도 없이 객관적이고 중

25) 지식관리이론 그리고 전략경영에서 발견하는 것ㅇ 바로 이 맥락의 변화이다. 앞서 살펴본 노나카의 지식경영이론은 데이터에서 지식으로의 변화 과정을 간략히 암묵지에서 형식지로 변화는 과정을 기초로 하되 이러한 변화가 다시 SECI라는 맥락에 따라 다르게 나타남을 보여주고 있다. 전략경영이론 역시 상황분석-전략수립-실행이라는 흐름을 기초로 하여 전략을 제시하고 있다.

〈표 9〉 미래연구의 단계들

	진단단계	활용단계	평가단계
인간주체	자연적 존재	의지적 존재	반성적 존재
합리성	도구적 instrumental	맥락적 contextual	소통적 communicative
논리	인과적 consequential	적정화 appropriateness	정당화 justificative
철학	합리주의 rationalism	구성주의 constructivist	의사소통 Communicative
미래지식형태	외부세계로 미래	내재화 미래	진행 중인 미래

립적이며 과학적인 자세로 미래를 바라보는 단계이다. 따라서 미래는 외재하는 세계 속에 존재하고, 연구자는 이를 객관적이고 과학적으로 발견해 내려고 하는 것이다.

활용단계는 진단단계에서 파악된 미래를 가지고 새로운 미래를 구축하기 위해 미래연구의 주체가 의도를 가지고 미래지식을 구성하는 단계이다. 따라서 이러한 맥락 안에서 체계성을 갖춘 미래에 관한 담론이 구성되게 된다. 이때 미래는 사실상 미래연구 주체의 내면에 이미 내재화 되어 있는 것을 명료화하는 과정이라 할 수 있을 것이다. 이러한 과정을 통해서 창조적인 미래 차별적인 미래로 나타나게 된다.

평가단계에서는 진단미래에서의 지식과 활용미래에서의 지식간 차이를 인식하는 단계이다. 미래상은 갈등적이며 이러한 미래상을 어떻게 조화 통합해 낼 것인가에 대한 관심을 가지게 된다. 나아가 이러한 갈등적 차이점을 상호조화 통합시키기 위한 소통적 합리성과 특정한 미래지식의 정당성을 판별해내고 이를 확장하기 위한 정당화 논리가 의미를 가지게 된다.[26)]

통합미래연구과정은 이렇게 상태와 단계를 통합하여 미래연구의 전체과정 포함하게 된다. 아래 <표 10>과 [그림 23]은 그간에 다양하게 논의되어 온 미래연구 활동들에서 핵심적인 것들이 통합미래연구과정에서는 어디에 해당하는 지를 정리한 것이다.

통합미래연구과정을 통해 그간의 미래연구가 가지고 있던 몇 가지 혼란의

26) 미래연구의 단계가 가지는 철학적 특징에 대해서는 Habermas의 의사소통이론을 원용하였다. (Habermas, 1984.)

〈표 10〉 통합미래연구과정의 구성과 활동 내용

	데이터 상태	정보상태	지식상태
진단단계	미래변화에 대한 데이터 수집 의견취합 데이터베이스 구축	과거 및 현재에 대한 기술 데이터의 패턴 발견	트렌드, 추세, 영향요인 등으로 요약
활용단계	트렌드 추세 영향요인	트렌드분석, 교차 영향분석 등을 통해 시나리오나 미래지도	로드맵이나 전략지도로 표현
평가단계	예측결과에 따른 모니터링 결과 데이터	로드맵이나 전략과의 차이점 분석	개선방안

[그림 23] 통합미래연구과정의 흐름

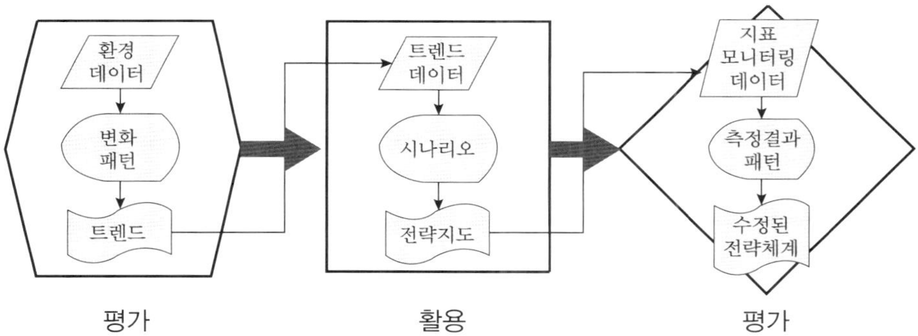

원인을 설명할 수 있을 것이다. 첫째로는 통합미래연구단계을 통해 다양한 미래상에 대한 설명과 맥락이 가능하다. 미래는 단일한 것이 아니라 목적과 관점에 따라 달라질 수 있다. 진단단계의 관점에서 나타나는 '개연성이 있는 미래', 활용단계에서는 개연성 있는 미래 뿐만 아니라 '가능성으로서의 미래' 즉 선택 가능한 미래를 기본으로 하되 '바람직한 미래'와 '위기로서의 미래'를 확인하려고 한다. 평가단계에서는 다시 활용단계에서 설정한 바람직한 미래와 위기로서의 미래라는 관점에서 시간변화에 따라 나타나는 개연성이 있는 미래를 다루게 될 것이다. 이와 같이 통합미래연구단계를 통해 다양한 미래에 대한 논의 맥락을 제공해 줄 것이다.

둘째로 통합미래연구과정은 미래연구에 사용되는 다양한 기법과 도구들

선택하고 활용하는 데 있어서 준거틀을 제공할 수 있게 된다. 다시 말해 미래연구에 사용되는 각종 기법이나 도구들이 사용되는 맥락도 보다 더 잘 이해하고 이들 기법이나 도구의 사용에 있어서 역시 효과적인 활용전략과 실행을 가능하게 해줄 것이다.

그간 미래연구에 관련된 해서 특정한 도구들의 활용을 제한적으로 이해하고 있는 경우가 나타나고 있었다. 예를 들어 환경스케닝은 단순히 정보수집 및 추출단계에만 활용하는 것이 아니라, 기본적으로 데이터 상태에 초점을 두는 기법이라 할 수 있다. 따라서 환경스케닝 기법은 진단단계에 기본적으로 사용될 수 있지만, 활용단계의 데이터 상태나 평가단계의 데이터 상태에서도 활용될 수 있는 기법이다. 또 퓨처스휠이나 CLA, CIA, Delphi, AHP기법은 물론 시스템 사고 역시 기본적으로 정보상태에 초점을 두는 기법으로 그것의 적용은 진단단계이든 혹은 활용단계이든 아니면 심지어는 평가단계에서도 모두 사용될 수 있는 기법이라 할 수 있다.

셋째로 개별적인 미래연구가 통합미래연구과정상에서 가지는 위치와 한계를 볼 수 있게 해준다. 미래예측을 중심으로 하는 진단단계적 성격의 연구인지, 전략개발을 위한 활용 단계적 성격의 연구인지를 구별하고 그 차이점에 대해서 인식할 수 있는 틀을 제공해 줄 수 있다. 사실상 하나의 미래연구는 통합미래연구과정의 전체를 다루고 있는 연구는 사실상 거의 발견되기 어렵다. 대부분의 미래연구가 이들 전체 과정 중에서 특정부분에 집중하거나 혹은 부분 부분을 선택적으로 조합하는 형태를 가지는 경우가 대부분이라 할 수 있다. 따라서 통합미래연구과정을 통해 개별 연구가 가지고 있는 내용구성 진행방법과 절차를 판별해 볼 수 있고 이를 통해 그 한계점이나 향후 발전방향을 제시할 수 있을 것이다.

예를 들어 한국정보화진흥원에서 개발한 미래전략연구방법론(FROM v1.0 : FROM v1.0)의 경우 연구단계를 정보수집 및 추출단계에서 모니터링에 이르는 7단계로 설정하여 미래연구의 과정모델을 제시하고 있다. 비록 모델은 이렇게 7단계로 제시하고 있지만 실제 연구 내용은 4단계인 미래이슈도출까지에 중점을 두고 있고 그 다음 단계인 5단계 '정책 및 전략수립'이나 6단계인 '실행' 단계는 간략히 내용만 언급하고 자세한 논의가 없다. 아울러 7단계인 '모니터링' 단계역시 마찬가지로 단계의 특성만 기술했지 실제적인 내용은 포함하고

〈표 11〉 미래전략연구방법론(FROM) 연구단계의 상태와 단계

	데이터 상태	정보 상태	지식 상태
진단단계	1단계: 정보수집 및 추출	2단계: 정보연관 및 확장	3단계:정보 재구조화 단계
활용단계	4단계: 미래이슈 도출, 비저닝	5단계: 정책 및 전략수립	
평가단계	6단계: 실행	7단계: 모니터링	

있지 못하다.

이러한 모습을 단적으로 보여주는 것이 바로 미래전략연구방법론을 피라미드의 행태로 표현한 것이다. 미래전략연구방법론은 1단계인 정보수집 및 추출단계가 가장 넓은 바닥층을 이루고 단계가 진행될 수록 점차 좁아져서 마지막 7단계인 모니터링 단계는 꼭지점에 해당하는 부분으로 표현되고 있다. 그러나 실제 단계별 활동에 대한 논의나 사례연구인 위험사회에 대한 논의에서 가장 많은 양을 차지하는 부분은 2단계 '정보연관 및 확장'과 3단계 '정보 재구조화'이다. 이렇게 실제 연구의 결과와 제시한 내용의 차이가 나타나는 것인 이 연구가 주로 미래연구에 있어서 진단단계라는 맥락에서 이루어졌기 때문이다. 따라서 미래전략연구방법론(FROM)의 향후 개선방향은 활용단계와 평가단계의 관점에 대한 내용을 보완하여야 할 필요가 있다는 점을 알 수 있다.

2. 미래연구의 실천적 과정

통합미래연구에 제시한 이념적 과정은 미래연구가 진행되는 총체적 과정과 그 순서를 다루고 있다. 그러나 이는 앞서 지적한 것처럼 이념적 과정이기 때문에 실제 미래연구가 진행되는 실천적 과정에서는 통합미래연구의 모든 구성상태나 단계들이 다 활용되는 것이 아니라 부분적으로 때로는 그 순서도 다르게 구성하여 실행될 수 있다. 다시 말해서 특정한 상태 혹은 특정한 단계를 선택적으로 구성하여 진행될 수 있다. 즉, 실제의 미래연구는 특정단계의 한 상태만을 수행하는 경우도 있을 것이다. 또한 진행순서 역시 이념형에 제시한 순서와는 전혀 다른 순서로, 예를 들면 평가단계로 시작하여 진단은 생략하고 활용으로 진행될 수도 있다. 이제 아래에서는 실행가능한 다

양한 형태의 미래연구 프로젝트를 살펴보자.

1) 단일 단계의 단일 상태에만 초점을 둔 형태의 프로젝트

- 미래연구의 데이터 베이스를 구축하는 경우(진단단계-데이터 상태)
- 퓨처 휠(future wheel) 작성
- 트렌드에 대한 추적(scanning) 활동(활용단계-데이터상태)
- 미래지수(future index)(단계와 관계없이 데이터 상태에 초점을 둔 미래연구)
- 미래전략 추진 모니터링 활동(평가단계-데이터 상태)
- 모델링 프로젝트(진단모델 개발: 진단단계-정보상태, 시나리오나 정책모델 등 개발: 활용단계-정보상태)
- 온라인 혹은 오프라인 전문가 워크숍이나 델파이 활동(진단단계-정보상태, 활용단계-정보상태)
- 인식제고를 위한 긴급시나리오나 순수한 가상미래의 시나리오 작성(활동단계-정보상태)

2) 일부 단계나 일부 상태를 축소하거나 생략한 형태의 프로젝트

- Horizontal Scanning(트렌드에 대한 선행연구에 바탕을 두고 주로 진단단계의 지식상태에서 출발하여 활용단계 전반에 초점을 둔 미래연구프로젝트)
- 비저닝 세션(조직이나 국가에서 이상적인 미래를 창출하는데 초점을 둔 활동으로 진단단계의 지식상태를 전제하고 주로 활용단계 데이터상태에 초점을 둔 활동 때로는 활용단계의 정보상태나 지식상태까지 나아가도록 구성하는 프로젝트도 있을 수 있음)
- 시나리오 작성(초점을 주로 정보상태에서 지식상태로 나아가기 위한 활동으로 진단단계에서 활용하거나, 활용단계에서 활용할 수도 있음)
- 각종 로드맵이나 전략지도의 작성 혹은 수정(활용단계의 지식상태에 초점들 두고 진행하는 미래연구이나 개별 연구 프로젝트는 그 선행부분이나 강조점을 다르게 할 수 있음)
- 미래연구 인터넷 홈페이지나 까페(단계에 관계없이 주로 정보에 초점을 둔 미래연구 활동)
- Web2.0을 이용한 미래연구 웹사이트(단계와 관계없이 주로 지식상태에 초점을 둔 미래연구 활동)

3) 특정단계에만 초점을 두는 미래연구

- 기업이나 정부 기관의 전략이나 정책연구(활용단계에만 초점을 두고 연구를 진행하는 것이 대부분이라고 할 수 있다.)
- 기업이나 정부 기관의 평가 연구(진단이나 활용단계는 생략되고 평가단계에만 초점을 두고 연구가 진행된다고 할 수 있다.)
- 국책연구기관이나 학술적 미래연구 혹은 상업적으로 발간되는 미래연구(진단단계에만 초점을 두고 있다고 할 수 있다. 미래트렌드에 대한 대중적 저서들도 진단단계에 한정된 것들이라 할 수 있다.)

4) 여러 단계를 포함하는 미래연구 프로젝트

- 중복 단계 연구(연구 흐름을 중복적으로 하는 경우 예를 들어 진단단계를 전문가 그룹, 일반시민, 정책담당자를 대상으로 데이터에서 정보 상태를 진행하되 지식상태에서는 이를 통합하는 경우)
- 반복 단계 구성(연구의 흐름을 반복적으로 하는 경우)
- 다중 시나리오 작성(시나리오 작성의 전 단계인 활용단계-정보상태까지는 동일하나 여러 개의 다른 시나리오 조성하기 위하여 활용단계-지식상태의 활동을 반복하여 진행하여 다중의 시나리오를 작성하는 미래연구 프로젝트)
- 선행연구를 활용해서 하는 연구프로젝트(선행 미래연구를 초점을 달리해서 활용하는 경우. 예를 들어 해외에서 연구된 환경스케닝 연구성과를 가지고 시나리오나 로드맵을 활용단계-지식상태에서 출발하여 이를 재정리하는 진단단계-지식상태로 옮겨간 다음 다시 활용단계의 데이터-정보-지식 상태를 진행할 수 있다.)

위에서 살펴 본 여러가지 미래연구의 실제적 형태들을 통해서 보았듯이 통합미래연구는 미래연구에 관련된 모든 단계를 포괄할 수 있는 틀이라 할 수 있다. 특히 최근 국내 국책연구기관에서 나타나고 있는 다양한 미래연구의 시도들은 이들 단계-상태의 범위를 확장하려는 노력을 보이고 있는 것으로 평가할 수 있다. 다음 <표 12>는 이러한 흐름을 정리해서 보여주고 있다.

결국 통합미래연구과정은 앞서 제2절에서 논의한 것과 같이 국내외에서 나타나고 있는 다양한 미래연구의 동향들을 통합해서 이해할 수 있게 해주는 이념형이라 할 수 있다. 그러나 실제로 진행되는 미래연구활동이나 프로젝트

〈표 12〉 국내 미래연구의 연구초점 영역

연구보고서	진단단계			활용단계			평가단계		
	D	I	K	D	I	K	D	I	K
IT기반 미래국가발전 전략 연구 총괄보고서 (05) KISDI	#	##	##	#	#				
과학기술기본계획(01,07) 과학기술부					#	##	#	#	
미래경제사회 트렌드 전망과 과학기술 비전 (06) KISTEP	#	#	##						
디지털사회의 미래예측방법론 연구 (06) KISDI	#	##	#						
미래유망기술 100선 (07)KISTI	#	##							
국가미래예측 메타분석 (08) NIA		#	##						
국가비전 IT2020 (08) ETRI				#	##	#			
과학기술기반의 국가발전 미래연구 (09) STEPI				##	##	##			
미래전망과 유망기술발굴 기능 고도화 (09) KISTEP					#	##			
트렌드 코리아 (09, 10) 김난도		##	#						
대한민국 트렌드. LG경제연구원		##	#						
국내 10대 트렌드. 삼성경제연구소		##	#						

는 사실상 위에서 살펴본 것과 같이 통합미래연구과정의 특정단계나 혹은 일부 부분에 초점을 두고 진행될 수 밖에 없는 것이 현실이다. 이러한 현실적 제약은 미래연구의 특성상 불가피할 수 밖에 없다고 할 수 있다. 그럼에도 불구하고 여기서 제시한 통합미래연구과정은 미래연구의 전체를 구성이나 단계를 통합적으로 파악할 수 있게 해주는 지도로서의 역할을 충분히 할 수 있을 것이다.[27]

아울러 실제적인 미래연구프로젝트의 구성과 진행은 이러한 통합미래연구과정을 활용하여 전략적으로 구성되고 진행되어야 할 것이다. 즉 연구의 목적이나 가용한 자원에 따라 최적의 단계와 상태를 선택적으로 구성하여 진행해야 할 것이다. 즉, 연구의 목적, 참여자의 성격, 최종 결과물을 어떻게 설정

27) 이러한 까닭이 통합미래연구과정을 이념형(ideal type)이라고 한 것이다. 이념형의 개념을 사회연구에 사용한 베버의 경우 '이념형이란 어떤 현상의 본질적 부분과 특징들을 추출하여 구성한 것'의 의미로 사용하였다.

하는냐에 따라 연구과정의 흐름이 결정될 수 있을 것이다. 구체적으로 아래와 같은 점들을 고려하여 실제연구과정이 구성되고 진행되어야 한다.

- 연구를 진행하는 주체의 구성과 성격
- 연구주체의 미래연구 기법 및 도구에 관한 역량
- 연구 활동의 시간, 공간적 범위
- 연구의 중장기적 비전과 단기적 목표
- 연구의 최종 결과물 형태
- 연구를 위해 동원할 수 있는 인적, 물적, 정보자원의 내용과 형태, 성격

제 4 절 통합미래연구의 기법과 도구

Ⅰ. 기법(methods)과 도구(tools)

1. 미래연구의 기법과 도구

앞서 통합미래연구과정에 대한 설명에서 논의했듯이 미래연구에 사용되는 기법과 도구의 선택은 연구 목적, 과정설계, 추진주체의 조직과 역량, 연구결과물의 형태 등을 고려해서 선택되어야 한다. 좋은 방법과 도구의 선택은 성공적인 미래연구를 가능하게 해줄 것이다. 따라서 기법과 도구의 선택에 충분한 고려를 해야할 것이다.

미래연구 관련 연구자료에 나타나는 미래연구의 기법과 도구는 수백가지가 넘고 지금도 계속 개발되고 있다. 80년대 초에 발간된 Handbook for Future Research에도 300쪽 이상이 분량이 미래연구의 기법과 도구를 소개하는 데 할애되고 있다. 널리 알려진 트렌드 분석, 델파이 기법, 교차영향 분석(cross impact analysis) 등은 여전히 널리 사용되는 기법이다.

이렇게 광범위한 미래연구의 기법과 도구를 체계화 하려는 시도가 있었지만 실제적으로 명확한 개념의 문제, 기법의 명칭이나 적용범위의 문제, 기법이나 도구로 산출되는 산출물의 형태 등에 따라 유사한 기법과 명칭이 다른 이름으로 불리거나 혹은 같은 기법이 여러 다른 맥락에서 사용될 수 있기 때

〈표 13〉 통합미래연구과정에서의 미래연구기법의 활용

D: Data, I: Information, K: Knowledge;
##: 주용도, #: 부차용도, >: 단계와 과정연속활용

기법	진단단계			활용단계			평가단계		
	D	I	K	D	I	K	D	I	K
Agent Modeling		##			##				
AHP		##			##			#	
Brain-Storming	##	#		##			##	#	
CLA	>	>	>	>	>	>			
Cross Impact Analysis		>	>	>	>>				
Delphi	>	>	>		#			#	
Environmental Scanning	>>	>	>	>	>		>		
Expert Interviews	#	#	#	#			##		
Expert Panel		#	#	#	#				
Foresight	>	>>	>						
Future Index							##		
Future Polygon			>	>>		>	>>		
Future Search Conf.	>	>	>	>	>	>	>	>	
Future wheels		##			#				
Games		>	>>		>	>>			
Guided Imagery	##			##					
Mindmapping		##			#			#	
Morphological Analysis		#			>	>			
Network Analysis		##			##			#	
Relevance Tree & Path		##			##			#	
Roadmap			>	>	>	>			
Scenarios		>	>	>	>	>			
Simulations		##			##				
Strategic Foresight	>	>	>	>	>>	>			
Structural Analysis		##			##				
Surveys	##	#		##	#		##	#	
System-Dynamics Model		##							
Text-mining	##			##			#		
Timeline			#			#			
Trend Impact Analysis		>>	>						
Visioning				>>	>				
Wild Cards	>	>	>>	>	>	>			

문에 더욱 그러한 혼란을 초래하였다.

앞서 제시한 통합미래연구과정은 이러한 기법을 정리하는 데에도 유용하게 사용할 수 있다. 다시 말해서 어떠한 기법이나 도구가 주로 다루는 미래인식의 대상이 데이터인지, 정보인지, 지식인지에 따라 분류가 가능하고 또 미래연구의 과정에서 진단단계인지 활용단계인지 평가단계인지에 따라 역시 기법이나 도구의 분류가 가능하다. 우선 널리 알려진 미래연구의 기법과 도구의 활용을 표로 정리하고 몇 개의 주요한 기법과 도구에 대해 논의하고자 한다.

앞에 <표 13>에 나타난 것과 같이 기법이나 도구들이 미래연구의 단계-상태 속에서 어떠한 위치를 차지하고 있는가를 통하여 미래연구에서 기법과 도구를 구별하고자 한다. 우선 기법(methods)란 단계-상태 영역 중 적어도 2개 이상의 영역에서 연속적으로 사용할 수 있는 도구로 정의해 볼 수 있다. 예를 들어 브레인스토밍의 경우 개별적인 단계-상태에서는 사용할 수 있지만 하나의 단계-상태를 넘어서 다른 단계-상태까지 연계되어서 사용할 수 없으므로 미래연구의 도구라 할 수 있을 것이다. 이에 비해서 델파이 기법은 일반적으로 진단단계이든 활용단계이든 데이터에서 지식을 창출하는 데이터-정보-지식의 연속적인 과정을 다루는 게 되므로 기법이라고 할 수 있다. 이렇게 기법과 도구를 정의하면, 미래연구에 관련된 다양한 연구방법들을 다음과 같이 명료하게 분류하여 정리할 수 있다.

따라서 지식상태에 적용되는 도구들은 사실상 미래연구의 독자적인 방법이라기보다는 다른 분야에서 개발되어 활용되고 있는 방법들을 차용한 것이

〈표 14〉 미래연구기법의 분류

	사용범위	해당 방법들
기법	3개 단계	- Future Search - Environment Scanning
	2개 단계	- Cross Impacts Analysis - Scenario Planning - Strategic Foresight - Roadmapping
	1개 단계	- Delphi

라 할 수 있지만, 미래연구단계의 단계에서 2개 이상의 단계에 사용될 수 있는 방법들이 미래연구의 고유한 방법들이라 할 수 있다. 물론 표에 나타난 것처럼 델파이의 경우에는 주로 진단단계라는 영역에서 활용되기 위해 개발된 방법이지만 데이터에서 지식까지의 전상태의 지식진화를 포괄하려고 시도한 최초의 본격적인 미래연구방법이라 할 수 있다. 이외에 교차영향분석, 시나리오 기획, 전략적 포사이트, 로드맵핑 등의 기법들은 진단단계와 활용단계를 모두 연계하는 주요한 기법들이라 할 수 있다.

최근에 나타난 환경스캐닝과 미래탐색회의는 진단-활용-점검의 3단계를 모두 포함하려는 새로운 시도들이다. 아래에서는 이들에 대해서 간략히 설명하고자 한다.

2. 통합미래연구기법들

통합미래연구기법은 통합미래연구과정에서 있어서 모든 단계들을 포함하려는 시도하고 있는 미래연구기법들이다. 앞서 논의했던 것처럼 대다수의 미래연구기법들이 통합미래연구과정에 있어서 특정한 단계에 한정되거나 두개의 단계를 포함하는 것이 대부분이라고 할 수 있다. 이러한 한계점을 극복하기 위해 최근에 등장한 미래연구기법들은 진단-활용-점검의 전 단계를 포괄할 수 있도록 개발이 이루어지고 있다. 미래연구가 진단단계에서 출발했다면, 이러한 진단결과 나타난 지식을 활용하려는 활용단계까지를 포함시키려는 시도가 80년대 중반 이후에 나타난 미래연구 기법들의 촛점이었다. 이렇게 진단과 활용이 통합되어 나타난 미래연구에 대한 점검까지 포함하는 한 차원 나아간 미래연구기법이 최근에야 등장하는 것은 미래연구의 발달과정에서 나타나는 당연한 결과라 할 수 있을 것이다.

이제 아래에서는 이렇게 진단-활용-점검의 통합미래연구과정의 전단계를 포괄하고 있는 통합미래연구기법으로 환경스캐닝과 미래탐색회의에 대해서 간략히 소개하고자 한다.

1) 환경스캐닝

환경스캐닝(Environmental Scanning)은 이머징이슈(Emerging Issue)를 감지하고 판별하기 위한 활동이다. 그러나 단순히 환경 속에서 진행되고 있는 트렌드에 대한 확인 및 앞으로 발생할 수 있는 불연속적인 사건들의 예측을 포함하고 있어 미래의 전략수립을 위한 기본적인 지식 즉 실행을 위한 정보를 제공하려는 데 목표가 있다. 실제로 환경스캐닝은 미래예측(Future Foresight)과 전략적 계획(Strategic Planning)을 연계하기 위한 주요 접점임 동시에 전반적인 미래연구 활동을 수행하기 위한 사전준비 단계의 성격을 함께 지니고 있는 미래연구 기법이라고 할 수 있는 것이다.

환경스캐닝의 대표적 예로 영국의 시그마 스캔의 경우가 있다. 영국의 DIUS의 Horizon Scanning Center를 설립하고 범부처적 동향파악을 총괄하고 있으며 시그마 스캔을 통해 사회전반에 걸쳐 발생하고 있는 혹은 발생할 것으로 예상되는 주요 이슈들을 발굴하고 향후 파급효과를 분석하여 제공함으로써, 기술을 포함한 다양한 정책적 의사결정을 지원하였고, 델타 스캔(Delta Scan)은 새롭게 등장하는 과학기술 발전 추세의 조망과 분석을 통해 기술 분야별 미래기술 정보를 재분석・가공하여 실현시기, 파급효과 등 2차 정보를 정책결정자(관련 부처 등)에게 제공하였다. 하지만, 2008년 11월 HSC는 델타 스캔과 시그마 스캔을 하나로 합병하고, 앞으로 나오는 동향자료는 시그마 스캔을 통해 제공하기로 하였다.

시그마 스캔은 2000건 이상의 문서와 300명 이상의 각계 전문가 인터뷰를 토대로 작성한 250 건의 요약 보고서를 제공하고 있다. 각 보고서에서는 영향력(impact), 실현가능성(likelihood), 논쟁(controversy), 실현시기(when) 등을 한 눈에 확인할 수 있는 요약 정보를 제공하고 있는데, 다음과 같은 프로세스를 통해 다양한 분야의 동향 보고서를 제공하고 있다.

다양한 매체를 통해 수집된 자료들을 분류하여 E-database를 작성하고, 정리된 자료를 토대로 분석하여 이슈를 찾는다. 워크숍 등을 통해 이슈를 활용한 시나리오를 작성한다. 내・외부 전문가를 활용하여 작성된 시나리오와 수집된 자료들을 수정 보완하고 정제된 결과를 외부에 서비스하고 최종 Database 화 한다.

위의 과정에 대한 [그림 24]에서 보듯이 시그마스캔은 지식 진화의 측면에서 보면 주로 데이터를 정보로 전환하는 데 초점을 두고 있다고 할 수 있다. 그러나 이러한 전환을 점검단계 뿐만 아니라 활용과 평가단계까지도 포함하여 진행하고 있는 것이다. 시그마스캔에서의 환경스캔은 단순히 미래를 진단하

[그림 24] 시그마스캔 진행과정

Overview scan	다양한 매체 (뉴스, 논문, 블로그, 주요 연구기관, 정책 등) 조사
Issues 'tree'	이슈의 구조화, 중요도에 따른 이슈의 연관 관계 분석
Issue generation	브레인 스토밍, peer-review 등 다양한 방법을 통해 이슈 도출
Internal QC	협력기관을 통한 도출된 결과 정제 : 3단계 작성
'Horizon' review	전문가를 통해 결과 보완
External review & Gap filling	외부 전문가, 사용자, 이해당사자의 의견 수렴

는 것이 아니라 선행 미래전략의 점검의 기능과 아울러 새로운 진단을 함께 하는 것이며, 나아가 이러한 결과를 가지고 발생한 지식을 통해 전략수립을 하려는 활용단계를 포괄하는 통합적 방법이라 할 수 있다. 즉, 환경스캐닝은 단순히 미래연구의 기초를 제공하는 진단단계의 성격이 아니라 선행의 미래연구와 그로 인한 전략수립이 이루어진 상태에서 이루어지는 평가단계의 미래연구를 출발단계로 하여 다시 점검단계와 활용단계를 진행하는 방식이라 할 수 있을 것이다. 아울러 환경스캐닝에서 초점을 두는 지식활동은 데이터·수집과 정보화에 초점을 두지만 지식상태로의 진화충분히 포함하지 못하고 있는 기법이라 할 수 있다.

2) 미래탐색회의(Future Search)

환경스캐닝이 주로 데이터와 정보화 상태에 초점을 둔 방법이라면, 미래탐색회의는 정보와 지식에 초점을 둔 미래연구방법이라 할 수 있다. 미래탐색회의는 미래탐색(Future Search), 탐색회의(Search Conference), 월드카페(World Cafe), 급속전략개발(Rapid Strategy Development) 등 유사한 다양한 방법들이 있는데 이들 방법들의 공통점은 데이터 보다는 정보상태와 지식상태에 초점을 두고 있다. 즉 미래에 대한 지식화에 초점을 두고 있으므로 지식의 주체인 사람의 참여를 통해 미래지식을 창출하고 활용하려는 방법이다.

미래탐색회의는 정보의 소유자인 다양한 사람들이 일정한 시간동안 다양한 방식의 의사소통을 통해서 공통의 미래상을 창출하고 이를 위한 실현방안까지도 함께 창출하도록 하는 사회적 모임을 말한다. 일반적으로 미래탐색회의는 참여자들이 불확실하고 갈등을 포함한 복잡한 상황에 대하여 상호 의사소통을 통한 협력적 활동을 통해 합의가능한 미래계획을 도출해 내는 3일간의 회의를 부른 말이다. Marvin Weisbord과 Sandra Janoff가 발전시킨 미래탐색회의는 다양한 배경을 가진 40에서 80명에 이르는 사람들이 한 방에 모여서 토론을 하되, 이와 같은 토론방을 평행으로 개최하여 많게는 수천명이 동시에 토론을 할 수 있도록 구성하여 진행한다.

이와 같이 다양한 사람과 복잡한 문제에도 불구하고 전과정을 통해서 미래에 대한 계획과 전략을 창출하려는 미래탐색회의는 다음과 같은 네가지 원칙을 추구한다.

- '방에 있는 전체 체제'를 끌어낸다.(Getting the 'whole system in the room.)'
- 시스템을 한 부분이라도 고치기 전에 시스템의 모든 측면을 탐색한다.(Exploring all aspects of a system before trying to fix any part.)
- 공통분모와 미래행동을 앞에 그리고 가운데 두면서, 문제와 갈등을 행위의 대상이 아니라 정보로 취급한다(Putting common ground and future action front and center, treating problems and conflicts as information, not action items.)
- 사람들이 자신이 관여한 활동, 결론, 행동계획 등에 대해 책임성을 갖도록 한다.(Having people accept responsibility for their own work, conclusions, and action plans.)

미래탐색회의는 사람을 중심으로 하는 회의의 형태를 갖기 때문에 회의를 진행하는 방식 즉 사람간의 참여와 소통 즉, 사람간 관계를 맺는 방식인 사회기술(social technology)이 대단히 중요한 요소로 작용하게 된다. 아울러 과거에 대한 평가적 논의를 통한 트렌드의 발견과 미래에 자유로운 발상과 계획 수립을 참여적 의사소통과정을 통해 창출해 내게 된다. 나아가 합의가능한 공통점을 찾아내며 이를 실천에 옮기겠다는 자원자들을 찾아내고 공식화하므로 미래탐색의 결과에 대한 실행의 단초까지도 마련하려는 미래연구의 통합적 시도라 할 수 있다. 아래 <표 15>는 이러한 미래탐색회의의 일반적인 진행과정을 요약한 것이다(Wiesbord & Janoff, 2000).

〈표 15〉 미래탐색회의의 진행과 내용

시간	주제	내용
1일차 오후	focus on the Past	개인, 역사, 조직, 탐색 주제 등 사건에 대한 타임라인 작성 소그룹으로 타임라인에 대한 의미에 대해 대화
	Focus on Present, External Trends	전체가 현재에 영향을 미치는 트렌드에 대한 마인드맵을 작성하고 중요한 트렌드를 결정
2일차 오전	Focus on Present, External Trends	이해관계자 집단별로 주요한 트렌드에 관련된 현재 활동과 미래 소망을 발표
	Focus on Present	이해관계자 집단별로 탐색하는 미래주제에 대해 긍정적인 면과 부정적인 면을 평가하여 발표
2일차 오후	Ideal Future Scenarios	다양한 집단별로 선호하는 미래상에 대해 발표
	Identify Common Ground	다양한 집단별로 모든 참여자들에게 공통점이라고 생각되는 것을 제시
3일차 오전	Confirm Common Ground	전체 집단이 공통점에 대해 합의하기 위한 대화 진행
	Action Planning	실행계획을 자발적으로 수행할 참여자의 서명

Ⅱ. 미래연구와 정보통신기술

1. 정보통신기술을 활용한 미래연구

미래연구를 지식진화의 관점에서 접근하는 이유는 미래에 대해 아는 것이 필요할 뿐만 아니라 그 미래에 대한 앎이 실천가능하고 또 유용한 것이어야 한다는 점을 잘 설명할 수 있기 때문이다. 아울러 미래연구를 지식진화의 관점에서 접근을 할 경우 근래들어 급격히 발전하고 있는 정보통신기술을 통해 미래연구를 더욱 효과적으로 수행할 수 있기 때문이다. 정보화가 급속히 진행되어 지식정보가 전세계적으로 유통되는 오늘날, 미래에 대한 연구 활동을 함에 있어 정보통신기술을 고려하지 않는다는 것은 사실상 의미가 없다고까지 할 것이다.

이렇게 정보통신기술로 나타나는 미래연구의 다양성과 폭, 깊이를 검토해 보고 향후 나아갈 방향을 탐색해보기 위해서 우선 미래연구의 맥락에서 정보통신기술의 의미와 변화 방향을 살펴보고, 관련된 최신 기술과 도구를 체계적으로 살펴보자.

미래연구의 초기단계에서 컴퓨터는 거의 활용이 되지 않은 상태에서 시작되었다. 초기의 델파이는 순전히 연필과 종이를 가지고 진행되었으며 우편을 통해 전문가들에게 배포되고 수집되었다. 그러나 이제는 컴퓨터와 인터넷, 정보통신기술이 활용되지 않는 미래연구는 상상이 불가능하게 되었다. 거의 모든 미래연구가 워드프로세서 소프트웨어와 스프레드쉬트 소프트웨어, 파워포인트와 같은 프레젠테이션 소프트웨어를 기본적으로 활용해서 진행되고 있다. 그것 뿐만 아니라 이제는 대량의 데이터가 개인 컴퓨터는 물론 조직내의 컴퓨터에 그리고 인터넷을 통해 관리되고 있으며 공개적으로 접근이 가능하게 되었다. 지역과 세대, 가치관을 뛰어넘는 다양한 사람들이 네트워크와 인터넷을 통해서 상호 정보를 주고 받으며 실시간 소통을 하고 있고, 이러한 정보는 또한 상호 검토되고 재구성되고 있다. 나아가 사람과 컴퓨터간의 상호인터페이스도 급속도로 발전하여 사람의 인식의 방식과 결과를 바꾸어 놓고 있으며 변화의 폭과 강도도 예상하기 힘들 정도로 진행이 되고 있다.

미래연구 관련 정보통신기술 역시 앞서 제시했던 통합미래연구과정의 모형에 따라서 분류해 볼 수 있다. 즉, 데이터 상태, 정보상태, 지식상태라는 구분에 따라 개별적 상태 초점을 둔 정보통신 기술 그리고 상위상태로의 진화를 목적으로 한 정보통신기술로 나누어 볼 수 있다. 그리고 다시 단계에 따라 개별적 단계에 적용되는 정보통신기술과 복수의 단계에 활용가능한 정보통신기술로 나누어 볼 수 있을 것이다.

아래에서는 먼저, 데이터-정보-지식이라는 지식진화과정에 따라서 정보통신기술과 도구들을 살펴보고, 진단-활용-평가의 단계에 따라서 적용가능한 정보통신기술은 따로 장을 나누어서 정리해 보고자 한다. 이러한 방식에 의한 정보통신기술의 분류 중 전자 즉, 지식진화과정에 따른 분류는 그 자체가 정보통신기술의 발전단계와 일치하는 것이기 때문에 정보통신기술의 보편적 기술이 포함될 것이고, 후자 즉, 미래연구진행단계에 따른 분류는 미래연구 진행상 단계적 특성을 반영한 것이므로 주로 통합적인 정보통신시스템으로 나타나게 될 것이다.

2. 키패드조사시스템(Keypad polling system)

데이터의 작성과 정보화에 가장 큰 주체는 사람이라고 할 수 있다. 이를 위해서 인터뷰를 하거나 설문조사를 하는 등의 방법이 사용되고 있으나 문제점은 응답의 방식이나 응답참여 횟수, 그리고 처리 시간 등에 제약이 크다는 점이다. 키패드조사시스템 혹은 청중응답시스템(audience response system), 실시간조사시스템(real-time polling system), 최근에는 무선응답시스템(wireless response system) 등 다양한 이름으로 불리고 있으며 용도도 다양하게 나타나고 있다.

키패드조사시스템은 기본적으로 다양한 환경에서 사람들의 참여를 유도하고 이해도를 평가하는 등 사람들로 부터 정보를 효과적으로 끌어내는 것을 지원해주는 쌍방향 시스템이다. 기본적으로 여러사람이 참여하는 모임에서 다양한 방식으로 의견을 수렴할 수 있게 해주는 시스템이다. 이 시스템은 참여자를 논의의 과정에 깊숙이 참여시켜 발표자와 혹은 다른 참여자들과 쌍방향대화식으로 의견을 교환하고 그 결과를 종합하는 것이 가능하도록 해주는 시스템으로, 입력용 키패드, 무선네트워크, 처리용 소프트웨어 등이 결합되어 사용된다.

[그림 25] 키패드조사시스템의 활용

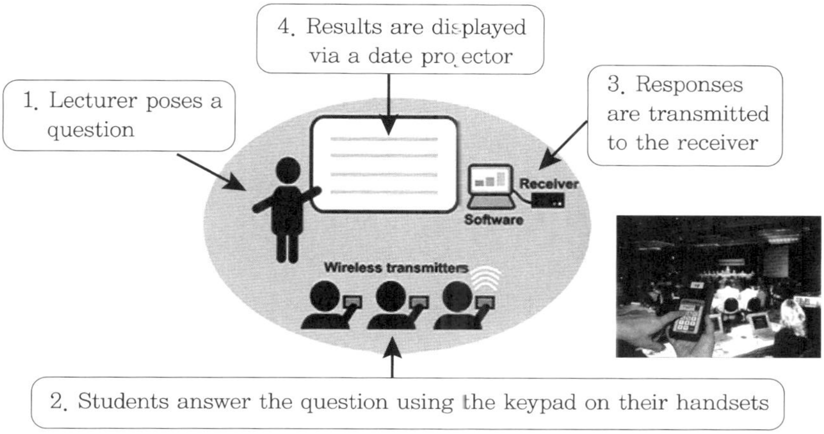

이 시스템을 사용하여 실시간 의견수렴 참가자의 범위를 수 천명에 수 만 명까지도 기술적으로는 확대할 수 있으며, 참가자가 장소를 이동하면서도 의견수렴이 참여할 수 있도록 무선지원을 할 수 있기도 하다. 또한 설문의 내용도 단순한 찬성/반대 뿐만 아니라 1-10 혹은 1-100까지 가중치를 가지고 하는 가중치 투표, 순위를 정해서 하는 순위투표, 직접 답변을 입력하는 주관식 답변 등 다양한 형태의 의견수렴이 가능하도록 입력장치와 결과 집계소프트웨어가 지원되기도 한다.

이 시스템이 기존의 여론조사 방법과 가장 큰 장점은 실시간 처리에 있다. 이슈에 대한 의견을 묻는 문항을 스크린을 통해서 제시하면 응답자는 즉시 키패드를 통해서 응답하고 그 결과는 바로 집계되어 다시 스크린으로 보여지게 된다. 이러한 의견수렴의 과정을 빠르게 진행하면 한시간에 수십가지의 결정을 할 수 있으며, 또한 앞에서 한 결정에 대해 다시 논의하는 과정을 통해 참여자들 간의 상호소통과 학습을 촉진시킬 수 있게 된다.

이 시스템을 통해 여론조사를 통해 미래 트렌드를 확인하거나, 조사 결과 요인들에 대한 가중치 부여 같은 조사를 빠른 시간 안에 조사할 수 있게 해준다. 또한 작성된 모델에 관련하여 이슈를 제시하고 이에 대한 참여자의 반응을 관찰하는 모의 실험을 반복적으로 시행하므로 연속적인 변화를 예상해 볼 수 있게 해주는 것도 가능하다. 일부 키패드에는 자연어 입력이 가능하게 되어 있으므로 브레인스토밍과 같이 직접적인 아이디어 개진이나 의견제시가 가능할 수도 있다.

미래연구의 중요한 기법인 델파이의 진행, 시나리오 작성을 변형시킨 상호작용적 시나리오(interactive scenarios) 작성, 의사결정 모델링, 트렌드영향분석, 교차영향분석 등에 사람이 참여하는 경우 대부분 키패드조사시스템을 사용하는 경우 앞서 언급한 키패드조사시스템의 여러가지 장점을 발휘할 수 있을 것이다.

3. 텍스트마이닝

텍스트 마이닝은 대규모 "데이터" 자료에서 의미 있는 정보를 추출하거나 분석하여 "지식"을 발견하는 정보통신기술. 텍스트마이닝(Text Mining)은 대용량의 데이터에서 사용자가 관심을 가지는 정보를 키워드의 자체가 아니라 이 키워드가 가지고 있는 일정한 패턴을 발견하고 이러한 맥락을 공유하는 키워드 들만 찾아내서 보여주려는 데 목표가 있다. 즉, 비구조적인 데이터자료에서 의미 있는 패턴을 찾아내어 정보화하는 기술인 것이다. 과거 작은 용량의 정보에서는 사람이 직접 이러한 작업을 수행하였지만, 데이터가 폭발적

[그림 26] 텍스트 마이닝의 구성과 절차

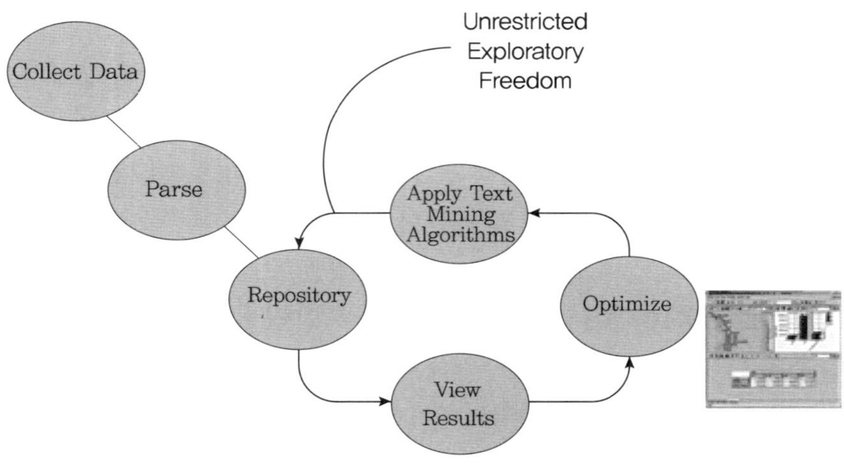

인 증가하면서 이러한 과정을 자동적으로 처리할 수 있는 기술로 개발된 것이다.

오늘날에는 단순히 텍스트만이 아니라 그림, 음성파일, 영상 등 멀티미디어로 진화하면서 이러한 형태의 비텍스트형 데이터도 처리할 수 있도록 하는 방식으로 나타나고 있다.

텍스트 마이닝을 통해서 구체적으로 일반적인 텍스트 문서로부터 사용자가 원하는 정보를 추출하는 정보추출(extraction)이 기본적인 기능이다. 원하는 정보는 문장의 형식이나 사용자가 이전에 미리 정의한 질의 포맷에 맞추어서 추출해주는 것이다. 이렇게 추출된 정보는 분류(classification)와 클러스터링(clustering)되어 내용에 따라 구조화를 하거나, 혹은 사용자가 관심 있어 하는 텍스트에 대해 추적(tracking)할 수도 있고, 또 추출된 개별적 텍스트들에서 공유되고 있는 의미를 발견하여 사용자에게 제공해주는 개념연결(concept linkage)이나 개념맵(concept map)을 제공해주기도 한다.

[그림 27] 텍스트마이닝 결과 화면

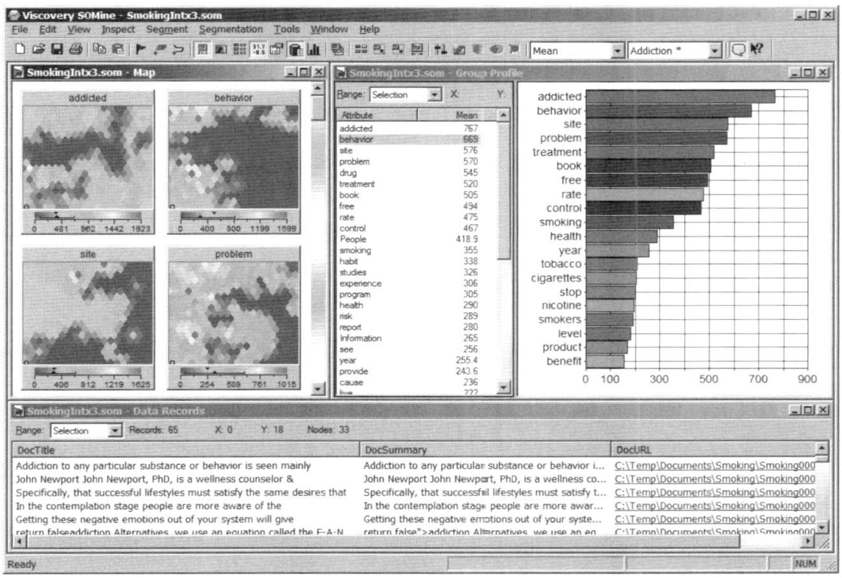

출처: www.viscovery.net

4. 지식네트워크 분석

지식네트워크는 사회 내에서 발생하는 다양한 주제정보 네트워크 및 사회관계 네트워크를 말한다. 지식네트워크 분석은 이러한 관계네트워크에 대하여 구성된 주제 및 사회관계에 대한 분석을 통해 지식 중개자, 지식 전문가 정보를 제공할 뿐만 아니라, 지식의 유통경로나 지식 흐름 경로 분석, 사용자 유형 분석 결과를 제공할 수 있게 해줄 수 있다. 지식네크워크 분석을 통하

[그림 28] 지식네트워크 분석의 내용

데이터 소스	분석		설명
이메일 문서 (보고서, 논문 등) 웹 데스크탑 등	사용자 중심 네트워크	사용자 네트워크	- 사용자간 연결관계 요약 - 개체(주제) 중심 사용자 연결정보
	개체 중심 사용자 네트워크		
	사용자별 키워드/토픽/콘텐트	지식현황 분석 정보	- 네트워크 기반 사용자간 지식보유 현황 및 주요 주제 요약 - 사용자 보유 데이터 소스 정보
	지식공동체별 키워드/토픽/콘텐트		
	시간대별/사용자별 지식 유통	지식유통 분식 정보	- 시간대별/사용자별/주요 주제흐름 요약 - 특정 주제의 사용자별 발생빈도와 주제 흐름에 대한 분석 정보
	주제별/사용자별 지식 유통		
	주제별/시간대별 지식 유통		
	지식 흐름	지식흐름 경로 분석 정보	- 전체 조직에서의 발생되는 주제 흐름에 대한 요약 정보 - 개인별 지식의 네트워크 내의 흐름에 대한 분석 정보 - 특정 주제에 대한 업무 긴밀성, 업무 중심성에 대한 분석 정보 - 새롭게 생성되는 그룹에 대한 주제 분석(잠재적 그룹 분석)
	개인별 지식 흐름		
	지식전문가, 최단경로		
	지식중개자, 최단경로		
	잠재적 지식활동 그룹		
	기간별/사용자 유형 트렌드	사용자 유형 분석 정보	- 사용자의 지식 유통 패턴에 따른 사용자 유형 분석 정보 - 기간별 사용자 유형 변환 정보
	사용자 유형		

여, 파편화되어 있는 지식으로 부터 통합된 지식을 생성해 낼 수 있게 해주며, 특정 주제 혹은 불특정 그룹에 대한 정보를 제공함으로써 사용자 또는 그룹간 소통의 기회를 활발히 제공할 수 있고 또 지식보유자와 지식 제공자간 분석정보를 통한 간극 최소화하며, 각 사용자/그룹 별 지식 생성, 제공, 보유에 대한 분석을 통해 사용자/그룹 별 활동을 원활히 하는 데 기여할 수 있다.

5. 시스템 다이내믹스와 동적 시뮬레이션

시스템다이내믹스는 동태적이고 순환적 인과관계의 시각으로(dynamic feedback perspective) 현상을 이해하고 설명하거나, 이러한 이해에 기초한 컴퓨터 모델을 구축하여 복잡한 인과관계로 구성된 현상이 어떻게 동태적으로 변해 나가는지를 컴퓨터상에서 실험해 보는 방법론이자 현상을 바라보는 방법이다(문태훈, 2002).

시스템다이내믹스는 기본적으로 연구하고자 하는 특정 변수가 시간의 변화에 따라 어떻게 동태적으로 변화해 나가는가에 기본적인 관심을 둔다. 즉, 연구 대상 변수의 시간에 따른 동태적인 변화가 어떻게 일어나고 있으며, 또 앞으로는 어떻게 변화해 갈 것인가에 대해 관심을 둔다는 것이다. 다시 말해서 주어진 시스템의 미래상태나 그 변화에 대해 초점을 두는 접근방법이다. 이러한 특성 때문에 시스템다이내믹스는 미래예측과 관련해서 중요한 접근방법으로 인식되어 왔다. 시스템다이내믹스는 또한 조작적 사고(operational thinking)에 초점을 둔다. 조작적 사고란 변화가 실제적으로 어떻게 해서 일어나고 있는지 변화의 과정에 연구의 초점을 맞추는 사고이다. 즉 시스템 작동의 메카니즘을 파악하고자 하는 사고라 할 수 있다. 따라서, 시스템다이내믹스는 일회적인 사건이나 변수의 정확한 측정이나 변수의 추정 값을 구하기보다는 관심의 대상이 되는 변수가 시간의 흐름에 따라 어떤 동태적인 변화의 경향 --안정적, 불안정적 경향, 상하 주기적인 변동, 성장, 쇠퇴, 평형상태의 유지 등--을 보이는지, 어떠한 요인이 그러한 변화를 가져오는 지에 관심을 집중하는 것이다.

실제적으로 시스템다이내믹스의 진행은 우선 분석의 목적에 합당한 모델 작성을 위해 문제를 인식, 정의하고, 이렇게 정의된 문제에 대해 시스템사고

[그림 29] 아프가니스탄 상황을 요약한 인과지도

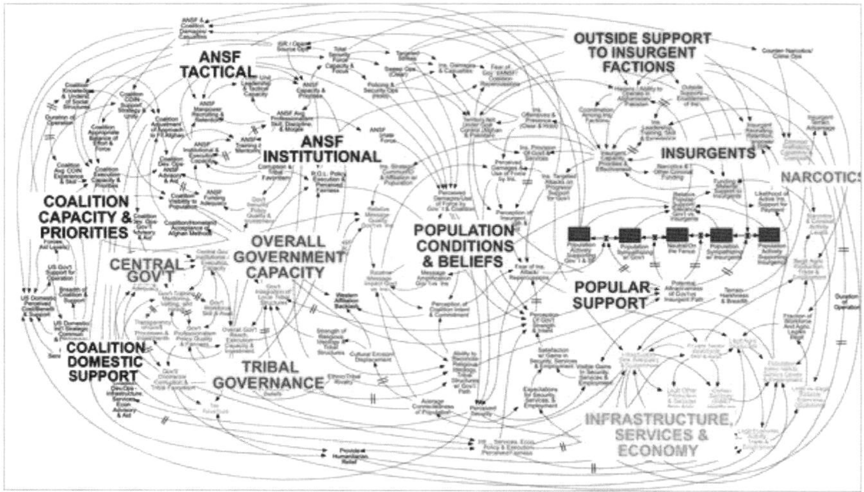

를 적용하여 문제를 피드백 시각에서 개념화시킨다. 이 단계에서는 문제의 여러 원인들이 어떻게 상호 연결되어 있는가를 피드백 시각에서 나타내는 인과지도(Causal Map)의 작성이 중요한 과제가 된다.

이렇게 시스템 모형이 작성되면 이를 실제로 정책분석에 이용될 컴퓨터 모델을 작성하고, 작성된 모델에서 보여지는 주요변수들의 행태를 중심으로 모델의 타당성을 평가하기 이해 동적모델링(Dynamic Modeling)을 수행하게

[그림 30] 시스템다이내믹스와 동적모델링 진행절차

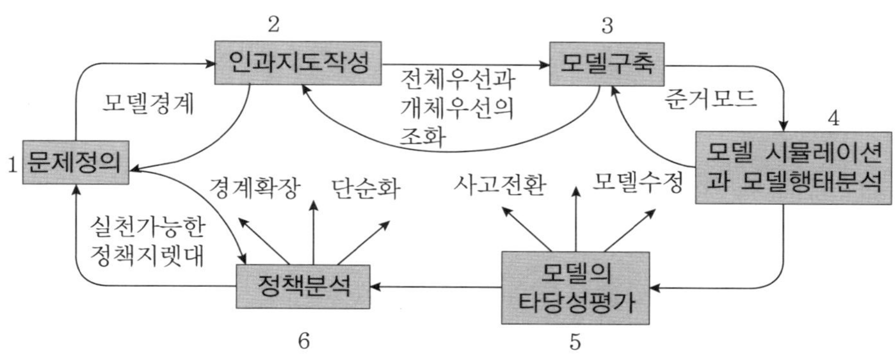

된다. 이를 통해 모델의 타당성이 입증되면 마지막으로 이 모델을 이용하여 대안에 대한 정책분석을 하게 되는데, 이 대안의 분석에서도 구축된 모델을 바탕으로 각종 정책대안의 모의실험 수행하여 최적의 대안을 찾게 된다. 이러한 전체 과정을 그림으로 표시하면 다음과 같다.

6. 정보시각화 기술

정보통신의 발달에 따라 사용가능한 데이터의 양이 급격히 증가하였고 이에 따라 원하는 정보를 쉽게 찾아주는 기술로 검색이나 데이터 마이닝 기술이 사용된다. 그럼에도 불구하고 여전히 많은 정보는 이용자에게 과도하게 제공된다. 즉, 주어지는 대규모의 정보를 보다 효율적으로 요약하고 동시에 그 특성도 전달해 줄 수 있는 방법으로 등장한 것이 정보시각화 기술이다. 정보의 시각화는 지식진화의 과정이 요구하는 지식활동의 속도, 강도, 깊이를 확장시켜주는 데 있어서 문자보다는 시각적 표현이 더 효과적이라는 점을 극대화 시키려는 기술이라 할 수 있다. 즉, 정보의 시각화를 통해 방대한 양의 정보에 대한 이해도를 높이고, 또 정보를 파악하는 시간도 대폭 줄여주며, 연계된 부가정보도 전달하여 사용자가 정보를 더 빠르게 지식화할 수 있도록 도와주는 기술이다.

정보시각화는 대상이 되는 데이터의 성격에 따라 텍스트 데이터, 2차원 데이터, 공간데이터, 트리구조 데이터, 네트워크 구조데이터 등 다양한 형태의 데이터를 가지고, 이들 데이터가 가지고 있는 전체적인 특성, 특정한 특성을 포함하거나 제외한 결과, 데이터간의 연관성, 데이터의 변화 역사 등을 시각적으로 보여줄 수 있다. 특히 최근에는 단순히 평면적인 시각화에서 이를 시간상에서 동영상화해서 보여주는 3차원시각화 기술을 통해서 사람과 인터페이스를 할 수 있게 해주고 있다.

미래연구에 사용되고 있는 각종 기법들 역시 이들 기법을 도와주는 소프트웨어의 활용으로 이의 진행이나 결과표현 그리고 이를 활용한 후속 활동들을 획기적으로 수행할 수 있게 해줄 수 있다. 이럴 종이와 펜을 통해서 혹은 카드방식으로 진행하는 것은 엄청난 노력이 소모될 뿐만 아니라 일정한 정도의 범위나 규모를 벗어나서는 사실상 작업이 불가능할 수 있다. 이런 경우에도 데이터 시각화를 지원하는 소프트웨어를 활용해 미래연구를 수행할 수 있다.

[그림 31] 기후변화의 영향에 대한 예측 마인드맵

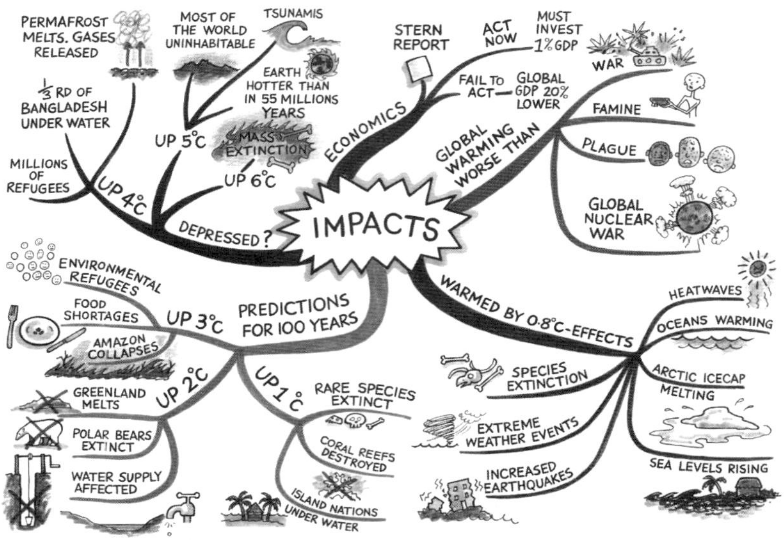

출처: live-the-solution.com

7. 공간정보시스템(GIS) 기술

공간정보는 지상, 지하, 시설물 등 인간의 삶이 이루어지는 모든 공간에 존재하는 사물의 위치와 주변환경에 대한 데이터를 의미한다. 이러한 데이터를 전자정보화 하고 이를 처리해주는 컴퓨터와 소프트웨어 그리고 공간정보 관련 컴퓨터들을 연결해 주는 네트워크의 발달은 GIS(Geographical Information System)라는 독자적인 정보통신시스템 영역을 구축하면서 급속히 발전하고 있다.

사물의 공간상 위치를 측정한 측량기술이 정보기술과 결합하여 지오매틱스(Geomatics)기술로 발전하였고, 이러한 기술이 정보통신기술과 결합하면서 공간정보를 다양한 지식으로 전환키고 이를 활용하게 되었다. 특히 네트워크 기술의 발전과 웹의 발전, RFID나 USN(Universal Service Network)과 같은 유비쿼터스 기술의 발전으로 공간정보의 생산 및 활용은 획기적으로 변화할 가능성을 보이고 있다. 공간에 관한 많은 데이터의 축적과 유비쿼터스 기술의 발전을 통해 사용가능한 실시간 정보를 통해 공간정보시스템을 통해서도 다양한 형태의 미래연구가 이루어질 수 있게 되었다.

공간정보는 물리적 사회적 현상에 대한 인간의 예측능력을 높여 경제사회 활동에 내재되어 있는 불확실성을 획기적으로 감소시킬수 있게 해준다. 공간정보는 현실과 거의 동일한 수준의 아주 자세하고 정확한 공간에 관한 정보를 제공함으로써 미래 예측능력을 향상시켜 줄 수 있다. 특히 공간정보 인프라가 구축되면 아주 적은 비용으로 고품질 정보를 활용할 수 있게 되어 이를 활용하는 시뮬레이션의 일상화 가능해지고 이를 이용한 정책활동의 효과를 높일 수 있다.

실제로 3차원 공간정보는 도시개발, 건물신축 등 각종 개발사업이 야기할 일조권, 교통유발, 공해배출 등의 영향을 시뮬레이션을 통해 사전에 정확히 예측하여 주민간의 분쟁을 방지하는데 기여하고 있으며, 도시계획에 따른 미래의 모습을 가상현실로 보여줌으로써 보다 확실한 정책결정이 가능하게 해 줄 수 있다(NIA, 2009: 21-23).

[그림 32] 공간정보를 이용한 도시개발결과와 비용예측

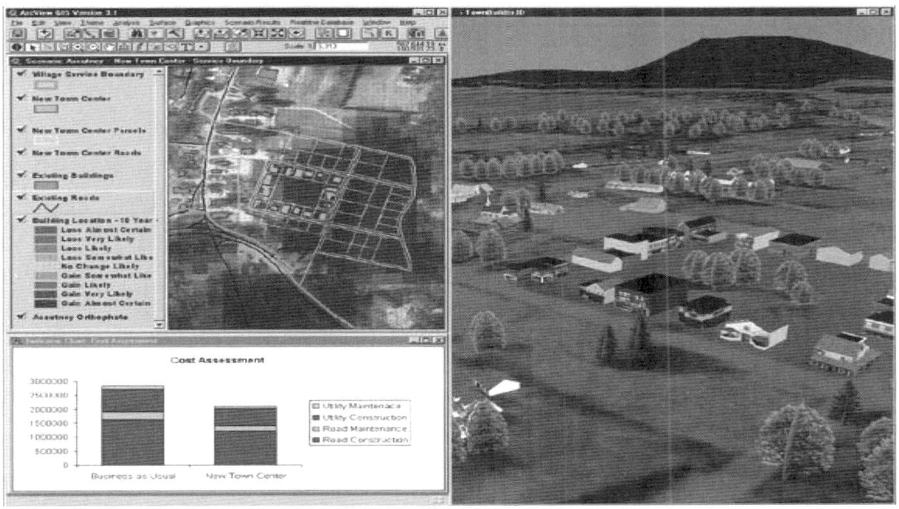

출처: www.gosimulation.org

Ⅲ. 통합미래연구과정과 정보시스템

통합미래연구과정의 이념형은 데이터-정보-지식의 지식진화과정을 기본으로 하되 이러한 지식진화과정에 대한 패러다임이 개별 연구단계인 진단, 활용, 평가에 각각에서 다르게 나타난 다는 것을 전제하고 있다. 이념형이라는 용어를 사용한 것처럼 설명과 이해를 위해 이러한 분류와 모형을 설정하고 있지만 현실적으로 발견되는 정보시스템은 상태와 단계를 혼합하고 있는 것이 대부분이라 할 수 있다.

즉, 지식진화에 초점을 둔 정보통신기술은 데이터베이스 관리에서 정보관리로 그리고 지식관리로 이어지는 정보통신시스템의 진화과정의 설명으로 이것이 일반적인 정보통신기술의 발달에 대한 설명과 일치한다. 데이터-정보-지식으로 이어지는 지식의 진화단계에 맞추어 정보통신시스템의 진화를 생각해 볼 수 있다. 초기의 정보시스템은 데이터에 초점을 두고 있었는데 점차 정보와 지식으로 초점이 옮겨갔음을 볼 수 있다. 아래 표는 지식의 진화단계에 따라 나타난 정보시스템의 진화과정을 정리해본 것이다.

이러한 정보시스템의 진화과정에서 주목해야 할 것은 상위 상태를 다루는 시스템은 하위상태를 다루는 시스템을 이미 내포하고 있다는 점이다. 가장 상위 상태인 지식을 다루는 지식시스템은 하위상태의 시스템인 정보시스템과 정보시스템의 하위요소라 할 수 있는 데이터시스템을 내포하고 있는 것이다.

통합미래연구과정은 지식진화과정과 미래연구에서 나타나는 진단, 활용, 평가의 활동이 별개로 작동할 수 있다는 것을 전제로 하고 있다. 즉, 각 단계별로 지식의 진화과정이 나타나고 있으며, 진화과정의 특성이나 구성, 그리고 세부과정은 단계에 따라 달라질 수 있다는 것이다. 정보시스템에 대한 논의에서도 이렇게 다른 관점이 나타나고 있음을 설명하기 위해 앞에서 노나카의 지식관리 이론을 예시적으로 설명한바 있다.

즉, 지식관리(knowledge management)는 지식관리시스템(knowledge management)과 지식을 다룬다는 점에서는 동일한 기능과 활동을 대상으로 하고 있으나, 지식관리는 지식관리시스템에서는 이론적으로 불가능한 지혜로의 진화까지 추구하는 것이다. 폐쇄된 시스템(closed system)인 지식관리시스템은 지

〈표 16〉 지식진화상태와 보편적 정보통신기술

초점	정보 통신기술	내용/사례
데이터	통신시스템	전화망처럼 조직구성원간의 비대면적 의사소통을 가능케 해주는 시스템
	조사 및 측정기술	데이터 측정, 여론조사 등 데이터를 만들어내고 저장하는 시스템
	인터페이스 기술	사람과 컴퓨터간의 상호작용을 도와주거나 촉진하는 기술
정보	인트라넷/그룹웨어	조직내부의 정보통신네트워크로 정보를 전달 공유를 지원
	문서관리시스템	문서의 생성, 편집, 배포, 추출, 저장 등 문서의 전 순환과정의 관리를 지원하는 시스템
	컨텐츠관리시스템	문서가 아닌 사진, 음성, 영상 등 전자화된 멀티미디어 파일관리를 지원하는 시스템
	검색엔진	전자적으로 저장된 정보를 찾아주는 도구
지식	학습시스템	원격학습, e-러닝, 컴퓨터기반훈련(CBT: computer based training)과 같이 지식창출 학습을 지원하는 도구
	전사적 자원관리시스템(ERP)	조직활동의 전부분에 걸쳐있는 자원을 하나의 체계로 관리하여 정보의 일관성, 실시간처리로 인한 신속성 등을 제공하여 조직의 정보자원에서 필요한 지식을 산출할 수 있도록 하는 시스템
	지식맵핑	특정한 지식을 소유하고 있는 사람을 찾아주거나, 가지고 있는 지식을 분류하고 체계화여 활용할 수 있도록 해주는 시스템
	협업시스템	정보공유공간제공, 업무처리과정 관리, 의사결정 지원 시스템 등 여러사람이 함께 업무를 수행할 수 있게 해주는 시스템
	인공지능	지식주체인 사람의 고유기능인 학습기능이나 전문적 판단기능 등을 대체하는 기술

식 단계를 뛰어넘는 결과를 창출할 수 없으며 이러한 진화에는 반드시 창조성을 갖는 행위주체(agent)가 개입되어야 한다는 것이다. 그럼에도 불구하고 정보시스템이 중요한 이유는 지혜에 이르기 직전 단계인 지식을 다루고, 또이 지식에 이르는 하위단계를 효율적으로 이르게 하는 데 정보시스템이 큰 기여를 한다는 점이다.

지식관리와 연관되는 정보통신기술은 사람이 정보에 대해 접근하거나, 파악하거나 혹은 학습하여 이들 데이터나 정보가 지식으로 변환되도록 해주는 컴퓨터 기술이다. 앞서 노나카의 지식관리 논의에서 나타나듯이 데이터나 정보 혹은 지식은 그것을 창출한 개인에게 철저히 연결되어 있어 이들 개인이 그 지식을 공개하지 않는한 그 개인 안에 잠재되어 있을 수 밖에 없다 (암묵지). 지식관리는 이러한 암묵지가 우선 형식지로 공개되도록 할 뿐만 아니라 나아가 이렇게 공개된 형식지가 이러한 지식을 수집하고, 분류하고, 목록화하고, 조직화하며 나아가 전달되고 공유될 수 있도록 하기 위해서 역시 정보통신기술을 활용되는 것이다. 결국 지식관리는 다음과 같은 이유에서 중요하다.

첫째, 정보에 문맥을 제공한다. 즉, 정보에 정보의 특징이나 외부 환경에 대한 메타정보를 통합시키므로 지식탐색자들에게 더 쉽게 탐색하고, 추출하며 또 관리할 수 있도록 해줄 수 있다.

둘째, 정보를 효과적으로 전달할 수 있게 해준다. 정보의 전달은 정보의 이용자, 정보의 내용, 전달되는 시간이나 상황과 관계 속에서 이루어진다. 이러한 이용자 내용 전달조건의 세가지 측면들을 저장된 정보를 최적화 해주므로 지능적인 정보전달을 가능하게 해주는 데 정보통신기술이 활용될 수 있다.

셋째로, 정보통신기술은 사람간의 의사소통을 지원하고 확장시켜서 정보의 교류를 확대시키고 지식화를 촉진시킬 수 있다. 직접적인 의사소통과 구두 의사소통은 지식을 직접 창출해내고 교환하는 방법이다. 이러한 직접적 지식화를 확대 촉진시키는 데 정보통신기술이 사용되는 것이다. 예를 들어 화상회의는 구두 의사소통의 지리적 한계를 넘어서서 정보교환과 지식창출을 가능하게 해주고 있다.

마지막으로 정보통신기술은 전자적으로 축적되어 있는 기존의 정보와 지식을 사람에게 전달하는 데에도 큰 역할을 할 수 있다. 컴퓨터와 사람 사이의 인터페이스에서도 정보통신기술을 엄청난 영향력을 발휘하고 있다. 많은 양의 정보를 간략히 축약하여 시각적으로 표현하거나, 영상프로젝터와 같은 도구를 사용하여 많은 사람에게 프레젠테이션을 통해 지식을 전달하는 데에 사용되는 것이 정보통신기술이기 때문이다.

미래에 대한 최종적 형태의 지식을 지혜이며, 이러한 지혜는 데이터 정보 지식의 상태로 진화해가는 과정을 통해 지혜로 나타나게 될 것이다. 노나카의 지식관리 이론에서 살펴본 것처럼 일반적으로 지식관리는 암묵지를 형식지의 형태로 창출하며 이렇게 창출된 지식이 유통되어 공유될 수 있도록 하는 것을 의미한다. 지식관리의 목표는 유용한 지식을 유통가능한 형태로 창출하는 것과 이렇게 창출된 지식이 유통공유될 수 있는 구체적인 방안을 실천하려는 것이며, 그 방안 중에 가장 효과적인 것이 바로 정보통신기술이다.

지식의 진화이론에 따라 미래에 관련된 것이 지혜라면 지식관리시스템은 지혜에 이르게 하는 기초가 가장 중요한 기초가 될 것이다. 최근에 지식관리시스템 중에 이렇게 미래를 지향하며 지혜의 상태까지 진화하는 것을 추구하는 시스템 들이 실제로 개발되고 활용되고 있다.

아래에서는 위에서 논의한 것과 같은 관점에서 정보통신시스템의 두가지 사례를 검토해보고자 한다. 하나는 조직의 관점에서 외부 환경의 변화를 지속적으로 검토하고 정리하며, 내부의 운영 정보를 수집하고 종합하여 미래에 대비할 수 있는 전략을 창출해내는 데 목표를 가지고 나타난 비즈니스 인텔리전스(BI:Business Intelligence)와 실시간기업이고, 다른 하나는 네트워크와 인터넷의 급격한 확산을 배경으로 조직의 경계를 넘어 네트워크에 기반하여 미래에 대응하는 전략을 창출하려는 시도로서 Web2.0이 그 것이다. 아래에서는 미래연구의 맥락에서 이 두 가지 정보통신기술을 살펴보고자 한다. 그리고 미래연구와 이러한 정보통신기술의 변화를 접목하는 방법을 제안해보고자 한다.

1. 비즈니스 인텔리전스(BI)와 실시간 기업(RTE)

비즈니스 인텔리전스는 1958년 IBM Journal인 'Journal of Research and Development'에서 H.P. Luhn에 의해 처음 사용되었고, 그 후 1989년 가트너의 분석가인 Howard Dresner가 '사실에 근거한 지원 시스템을 활용하여 기업의 의사결정을 개선하기 위한 개념과 방법'이라는 포괄적인 용어로서 사용하였다. 그러다가 1990년대 후반 이후 널리 사용되면서 기업에 있어서 미래대비를 위한 솔류션으로 소개되는 정보시스템으로 알려져 있다.

비즈니스 인텔리전스는 데이터-정보-지식으로 표현되는 지식진화모델의 최종단계를 말하는 것이라 할 수 있다. 조직이 업무를 보다 합리적으로 이끌어 갈 수 있도록 해주는 지능으로 이를 활용해서 조직은 데이터를 수집 축적하고 이를 정보로 변환시키며, 지식을 창출해 낼 수 있도록 해주는 기술, 역량 등을 총칭하는 표현이라 할 수 있다. 즉, 조직에서 요구되는 업무 수행 관련 정보를 활용하는 과정에서 필요로 하는 이해와 지식 그리고 감각 등 모든 활동이 비즈니스 인텔리전스의 기초가 된다고 할 수 있다. 다시 말해서 좁은 의미에서 비즈니스 인텔리전스는 기업의 업무 적용을 위한 정보를 활용하는 부분에 이해와 통찰 등을 포함하는 활동로 말할 수 있지만, 넓은 의미에서는 조직의 전략적 목표 달성을 위한 다양한 업무 활동과 이를 통한 가치의 창조 및 성과 증대에 영향을 끼치는 모든 프로세스의 원활한 흐름을 나타낸다고 할 수 있다.

비즈니스 인텔리전스의 출현 맥락은 정보화의 진행이 기술적인 측면에서는 데이터-정보-지식으로 진화하고, 조직범위의 측면에서는 개인(individual)-기능중심의 부서(departmental)-전사적 조직(enterprise focus)-조직기반의 최적화(optimize bottom line)- 혁신을 통한 대외적 경쟁력 향상(expand top line)으로 확장된다(Jim Davis et al, 2006)고 하는 점이다.

데이비스 등(J. Davis et al., 2006)에 따르면 위의 그림처럼 정보 진화는 총 5단계로 구성되어 있다. 각 단계는 더 높은 단계를 위해 거쳐야할 필요 단계이며, 모든 상위 단계는 하위단계의 특징을 포함하고 능가한다. 이러한 단계의 특징을 요약한 것이 아래 표인데 이 표를 살펴보면 3단계가 전사적 통합의 단계로 이 단계에서 조직은 "현재"의 비즈니스 운영에 대한 기업 차원의 명확한 전망과 가치 창출 프로세스 및 가치 사슬에 대한 보다 정확한 그림을 제공하는" 정보시스템을 갖게 된다. 이 단계를 넘어서서 4단계 최적화 단계

[그림 33] 정보 진화의 단계

의 정보시스템은 "강력한 시장 조절 능력, 효율적인 운영, 개선된 성장률 및 수익성"을 갖게 해주고, 마지막 단계인 5단계가 되면 예측 불가능한 시장 상황에서 "지속적인 경쟁 우위를 확보하여 시장 리더십"를 갖게 된다는 것이다.

이러한 정보진화단계는 앞서 논의했던 통합미래연구과정과 상당히 유사한 부분을 발견할 수 있게 된다. 데이비스가 설명하고 있는 3단계는 미래에 대한 진단이 주로 이루어지고 있다. 즉, 미래는 기업이 활동하는 장이되고 있으며 기업은 이에 대해 파악하는 정도로 대응하게 된다. 4단계에는 활동의 단계로 미래는 조절과 통제의 대상으로 인식되고 있으며 이러한 조절과 통제의 바탕으로 전략을 수립하게 되는 것이다. 5단계는 평가의 단계로 볼 수 있다. 이

〈표 17〉 Davis의 정보진화모델

구분	특징	가치의 근원	문제점	이점
1단계. 운영	개인 자치권과 통제	개인의 능력	비효율적이고 중복되며 오류 발생률이 높은 프로세서, 개별적 정보 저장소	기본 단계, 소규모 기업이나 비경쟁 틈새시장 부문의 기업들에게 적합
2단계. 기능중심병합	부서 목적과 전망	정치적 능력, 기능 효율성	부서별 저장소, 오류발생이 높은 프로세서, 내부 경쟁, 기업의 전망 부재	부서 차원의 팀웍, 관례 및 협력
3단계. 전사적 통합	기업 차원의 전망	기업 전략, 가치 사슬과의 조화	문화의 변화와 대의를 위한 개인 희생 요구되며, 비효율적 경향을 보인다.	현재 운영에 대한 기업 차원의 명확한 전망과 가치창출프로세스 및 가치사슬에 대한 보다 정확한 그림
4단계. 최적화	전략적 배치와 효율성	시장 조절 및 적응 능력	근로자와 경영진을 위한 패러다임 전환	강력한 시장 조절 능력, 효율적인 운영, 개선된 성장률 및 수익성
5단계. 혁신	융통성, 창조성 및 혁신	새로운 시장 선도적 혁신,	아이디어를 선별하고 프로젝트포트폴리오를 관리하며, 자원배분 우선순위를 효율화하여 자원 할당을 해야 함	지속적인 경쟁 이점, 시장 리더십, 새로운 수익 창출 기회를 위한 완벽한 과정

단계에서는 지속적인 혁신을 위해 기업이 생각하는 미래와 현실에서 관찰되는 미래의 차이를 모니터 하고 그에 따라 재원배분의 우선순위를 재조절하여 새로운 수익창출 기회를 만들어가며 지속적인 경쟁우위를 유지하려는 단계로 설명되고 있다.

결국 5단계의 상태는 전단계의 변화를 모두 종합하고 그를 뛰어넘는 새로운 상태를 창출하는 것이다. 이런 관점에서 5단계에서 나타나는 비즈니스인텔리전스와 이와 관련된 정보통신기술과 정보시스템은 기업에서 미래연구가 어떻게 이루어지고 있는지와 이를 위해 어떠한 정보통신기술과 정보시스템을 활용하고 있는지를 보여줄 것이다.

비즈니스 인텔리전스의 요소기술적 측면에서는 한마디로 실시간기업(RTE: real time enterprise)로 요약할 수 있다. 실시간 기업(RTE)란 기업내부, 외부를 포함하는 전체적인 관점에서 지속적인 프로세스 개선과 정보를 실시간 전달을 통해 업무지연요소를 최소화하고 의사결정의 스피드를 높여 경쟁력을 극대화 한 기업을 의미한다. 즉 생각하고(think)-실행하고(do)-평가하기(see)의 순환 사이클를 최대한 빠르게 실행하도록 하는 실시간 대응력과 아울러 이에 부응하는 유연성을 추구하는 통합정보시스템이다.

[그림 34] 실시간기업에서 정보흐름

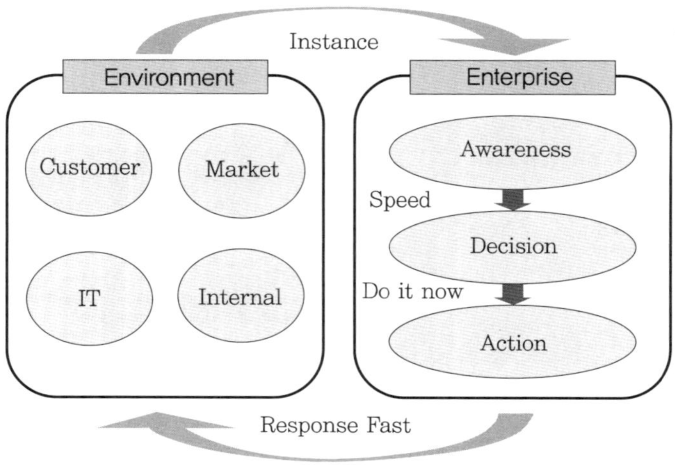

출처: Garter Research

이는 위 그림에서 보듯이 환경(envirɔnment)에서의 정보를 즉시(instance) 흡수하여(awareness) 인식하고 이에 대한 스피디한 결정(decision)을 하며, 즉시 실행(action)하여 빠른 대응(response fast)을 할 수 있도록 하자는 것이다. 급변하는 시장 환경과 다양한 고객의 요구, 예상치 못한 변수들을 업무 프로세스에 즉각적으로 반영해 전략 수립-실행-평가-전략수립의 싸이클을 단축해 가는 것이 경쟁력의 핵심이라는 것이다. 다시 말하면 기업의 속도를 높여야 한다는 것이다.

이를 위해서는 기업이나 기관의 말단조직에서부터 최고 의사결정권자에 이르기까지 모든 정보 및 지식을 실시간으로 공유할 수 있는 기반을 정보통신기반을 갖춰야 하며, 핵심 비즈니스 프로세스의 관리 및 실행 시 발생하는 지연요소를 제거하고 최신 정보를 사용해 경쟁력을 높여야 한다고 '권고'하는 것이 실시간 기업의 개념이다. 결국 기업이 가지고 있는 모든 데이터를 통합하는 데이터 통합(date integration) 그리고 이러한 데이터를 업무과정에서 정보화시켜주는 모든 업무과정의 통합인 프로세스 통합(Process Integration) 그리고 정보를 지식으로 전환시켜주는 비즈니스 인텔리전스(Business Intelligence)의 통합까지를 의미하는 것이라 할 수 있다.

먼저 데이터의 통합은 기업이 가지고 있는 모든 데이터 자원을 통합하는 것이다. 기업의 데이터는 업무가 이루어지고 있는 형태에 따라 고객 데이터,

[그림 35] RTE의 구성

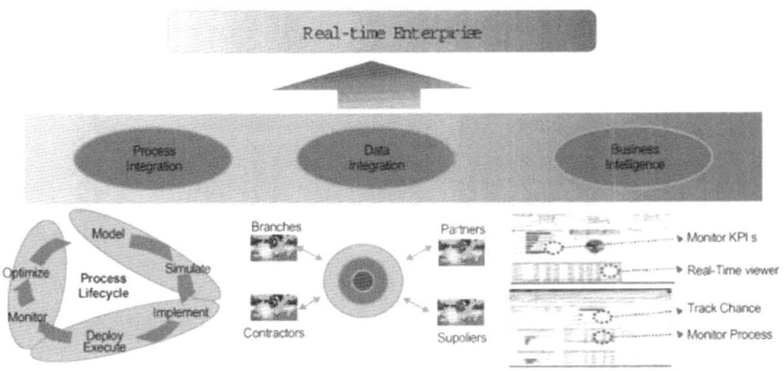

출처: www.oracle.com

판매 데이터, 재무 데이터, 인적자원 데이터 등 다양한 내용과 성격을 가지고 있을 뿐만 아니라 존재하는 물리적 위치나 형태 그리고 관리방식이나 권한도 다양할 수 있다. 이렇게 다양한 데이터가 필요에 따라 자유롭게 실시간에 활용될 수 있도록 연결시키는 것이 바로 데이터 통합이다.

다음으로 기업 내에서 운영되는 모든 행위 즉 프로세스의 관리와 통합이 필요하다. 업무 프로세스 역시 업무의 목적에 따라 관리프로세스(management processes), 운영프로세스(operatonal processes), 지원프로세스(supporting processes) 등 다양하게 구성되고 업무 담당 조직이나 담당자에 따라 수행되고 있으며, 업무 프로세스가 일어나는 지리적 범위는 네트워크의 확대에 따라 국내는 물론 지구상 어느 곳이든 연결될 수 있다. 그러나 그때 그때 필요에 따라 혹은 특정 부서나 관리자의 필요에 따라 개발 혹은 수정된 업무프로세스는 본질적으로 기업의 궁극적 목표를 위하여 수행되어야 이 관점에서 평가되고 수정되어야 이때 각 프로세스의 평가의 기준은 기업의 전략 정의에

[그림 36] 데이터통합

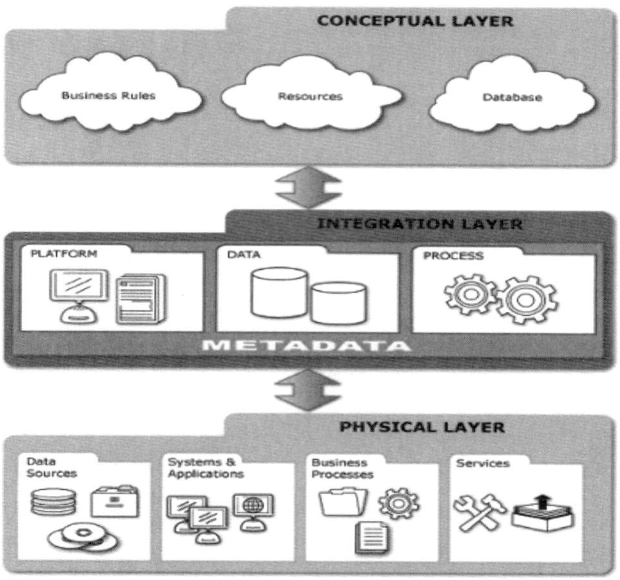

출처: www.lingaro.com

의하여 이루어진다고 할 수 있다. 이와 같은 상위의 기업 전략 프로세스는 많은 부분 기술적 요소도 포함하고 있지만 대부분 비즈니스적 요소를 포함하고 있으며 이를 계량화하여 모든 구성원이 공유하고 공동의 전략적 목표를 향하여 나아가기 위해서는 정확한 프로세스와 이에 적합한 가시적 평가가 중요한 요소이다. 이러한 관점에서 기업조직내에서 이루어지고 있는 모든 프로세스를 전략의 관점에서 통합하고 필요하면 즉시 수정하여 결과를 목표하는 성과를 창출할 수 있도록 하는 것이 프로세스 통합이다.

RTE에서 데이터 통합, 프로세스 통합에 이어 마지막으로 강조되는 것이 인텔리전스의 통합이다. 인텔리전스의 통합이란, 역시 조직내에 데이터에 연관되어 혹은 프로세스에 연계되어 흩어져 있는 업무처리에 관한 사람의 인텔리전스를 통합하여 지식에 대한 내부의 요구에 실시간으로 처리하여 제공할 수 있도로 하자는 것이다. 즉, 조직내 인텔리전스가 형태나 위치나 성격에 상관없이 시스템상에 존재하더라도 기업의 활용 목적에 적합하게 통합되어야 하고 이를 필요로 하는 사용자가 언제 어디서라도 용이하게 접근하여 업무에

[그림 37] 프로세스 통합

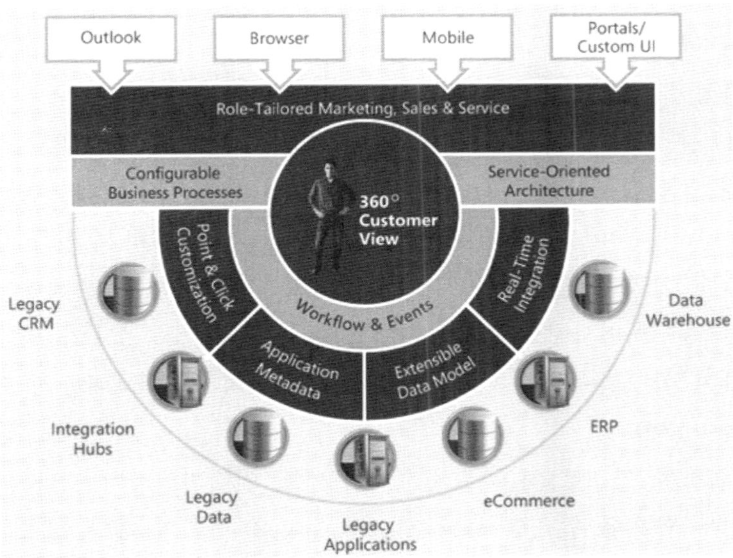

출처: www.ecomnets.com

활용하는 것이 비즈니스 인텔리전스 통합의 핵심이다. 즉, 업무 담당자는 기업 내에 존재하는 다양한 데이터를 근거로 자신이 원하는 업무상 정보를 필요한 시점에 필요한 장소에서 정확한 형태로 활용하는 해주는 것이 중요하게 된다. 따라서 이를 위해서는 사용자의 IT와 관련된 지식의 깊고 낮음의 여부와 상관없이 가장 용이하고 직관적으로 데이터에 대한 접근 환경을 제공하며 이를 통하여 생성되는 정보 역시 사용자들이 업무상의 지식 하에서 직관적으로 판단하여 활용할 수 있도록 표현이 되어야 한다.

이를 위하여 비즈니스 인텔리전스 시스템은 사용자가 IT관련 지식이 없더라도 업무상의 용어만으로 필요로 하는 분석 항목을 선택하여 질의(Querying)를 수행하며 해당 질의를 통하여 원하는 정확한 정보에 접근하여 다양한 업무 현황에 대한 제한 없는 분석(Analysis)을 수행하며 이에 대한 결과를 필요로 하는 양식과 형태에 적합하게 작성하며(Reporting) 이를 관련된 기업내 사용자와 쉽게 공유하여 공동의 목표를 향해 협력해 나갈 수 있도록 하는 것이 핵심적인 비즈니스 인텔리전스 시스템의 근간이라 할 수 있다.

또한 비즈니스 인텔리전스의 큰 범위에서 데이터 통합 등을 통하여 전개된 비즈니스 인텔리전스는 사용자의 질의, 분석, 리포팅 등을 통하여 업무 사용자가 필요로 하는 정보를 생성하고 활용하게 되며 이를 근간으로 기업의 성과 관리 및 프로세스 통합 관리로 확장을 통하여 진정한 비즈니스 인텔리전스로 완성이 된다고 할 수 있다.

이 RTE를 위한 통합 요소에서 비즈니스 인텔리전스의 항목은 좁은 의미의 비즈니스 인텔리전스라 할 수 있으며 오히려 RTE 구현을 위한 요소들 모두가 넓은 의미의 기업의 비즈니스 인텔리전스를 구현하기 위한 요소라 할 수 있다. 즉 기업의 궁극적인 목적인 경쟁력 강화와 가치 증대를 위해서는 기업의 비즈니스 인사이트를 확보하는 모든 프로세스와 요소가 하나로 통합되어야 하며 이 모든 것이 비즈니스 인텔리전스의 확보를 위한 중요 요소라 할 수 있는 것이다.

이를 위하여 필요로 하는 요소가 비즈니스 인텔리전스이며 단지 업무 담당자의 업무 활동에 필요로 하는 정보의 활용을 넘어서 해당 정보를 기업의 성과관리와 연계하여 전략을 수립하고 계획을 설정하며 재무적 요소와 연계하고 이를 분석 및 평가하는 일련의 프로세스와 융합하여 관리할 수 있는 업무와 정보 및 성과와의 통합이 중요한 요소가 된다.

비즈니스 인텔리전스를 구현하고자 하는 기업의 사용자는 고려하여야 할 중요한 항목이 있다. 비즈니스 인텔리전스는 위에서 이야기한 요소기술, 데이터 통합, 정보의 활용 및 분석 및 프로세스의 통합 및 성과 관리 뿐 아니라 이 모든 것을 함께 생각하고 하나로 생각하는 기업 전체적인 업무 환경을 생각하여야 하는 것이다. 기업의 목표는 단순한 요소 기술의 한 목적이나 프로세스 상의 한 접점에서 발생하는 정보의 효율성이 아닌 기업이라는 유기체의 발전과 진화에 목표를 맞추고 생각하여야 하는 것이다.

2. 웹2.0과 미래연구

지식진화단계가 한편에서는 데이터-정보-지식으로 진화해왔다면, 다른 한편에서는 개인-업무-조직의 순서로 정보통신기술을 통해 연결되는 사람들과 데이터가 지속적으로 확대되는 과정으로 볼 수 있다. 특히 인터넷의 등장은 이러한 확장과정을 전지구적인 범위로 확대하는 획기적인 변화를 가져오게 되었다. 인터넷을 통하여 지구상에서 나타나는 새로운 변화는 즉시 지구 다른 편에 전달되어 새로운 변화를 일으킬 수 있는 변화의 전지구화(global change)를 실감할 수 있게 하고 있다.

이러한 인터넷 또한 진화의 물결이 멈추지 않고 계속되고 있다. 초기의 인터넷이 이메일이나 문서교환을 주로 했던 네트워크에서 모든 데이터가 하이퍼링크를 통해 연결되는 웹으로 바뀌면서 인터넷의 이용은 획기적인 변화의 단초를 마련하였다. 이제 인터넷은 웹으로 동일시되는 시대를 넘어서 웹 자체가 새로운 단계로 진화한 웹2.0 혹은 더 나아가 웹3.0으로 진화해가고 있다. 여기에서는 최근 각광을 받고 있는 웹2.0의 특징을 살펴보고 미래연구에 갖는 의미를 정리해보고자 한다.

웹2.0의 개념에 대해서는 전문가에 따라 많은 정의가 존재하지만 일반적으로 '최종 사용자에게 웹 애플리케이션을 제공하는 컴퓨팅 플랫폼'으로 정의되고 있다. 즉 서비스 업체가 블로그, 검색, 지도, 태깅 등 다양한 기능을 제공하고 고객이 이를 직접 활용하는 사용자 지향의 웹 플랫폼이라는 것이다. 기존의 웹(즉 웹1.0)이 정적인 문서로 구성되어 클릭을 통해 링크된 문서의 페이지로 이동하는 정도의 상호작용만 가능했던 것과는 크게 차별된다. 즉

[그림 38] 웹2.0의 구성

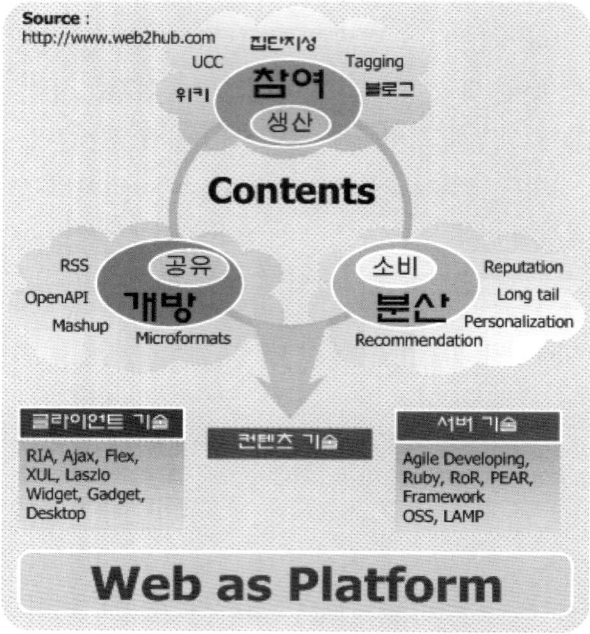

출처: www.web2hub.com

웹1.0은 상호작용이 낮으며 모든 작업이 웹 브라우저를 통해서 이루어진다는 한계를 지니고 있다는 것이다.

이와 같이 정보기술적인 측면에서 웹2.0은 웹상에 있는 컨텐츠를 연계하는 기술과 아울러 이를 뒷바침하는 클라이언트 기술과 서버 기술들의 총합체로 볼 수 있다. 그러나 미래연구와 관련해서 웹2.0이 갖는 의미는 이러한 정보통신기술적인 측면이 아니라 웹2.0를 통해서 나타나는 정보와 관련된 활동이다. 기존의 인터넷(웹1.0)에서는 개별적인 인터넷 이용자에 의해 인터넷 상에서 데이터가 생성되고 (메일 보내기, 홈페이지 제작), 이를 검색엔진을 통해서 찾아내고 클릭하여 내용을 이용하는 방식으로 인터넷 상에서 데이터가 유통되었다. 이에 비해 웹2.0에서는 인터넷 상에서 정보의 생산과 소비 그리고 공유가 전혀 다른 차원으로 바뀌게 되었다.

우선 정보 생산의 측면에서 보면 웹 2.0에선 서비스 제공자 중심의 정보

생산보다 사용자 참여를 통한 분산화된 정보 생산이 핵심을 이룬다. 기하급수적으로 증가하는 웹 사용 인구와 더불어 정보와 서비스에 대한 욕구가 점점 더 다양해지면서 서비스 제공자에 의한 정보의 생산은 그 한계에 부딪치게 된다. 이러한 한계를 넘을 수 있도록 해 주는 것이 사용자의 적극적인 참여에 의한 정보 생산이다.

사용자 참여에 의한 정보생산의 대표적인 예가 위키(Wiki)이다. 위키는 공동저작을 위해 주로 사용되는 데, 온라인 백과사전이라 할 수 있는 위키피디아(Wikipedia)가 그 예이다. 위키피디아는 온라인 백과사전으로서 누구나 내용의 작성과 편집에 참여할 수 있도록 되어 있는데, 이를 통해 수많은 사용자들의 참여를 끌어냈고 결과적으로 브리태니커보다 풍부한 내용을 가질 수 있게 하였다. 우리나라에서도 이와 유사한 역할을 하는 여러 포탈 서비스에서의 지식서비스와 같은 예가 있다.

위키가 공공의 목적을 위해 사용자들이 자발적으로 참여하여 정보를 생산해 내는 경우라면, 이와 달리 사용자 개개인의 필요에 따라 서비스를 이용하면서 자동적으로 전체에 도움을 주는 내용을 쌓는 경우도 있다. 이렇게 개인 사용자들이 제공하는 정보가 쉽게 공유되도록 하기 위해서 태깅(Tagging)이라는 기술을 사용한다. 태깅은 북마크나 사진을 올릴 때 관련된 키워드(태그)들을 붙이는 것이다. 그리고 태그들에 기반하여 정보가 분류되어 찾을 수 있다.[28] 아무튼 사용자 참여가 공공의 목적보다는 사용자 자신의 필요에 의해서 한다는 것이지만, 결과적으로는 모든 사용자들이 함께 쓸 수 있는 거대한 정보를 형성하게 된다는 것이다.

웹2.0에서 나타나는 정보생산에 맞물려 정보의 소비도 변화한다. 웹 2.0에서의 정보소비는 대형 포털이나 전통적인 미디어 싸이트에서 제공되는 정보를 소비하는 중앙집중형의 정보 소비에서, 블로그나 위키와 같은 분산화된 소비 그리고 RSS 등과 같은 기술을 통한 맞춤형 정보 소비가 가능하게 되었다. 즉, 사용자들은 정보 선택의 폭이 넓어졌고 자신에게 맞는 정보를 취사선택할 수 있는 정보 소비의 분산화와 개인화가 이루어지고 있다.

---

28) 검색과 태깅의 차이점은 검색은 검색엔진이 찾아주지만, 태깅은 사람이 붙인 태그를 찾아주는 차이가 있다. 즉, 데이터 판별을 사람이 하느냐 알고리즘이 하느냐의 차이라 할 수 있다. 이것이 태깅과 검색이 구별되는 점이다.

웹2.0의 또 다른 특징은 정보의 공유가 강조된다는 것이다. 여기서 정보 공유라 함은 작게는 사용자들이 서로의 정보를 공유하는 측면과 함께 넓게는 서비스 제공자끼리 정보를 공유하는 것을 뜻한다. 앞서 언급한 딜리셔스와 플리커가 사용자간의 정보 공유를 위한 서비스라면 아마존이 제공하는 아마존 웹 서비스는 서비스 제공자간 정보 공유를 위한 수단이다. 이러한 정보 공유는 바로 데이터와 서비스의 개방을 통해 가능하다. 데이터의 개방을 본격화 시킨 것이 RSS와 같은 웹 신디케이션(배포) 기술이 고 서비스의 개방을 가능케 한 기술이 웹서비스(Web Services)와 REST와 같은 서비스 인터페이스 규약이다.

아마존이 아마존 웹 서비스를 통해 그러한 서비스 개방에 씨를 뿌렸다면 그 꽃을 피운 것은 바로 구글이다. 구글은 대부분의 서비스를 Open API로 개방하고 있다. 이 중 가장 많이 활용되는 Open API가 구글 Maps API로 구글의 지도 서비스를 사용자의 웹사이트에 포함시킬 수 있게 해주고 있다. 더 나아가 기존에 존재하던 두 개의 서비스를 합쳐서 새로운 서비스를 만드는 매쉬업(Mashup) 서비스도 등장하고 있다.

이렇게 공공의 목적에서든 개인적인 목적에서든 정보의 생산이나 소비라는 사용자 중심의 활동을 통해 형성된 웹2.0상에서 공유되는 정보는 개개인의 활동을 통해 발생하는 개별 정보의 총합 이상의 결과를 만들어 내는 데 바로 여기에 작용하는 것이 집단지성(Collective Intelligence)이다. 집단지성은 일반인의 개별적인 판단은 전문가보다 부정확할 수 있지만 이들이 어느 이상 모이게 되면 소수의 전문가 집단보다 문제 해결 능력이 뛰어남을 말하는 것이다. 집단지성의 우수함이 확인되면서 많은 서비스들이 사용자에 의해 생성된 정보에 관심을 가지기 시작했다. 이것을 UCC(User-Created Contents)혹은 UGC(User-Generated Contents)라고 한다. 아마존의 서평, 위키피디아의 항목들, 블로그글, 지식iN의 질문과 답변 등이 이러한 예이다. 이제 UCC는 텍스트 기반 컨텐츠에 한정되지 않고 이미지, 음성, 동영상 등의 멀티미디어 컨텐츠로 그 범위가 확대되어 나타나고 있다.

3. 미래연구를 위한 정보시스템 구상

기업중심의 정보시스템 개발에서 사용되어 온 비즈니스 인텔리전스와 실시간 기업의 개념을 미래연구의 응용하면 여러가지 시사점을 도출해 낼 수 있다. 우선 범위의 확장을 생각해 볼 수 있다. 비즈니스 인텔리전스에서 논의한 것처럼 인텔리전스의 범위가 개인에서 업무로 그리고 다시 부서통합에서 조직전체로 확장되며, 그에 맞추어 통합의 필요성이 제기되는 것을 볼 수 있다. 비즈니스 인텔리전스가 기업 조직에서 지식진화 단계에 나타나는 진화의 최상위 형태였다면, 웹2.0을 통해 나타나는 집단지성(collective intelligence)은 조직의 범위를 넘어서는 사회전체 차원에서 지식진화의 최상위 형태라고 할 수 있을 것이다.

미래연구를 위한 정보시스템의 구성을 구체적인 예를 통해 생각해 보자. 앞의 그림은 미래연구를 위해 제안된 지식베이스의 구성이다. 지식베이스의 구성은 크게 기획부분과 평가조정 부문을 포함한 내용에 대한 부분, 그리고

[그림 39] KISTEP의 과학기술통합지식베이스 구축 틀

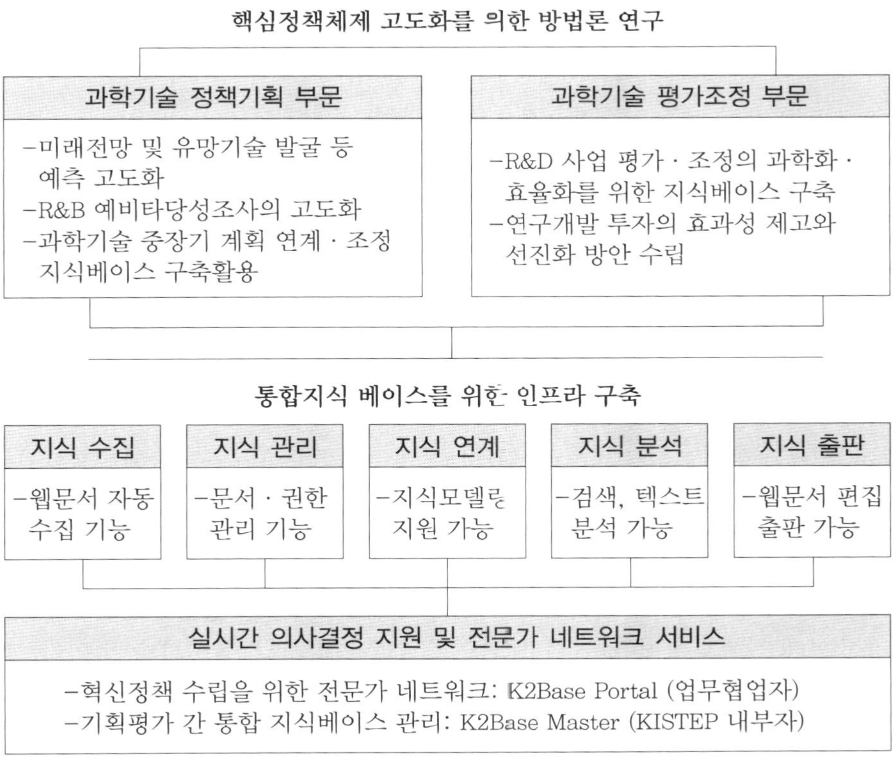

지식베이스 구축을 위한 인프라와 실시간 의사결정 지원을 위한 네트워크의 세 가지로 구성되어 있음을 볼 수 있다(이장재, 2009: . 이러한 미래연구를 위한 정보시스템은 앞서 살펴보았던 비즈니스 인텔리전스와 RTE와 유사한 구조를 가지고 있음을 알 수 있다. RTE의 구성이 데이터 통합, 프로세스 통합 그리고 비즈니스 인텔리전스의 통합이며 이러한 통합을 통해 실시간으로 전략적 의사결정을 하려는 것처럼, 여기에서도 과학기술과 관련해서 이러한 통합을 추구하며 동시에 실시간 의사결정을 지원하려고 하는 목적을 찾아볼 수 있다.

실제로 이 지식베이스 구축에 대하여 정책생산 업무활동을 중심으로 '지식의 수집·공유·활용 지원 환경을 구축'하고 '지식분석을 위한 의미적 지식 모델 및 분석 기법'의 체계적 연구를 해야할 것을 제시하고 있다. 또한 내·외부 환경 변화를 조기에 탐지할 수 있는 스캔(Scan) 인프라를 구축하기 위해 정해진 인터넷 웹문서 및 문서 저장소의 정보를 정기적으로 자동 수집할 수 있는 웹크롤링(Web Crawling) 기술을 적용하여 분석하고, 또한 실시간 모니터링을 통해 나타난 주요 현상 및 이슈를 관련 업무자에게 자동 발송하고 이에 관련한 근거 자료를 지속적으로 제공하도록 구성되어 있다.

이와 같은 미래연구를 위한 정보시스템의 구성은 미래연구에 관한 정보의 공급자와 수요자가 이미 정해져 있는 상태이며, 또한 정보의 공유도 정해진 관련자들만 참여하는 폐쇄시스템을 구성하고 있음을 볼 수 있다. 조직차원에서 수행하는 미래연구는 이와 같이 기업에서 활용하고 있는 비즈니스 인텔리전스와 RTE와 같은 형태의 정보시스템을 구축할 수 밖에 없을 것이다.

그러나 오늘날의 미래연구는 기업과 같은 단위조직에서의 제한된 미래대응 활동보다 훨씬 넓은 범위를 가진다. 미래연구는 대부분 사회전체를 대상으로 하고 있기 때문이다. 따라서 비즈니스 인텔리전스나 실시간 기업의 진화를 응용하여 여기에서 논의되었던 통합의 범위를 단위조직을 넘어 사회전체로 확대하는 것이 곧 미래연구라 할 수 있을 것이다. 그렇다면 웹2.0이 인텔리전스의 진화과정에 있어서 비즈니스 인텔리전스와 실시간 기업이라는 진화단계를 넘어 다음에 오는 진화 단계로 생각할 수 있을 것이다. 결과적으로 미래연구는 우선 데이터-정보-지식으로의 진화단계에서 마지막에 해당하는 지혜를 창출하기 위한 것이며, 연구의 대상범위가 개인-부서-조직으로의 확장단계를 넘어서 사회전체 나아가 전지구사회(global society)에 도달하는 것이라고 할 수 있을 것이다. 이는 또한 개인 지성(individual intelligence) - 비즈니스 인텔리전스 (BI) - 집단지성(collective intelligence)를 통합하는 것이 되어야 할 필요성을 제기하기도 한다고 볼 수 있다.

최근에 제안된 미래지표상태(SOFI: the State of Future Index) 시스템에 대한 구성은 집단지성과 웹2.0의 관점을 반영하여 구성하고 있음을 보여준다. SOFI의 초기 프로젝트는 앞서 본 KISTEP의 지식베이스 구성과 유사하게 집단지성이 발휘될 수 있는 협업부분이 존재하지 않았다. 그러나 SOFI가 추구하는 핵심 개념과 가치에 협업과 개방성29)은 인터넷에서 나타난 웹2.0의 등장을 반영하지 않을 수 없었다. 따라서 앞의 그림과 같이 2007년에 제안된 새로운 버전에는 협업응용프로그램으로 위키(Purple Wiki)를 포함하여, 포럼 등을 포함하고 있는 것을 볼 수 있다.

[그림 40] SOFI 아키텍처(협업모델)

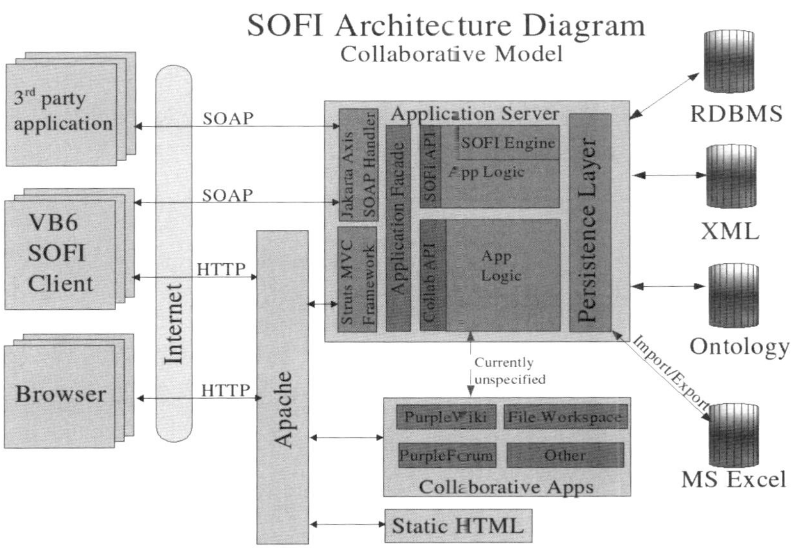

29) SOFI의 핵심 개념과 가치는 역사데이터와 미래예측, 그리고 질적 양적 데이터, 수학적 결과와 인간 판단 등을 통합하는 방법론; 현재 문제에 대한 해결 촉발(bootstraping); 다양한 응용 지원(multiple application); 협업(collaboration; 그리고 개방성(openness)의 다섯 가지이다.(Yim, et al, 2009: 2-3)

실제로 2007년 있었던 SOFI 시스템 논의에서는 실시간 델파이 방법을 전면적으로 도입하는 문제와 아울러 RTE에서 중요시하는 서비스지향 아키텍처(SOA: Service Oriented Architecture), 그리고 급진적으로 확산되고 있는 웹2.0 기술이나 사회네트워킹(social networking), 그리고 분산협업(distributed collaboration)기술 등을 반영해서 SOFI의 시스템 아키텍처를 개선하려고 하고 있다.

위에서 살펴본 것과 같은 미래연구와 관련된 정보시스템의 진화는 미래연구의 이념형으로 제시했던 통합미래연구과정이 결국은 웹2.0과 집단지성으로까지 확장되어야 함으로 요청한다고 볼 수 있다. 미래연구의 과정이 진단-실행-평가의 단계를 넘어 더 많은 사람들의 참여를 기초로 한 집단지성이 발현되는 협업으로 나아가야 한다는 것이다. 집단지성이 발휘되는 협업의 상태에서는 진단-실행-평가라는 통합미래연구과정이 실시간에 이루어지는 새로운 상태로 나타날 수도 있을 것이다.

참고문헌

김난도 · 권혜진 · 김희정(2008), *트렌드 코리아 2009*. 미래의 창.

______, 외(2009), *트렌드 코리아 2010*. 미래의 창.

노나카 이쿠지로(2010), *창조적 루틴*. 김므겸 역. 북스넛.

______, 히로타카 다케우치(1998), *지식창조기업*. 세종서적.(*Knowledge- Creating Company*, Oxford University Press, 1995).

문태훈(2002), "시스템다이나믹스의 발전과 방법론적 위상" *시스템다이내믹스연구*, 제3권 1호.

베르나 엘리(2004), *지식의 진화: 경영혁신을 위한 조직의 IQ · EQ · SQ 확장*. (김용구 · 권상술 옮김). 미래경영개발연구원.

이세준 · 이윤준 · 홍정임(2008), *통합적 미래연구 방법론의 탐색과 적용*. 과학기술정책연구원. 정책연구 2008-16.

이장재(2009), *신 과학기술혁신정책 통합지원 지식베이스 구축사업*. 한국과학기술기획평가원.

최항섭(2009), *미래예측방법론을 활용한 디지털 컨버전스의 미래연구*. 정보통신정책연구원. 디지털 컨버전스 기반 미래연구 (I) 시리즈 09-29.

최항섭 · 김문조 · 이명진 · 김희연(2007), *미래예측방법론*. 정보통신정책연구원. 21세기 한국 메가트렌드 시리즈 V 02-11.

한국정보화진흥원(2009), *성공적인 공공정책 수립을 위한 미래전략연구방법론(FROM)*. version 1.0. 2009.12.

Ackoff, R. L.(1989), "From Data to Wisdom", *Journal of Applies Systems Analysis*, Vol. 16, p. 3-9.

Bell, Wendell(1996) "What do we mean by future studies?" in Richard A. Slaughter, *New Thinking for a New Millennium*, Routledge.

Bell, Wendell(2009) "Is Future Studies an Art or a Science?" in *Foundations of Futures Studies: History, Purposes and Knowledge*. New Brunswick and London: Transaction Publishers.

Bellinger, Gene and Durval Castro, Anthony Mills(2004). "Data, Information, Knowledge, and Wisdom" [http://www.systems-thinking.org/dikw/dikw.htm]Bolman, Lee G, and Terrence E. Deal (2008). *Reframing Organization: Artistry, Choice, and Leaderships*. New York: Jossey-Bass.

Davis, Jim and Gloria J. Miller, Allan Russell(2006). *Information revolution.*

SAS Instittute.

Fugante, Valeria(2008) "From Data to Wisdom" [http://blogs.southworks.net/vfugante/2008/09/06/from-data-to-wisdom]

Choo, Chun Wei(1998), The Knowing Organization: How Organizations use Information to construct Meaning, Create Knowledge and Make Decision. Oxford: Oxford University Press.

Courtney, Hugh, Jane Kirkland, and Patrick Viguerie.(1997) "Strategy Under Uncertainty." *Harvard Business Review* (Nov.-Dec., 1997).

Garcia, M. L. and O. H. Bray(1998). *Fundamentals of Technology Roadmapping. Albuquerque*, NM: Sandia National Laboratories.

Habermas, J.(1984.) *The Theory of Communicative action. Volume 1. Reason and the Rationalization of Society*. New York: Beacon Press.

Henley Centre(2001), "Understanding Best Practice in Strategic Futures Work, A Report for the Performance and Innovation Unit." [http://www.ifm.eng.cam.ac.uk/cig/documents/understandbest.pdf, accessed 2010.5.28]

Kuosa, Kuosa(2010), "Evolution of future studies" unpublished paper.

Morris, Langdon(1995). *Managing the Evolving Corporation*. Van Nostrand Reinhold.

Niglas, K.(2001), "Paradigms and Methodology in Educational Research." Paper given at ECER2001, Lille, 5 - -8. september 2001; *Education Line http://www.leeds.ac.uk/educol/*.

Nonaka, I., Toyama, R., and Byosiere, P.(2001), "A theory of organizational knowledge creation: Understanding the dynamic process of creating knowledge." In M. Dierkes, A. Berthoin Antal, J. Child and I. Nonaka(Eds.). *Handbook of Organizational Learning and knowledge*. pp. 491-517. Oxford: Oxford University Press.

Popper, Rafael(2008), "How are foresight methods selected?" *Foresight* Vol. 10, No. 6. pp:62-89.

Serra, Jordi(2010), "Ethical Obligations and Futures Studies" [http://www.wheii.com/EOFS.pdf, accessed 2010. 5.28]

Slaughter, Richard (1996a) "The Knowledge Base of Futures Studies as an Evolving Process" Futures, Vol.28, No. 9, 1996.

______. (1996b), *New Thinking for a New Millennium*, Routledge.

______. (1998), "Futures Studies as an Intellectual and Applied Discipline" *American Behavioral Scientist*, Vol 42, No.3, Nov./Dec.,1998.

______. (2004), *Futures Beyond Dystopia – Creating Social Foresight*, Routledge Falmer.

Schultz, Wendy(2009), Future Studies and social research for policy: an introduction.

Tuomi, I.(1999), *Corporate knowledge: theory and practice of intelligent organisations*, Metaxis, Helsinki.

Wilber, Ken(1996), A Brief History of Everything. Shambhala, Boulder, Co. [국역본: 조효남 옮김(2004) 모든 것의 역사. 대원출판.]

Wilson, Edward O.(1998), Consilience : The Unity of Knowledge, Alfred A. Knopf [국역본: 최재천 외 옮김(2005) 통섭: 지식의 통합., 사이언스북스].

Weisbord, Marvin and Sandra Janoff(2000), *Future Search – An Action Guide to Finding Common Ground in Organizations & Communities*. Berrett-Koehler.

Wishard, William Van Dusen(2008), "The World has Entered a New Zone of History: An Assessment of Global Trends" *Journal of Futures Studies*, February 2008, 12(3): 91-100.

Yim, Peter P., Jonathan M. Cheyer, and Theodore J. Gordon(2009), "SOFI SOFTWARE SYSTEM" in Glenn, Jerome C., and Theodore J. Gordon eds., *Future Rearch Methodology version 3.0*. The Millennium Project.

chapter 10

성공적 공공정책 수립을 위한 미래전략 연구방법론(FROM) v1.0*

제1절 서　　론

Ⅰ. 연구의 필요성

역사적으로 농업시대, 산업시대 등 사회변화가 빠르지 않고 사회 구성체 간의 교류가 활발하지 않은 시대에는 큰 물리적·정신적 변화에 대한 파급 속도가 느린 편이었으나, 개인-개인, 국가-국가 등 구성체의 교류와 상호 영향도가 과거에 비해 매우 높은 현 시점에는 개인 혹은 조직의 작은 변화가 전 세계에 미치는 영향이 매우 높아졌다.

이미 우리는 2008년 미국발 금융위기, 국제 원유가 급등, 예기치 못한 재난재해 등 사회가 예상하기 힘들게 급변하고 있는 가운데 미래의 불확실성과 위협은 점차 커져가고 있음을 피부로 느끼고 있으며, 이러한 사회 환경의 급격한 변화와 불확실성에 대한 국가차원의 체계적인 미래예측과 이에 근거한 전략적 대응은 생존과 지속성장을 위한 필수적 과제가 되고 있다.

이처럼 증대되는 위기 환경에 슬기롭게 대처하는 해법은 불확실한 미래를 전망하고 미리 준비하는 것이다. 이제 불확실한 세계에서의 미래전망은 국가의 생존과 지속발전을 위한 필수 조건으로 등장하고 있다.

---

* 미래전략연구방법론은 송영조, 서용석, 최윤식이 공동 연구 책임으로 한 "성공적 공공정책 수립을 위한 미래전략연구방법론(2009)" 중에서 일부를 요약하였습니다. 원본과 요약보고서는 한국정보화진흥원(www.nia.on.kr) 정보화자료실에서도 검색 가능합니다.

이미 선진 각국은 국가미래예측기관을 중심으로 중장기적인 미래예측 활동을 주기적으로 실시하고 이를 정책에 적극 반영함과 동시에 국민과 국가 미래 비전을 공유하는 작업을 진행하고 있다. 영국의 미래전략처(SU), 핀란드의 미래상임위원회 그리고 싱가포르의 라스(RAHS: Risk Assessment and Horizontal Scanning) 등이 그러하다.

특히 싱가포르 행정부는 과거 수상실 산하 공공서비스국내에 시나리오 기획실(The Scenario Planning Office)을 설치하여, 1997년 '2020년 전망', 2002년에는 2025년 이후 싱가포르 미래 사회를 조망하는 보고서를 발표하는 등 1997년 외환위기 도래 전 미래연구를 기반으로 외환 위기에서 쉽게 벗어날 수 있었다. 또한 2005년 라스(RAHS)라는 미래전략조직을 설립하여, 특정 미래를 확정하기보다 미래를 상시적으로 연구하고 변화하는 미래를 추적하듯 탐구하는 정부 형태를 갖추게 되었다.

미래연구는 현재 존재하지 않은 것을 연구한다는 측면에서 미래연구 결과에 대해 많은 논란이 있을 수 있으나, 그 필요성만큼은 부인할 수 없는 것도 사실이다. 이미 일부 국가와 글로벌 기업에서는 자체적으로 미래연구의 틀 혹은 방법론을 수립하여 국가 혹은 기업 정책에 반영하고 있는 사실이 이를 잘 설명하고 있으며 UN 밀레니움 프로젝트, WFS(World Future Society) 및 WFSF(World Futures Studies Federation) 등 국제기구 및 학계에서도 새로운 미래연구 방법론 및 이를 기반으로 한 미래연구에 많은 노력을 기울이고 있다. 결국 미래의 시나리오 혹은 결과가 현재 시점에서 검증될 수 없는 한계로 인해, 결과 창출을 위한 과정이 제일 중요한 관건이라 판단하고 있음을 보여주는 것이다.

많은 미래학자들은 미래 사회의 변화는 보다 복잡해진 변수에 따라 더욱 빨라지며, 변화의 방향도 그 불확실성이 높아지는 특성을 지니고 있다고 판단하고 있다. 또한 사회변화도 각 나라 혹은 조직의 역사발전과 문화를 반영한 미래연구 방안이 필요하다.

한국사회는 1960년대 이후 고도의 압축 성장을 통해 지금은 정보화 부문에서 세계를 리드하고 있는 상황에 이르렀으며 후기 정보화시대를 맞이하고 있다. 세계 어느 나라보다도 빠른 사회적 변화를 달성하였지만, 그 이면에는 예상치 못한 불안정한 위협 요소도 내재하고 있는 것이 사실이다.

걸어가는 사람에게 작은 돌부리는 아무런 위협이 될 수 없지만, 350km로 달리는 KTX 열차에 미미한 철도의 균열과 작은 돌멩이 하나는 엄청난 위협과 사회적 재난으로 이어질 수 있다. 안개 속에서 빠르게 달리는 열차가 무사히 목적지에 이르기 위해서는 언제 어디서 어떤 형태의 균열과 돌멩이가 나타날지를 예상하는 예방 조치가 점점 더 중요해진다.

그런 관점에서 안개 속에서 매우 빨리 달리는 KTX가 올바른 목적지에 이를 수 있도록 미연에 돌부리와 철도의 균열을 찾아내듯이, 한국 사회의 기회 및 위험 요소를 조기에 진단하고 불확실성을 식별하여 적절한 ICT 정책 방향을 수립할 수 있는 방안을 마련해야겠다는 필요성이 증대되고 있다.

본 연구는 기존의 미래연구가 정책과 직접 연계되지 못한 한계점을 극복할 수 있도록, 이성과 합리적인 과학적 요소뿐만 아니라, 사회 구성원의 의식 및 심층적 사회변화를 수용하는 복잡계(Complexity) 및 생태학적 연결의 개념 등의 포스트모더니즘적 미래연구 동향을 접목하였다. ICT의 발전은 개인과 사회구성원들의 감성과 의식의 변화, 심층적 사회변화의 요소들을 즉각적으로 반영할 수 있는 기회를 제공할 수 있으므로, ICT에 의한 포스트모더니즘적 접근법은 매우 의미 있는 시도라고 생각된다.

한국정보화진흥원은 대중들의 창발적 아이디어가 미래 정책에 투영될 수 있도록, ICT 기반의 선진 미래이론 및 방법론을 지속적으로 보완 연구하여 효과적 미래 정책 수립을 위해 미래연구 모델의 규범화 및 선진 미래연구 방법론을 지속적으로 제시하고자 한다.

아래는 본 연구방법론의 특장점이다.

- 목표 지향성: 공공정책과 직간접적 연계성을 지닌 미래이슈 도출 및 공공정책을 위한 미래전략연구 방법론
- 체계성: 시간-공간-정책적 관점의 통합적이고 체계적 정보 수집 및 연관화
- 확장가능성: 새로운 미래연구방법론의 수용 및 확장가능성

이와 같이 본 연구방법론의 특징은 과학적 합리성을 추구하는 모더니즘과 해체주의를 지향하는 포스트모더니즘 연구방법론을 수용하고 있다. 이를 기반으로 미래 연구 단계들이 「시간-공간-정책」관점에서 정보가 상호 입체적

으로 축적 및 연관화 할 수 있도록 하였다. 그리고 각 단계가 한 번의 수행으로 끝나는 것이 아니라, 궁극적으로 공공 정책 및 전략 도출을 위한 최적화 구조를 지향하고 있다. 또한 수시로 변할 수 있는 정보 및 정책 변화를 감지할 수 있도록 미래변화 모니터링 단계를 수용하고 있다.

Ⅱ. 연구의 목적 및 범위

본 연구는 한국사회의 사회 변화적 특성을 반영하고, 기존 미래연구 방안이 주체적으로 수용됨과 동시에, 스스로 진화 발전될 수 있는 미래전략연구 방법론을 수립하는데 그 목적이 있다. 아울러 이를 통해 체계적 ICT 기반의 정책제언 도출 및 ICT 기반의 미래예측 인프라 수립 그리고 미래연구의 대중화에 기여하고자 한다.

지난 1990년대 우리 정부는 어느 나라보다 앞서 미래 인터넷 시대의 도래를 예측하고, 21세기를 대비하는 국가전략으로 초고속인프라를 구축하였으며 그 결과, 우리 국민은 세계가 부러워하는 초고속인프라 서비스를 향유하고 있다.

이에 이렇게 우수한 인프라도 최근 DDOS 공격이나 신종 플루에 예방 등 국내외적으로 급변하는 위기 상황에 효과적으로 활용되지 못하고 있으며, ICT 인프라를 기반으로 실질적인 국정 현안문제를 해결하거나 미래를 예측하여 국가적 위기대응에 활용할 수 있는 지식기반의 인프라가 거의 없는 실정이다. 이제부터 우리나라는 과거 ICT 강국이라는 자기만족에서 벗어난 선진 일류국가가 되기 위하여 미래예측에 기반한 체계적 대응전략 수립과 이를 과학적이고 체계적으로 지원할 수 있는 ICT 기반의 미래예측 인프라 구축이 시급하다.

정책은 흔히 사회 문제를 해결하기 위한 수단으로 인식이 되고 있다. 본 연구는 '무엇이 문제인지를 모르는 것이 문제'라는 인식하에 시작되었다. 지금은 미미하여 느낄 수 없지만 앞으로 큰 사회적 문제 혹은 이슈로 성장하거나 문제화 될 수 있는 미래이슈를 발굴하고 이를 대비한 정책 및 방향 수립에 기여하기 위함이 본 미래연구의 목적이라 생각한다.

이미 국내외에서는 미래연구방법과 관련된 많은 보고서가 있으며, 국제기구에서는 새로운 방법론에 대한 연구도 진행 중에 있다. 이미 한국은 1971년도에 미래연구의 고전으로 알려진 한국과학기술연구소와 미래학회에서 추진한 「서기 2000년의 한국에 관한 조사연구」가 있다. 이 연구에서는 통계적 방법을 이용한 정량적 접근과 델파이 등을 이용한 정성적 분석을 시도하여 30년 이후의 한국사회 변화 전망을 시도하였으나, 결과에만 치중되어 과정에 대한 재논의가 어려운 한계점이 있다. 그 이후에도 과학기술부와 정보통신부를 중심으로 미래연구방법론에 대한 소개가 있으나, 방법론 자체에 대한 연구이거나 혹은 해외 미래연구 방법론을 차용하거나 일부 미래연구자들이 예측한 결과나 트렌드들을 자체적으로 분석하거나 소개한 수준에 그치고 있어, 엄밀히 미래연구 보기에는 어려운 점이 있다.

본 연구는 새로운 미래연구 절차를 일반화하고 해당 기법을 배치하였으며, 새로운 미래연구 기법에도 효율적으로 수용될 수 있는 미래전략연구방법론을 개발하기 위해 계획되었다. 그리고 미래연구에 관심 있는 모든 개인, 기관, 정부 등 주체들이 각자의 분야에서 미래연구를 통한 목표 및 전략 수립 시에 실질적으로 기여할 수 있도록 첫째, 미래연구의 이론적 배경, 둘째, 미래연구 사고의 흐름 및 방법론 그리고 셋째, 적용사례 연구로 구성 및 개발되었다. 특히 2절은 주로 '미래학', '미래연구'란 것이 무엇인가라는 질문을 통해 이들 연구의 개념과 본질을 파악해 보고자 하였으며, 3절에서는 미래연구의 절차와 방법론을 일반화하여 '미래전략연구방법론'을 제시하여, 이용자 가독성이 높도록 작성하였다. 4절은 본 방법론을 적용하여 미래 사회위험 이슈 발굴을 통한 적용 방법을 상술하여 이해를 높이고자 하였다.

제2절 미래연구의 전개와 발전

Ⅰ. 미래 연구 추진 현황

수년 전부터 한국사회에 '미래'란 단어가 화두가 되고 있다. 미래 연구에 대한 중요성이 증가하면서 정부, 기업, 언론, 시민단체, 개인 등 할 것 없이 '미래'와 '미래 연구'에 대한 연구 활동이 활발히 진행되고 있다. 이러한 연구

활동을 통해 많은 종류의 미래연구보고서 또한 쏟아져 나오고 있다. 그러나 현재 한국에서 진행되고 있는 많은 미래연구 보고서들은 미래학의 본질적인 성격을 담아내지 못하고 있다. 대부분의 미래연구는 미래예측의 기법들과 이에 대한 응용만 강조할 뿐, 미래예측방법의 토대를 이루고 있는 이론 연구에는 상대적인 관심을 기울이지 못하고 있는 실정이다.

하와이 대학의 Jim Dator 교수는 "모든 미래연구는 적어도 하나 이상의 미래이론을 포함하고 있어야 하며, 미래연구에 있어서 사회구조나 사회변동에 관한 구체적이고도 명확한 이론의 개발이나 적용이 중요하다"라고 강조한다.[1] 미래연구에 있어서 미래이론의 중요성에도 불구하고 한국에서 진행되고 있는 대부분의 미래연구들은 다양한 기법의 방법론에 대한 소개와 이에 대한 응용에만 머물고 있다. 미래이론에 대한 연구가 진행되지 못한 데는 여러 이유가 있겠지만, 소위 '정확한 미래예측'이라는 미래연구의 잘못된 이해와 실용적인 미래연구만을 강조해온 정부와 기업의 성향과, 학문적 체계로써 미래학이 아직 한국 학계에 정착되지 못한 점이 그 주된 이유일 것이다.

본 장은 이러한 문제의식으로부터 출발하여, 먼저 '미래학', '미래연구'란 것이 무엇인가라는 질문을 통해 이들의 개념과 본질을 파악하고자 한다. 다음으로 미래연구의 역사와 발전과정을 통하여 형성된 미래학자들의 학문적인 배경과 미래에 대한 다양한 관점, 그리고 이들의 이론에 대해 소개해 보고자 한다. 또한 근대를 거쳐 후기근대성(Post-Modernism)이 가져온 미래연구 이론의 진화와 최신동향을 파악해 볼 것이다. 마지막으로 이러한 과정을 통해 미래연구의 본질적 목적에 충실하면서도 한국적 상황을 적절히 반영할 수 있는 한국적 미래연구 방법론 개발에 대한 방향성을 제시하고자 한다.

Ⅱ. 미래연구의 개념과 본질

1. 미래연구와 관련된 개념들

2차 세계대전 이후 미래에 대한 연구와 관련해서 가장 적절한 명칭이 무엇인가에 대한 논의는 지난 반세기 동안 지속적으로 이루어져 왔다. 학문적

1) Jim Dator, "Loose Connections: A Vision of a Transformation Society", in *Visions of Desirable Societies*, Eleonora Masini Ed. Oxford, Pergamon Press, 1983,

배경이나 실무 분야에 따라 다양한 미래연구와 관련한 명칭들이 제안되었는데, 제안된 명칭들로는 futuristics, futurology, futuring, futurism, futuribles, futures studies 등이 미래연구를 지칭하는 용어로 쓰이고 있다. 적어도 미국에서는 미래연구의 명칭과 관련하여 'futures studies'란 용어가 가장 널리 받아들여지고 있고, 또 일반적으로 쓰이고 있는 추세이다.[2] 이 외에도 단순 미래예측과 관련하여, Foresight, Forecast, Futurist 등과 같은 용어들이 사용되고 있는데, 이를 정리하면 다음과 같다

- Forecast: 현재 존재하는 조건들과 확률에 기반을 두어 실현 가능성이 높은 미래를 묘사. 일반적으로 근 미래를 예측하는 데 활용되며 1년을 넘지 않는 것이 일반적(예, 일기예보, 경제 예측 등)
- Foresight: 보다 개방적인 관점에서 미래를 생각하며, 다양한 방법을 포괄하면서 행동과 결정이 수반되고, 전략이나 정책의 수립을 전재로 10년 내외의 미래를 연구
- Futurist: 일반적으로 '미래학자'라고 번역되고 있으나, 학계에서 미래를 연구하고 있는 학자들(scholars)을 포함하여, 비즈니스, 정부 등 전문적 실용분야에서 미래 연구에 종사하는 실무자들(practitioners)을 총칭[3]

명칭과는 상관없이 미래에 대한 연구는 학계와 실용적 분야에서 진화해 왔고, 과학적인 이론과 연구 방법론, 다양한 분야의 교육을 포함하면서 발전해 오고 있다.

2. 미래연구의 목적

미래학의 목적과 관련해서는 여러 종류의 정의가 존재하지만, 미래학의 목적과 관련해서 미래학자들 간에 어느 정도의 공통된 합의가 존재한다. Wendell Bell은 "미래학의 가장 일반적인 목적은 인류의 자유와 복지를 유지하거나 향상시키는 것"이라 말하고 있다.[4] Edward Cornish는 미래학의 목적

---

2) Wendell Bell, *Foundations of Future Studies: Human Science for a New Era,* Vol.I, New Brunswick: Transactions Publishers, 1997.

3) 그러나 퓨처리스트란 용어도 모호하며, 일부는 그들 스스로를 퓨처리스트라 불리는 것을 원치 않고 있음.

4) Wendell Bell, *Foundations of Future Studies: Human Science for a New Era,* Vol.I New Brunswick: Transactions Publishers, 1997.

은 "보다 나은 미래를 만들기 위한 것"으로 간단히 정의하고 있다.[5] Warren Wagar는 "미래학은 미래를 단순히 예측하거나 이해하는 방법만을 다루는 것이 아니라, 보다 나은 세상을 만들기 위한 규범적인 제안이나 인간 사회에 대한 평가를 포함"시키는 것이라 정의하고 있다.[6] Jim Dator는 미래연구의 목적과 임무에 대해 보다 구체적이면서도 포괄적인 개념을 제공하고 있는데, 그에 따르면;

> *미래연구의 목적은 바람직한 미래사회의 비전이나 기준의 설정, 여러 가능한 미래변화에 대한 탐구와 대안을 제시하는 것이지, 어떤 문제나 기회에 대한 궁극적 해결책이나 제한적인 청사진을 만드는 것이 아니다. 미래연구의 주된 임무 중에 하나는 조직이나 기업을 위해 존재할 수 있는 주요 대안적인 미래를 파악하고 조사하는 작업이다. 중요한 것은 하나의 미래가 아닌 복수의 미래를 구상하고 준비하는 것이며, 그 속에서 가장 바람직한 미래를 찾아내고 원하는 방향으로 설계하고 지속적으로 수정하고 다시 설계해 나가는 것이다.*[7]

Dator는 더 나아가 미래연구자가 수행해야 할 기본적이고도 구체적인 방향 제시와 함께 미래연구의 전략과의 연계 또한 강조하고 있다. Dator에 따르면;

> *미래학의 또 하나의 임무는 개인이나 기업들이 그들이 원하는 미래를 구상하고 실행하고 다시 재구상할 수 있도록 기반을 조성해 주고 활성화시키는 것이다. 이러한 기반 조성을 위해서는 주요 대안적 미래에 대한 감식과 확인 작업, 그리고 그 속에서 원하는 미래의 구상과 창조를 위한 전략적 계획이 수립되고, 전략적 활동과 연계되어야 한다. 그리고 이러한 전략적 계획과 활동들은 정책 결정자들의 일상적 정책결정에 반영되어야 한다.*[8]

Dator는 미래연구가 미래에 대한 전략적 구상을 바탕으로 정책결정자들을 인도하고 그 구상을 실행할 수 있는 행정시스템과의 유기적인 연결을 강조하고 있다. 꿈을 꾸는 것에만 그치는 것이 아니라, 그 꿈을 이루기 위한 계획과

---

5) Edward Cornish, *Futuring: The Exploration of the Future*, Bethesda, Maryland: World Future Society, 2004.

6) Warren Wagar, "Futurism" in Kurian, George Thomas and Molitor, Graham T.T. (Ed.) *Encyclopedia of the Future*, New York: Simon and Schuster Macmillan, 1996.

7) Jim Dator, "Futures Lies Behind!: Thirty years of teaching futures studies", *American Behavioral Scientist*, November, 1998.

8) *Ibid.*

실행이 수반되어야 한다는 의미일 것이다. Dator는 또한 대안적 미래의 예측과 원하는 미래의 구상 과정은 계속해서 진행형이어야 하고 항상 변화를 염두에 두어야 한다는 점도 강조하고 있다.9)

3. 미래연구의 본질

미래연구의 특성과 성격을 보다 명확하게 하기 위해서 미래학의 본질과 관련한 주요 논의에 대해 검토할 필요가 있다. 먼저, Molitor는 Kurian 함께 편집한 '미래의 백과사전(Encyclopedia of the Future)'에서 미래연구는 그 본질과 목적에 있어서 일치된 의견이 존재하지 않는다고 한다.10) Michael Marine 또한 미래연구자들 사이에 미래연구의 본질과 관련해서 보편적인 동의는 존재하지 않다고 보고 있다.11) Molitor, Kurian, Marien과는 달리, Wendle Bell, Alvin Toffler, Edward Cornish와 같은 미래연구자들은 미래연구의 본질과 관련해서 미래연구자들 사이에 일정부분의 합의가 존재하며, 이들 미래연구자들의 주요 연구 대상은 '가능성(possible)', '개연성(probable)', '바람직한(preferable)' 미래에 대한 예측이라는 것이다.12) Marien은 '가능성', '개연성', '바람직한' 미래의 카테고리에 "현재의 변화에 대한 입체적인 조사"를 더할 것을 제안하고 있다.13)

Dator는 미래연구에 대해 위의 연구자들과는 다른 해석을 내놓고 있다. Dator는 '바람직한 미래'의 구상의 중요성을 강조하면서, 많은 미래학자들이 그들의 주요 임무와 기능을 가장 '가능성' 있는 미래에 대한 정확한 예측을 하는 것으로 생각하고 있지만, 이는 잘못된 것이다라고 주장한다. 윤리적 가치와 규범이 어떻게 미래에 영향을 줄지를 생각하는 "바람직한 미래" 구상이 주요 고려의 대상이 되어야 한다고 강조한다.14) Dator는 미래연구란 '미래'에

9) *Ibid.*

10) George Thomas Kurian and Molitor, Graham T.T. (Ed.) *Encyclopedia of the Future*, New York: Simonand Schuster, Macmillan, 1996.

11) Michael Marien, "Future Studies in the 21st Century: A Reality-Based View" *Futures*, Vol.34, 2002.

12) Howard F. Didsbury, *Frontiers of the 21st Century: Prelude to the New Millennium*, Bethesda, Maryland: World Future Society, 1999; Didsbury, Howard F. *21st Century Opportunities and Challenges: An Age of Destruction or an Age of Transformation*, Bethesda, Maryland: World Future Society, 2003; Didsbury, Howard F. *Thinking Creatively in Turbulent Times*, Bethesda, Maryland: World Future Society, 2004.

13) Michael Marien, "Rejoinder: My Differences with Wendell Bell" *Futures*, Vol. 34, 2002.

대한 연구가 아니라 개개인들의 마음속에 있는 '미래의 이미지' 혹은 '미래의 생각'에 관한 연구라고 단언한다. '미래'는 현재 존재하지 않기 때문에 연구의 대상이 될 수 없다는 것이다. 그러나 사람들이 가지고 있는 미래에 대한 희망, 두려움, 또는 미래에 대한 비전이나 플랜 등은 현실에 존재한다는 것이다. Dator는 그가 접해온 대부분의 문화권에서 지속, 붕괴, 통제, 변화(어떤 전환점을 경계로 변화가 이루어질 것인가에 대한 예측)라는 4가지 유형의 미래 이미지가 존재한다고 결론짓고 있다. 그 4가지 유형을 정리하면 다음과 같다;

① 지속: 현재의 위기와 기회가 미래에도 지속적으로 성장할 것이라는 "Continuation(일반적으로 지속적인 성장을 의미하는 Continued Growth)"
② 붕괴: 전쟁, 경제공황, 환경 및 자연 재난, 도덕적 타락 등 다양한 형태의 몰락과 붕괴를 의미하는 "Collapse"
③ 통제: 발전과 퇴보 없이 현재의 상태를 유지해 나가거나, 진화를 인위적으로 통제하는 "Conserved Society"
④ 변화: 현재의 사회 시스템이나 형태가 종식이 되고, 과거와 현재에는 존재하지 않았던 새로운 형태의 믿음, 가치, 행동에 기반한 "Transformation Society"(Dator, 2002, p. 10)

미래학자가 연구할 수 있고 또 실제로도 연구하는 것은 바로 이러한 사람들 마음속 내재되어 있는 '미래의 이미지'들이라고 Dator는 주장한다. 다시 말해, 한 개인, 또는 한 사회가 다른 개인 또는 사회와 구별되는 특정의 미래 이미지를 갖게 된 원인은 무엇이고, 이러한 서로 다른 미래의 이미지들이 현재의 그들 행동에 어떠한 영향을 미치고 있으며, 이러한 행동들이 미래의 어떤 특정 상황을 견인할 것인가에 관심을 기울이는 것이 미래 연구의 본질이자 목적이라는 것이다.[15)]

4. 미래연구의 대상과 영역

Michael Marien은 미래연구자들이 관심을 갖고 있는 일반적인 미래연구

14) Jim Dator (Ed). *Advancing Futures: Futures Studies in Higher Education,* Praeger Publisher, Westport: CT, 2002.
15) Jim Dator, "Futures Lies Behind!: Thirty years of teaching futures studies", *American Behavioral Scientist,* November, 1998.

〈표 1〉 미래연구 영역(Marien)

No.	영역	No.	영역
1	세계의 미래(World Futures)	8	사회와 정치(Society and Politics)
2	글로벌 경제(The Global Economy)	9	경제와 도시(Economy and Cities)
3	세계의 종교와 국가 (World Regions and Nations)	10	건강(Health)
4	국방과 군축 (Defense and Disarmament)	11	교육(Education)
5	지속가능성(Substantiality)	12	커뮤니케이션(Communication)
6	환경문제(Environmental Issues)	13	과학과 기술 (Science and Technology)
7	식량과 농업(Food and Agriculture)	14	미래를 형성하는 방법들 (Methods to Shape the Future)

의 영역을 다음과 같은 14가지로 구분하고 있다.16)

사회적인 관점에서 Marien은 4가지 독특하고 구별되는 "미래 문화(future culture)"가 존재한다고 주장하면서, 이들 문화들은 미래연구자들이 생각하는 4가지 주요 영역과 관련이 있고, 미래학자들의 접근방식(단기 vs. 장기)과 태도(낙관 vs. 염세)에 따른 두 가지 주요 차이점이 있다고 강조하고 있다.17)

- 과학기술발전에 관심이 있는 미래연구자들은 낙관적이면서도 장기미래에 초점
- 비즈니스에 관심을 갖고 있는 미래연구자들은 낙관적이면서도 근 미래에 초점
- 사회적 이슈에 관심이 있는 미래연구자들은 염세적이면서도 근 미래에 초점
- 환경문제에 관심이 있는 미래연구자들은 염세적이면서도 장기미래에 초점

미래연구자들의 관심분야에 대한 두 번째 구분 방식은 유엔대학의 밀레니엄 프로젝트 방식이다. 유엔 밀레니엄 프로젝트의 리스트는 전 세계에 있는 미래연구자들에 대한 의견 조사를 통해 추출한 것으로, 세계의 미래연구자들

16) Marien, Michael "Future Studies" in Kurian, George Thomas, and Molitor, Graham T.T. (Ed.) *Encyclopedia of the Future*. Simon and Schuster Macmillan, 1996.

17) Marien presents similar arguments in his later articles and debate with Wendell Bell. See Marien, Michael, 2002a and Marien, Michael, 2002b.

[그림 1] 미래연구자들의 4가지 주요 관심 영역(Marien)

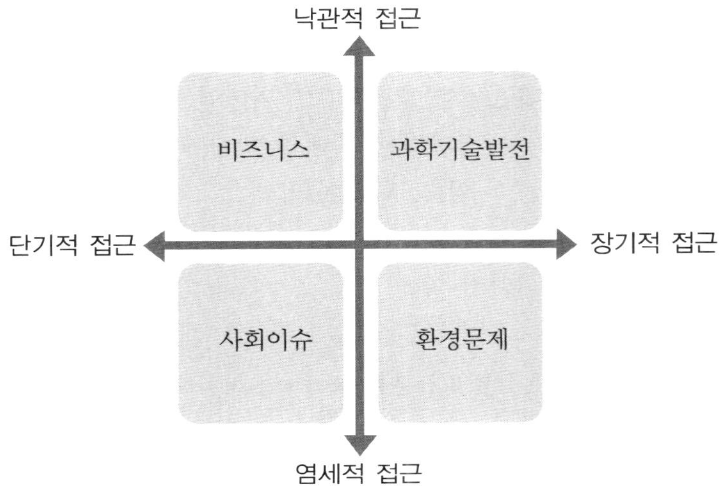

이 많은 관심을 갖고 있으면서 가장 중요하다고 생각하는 글로벌 기회(Global Opportunities) 15가지는 다음과 같다;[18]

〈표 2〉 글로벌 기회(UN Milleunium Project)

1	지속적 성장의 성취	9	정보통신기술의 융합과 글로벌화
2	장기적인 글로벌 관점에서의 정책 구상	10	바이오기술의 발전 속도 증가
3	과학기술의 비약적 발전이 가져올 가능성 확장	11	윤리적 시장경제를 통한 경제발전 장려
4	권위주의적 정권에서 민주적인 정권으로의 전환	12	여성 및 기타 그룹의 경제적 자치 증가
5	다양성과 윤리적 가치의 공유 장려	13	새롭고, 직관적이고, 때로는 대립되는 생각에 대한 조사 증진
6	인구증가율 감소	14	유망한 우주 프로젝트에 대한 추구
7	세계 평화와 안전을 위한 전략	15	제도의 개선(중앙집중화에서 분권화, 계층화에서 네트워크화된 조직으로의 진화)
8	대체에너지자원의 개발		

18) Millennium Project - http: //www.acunu.org/millennium/index.html; Millennium Project Opportunities - http: //www.acunu.org/millennium/isandop.html.

밀레니엄 프로젝트에서 제시한 15개의 글로벌 기회들과 Marien이 제시한 미래연구의 영역 리스트를 비교해 보면 그 둘이 상당부분 중복되고 있다는 것을 발견할 수 있다. 글로벌 기회들의 리스트에 포함되어 있는 내용들을 들여다보면, 전 세계의 미래연구자들의 관심은 미래에 대한 확률적 가능성에만 국한되어있지 않고, 가치와 바람직한 미래의 방향에 대해서도 많은 관심을 기울이고 있다는 것을 알 수 있다. Marien의 리스트와 유엔 밀레니엄 프로젝트의 리스트들을 종합해 보면, 미래연구자들의 주요 관심사는 다음과 같은 카테고리로 다시 분류해 볼 수 있다

〈표 3〉 미래연구의 주요 관심분야 재분류(Marien & UN Milleunium Project)

1	지속가능한 발전	10	교육과 커뮤니케이션
2	과학기술	11	윤리와 가치
3	에너지	12	노동
4	비즈니스와 경제발전	13	종교
5	세계화와 글로벌 이슈	14	도시화와 지역이슈
6	사회 및 정치적 이슈	15	전쟁과 범죄
7	다양성, 민주주의, 평등, 인권	16	평화와 안전
8	생태계, 환경, 자원	17	제도
9	건강, 웰빙, 복지	18	미래의식: 미래에 영향을 주는 창의성과 의사결정

위에서 제시된 종합적인 리스트들이 절대적인 것은 아니며, 특히 심리학, 예술, 인문학이 빠져 있다는 것에 주목해야 할 필요가 있다. 사실 많은 미래연구자들이 예술과, 인문학, 심리학과 관련된 분야에 연구를 수행하고 있으며 다수의 연구 보고서와 논문을 발표하고 있다. 그럼에도 불구하고 위의 리스트는 미래연구에 있어서 가장 중요한 영역으로서 미래연구자들이 판단하고 있는 미래연구의 이념적 지도라고 말할 수 있을 것이다.

5. 미래예측 방법들

1) 과학적 원리에 입각한 미래연구 방법론

미래학의 중요한 특징 중 하나는 그것이 가지고 있는 독특한 방법론이다.

Bell과 Cornish와 같은 미래학자는 미래연구에 과학적 연구 원칙의 중요성을 강조하고 있다. 이들이 시도하는 미래학은 합리적이면서도 경험적인 연구에 기반하고 있다. 이러한 원칙들은 몇 개의 독특한 방법론을 발전시켰고, 다른 학문적 영역의 방법론을 응용한 것들도 있다. 이들에 따르면 지난 한 세기 동안 광범위하고 다양한 미래연구의 기법들이 개발되고 진화되었다고 한다. 이러한 방법론들에는 엄청난 분량의 통계 자료와 데이터, 수치적인 추세외삽, 통계 예측, 설문 조사, 트렌드 모니터링, 시나리오 플래닝, 게임 이론, 델파이 기법, 서로 다른 사회적 변수와 트렌드의 복잡한 상호작용에 대한 컴퓨터 시뮬레이션과 실험 등이 그것이다. Warren Wagar는 미래학자들의 미래예측 방법들은 고도의 수학적인 방법으로부터 직관까지 다양하다고 믿고 있으며, 가장 널리 이용되고 있는 과학적 미래예측 방법으로서 다음과 같은 5개의 방법들을 제시하고 있다.[19]

- 추세외삽법(Trend Extrapolation)
- 수학적 모델링
- 델파이 기법
- 공상과학을 포함한 시나리오 빌딩
- 확률적 기법들(Probabilistic Techniques)

Wagar는 또한 일부 미래학자들이 칼 마르크스의 사상과 다윈의 진화론, 그 외 영성적 사고 등에 의해 영감을 얻고 있다고 지적하고 있다.[20] 세계미래회의(the World Futures Society)는 'Art of Forecasting'에서 현대 미래연구자들이 주요 미래연구 방법으로 다음과 같은 리스트를 제시하고 있다;[21]

- 트렌드 투사
- 시나리오
- 컨설팅

---

19) Warren Wagar, "Futurism" in Kurian, George Thomas and Molitor, Graham T.T. (Ed.) *Encyclopedia of the Future*, New York: Simon and Schuster Macmillan, 1996. 보다 자세한 방법론은 Bell, Wendell, Vol. I, 1997과 Marien, Michael, 2002를 참조.

20) *Ibid.*

21) World Future Society, *The Art of Forecasting: A Brief Introduction to Thinking about the Future,* 1993.

- 모델링
- 시뮬레이션
- 컴퓨터 시뮬레이션

과학적 원리에 기초한 정량적·정성적인 미래연구 방법론들을 현재 활용되고 있는 방법론들을 중심으로 재정리하면 다음과 같다;

- 환경스캐닝(Environmental Scanning)
- 텍스트 마이닝(Text Mining)
- 브레인스토밍(Brainstorming)
- 트렌드영향분석(Trend Impact Analysis)
- 교차영향분석(Cross Impact Analysis)
- 퓨쳐스 휠(Future's Wheel)
- 기술예측 및 평가(Technology Forecasting and Assessment)
- 경제 통계학적 모델링(Economics and Statistical Modeling)
- 퓨쳐 로드맵(Future Road Mapping)
- 시스템 모델링(System Modeling)
- 시나리오
- 시뮬레이션 게이밍
- 델파이 기법

위의 리스트는 과학적 연구, 데이터 수집, 경험적 예측, 논리적 사고, 기술의 활용들을 강조하고 있다.

2) 과학적인 원리와 비과학적인 요소의 혼합을 강조하는 미래연구 방법론

Bell과 Cornish와는 달리, Jim Dator, Richard Slaughter, Sohail Inayathulla와 같은 미래학자들은 정량적인 연구 방법론의 한계를 지적하면서, 보다 정성적 방법의 미래 연구를 주장하고 있다.[22] 특히, 이들은 계량적 방법에 의

22) Jim Dator (Ed.), *Advancing Futures: Futures Studies in Higher Education,* Praeger Publisher, Westport: CT, 2002; Slaughter, Richard (Ed.) *The Knowledge Base of Future Studies. VolumesI, II, and III,* Hawthorn, Victoria, Australia: DDM Media Group, 1996; Inayathulla, Sohail, *Questioning the Future: Methods and Tools for Organizational and Societal Transformation,* Taipei: Tamkang University Press, 2007.

한 미래예측과 관련하여 회의적이다. 미래란 과거나 현재로부터의 이어져 오는 거대한 관성에 의해 지배되고 결정되는, 또는 계량적인 방법을 통해 기계적으로 예측할 수 있는 단순한 성질의 영역이 아니라는 것이다. 특히 지난 1세기간 지속되어온 과학기술의 급속한 발전은 과거로부터의 관성이나 통계적인 계량화 자체를 무의미하게 만들고 있다. 과거의 여러 진화 과정과는 전혀 다른, 혹은 예측할 수 없었던 새로운 행동양식들과 불연속적인 패턴들이 변환이나 단절이라는 형태를 통해 속속 나타나고 있기 때문이다. 따라서 미래연구는 미래의 발생 가능한 사건들에 관한 정보와 지식 축적에만 목적을 두어서는 안 된다는 것이 이들의 주장이다. 발생 가능한 미래에 대한 객관적인 정보 축적과 함께 사람들이 가지고 있는 욕구, 두려움, 가치관, 상상, 의지 등과 주관적이고 정성적인 것들에 의해 촉구된 행동들이 가져올 미래의 모습들에도 초점을 맞추어야 한다는 것이다.

미래예측 방법과 관련해서 Alvin Toffler는 모든 문명은 미래에 대한 독특한 접근방식을 가지고 있다고 주장한다.[23] 합리적, 과학적, 미신적, 일화적과 같은 미래에 대한 인식들은 인류 역사를 통해서 진화하였고, 각각의 서로 다른 문화와 사회는 미래를 개념화 하는 서로 다른 믿음 체계, 이론, 신화, 비전 가치 등을 창조했다는 것이다. 현대 문명은 인간의 기본 심리와 역사의 전통 속에서 만들어지고 있으며, 새로운 접근법과 방법의 구성으로 발전되어 왔다고 주장하고 있다.

과학적인 원리와 비과학적인 요소(개개인의 미래의 이미지, 신화, 비전, 가치, 감성, 심리 등)가 혼합된 미래연구 방법론들에는 다음과 같은 것들이 있다.

- 시, 소설, 일기, 신화, 공상과학, 예술작품 등에 나타난 미래 이미지 조사
- 인과계층분석(Casual Layered Analysis)[24]
- 개인의 통찰과 직관 분석
- 이머징이슈 분석(Emerging Issue Analysis)

23) Alvin Toffler and Toffler, Heidi, "Foreward: Five Billion Futurists" in Kurian, George Thomas and Molitor, Graham T.T. (Ed.) *Encyclopedia of the Future,* New York: Simonand Schuster Macmillan, 1996.

24) 인과계층분석은 사회 환경을 몇 개의 레이어로 구분하고, 분할된 레이어들의 각각의 변화의 속도와 깊이를 측정한다. 인과계층분석의 기본적인 가정은 변화가 각기 다른 레벨의 레이어에서 다른 속도로 진행되고 있음에 주목한다.

- 세대분석(Age-Cohort Analysis)[25]
- 미래 비젼잉 워크숍(Future Visioning Workshop)

미래의 연구 방법에 대한 다양한 시각은 역설적으로 미래학을 단순하고 단일하게 정의하기 어렵게 만들고 있지만, 연구자들은 미래연구의 종합적인 개요를 제공하기 위해 지금도 지속적인 노력을 기울이고 있다.

Ⅲ. 미래연구의 역사와 발전과정

1. 근대 미래연구의 전개

1) 과학혁명과 계몽사상의 등장과 미래연구

인류의 내일(미래)에 대한 관심과 미래를 예측해 보고자 하는 열망은 늘 인류와 함께 해왔다고 해도 과언이 아닐 것이다. 인류는 농사를 짓기 시작하면서 계절의 변화, 천체의 관측을 통한 달력의 개발 등 자연의 리듬을 활용해 미래를 예측해 보고자 했다. 고대 그리스의 델파이 신탁에서는 1,000년이 넘는 세월 동안 구체적인 증거와 정보를 활용한 예언 활동을 수행했다고 한다.[26] 중세에 들어서도 문학이나 예술 작품 속에서 미래에 대한 이상향이나 비전들 나타나기는 했지만, 인류가 미래에 대해 보다 적극적인 관심을 가지기 시작한 것은 근대 서구의 과학혁명 이후라는 것이 일반적인 견해이다. 과학혁명이 불러온 산업과 경제사회의 급속한 변화는 그 동안 인류가 경험해 보지 못한 전혀 새로운 형태의 사회를 만들어 내었고, 그 변화의 속도는 과거와는 비교가 되지 않았다. 어제와 같은 오늘을 살아오던 많은 사람들이, 내일은 오늘과 같이 않다는 경험과 학습에 의해 미래에 대한 관심을 촉발시키게 된 것이다. 아울러, 과학혁명이 일어나면서 미래를 예측하는 데 있어서도 이성과 논리, 합리적인 관측과 분석이 중요해 졌다.

17세기 서구에서 일어난 과학혁명은 인간이 사물을 보는 인식의 틀에도

---

25) 세대 분석은 사회구성원을 '세대(age-cohort)'로 구분하여 각 세대별 성향과 가치관을 분석하고, 세대의 이동 과정을 추적함으로써, 세대 이동에 따른 각 시대별 변화 과정을 확인함과 동시에, 미래의 사회적 성격 및 변화를 예측할 수 있게 해 줄 수 있는 유용한 도구이다.

26) D. Orrel, *The Future of Everything,* The Science of Prediction, New York: Thunder's Mouth Press, 2007.

엄청난 변화를 가져왔다. 지동설을 주창한 코페르니쿠스에서부터 지구와 천체의 운동학을 종합한 뉴턴의 종합으로 세계는 하나의 수학적 원리에 의해 지배받는 것으로 사람들은 인식하기 시작한 것이다. 자연은 일정한 법칙에 따라 운동하고 역학의 법칙을 적용해 물리의 현상을 설명하는 뉴턴역학의 등장은 당시 서구를 지배하던 종교적 관점에서 벗어나 세속적인 눈으로 세상을 인식하는 계기를 마련하였다. 인간사회도 합리적으로 이해할 수 있고, 합리적인 곳으로 만들어야 한다는 생각은 계몽사상의 근간이 되었으며, 서양 근대 사상의 기초가 되었다.[27)]

과학혁명과 계몽사상의 합리주의는 근대 학문체계의 모태가 되었고, 근대 미래학의 태동과 발전에도 커다란 영향을 미쳤다. 미래학의 기본적인 구성요소(합리적이고 경험적인 방법론, 현상에 대한 이론과 묘사, 미래를 위한 규범적인 제안)는 현대의 모든 학문체계가 그렇듯이 근대 계몽사상의 영향을 받은 것이다. Bell 또한 미래학이 계몽시대 동안 발전한 사회적 진화에 대한 접근 방식으로부터 영향을 받았다고 주장하고 있다. Bell은 과학과 계몽사상은 미래지향적인 유토피아와 인류의 발전을 위한 철학에 영감을 제공했고, 미래학의 선각자로써 유토피아적 계몽주의 사상가들인 루소, 가드윈, 사이몬, 마르크스, 베이컨 등을 들고 있다.[28)]

계몽사상은 인류의 미래에 대한 긍정적인 미래 비전을 가져왔을 뿐만 아니라, 기술결정론을 포함한 과학적 원리 드한 포함하고 있어, 미래연구 방법에 있어서 다양한 추세외삽적 예측의 가능성을 마련하는 토대가 되었다. 하지만, 미래연구가 처음부터 학문적인 형태로 등장한 것은 아니었다. Warren Wagar와 Tom Lombardo는 공상과학 소설가이자 타임머신의 저자로도 잘 알려진 H.G. Well의 Anticipation(1902)을 근대 미래학의 효시로 보고 있다.[29)]

27) 계몽사상의 특징은 종교와 분리되는 세속성과 합리성으로 대표될 수 있다. 당시의 사상가들은 인간의 합리적으로 생각하는 힘, 즉 '이성과 경험'이 미신, 종교, 불합리한 관습 같은 어두움으로부터 사람들을 깨어나게 할 수 있다고 믿었다. 이러한 이해의 바탕 위에, 계몽의 시대는 긍정적인 미래에 대한 비전과 가치, 미신, 권위주의, 교조주의로부터의 해방 등이 주창되었다.

28) Wendell Bell, *Foundations of Future Studies: Human Science for a New Era, Vol.I*, New Brunswick: Transactions Publishers, 1997. Francis Bacon의 '뉴 아틀란티스'는 미래지향적 유토피안 사상과 계몽사상이 결합된 좋은 사례라고 할 수 있다.

29) Warren W. Wagar, "Utopias, Futures, and H.G. Wells' Open Conspiracy" in Didsbury, Howard F.(Ed.) *Frontiers of the 21st Century: Prelude to the New Millennium*. Bethesda, Maryland: World Future Society, 1999; Wagar, W. Warren, *H. G. Wells:*

Well이 미래에 대한 저술을 시작할 무렵인 19세기 말의 서유럽은 기술결정론과 계몽적 진보 사상이 지배하던 시기였고, Well 또한 18, 19세기의 다른 사상가, 사회 운동가, 정치 지도자들과 마찬가지로 미래에 대한 과학기술적 결정론과 계몽사상에 영향을 받았다. Well은 인류의 미래는 과학적 방법으로 예측이 가능하다고 보았고, 과학기술의 발전에 의해 보다 나은 인류의 미래를 보장받을 수 있다고 믿었다. Well의 초기 작품들은 기술결정론과 낙관론이 그의 미래를 보는 관점에 주축을 이루었고, 그의 공상과학소설은 민족주의, 자본주의, 엘리트주의 등, 근대성에 대한 여러 사상들에 대한 에피소드를 다루고 있다. Well은 소설에서 과학과 종교와 분리된 사회 시스템을 강력히 옹호하였고, 보다 나은 새롭고 이상적인 세계의 구현을 묘사하고 있으며, 이는 계몽사상에 의한 유토피아적 비전에 크게 영향을 받은 것이다.[30)]

과학혁명과 계몽주의는 20세기 초중반까지도 서구사상의 지배적인 이념으로써의 역할을 하였고, 인류의 지속적인 '성장과 발전'이라는 인식에 이론적인 바탕을 제공하였다. 미래연구도 이러한 성장지상주의와 발전론적인 시각에 영향을 받았고, 또 미래연구 자체가 이러한 인류의 지속적인 성장과 발전에 실용적으로 활용되기 시작하였다.

1920년대와 30년대에 들어서면서부터, 국가주도의 사회 및 경제계획이 꽃을 피우기 시작하였고, 이러한 과정에서 미래에 대한 가능성들이 평가되었고, 트렌드 분석에 기초한 정부 정책들이 시행되었다. 이러한 과정에서 미래에 대한 가능성들이 평가되었고, 트렌드 분석에 기초한 정부 정책들이 시행되었다. 이처럼 미래에 대한 계획은 과거와 현재의 트렌드를 관찰하면서, 그것들을 미래로 연장하여 투사하고, 미래에 대한 가능성과 대안들을 모색하는 과정이었다. 이와 같은 노력들은 미래에 관한 데이터와 자료 수집, 시스템 사고로 이어졌다. 1940년대에 들어서면서, 정책과학과 싱크탱크들이 발전하면서 현재 이용되고 있는 많은 종류의 과학적 방법과 원리, 그리고 미래학에 대한 목적들이 명확해지기 시작했다.

2) 도전받는 계몽주의

세계대공황과 양차세계대전을 겪은 후, 서구의 미래에 대한 낙관적인 믿

Traversing Time, Middletown, CT: Wesleyan University Press, 2004.

30) *Ibid.*

음은 쇠퇴하기 시작하였고, 염세적이면서도 냉소적인 사상들이 등장하기 시작하였고, 염세적이면서도 냉소적인 사상들이 등장하기 시작하였다. 이러한 사상적 신조류와 더불어 디스토피아적인 소설들[31] 또한 등장하기 시작하였고, 2세기 동안 서구사회를 지배하였던 계몽에 대한 믿음이 깨지기 시작한 것이다. 서구사회는 낙관적인 미래에 대한 상상의 역량을 잃어버린 것이다.

Cornish는 제2차 세계대전 후, 미래에 대한 새로운 사상과 비전이 등장했다고 한다.[32] 실존주의적 관점에서 인간은 그들 자신의 미래를 창조할 수 있는 자유를 가지고 있고, 결정론적이고 과학적으로 미래를 예측할 수 있다는 믿음이 많은 사상가들에 의해 도전받기 시작한 것이다. 미래는 피할 수 없는 단 하나의 영역으로 구성된 것이 아니라, 많은 가능성의 조합이며, 이러한 다양한 미래는 바람직한 방향으로 이끌어 나갈 수 있고, 그것을 실현하는 것은 인간의 선택과 행동에 달려있다고 인식이 확산되었다. 결국, 인간의 가치와 결정에 기반한 불확실성과 선택이 진보는 필수 불가결이라는 이전의 믿음을 대체하기 시작하였고, 계몽사상의 쇠퇴는 불가피한 것으로 인식되기 시작했다.[33]

2. 격동의 1960년대와 미래연구의 대중화

미래연구가 대중의 관심을 끌고, 서구 사회과학의 한 범주로써 미래학이 학문적 차원에서 처음으로 본격적으로 논의되기 시작한 시기는 1960년대다. 당시 서구사회는 산업사회가 정점으로 치달으면서 각종 사회적 경제적 모순들이 나타나던 시기였다. 복잡성과 불확실성의 증대, 무정부주의와 반전 운동으로 대표되는 근대성에 대한 반성, 환경오염과 자원고갈과 같은 성장의 폐해 등 1960년대의 서구 사회는 일대 변혁을 거치면서 새로운 '대안(代案)'을 갈망하던 시대였다. 사회가 안정되어 있는 시기에는 인간들은 미래에 대한 고민을 하지 않는 경향이 있다. 그러나 변화가 빨라지게 되면 상황은 달라진다. 인간들은 미래에 대해서 보다 깊은 고민을 하게 되는 것이다. 일반적으로 1960년대 이후 미래연구의 성장은 증가하는 변화의 속도에 대한 인식에 기인

31) 예를 들어, 조지 오웰의 1984, Brave New World 등이 비관적인 미래상을 닮은 소설들이다.
32) Cornish, Edward, *Futuring: The Exploration of the Future,* Bethesda, Maryland: World Future Society, 2004.
33) *Ibid.*

했다고 할 수 있다. Wagar에 따르면 미래학은 1960년대까지 대중의 관심을 끌지 못하였고, 1960년대에 이르러서야 다음과 같은 세 가지 요인에 의하여 시작되었다고 그 이유를 지적하고 있다.34)

- 정부와 비즈니스의 장기 계획에 대한 필요성
- 기술적 경제적 예측에 대한 발전
- 학문간 경계의 침식

1960년대에 들어서면서, 수많은 기관과 조직들이 트렌드 데이터, 미래에 대한 목표 수립과 가치 발견, 그리고 이러한 목표들을 달성하기 위한 계획과 정책들을 쏟아 냈다. 그 후 수십 년 동안, 미래지향적인 연구, 계획, 사고들이 비즈니스, 정부, 사회 전체적으로 확대되기 시작했다. 1950년대를 거쳐 1960년대 미국에서는 미래연구가 군사적 목적으로 주로 활용되었다. 미국 랜드연구소의 군사전략가로 있던 Herman Khan은 새로운 무기의 가능성을 탐구하거나, 미래의 세계 패권을 누가 차지할 것인지 등을 예측하는데 시나리오기법을 사용하기도 했다. 이후 미국에서 수행되었던 미래연구와 관련해 주목할 만한 업적은 정부 주도로 이루어진 “Commission on the Year 2000”과 동위원회가 발간한 “Toward the Year 2000”이다. 위원회는 국가 정보화 시스템, 바이오의학의 발전, 제조업에서의 일자리 감소, 평생교육의 필요성, 가족의 해체, 이질적인 문화와, 권위에 대한 불신 등, 현재에서 돌이켜볼 때 놀랄 만큼 정확한 미래예측을 수행하였다.

같은 시기 유럽에서는 미국 중심에서 벗어난 미래연구를 기치로 1960년대 말 세계미래학연맹(World Futures Studies Federation)이 탄생했다. 미국이 미래연구의 실용적 응용(probable future)을 강조한데 반해, 유럽의 미래연구자들은 보다 가치지향적인 미래연구(preferable future)에 초점을 맞추었다. 이러한 과정 속에서 미국과 유럽에서는 현재 미래연구의 고전이 될 만한 주요 저서들이 출간되었다. 모든 저서들은 이론, 이념, 가치, 데이터 분석과 예측의 요소들을 포함하고 있었으며, 미래 예측의 고전(古典)인이라고 할 수 있는 보고서

34) Warren W, Wagar, “Utopias, Futures, and H.G. Wells' Open Conspiracy” in Didsbury, Howard F.(Ed.) *Frontiers of the 21st Century: Prelude to the New Millennium*, Bethesda, Maryland: World Future Society, 1999.

'성장의 한계(The Limits to Growth)'가 로마클럽(The Club of Rome)에 의해 출판되기에 이른다. '성장의 한계'는 37개 국어로 번역되어 총 1,200만 부가 팔리는 세계적인 베스트셀러가 되었다.

이시기에 주목할 만한 특징은 정부들, 특히 서유럽의 정부들은 경제협력개발기구(OECD)의 권고에 의해 미래연구의 주체로 나서기 시작했다는 것이다.[35] OECD는 각국의 정부에게 미래전망에 기초한 정책 개발을 시행할 것을 주문하였고, 주요 제안은 다음과 같다;[36]

- 유연한 사고(思考)로 다양한 의견을 개진하는 연구기관 설립운영
- 장기적인 관점에서 미래를 예측하는 사회과학방법론의 이용, 개발
- 과학적인 방법론을 적용하는 정책기구의 역할 확대
- 정부와 과학계의 긴밀한 대화 채널 구축
- 정책결정자는 사회과학에서 발견한 것들을 정책에 적극 반영

OECD의 권고는 과학기술이 경제와 사회 발전에 공헌한다는 믿음에 기초한 것으로, OECD 회원국 정부들에게 정부출연 연구소, 독립 연구기관, 대학 연구실과 연계해 정부정책을 개발하도록 권장했다. 노르웨이 정부의 경우, 1966년 OECD의 권고를 적극적으로 받아들였고, 과학기술이 국가 산업발전에 핵심이라는 공감대가 형성되도록 노력했다.[37] OECD 권고안의 핵심은 학제간 다양한 관점과 연구를 통하여 복잡한 사회 문제를 풀어낼 수 있는 해답을 찾는 것이었다. 따라서 정부의 초기 미래연구는 통합적 사회과학의 관점을 갖고 장기적인 미래를 예측하면서 이에 대응하는데 초점이 맞추어졌다.[38]

1960년대 장기적 관점에서 미래를 예측하고 이에 적극적으로 대응하는 정부 조직을 갖추자는 세계의 흐름은 1970년대 정부의 미래연구로 구체화되었다. 1966년 OECD의 권고 이후 정부의 미래연구 붐이 일면서 정부의 역할 또한 변화하기 시작하였다. Keon Chi는 1970년대 이전 정부가 변화의 단기적 대응에 주력했다면 70년대 이후 정부는 장기적 관점에서 조기에 대응하는 정책을 수립하고, 상시적인 미래연구조직을 가동하고 있다고 분석한다.[39]

---

35) Scientific Council for Government Policy, *Wise Before the Event*, p.8, 1997.
36) 박성원, 주요국의 미래연구 기법 Working Paper, 2009.
37) *Ibid.*
38) *Ibid.*

〈표 4〉 미래에 대응하는 정부의 태도 변화[40]

전통적인 방법	미래지향적 방법
단기 대응(1-2년)	장기 대응(5, 10, 20년)
반응(reactive)	예상(anticipatory)
위기 때 반응(crisis-driven)	조기(早期) 대응(emerging issues-oriented)
예산액의 점진적 증가에 관심	예산을 어느 곳에 먼저 집행할지에 관심
각 부처별로 미래 계획	국가 전체의 이해를 반영하는 미래계획
일회성(one time projects)	상시(on-going projects)
비공식적 대응	공식적 대응
장기계획을 위한 기구 不在	장기계획을 위한 기구 존재

단체나 정부와는 별도로 개인 연구자들도 활발한 미래연구 활동을 펼쳤다. Daniel Bell은 1973년엔 '후기 산업사회의 도래'라는 책을 내놓고, 대량생산체제의 소멸, 서비스 경제체제의 등장, 기술을 중시하는 신흥 엘리트의 부각을 예측하였다. Kenneth E. Boulding은 1964년 '20세기의 의미'를 출간하였고, Fred Polak의 'The Images of the Future'를 영문 번역하면서 미래학계에 '미래 이미지' 연구에 대한 화두를 제시하였다.[41] Fred Polak은 그의 저서 'The Image of the Future: Enlightening the Past, Orientating the Present, Forecasting the Future'에서 '징후(徵候, Prognostics)의 이미지'란 개념을 사용하였다.[42] Robert Jungk는 Johan Galtung과 함께 'Mankind 2000'을 조직해 유럽 미래운동의 선구적인 흐름을 주도하였으며, 미래학의 주요 방법론 중 하나인 미래학 워크숍을 창안하였다. Christopher Jones는 Jungk가 제안한 미래사회의 6가지 특징을 다음과 같이 설명하고 있다;[43]

① 분과학문에서 통합학문으로 이동. 전체론의 등장(Holistic view)
② 추상주의적 사고에서 구체적인 사고로 전환

39) *Ibid.*
40) Keon S. Chi(1991). "Foresight Activities in State Government." *Futures Research Quarterly*, 7(4), pp. 47-60.
41) Boulding의 번역으로 인해 미래연구는 미래를 연구하는 것이 아니라, 미래에 대한 사람들의 이미지를 연구하는 것이라는 개념이 확산되기 시작하였음. 박성원, "만학도 박성원의 미래학 이야기", *신동아*, 2009년 2월호.
42) 박성원, "만학도 박성원의 미래학 이야기", *신동아*, 2009년 2월호.
43) 박성원, "만학도 박성원의 미래학 이야기", *신동아*, 2009년 2월호.

③ 사회 변화의 원동력이 엘리트에서 대중으로 전이. 대중 참여 확대
④ 사회 적응에서 사회 저항으로 변화
⑤ 비밀주의에서 공개주의로 전환
⑥ 사회가 단일 비전보다는 복수의 비전을 선호

이 외에도 Bertrand de Jouvenal은 'The Art of Conjecture'를 출간하였고, John McHale은 세계미래학연맹과 세계예술과학 학술원을 설립을 주도하였다.[44)]

이시기의 미래연구와 관련해서 아마도 가장 유명한 업적은 Alvin Toffler의 'Future Shock'일 것이다.[45)] Toffler는 그의 저서에서 급변하는 현대사회의 주요 특성과 함의를 사회변동이라는 측면에서 극적으로 묘사하고 있다. Toffler가 저서에서 주장하고자 하는 것은 현대 인간 사회는 거대한 변화의 시기에 있으며, 산업화되고, 조직화되고, 표준화된 세계에서 네트워크화되고, 특화되고, 개인화되는 정보화사회로 이동하고 있다는 것이다. 이러한 변화(다양성과 복잡성은 극대화되고, 유연성과 창조성이 주요한 가치가 되는)는 가속화되고 있다는 것이다.[46)]

2차대전 이후 많은 미래연구자들이 불확실성과 인간의 선택, 가능성에 대해 강조했지만, 과학적 원칙에 기반 한 확률적 예측과 추세외삽적 방법은 미래연구에서 지속적으로 활용되었음을 알 수 있다. 미래연구자의 사상에 대한 역사는 몇 세기 전으로 거슬러 올라가지만, 다음과 같은 두 개의 상충된 이미지를 대표한다고 할 수 있다. 1) 미래는 결정론적이고 따라서 예측할 수 있다. 2) 미래는 불확실하며 인간의 선턱에 달려있다. 미래에 대한 두 가지 관점을 모두 사용하는 미래연구자도 있지만, 이 두 가지 관점은 근대 미래학을 대표하는 주류 관점이라고 말할 수 있다.

---

44) *Ibid.*
45) Toffler는 'Future Shock' 이외에도 'Power Shift', 'The Third Wave' 등과 같은 상당히 유명한 저서들을 많이 남겼는데, 그가 갖고 있는 미래에 대한 시각을 발전적으로 자신의 저서에 잘 담아내고 있다.
46) Alvin Toffler, 1971; Toffler, Alvin, *The Third Wave*. New York: Bantam, 1980; Toffler, Alvin, *Power Shift: Knowledge, Wealth, and Violence at the Edge of the Twenty-First Century*, New York: Bantam, 1990.

3. 포스트모더니즘과 미래연구의 최신 동향

수천만의 사상자를 낸 양차대전, 국가주의와 민족주의에 바탕을 둔 독일 나치의 출현과 야만적인 홀로코스트 등을 겪으면서 근대성에 대한 회의적인 시각들이 제2차 세계대전 이후 유럽에서 나타나기 시작하였다. 과학혁명과 계몽으로 대표되는 근대성이 인류에게 영원한 진보와 번영을 가져다 줄 것이라는 믿음이 깨지면서, 근대성에 대한 근본적인 회의가 시작된 것이다. 그중에서도 독일의 사상가인 Theodor Adorno와 Max Horkheimer 홀로코스트를 계몽사상의 탓으로 돌리며 강하게 비판했다. 인류가 현대에 들어와 이런 야만적 행위에 빠진 이유는 이성과 합리성의 강조가 기술문명을 발전시키는 데에는 도움이 되었으나 그와 함께 해야 할 윤리성을 발전시키지 못했기 때문이라는 것이다. 이렇게 윤리와 분리된, 도구로서만 사용되는 이성은 국가가 행사하는 폭력적 힘의 지배를 가져올 수밖에 없다는 것이다. 프랑스의 철학자 Michel Foucauit도 계몽사상이 합리적인 기준을 지나치게 내세움으로써 그것에 부합하지 않는 것들을 배제한다고 주장한다. 그런 기준에 의해 사람들을 정상과 비정상으로 날카롭게 구분함으로써 유럽사회에 억압성을 가져왔다는 것이다.47)

제2차 세계대전 이후 이성과 합리주의에 기반 한 근대성이 여러 사상가로부터 정면으로 도전을 받기 시작하였고, 이러한 근대성(이성, 합리주의, 실증주의)에 대한 비판을 일반적으로 포스트모던이즘이라 부른다. 포스트모던적 시각은 과학적 합리주의와 실증주의에 바탕을 둔 기존의 학문체계에 일대 변혁을 가져왔고, 미래연구 전반에도 심대한 영향을 주었다. 포스트모던적인 시각에 영향을 받은 대표적인 미래연구자로는 Jim Dator, Richard Slaughter, Sohail Inayathulla 등이다.

특히 Richard Slaughter는 미래연구에 대한 포스트모던이즘과 근대성의 종합적이면서도 균형적인 시각을 제공하고 있다. Slaughter는 과학주의, 합리주의, 물질주의, 객관주의로 향한 서구의 편향된 생각과 이러한 편향된 사고들이 미래를 보는 시각과 미래에 대한 연구를 제한해 왔다고 비판하고 있다. Slaughter는 서구의 실증주의적 학문체계는 외부환경의 합리성과 경험적인

47) 강철구, "계몽사상의 재조명", 세계사 다시읽기.

관찰에만 초점을 맞추면서 물리적 세상의 "바깥 실체"만을 강조하면서 "내부적 실체(inner reality)"와 직관과 비합리성의 중요성을 축소하고 있다고 비판한다. 이러한 서구의 미래를 보는 실증주의적 과학적 시각은 기본적으로 미래에 대한 지극히 선형적인(기술적 낙관론 기술적 비관론 vs 기술이 인류를 구하거나 파괴하는 것) 비전만을 제공한다는 것이다. 뿐만 아니라, 서구 문화는 과도하게 합리적이며 물질주의적일 뿐만 아니라, 지나치게 현재의 문제에 초점이 맞추어져 있으며, 현대의 많은 문제점들이 이러한 근시안적인 시각에서 기인한다고 Slaughter는 분석하고 있다.48)

Slaughter에 따르면, 세상의 실체와 본질 그리고 미래는 종종 내부적(주관적) 환경에 많은 영향을 받고 있으며, 실증과 과학적 이론을 통해 충분히 정의되고 묘사될 수 있는 성격의 것이 아니라는 것이다. Slaughter는 실체와 미래에 대한 접근을 내부적 환경인 개인의 통찰을 포함하여 영성적이고, 초자연적이고, 내성적이고, 내부 지향적인 전통과 철학으로 넓혀야 한다고 말한다. 실체에 대한 다른 관점을 포함시키지 않을 경우 우리가 갖고 있는 사변적인 상상력은 심각하게 제한될 것이라는 것이다. 미래연구는 미래와 실체에 대해 하나의 관점에 고착되어서는 안 되며, 다른 문화적 관점, 다른 실체에 대한 이론, 다른 방법에 대해 열려 있어야 한다는 것이다. 따라서 미래연구는 객관적인 외부 환경에만 초점을 맞추고 있는 실증주의적 과학적 방법들에만 국한시켜서는 안 되며, 객관적인 외부환경과 주관적인 내부 환경에 대한 종합적이고 균형 잡힌 접근이 필요하다고 Slaughters는 역설하고 있다.49) 이성과 합리성에 기반을 둔 실증주의, 과학주의, 계몽주의가 배척했던 개인의 감성과 직관, 영성, 초자연 등이 다시 미래연구의 영역으로 편입되고 있는 것이다.50)

Slaughter는 미래연구의 영역을 과학적 방법으로 좁게 국한시키지 않으면서, 풍부하고 다면적인 설명을 제공함으로써 기존의 과학적인 방법론을 넘어 미래연구의 지평을 넓혔다고 할 수 있다. 그렇다고 Slaughter가 실증적이고

48) Richard Slaughter, "The Knowledge Base of Futures Studies as an Evolving Process" *Futures*, Vol.28, No. 9, 1996b; Slaughter, Richard, "Futures Studies as an Intellectual and Applied Discipline" *American Behavioral Scientist*, Vol.42, No.3, Nov./Dec., 1998.

49) *Ibid.*

50) *Ibid.*

과학적인 연구 방법을 완전히 배제하자는 것은 아니다. Slaughter는 미래연구는 분명히 대학교육과 전문가의 연구 영역으로써의 가치가 있으며, 과학적이고 학문적인 영역이기도 하다는 것이다. 1960년대 이래 미래학은 다양한 교육적 활동과 미래지향적 사고를 위한 교육, 풍부한 연구 방법론, 학문적 영역으로서의 개념과 용어의 조합을 발전시켜왔기 때문이다.

Slaughter에 따르면, 핵심이슈와 주제, 학문분야로써의 미래연구를 정의하는 조합들이 존재하나, 미래학자들 간의 총체적인 합의는 비현실적이고 바람직하지도 않다고 보고 있다.[51] 또한 미래연구의 모든 요소들은 지속적으로 발전하며 다시 재정의할 수 있는 진화론적인 관점에서 볼 필요가 있다고 말한다. Slaughter는 미래연구의 진화론적 관점에서 다음과 같은 미래연구의 4단계 발전 국면을 추정하였다;[52]

① 미국주도의 과학적이고 경험적인 전통
② 유럽주도의 문화 지향적 전통(문화적인 가치를 중시하면서 그것들이 미래연구에 주는 영향 파악)
③ 국제적이고 다문화적인 전통(비서구적 생각과 가치의 도입)
④ 총체적인 미래 운동(Slaughter가 옹호하는 미래연구의 방향)

위의 4가지 발전 국면은 단계별 평가에 대한 다른 기준과, 다른 탐구 및 발견 양식을 가지고 있다. 미래는 이러한 4가지 측면에서 종합적으로 이해되어야 하며, 진화론적인 관점에서 4가지 발전 국면은 정적이며 정체된 것이 아닌 역동적이며 발전적으로 보아야 한다고 한다.[53] 개인의 생각은 변하며, 문화도 변화하고, 물질적인 세계도 지속적으로 진화하기 때문이다. 앞에서 언급한데로 단순히 외부환경의 사실들에 대한 수집만으로는 미래연구에 대한 기초자료로 부족하며, 미래를 구성하고 이해하는 개개인들의 경험과 인식, 문화 등 내부의 경험도 고려해야 한다는 것이다. 본질적으로, 실체가 포함된 미래는 '외부의 물리적인 세계'의 것 이외에 내부 개인들의 주관적인 경험이 포

51) *Ibid.*
52) Slaughter, Richard "Futures Concepts" in Slaughter, Richard (Ed.) *The Knowledge Base of Future Studies. Volume I,* Hawthorn, Victoria, Australia: DDM Media Group, 1996.
53) *Ibid.*

함된 것이다. 결론적으로 미래연구는 인간 사회의 실체 전체를 인정해야 하며, 내부 의식의 실체와 외부의 물리적인 실체를 객관적인 관점과 주관적인 관점의 통합을 통해 미래를 이해하는 이론적인 틀이 필요한 것이다.

Sohail Inayathulla는 포스트모던적 관점에서 미래연구의 진화를 설명하고 있다. Inayathulla에 따르면 미래연구는 다음과 같은 5개의 영역에서 진화하고 있고, 미래의 미래학을 이해하는데 있어서 이들 5개의 영역은 상당히 중요한 것들이라 강조한다. 먼저 단순 예측에서 '전략적 사고와 행동'으로의 진화이다. 조직 자체를 미래 지향적인 조직으로 탈바꿈 시키려는 노력이다. 두 번째로는 미래연구를 '불확실성의 제거'라는 관점에서 바라보기보다는 '복잡성의 인정'으로 인식이 변화되고 있다. 이는 미래사회를 다원적이고, 중층적이며, 복합적인 세계로 바라보면서 일어날 가능성이 높은 하나의 미래에 초점을 맞추기 보다는 다양한 대안적인 미래를 구상하는 방향으로 미래연구를 이끌고 있다. 세 번째로 STEEP(society, technology, economic, ecology, politic)로 대표되는 횡적인 미래연구로부터 다층인과분석법(casual layered analysis)으로 대표되는 종적인 연구로의 이동이다. 이는 미래를 구성하는 요소가 종적으로 중첩되어 있음을 강조하는 데에서 비롯한다. 네 번째로는 단기적 경험주의적 사고에서, 장기적이고 거시적인 관계론적 사고에 기반한 미래연구가 활발해지고 있다. 불확실성의 증가와 급격한 사회변화는 단기적인 미래예측 자체를 무의미하게 만드는 경우가 증가하고 있기 때문이다. 마지막으로 시나리오 개발에서 윤리적이고 규범적인 관점의 미래연구의 증가이다.[54] 특히, 어떠한 미래를 선호하는지에 대한 대안적 미래 비전의 밑바탕에는 가치관과 도덕관의 논쟁이 깊게 자리하고 있다고 설명하고 있다. Inayathulla의 미래연구의 진화와 동향분석은 미래연구가 실증주의와 합리적 과학주의에서 가치 중심적이고 관계론적인 비과학의 영역으로 진화하고 있음을 잘 보여 주고 있다.

Ⅳ. 미래연구의 이론들

미래와 관련한 수많은 이론들이 존재하며 그 양 또한 방대하다. '미래'라

54) Sohail Inayathulla, *Questioning the Future: Methods and Tools for Organizational and Societal Transformation,* Taipei: Tamkang University Press, 2007.

는 것이 어느 특정분야의 영역에만 국한되는 것이 아니라, 정치, 경제, 사회, 문화, 환경, 과학 등 인간 사회의 다양한 분야를 포괄하고 있기 때문일 것이다. 이렇듯 미래가 다양한 분야를 포괄하고 있더라도 미래에 대한 일정부분의 교집합은 존재한다.

미래의 이론들은 미래에 대한 일반적이면서도 통합적인 개요를 제공함은 물론, 현재의 묘사와 분석 또한 포함하고 있다. 현재의 트렌드는 종종 미래의 사건들과 연결되어 있으며, 일반적으로 거기에는 주도적인 테마가 있다(예를 들어, 기술의 발전과 가능성이 가져올 사회변동 등). 미래연구자들은 그들 이론의 정당성을 입증하기 위해 다양한 사실과 이유, 논거들을 일정하게 제시하고 있다. 따라서 미래에 대한 이론들은 미래에 대한 예측을 발전시키는데 도움이 되는 아이디어, 원리, 이미지들의 조합을 제공하고 있다.

미래의 이론들은 다양한 형태로 묘사되고 있지만, 일반적인 과학의 영역에서와 같이 논픽션의 형태로 보여지는 것이 가장 일반적이다.[55] 그러나 미래의 이론들은 Arthur Clarke의 'Children's End'나 Olaf Stapledond의 'Star Maker'에서와 같이 픽션이나 소설의 형태에 내재되어 있기도 하다. 이러한 소설들은 스토리를 이야기하고 있지만, 인류의 궁극적인 미래와 그러한 미래를 견인할 동인에 대한 일반적인 이론들을 포함하고 있다.[56]

현재의 트렌드에 대한 통계적 정보와 미래에 대한 다양한 수학적 해석 및 추세외삽적 방법을 다루는 미래연구 서적들도 있다. 현재의 트렌드들을 면밀하게 분석하고 미래로 추세외삽을 하여, 어떻게 미래를 가이드하고 이끌지에 대한 처방적인 진술을 하고 있는 서적들도 있다. Toffler의 많은 미래학 서적들과, Meadow의 'The Limits to Growth and Beyond the Limits'와 Naisbitt의 Megatrends와 Megatrends 2000 등이 그것이다. 비록 통계, 숫자, 테이블, 그래프 등이 과학과 실증적 객관성을 돋보이게 하지만, 이러한 책들 또한 일반적 이론과 가치 체계를 포함하고 있다. 모든 정량적 데이터의 의미의 일반적인 설명들은 가치와 바람직한 미래에 대한 제안들에 기반하고 있다.

소설적, 신화적, 은유적, 이론적, 통계적 심지어 예술적인 방법들의 혼합은

---

55) Thomas Lombardo, *Contemporary Futurist Thoughts*, Bloomington, IN: Author House, 2006.

56) *Ibid.*

미래에 관한 이론을 나타내는 여러 방법들이다. Dougall Dixon의 'Man After Man: An Anthropology of the Future', Peter Lorie와 Sidd Murray-Clark의 'History of the Future: A Chronology'는 예술과 시각 디자인을 그들의 생각을 소통하는 대표적인 도구로서 사용하고 있다. 미래와 관련해 가장 유명한 잡지중의 하나인 Wired지 또한 시각적 이미지와 그래프를 미래에 대한 아이디어의 소통의 수단으로 강조하고 있다. Ian Pearson의 'Atlas of the Future'도 지도, 그래프, 통계 등 다양한 형태의 가독성 있는 정보들을 활용하고 있다.[57]

미래연구자들의 미래에 대한 그들의 가치와 생각을 표현하고, 그 정당성을 입증하는 방법은 다양하나, 모든 기존의 과학이론들이 그렇듯이 미래에 대한 가정을 전재로 한다. 특히 미래연구자들의 미래에 대한 가정들은 연구자들이 가지고 있는 미래의 이미지에 그 기반을 두고 있다. 이런 다양한 이미지들을 식별하고, 그 근원과 역사를 이해하는 것이 결국 미래의 가정들을 이해하는 것이고, 미래의 이론들과 연결되는 것이다. Dator에 따르면, 개개인, 문화권, 남녀, 사회계층과 연령집단마다 각각의 서로 다른 미래의 이미지들을 가지고 있지만, 일반적으로 지속, 붕괴, 통제, 변화라는 4개의 유형으로 구분할 수 있다고 말한다.[58] 4가지 미래에 대한 이미지 유형은 기본적으로 사회변동에 대한 이미지들이 주류를 이루고 있다. 사회변동론은 사회를 이해하는 방식, 즉, 무엇이 변화를 가져오고, 무엇이 변화를 가로막고, 사회의 어떤 측면이 쉽게 변하고, 사회의 어떤 측면이 쉽게 변하지 않는가에 대한 끊임없는 질문과 해답을 구하는 것이다. 사회변동론은 특히 새로운 기술의 발달이 가져올 인간의 행위, 가치, 삶의 방식 등의 변화에 대한 이해와 설명에 초점을 맞춘다. 기술의 변화는 사회변화의 밑바탕이며, 기술의 진보와 발달로 기존기술에 바탕을 둔 고정 관념과 믿음에 대한 도전 및 새로운 행동양식과 가치가 허용되기 때문이다. 그리고 새로운 기술에 의해 새로운 가치, 행동양식, 관례, 제도들이 나타나게 되는 것이다.

미래연구에서 논의되고 있는 다양한 미래와 관련한 이론들을 사회변동론

57) *Ibid.*
58) Jim Dator (Ed.), *Advancing Futures: Futures Studies in Higher Education*, Praeger Publisher, Westport: CT, 2002.

[그림 2] 사회변화의 구분과 특징(Dator, 1983)

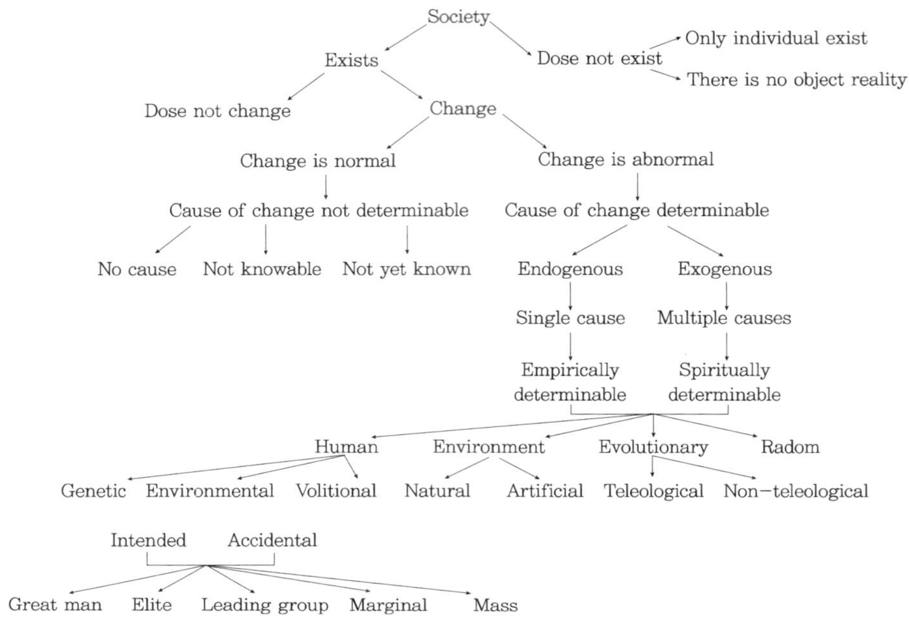

을 중심으로 Dator가 제시한 지속, 붕괴, 통제, 변화라는 4가지 이미지 유형으로 분류하여 정리해 보고자 한다.

1. 지속(Continued Growth)

지속에 관한 미래의 이론들은 과거와 현재에 진행되었던 사건들이 미래에도 과거나 현재와 똑같이 진행되거나, 혹은 발전이나 진화된 형태로 지속될 것이라는 가정에 기반하고 있다. 대표적인 지속과 관련된 미래 이론들로는 진화론과 발전론 등을 들 수 있을 것이다.

Charles Darwin의 '종의 기원(Origin of Species)'이라는 좁은 생물학적인 의미에서 시작된 진화론(evolution theory)은 뉴턴 이래 서구 사상사에 일대 전환점을 가져왔다. Darwin 스스로가 당대의 사회과학으로부터 많은 영감을 받았고, 또 그의 진화론 역시 당대의 사상가들과 사회과학자들에게 커다란 영향을 미쳤는데, 대표적인 예가 August Comte, Herbert Spencer, Émile Durkheim 등이다.[59] 이들 사상가들은 생물의 진화처럼 인간사회도 일정한 방향으로 지속적인 발전을 하고 있다고 보았다. 즉, 인간사회는 원시사회의 단순・미분화 상태에서 현대사회의 복잡・분화상태로 진보(진화)하고 있다는 것이다.

특히 August Comte는 사회를 하나의 유기체로 보고, 사회의 변동과정을 설명하였는데, '삼단계 법칙'이 그 대표적인 이론이다. '삼단계 법칙'에서는 인간의 지성이 신학적・공상적 단계에서 형이상학적・추상적 단계로, 또 이 단계에서 실증적・과학적인 단계로 점점 발달한다고 주장한다. Comte는 사회마다 속도의 차이는 있지만 이러한 단계가 인간의 지성뿐 아니라, 인간사회에까지 적용된다고 보았다.[60] Herbert Spencer는 모든 사회와 우주를 관통하는 진리가 진화라고 믿었다. 그는 자연의 모든 생물들이 진화를 해서 더 나은 개체가 되는 것처럼 인간사회 역시 진화해서 그 전 사회보다 나은 사회가 된다고 주장했다. Spencer의 진화론에서 사회의 진화란 구조의 진화를 얘기하는데, 이것은 성장 - 구조분화 - 새로운 구조들의 갈등 - 재통합의 과정을 거친다. Spencer는 단순사회에서 복합사회로 발전하는 양상을 강조하였는데, 인간사회도 생물 유기체와 마찬가지로 크기가 커지면서 동질적이고 단순한 사회로부터 이질적이고 복합적인 사회로 진화하고 있다고 본 것이다.[61]

Emile Durkheim은 Comte와 Spencer의 뒤를 이어, 사회변동 과정에서의 분업의 기능과 분업에 의한 새로운 사회적 유대의 가능성을 실증과학적인 방법으로 찾으려고 하였다. 그는 진화론적인 입장에서 전통사회에서 근대사회로의 전환을 유기체로 비유하였으며, 여기에서 분업은 사회의 분화된 전문적인 영역만을 양산하는 것이 아니라 사회적 유대를 형성하는 역할도 한다고 보았다. 다만, Comte와 Spencer가 인간사회의 진화에 대해 보다 발전적이고 긍정적인 시각을 가졌던 반면, Durkheim은 사회진화의 결과에 대해 비관론적 전망을 가졌다는 점에서 차이를 보이고 있다.[62]

사회변동론과 관련하여 근대 사회과학에 가장 커다란 영향을 미친 것은 Karl Marx의 갈등론일 것이다. Marx에 따르면 사회는 항상 변화하고, 경쟁과 갈등관계에 놓여 있다. 그리고 이러한 갈등은 사회의 발전에 기여하며, 사

---

59) 리처드 아펠바움, *사회변동 이론*, 한울 아카데미, 2009.
60) 김경동, *현대의 사회학*, 박영사, 1989.
61) 예하미디어편집부, *인간과 사회*, 1992.
62) 리차드 아펠바움, *사회변동 이론*, 한울 아카데미, 2009.

회는 합의가 아닌 탄압에 의해서 이루어진다고 보았다. Marx는 생산수단의 소유여부에 따라 계급을 유산자계급과 무산자계급으로 나누었고, 이들 유산자계급과 무산자계급의 갈등이 모든 사회에 존재한다고 보았다. 그리고 이에 따라 인류역사를 계급투쟁의 역사라고 보기도 했다. Marx는 생산양식의 변화에 따라 인류의 역사는 원시 수렵채취 사회에서, 고대 노예제 사회, 중세 봉건제 사회, 그리고 자본주의 사회로 변동해왔다고 보면서, 자본주의 사회 다음에 미래의 대안사회로서 사회주의 공산사회의 출현을 예상했다.

이러한 Marx의 사상은 후대에 사상가들에게 계승·발전되어 생산양식의 변화에 따른 사회변동론의 기반이 되었다. 이러한 담론들은 넓게는 유목의 수렵/채집사회로부터 정착적인 농경사회, 그리고 보다 크고 다이내믹한 산업화사회, 그리고 최근의 초(超)유동적인 정보화 사회로(20세기 중반 이후)의 변동을 묘사하고 설명해왔다. 각 사회는 그 시대의 지배적인 경제시스템(주요 산업분야에 종사하고 있는 인구비례, 그리고 부와 힘을 창출할 수 있는 중추적 경제/산업 영역) 들에 의해 각각 명명되어진다. 각각의 변동에서 이전에 지배적인 산업/경제 분야들은 새로운 산업/경제의 중심에서 소외되지만 완전히 소멸되지는 않는다. 따라서 수렵과 채집은 아직도 농경이 중심인 사회에서 찾아볼 수 있으며 산업화와 정보화가 상당히 진행된 사회에서도 농경은 적은 부분이지만 아직도 존재하고 있다.

생산방식에 의한 사회변동이라는 측면에서 가장 대표적인 것이 인류가 산업화 시대에서 정보화 시대로 이동하고 있다는 담론일 것이다. Alvin Toffler는 그의 저서 'The Third Wave'와 'Power Shift'에서 인류가 농경사회의 첫 번째 물결, 산업사회의 두 번째 물결, 그리고 정보사회의 세 번째 물결을 맞이하고 있다고 주장한다.63) Toffler는 그의 저서 'Future Shock'에서 현재의 변화 속도가 산업화시대와는 비교할 수 없을 정도로 빨라지고 있다고 주장한다. Toffler에 따르면, 우리 주위를 둘러싼 빠른 속도의 변화는 우리가 그러한 변화에 적응하는 능력의 한계점으로 내몰고 있다고 한다. Toffler 는 이러한 현재의 상황을 '충격(shock)'으로 표현하고 있다.64) 같은 맥락에서 John Naisbit과 Manuel Castells는 정보화시대의 독특한 특징을 강조하면서, 정보

63) Alvin Toffler, *The Third Wave*, New York: Bantam, 1980.
64) Alvin Toffler, *Future Shock*, New York: Bantam, 1971.

화시대가 인류의 역사에서 이전의 삶의 방식과 어떻게 질적으로 다른지를 구체적으로 설명하고 있다.65) Peter Drucker와 Daniel Bell 또한 미래의 이론으로써 '정보사회'가 '산업사회'를 대체하고 있음을 극명하게 제시하였다. 기본적으로, 정보사회론은 인류가 뉴턴역학과 사상의 지배에서 벗어나 지식과 정보에 의해 지배받는 사회로 이동하고 있음을 강조하고 있다.66) Ray Kurzweil은 정보사회로의 진화는 피할 수 없는 것이며, 변화 속도의 증가는 자연법칙의 필요한 결과라고 지적한다.67)

1990년대 후반까지 생산방식에 의한 사회변동론의 대부분은 농경사회에서 산업사회로의 변동, 또는 어떻게 산업사회가 후기산업사회로 이동되어가고 있는가에 지속적인 초점을 맞추어왔다. 그러나 21세기에 들어, 많은 미래의 이론가들은 정보화사회 이후의 새로운 사회를 묘사하는 후기정보화사회에 초점을 맞추기 시작하였다.

Ernest Sternberg는 새로운 미래사회의 정치경제를 "아이콘(Icons)의 경제" 라고 부르는 반면, Rolf Jensen은 "드림 소사이어티(The Dream Society)" 라고 명명하고 있다. Joseph Pine과 James Gilmore는 새로운 경제를 "체험의 경제(The Experience Economy)"라고 칭하고 있고, Virginia Postel은 그것을 "스타일의 본질(The Substance of Style)"이라고 기술하면서 미래의 경제생활에 있어서 미적 가치의 중요성에 대해 강조하고 있다. 각각의 명칭은 달라도 이들 모두가 대략 비슷한 현상을 설명하고 있다.

Ernest Sternberg는 21세기가 시작됨과 동시에 '정보경제(Information Economy)'란 개념은 이미 일반화되었고, 감춰졌던 또 다른 경제적인 변화가 현재 우리를 압도하고 있다고 말한다. Sternberg에 따르면 "이 새로운 경제의 원동력은 정보가 아니라 '이미지(images)'이며, 생산은 상품에 이야기(story)와 이벤트(event)가 첨가될 때 가치를 지닐 수 있으며, 능률이란 시의

65) John, Naisbitt, *Megatrends: Ten New Directions Transforming Our Lives,* New York: Warner, 1982; Castells, *Manuel The Information Age: Economy, Society, and Culture. Vol. I.* The Rise of the Network Society. Second Edition. Oxford, UK: Blackwell Publishers, 2000.

66) Peter Drucker, *Post-Capitalist Society,* New York: Harper Business, 1993; Drucker, Peter F. "The Age of Social Transformation" *Atlantic Monthly,* November, 1994; Bell, Daniel, *The Coming of Post-Industrial Society.* New York: Basic Books, 1973.

67) Ray, Kurzweil, *The Age of Spiritual Machines: When Computers Exceed Human Intelligence,* New York: Penguin Books, 1999.

적절한 의미의 전달을 뜻하며, 명성이 부의 기초가 되며, 경제적 영향력은 콘텐츠를 지배하는 자들에 의해 좌우된다."라고 기술하고 있다.[68] 덴마크의 미래학자 Rolf Jensen은 "드림 소사이어티(the Dream Society)"란 그의 저서에서, 우리가 미처 적응하기도 전에 정보화사회의 태양이 지고 있으며, 우리는 지금 제 5 형태의 사회를 맞이하고 있는데 이것이 바로 '드림 소사이어티'라고 주장한다.[69] 비슷한 맥락에서 Joseph Pine과 James Gilmore는 정보는 더 이상 새로운 경제의 근간이 될 수 없으며, '체험'이 부와 일자리를 창출할 수 있는 새로운 미래경제의 기반이 될 것이라 내다보고 있다. 따라서 '체험'을 하나의 차별화되고 개별적인 매매 대상으로서 인식이 미래의 경제성장에 중요한 열쇠가 될 것이라고 그들은 확신하고 있다.[70] 가장 최근의 논의로 Virginia Postel은 이러한 변화에 대해서, '기능'의 시대는 그 수명을 다해 '외양'과 '느낌'에 '기능'이 종속되어 가고 있으며, 이제는 디자인이란 개념을 넘어 감각과 정서적인 매력이 접목된 '스타일(style)'이 생산과 소비를 좌우하는 시대가 도래 있음을 강조하고 있다. 즉, 미래의 사회는 기능의 시대에서 디자인의 시대를 넘어 스타일의 시대로 진화하고 있는 것이다.[71]

위에서 제시한 사회변동이론들이 공통적으로 제시하고 있는 결론은 인간 생활의 모든 국면에 있어서 변화는 가속화되고 있고, 미래에도 이러한 변화의 가속은 지속될 것이며, 인류는 이러한 현실에 적응하고 번영하는 방법을 찾아야 한다는 것이다.

2. 붕괴(Collapse)

붕괴와 관련된 이론들은 실제로 다양한 영역들을 포함한다. 인류 문명의 소멸 또는 쇠퇴를 예견하는 것을 포함하여 생물학적·생태학적 대참사, 과학적 기술적 재난, 사회적·경제적 붕괴, 도덕적 타락 등이 그것이다.

---

68) Ernest Sternberg, *The Economy of Icons: How business manufactures meaning*, Westport, Conn: Praeger, 1999.

69) Rolf Jensen, *The dream society: How the coming shift from information to imagination will transform your business*, New York: McGraw-Hill, 1999.

70) B. Joseph Pine II and James H. Gilmore, *The experience economy: Work is theatre and every business a stage*, Boston: Harvard Business School Press, 1999.

71) Virginia Postel, *The substance of style: How the rise of aesthetic value is remaking commerce, culture and consciousness*, New York: Harper Collins Publishers, 2003.

미래에 대한 이러한 비관적인 시각은 다양한 형태를 띠고 있는데 그 중의 하나가 제3차 세계대전과 같은 대전의 발발 가능성이다. 세계적 핵전쟁의 위협은 지난 반세기가 넘는 기간 동안 제3차 세계대전 이후 벌어질 새로운 암흑시대, 또는 원시시대를 그리는 수많은 공상과학소설과 영화 등을 낳았다. 제3차 세계대전 이외에 미래에 대한 많은 부정적인 이미지들이 존재하고 있고, 이러한 미래의 가능성들은 공상과학과 재난 영화에서 많이 다루어졌다. 공상과학 소설과 영화에 묘사된 미래의 부정적이고 암울한 이미지들을 유형별로 나누어 보면 다음과 같다.[72]

- 인류가 돌이킬 수 없을 정도로 환경을 오염시키거나 지구의 자원을 고갈시킴으로써 현재의 세계문명은 붕괴된다는 시나리오
- 환경오염, 과학기술의 부정적인 영향에 의해 신종 전염병이 전 세계를 휩쓰는 시나리오
- 강력한 외계 생명체에 의해 인류가 침략, 정복, 노예화, 또는 파괴된다는 시나리오
- 강력한 독재자가 사악한 전체주의 정부를 통해 세계와 인류를 지배한다는 시나리오
- 정부는 세계적으로 급증하는 범죄, 폭력, 테러, 무질서에 대한 통제를 잃고, 세계의 인류는 무법천지의 '골육상쟁'에 의해 붕괴한다는 시나리오
- 인류가 거대한 행성의 충돌, 또는 태양계의 환경변화로 인해 멸망한다는 시나리오
- 인간이 창조한 인공지능이 인간을 말살시키거나 노예로 만든다는 시나리오

Richard Moran은 "세상의 마지막 날(Doomsday: End of the World)"에서 미래에 일어날 수 있는 대재난으로 다음과 같은 기본유형을 제시하고 있다. [73]

---

72) Thomas Lombardo, *Contemporary Futurist Thoughts*, Bloomington, IN: Author House, 2006.

73) Richard Moran, *Doomsday: End of the World Scenario*, Indianapolis, Indiana: Alpha Books, 2003.

- 대량 살상무기에 의한 재난
- 행성의 지구충돌
- 기후변화와 지구온난화
- 새로운 빙하시대
- 거대 츠나미, 태풍, 홍수, 가뭄, 폭설, 지진, 화산폭발
- 신종 전염병의 확산
- 테러리즘의 확산(사이버 테러리즘 포함)
- 식량, 물, 에너지자원의 고갈
- 나노/바이오/유전자/로봇 공학의 오작동

위에서 언급된 다양한 형태의 '최후의 심판 시나리오'는 과학적으로 가능하며 실제로 일어날 수 있는 것들이라고 Moran은 주장하고 있다. 이러한 일련의 사건들은 인류를 종국적으로 멸망시킬 수 있으며, 지구상에 있는 모든 생명체들을 멸족시킬 수도 있다는 것이다.74) 우주과학자 Martin Rees경은 그의 책 'Our Final Hour'에서 과학기술적 재난에 초점을 맞추면서, 이러한 재난이 인류를 쓸어버릴 수 있다고 경고하고 있다. 그는 또한, 인류의 지속적인 존재에 있어서 최대의 위협은 자연재해가 아니라 인간 그 자체라고 말하고 있다. Rees는 인간이 유발 할 수 있는 가능한 재난으로 초인공지능의 부상, 생물학적인 테러, 생명공학의 부작용, 나노기술의 통제 불능, 과학실험으로 인한 우발적 블랙홀의 확장과 우주 구조의 혼란, 기술과 산업 발달에 의한 환경재난, 핵무기의 지속적인 위험, 특히 핵무기가 테러리스 손에 넘어갔을 경우 등을 포함시키고 있다.75) 인류의 최후와 관련해서 가장 극단적인 시나리오는 우주자체의 종말이다. 19세기에 들어서 열역학의 세 가지 법칙 발견에 자극을 받아, 많은 과학자들은 우주의 장애는 지속적으로 증가할 것이라고 결론 내리고 있다. 결국에는 우주는 가능한 에너지를 모두 소비해 버릴 것이며, 결과적으로 새로운 질서를 창조할 수 있는 역량과 존재하는 모든 질서와 복잡성은 산산조각이 나게 된다는 것이다. 비슷한 맥락의 관점에서, 우

74) Richard Moran, *Doomsday: End of the World Scenario*, Indianapolis, Indiana: Alpha Books, 2003.
75) Martin Rees, *Our Final Our*, New York: Basic Books, 2003.

주의 지속적인 팽창도 언젠가는 그 수명을 다하며 종말을 고할 것이라는 것이다.

3. 보전 또는 과거로의 회기(Conserved or Return to the Past)

보전 또는 과거로의 회기에 관한 미래의 이론들은 지속적인 성장과 변화를 인류에게 있어서 부정적이고 파괴적인 것으로 보는 시각에 기반을 둔 미래의 이미지로, 보다 단순하고, 안정적이고, 획일적인 삶인 과거로의 회기를 의미한다.

Paul Ray는 미국의 이문화 집단과 가치에 대한 연구에서 'Heartlanders'라고 불리는 미국 전체인구의 약 30%를 차지하는 전통주의자들의 집단을 관찰한 바 있다.[76] 이들은 성경의 근본적 교리들을 진리의 척도로 삼고 있으며, 성경의 도덕적 바탕을 통해 현재를 평가하고 미래를 가늠하는 잣대로 삼고 있다. Heartlanders들은 삶의 미덕의 중요성을 강조하면서, 특히 도시의 삶이 많은 측면에서 부도덕하다고 믿고 있으며, 작은 타운과 시골의 가치를 지지하고 있다. 이들은 또한 반과학적·반기술적이거나 친자연적이고, 종종 애국주의적이며 외국인들에게 적대적인 성향을 가지고 있다. 문화적으로 종교적으로 보수적인 것과는 별개로, Heartlanders그룹은 여성들의 전통적인 가정에 대한 역할에 강한 믿음을 보이고 있다. Heartlanders들은 그들이 믿고 있는 것을 실행으로 옮기기 위해 상대적으로 큰 조직을 형성하고 있으며, 미국 내에서도 강한 사회적 영향력을 행사하고 있다. 이슬람 근본주의나 기독교 근본주의도 같은 맥락에서 이해될 수 있을 것이다. 근본주의는 어떠한 전통적인 종교나 독트린에 대해 경전에 대한 엄격한 해석에 근본 교리에 고수하려는 보수주의적 신앙을 의미한다. 기독교 근본주의나 이슬람 근본주의자들은 도덕적으로 잘못되었다고 판단되는 그 어떠한 사상이나 빗나감도 거부한다.[77]

Virginia Postrel은 이러한 Heartlanders들의 존재 현상을 우리시대의 역

76) Paul Ray, "What Might Be the Next Stage in Cultural Evolution?" in Loye, David (Ed.) *The Evolutionary Outrider: The Impact of the Human Agent on Evolution.* Westport, Connecticut: Praeger, 1998; Ray, Paul and Anderson, Sherry, *The Cultural Creatives: How 50 Million People are Changing the World.* New York: Three Rivers Press, 2000.

77) *Ibid.*

동(dynamist)과 정체(stasis) 시각 사이의 충돌과 근본적인 갈등으로 묘사하고 있다. Postrel에 따르면, Heartlanders와 같은 정체주의자들에게 있어서 세상은 끔찍하게 잘못된 방향으로 변해왔고, 누군가가 이러한 상황을 바로잡아야 한다고 믿고 있다는 것이다. Postrel은 정체의 주창자들이 예측할 수 없는 미래와 통제할 수 없는 변화에 대해 두려워한다고 지적한다. 따라서 정체주의자들의 관점은 과거의 어떤 이상적인 시대로 돌아가든가, 아니면 현상 유지를 통해 미래에 대한 통제의 필요성을 강조한다.[78]

전통, 정체, 과거로의 회기에 대한 주제는 세계적으로 다양한 문화적 민족적 운동의 강한 특징이기도 하다. 9.11테러와 이슬람 근본주의 발호에서 볼 수 있듯이, 많은 비서구인들은 빠르게 변화하는 현대 사회와 세계화의 세력에 대한 위협을 느끼고 있다. 미국 내의 전통주의자들이 애국적이고 친미국의 성향이라면, 미국 밖의 전통주의자들은 종종 반미성향을 나타내고 있다. Barber와 Friedman은 다양한 지역적 토속 문화들의 반서구, 반세계화의 반응들은 서구세력에 의한 현대화에 반대하면서 그들의 전통과 삶의 방식을 보전하기 위한 시도로 묘사하고 있다.[79]

4. 변화(Transformation)

지속(Continued Growth)에서 의미하는 변화가 점진적이고 진화적인 변화를 의미한다면, 4번째의 변화(Transformation)에서 의미하는 변화는 과거 및 현재와 단절되는 급진적인 변화에 대한 이론이다. Dator가 의미한 '인공적(artificial)'인 것과 기술낙관론자들이 구상하는 신세계도 이 범주에 속한다. 이러한 과거 및 현재와 단절되는 인공적이면서도 새로운 미래의 이미지는 로봇 공학, 인공지능, 유전자 기술, 순간이동, 나노기술, 우주공학 등이 어울려 만들어내는 전혀 새로운 세상이라고 볼 수도 있겠다.

20세기 과학은 과학자들이 세상을 이해하는 방식에 많은 근본적인 변화를 가져왔다 가장 주목할 만한 과학적 발전은 상대성 이론, 양자물리, 우주진화

78) Virginia Postrel, *The Future and Its Enemies: The Growing Conflict Over Creativity, Enterprise, and Progress,* New York: Touchstone, 1999.

79) Thomas Friedman, *The Lexus and the Olive Tree: Understanding Globalization,* New York: Farrar, Straus, and Giroux, 1999; Barber, Benjamin *Jihad vs. McWorld,* New York: Ballantine Books, 1995, 2001.

론, 카오스와 복잡계이론, 개방이론(open theory), 끈 이론(string theory) 등이 그것이다. 그리고 이러한 이론들은 17세기의 제1차 과학혁명에 이어 제2의 과학혁명을 이끌고 있다. 이러한 혁명들은 우리의 실체에 대한 인식의 변화를 가져오고 있고, 인간사회를 보는 관점에도 영향을 미치고 있다. 제2의 과학혁명의 결과로 인해 인간들의 생각, 태도, 가치에 근본적인 변화(Fundamental Transformation) 가 일어나고 있는 것이다.

근대 산업화 시대는 뉴턴물리학에 기반하고 있다. 같은 맥락에서 새로운 과학 개념의 등장으로 인해 새로운 시대가 부상하고 있다는 것이다. 대표적인 이론들이 Zohar와 Marshall의 '양자사회(Quantum Society)', Fritjof Capra의 '새로운 과학과 문명의 전환(The Turning Point)', Hazel Henderson '진보의 패러다임(Paradigms in Progress)', Sally Goerner의 '시계장치 이후의 세계(After the Clockwork Universe)' 등이 그것이다.[80] Zohar와 Marshall은 양자물리학 원칙에 의해 우리의 사회와 심리는 재구조화 되고 있다고 주장한다. 보다 최근에는, Sally Goerner는 그녀의 저서 '시계장치 이후의 세계(After the Clockwork Universe)'에서 뉴턴 과학과 현재의 과학시스템, 그리고 각각의 시스템적 사고가 가져온 사회적 함의를 체계적으로 비교하고 있다.

그녀의 핵심 주안점은 현재의 과학은 뉴턴 과학이 선형적인 사고를 강조하고 있는데 반해, 현재의 과학은 자연 안에서의 연결성과 네트워킹을 강조한다는 것이다.[81]

다시 말해, 제2의 과학혁명이 미래이론에 주는 함의는 실체의 본질에 관한 재개념화와 재구조화로 인해 과학이 모든 인간사회의 집단적 생각을 극적으로 변화시킨다는 것이다. 이러한 변화는 단순한 기술적인 변화만 포함하는 것이 아니라, 심리적·철학적·사회적 혁명을 동반한다는 것이다.[82] 미래에 관한 많은 이론들에는 현재의 과학적인 개념들이 결합되어 있으며, 이는 과

---

80) Danah Zohar, *The Quantum Self: Human Nature and Consciousness Defined by the New Physics*, New York: William Morrow, 1991; Zohar, Danah and Marshall, Ian, *The Quantum Society: Mind, Physics, and a New Social Vision,* New York: William Morrow and Co., Inc., 1994; Capra, Fritjof, *The Turning Point,* New York: Bantam, 1983; Henderson, Hazel, 1991.

81) Sally Goerner, *Chaos and the Evolving Ecological Universe,* Luxembourg: Gordon and Breach, 1994.

82) Principia Cybernetica – http: //pespmc1.vub.ac.be/.

학의 다양한 새로운 개념들은 점증적으로 인간의 일상생활에 영향을 미치고 있고, 결국은 인간의 생각과 사회를 근본적으로 바꿀 것이라는 의미가 함축되어 있다.

현대의 유전자 공학과 바이오 공학은 인간의 유전적 조작을 통해 변형시킬 수 있는 시대로 빠르게 다가가고 있다고 많은 미래학자들은 예측하고 있다.[83] 다양한 질병들을 치유할 수 있을 뿐만 아니라, 유전적 열성 인자를 제거하고 새롭게 향상된 우성 인자를 디자인 할 수도 있는 것이다. 이는 의도적인 유전자 조작에 의한 새로운 형태의 인간이 출현하게 될 수도 있음을 의미한다. 그렇다면 새로운 형태의 인간은 인간사회를 어떻게 변화시킬 것인가? 새로운 형태의 인간은 현재의 인간종의 종말을 의미하는 것인가? 기술적 조작에 의한 인간의 생물학적인 변형은 엄청나게 극적인 사건임에는 분명하다.

Rodney Brooks and Hans Moravec는 멀지 않은 미래에 로봇이 보다 더 지능화되고 역량이 강화될 것이라고 보고 있으며, 인간의 많은 측면에 파고들 것이라고 보도 있다.[84] Ray Kurzweil도 'The Age of Spiritual Machines and The Singularity is Near'에서 인공지능의 진화 가능성에 대해 논하면서 이러한 기술의 발달이 인간의 본질을 어떻게 변화시킬 것인지에 대해 논하고 있다.[85] Brooks 또한, 그의 저서 'Flesh and Machines: How Robots Will Change Us'에서 로봇이 꾸준히 인간의 정신과 육체에 버금가는 개체로 접근할 것이라고 예상하고 있다. 결론적으로, 그들은 로봇의 진화가 인간의 본질과 인간사회를 변화시킬 것이라고 예상하고 있다.[86]

미래이론은 현재의 사실과 미래에 대한 다양한 가정들에 대한 설명과 묘사이자, 미래 이미지의 조합이라고 할 수 있다. 위에서 제시한 사례들에서 보는 바와 같이 미래와 관련한 이론들은 신화적이고 종교적인 이미지는 물론, 세속적인 사상들과 연결되어 있음을 알 수 있다. 따라서 미래연구의 본질을

---

83) Elmer-Dewitt, Philip, "Cloning: Where Do We Draw the Line" *Time*, November 8, 1993; Elmer-Dewitt, Philip, "The Genetic Revolution" *Time*, January 17, 1994; Kaku, Michio, 1997; Naisbitt, John, 2001; Stock, Gregory, *Redesigning Humans: Our Inevitable Genetic Future*, Boston: Houghton Mifflin Company, 2002.

84) Rodney Brooks, *Flesh and Machines: How Robots Will Change Us*, New York: Pantheon Books, 2002.

85) Kurzweil, Ray, 1999; Kurzweil, Ray, 2005.

86) Rodney Brooks, *Flesh and Machines: How Robots Will Change Us*, New York: Pantheon Books, 2002.

이해하는 것은 주요 핵심 미래이론을 이해하는 것이다. 많은 미래학자들이 지적하듯이, 미래이론들 간의 불일치와 경쟁이 존재한다. 하지만 이러한 불일치와 경쟁은 미래연구의 주요 이슈를 만들어 내기도 한다. 미래연구의 방법, 주제, 행동의 과정 등을 둘러싼 논쟁과 갈등은 연구자들 각자가 각기 다른 이론과 가치체계를 갖고 있기 때문이다. 따라서 미래연구의 주요 영역과 이슈를 이해하는 것은 미래연구자들의 이론, 특히 그 이론의 배경이 되는 '미래의 이미지'를 이해하는 것과 같다고 결론지을 수 있다.

Ⅴ. 미래연구의 방향과 시사점

위의 논의에서 알 수 있듯이 인류의 미래에 대한 예측 노력은 지속적으로 진화하여 왔다. 고대인들은 계절의 변화, 천체의 관측 등 자연의 섭리를 통해서 미래를 예측하려 했고, 중세에 들어와서도 문학이나 예술작품을 통하여 미래에 대한 이상향이나 비전들을 표현하였다. 미래예측에 대한 노력이 과학의 영역으로 편입되기 시작한 것은 근대 과학혁명 이후이다. 특히, 과학적 논리와 합리주의에 입각한 계몽사상은 현대 학문체계의 밑바탕이 되었고, 미래예측에 대한 활동도 과학적인 것에 통합되기 시작하였다.

1960년대 이후 사회가 고도화되고, 복잡성과 불확실성이 증가함에 따라

[그림 3] 미래연구의 진화

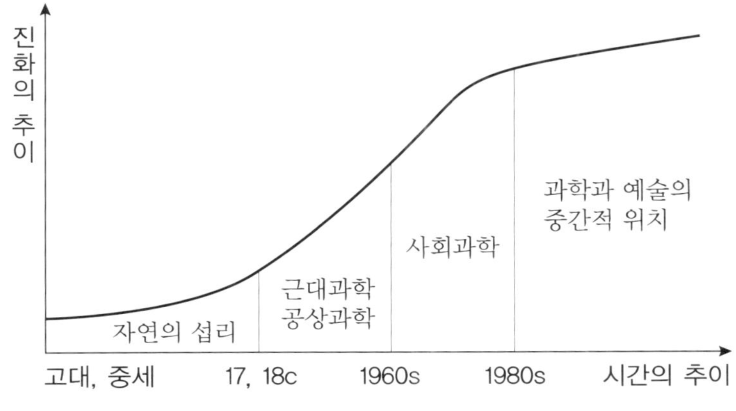

미래예측에 대한 수요는 급증하였으며, 미래연구는 사회과학의 영역에서 지속적으로 발전하였다. 그러나 실증주의에 입각한 과학적 시각은 미래에 대해 지극히 선형적인 비전만을 제공하였고, 실증할 수 없는 '미래'의 영역은 과학적 방법에 근거한 이론과 방법으로는 설명하기 어렵다는 비판에 직면하게 되었다. 이러한 실증주의적 과학적 미래연구의 한계는 후기근대주의와 결합하면서, 개인의 감성과 통찰, 영성, 초자연 등 비과학적 요소들이 미래연구의 주요 테마로 부상하기 시작하였다.

향후 미래연구의 방향은 근대의 과학적 실증주의가 강조하는 외부환경의 합리성과 경험적인 관찰을 넘어, 개인의 감성과 주관적인 통찰을 포함하여 영성적이고, 초자연적이고, 내부 지향적인 전통과 철학 등 풍부하고 다면적인 이해에 관심을 기울일 필요가 있다. 미래연구는 과학적인 방법과 비과학적인 방법이 적절한 조화를 이루면서, 객관적인 외부환경과 주관적인 내부환경에 대한 종합적이고 균형 잡힌 접근이 요구된다. 아울러, 단순한 예측기법의 활용과 응용을 넘어, 미래연구를 수행함에 있어 연구자의 미래에 대한 가치나 이미지가 이론의 형태로 녹아 있어야 할 것이다.

[그림 4] 외부환경과 내부환경의 균형적 조화

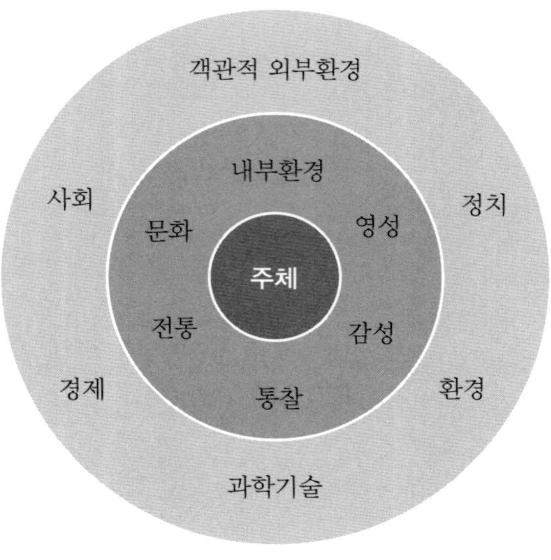

또한 미래연구의 이론과 방법들이 시대를 거치면서 진화해 왔듯이, 현재 급속하게 발전하고 있는 과학기술들과 시대적 가치를 미래연구에 적극 반영해야 할 것이다. 현재 우리는 빠른 속도로 성장하고 있는 컴퓨터의 활용과, 컴퓨터 그래픽과 시뮬레이션, 가상현실 등 가능한 미래를 시각화시킬 수 있는 유용한 IT도구들을 가지고 있다. 특히 지속적으로 진화하고 있는 컴퓨터 그래픽은 미래적인 감각과 시나리오 등을 보다 생생하게 표현할 수 있다. 아울러 인터넷의 폭발적인 성장은 미래에 대한 시각적인 멀티미디어 이미지들을 창조하는 데 기여하고 있다.

현대 미디어와 컴퓨터 기술의 출현과 함께, 미래는 전례 없이 역동적이면서도 쌍방향으로 시각화되어 가고 있다. 미래를 표현할 수 있는 우리의 능력이 진화함에 따라, 미래에 대한 우리의 이론과 생각도 그것을 표현할 수 있는 새로운 미디어를 지속적으로 찾아야 할 것이다. “미디어가 메시지다”라는 지적이 완전한 사실은 아닐지라도, 미래에 대한 우리의 인식과 이론적인 이해는 분명히 미래를 표현하는 의식의 지각적인 방식과 미디어에 달려 있다. 미래연구자들의 사고와 상상력은 진화되어 왔고, 인간의 이해를 표현하는 방식과 그것을 전달하는 미디어의 진화와 결부되어 앞으로도 지속적으로 진화할 것이기 때문이다.

제3절 미래연구의 절차와 방법

Ⅰ. 미래전략연구방법론의 수립

1. 미래전략연구방법론의 의의 및 역할

미래전략연구방법론은 미래연구가 정책 수립에 직접적으로 기여하고, ICT 기반의 미래예측 인프라 구현을 위해 미래전략 연구의 논리적 모델을 최초로 개발하였다.

상기모델은 Input, Process, Output, Feedback 절차에 따라 총 7단계의 체계적인 구성으로 되어있다.

[그림 5] 미래전략연구방법론(FROM) v1.0 모델

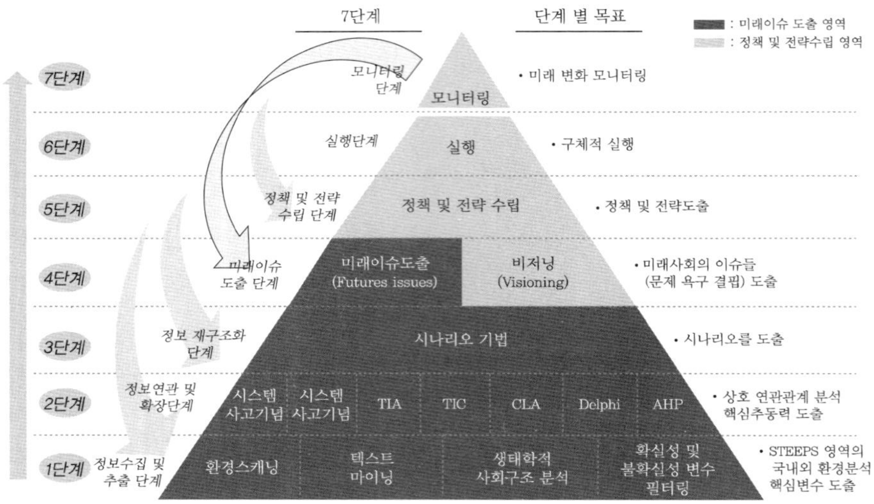

〈표 5〉 미래전략연구방법론의 단계별 내용

과정	단계		내용	목적
Input	1단계	-정보수집 및 추출	미래연구 주제에 관련한 정보를 선별적으로 수집하고 분류하는 정보수집 및 추출 단계	환경분석을 통한 핵심변수 도출
Process	2단계 3단계	-정보연관 및 확장 -정보재구조화	수집된 정보를 가공하고 실험하는 정보연관, 확장화 및 재구조화	연관분석을 통한 핵심추동력 및 시나리오 도출
Output	4단계	-미래이슈 및 정책방안 도출	미래이슈 및 정책방안을 도출하고 현실에 적용하는 단계	미래사회 이슈 및 정책방안 도출
	5, 6단계	-전략 도출 및 실행	전략 및 정책의 도출 및 실행	전략 및 정책실행
Feedback	7단계	-(전략실행이후)모니터링을 통한 피드백	전략 및 정책 실생 결과를 지속적으로 모니터링하여, 변화된 정보 및 정책 변화를 피드백	변화된 환경 및 변수 피드백

미래전략연구방법론은 단계별 목표를 기술하고, 미래연구 기법(환경 스캐닝, 시스템 사고기법, Futures Wheel, 시나리오 등)의 목표 및 지향점을 설정한다.

계량적이고 합리적인 성격과 감성 및 직관을 수용한 복합적인 미래예측 방법론을 수용한다. 또한 미래연구의 결과는 공공 정책 및 전략 도출을 위해 최적화된 구조를 지니고 있다.

미래전략연구방법론(FROM)의 단계는 ① 미래연구 영역, ② 정책·전략수립 영역으로 구분되며, 미래연구의 결과 및 시사점이 정책 및 전략 수립에 직접적 연계를 가질 수 있는 구조로 개발되었다.

미래연구 영역은 정보의 수집 단계에서 미래이슈(Futures Issues) 도출까지 4단계(1~4단계: 정보수집 및 추출 → 정보연관 및 확장 → 정보 재구조화 → 미래이슈 도출)로 구성되어 있다. 정책·전략수립 영역은 미래이슈를 기반으로 가시적 미래상을 정립하기 위한 4단계(4~7단계: 비저닝 → 정책 및 전략수립 → 실행 → 모니터링)로 구성되는데, 단, 미래이슈와 비저닝은 미래의 결핍·욕구·문제 해결을 위한 목표가 동일하여, 같은 단계(4단계)에 배치하였으며, 총 7단계로 구성된다.

2. 미래연구 영역 및 프로세스

1) 정보수집 및 추출 단계

첫 번째 단계인 정보수집 및 추출 단계는 미래연구의 첫 출발점으로 다량의 급변하는 정보들을 효과적으로 다루기 위해 해결이 필요한 미래 연구 주제와 관련된 정보를 체계적으로 수집하고 이 중에서 질적으로 중요한 정보를 선별적으로 추출하는 단계이다. 여기서는 미래연구 주제 선정 및 연구의 목적과 범위 등에 대한 정보를 환경스캐닝을 통해 수집하게 된다.

2) 정보연관 및 확장화 단계

두 번째 단계인 정보연관 및 확장화 단계는 앞서 정보수집 및 추출 단계에서 수집된 정보의 인과관계와 상관관계를 밝혀내고 누락된 주요정보를 찾아내며 미래예측에 도움이 될 만한 1차, 2차 등 파급 영향력들에 대해서 확장하여 생각하는 단계다. 즉, 현재시점에서의 해당 정보간의 상호관계를 파악하고 정보의 의미를 확장한다.

3) 정보재구조화 단계

세 번째 단계인 정보 재구조화 단계는 앞서 정보연관 및 확장화 단계에서

[그림 6] 미래연구 영역 프로세스

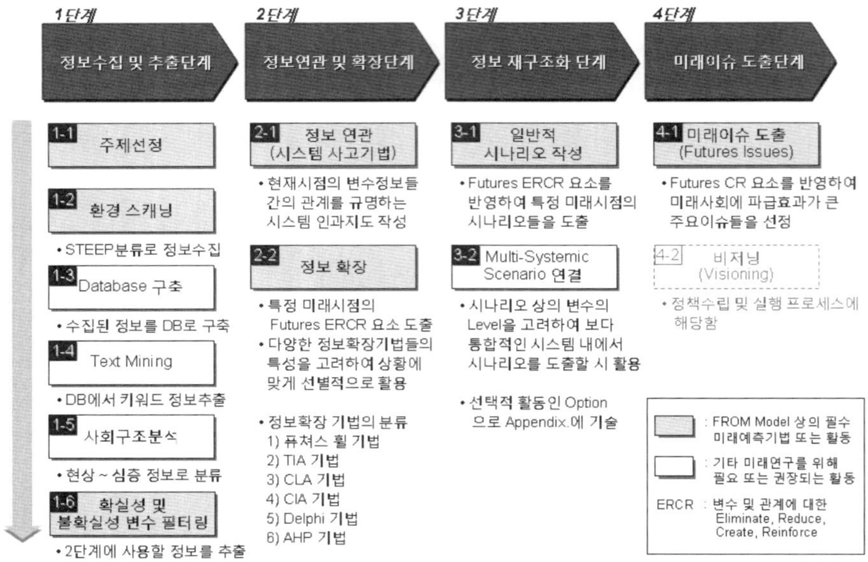

발견된 핵심추동력과 수집된 정보의 상호 영향관계를 바탕으로 미래에 대한 예측결과를 시나리오 구조, 플롯과 스토리 등으로 통해 표현하는 것이다. 이 단계는 미래시점을 기준으로 현재와 달라지는 정보간의 관계 변화를 조정하게 된다.

4) 미래이슈 도출 중 미래이슈 도출

네 번째 단계인 미래이슈 추출 단계는 앞서 미래정보 재구조화 단계에서 표현된 시나리오들에서 발견되는 미래사회의 이슈들(기본적인 문제, 욕구, 결핍 등)을 도출하는 단계이다. 또한, 이러한 이슈들을 반영하여 정책수립에 반영할 미래 정책이슈, 산업이슈 및 사회이슈 등을 추출하는 단계이기도 하다.

3. 정책 수립 영역 및 실행 프로세스

1) 미래이슈 도출 중 비저닝(Visioning)

지금까지의 미래연구의 결과들을 가지고 정책적 대응방안의 방향성을 정립하는 활동으로, 앞서 추출된 미래 이슈들을 종합적으로 정책 및 전략수립의 전체적인 목표와 추진 방향의 조감도(Big Picture)를 제시하여 이해관계자들과 공유할 수 있도록 하는 방법이다.

2) 정책 및 전략수립 단계

거시적 전략뿐만 아니라, 정책 실행 주체의 강약점을 분석하여 구체적 액션 플랜을 도출하는 단계이다. 정책의 수립은 장・단기 정책목표 및 기본적인 정책대안을 수립하는 것을 의미하고 이러한 정책을 바탕으로 전략을 수립하게 되는데 구체적 액션플랜을 수립할 때는 작은 힘으로 전체 시나리오에 영향을 줄 수 있는 전략적 지렛대(Strategic Leverage Point)가 될 수 있는 정책의제의 우선순위를 결정하는 것이 중요하다.

3) 실행단계

앞서 정책 및 전략수립 단계의 결과를 기대로 실행에 옮기는 단계로 전략을 실제 현실의 상황 속에서 실행에 옮기면 그러한 전략자체가 하나의 변수가 되어 원래 기본정책 및 전략이 의도했던 결과가 아닌 다른 결과로 방향이 바뀌어 질 수 있다는 점에 유의해야 한다.

4) 모니터링 단계

이전 6단계에 걸친 다양한 정보와 활동결과를 추적하여 정책 및 전략의 개선점을 이끌어내는 피드백 기능을 한다. 1회성에 끝나는 활동이 아니라, 1

[그림 7] 정책 수립 영역 프로세스

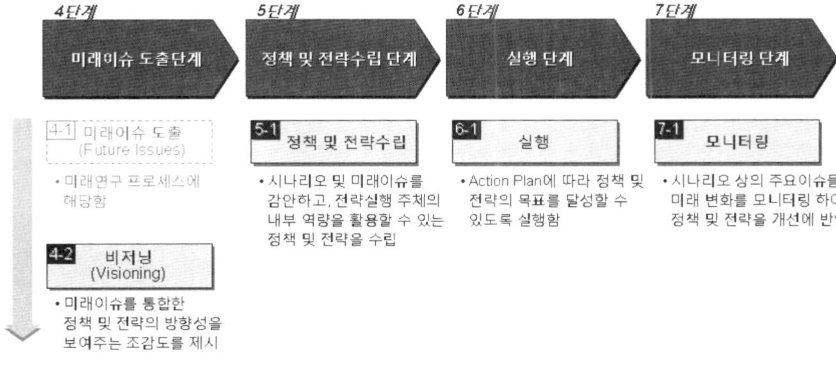

차로 도출된 기본 정책과 전략이 환경변화에 따라 어떻게 유기적으로 반응하는 지를 상시적으로 모니터링 하여 정책과 전략이 최적화 될 때까지 지속하는 활동으로 이해하여야 한다.

Ⅱ. 방법론에 따른 미래 사회위험 분석

1. 2015년 한구사회의 위험요소 및 ICT 기반 정책 방안 사례 연구

미래전략연구방법론 v1.0에서 제시한 절차에 따라, 2015년에 도래할 한국사회의 위험 요소 및 ICT 기반 정책 방안을 제시한다. 다만, 5단계(정책 및 전략 수립단계)부터 7단계(모니터링 단계)는 전략 및 정책 실행 단계이므로 사례연구에서 생략하였다.

1) 1단계(정보수집 및 추출): 사회위험 핵심 키워드 추출

미래연구의 첫 출발점으로 다량의 급변하는 정보들을 효과적으로 다루기 위해, 주제와 관련된 정보를 체계적으로 수집하고 질적으로 중요한 정보를 선별 및 추출하는 단계이다. 여기서는 1단계에서 6단계의 세부절차 단계(주제선정, 환경스캐닝, DB구축, Text Mining, 사회구조분석, 확실성 및 불확실성 변수 필터링)를 포함한다.

STEEP(사회, 기술, 경제, 환경, 정치) 영역에서 기존 사회 위험 분야의 문헌 및 자료 등 텍스트 마이닝 및 전문가 인터뷰를 통하여 핵심 키워드 추출하였다.

핵심키워드는 사회의 영역에서 압축성장우선주의, 경제격차불평등으로 파악되었으며, 기술 영역은 ICT 융합, 우주연구 기술, 경제 영역은 산업주의, 파괴적 개발 주의, 환경 영역은 자연파괴, 탄소배출권, 정치 영역은 정부위기관리능력, 국가통제력 약화 등으로 나타났다.

〈표 6〉 1단계 결과: 핵심 키워드 도출

카테고리	국내 문헌 키워드	글로벌 메가트렌드 키워드	국내 메가트렌드 키워드
사회(S)	안전관리 시스템 구축 노력, 투명사회를 위한 시민노력, 투명사회를 위한	범죄 집단 영향력, 시민단체영향력, 테러·핵무기·사이버 범죄 위협, 문화·	여성의 영향력(신 모계사회),고령화, 출산율, 다양성 및 복잡성, 네트워크

	언론의 노력, 투명사회를 위한 종교단체의 노력, 위험사회, 부정부패, 사회복지 안전망 구축노력, 남성주의・군대문화, 경제격차에 따른 불평등(양극화), 위험 민감도, 압축성장우선주의, 대국민위기관리 교육 및 캠패인, 예기치 못한 거대위험도(전쟁, 대유행질병)	교육산업 규모, 출산율, 유럽・일본 인구 고령화, 미국 반문맹률, 인구이동(이민개방정책), 다민족국가	기반사회(공동체)발달, 연고사회영향력, 통합 및 중재서비스 필요성, 양극화, 싱글족, 여성사회활동, 사회불만・범죄・위험사회, 독거 노인수, 정보격차, 창의적 집단지성 필요성
기술(T)	ICT 인프라, 융합기술발달(ICT, NT, BT, RT), 대체자원 및 에너지기술	융합기술발달(ICT, NT, BT, RT), 환경친화기술발달(대체 자생에너지),우주연구기술, 가상커뮤니티 확산	유비티즌 규모, 디지털 컨버전스 심화, 기술 융합 가속화, 웹 인프라 고도화
경제(E)	세계화, 대기업우선지원경향, 인재위험, 부실가능성, 산업주의, 보험 및 보안산업, 파괴적 개발 우선주의정책	전세계 ICT 인프라 구축 규모, 다국적기업규모, 블록경제규모, 세계화, 동시화산업규모, 하이테크 기술인력 규모, 지식 집약적 경제, 프로슈머추세, 중국 경제력(GNP), 지적재산권 요구, 유럽・일본경제규모, 노동력, 중산층 경제 안정성	경험・감성가치소비, 감성중심 비즈니스, 노동인구(생산가능인구), 유비쿼터스 기반 융합디지털 경제, 국가경제규모, 개방화・세계화(FTA), 세계시장 단일화, 경쟁강도(무한경쟁), 개인주의기반소프트경제, 경제격차, 기업고정비, 에너지 소비량, 자동화 통한 생산성 향상, 고용없는 성장, 불확실성
환경(E)	자연파괴강도, 전 세계 규제(탄소배출권), 지구온난화, 기계・화학물질・방사능 물질	환경재해, 공급가능한 물・식량 자원	지구온난화, 에너지 소비증대, 물 부족 심화
정치(P)	정부위기관리 능력, 정경유착, 자연재해(홍수, 태풍, 가뭄, 지진등), 인명살상기술사용견제력, 파괴적 개발주의 정책	국가 통제력(국가의 힘 약화), 지속가능성장정책, 미군사력강화정책, 이슬람국가 영향력, 중앙아시아 민족 갈등도(종교간 갈등)	통합 중재 거버넌스 성향, 개인화된 참여정치, 유목형 정치, 시민사회 소프트파워증대, 대국민 통합서비스

2) 2단계(정보연관 및 확장): 사회위험 예상 추동력(Driver) 발굴

1단계에서 추출된 키워드간의 인과관계를 시스템 인과지도로 표현하고, 현재 가장 영향력이 높은 변수가 무엇인지를 1·2·3차 인과지도를 통해 정보 연관성을 결정하였다. 이를 통해 사회위험 사이클(위험사회→거대위험도→사고 확률→사회불만→위험사회)을 발견하고, 이 사이클을 강화시키는 키워드(추동력)은 산업주의(근대화), 세계화, 과학 기술, ICT인프로 구축규모, 지구온난화, 출산율로 파악된다.

미래(2015년) 사회 위험에 대해 델파이, AHP(전문가 및 관련문헌으로 대치) 등으로 변수들의 연관관계를 확장하고 예상 핵심추동력을 파악하여 정보를 확장 하였다. 미래에 등장할 주요 변수는 신종 전염병, 국가와 기업의 위험도 증대, 고령화에 의한 취약계층 증대, 네트워크 테러 등으로 나타났고, 이에 대한 인과관계 재조정 후 2015년 사회위험에 대한 인과지도를 도출하였다.

3) 3단계(정보의 재구조화): 불확실성 변수에 따른 시나리오 구성

2015년 경 사회위험관련 불확실성 요소는 시민단체의 영향력, 국가경제, 개인주의 기반 SW경제 규모, 영성의 영향력, ICT 거버넌스 능력 위기관련 법제도 실행능력, 지역주의 강화 여부, 창의적 집단지성 능력으로 파악되었다.

핵심 불확실성 요소는 전체 분야에 영향을 끼치는 영향력 중 가장 크다고 판단한 국가경제 하강속도 및 ICT 거버넌스 역량으로 선정하였고, 2015년 미래 시나리오는 핵심 불확실성 변수를 중심으로 기존에 언급된 변수 및 상황을 고려하여 예상 시스템 인과지도로 표현 후 작성되었다.

4) 4단계(미래이슈·정책방안 도출): 2015년 사회위험 이슈 및 정책방안 제시

미래에 새롭게 등장하거나 강화되는 요소를 반영하여, 미래사회에 파급효과가 큰 주요 이슈들을 STEEP별로 선정한 결과, 사회 영역의 노동인구 감소 및 자산 가격 하락, 경제 영역의 국가부채증가 및 세금 부담 상승, 정치 영역의 보호무역주의 강화에 의한 국가경제 하강, 기술 영역의 네트워크 정보시스템 붕괴로 인한 안전망 붕괴, 환경 영역의 생태계 및 전염병 등의 미래이슈가 도출되었다.

미래이슈에 대한 사회적 욕구 및 결핍 요소를 발견하여 정책적 시사점을 도출하고 ICT 통합·중재 거버넌스 능력을 극대화하기 위해, 조기경보시스

〈표 7〉 2015년 사회위험 단계별 수행 및 주요 결과

단계		수행 내용	결과
1단계	정보수집 및 추출	STEEP 별 국내와 키워드 도출 ※ 참고자료 · 국가미래예측 메타분석(NIA, 2008) · 위험사회(울리히 벡, 1997) · 대한민국위험사회(홍성태, 2007) · 인터넷 자료 등	· 사회: 압축성장우선주의, 경제격차불평등 등 · 기술: ICT 융합, 우주연구기술 등 · 경제: 산업주의, 파괴적 개발 주의 등 · 환경: 자연파괴, 탄소배출권 등 · 정치: 정부위기관리능력, 국가통제력 약화 등
2단계	정보연관 및 확장	1) 정보연관화: 2009년 현재 사회 위험 구조 파악 · 1, 2차 사회위험 인과지도 작성 · 인과관계 연결 키워드 도출을 위한 숨은 연결 고리 채우기 및 2009현재 사회위험 추동력 도출	· 세계화 및 사회불만간의 숨은 연결고리 - 다양성, 복잡성 증가, 불확실성 · 2009년 사회 위험 드라이버 도출 - 산업주의(근대화), 세계화, 과학기술, ICT인프라구축규모, 지구온난화, 출산율 · 2009년 현재 한국 사회위험 1,2,3차 시스템 인과지도 도출
		2) 정보확장화 · 전문가 인터뷰 및 관련 보고서를 통한 미래위험도출 · Futures ERCR(Eliminate, Reduce, Create, Reinforce)을 통한 2015년 미래 인과지도 작성	· 2015년 미래 사회 위험요소 추출 - 환경 변화에 의한 전염병 증대, C(Critical Information Infra) 붕괴, 나노기술위험 등 · 변수들의 ERCR 조정 - 예: 탈신뢰화는 삭제(E), 보호무역주의는 감소(R)하고, CII는 새롭게 형성(C) 및 자산가격 하락은 강화(R) 등
3단계	정보재구조화	· 미래시점에 발생가능한 시나리오를 작성 - 2015년 사회위험관련 불확실성 요소는 국가경제와 ICT 거버넌스 능력을 추출	· 2015 사회 위험 4가지 시나리오 중 "빠른 국가경제 하강+강화되는 ICT 거버넌스 역량의 강화"를 선택 · 시나리오 및 시스템 인과지도 작성
4단계	미래이슈도출	1) 미래이슈 도출: 미래시점에 새롭게 등장하거나 강화되는 요소를 반영하여, 미래사회에 파급 효과가 큰 주요 이슈들을 선정 2) ICT 정책 시사점 도출: 미래 이슈별 욕구 및 결핍요소를 파악하고 이에 따른 정책 시사점 도출	· 2015 사회위험 이슈: 보호무역주의 강화, 국가부채 및 세금부담 상승, 지구온난화, CII 붕괴, 저출산(노동력감소) · ICT 정책적 시사점: ICT 활용 에너지 효율화 시스템, 컨버전스 연구 활성화, 질병확산 모니터링, , 재난 등 민관협력 대응방안, 사회적 비용 시뮬레이션 수립 등
	비저닝	· 가시적 미래상을 세우고, 정책·전략의 목표와 방향성을 설정	· ICT 통합 중재 거버넌스 능력 극대화

템·사회 갈등 시뮬레이션·민관협력 집단지성 시스템·신성장 동력 발굴을 위한 ICT 인프라 구축 등 이에 따른 정책방향을 제시하였다.

제4절 결론 및 정책 제언

Ⅰ. 미래전략연구방법론의 필요성

1. ICT 기반 미래연구의 필요성 공유

정책과정의 일반적인 흐름은 사회적 문제를 인식하는 것이다. '무엇이 문제인지를 모르는 것이 문제'라는 명제 해결을 위한 것으로, 문제해결을 위한 정책적 접근은 이머징 이슈를 미리파악하고 그에 대한 선제적인 대응방안을 수립하는 것이 관건이다.

이를 위해 인터넷 데이터(사람들의 이미지)에 대한 실시간 분석과 시뮬레이션이 가능하도록 하여, ICT 기반의 미래연구 방법이 중요한 요소로 부각되고 있다.

정보화정책이 정책처방을 위해 일시적으로 존재하는 것이 아닌, 정책의 본질적 속성을 탐구하고 이를 인과지식으로 축적하기 위한 수단으로서 ICT 기반의 미래 전략 연구방법론 위상의 확대가 필요하다.

2. 성공적 공공정책 수립을 위한 미래전략 연구 방법론의 핵심요소

성공적 공공정책 수립을 위한 미래전략 연구 방법론의 핵심요소는 5가지로 정리할 수 있다. 미래연구결과는 정책 및 전략수립에 직접적으로 활용되는 '목표지향성'을 가진다. 또한 시간-공간-정책 관점의 정보를 체계적으로 축적 및 인과적 분석이 가능하게 하는 '체계성'을 가지며, 새로운 미래연구 트렌드를 수용할 수 있는 '확장 가능성', 문제 해결을 위한 정책결정 및 추진의 올바른 시기를 판단할 수 있는 '적시성' 및 데이터 수집, 분석과정, 결과에 이르는 전 과정에 대한 '신뢰성'이 그 특징이다.

Ⅱ. 미래전략연구방법론의 발전 방향

1. 공공정책 수립을 위한 ICT 기반의 미래전략연구방법론 추진방향

미래연구는 결과의 '적시성' 및 '신뢰성' 확보를 위한 ICT 기반의 미래예측 인프라 확립을 위해 주제(Subject) - 이론(Theory) - 방법론(Methodology) 연계 논리를 확보해야 한다. 미래가 어떨 것이다는 단순 묘사(description)를 지양하고, 미래연구를 위한 이론 체계 및 최신 연구방법론을 연구하고 강화하는 것이 필요하다.

2. ICT기반 미래예측 인프라 구축 모델 제시

미래연구를 위해서는 대용량 데이터 수집 및 필터링 - 정보연계 및 확장 - 미래이슈 도출 등 인과지식 축적 및 정책 수립의 효과적 활용을 위한 ICT 기반 인프라가 필요하다.

언론, 웹사이트, 학회 및 세미나, 오피니언 리더 등으로부터 얻어지는 미래 이미지 등 실시간(Real-time) 정보 수집 및 필터링 구현을 위한 방안을 마련해야 하고, 수집된 정보의 다층적(현상층, 유행층, 트렌드층, 원동력층 등) 인과관계 분석을 위해 ICT 기반의 분석 기법이 활용될 필요가 있다.

또한 웹 2.0 등 집단지성을 활용한 검증 및 피드백 시스템을 구현하며, 문제의 원임 및 정책적 방향의 인과관계 및 돌출변수를 항시 관찰할 수 있는

[그림 8] 미래연구를 위한 개념적 프레임워크

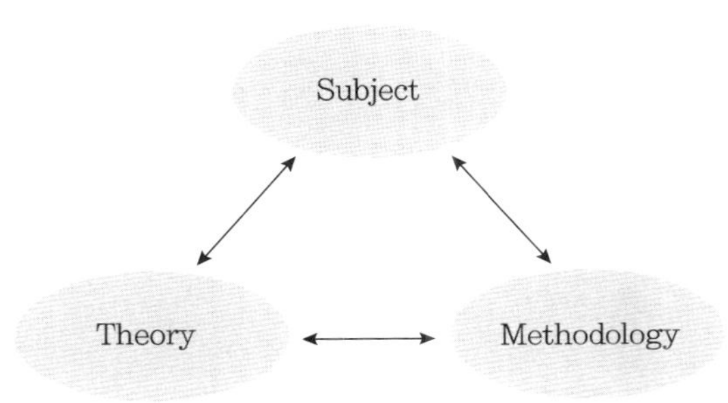

모니터링 시스템을 구현해야 한다.

[그림 9] ICT 기반 미래예측 인프라 개념도87)

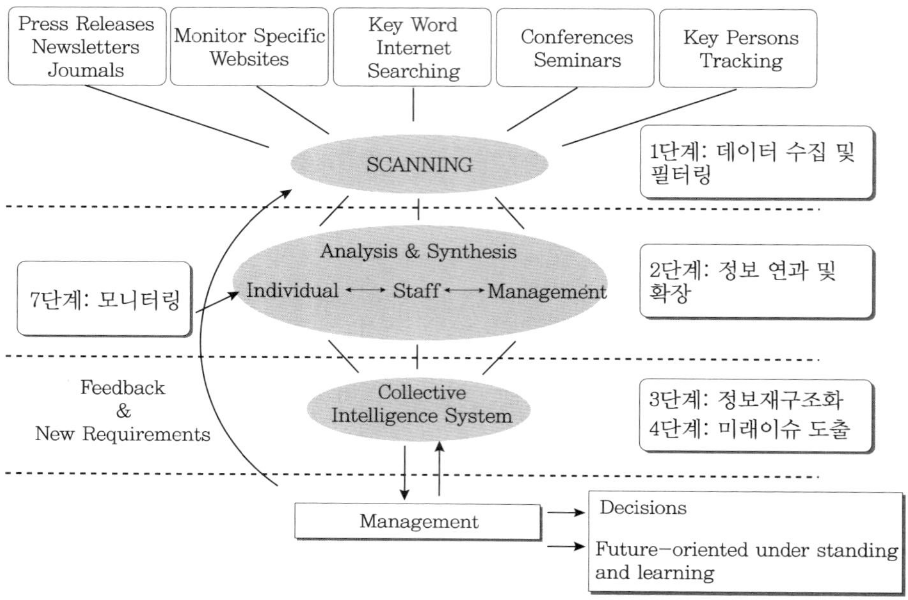

87) Generic Futures Scanning System: Jerome C. Glenn, Brief Overview of Some Futures Research Methods, 2008.

[첨부]
미래전략연구방법론v1.0에 따른 2015년 사회위험 케이스 연구

Ⅰ. 미래 연구 부문

1. 1단계: 정보수집 및 추출단계

미래연구의 첫 출발점으로 다량의 급변하는 정보들을 효과적으로 다루기 위해, 주제와 관련된 정보를 체계적으로 수집 및 질적으로 중요한 정보를 선별적으로 추출하는 단계이다.

1단계 정보수집 및 추출단계는 주제선정에서 확실성 및 불확실성 변수 필터링까지 6단계의 세부절차 단계를 포함한다.

① 주제선정: 미래연구 및 정책 수립의 대상이 되는 주제를 선정하였다. 예: 2015 사회위험

② 환경스케닝: 미래연구의 기본 단계로 변화에 대한 정보를 지속적으로 수집하고 관찰 및 분석하기 위해 사용하는 기법으로, STEEP[88)]별로 수집한다.

③ DB 구축: 수집된 정보를 특정 카테고리와 계층으로 구조화하여 DB 구축한다.

④ Text Mining: 기 구축된 DB로부터 핵심적이고 중요한 키워드 정보를 추출, 이를 위해 구조화된 데이터들의 패턴 파악 및 특성 추출 기법 필요로 한다.

⑤ 사회구조분석: Text Mining으로 추출된 키워드들을 현상층-유행층-트렌드층-심층원동력층-심층기반 층에 이르도록 구분하는 단계이다.

⑥ 확실성 및 불확실성 변수 필터링: 사회구조분석을 통해 분석된 정보들을 확실성이 높은 변수와 불확실성이 높은 변수로 구분하여 다음 단계에서 사용 가능한 변수들만 추출한다.

88) STEEP은 Social(사회), Technical(기술), Economic(경제), Ecological(환경), Political(정치, 법, 규제)의 약자이며, STEEPV 혹은 STEEPS로 세분화되기도 함. 이때 V는 가치(value), S는 영성(Spiritual)을 의미

[그림 1] STEP 1. 정보수집 및 분석단계

1단계 정보수집 및 추출단계 → 2단계 정보연관 및 확장 단계 → 3단계 정보 재구조화 단계 → 4단계 미래이슈 도출 단계

1-1 주제선정
• 미래연구 및 정책수립의 대상이 되는 주제를 선정함 예> 2015년 사회위험

1-2 환경 스캐닝
• 미래연구의 가장 기본적인 단계로 미래의 변화에 대한 정보를 지속적으로 수집, 관찰 및 분석하기 위하여 사용하는 기법임 (STEEPS분류로 정보를 수집함)

[Environment Scanning Template]

구분	입력란
•정보의 분류 및 영역 (Category or Domain)	• STEEPS 카테고리로 분류하여 입력
•미래 전개방향의 사전 징후 (Leading Indicator)	
•정보원천 (Source)	
•정보 원천에의 접근 및 사용방법 (How to access the source)	
•기타 정보 (Other comments)	
•정보의 중요한 의미 (Significance or Importance)	
•잠재적 결과 및 파급효과 (Potential Consequences or Impacts)	
•현재 및 미래의 상황변화 (Current & Futures Status)	
•주요 이해관계자 (Actors)	
•정보입력 일자 (Data)	

• STEEP: Social, Technical, Economic, Ecological, Political, Spiritual

1-3 Database 구축
• 수집된 정보를 특정 카테고리와 계층으로 구조화하여 대용량의 Database를 구축함

[DB Category 사례]
- 아시아 미래인재연구소 개방형 Database

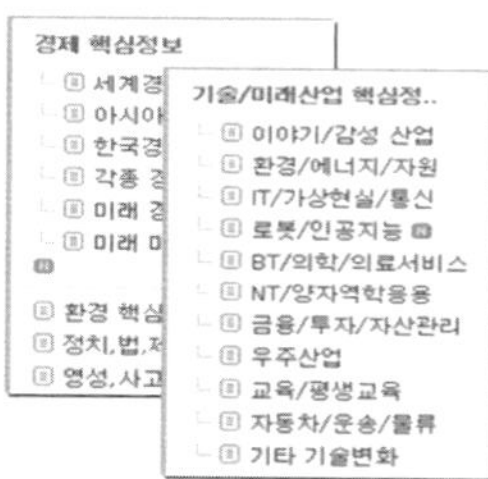

[DB 내용 사례]
- 아시아 미래인재연구소 개방형 Database

1-4 Text Mining
• 기존에 구축된 Database로부터 핵심적이고 중요한 키워드 정보를 추출함
• 이를 위해 구조화된 Data들의 패턴을 파악하고 특성을 추출하는 기법이 필요함

[DB 내용 사례]

[Text Mining 사례]

Social	Technical	Economic	Ecological	Political	Spiritual
세계의 연결 및 상호 영향성 증가	기술융합 현상	빈부격차	지구 온난화	집단이기주의 및 갈등지속	종교활동 강화
영어의 가치유지	3D, 로봇, 인공지능, 생명공학 기술진보	달러의 기축통화 지위 유지	기상이변 및 관련피해 증대	시민참여 정치증대(사회참여)	수동적 인간형 증가(IT기기의존도 상승)
고령사회(평균수명 증가)	IT바이러스 vs. 보안기술 대결	심리적 경기사이클(탐욕/공포)	대체 에너지 사용	국가규제 철폐	감성 및 감각중시
웰빙 중시 도시화		시장자본주의 체제	동식물 종 감소추세	노동조합 약화	심리적 불안감 증폭

• STEEPS 분류를 통해 정보추출 시 균형 있는 키워드 도출이 가능

1-5 사회구조분석

• Text Mining을 통해 추출된 키워드 들을 현상/유행 층, 트랜드 층, 심층원동력 층, 심층기반 층 등의 기준에 따라 구분하여 영향력과 파급효과가 높은 키워드를 추출함

Layer	S(사회)	T(기술)	E(경제)	E(환경)	P(정치)	S(영성)
현상층						존엄사 인정
유행층						
트렌드층	기업체문화마케팅 봉사통한기업가치향상 노동운동(횟수, 빈도, 강도) 사회분열심화	3D기술 진화	남북경협 활발 기업구조조정 산업이동	질병확산	녹색성장 남북관계 경색 북한위협증가	자살증가
메가트렌드층	감성화 여성지위향상	디지털 가상기술 발달 (디지털가상의 현실화) 디지털 정보량 증가 CCTV(인공지능화) CPU속도 증가 (새로운 연산기법출현) 연산능력의 기하급수적증가 유전자조작 기술 이동통신속도 (4G)	경제위기의 반복 월드스패즘(전 카테고리) 환경규제 심화 서비스업의 진화(맞춤형)	그린에너지 개발 한반도 온난화 전세계 기후 변화	에너지 쟁탈 국지전 증가 국가간 갈등 증가 사이버 해킹증가	웰빙
심층원동력층	사회양극화	가상과 현실	환경파괴			
심층기반층	시간, 공간, 지식, 영성					

1-6 확실성 및 불확실성 변수 필터링

• 사회구조분석을 통해 심층적으로 분석한 정보들을 확실성이 높은 변수와 불확실성이 높은 변수로 구분하여 다음 단계에서 사용 가능한 변수들만 추출 함

변화를 주도하는 힘		비고
확실성이 높은 변수	• 트렌드	▪ 향후 기본적으로 예측 가능한 미래이미지(Baseline Future Image)를 예상하는데 도움이 되는 정보에 해당함
	• 사이클	
	• 계획	
불확실성이 높은 변수	• 잠재적 사건	▪ 향후 또 다른 미래이미지(Alternative Futures Image)를 예상하는데 도움이 되는 정보에 해당함
	• 사회적 현 이슈	
	• 새로운 기술 및 아이디어	

※ 2015 위험사회 사례 연구에의 적용 사례

① STEEP분류를 기준으로 인터넷 검색, 하드카피 문헌조사 등과 같은 텍스트 마이닝 기법 및 전문가 인터뷰 등을 수행하여 키워드 정보를 추출하였다.

② 정보원천

㈎ 국가미래예측 메타분석(NIA, 2008)

㈏ 위험사회(울리히 벡, 1997)、

㈐ 대한민국 위험사회(홍성태, 2007), 인터넷 검색 등

〈표 1〉 1단계 결과: 핵심 키워드 도출

카테고리	국내 문헌 키워드	글로벌 메가트렌드 키워드	국내 메가트렌드 키워드
사회(S)	안전관리 시스템 구축 노력, 투명사회를 위한 시민노력, 투명사회를 위한 언론의 노력, 투명사회를 위한 종교단체의 노력, 위험사회, 부정부패, 사회복지 안전망 구축노력, 남성주의·군대문화, 경제격차에 따른 불평등(양극화), 위험 민감도, 압축성장우선주의, 대국민위기관리 교육 및 캠패인, 예기치 못한 거대 위험도(전쟁, 대유행질병)	범죄 집단 영향력, 시민단체영향력, 테러·핵무기·사이버 범죄 위협, 문화·교육산업 규모, 출산율, 유럽·일본 인구 고령화, 미국 반문맹률, 인구이동(이민개방정책), 다민족국가	여성의 영향력(신 모계사회),고령화, 출산율, 다양성 및 복잡성, 네트워크 기반사회(공동체)발달, 연고사회영향력, 통합 및 중재서비스 필요성, 양극화, 싱글족, 여성사회활동, 사회불만·범죄·위험사회, 독거 노인수, 정보격차, 창의적 집단지성 필요성
기술(T)	ICT 인프라, 융합기술발달(ICT, NT, BT, RT), 대체자원 및 에너지기술	융합기술발달(ICT, NT, BT, RT), 환경친화기술발달(대체재생에너지),우주연구기술, 가상커뮤니티 확산	유비티즌 규모, 디지털 컨버전스 심화, 기술 융합 가속화, 웹 인프라 고도화
경제(E)	세계화, 대기업우선지원경향, 인재위험, 부실가능성, 산업주의, 보험 및 보안 산업, 파괴적 개발 우선주의정책	전세계 ICT 인프라 구축규모, 다국적기업 규모, 블록경제규모, 세계화, 동시화산업규모, 하이테크 기술인력 규모, 지식 집약적 경제, 프로슈머추세, 중국경제력(GNP), 지적재산권요구, 유럽·일본경제규모, 노동력, 중산층 경제 안정성	경험·감성가치소비, 감성중심 비즈니스, 노동인구(생산가능인구), 유비쿼터스 기반 융합디지털 경제, 국가경제규모, 개방화·세계화(FTA), 세계시장 단일화, 경쟁강도(무한경쟁), 개인주의기반소프트경제, 경제격차, 기업고정비, 에너지 소비량, 자동화 통한 생산성 향상, 고용없는 성장, 불확실성
환경(E)	자연파괴강도, 전 세계 규제(탄소배출권), 지구온난화, 기계·화학물질·방사능 물질	환경재해, 공급가능한 물·식량 자원	지구온난화, 에너지 소비증대, 물 부족 심화
정치(P)	정부위기관리 능력, 정경유착, 자연재해(홍수, 태풍, 가뭄, 지진등), 인명살상기술사용견제력, 파괴적 개발주의 정책	국가 통제력(국가의 힘 약화), 지속가능 성장정책, 미 군사력 강화정책, 이슬람 국가 영향력, 중앙아시아 민족 갈등도(종교간 갈등)	통합 중재 거버넌스 성향, 개인화된 참여정치, 유목형 정치, 시민사회 소프트파워증대, 대국민 통합 서비스

2. 2단계: 정보연관 및 확장화 단계

전 단계에서 수집된 정보의 인과관계와 상관관계를 밝혀내고 생략된 주요 정보의 도출 및 파급 영향력들에 대해서 확장해서 생각하는 단계이다.

① 정보연관: 정보수집단계에서 추출된 변수(키워드 정보)들의 영향관계를 시스템 인과지도로 표현한 후, 가장 영향력이 높은 핵심추동력이 무엇인지를 결정한다.

② 정보확장: 현재 시점에서 시스템 인과지도를 미래예측 시점의 인과지도로 전환하기 위해 제거, 감소, 생성 및 강화(ERCR)해야 할 변수 또는 관계를 찾는다

[그림 2] STEP 2. 정보연관 및 확장화 단계

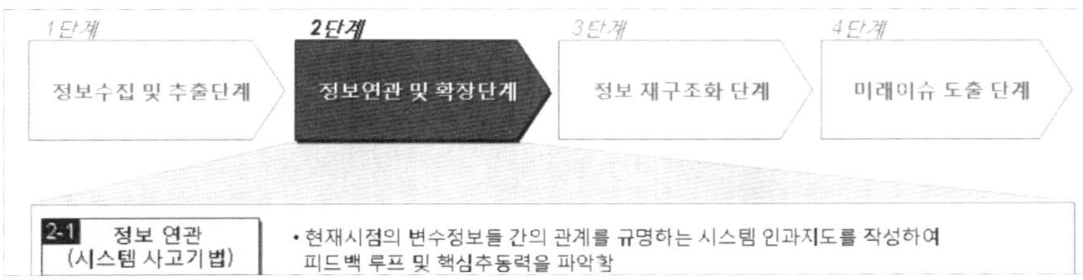

2-2 정보 확장

• 현재 시스템 인과지도로부터 특정 미래시점의 시나리오 작성에 필요한 Futures ERCR 요소 도출하기 위해 하나 또는 복수의 정보확장기법들을 특성에 따라 선별 • 활용함

[정보확장의 기법의 선별적 활용]

구분	특성
1) 퓨쳐스 휠 기법 (Futures Wheel)	주요 트렌드 및 이벤트에 대한 미래 사회의 1 ~ 3차 파급효과를 예측함 (정성적)
2) TIA 기법 (Trend Impact Analysis)	미래 발생할 수 있는 중요변수의 영향력과 발생확률을 기술함 (정량적)
3) CLA 기법 (Casual Layered Analysis)	특정변수의 의미를 기존 선입견에서 벗어나 다양한 관점에서 심층적으로
4) CIA 기법 (Cross Impact Analysis)	주요 변수들 간의 상호 의존성의 수준 및 변화민감도를 분석함 (정량적)
5) Delphi 기법	미래 발생 가능한 변수 및 관계에 대한 전문가 의견을 체계적으로 종합함 (정성적)
6) AHP 기법 (Analytic Hierarchy Process)	미래 발생 가능한 변수들을 1:1로 비교하여 우선순위를 결정하는 방법 (정량적

[Futures ERCR]

- 예측하고자 하는 미래시점의 변수 및 관계 변화를 도출하기 위하여 현재 시스템 사고맵 상의 변수와 관계들을 Eliminate(제거), Reduce(감소), Create(생성), Reinforce (강화)함

※ 2015 위험사회 사례 연구에의 적용–정보연관화 및 확장화 단계

① 정보연관화: 2009년 현재의 사회 위험 구조 파악

㈎ 1차 시스템 인과지도 작성: 1단계에서 문헌자료 및 인터넷 검색에 의한 키워드를 통해 1차 시스템 인과지도 기본 맵을 작성한다.

[그림 3] 2009년 대한민국 사회위험 1차 시스템 인과지도

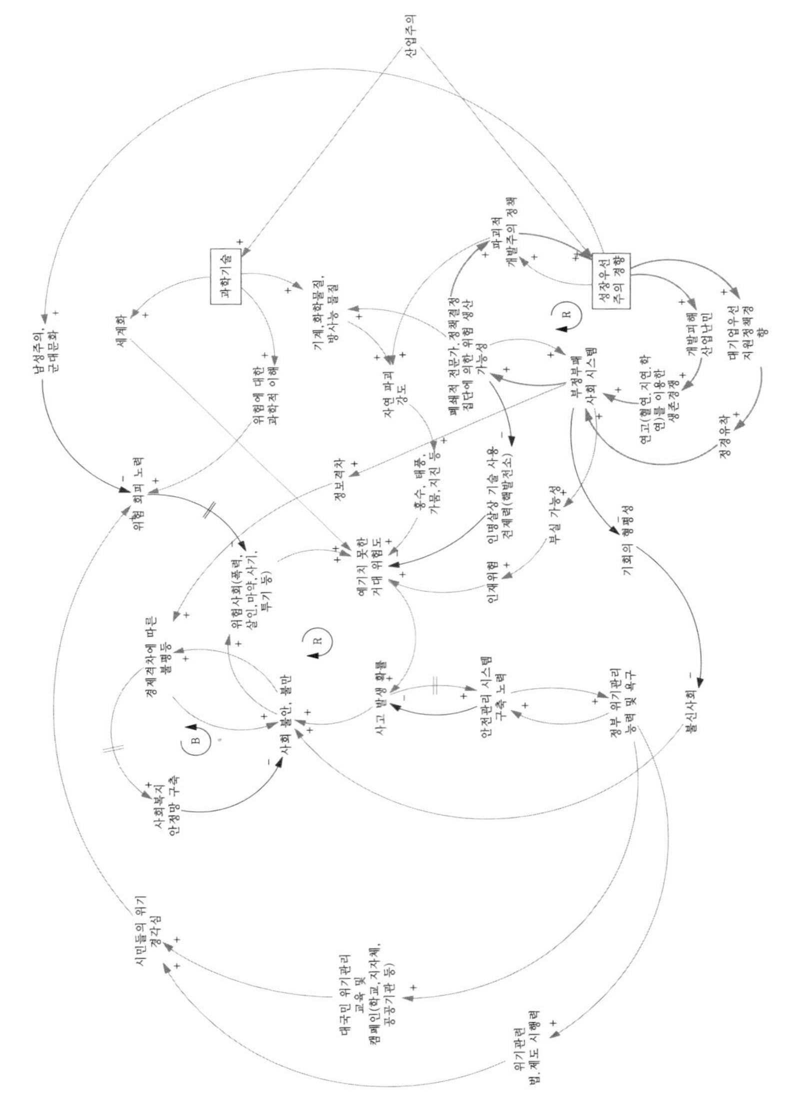

㈏ 2차 시스템 인과지도 작성: 기본 맵을 바탕으로 균형적이고 다양한 변수를 고려하기 위해, '국가미래예측 메타분석 보고서' 결과를 추가 및 통합한다.

[그림 4] 2009년 대한민국 사회위험 2차 시스템 인과지도

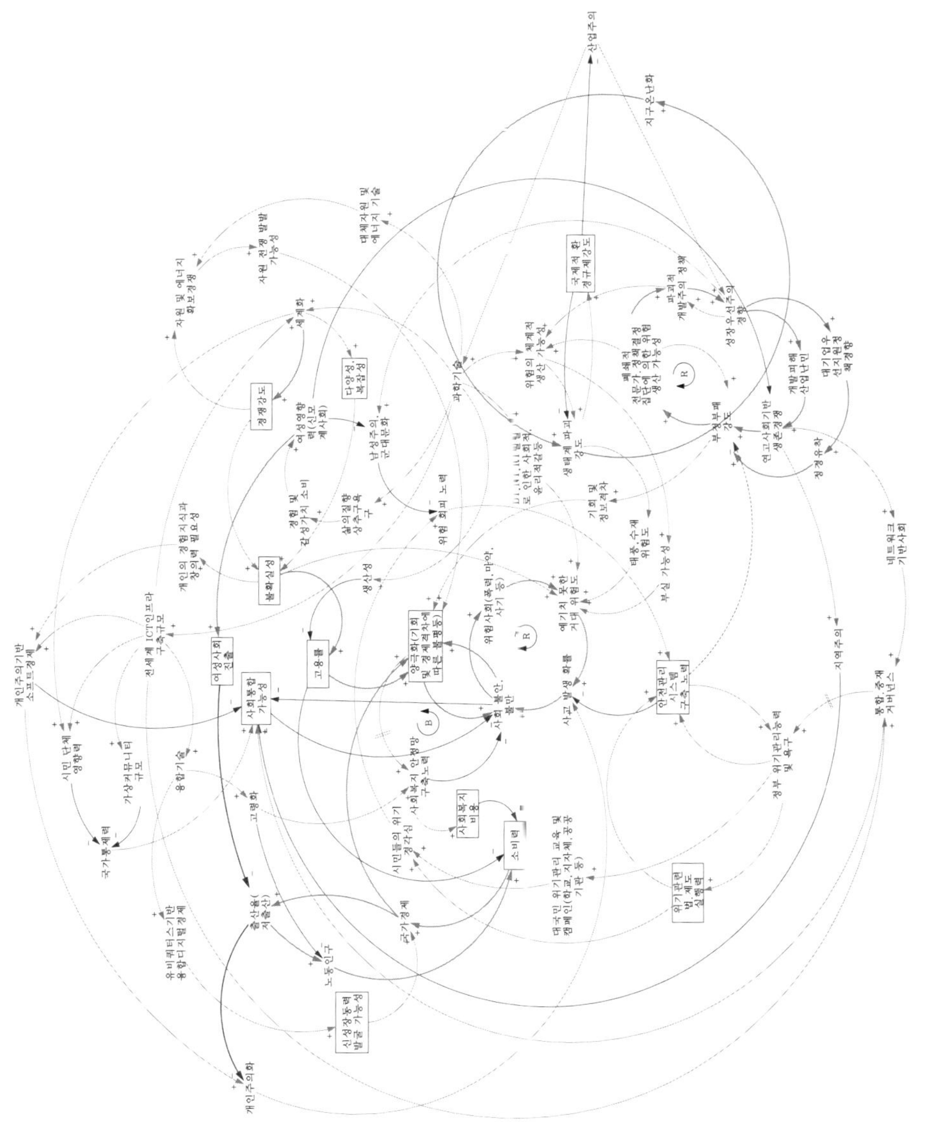

㈐ 숨은 연결 고리 채우기: 인과관계가 단절된 부분을 연결하는 새로 도된 키워드는, 세계화가 사회불만 사이의 인과관계를 설명하기 위한, '다양성, 복잡성 증가' 및 '불확실성'이다.
전문가 인터뷰를 통한 변수 필터링 및 '지속기간' 및 '영향력의 범위'로써 핵심 추동력을 추출하여 굵은 박스(□)로 표시하였다. 그 결과 2009년 사회위험을 이끄는 핵심추동력은 '산업주의(근대화)', '세계화', '과학기술', 'ICT인프라구축규모', '지구온난화', '출산율'을 선정할 수 있다.

[그림 5] 2009년 대한민국 사회위험 3차 통합 시스템 인과지도

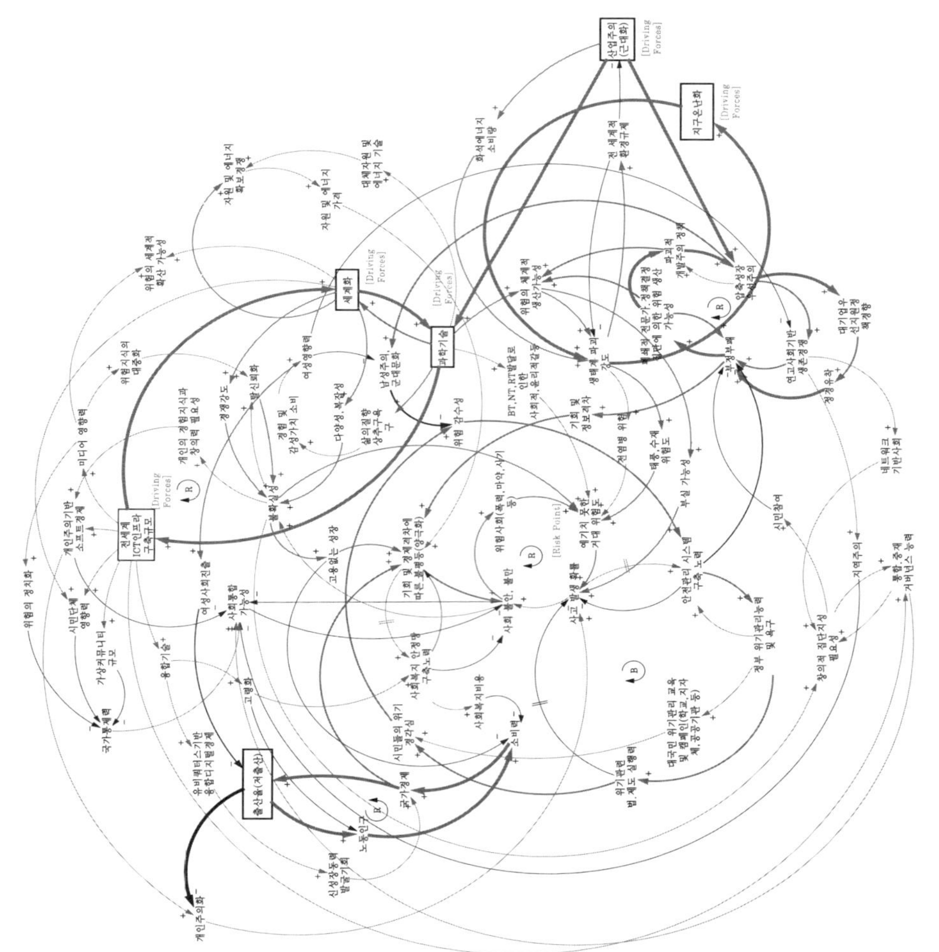

② 정보 확장화: 미래 사회(2015)에 예상되는 위험 정보 도출 및 ERCR 작업을 통해 사회변화의 중요변수, 심층원동력 및 주요 피드백 루프를 발견할 수 있다.

㈎ 전문가 인터뷰를 통한 미래 사회 위험 요소 도출

- 환경파괴로 인한 기후변화 및 기부변화를 통한 신종 전염병 증대
- 각국 정부의 환경규제 정책에 대응하는 국가와 기업의 위험 증대
- 급속한 고령 인구 증가로 인한 취약계층 증가
- 도시 인구 집중화에 따른 대형 인명 피해 위험
- 경제적 양극화로 인한 사회 해체적 범죄 양산
- 네트워크 연결 및 확산에 따른 대규모 테러 위험
- 해외 노동자 유입 확대로 인한 문화 갈등 및 양극화 심화

㈏ 전문 보고서를 통한 미래 사회 위험 요소 도출

분 야	주요 위험 요소
경제	곡물가격, 유가, 미국달러화하락, 자산가치하락, 보호무역비용, 세계화
국제 정치	테러, 국제범죄, 국제적 거버넌스 갈등, 핵확산방지 무효화, 중동아시아 정치 환경
환경	기후변화, 가뭄, 물부족, 자연재난(태풍, 지진, 홍수), 공기오염
사회	전염병, 신종질병, 성인병, 인구이동
기술	정보통신인프라 붕괴, 나노기술위험, 사이버 범죄

출처: 세계경제포럼 웹사이트

㈐ Futures ERCR(Eliminate, Reduce, Create, Reinforce) 수행 및 피드백 루프 생성

- 변수 삭제(Eliminate): 인과지도 해석의 용이성을 위해 비슷한 변수는 삭제 및 통합
  - '위험지식의 대중화', '위험의 세계적 확산 가능성'을 '미디어 영향력'으로 포함하고, '탈신뢰화' 등을 삭제
- 변수 축소(Reduce): 영향력이 약화되는 변수는 점선으로 표시
  - 향후 대두될 '보호무역주의'는 '세계화'의 영향력을 약화시킬 것으로 예상됨에 따라 점선으로 표시
- 변수 생성(Create): 미래에 등장하는 새로운 변수를 생성

- 미래 주요 변수로 등장될 요인은'CII(Critical Information Infrasture) 붕괴', '성인병', '자산가격', '국가부채', 문화갈등' 등

· 변수 강화(Reinforce): 미래 강화 변수를 도출
- '보호무역주의', '국가부채의 증가', '자산가격 하락'이 강화될 것으로 전

[그림 6] 고령화로 인한 사회위험 피드백 루프

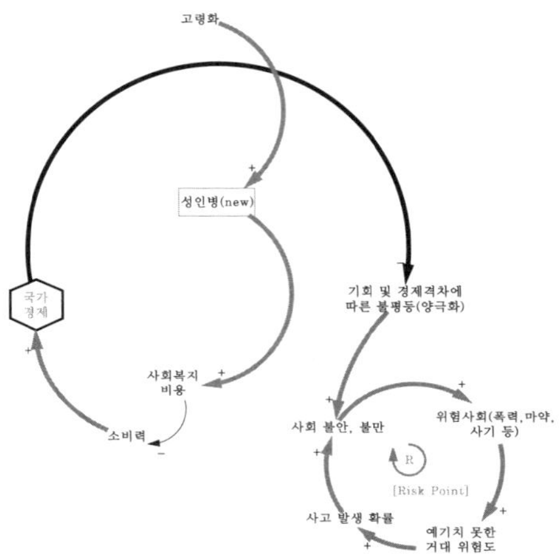

[그림 7] 출산율 저하로 인한 사회위험 피드백 루프

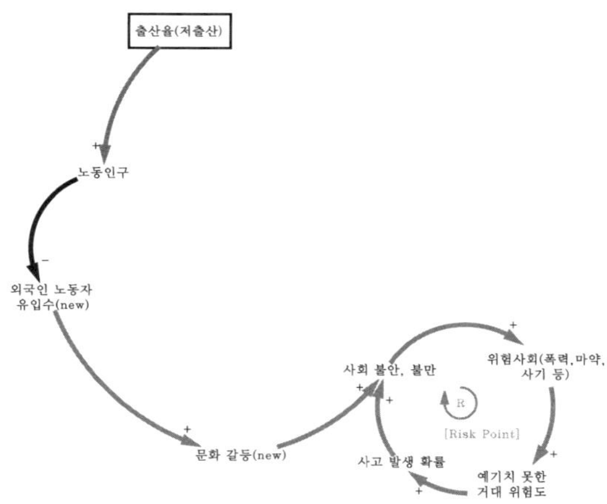

[그림 8] 국가부채증가로 인한 사회위험 피드백 루프

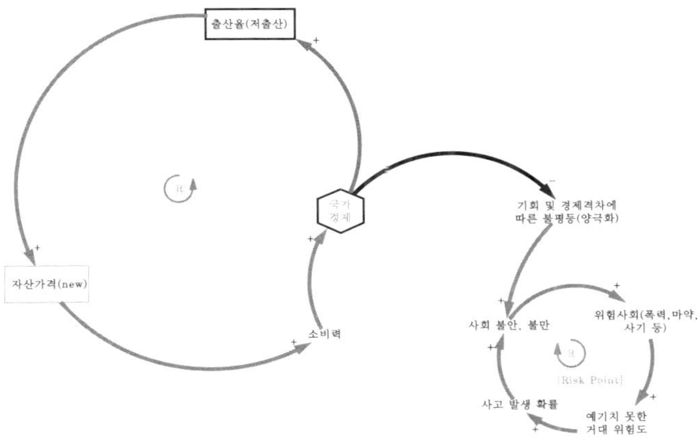

[그림 9] 자산가격 하락에 따른 사회위험 피드백 루프

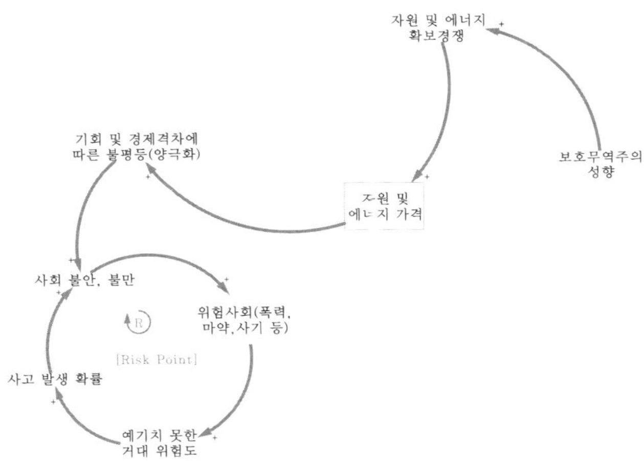

㈑ Futures ERCR을 반영한 시스템 인과지도 완성

> 2015년 사회위험은 보호무역주의 강화로 인해 국내 경제 악화, CII(Critical Information Infrasturcture) 브레이크다운 가능성 증대와 이로 인한 사회 인프라 붕괴 위험, 저출산에 의한 자산가격 하락, 해외노동자와의 갈등 격화로 인한 사회적 범죄 위험 등 이러한 상황으로 인해 발생하게 될 사이버 테러 위험 등이 복합적으로 상호작용을 하면서 2015년 우리 사회의 위험을 현재보다 더욱 가중시킬 것으로 전망

[그림 10] 2015년 사회위험 시스템 인과지도

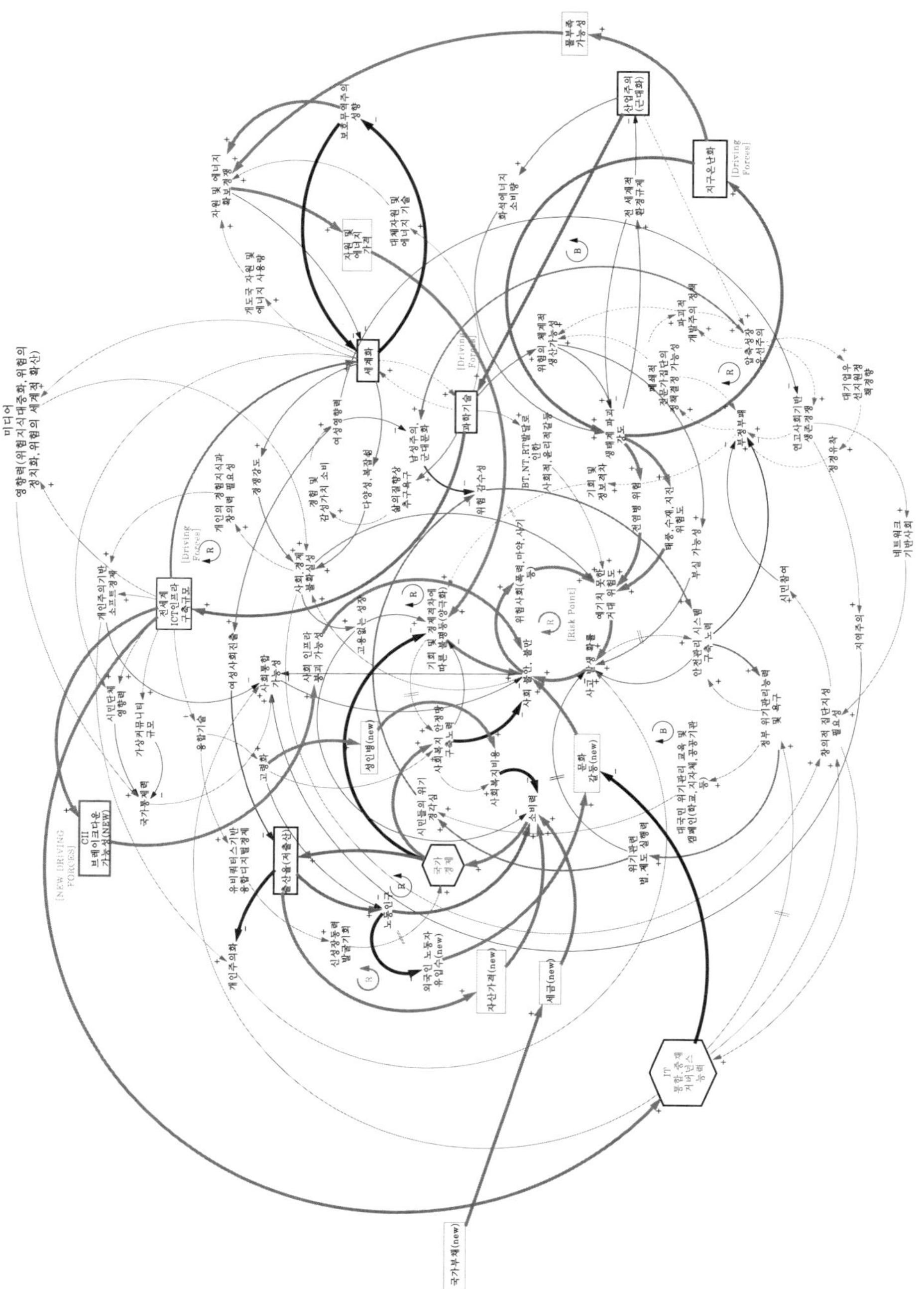

3. 3단계: 정보재구조화 단계

• 특정 미래예측시점에 발생할 수 있는 시나리오를 작성하는 것으로, 서술 식으로 설명한다.

[그림 11] 그림 제목

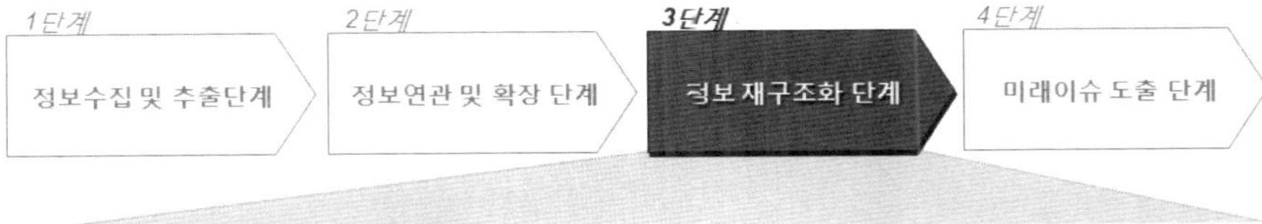

3-1 시나리오 작성

•특정 미래시점에 발생가능성이 높은 기본 미래와 확실성이 낮더라도 발생할 시 영향력이 높은 대안적 시나리오들을 복수로 도출함 (Futures ERCR 요소를 반영)

[Mont Fleur 시나리오]

- 1992년 넬슨 만델라 대통령 석방시 10년 후 남아프리카 공화국의 정치변화에 대한 예상 시나리오

시나리오	특징
1) Ostrich 시나리오	남아공의 정치적 안정은 이루어지기 어려울 것. 대표성을 띤 정부가 등장하기 어려울 것
2) Lame Duck 시나리오	정치적 안정은 이루더지겠지만 새로운 정치체제로의 변화는 느리고 확실하지 않을 것
3) Icarus 시나리오	정치체제 변화는 빠르게 진행되겠지만 새로운 정부는 확실하지도 않고 포퓰리즘적 경제 정책만 있을 가능성이 있음
4) Flight of the Flamingoes 시나리오	정부의 정책이 확고해서 포괄적인 성장과 함께 민주주의가 이룩될 것

Source: Adam Kahane, 1998, "Imagining South Africa's Future: How Scenarios Helped Discover Common Ground", Learning from the Future, p.326

※ 2015 위험사회 사례 연구에의 적용

① 핵심 불확실성 변수에서 전체에 대한 영향력 및 불확실성 정도가 높은 '국가경제'와 'IT거버넌스 능력'를 시나리오 생성을 위한 주요 변수로 선정되었다.

② 2015년 사회위험 불확실성 요소

㈎ 시민단체 영향력

㈏ 국가경제

㈐ 개인주의기반 소프트경제 규모

㈑ 여성 영향력
㈒ IT 거버넌스 능력
㈓ 위기관련 법. 제도의 실행 능력
㈔ 지역주의 강화 여부
㈕ 창의적 집단지성 능력

[그림 12] 2015 사회 위험 4가지 시나리오 유형

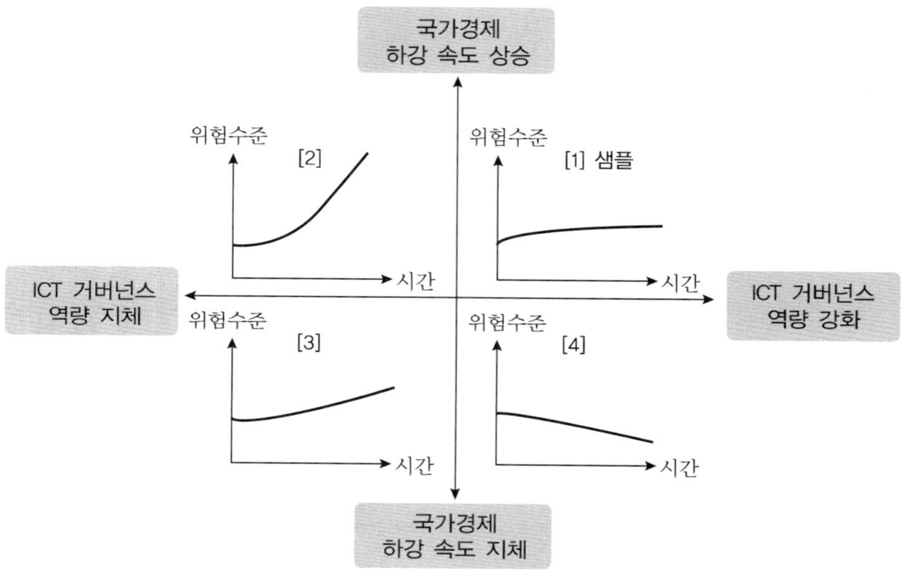

③ 시나리오 기술: 국가 경제가 빠르게 하강할 때, IT 거버넌스의 역할을 살펴 기술한다.

2015년 한국경제는 세계적인 보호무역주의 확산으로 인해 수출 감소로 국가경제 악화, 저출산으로 인한 노동인구 감소와 자산가격 하락, 그리고 국가부채 증가로 인한 세금부담 증가 등으로 인해 소비력이 약화되면서 점점 경제 하강 속도가 빨라지고 국가적인 위기감이 가중되어간다.

재정확장여력이 없는 정부로서는 사회복지 안정망에 추가적인 투자를 하기에는 역부족인 상태가 되고 이에 따라 실업과 사회 범죄가 점차 증가하게 된다. 특히 해외 노동자의 숫자가 점차 늘어남에 따라 경제적, 문화적 갈등은 한층 심각해지게 된다.

하지만 정부의 활발한 ICT 인프라구축은 2015년 사회가 사이버 테러 등에 의한 심각한 사회 인프라 붕괴 가능성을 내재하고 있음에도 불구하고, 정부의 ICT기반통합, 중재 거버넌스 능력을 향상시켜 다문화와 경제 양극화에 의한 사회갈등을 해소할 수 있는 사회 통합의 길을 열어 사회위험을 억제시키는 긍정적인 역할을 하게 된다.

또한 ICT 기반의 정부 통합, 중재 거버넌스 능력은 창의적인 집단지성 능력을 발휘할 수 있는 기회를 제공하여, 활발한 시민참여를 유도하고 보다 투명한 사회로 나아가는 디딤돌을 만들어 준다. 적극적인 시민 참여를 통한 투명 사회로의 진전은 부정부패에 의한 사회위험을 줄이는데 크게 기여하게 된다.

정부의 통합, 중재 거버넌스 능력의 향상은 정부의 위기관리 능력 및 욕구를 증가시켜 위기 관련법 및 제도 개선과 대국민 위기관리 교육을 통해 국민들의 위험에 대한 감수성을 높여 더욱 견고한 안전관리 시스템 구축에 박차를 가할 수 있게 된다.

ICT 인프라 구축 확대에 따른 정부의 통합, 중재 거버넌스 능력의 향상은 경제 하강 속도를 늦추어 위험을 최소화시키는 역할을 할 뿐 아니라 경제 회복을 위한 역량 확보 시간을 벌어주고 더 나아가 새로운 신 성장 동력 산업을 창출하는데 적극적인 역할을 기대할 수 있다.

[그림 13] 시나리오 1의 시스템 인과지도

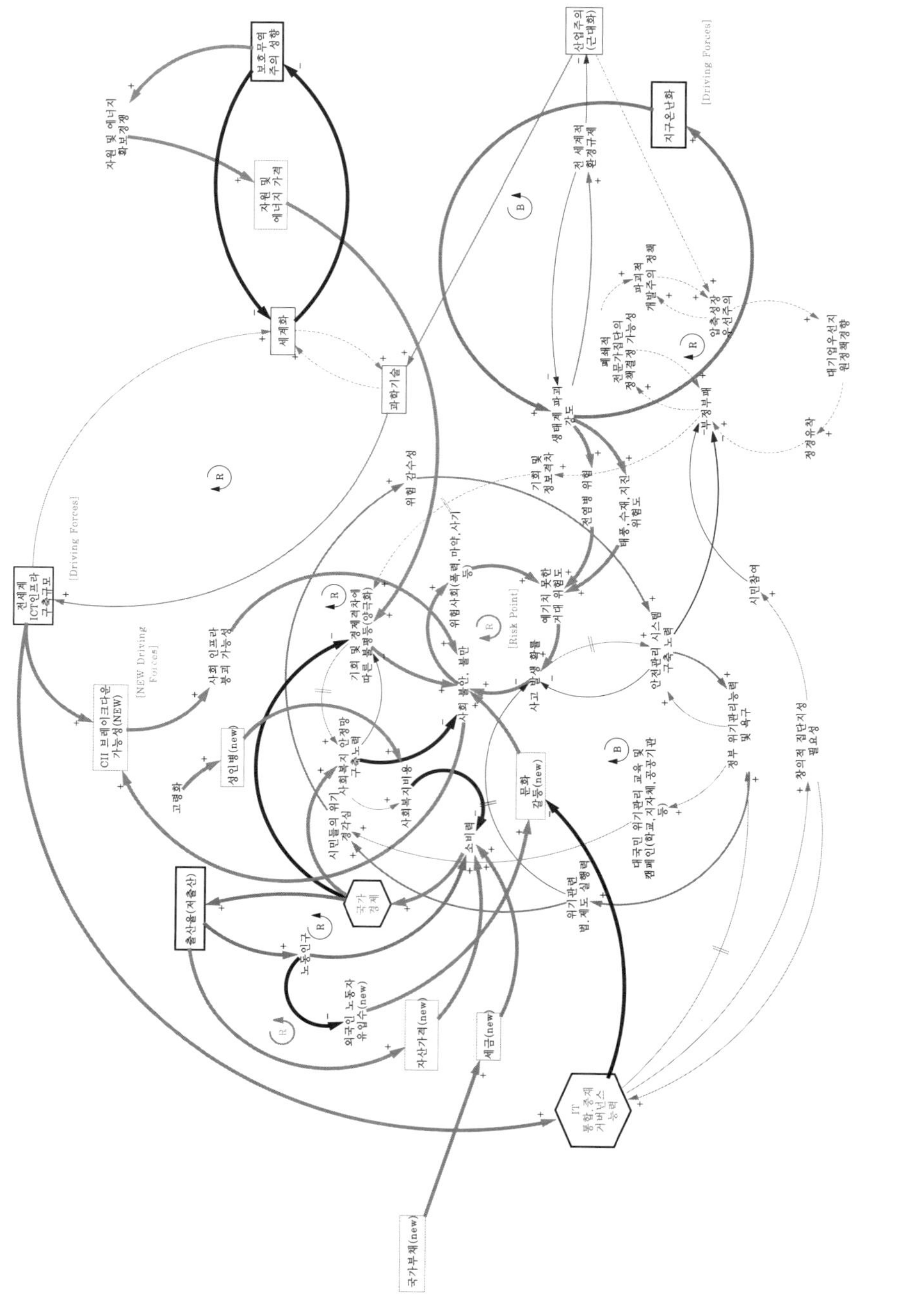

4. 4단계: 미래이슈 도출 단계(미래이슈 도출)

• 미래이슈 도출: Futures CR 요소(Create & Reinforce) 즉, 미래시점에 새롭게 등장하거나 강화되는 미래 이슈를 반영하여 미래사회에 파급효과가 큰 주요 이슈들을 선정한다.

※ 2015 위험사회 사례 연구에의 적용

① 미래이슈 도출

STEEP	미래위험이슈
사회	저 출산으로 인한 노동인구 감소, 자산 가격 하락, 소비력 약화로 국가 경제 하락 위험
경제	국가 부채 증가, 세금부담 상승, 소비 감소로 인한 경제 악화 위험
정치	보호무역주의 강화로 인한 국가 경제 하강 위험
기술	CII 브레이크다운으로 인한 사회 안전망 인프라 붕괴 위험
환경	지구온난화로 인한 생태계 파괴, 새로운 전염병 및 대규모 자연재해 위험

② ICT 정책 시사점 도출: 미래 위험 이슈에 의한 욕구 및 결핍 요소 발견 및 이를 충족시킬 정책 방안 및 ICT 정책 시사점을 도출한다.

[그림 14]

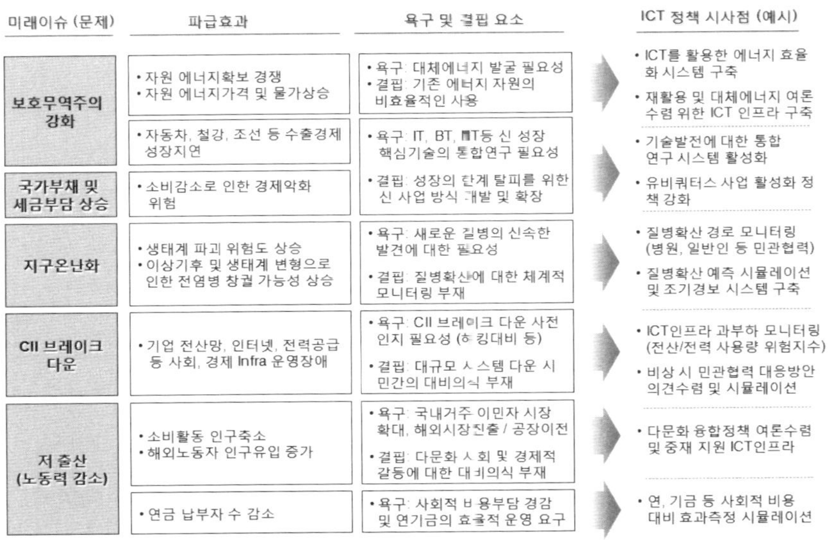

Ⅱ. 정책 및 전략수립 부문 지침

1. 4단계: 미래이슈 도출 단계(비저닝)

- 비저닝(Visioning): 기 도출된 미래사회 이슈들을 통합하여 가시적인 미래상을 세우고 이해관계자들과 공유함으로써 정책·전략의 목표와 방향성을 설정한다.

※ 2015 위험사회 사례 연구에의 적용

[그림 15]

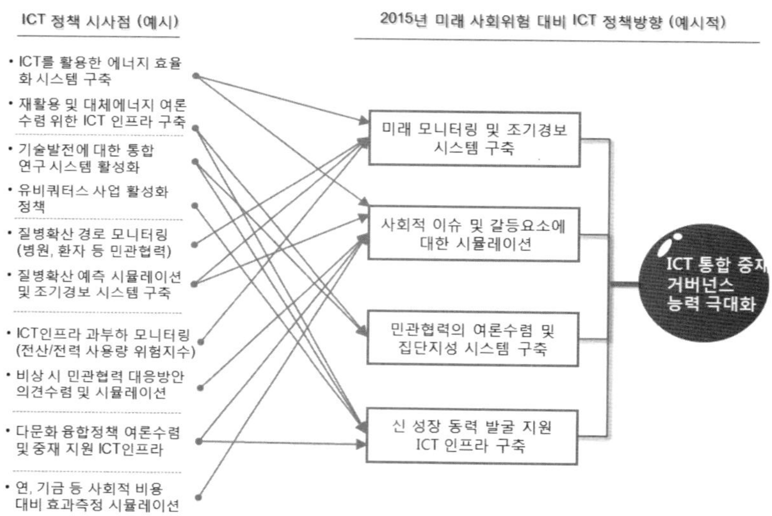

2. 5, 6 단계: 정책· 전략 수립 및 실행 단계

- 정책 및 전략 수립은 정책실행 주체의 강약점 및 실제 실행 시 제약 요건까지 감안한 액션플랜을 도출하고 실행한다.

3. 7단계: 모니터링 단계

- 이전 단계의 다양한 정보와 활동을 상시 추적하여 정책 및 전략의 개선점을 이끌어냄으로써 정책과 전략이 최적화 되도록 지속적인 활동을 해야 한다.

참고문헌

리처드 아펠바움(2009), *사회변동 이론*, 한울 아카데미, p. 20.

김경동(1989), *현대의 사회학*, 박영사.

예하미디어편집부(1992), *인간과 사회*.

리차드 아펠바움(2009), *사회변동 이론*, 한울 아카데미.

박성원(2009), "한국은 왜 미래학 불모지가 됐는가?" *신동아*.

박성원(2009) "주요국의 미래연구 기법", Working Paper.

과학사상 편집부(2002), *현대 과학혁명의 선구주자들: 아인슈타인에서 프리고진까지*, 범양사.

권기헌(2008), *미래 예측학*, 법문사.

김기찬(2007), *시스템다이네믹스*, 서울경제경영.

김동환(2004), *시스템사고*, 선학사.

김재근(2008), *생태학*, 라이프사이언스.

김창욱 외(2009), *시스템사고에 입각한 정책설계 방안*, 삼성경제연구소.

김성제(2005), *핵심정책학강의*, 한국학술정보.

민병원(2005), *복잡계로 풀어내는 국제정치*, 삼성경제연구소.

민병원 · 김창욱(2006), *복잡계 워크샵*, 삼성경제연구소.

박영숙(2007), *전략적사고를 위한 미래예측*, 교보문고.

박원종(2007), *질적자료입력 문헌조사와 관리*, 부경대학교.

시오자와 요시노리(1999), *왜 복잡계 경제학인가*, 푸른길.

양신규(2003), A Preliminary Study on Clinical Decision Support System based on Classification Learning of Electronic Medical Records, 한국데이터정보과학회 14권 4호.

유정식(2009), *시나리오 플래닝*, 지형.

윤영수 · 채승병(2005), *복잡계 개론*, 삼성경제연구소.

이홍(2008), *자기창조조직*, 삼성경제연구소.

최무영(2008), *최무영 교수의 물리학 강의*, 책갈피.

최윤식(2008), *미래를 읽는 기술*, 북리슨.

최윤식(2009), *2030년 부의 미래지도*, 지식노마드.

최윤식(2009), *앨빈토플러가 기획을 한다면*, 라이온스북스.

최항섭 · 음수연 · 전미경(2006), *디지털사회의 미래예측 방법론 연구*, 정보통신정책연구원.

최희갑(2006), *불확실성을 경영하라*, 삼성경제연구소.

프리고진, I.(1997), *확실성의 종말*, 사이언스북스.

Anderson, Sherry(2000), *The Cultural Creatives: How 50 Million People are Changing the World*, New York: Three Rivers Press.

Barber, Benjamin(2001), *Jihad vs. McWorld*, New York: Ballantine Books.

Bell, Wendell(1997), *Foundations of Future Studies: Human Science for a New Era*, Vol.I, New Brunswick: Transactions Publishers.

Bell, Wendell. "A Community of Futurists and the State of the Futures Field" *Futures*, Vol.34, 2002a.

Bell, Wendell. "Advancing Future Studies: A Reply to Michael Marien" *Futures*, Vol. 34, 2002b.

Brooks, Rodney(2002), *Flesh and Machines: How Robots Will Change Us*, New York: Pantheon Books.

Capra, Fritjof(1983) *The Turning Point*, New York: Bantam.

Henderson, Hazel(1991), *Paradigms in Progress: Life Beyond Economics*, Berrett-Koehler Publishers.

Henderson, Hazel(1996), *Building a Win-Win World: Life Beyond Global Economic Warfare*, Berrett-Koehler Publishers.

Chi, Keon S.(1991), "Foresight Activities in State Government." *Futures Research Quarterly*, 7(4).

Chi, Keon S.(2001), "Foresight Improves Government." *State Government News*, May 2001.

Cornish, Edward(2004), *Futuring: The Exploration of the Future*, Bethesda, Maryland: World Future Society.

Dator, Jim(1998), "Futures Lies Behind!: Thirty years of teaching futures studies", *American Behavioral Scientist*, November, 1998.

Dator, Jim(1983), "Loose Connections: A Vision of a Transformation Society", in *Visions of Desirable Societies*, Eleonora Masini Ed., Oxford, Pergamon Press.

Dator, Jim (Ed).(2002), *Advancing Futures: Futures Studies in Higher Education*, Praeger Publisher, Westport: CT.

Elmer-Dewitt, Philip(1993), "Cloning: Where Do We Draw the Line" *Time*, November 8, 1993.

Didsbury, Howard F.(1982), *Communications and the Future: Prospects, Promises, and Problems*, Bethesda, Maryland: World Future Society.

Didsbury, Howard F.(1988), *Careers Tomorrow: The Outlook for Work in a Changing World*. Bethesda, Maryland: World Future Society.

Didsbury, Howard F. *Frontiers of the 21st Century: Prelude to the New Millennium*, Bethesda, Maryland: World Future Society, 1999a.

Didsbury, Howard F.(2003), *21st Century Opportunities and Challenges: An Age of Destruction or an Age of Transformation*, Bethesda, Maryland: World Future Society.

Didsbury, Howard F.(2004), *Thinking Creatively in Turbulent Times*, Bethesda, Maryland: World Future Society.

Elmer-Dewitt, Philip(1994), "The Genetic Revolution" *Time,* January 17, 1994.

Friedman, Thomas(1999), *The Lexus and the Olive Tree: Understanding Globalization*, New York: Farrar, Straus, and Giroux.

Goerner, Sally(1994), *Chaos and the Evolving Ecological Universe*, Luxembourg: Gordon and Breach.

Inayathulla, Sohail(2007), *Questioning the Future: Methods and Tools for Organizational and Societal Transformation*, Taipei: Tamkang University Press.

Jensen, Rolf(1999), *The dream society: How the coming shift from information to imagination will transform your business*, New York: McGraw-Hill.

Kurzweil, Ray(1999), *The Age of Spiritual Machines: When Computers Exceed Human Intelligence*, New York: Penguin Books.

Kurzweil, Ray(2005), *The Singularity is Near: When Humans Transcend Biology*, New York: Viking Press.

Marien, Michael(1996), "Future Studies" in Kurian, George Thomas, and Molitor, Graham T.T. (Ed.) *Encyclopedia of the Future*, Simon and Schuster Macmillan.

Marien, Michael. "Future Studies in the 21st Century: A Reality-Based View" *Futures*, Vol.34, 2002a.

Marien, Michael. "Rejoinder: My Differences with Wendell Bell" *Futures*, Vol.34, 2002b.

Millennium Project - http: //www.acunu.org/millennium/index.html; Millennium Project Opportunities - http: //www.acunu.org/millennium/isandop.html.

Moran, Richard(2003), *Doomsday; End of the World Scenario*, Indianapolis, Indiana: Alpha Books.

Orrel, D.(2007), *The Future of Everything. The Science of Prediction*, New York: Thunder's Mouth Press.

Pine B. Joseph II and James H. Gilmore(1999), *The experience economy: Work is theatre and every business a stage*, Boston: Harvard Business School Press.

Postrel, Virginia(1999), *The Future and Its Enemies: The Growing Conflict Over Creativity, Enterprise, and Progress*, New York: Touchstone.

Postel, Virginia(2003), *The substance of style: How the rise of aesthetic value is remaking commerce, culture and consciousness*, New York: Harper Collins Publishers.

Ray, Paul(1998), "What Might Be the Next Stage in Cultural Evolution?" in Loye, David (Ed.) *The Evolutionary Outrider: The Impact of the Human Agent on Evolution*, Westport, Connecticut: Praeger.

Ray, Paul and Principia Cybernetica - http: //pespmc1.vub.ac.be/.

Rees, Martin(2003), *Our Final Our*, New York: Basic Books.

Scientific Council for Government Policy, Wise Before the Event, p.8, 1997. available at www.wrr.nl/english/index.jsp.

Slaughter, Richard (Ed.) *The Knowledge Base of Future Studies*. Volumes I, II, and III. Hawthorn, Victoria, Australia: DDM Media Group, 1996a.

Slaughter, Richard "The Knowledge Base of Futures Studies as an Evolving Process" Futures, Vol.28, No. 9, 1996b.

Slaughter, Richard "*Futures* Concepts" in Slaughter, Richard (Ed.) *The Knowledge Base of Future Studies*. Volume I, Hawthorn, Victoria, Australia: DDM Media Group, 1996c.

Slaughter, Richard "Futures Studies as an Intellectual and Applied Discipline" *American Behavioral Scientist*, Vol.42, No.3, Nov./Dec.,1998.

Sternberg, Ernest(1999), *The Economy of Icons: How business manufactures meaning*, Westport, Conn: Praeger.

Stock, Gregory(2002), *Redesigning Humans: Our Inevitable Genetic Future*, Boston: Houghton Mifflin Company.

Toffler, Alvin(1971), *Future Shock*, New York: Bantam.

Toffler, Alvin(1980), *The Third Wave*, New York: Bantam.

Toffler, Alvin(1990), *Power Shift: Knowledge, Wealth, and Violence at the Edge of the Twenty-First Century* New York: Bantam.

Toffler, Alvin, and Toffler, Heidi(1996), "Foreward: Five Billion Futurists" in Kurian, George Thomas, and Molitor, Graham T.T. (Ed.) *Encyclopedia of the Future*, New York: Simonand Schuster Macmillan.

Wagner, C. (Ed.)(2005), *Foresight, Innovation, and Strategy*, World Future Society: Bethesda, Maryland.

Wagar, W. Warren(1999), "Utopias, Futures, and H.G. Wells' Open Conspiracy" in Didsbury, Howard F.(Ed.) *Frontiers of the 21st Century: Prelude to the New Millennium*, Bethesda, Maryland: World Future Society.

Wagar, W. Warren(2004), *H. G. Wells: Traversing Time. Middletown*, CT: Wesleyan University Press.

World Future Society(1993), *The Art of Forecasting: A Brief Introduction to Thinking about the Future.*

Zohar, Danah(1991), *The Quantum Self: Human Nature and Consciousness Defined by the New Physics*. New York: William Morrow.

Zohar, Danah and Marshall, Ian.(1994), *The Quantum Society: Mind, Physics, and a New Social Vision*, New York: William Morrow and Co., Inc..

Beinhocker, E., D.(2006), *The origin of wealth: Evolution, complexity, and the radical remaking of economics*, Mckinsey & Company.

Bell, W.(2000), *Foundations of futures studies*, Transaction; New Jersey.

Bishop, P.(2002), *Futures methods*, UHCL.

Capra, F.(1998), *The web of life*, Brockman; New York.

Eric Garland(2007), *Future, INC.: How Business Can Anticipate and Profit form What's Next*, AMACOM, New York, U.S.A..

Garland, E.(2007), *Future, INC.: How Business Can Anticipate and Profit form What's Next*, AMACOM, New York, U.S.A..

Gharajedaghi, G.(1999), *System thinking: managing chaos and complexity*, Elsevier Inc; Burlington, MA.

Glenn, J. C.(2009), *Futures research methodology v3.0*, The millennium project.

Thedore, G., & Stover, J.(1978), *Cross Impact Analysis Handbook of*

Futures Research, Jib Fowles, Greenwood Press.

Inayatullah, S., & Fitzgerald, J.(1999), *Transcending Boundaries*. Maleny, Australia.

Krugman, P.(1996), *The self-organizing economy*, Blackwell Publishers.

Lindgren, M., & Bandhold, H.(2003), *Scenario planning*, Palgrave Macmillan

Michael W. Berry, Springer(2003), *Survey of Text Mining: Clustering*, Classification, and Retrieval.

O'connor, J. & McDermott, I.(1997), *The art of systems thinking*, Thorsons; San Francisco.

Ramos, J. M.(2003), *From critique to cultural recovery: Critical futures studies and causal layered analysis*, Swinburne; Australia.

Schwartz, Peter(1991), *The Art of the long View: Planning for the Future in an Uncertain World*, New York: Doubleday.

Shmueli, G., Patel, N. R., & Bruce, P. C.(2009), *데이터마이닝*, 사이텍미디어.

Slaughter, Richard.(1991), *Futures Concepts and Powerful Ideas*, Kew, Victoria, Australia.

Spies, P. H., 1991, *Formulating the Mess: Environment Scanning, Business Futures, Institute for Futures Research*, University of Stellenbosch.

Traufetter, G.(2009), *섬광처럼 내리꽂히는 통찰력*, 살림biz.

Voros, J.(2003), *Reframing environmental scanning*, Swinburne; Australia

Weber, A.(2009), *자연이 경제다: 지속가능 지구공동체를 위한 생태경제학*, 프로네시스.

Jerome C. Glenn(2008), *Brief Overview of Some Futures Research Methods.*

찾아보기

ㅅ

ㅇ

ㅈ

[저자약력]

김성태 한국정보화진흥원 원장. 현 ITU-UNESCO 고위급 브로드밴드위원회 상임위원. 미국 조지아대학교에서 행정학 박사를 취득하고 영국 맨체스터대 객원교수, 성균관대학교 국정관리대학원 원장, 한국정보사회진흥원장, 대한민국국회 과학기술정보통신위원회 정책자문위원과 한국지역정보학회 회장을 역임하였다. 주요 저서로는 "또 다른 미래를 향하여:국정관리를 위한 미래예측과 미래전략"(2007), "신정보정책론:이론과 전략"(2010) 등이 있다.

권선필 목원대학교 사회과학대학 행정학과 교수. University of Missouri에서 포스트모던이즘에 관한 연구로 박사학위를 받았고, 대학 및 공공기관 등에서 정치-행정관계, 질적연구방법론, 공공 및 비영리기관의 전략경영에 대해 강의 및 컨설팅을 하고 있다. 최근에는 복잡성 이론과 참여를 통한 전략수립을 미래연구와 연계하여 연구하고 있다.

홍형득 강원대학교 행정학과 교수. University of Manchester(UK)에서 박사학위를 취득하고, 한국정책학회 부회장과 한국혁신학회 편집위원장을 맡고 있다. 주요관심분야는 과학기술정책, 연구개발 평가 및 정보화 정책분야이다. 최근 연구논문으로는 "과학기술 정보 및 지식흐름 분석을 위한 네트워크 분석"(2006), "산업단지의 혁신클러스터로서의 입지여건과 시범단지의 효과분석"(2008) 등이 있다.

한세억 동아대학교 행정학과 교수. 서울대학교에서 행정학 박사학위를 취득하고, 한국행정학회 및 한국정책학회, 지식경영학회 등에서 편집위원 및 이사 등을 역임하고 있다. 창조행정포럼대표이며, 주요 관심분야는 창조행정, 지식정부, 지식정보정책, 지역정보화 등이며, 주요 논문 및 저서로는 "창조적 행정의 담론적 고찰(2008)", "한국 정보화정책의 변천과 특징(2010)"「전자정부론(공저, 2006)」등이 있다.

홍필기 서울디지털대학교 경영학부 교수. The University of Texas at Austin에서 경제학 박사학위를 취득하고, 동북아경제사회학회회장과 한국정보산업학회 전략위원장을 맡고 있다. 교육인적자원부 평가분석관, 공기업 및 준정부기관 경영평가위원과 정보화사업 평가위원, 행정자치부 정책평가위원, 지식정보DB사업 평가실무위원장, 국무조정실 정보화평가위원으로 활동하면서, 미래사회변화와 정보화 분야를 연구하고 있다. 대표 논문으로, Equilibrium Price Dispersion with Consumer Inventory (co-authored), Journal of Economic Theory, Aug. 2002가 있다.

김동환 중앙대학교 공공인재학부 행정학과 교수. 고려대학교에서 행정학 박사학위를 취득하고, 현재 한국시스템다이내믹스학회 회장을 맡고 있다. 주요관심분야는 시스템사고에 의한 미래연구에 관심을 두고 있다. 주요 저서로는"시스템 다이내믹스(김도훈, 문태훈 공저)"(1999),"김대중 대통령의 시스템 사고"(2000), "유비쿼터스 IT혁명과 제3공간(하원규, 최남희 공저)"(2002), "시스템 사고"(2004), "촛불@광장 사회의 변화 메커니즘"(2005) 등이 있다.

서용석 한국행정연구원 연구위원. University of Hawaii에서 정치학으로 박사학위를 취득하고, 한국행정연구원에서 기획조정팀장, 대외협력팀장을 역임했다. 주요 관심분야는 미래학, 미래 정치시스템, 사회변동론 등이며, 주요 논문 및 저서로는 "Age-Cohort Shift and Values Change: Futures for Democracy in Korea(2006)", 「Fairness, Globalization, and Public Institutions: East Asia and Beyond(Jim Dator, Dick Pratt 공저, 2005)」등이 있다.

송영조 한국정보화진흥원 정보화전략기획부 책임. 성균관대학교에서 물리학 석사학위를 취득하고, 현재 서울과학기술대학교에서 정책학 박사학위과정을 하고 있다. 공군기상예보장교로 복무 후, 한국정보화진흥원에서 통섭적 미래연구와 미래사회 연구에 관심을 두고 있다. 주요 연구로는 "선진강국에서 배우는 역사 속의 미래전략"(2008), "미래전략연구방법론(서용석, 최윤식 공저)"(2008), "국가미래준비지수의 개발 및 국제비교(김동환 공저)"(2010) 등이 있다.

김영진 한국정보화진흥원 책임. 서울대학교에서 경영학으로 석사학위를 취득하고, 한국정보화진흥원에서 국가DB사업, 전자정부사업, 정책개발 등을 담당했다.

정지선 한국정보화진흥원 정보화전략기획부 책임. 고려대학교 정보보호대학원에서 박사과정을 수료하였다. 주요 관심분야는 정보보호정책, 미래전략, 정보화정책이며, 저서로는 "교양인을 위한 미디어 세미나(박상현 외 공저)"(2008)가 있다.

한국정보화진흥원 미래연구총서 ❶
미래한국의 새로운 도전과 기회

2011년 2월 15일 초판 1쇄인쇄
2011년 2월 20일 초판 1쇄발행
저 자 김 성 태 · 권 선 필
홍 형 득 · 한 세 억
홍 필 기 · 김 동 환
서 용 석 · 송 영 조
김 영 진 · 정 지 선
발행인 배 효 선
발행처 도서출판 法 文 社
413-756 경기도 파주시 교하읍 문발리 526-3
등 록 1957년 12월 12일/제2-76호(윤)
전 화 (031)955-6500~6 FAX (031)955-6525
E-mail (영업) bms@bobmunsa.co.kr
(편집) edit66@bobmunsa.co.kr
홈페이지 http://www.bobmunsa.co.kr
조 판 (주) 성 지 이 디 피

정가 27,000원 ISBN 978-89-18-02361-8
불법복사는 지적재산을 훔치는 범죄행위입니다.
이 책의 무단전재 또는 복제행위는 저작권법 제136조 1항에 의거, 5년 이하의 징역 또는 5,000만원 이하의 벌금에 처하게 됩니다.

* 저자와 협의하에 인지를 생략함.